携手共进

——纪念改革开放30周年上海国内合作交流回顾

上海市合作交流与对口支援工作领导小组办公室
上海市人民政府合作交流办公室 编

文匯出版社

编 委 会

序

丁薛祥

加强合作交流与对口支援工作是中央从社会主义现代化建设全局出发作出的重大战略部署。改革开放之初，中央就明确提出要实行对内对外两个开放、开拓国内国外两个市场、利用国内国外两种资源。1988年，邓小平同志进一步提出了“两个大局”的战略思想，强调沿海地区要加快对外开放，较快地先发展起来，内地要顾全这个大局。反过来，发展到一定时候，沿海要拿出更多力量来帮助内地发展，这也是个大局，那时沿海也要服从这个大局。1999年以来，中央又先后提出了实施西部大开发、振兴东北地区等老工业基地、促进中部地区崛起、鼓励东部率先发展等一系列重大战略，形成了更为完整的区域协调发展战略框架，充分体现了我们党团结带领全国人民走共同富裕道路的坚定意志。

贯彻国家区域发展战略，加强国内合作交流与对口支援工作，既是上海应尽的重大政治责任，也是在更高起点上实现上海更大发展的战略选择。回顾这30年上海发展的历程，我们深深地体会到，没有中央的好政策，没有浦东开发开放的好机遇，没有全国各地支持的好形势，上海就不可能有今天的辉煌。上海理应秉承海纳百川、兼容开放的精神，在服务长江三角洲、服务长江流域、服务全国上争取更大作为。同时，上海发展到今天，面临着能源、资源、环境、人口的巨大压力，面临着转变经济发展方式的艰巨任务，必须自觉把上海发展放在全国发展大格局中，更加广泛地开展合作交流，不断拓展发展空间，积极推动优势互补，努力在新起点、新水平上攀登新高峰。

以史为鉴，才能更好地开创未来。经过30年努力，上海合作交流与对口支援工作的层次不断提升、形式不断丰富、理念不断深化，不仅取得了丰硕的实践成果，而且形成了全方位、宽领域、多层次的合作交流工作格局。系统梳理这一段历史，认真总结其中的经验做法，对于进一步做好这项工作无疑是非常有意义的。这也是《携手共进——纪念改革开放30周年上海国内合作交流回顾》一书的价值所在。虽然相对于30年沧桑巨变来说，本书只是略陈其事，但希望能够启发更多同志不断总结合作交流与对口支援工作的实践经验和发展规律，以科学发展观为指导，共同推动上海合作交流事业创造新的更加辉煌的成就，为全面建设小康社会作出更大的贡献！

目　录

第四篇　精彩故事

第五篇　媒体视角

第一篇　辉煌历程

合作交流谱写三十年辉煌

30年，在人类历史长河中不过是弹指一挥间。然而，刚刚过去的30年，却用浓彩重墨在中国历史上谱写了辉煌灿烂的篇章。

这就是1978—2008！改革开放以来划时代的30年！短短的30年铸就了翻天覆地的变化：社会主义市场经济体制初步建立，国民经济连续高速增长，人民生活水平大幅提高，国家综合实力跃升世界前列，中华民族伟大复兴的曙光已经映照在地平线上。

2008年更是极不平凡的一年。党领导全国人民积极应对国际金融经济剧烈动荡的复杂形势和历史上罕见的自然灾害的严峻挑战，取得了抗击南方部分地区冰冻雪灾和与四川汶川特大地震斗争的重大胜利，成功举办了无与伦比的北京奥运会和残奥会，实现了“神七”上天、宇航员太空漫步的梦想，集中展示了我们党驾驭复杂局势的能力，集中展示了中国人民众志成城、奋发图强的精神风貌，集中展示了中国改革开放30年取得的伟大成就和积聚的综合国力。

今天，我们正站在中华民族伟大复兴征程的新起点，回顾30年改革开放走过的历程，更觉人民的伟大，更感党的英明，更为祖国崛起自豪，更对未来充满信心。

上海，这座具有光荣革命斗争历史的现代化国际大都市，计划经济时期，曾依靠全国支援，建设成为我国重要的工业基地和最大的工商业城市，为国家经济和社会建设作出了重大贡献。改革开放之后，上海在中央和全国各地的大力支持下，既经历了由计划经济向市场经济转轨的阵痛，也创造了“一年一个样、三年大变样”的辉煌。她前进的步伐让世界惊叹，取得的成就让国人自豪。

上海国内合作交流作为上海改革开放的重要组成部分，在30年的风雨历程中，谱写了恢弘的乐章，留下了精彩的足迹：改革开放初期，在计划经济体制转轨的阵痛中，采取多种方式开展横向经济联合，换取生产发展急需的原材料，推动了经济建设列车的艰难前行。党中央决定浦东开发开放之后，乘此浩荡东风，“走出去”、“引进来”，扩大“销地产”，开拓大市场；拆除“围墙”，引大扶强，对口帮扶，做好加快上海自身发展和服务全国“两篇大文章”，为上海经济连续保持两位数增长增辉添彩。国家提出促进中部崛起形成区域协调发展战略以来，立足贯彻国家发展战略，服务长江三角洲，服务长江流域，服务全国，为加快推进“四个率先”、加快建设“四个中心”贡献了力量。

摆脱计划经济束缚　推进横向经济联合

1978年12月，党的十一届三中全会作出了改革开放的重大决策，历史从此翻开了新的一页。

改革开放的大门从此打开，可是几十年形成的思维定势是那样的顽固，计划经济作为社会主义的标志在人们的脑海里打下了深深的烙印，想要抹去是何等艰难！然而，现实经济生活中，商品交换如雨后春笋般涌现，物质资料价格双轨制出现了，"计划经济为主、市场调节为辅"是当时经济体制的生动写照。市场已经撕开了计划的口子，横向经济合作的大幕已经拉开。

1980年7月，国务院出台了《关于推动经济联合的暂行规定》，提出了"对内搞活经济，对外实行开放"的总方针，明确指出，走联合之路，组织各种形式的经济联合体，是调整好国民经济和进一步改革经济体制的需要，是我国国民经济发展的必然趋势。从此，横向经济联合稳步向前推进。在新的形势下，上海不得不面对这样一个事实：国家计划分配的物资正逐步减少，生产所需原材料的缺口越来越大，必须通过市场来弥补，横向经济合作成为必然的选择。

上海市委、市政府及时采取了应对措施：鼓励恢复设立在"文革"中关闭的国务院各部委、各兄弟省区市驻沪办事机构，为推进上海与各地的横向经济合作创造条件。撤销市计委协作办公室和上海市咨询服务总公司，成立上海市人民政府协作办公室，承担协调、组织、管理、服务职能，负责与兄弟省区市的协作，帮助解决生产中短缺的原材料。市政府协作办的成立，加强了职能机构力量，提升了合作层次，友好往来明显增多，横向联合规模迅速扩大，协作项目成倍增长。

1984年6月，邓小平同志在会见第二次中日民间人士会议日方委员会代表团时说："三十几年的经验告诉我们，关起门来搞建设是不行的，发展不起来。关起门有两种，一种是对国外；还有一种是对国内，就是一个地区对另外一个地区，一个部门对另外一个部门。两种关门都不行"。同年11月，邓小平同志在中央军委座谈会上指出："一个对外经济开放，一个对内经济搞活。改革就是搞活，对内搞活也就是对内开放，实际上都叫开放政策。"邓小平同志的谈话，加速推动了我国对内对外开放的进程，将横向经济合作推向了新高潮。就在这一年，党中央、国务院决定进一步开放14个沿海城市，中共十二届三中全会通过了《关于经济体制改革的决定》，确定要大力发展社会主义商品经济，实行政企分开，扩大企业自主权，强调各地区之间要相互开放，大力促进横向经济联系。1986年3月，国务院召开了全国城市经济体制改革工作会议，并以36号文发布了《关于进一步推动横向经济联合若干问题的规定》，明确了横向经济联合的原则和目标。

上海认真贯彻落实中央精神，先后提出了一系列具体措施：

市委、市政府作出上海为开放型城市的重大决策，提出了"门户开放、利益均沾、平等互利、共同发展"的指导方针。

明确把"外挤"（发展对外经济贸易）、"内联"（加强对内经济联合）、"改造"（改造老企业和老城市）、"开发"（开发经济、科学、技术和建设的新领域）这四个方面的内容，作为上海经济和社会发展战略的重要组成部分。

提出上海对内经济联合的原则，即：坚持全国一盘棋，从有利于经济调整出发，按照各自的基础和条件组织协作；坚持互惠互利，调动双方积极性；立足于现有企业的改造，充分发挥双方各自的优势；强调可行性分析，注意投入产出效益；强调相互学习，有层次地传递和交流技术管理经验。

制订上报了《关于上海经济发展战略的汇报提纲》，提出对内联合要按三个空间层次有计划、有重点地展开。第一层次是上海经济区沪苏浙皖赣四省一市的紧密联合，第二层次是长江流域包括武汉、重庆等城市的经济联合，第三层次是与全国各地开展的各种形式的经济技术联合与协作。开展内联应本着"扬长避短，互通有无，平等互利，共同发展"的原则，采用经济办法，有计划地帮助各地发展生产，联合开发资源，联合组织交通运输，进行商品交换。国务院批转了上海的"汇报提纲"，要求上海充分发挥中心城市多功能作用，成为全国"四化"建设的开路先锋，在20世纪末建成开放型、多功能、产业结构合理、科学技术先进、具有高度文明的社会主义现代化城市。

确定了横向经济联合的目标，在"七五"前期，完成对上海优质名牌产品、耐用消费品、劳动密集型产品、大宗外贸出口产品及其它初级产品在全国范围内的战略布点方案，完成对高耗能、高耗料、高运量产品在全国范围内的战略转移方案，确定资金融通重点。结合对内开放，逐步在兄弟地区建立长期稳定的四种"基地"，即：扩散产品联合生产基地，科研产品系列开发基地，资源开发综合利用基地和出口货源配套加工基地，增强上海两个扇面的辐射能力。

颁布了《关于兄弟地区来本市开店办厂的暂行办法》，明确规定兄弟地区企事业单位和个人都可以来上海开设商店、货栈或贸易公司，批发、零售农副土特产品、原材料和工业品；可以新建、改建、扩建大楼，开办各种旅馆、旅游、饮食、娱乐等服务业；也可以按照本市发展方向和城市规划布局开办工厂。兄弟地区企事业单位在沪经营所得利润，可以返回当地缴纳所得税，产权按谁出资归谁所有的原则办。

出台了《关于本市企业同兄弟地区企业经济技术合作若干问题的规定》，对过去实行的一些政策规定作了必要的放宽，主要是：扩大联合项目集资渠道，明确企业可以自行申请贷款，或商请银行共同投资，可委托银行发行股票、债券，向企业和个人集资入股；可由银行提供卖方信贷；可用提供设备、技术等方式折算投资等；改变企业从经济联合和技术协作中所得收益的分配办法，提高收益分配的限额；取消技术咨询服务收入的所得税，改为缴3%的营业税；提高职工在经济联合、技术服务收益中所得的份额，扩大企业使用资金的自主权，增加职工收入；对于兄弟地区企业聘用上海退休职工或其他人员进行技术服务的，其补贴收入由联合双方和聘用人员共同商定，不受原来工资补差的限制；简化各种联合项目的审批手续，除了投资额在1000万元以上的、利用外资的，以及属指令性计划的产品或名牌产品的联合须由市主管部门或上一级主管单位审批外，其余联合项目均由企业自定。

发布了《上海市进一步推动横向经济联合的试行办法》，规定：横向经济联合，要以企业为主体，提倡以大中型企业为骨干，以优质名牌产品为龙头进行组织。通过企业之间的横向联合，与兄弟地区共同建立一批优质名牌产品的生产联合体，科研产品的系列开发联合体，重要资源（包括主要农副产品）的综合开发联合体和出口货源的配套加工联合体，形成一批跨地区、跨部门的新型企业群体和企业集团。该试行办法在国务院有关规定的基础上，根据上海的实际需要，在某些方面作了一些“突破”，不仅适用于市外，也适用于市内；为便于贯彻执行，市有关部门制订了实施细则。此外，还制订了《上海市关于发展企业集团的试行意见》，颁布了《上海市关于联营合同的若干规定》，努力完善上海横向经济联合的政策法制环境。为解除企业横向联合的后顾之忧，制订了省市政府间《关于横向经济联合中企事业合法权益保护协定》，并先后与湖南、江西、重庆、新疆、吉林、黑龙江、四川七省区市签署了这项协定。

这些举措的先后出台，推动上海横向经济联合高潮迭起，并逐步形成5种合作模式：

一是补偿贸易。上海方提供资金、技术和设备，利用当地资源和现有企业进行技术改造扩大生产，对方以增产的部分产品分期补偿。

二是合资经营。双方共同投资，联合经营，共同管理，利润分成，共负盈亏；通常由上海方提供设备、技术和零部件，对方提供厂房、场地、劳动力和原料，生产市场适销产品，利润按投资或商定的比例分成。

三是技术协作。上海方派出技术力量，提供技术和管理经验，在达到协议规定要求后，收取一定的技术补偿费。

四是联合生产。上海产品或部套件扩散到外地同类企业，联合生产市场上紧俏短缺或名牌产品。上海方负责提供图纸、工艺技术文件和定额资料，派员进行技术指导和质量监督把关，对方利用现有生产能力按上海技术要求生产，经上海方验收合格后贴牌销售，上海方按销售额的一定比例收取技术服务费。

五是产销联合。主要是商业、物资部门之间的联合，也有生产部门供销机构和物资部门之间的联合，并逐步扩大到了文教卫生系统。

上海工业系统围绕促进产业结构、产品结构和技术结构调整，实施名牌战略，组建跨地区企业集团，注重资源开发、科技进步、市场开拓和外贸出口，转移了一批高能耗、高运量、高耗料产品项目。合资经营从轻、纺、手工业扩大到机电、仪表、化工等行业，合资生产由乒乓球、文具夹等小商品转向自行车、电冰箱、洗衣机、电梯和各类机械设备等大商品。至1988年，累计组建企业集团147个，经济联合体2666个，联营产值约占全市工业总产值13%，返回利润成倍增长，成为横向经济合作的主力军。

上海商业系统横向联合发展迅速，规模不断扩大，仅商业一局经济联合体就达1610个，从横向联合中收购商品约占总收购货源值的29%，南京路商业街销售的商品有70%来自外省市企业。

上海外贸系统工贸、农贸联合有了较大幅度发展，联合体累计达到659个，外地工贸联合企业提供出口货源已占半壁江山，通过横向渠道收购外地出口货源约占总收购货源的37%。

上海金融系统扩大横向资金融通，先后与京、津及上海经济区其他省市工商银行达成建立跨省市资金融通网络的协议，金融机构短期资金拆借市场初步形成，跨地区拆借已辐射到北京、沈阳、新疆、广州、深圳等地。

上海科研和技术辐射力不断增强，创办科研生产联合体累计已达2000多家，承担市内外技术服务咨询项目4万多项；各类中介性科技咨询机构蓬勃发展，达到600多家；科技与生产的结合更趋密切，科研成果转化率从1979年的20%提高到60%以上，技术交易额达6.3亿元。10所高等院校有909个技术转让项目流向全民大中型企业，占项目总数的62.8%；全市已有760余家专门从事技术商品的经营机构，300余家民办科技机构，组成了高新技术和适用技术兼有、面向大中型企业和乡镇企业的多层次、多渠道的技术贸易网络。

上海积极提供咨询与人才服务，建立数百个咨询机构，专职与兼职咨询人员达数千人，承接大批市内外生产技术、工程建设、经营管理、信息情报、金融贸易等方面的咨询项目。试办"科技人才开发银行"，促进科技人员合理流动。500多名助理工程师以上职称的科技人员调往安徽、广东、浙江、山东等地工作，服务兄弟省市；大批科技人员利用休息日往返于长江三角洲地区，被称作"星期天工程师"，为苏浙乡镇企业和民营企业崛起作出了贡献。上海每年为兄弟省区市培训大批经济、技术和管理人员，上海立信会计学校开办了西藏财会人员培训班。

上海市政协、市总工会、团市委、市工商联、科技协会等主动参与横向联合，各省市自治区和中央各部驻沪办事处物资经济协会、上海企业家俱乐部、金三角企业家俱乐部等积极为洽谈协作提供服务，形成社会各界参与横向经济合作的格局。市总工会技协组织承接了7600多项横向攻关项目，新增经济收益1.3亿元，历年累计完成横向协作项目2.3万多项，创经济收益4.7亿元。

原材料开发作为保障上海生产发展的重要举措，受到全市上下的高度重视。1985年之前，上海就与27个省区市通过多种形式建立经济联合体，合作开发原材料，获取30多个品种的紧缺物资。随着计划调拨比重的不断下降，原材料供需矛盾日趋突出。上海于1986年7月建立原材料开发基金会，以筹措积累并运用资金为手段，与兄弟地区共同建立长期、稳定的原材料开发和供应基地，联合开发资源。同时，采取基金会、银行联合贷款的方式，资助重点企业进行资源开发。市领导也纷纷带队赴中央相关部委及兄弟省区市协商原材料供应和建立原材料基地，达成多个协议。上海与煤炭部商定，在山东兖州矿区建年产180万吨煤的矿井；与吉林商定，安排88个技术合作项目，由吉林向上海提供木材、酒精、人造丝、人参等物资；同黑龙江、新疆、广西、云南、安徽、贵州等省区商定，返回工业用大豆、棉短绒、长绒棉、锌、水泥、蜜糖、烟叶、纸浆等原材料。据不完全统计，仅1988年，上海冶金、化工、轻工等11个工业系统和20个区县通过多种合作形式，筹集了价值近100亿元的1022万吨原材料。"七五"期间，共返回水泥600万吨、生铁23万吨、有色金属12.4万吨，分别可弥补54%、23%、28%的缺口。

上海认真落实中央1979年边防和对口支援工作会议精神，采取解决生产难题的技术援助、上新水平的技术传授、上新产品的技术指导、练基本功的技术培训四种形式，开展与宁夏、云南的对口经济协作。10年间，落实支援老少边穷地区项目超过2000个，有力地支援了少数民族地区建设，增进了民族团结。

改革开放以来的整个80年代，横向经济联合贯穿始终。它打破了计划经济体制产业的垂直分工，为以后的经济体制转轨奠定了基础，对促进不同地区、不同经济实体之间的优势互补、保障当时的经济发展起到了重要作用。但受历史条件的局限，经济合作的内容与形式仍处于初级阶段，存在着政府行政干预、市场发育不完善、法制观念不强和地方保护主义等问题，一定程度上制约了横向经济联合的效率与效益。上海在这个时期，横向经济合作取得了长足的发展,合作形式由单纯的物资串换和简单的来料加工,发展到联合开发资源和联合生产;由短期零星的技术输出,发展到有计划有组织的技术协作和科技成果转移;由一般的参观学习,发展到有计划的人才培训和人才交流;由单个企业间合作,发展到组建权责利紧密结合的经济联合体。至1989年底,上海与各地建立补偿贸易、合资经营、联合生产、产销联合等多种形式的经济联合体累计超过8000家;各地在沪开业的企业达1645家,1989年营业额45.9亿元,缴纳税金8133万元。横向经济合作为上海的经济发展作出了突出贡献。

推进浦东开发开放 做好"两篇大文章"

二十世纪80年代,当改革开放浪潮席卷神州大地的时候,站在潮头的是沿海率先开放的城市。广东、深圳更是敢为人先,一路高歌猛进。上海在经济体制转轨和经济结构调整过程中,传统产业优势逐步丧失,国有企业生产滑坡,财政困难加剧,经济增长速度低于全国平均水平。面对这种形势,上海在思考、在探索。

1984年,上海市委、市政府在研究制订《上海经济发展战略汇报提纲》和《上海市城市总体规划》时,明确提出了开发浦东的设想。1988年5月,在"浦东新区开发国际研讨会"上,时任市委书记江泽民阐明了开发开放浦东的必要性,提出了结合老城区的改造、建设一个现代化新区的方针,并强调要再造"经济中心的功能和对内对外枢纽的功能"。此后,在中央的支持和指导下,上海加快了浦东开发开放的可行性研究,1990年2月,上海市委、市政府正式向党中央、国务院上报了《关于开发浦东的请示》,提出了浦东开发开放的基本构想。4月18日,时任国务院总理李鹏代表党中央、国务院在上海向国内外宣布了开发开放浦东的决定。同年6月,中央又明确了一系列政策措施,支持浦东加快基础设施建设和改善吸引外商投资的政策体制环境。

浦东开发开放了!如果说人们当年对它的重大意义还多少有点认识不足的话,那么,现在放眼浦东开发开放的恢弘画卷,再重温邓小平同志当年的讲话,感受就十分深刻。邓小平说:"开发浦东,这个影响就大了,不只是浦东的问题,是关系到上海发展的问题,是利用上海这个基地发展长江三角洲和长江流域的问题"。他曾惋惜地表示,上海开放晚了:"回过头看,我的一个大失误就是搞四个特区时没有加上上海。要不然,现在长江三角洲,整个长江流域,乃至全国改革开放的局面,都会不一样"。然而,也许正因为这晚,才让上海有了更多的时间思考,让上海有了更多的经验可以借鉴,让上海积累了喷薄欲出的后发优势。

上海如何推进浦东开发开放?时任市委书记、市长朱镕基一锤定音:浦东开发开放,坚决打"中华牌",绝不打"上海牌"。市委、市政府提出了"开发浦东,振兴上海,服务全国,面向世界"的战略思想,自觉地把开发浦东、振兴上海与服务全国紧密地联系在一起,不仅深刻地体现了中央开发开放浦东的战略意图,同时也将上海国内合作交流工作引入了服务全国的新境界。

上海国内合作交流工作的车轮就这样驶向了围绕浦东开发开放服务全国的大道。1991年,市政府批转了《上海市鼓励外地投资浦东新区的暂行办法》,明确了投资范围、投资形式和审批办法,并在投资计划、进出口、财税、户籍、土地使用、融资等方面提出了12条优惠政策。1992年,市政府决定,对来浦东新区参与发展的长江三角洲地区及长江流域省市给予八个方面优先,即:优先接纳上述地区企业进入外高桥保税区开展外贸业务,优先赋予上述地区在浦东新区内的出口企业以自营产品出口权，优先接纳上述地区来浦东新区兴办金融保险业，优先允许上述地区在上海经营批发和零售商业，优先吸纳上述地区参与浦东新区南北干道杨高路两侧的开发建设，优先让上述省市参与长江口大片地区的开发，优先让上述地区开放浦东新区的房地产和建筑市场，优先给予上述地区来沪投资经营实体的人员在浦东新区落户的指标。市政府协作办成立浦东开发处，在浦东新区设分部，为内资企业提供"一站式"管理和"一条龙"服务。市政府驻外办事处在驻地积极宣传浦东开发开放打"中华牌"的方针和优惠政策，为各地投资浦东、落户上海牵线搭桥、提供服务。浦东开发迅速升温，并逐步进入高潮。到1993年，中央部委和兄弟省区市纷纷来浦东考察、投资，吸引内资成倍增长，项目累计达137个，投资总额238.24亿元；安徽、山东、江苏投资6亿元，在浦东新区建造9万平方米楼宇；五个经济特区来沪投资迅猛，深圳更为突出，形成内资带动外资的良好局面。国务院批准各地外贸公司可以在上海建立子公司的政策发布后，落户浦东新区的各地外贸子公司达85家，涉及19个中央部委和24个省区市。

浦东开发开放的突飞猛进，将上海带入了"一年一个样，三年大变样"的高速发展时期。而此时党的十四大作出建立社会主义市场经济体制的决定，提出要以上海浦东开发开放为龙头，进一步开放长江沿岸城市，尽快把上海建成国际经济、金融、贸易中心之一，带动长江三角洲和整个长江流域地区经济的新飞跃，更是让浦东开发开放如虎添翼，同时，也为上海进一步发展指明了方向。

上海市委、市政府深刻领会和认真落实党的十四大精神，提出要在加快经济发展的同时，更好地服务全国的发展，逐步形成了做好加快上海自身发展和服务全国这两篇大文章的战略思想，并成为今后一个时期上海国内合作交流工作的主题曲。

市委、市政府主要领导以实际行动诠释了做好"两篇大文章"这个主题曲。他们纷纷率团出访兄弟省区市，探讨开展新一轮横向经济联合，提出了"优势互补、互惠互利、联合发展、共同繁荣"的指导方针。同时，积极探索新的横向经济合作模式，强调要建立以市场为导向、以企业为主体、以资产为纽带、互惠互利的新型合作关系，构建有利于"联合发展、共同繁荣"的生产要素双向流动机制；实施"走出去""引进来"战略，以推进跨地区产业结构战略性调整为主线，与兄弟省市共同提高产业结构层次和综合经济实力，形成合理的产业布局；吸引全国各地参与上海大市场建设，进一步增强上海市场配置资源的中心作用，使上海在为全国服务的过程中加快发展，在加快发展的过程中增强为全国服务的功能。

为鼓励上海企业走出去开拓市场，变"产地销"为"销地产"，1995年12月，市政府办公厅印发了《关于促进本市工商企业积极开拓国内市场的若干政策》，明确1995—1997年，由市财政每年安排不低于3000万元的资金作为市场开拓基金，滚动使用，专项用于开拓国内市场重大建设项目的贷款贴息；区域性银行积极创造条件，在长江三角洲及沿江城市开设网点，为促进长江沿岸城市商贸发展提供服务；优先支持工商双方以资产为纽带，采用股权投资的方法共建销售网点；本市国有、集体企业到外地开办流通或生产性企业，凡以本市为核算单位的，其上海产品在外地销售取得的利润，从开业起至2000年免缴所得税。

在市政府的鼓励和政策的引导下，工业系统围绕优化经济结构，建设新高地，跨地区投资项目规模明显加大，支柱产业扩散形成声势。宝钢、上汽、电气等特大企业集团成为跨地区发展的骨干力量；华谊、冠生园、食品、海螺、申达、广电、复星等集团向外多元发展，进行产业全国化布局；轮胎、家化、服装、胶带、白猫、光明、英雄等企业，“销地产”产值达到本企业总产值的15%以上。中国浦发机械、上海锦江麦德龙等各地在沪企业，也进入开拓国内市场的行列，跨地区投资兼并形成声势。商业系统总结市外拓展经验教训，鼓励发展连锁超市、专卖店等业态，商业龙头企业纷纷走出去布设网点，走出一条新路，市外网点覆盖率达到79.3%，初步形成了跨地区连锁商业集团的雏形。浦东发展银行在杭州、宁波、南京、江阴等地设立分支机构，为各地建设提供融资服务，并开始向周边地区辐射。上海技术交易市场输出各种技术近3000项，支持沿江企业技术改造和产品升级，技术市场辐射能力进一步增强。建设系统企业主动走出去，参与各地基础设施建设。旅游部门联合苏浙两省促进三地旅游客源和市场联动。

为加大“引进来”力度，1998年5月，市政府发布18号文《关于进一步服务全国扩大对内开放的若干政策意见》，推出了24条政策；为便于政策落地，相关委办局又制订了配套实施细则。《意见》充分体现了“降低门槛，公平待遇，重点扶持，综合配套”的原则，其中最引人注目的内容之一是对来沪投资经认定的大企业，给予投资者和经营管理人员解决子女上学和相应的户口指标，享受“市民待遇”，鼓励中央部委和兄弟省区市各种经济成份的大企业（集团）来沪投资，充分利用上海的优势条件，共享发展机遇，促进联动发展、共同繁荣。24条政策的出台对进一步打破“围墙”，优化投资环境、促进经济发展发挥了积极作用，从而掀起了各地企业来沪投资的高潮。

市政府协作办为推进“走出去”和“引进来”工作，首次举办国内经济协作“双百”优秀企业推荐活动，表彰了100家上海优秀企业和100家各地在沪优秀企业；成立“上海市外地投资企业协会”，为在沪企业提供服务；首次开展全市国内经济协作快速普查，建立相关统计制度；指导区县将招商网络向街道乡镇延伸，向驻沪机构延伸，借助市政府办事处向市外延伸，利用长江开发沪港促进会向长江流域和海外延伸，形成了市、区县、街道乡镇三级招商服务网。区县按照市委、市政府“市区增繁荣，郊区增实力”的要求，成立招商服务中心，注重改善投资环境，相继推出绿卡、特卡、首问责任制，建立“绿色通道”，健全“一门式”服务；市区联手，条块联动，主动出击，上门招商，吸引各地优势企业来沪收购兼并；重点引进国有大企业和大型民营企业，促成国有资产退出机制；组建“各地名优商品来沪销售信息服务网络”，帮助各地农副产品在沪打开市场。中兴通讯、万象药业、宝安集团、胜利油田等知名大企业和温州德力西、四川兴力达、江苏阳光等民营企业相继进入，第三产业成为投资重点；外地企业兼并收购上海啤酒厂和亚通、申华、耀皮、中西药业等国有股权，形成了上海与各地双向兼并收购的局面。至2003年，各地来沪投资企业（注册资金100万元以上）达37669家，注册资金2675.5亿元，其中新增经认定的大企业达241家。各地在沪企业对上海GDP增幅的贡献率连续三年达到10%。

90年代是从计划经济向市场经济转型过渡的关键时期。随着市场机制的逐步形成，政府行政干预不断减少，以市场为导向、企业为主体、产业为主线、创新为动力，成为经贸合作的基本原则；以资本为纽带，以技术、管理、名品为基础的跨地区、跨行业、跨所有制的资产重组、企业兼并与项目合作，成了经贸合作的主要形式。

在这个时期，上海经济工作实现了五个转变，即：商品流通由注重自身的“万商云集”，向积极促进长江沿岸城市商贸共同发展转变；产业结构调整由注重内部战略性调整，向积极推动长江沿岸城市产业结构优化和升级转变；基础设施建设由注重城市内部建设和改造，向加强枢纽功能的重大项目建设转变；资金融通由注重吸纳向增强对长江流域以及全国各地的辐射转变；企业经营由注重商品、生产经营，向开展跨地区资产经营转变。

区域经济合作随着浦东开发开放不断深入和国家区域协调发展战略的逐步形成，出现了蓬勃发展的局面。

长江沿岸中心城市经济协调会作为促进长江流域联动发展的经济合作组织，自1985年成立以来，在重庆、武汉、南京、上海4个发起城市的轮流主持下，始终遵循“充分发挥沿岸各城市的综合优势和比较优势，开发长江、保护长江、利用长江、治理长江，推动流域经济繁荣和成员城市共同发展”的宗旨，在不同时期围绕不同的主题开展合作，合作范围和影响力不断扩大，经过18年的风雨历程，长江沿岸中心城市经济协调会的成员城市已经由当初的4个扩展到29个。

长江三角洲地区合作多层协调机制逐步建立，合作层次不断提升。1992年建立了长江三角洲14城市经协委(办)主任联席会议协商机制，决定每年召开一次会议，推进地区间合作。1997年，长江三角洲城市经协委(办)主任联席会升格为长江三角洲城市经济协调会。第一次会议在扬州召开，各成员城市市长或分管副市长参加，会议决定吸纳新成立的泰州市为协调会成员，通过了《长江三角洲城市经济协调会章程》，确定会议每两年轮流在成员城市举办一次，上海担任常任主席，负责联络处的日常工作，商定以旅游和商贸专题作为经济合作的突破口。这次会议标志着长江三角洲城市合作协商机制由部门层面上升为城市层面，加大了政府层面推进合作的力度。2001年，建立了由两省一市常务副省(市)长参加的苏浙沪经济合作与发展座谈会协商机制。第一次会议在浙江召开，商定推进区域大交通体系、治理环境污染、信息资源共享、开发旅游资源、建设天然气管网五个方面合作，由专题组负责实施。第二次会议2002年在江苏召开，主题为优化长江三角洲地区发展环境。第三次会议2003年在上海召开，主题为“以上海举办世博会为契机，进一步优化区域发展环境，加快推进区域经济合作与共同繁荣”。2003年8月，长江三角洲城市经济协调会第四次会议在南京召开，会议以“世博经济与长江三角洲联动发展”为主题，通过了《关于以承办世博会为契机，加快长江三角洲城市联动发展的意见》，决定接纳台州市为正式成员。会议期间，签约合作项目30个，投资总额近172亿元。

长江三角洲城市经济协调会和苏浙沪经济合作与发展座谈会是市场经济条件下政府推进区域经济合作模式的新探索，是长江三角洲区域经济发展的客观需要。这个时期，长江三角洲地区充分利用浦东开发开放政策的溢出效应，实现了经济由内向外的转变。江苏形成了苏州、无锡、常州、昆山等城市以产业园区承接外资发展外向型经济的苏南模式，浙江形成了民营企业抢滩上海借地发展、借梯登高，借船出海的快速发展格局，上海形成了“走出去”到长江三角洲地区布点拓展发展空间的良好态势。苏浙沪经济融合度逐步增强，竞争与合作共存，政府推动、企业主体、市场运作成为经济合作的基本原则。

上海积极参与西部大开发，按照“把握机遇，各方参与，优势互补，互惠互利，积极服务，共同发展”的指导方针，成立上海市服务参与西部大开发协调小组，出台扶持政策，建立专项资金，整合力量，鼓励引导上海企业西进，重点参与基础设施建设、生态环境保护、科技教育合作等领域合作。坚持参与建设先行，人才培训先行，商品拓展先行，服务网络先行，优化环境先行；参与方式从偏重于单个企业转向行业组合、条块联手、内外结合，参与内容从偏重于投资办厂转向全面合作，参与主体从偏重本地国有企业转向各类经济和社会组织，参与手段从偏重一般性牵线搭桥转向统筹协调、政策引导、规划导向等综合性实施办法，初步形成全社会参与的局面。

上海把对口支援作为服务全国的重中之重，按照中央开发式扶贫的要求，不断开拓对口支援工作新思路，推出新举措，形成了一套有效的做法。成立市援藏援疆工作领导小组、市对口云南帮扶协作领导小组、市对口支援三峡工程移民领导小组，负责全市对口支援工作的统筹与协调，形成市、区县、援边干部联络组等多层组织体系。建立全市对口支援工作大会、对口支援三个领导小组会议、对口地区联席会议等会议制度，总结经验，审议计划，确定任务。坚持“动真情，办实事，求实效”的工作方针，坚持无偿援助与经济合作相结合，坚持解决温饱、巩固温饱、奔小康递进式推进，坚持让贫困人口直接受益。建立上海与对口地区协商制订规划计划、共同实施帮扶项目的工作机制，严格帮扶资金项目管理，提高使用效益。建立“政府拨款、企业捐助、社会筹资”多元筹资机制，确保资金到位。主动将中央的要求与对口支援地区的发展实际结合起来，将实施帮扶项目与对口支援地区人民群众最关心、最直接、最需要的实际需求结合起来，围绕改善基本生活、基本生产、基本卫生、基本教育条件，加强分类指导，整合各方资源，注重集中集聚，推进智力帮扶，发展特色经济，资金项目进村到户，帮助造血脱贫。

至2003年，上海在对口地区无偿投入资金12亿元，实施各类援建项目2687个，累计援建递进式温饱试点村985个；选派挂职干部、各类志愿者、支教教师1259名；建立各类培训基地15个，培训各类人员77729人次，帮助130万人解决温饱。

上海帮扶云南的做法受到了国务院领导的肯定。2001年，时任国务院副总理温家宝在新华社内参上批示：上海帮扶云南的做法、成效和经验应予重视并认真总结。当年，上海市政府被评为对口支援三峡库区移民先进单位。

在西藏日喀则地区，上海无偿投入资金5.91亿元，会同当地援建了日喀则自来水厂、广电中心、科技馆、外贸大楼、档案馆、扎寺灯光工程、人民医院病房大楼、体育场、广场、道路等重点项目，组织实施了安康、绿化、社会事业建设、旅游设施建设等工程，帮助农牧民改善上学、就医、文化设施条件，丰富物质文化生活，扶持发展特色经济。日喀则地区国民经济增长速度连续5年保持在10%以上，财政收入年递增14.7%，2000年农牧民人均纯收入由1995年的976元增加到了1300元。

在新疆阿克苏地区，上海无偿投入资金7300万元，先后援建了地区少年宫、培训中心、医疗急救中心、老干部活动中心、阿瓦提希望小学等一批文化、卫生、教育事业重点项目，实施抗震安居工程，帮助发展特色产业，加强人员培训，开展“一帮一结亲”、“一帮一捐资助学”活动，捐赠一批医疗器械、办公电脑、图书资料、教学实验仪器等物品，促进了阿克苏地区的经济建设和社会事业发展。

在云南文山、红河、思茅三州市，上海围绕解决“四个基本”，无偿投入援助资金4.2亿元，重点实施“五个一”工程（一个村校、一个白玉兰卫生室、一个广播卫星电视接收站、一个种植养殖基地和农田建设、一个综合利用的沼气池），先后援建了“温饱试点村”、安居温饱试点村、奔小康试点村。在农户层面，投入专项“小额信贷”，实施脱贫工程，帮助劳务输出和助学。在州县层面，设立扶贫教育发展基金，援建种植养殖基地、培训中心，学校和有经济效益的项目，开发特色经济，培育脱贫带头人，加快“一县一业”、“一镇一品”、“一村一特”建设，探索贫困地区脱贫致富奔小康的新途径。

在三峡重庆万州和湖北宜昌夷陵，上海按照中央“搬得出、稳得住、逐步能致富”的要求，紧紧围绕移民安置和就业致富、解决库区产业“空心化”等问题，先后引导白猫、汇丽等一批上海企业到库区投资落户。无偿投入帮扶资金1.2亿元，重点援建移民安置试点村，实施“五个一”工程（一所希望小学、一所幼儿园、一个文化站、一个卫生所、一个农技站）和广播电视“村村通”工程；先后援建了移民培训中心、妇幼保健院、邮电通讯、环保监测、科技培训等一批社会公益项目，支援库区发展社会公益事业。

贯彻国家发展战略　做实“三个服务”

2004年，国家提出促进中部崛起，形成了东部率先发展、西部大开发、东北振兴、中部崛起区域协调发展战略。这一年，胡锦涛总书记来沪视察，对上海提出了“服务长三角、服务长江流域、服务全国”的新要求，此后，又要求上海加快推进“四个率先”、加快“四个中心”建设。这是对上海发展战略的新定位，上海国内合作交流工作站上了新起点。

上海，这颗东方明珠，浦东开发开放的辉煌将她点缀得更为璀璨；连续12年的经济高速增长又将她这艘航船推上了改革发展的潮头，因而被寄予更高的期待。在中共上海市第九次代表大会上，时任市委书记习近平强调，要把上海未来发展放在中央对上海发展的战略定位上，放在经济全球化的大趋势下，放在全国发展的大格局中，放在国家对长江三角洲区域发展的总体部署中来思考和谋划。为此，必须更加注重提高发展质量，更加注重优化发展途径，更加注重丰富发展内涵，更加注重增强发展动力。把全面落实科学发展观、加快推进“四个率先”贯穿于上海“四个中心”和现代化国际大都市建设的全过程。在中共上海市委九届四次全会上，中共中央政治局委员、市委书记俞正声指出，要跳出上海看上海，立足全国看上海，站在全局高度，积极实施国家区域发展总体战略，加快实现“四个率先”，加快建设“四个中心”；在转变经济发展方式上率先突破，强化服务意识，更好地服务长三角地区、服务长江流域、服务全国，为区域协调发展多作贡献。

上海国内合作交流工作由此被鲜明地注入了贯彻国家发展战略的内涵，从做好“两篇大文章”向做好“三个服务”提升，向服务加快推进“四个率先”、加快“四个中心”建设聚焦。

新形势、新定位、新要求期待新思路、新机制、新举措，一系列动作随之而来，合作交流工作好戏连台，成效显著。

整合完善组织机构。在组建市合作交流工作党委和市政府合作交流办公室的基础上，将原来市援藏援疆、对口支援三峡、对口帮扶云南三个领导小组和市国内合作交流工作联席会议撤销，成立上海市合作交流与对口支援工作领导小组，成员为区县、委办局、社会团体等56家单位；组长、副组长分别由市委、市政府分管领导担任，加强对全市合作交流工作的统筹与协调。

形成工作思路体系。提出国内合作交流应当坚持的五项原则：坚持“区域协调、统筹发展、东西联动、共同富裕”的国家战略；坚持“立足大局、扩大开放、服务全国、互融共进”的指导方针；坚持“优势互补、持续协调、开拓创新、合作共赢”的发展思路；坚持“政府引导、市场运作、企业主体、社会参与”的运作机制；坚持“统筹兼顾、突出重点、分类指导、注重实效”的推进方法。强调建设合作交流“六大体系”：全面贯通的工作联络体系，各具特色的服务平台体系，完善高效的对口支援体系，互惠互利的经贸合作体系，多层衔接的长三角一体化推进体系，周到规范的国内公务活动接待体系。确定六项突破目标：在突出重点兼顾一般上有所突破，在探索市场运作与政府引导相结合上有所突破，在建设合作交流平台上有所突破，在转变职能强化服务上有所突破，在加强信息工作上有所突破，在形成整体合力上有所突破。实现“六个更加注重”：区域合作上，在坚持优势互补、互融共进的同时，更加注重专题合作的推动，进一步形成联动发展的合作机制；对口帮扶上，在坚持扩大“输血”效应的同时，更加注重“造血”功能的培育，进一步加大社会参与、经济合作的比重；推进机制上，在坚持政府引导的同时，更加注重市场环境建设，进一步发挥市场机制配置资源的功能；推进力量上，在坚持各负其责的同时，更加注重力量资源的整合，进一步发挥整体合力的作用；推进重点上，在坚持全面合作的同时，更加注重服务国家战略，进一步引导优势资源向重点地区集中；合作主体上，在坚持引导国有企业的同时，更加注重扶持多种所有制企业，进一步调动社会各方参与的积极性。

健全工作保障机制。设立市合作交流专项资金，每年市财政拿出5个亿的额度用于推进全市合作交流与对口支援工作。制订《上海市国内合作交流专项资金使用管理暂行办法》和相关实施细则，规范对口支援的无偿援助项目、老少边穷地区投资项目和会展、区域专题合作、重要课题研究、服务平台建设等方面的资金使用。建立领导小组全体会议、专题会议、联络员会议、信息员会议等议事规则和考核奖励制度，推动工作落实。

推出相关政策规划。先后制订《关于进一步服务全国加强上海国内合作交流工作的若干意见》（简称15条意见）和《关于进一步加强国内合作交流工作的若干政策意见》（简称“26条”政策），分别以沪委办〔2004〕7号文和沪府发〔2007〕21号文印发，强调了合作交流工作的重要地位，提出今后一个时期合作交流工作的指导思想、基本原则、运作机制、主要任务和重要举措，明确了具有一定可操作性的政策性条款。其内容更全面，领域更广泛，重点更突出，体现了上海在注重集聚功能的同时，更为注重辐射功能的发挥，更加符合中央对上海的新要求。编制了《上海市服务全国和对口帮扶“十一五”规划》，作为全市15个重要专项规划之一，由市政府以沪府发〔2007〕11号文公布实施。

完善市政府驻外办事处布局，加强建设与管理。在二十世纪设立11个市政府驻外办事处的基础上，自2005年起，为加强对口支援和区域合作，先后在西藏、新疆、内蒙古设立办事处，并投入资金，采取新建、购买、改造等方式，改善了办事处的硬件设施；深化制度建设和招商功能开发；提高信息报送的针对性和有效性，主动为上海发展总部经济和现代服务业牵线搭桥，加强对上海在外单位党委和驻地上海企业商会(协会)的管理与服务,深入开展创文明活动,增强处理突发事件能力。2004年以来,驻外办事处促成两地经济合作项目150余个,总额约400亿元,有5家办事处被评为市级文明单位。

加强对各地驻沪机构的联络与服务,举办各种形式的交流活动密切关系,开展驻沪办事机构"双服务"先进单位评选表彰活动,举办市领导报告会通报上海经济社会发展情况;2007年,市委、市政府主要领导召开各地驻沪机构负责人座谈会听取意见,充分发挥驻沪机构在促进两地全面合作中的桥梁作用。

加强合作交流系统公务接待平台建设。制定《关于加强本市公务接待工作的有关意见》及《公务接待工作实施细则》,完善接待报批审核程序,规范接待工作流程;成立市政府公务接待单位联谊会,加强接待业务培训;提升重大活动和重要团组接待质量,增强个性化服务;推动接待工作与合作交流结合,以及为市领导出访兄弟省区市服务,促进相互往来和密切合作关系,发挥接待工作为"四个中心"建设服务的功能。

大力推进人才开发服务全国。建立人才开发服务全国工作推进小组,制定《关于进一步做好本市人才开发服务全国工作的意见》,编制人才开发服务全国项目计划,拨出专项资金用于培训,从组织、计划、项目、资金等方面抓好落实。采取部市合作、中外合作、东西合作、展望计划等多种形式培训中西部地区基层干部、实用技术人才、新农村建设带头人和致富带头人。

务实推进长三角区域经济一体化。2004年,苏浙沪两省一市建立党政主要领导座谈会机制,深入商讨区域合作的重大问题。同年11月,长江三角洲经济协调会第五次会议在上海召开,决定将经济协调会常设联络处改设为办公室,正副主任分别由上海、南京、杭州、宁波协作部门领导出任;会议修改了协调会章程,设立专项资金,确定推进规划、科技、旅游、产权、信息、协作等6个专题合作,实现了从议事联谊到务实推进的转变,拉开了长江三角洲地区经济一体化的序幕。

2005年,苏浙沪两省一市党政主要领导座谈会确定重点推进交通、科技创新、环保、能源等四个平台建设。同时,国家启动了《长江三角洲地区区域规划纲要》编制工作,两省一市也分别提交了地方研究报告。2007年5月,温家宝总理在上海召开长江三角洲地区经济社会发展座谈会,要求在新的更高起点上谋划长江三角洲地区更好更大的发展。上海认真贯彻座谈会精神,提出了"深化、放大、提升、搭台"的工作方针,市四套班子主要领导率团赴苏浙两省学习考察,共商推进长江三角洲地区联动发展大计。11月30日至12月1日,在上海召开了苏浙沪两省一市主要领导座谈会暨长江三角洲地区发展国际研讨会,商定重点开展区域合作协调机制、政策法规协调机制、涉外服务保障、科技创新政策、信息一体化、破除市场壁垒等六个课题调研,明确区域合作协调机制和区域发展政策法规协调机制由上海牵头组织实施。苏浙沪两省一市主要领导座谈会、苏浙沪经济合作与发展座谈会、长江三角洲城市经济协调会和各部门联席会议四个层次协商机制基本形成。

2008年9月,国务院以国发〔2008〕30号文印发了《关于进一步推进长江三角洲地区改革开放和经济社会发展的指导意见》,明确长江三角洲区域为苏浙沪两省一市,长江三角洲区域一体化已经上升为国家战略。当年12月15日,长三角地区主要领导座谈会在浙江宁波举行,苏浙沪两省一市党政主要领导出席会议，安徽省党政主要领导应邀出席会议。会议围绕全面贯彻实施国务院《指导意见》和中央经济工作会议精神，就加快完善区域合作机制、共同推进长三角地区一体化发展和区域经济平稳较快发展达成共识，原则通过《长三角地区贯彻国务院〈指导意见〉共同推进若干重要事项的意见》。会议明确提出建立和完善"三级运作、统分结合、务实高效"的区域合作机制，按照"长三角地区主要领导座谈会"作为决策层，长三角地区合作与发展联席会议（常务副省市长参加）作为协调层，"联席会议办公室"、"重点合作专题组"、"长三角城市经济协调会"作为执行层的模式进行运作；强调要加强科学规划和政策协调，发挥区域整体优势，共同推进重大改革试验、重大基础设施项目建设和社会保障体系逐步融合；商定整合原有十个合作专题、四大合作平台和六个调研专题，以交通、能源、信息、科技、环保、信用、社保、金融、涉外服务、工商管理等10个专题为近期重点，推进专题合作。这次会议的召开，标志着长三角区域合作迈向了一个新起点。

2004年以来，在国家有关部委的指导下，经过苏浙沪的共同努力，长江三角洲区域合作取得了阶段性成果，主要有：制定《长江三角洲都市圈高速公路网规划方案》、《长江三角洲道路运输一体化合作规划纲要》，完成《长江三角洲城市间综合交通规划研究》，提出"十六枢纽、六廊、五圈"区域交通发展框架，初步构筑完成公路、水路、铁路、航空组成的立体交通体系；编制完成《长江三角洲区域"十一五"科技发展规划》，开展18项科技联合攻关，建立长江三角洲区域科学研发仪器设施共用服务平台，实现了在线和备案服务；基本完成旅游目的地营销系统一期工程建设，制订《长江三角洲地区旅游景点道路交通指引标志设置技术组别（试行）》，10个试点城市完成了主要旅游景点示范性设置；出台《长江三角洲区域产权市场交易规则》，在部分城市完成了产权交易信息平台对接；完成长江三角洲物流信息一体化调研报告，组织实施与南通合作建设"南通港航 EDI 中心系统开发项目"一期工程，实现两地 EDI 信息系统互通；建立长江三角洲用人单位和毕业生资源信息的标准化体系，构建了就业信息网络平台；编制长江三角洲人才发展规划，推进城市间专业技术资格互认，签订人事争议仲裁、引进国外智力资源、继续教育资源共享、紧缺人才培训等合作协议；通过了《苏浙沪信用体系建设区域合作推进方案》，开通"信用长三角"信息共享平台，实现苏浙沪部分企业信用信息的联网共享查询；建立港口部门联席会议制度，成立港口市场监管、港口安全与环保、港口信息与培训4个合作工作组，推进集装箱运输、大宗散货中转、海进江转运三个体系建设；启动区域大通关改革试点，推行"属地申报，口岸验放"模式，范围覆盖到江苏、安徽、江西、湖南、湖北、四川、重庆、云南等省市19个口岸，适用企业1323家。

长江三角洲区域经济合作在不同历史时期具有不同的效应。上海经济区时期，横向经济合作推动苏浙乡镇企业和民营企业的崛起，实现了乡镇企业由农向工的转变。浦东开发开放之后，长江三角洲地区充分利用浦东开发开放政策的溢出效应，纷纷建立工业园区吸引外资，实现了经济由内向外的转变。当前，长江三角洲地区正借助上海经济结构优化升级，依托上海发展现代服务业加强联动，实现产业结构从低向高的转变。

积极促进长江流域联动发展。2004年，长江沿岸中心城市经济协调会第12次会议在上海召开，会议围绕落实中央领导关于"高度重视水运，充分发挥长江黄金水道作用"的重要指示精神，就合力建设长江黄金水道进行研讨，达成了共识。此后，国家交通部会同沿江七省二市成立长江水运发展协调领导小组，形成了部省市协调机制；同时制订并签署《“十一五”期长江黄金水道建设总体推进方案》，重点推动航道治理、港口规划与建设、船型标准化、三峡过坝运输扩能、水运保障、干支联动等六项工程。国家“十一五”期间投资150亿元，加大对长江水运基础设施建设的投资力度，长江黄金水道建设迈了实质性的步伐。

上海把联手推进长江黄金水道开发与加快国际航运中心建设结合起来，带动沿江产业的整合与发展。近5年，上海通过投资参股，加强与沿江中心城市港口企业合作，推动沿江各港之间建立高效物流信息平台，加快全线各港物流信息化管理，累计在长江流域合作项目2000多个，金额约1900亿元。上海结合洋山港后续建设工程，共同发展江、铁、海、陆联运及港口、内河集疏运体系，推动江海直达和水水中转，共同带动国际物流和第三方物流等相关服务业和延伸产业的发展。2008年6月，国家交通运输部正式颁布实施特定航线船舶安全检验暂行规定，解决了内河船舶不能直达洋山港的问题，江海直达取得重大突破。上海围绕建设国际航运中心，大力发展航运服务业，加快建设以长江黄金水道和长江三角洲高等级航道网为主要疏运通道的集装箱运输系统、外贸铁矿石及原油海进江中转运输系统和江海物资转运系统。2008年，长江沿岸中心城市经济协调会第十四次会议在武汉召开，会议以推进长江流域产业合作和长江黄金水道建设为主题，签署多边合作协议，发布了长江水资源保护宣言。

稳步推进共同举办中国上海世博会。全国各省区市建立了参与世博会组织领导机构，制订了参与工作方案，全面启动了展示设计。省区市活动周、论坛、网上世博会等各项参与工作稳步有序进行。有9个省区市23个城市申报了27个案例参与上海世博会“城市最佳实践区”的评选，已有8个城市的案例入围实物案例及展馆案例展示。在全国开展世博会宣传周系列活动，已在多个省市进行了巡回宣传；会同苏浙联合推出“世博主题体验之旅”，围绕世博主题打造旅游精品，共享世博发展机遇。

区域战略合作取得明显成效。上海把参与西部大开发、支持东北等老工业基地振兴和中部崛起，作为贯彻国家发展战略的重要举措，把完成中央赋予的对口支援任务作为义不容辞的责任，从政策、资金、人才、项目等方面推进落实，取得了阶段性成果。2004年以来，上海在重大经贸活动中与各地签订合作项目1376项，资金总额2701.54亿元。

在西部地区，上海发挥专项资金的引导作用，积极引导各类优势企业西进。2007年，动用合作交流专项资金对到西部和老少边穷地区投资的14家上海企业15个项目补助4638.7万元。多次组团参加西部地区大型经贸活动，签订合作项目296个，总金额达1072.75亿元。重点加强能源、化工、商贸、金融、人才、卫生、文化、旅游、装备制造、农畜产品深加工、基础设施建设、生态环境保护、科技教育等领域的合作，分别实施了沙漠治理工程、垃圾处理资源化、热电开发、天然气综合利用、草种生产、玉米研究与开发、黄牛基因改良、高档花卉、人才培训、干部挂职、信息化建设等项目。相继完成“西气东输”、“西电东送”管网配套工程建设，确保西气、西电顺利入沪。上海科技系统投入大量资金，立项支持400多个科技合作项目，建立6个上海科技孵化基地、9个高新技术成果转化分中心和9个科技产权交易分中心，促进高新科技成果在西部地区的转化；选择高新技术和适用技术向西部地区推广，与当地优势资源结合形成特色产业。举办培训班，开展多形式、多内容的人才、劳务技术培训，加强劳务输出协作；发挥白玉兰远程教育网、医疗网、妇女网的作用，加强远程培训；援建希望小学，每年支出上亿元支援西部地区发展教育和开展教育合作。实施“人才西进”计划，加强干部挂职交流，积极动员青年学生、在职干部、退休专家组成“博士服务团”、“银龄行动”等多种志愿者队伍，从事智力服务。依托“科技农业”、“种源农业”、“服务农业”等优势，支持西部地区加快农业发展；输出上海现代农业科技成果，开发“农民一点通”农业信息系统，为西部地区提供信息服务和技术指导；共同组建农产品加工龙头企业，以公司、基地、农户的形式帮助当地发展致富。相继开展“东部文化西部行”、“西部文化东部行”，推动地域文化艺术合作交流。

在东北地区，上海在组团深入调研的基础上，提出支持东北振兴的切入点，采取多种措施加强合作，主要有：加强领导互访，签订合作协议，建立东北粮食和蔬菜副食品长期供沪“绿色通道”；推动宝钢、上汽、绿地等一大批企业集团北上发展，参与当地企业的资产重组和老城区改造，参与城市基础设施建设；引导国际资本参与东北老工业基地改造，“以外引外”；鼓励上海民营企业参与东北国有企业改制和重组，输出市场竞争机制，激活经济增长原动力；支持上海企业在东北地区发展新型服务业、连锁商业，合作建立采购中心，帮助建立营销网络，沟通绿色产品出口通道，形成规模效益；鼓励上海中介服务机构组织上海联合产权交易所、技术产权交易所帮助东北企业盘活国有企业存量资产，调整经济所有制结构；支持上海金融机构、投资公司在东北地区建立服务网点，提供企业融资、产品开拓服务；在东北地区探索建立上海产业园区和科技“飞地”，加强深度合作，提高资源利用等级和附加值；依托上海信息产业优势，参与东北地区传统产业的信息化改造，协助东北地区以信息化带动工业化；建立人才和劳动力市场信息交换机制，沟通需求信息，采取多种形式，促进两地人才交流互补。

在中部地区，上海在原有基础上，充分利用中博会及各种经贸活动平台，重点加强能源、基础设施、农业、工业、科技、信息、装备制造等领域的合作，积极促进中部崛起。能源方面，上海主要加强与山西、安徽的战略合作，为保持煤炭和电力的稳定供应，加大在晋皖两地的投资。上海电气集团与山西国际电力集团签署了30万千瓦机组发电工程项目，合同金额达70亿元；宝钢集团、浦东发展银行、东方明珠、绿地集团、宏特化工、德力西电气等一大批有实力的上海大型企业投资山西，金额达150多亿元，涉及能源、电力、冶金、化工、旅游、医药、轻纺等多个行业。上海华谊集团2008年在安徽巢湖无为经济开发区建设煤化工基地，计划投资350亿元，一期工程投入73亿元，是上海与安徽最大的合作项目。基础设施方面，上海绿地、建工等企业在江西、河南、安徽等中部地区投资参与旧城改造和新区建设，推动当地发展旅游、会展等现代服务业。农业方面，上海充分发挥农业科技、农业市场、农产品加工、质量标准认证、农业信息五大优势服务全国“三农”，重点深化与安徽、湖南、湖北、河南等中部地区的农业合作，建立农业新产品示范基地、种植业和畜牧业基地、水产养殖基地上百个，推广农产品和畜禽新品种200多个；一批中部地区农业生产基地通过了上海跨国采购中心的认定和授牌，大批中部地区农副产品通过在沪举办大联展，进入上海千家万户。

在对口支援地区，上海按照中央的新要求，不断总结经验，开拓工作思路，探索帮扶新模式，提高帮扶实效，把做到“让对口地区干部群众满意、让中央满意、让上海人民满意”作为衡量工作成效的标准，更加注重集中集聚，更加注重帮扶重心下移，更加注重增强当地自我发展能力，进一步加强分类指导，完善资金统筹使用机制，探索通过工业园区对接、大宗农副产品进入上海销售主渠道、帮助招商引资推介等方式，帮助对口地区增强“造血”功能，不断加大帮扶力度。在西藏日喀则，重点援建新农村建设重点村、安居工程和宗山博物馆、上海家园、日喀则地区上海实验学校等重点项目，帮助农牧民改善上学、就医、文化设施条件。在新疆阿克苏，重点推进白玉兰新农村重点村整村推进建设，援建一批文化、卫生、教育事业项目，帮助当地实现“五通”(通水、通电、通路、通电话、通广播电视)、“五有”(有学校、有医疗保障、有科技文化室、有集体经济收入、有强有力的村级领导班子)目标。在云南文山、红河、普洱(原思茅)、迪庆(2004 年沪滇商定新增)四州市，重点按照中央整村推进的要求，以乡为单位进行帮扶项目整体设计，以行政村为单位进行扶贫开发规划，以自然村为单位推进“白玉兰”重点扶贫试点村建设，探索贫困地区致富奔小康的新途径；投入帮扶资金 2232.4 万元，帮助德昂族脱贫；投入帮扶资金 1200 万元，帮助苦聪人异地搬迁。在三峡库区，重点援建移民新村、移民就业基地标准厂房和社会公益事业项目，配合当地政府“筑巢引凤”，加强经济合作，建设经济作物基地，扶持发展养殖业，相继投入近 3 亿元完成三峡移民 1835 家 7519 名来沪安置任务。在 2004—2007 年的 4 年间，上海在 8 个对口地区无偿投入资金超过前 13 年的总和，达到 13.9 亿元，实施对口帮扶项目 2354 个，新建温饱、安康和白玉兰扶贫开发重点村 730 个，派出挂职干部、各类志愿者、支教教师等共计 819 人，帮助培训各类人员 10.9 万人。上海对口支援工作不断跃上新台阶。2004 年，在上海召开的全球扶贫大会上，“上海——云南对口帮扶协作反贫困报告”作为唯一的区域案例在大会发言，“上海东西扶贫案例报告”作为中国提供给大会的八个案例之一，以书面形式进行了交流。上海市对口云南帮扶协作领导小组办公室被评为先进集体，受到国务院表彰。2005 年，在北京召开的“信息时代知识传播与扶贫国际研讨会”上，上海首创的“白玉兰”远程网知识扶贫模式作大会介绍；上海市人民政府合作交流办公室被评为全国对口支援三峡库区先进集体。2008 年，上海市人民政府合作交涉办公室被授予“全国东西扶贫协作先进单位”称号。

2008 年 5 月 12 日，四川汶川发生特大地震，上海在第一时间派出 57 支医疗队和救援队奔赴灾区，抢救人员，救治伤员，动员社会各界捐款 27.6 亿元，全力帮助灾区解决急需的帐篷等救灾物资，援建灾区临时安置板房 58000 套。中央决定上海对口支援四川都江堰市后，上海按照中央要求，计划三年每年拿出财政收入 1% 的资金，用于帮助都江堰市灾后重建。专门成立对口支援都江堰市灾后重建工作领导小组，由市长韩正任组长，下设对口支援现场指挥部，选派一名市政府副秘书长担任总指挥，选派一批局、处级干部到都江堰市挂职和到现场指挥部工作。

各地来沪投资持续增长。上海各条战线围绕加快推进“四个率先”、加快建设“四个中心”，按照市委、市政府的部署与要求，相继制订完善相关产业扶持政策和人才政策，将引进投资类人才纳入政策体系，不断改善投资环境；联手推进招商引资工作，加强目标招商、楼宇招商、服务招商；提供放心、称心、安心的“三心”服务，开展服务网络全覆盖、服务内容全方位、服务环节全过程、服务时间全天候的“四全”服务；推进合作交流综合信息服务平台建设，汇集相关专业服务平台，形成服务全国平台体系，增强上海要素市场辐射能力；发挥各地驻沪机构联合会、信息协会、各地在沪企业协会、商会、经济协会等社会团体的作用，加强信息交流，增强服务功能，积极为各地组团来沪举办经贸推介活动提供贴心服务。近年来，各地企业来沪投资落户稳定增长，每年新增上万家。

上海国内合作交流就这样走过了30个春秋，当我们回眸凝视的时候，更深切地感受到，上海的发展离不开中央的英明决策和全国各地的大力支持。发展上海是国家战略，是为了更有力地带动长江三角洲、长江流域的联动发展，是为了更好地服务国家经济建设的大局，是为了更有效地提升我国参与全球经济竞争的实力。因此，“服务长三角、服务长江流域、服务全国”既是上海加快自身发展的需要，也是上海义不容辞的责任。这种共识已经逐步融入上海“海纳百川、追求卓越、开明睿智、大气谦和”的城市精神，体现在上海国内合作交流工作的实际行动上。

30年的实践表明，上海国内合作交流工作必须坚持“围绕中心，服务大局，优势互补，互融共进”的方针。这个中心就是经济建设，这个大局就是国家战略。上海国内合作交流工作应紧紧围绕上海经济建设的中心任务，立足于服务国家发展战略，在做好“三个服务”和开展与兄弟省区市的合作中，坚持优势互补、互融共进，更好地落实中央对上海的要求，更好地体现市委、市政府对合作交流工作的定位。

30年的实践表明，上海国内合作交流工作必须坚持“政府引导、市场运作、企业主体、社会参与”的运作机制。正确处理政府、市场、企业、社会之间的关系，是确保推进国内合作交流工作成效的关键所在。政府只有不断转变职能，在注重政策法规引导和加强管理、协调、服务的同时，尊重市场经济规律，把应当由市场发挥作用的交给市场，充分发挥企业的主体作用，动员社会各方力量积极参与，才能找准政府在推进合作交流工作中的职能定位，才能不断推进市场经济体制的完善，才能更有效地推进区域经济合作。

30年的实践表明，上海国内合作交流工作离不开市委、市政府的正确领导，离不开全市各个方面的协同作战，离不开完善的组织机构、健全的工作网络、有效的推进机制提供的强大支撑。没有市委、市政府领导的高度重视，没有兄弟省区市的大力支持，没有全社会的积极参与，就没有合作交流工作的作为与地位。从某种意义上说，上海国内合作交流工作取得的辉煌成就，既是全市上下共同努力的结果，也是上海与兄弟省区市共同谱写的篇章。

展望未来，我国既面临着难得的发展机遇，也面临着严峻的挑战。当前，上海加快推进“四个率先”、加快建设“四个中心”正处于关键时期，产业结构优化升级和经济发展转型正处于突破阶段，举办一届精彩、成功、难忘的世博会正处于筹备冲刺时段，面对国际金融危机不断加大的影响和复杂多变的经济形势，如何结合实际贯彻落实中央经济工作会议精神，应对国内外各种不利因素，保持经济稳定快速增长，实现既定发展目标，是上海目前亟待解决的重要课题，也是上海国内合作交流工作面临的重要挑战和重大机遇。因此，上海国内合作交流工作必须立足国家发展战略，紧紧围绕市委、市政府的中心工作，着力突破自身面临的瓶颈问题，以服务为核心，主动转变政府职能，努力构建与“三个服务”、“四个中心”建设相适应的合作交流管理服务体系，完善适应市场经济要求的合作交流体制机制，不断创新工作思路，健全合作交流政策法规体系，努力探索区域合作新模式，不断提高综合协调、整合资源的能力，集中集聚，突出重点，狠抓落实，为贯彻落实国家区域协调发展战略，推进上海转变经济发展方式，加快发展总部经济、现代服务业和先进制造业，进一步带动长江三角洲、长江流域经济联动发展作出更大的贡献。

（上海市人民政府合作交流办公室研究室）

第二篇 亲历者说

打破"笼子经济",推进横向经济合作

——专访前上海市副市长顾传训

记者: 顾老,看了您的履历,您是1988年4月到1993年2月间任上海市副市长,分管协作等工作。就我所知,从上世纪80年代迈向90年代,是我国从计划经济向市场经济转轨的特殊时期,想必您一定很有亲身体会吧?

顾传训: 是的,经历改革有种幸福感觉。解放后,上海被确定为"工业加工城市",原材料来自全国,商品则销往全国,这种模式的"全国支援上海,上海支援全国"均由国家统一指令,生产资料和消费品由物资、商业两大部门统一收购和分配,企业没有销售权,这是典型计划经济模式。记得很有趣的一个细节是,我在前苏联访问时曾问过一位厂长,你们的产品销往哪里?这位厂长一愣,说,这个我倒不清楚。中国企业虽无销售权,但产品去向还比较清楚,比前苏联要好一些,所以市场化改革也还顺利。1983年,我还在上海石油化工总厂工作,北京方面来人商量石化总厂划给中央管理的问题。北京方面就提出,上海石化总厂每年产生5亿多元的利润,是不是要分一块利润给上海。你猜上海方面怎么说?上海居然很大方地说,算了不要了,这钱你就是给我,我最后还是要交给中央的,何必过一回手呢?难怪,计划经济年代,上海的钱交给中央,要用钱的时候,"儿子得问妈妈讨",这样的统收统支财政,确实制约了上海的发展。

改革开放,拨乱反正,解放思想,提出"实践才是检验真理的唯一标准",但在改革开放初期,对"市场经济"的提法仍相当谨慎,只是试探性地提出了"计划经济为主,市场调节为辅"。这说明计划经济和市场经济还是有主辅之分。第二次提到"市场经济",是在上世纪80年代中期。当时已经开始提"计划经济和市场调节相结合",可见,市场经济与计划经济已经可以平起平坐了。既然是"相结合",其实就是开了个口子,恢复了商品自由交换的属性,商品买卖,当然既包括生产资料,也包括消费资料。改革开放初期的某次会议上,薛暮桥建议中央给商品贩运以合法地位,得到陈云同志首肯,这一措施活跃了城乡市场,温州人从贩运营商进而创办实业,创立了温州发展模式。与此同时,乡镇企业也发展起来了。1982年底、1983年初,陈云同志多次把实行统一计划与搞活经济的关系比喻为"笼子与鸟"的关系,计划经济是"笼子经济",乡镇企业没进计划经济这个"笼子",哪来的原料?但是,由于上世纪80年代中期已经提出了"计划经济与市场调节相结合",各地政府有了一定的灵活性,企业有了一定的自主权,可以自己搞到一些物资,企业还可以承接国有企业的加工任务,由此,乡镇企业开始出现蓬勃发展的势头。

不过，有了原料，却缺乏技术人员，因此，乡镇企业与上海的联系热络起来，“星期天工程师”现象就是从那个时候开始的。1992年初发表了邓小平南方重要讲话，这对中国上世纪90年代的经济改革与社会进步起到了关键的推动作用。1992年10月，党的十四大正式提出“建立社会主义市场经济”，社会主义市场经济体制终于取代计划经济体制，从而完成了市场经济“转正”的三部曲。

记者：那么在这“三部曲”中，上海市人民政府协作办公室的职能发生了哪些变化呢？

顾传训：1982年5月，上海市人民政府协作办公室成立，旨在加强上海与兄弟省市的经济联系。但成立初期，计划经济仍唱主角，当时讲“协作”，主要还是物资方面的协作，因为上海需要大量从外地购入煤炭、棉花、粮食、有色金属等。但这种协作，没有“你便宜，我吃亏”的概念。你看现在一场商业谈判，律师、会计师个个到场，谈它个几天几夜不算稀奇，但在上世纪80年代初期，对方给你的价格，都是国家规定好的，因为公对公，所以谈判起来很方便，签个字、握个手就行了。这种协作，更谈不上“资金”和“投资”概念，譬如上海拿钱投向棉花、煤炭产地，每年能得到足够产品就满足了，这种协作还带有互相支援的概念，不会斤斤计较。后来，国务院下发了《国务院关于进一步推动横向经济联合若干问题的规定》。1986年，上海市政府制定《上海市进一步推动横向经济联合试行办法》。1988年，上海市政府协作办同意成立上海联合经济协作公司，其主要任务就是筹措原材料，开展各项具体经营活动，为上海广泛开展与各兄弟地区的横向经济联合提供多种服务。因此，上世纪80年代中期到后期，各省市代表团来沪络绎不绝。同兄弟省市共建名优产品生产基地、科研产品开发基地、重要资源开发基地和出口货源配套加工基地，是上海与兄弟省市经济联系的主要内容。

在我任上，感到荣幸的是，有机会参与1990年4月李鹏总理在上海向世界宣布的浦东开发开放。当时正值“六四”事件之后，西方对中国的开发开放能否继续持怀疑态度，上海虹桥开发区、闵行开发区和漕河泾开发区合计不到10平方公里的土地，属于试验性质，而浦东那么大一块面积，足以向世界表明中国改革开放的坚定态度。当时我接待一位友好的外国金融界领导时，他轻声对一位同行说，一个这么小的虹桥开发区还没有搞好，现在又要去开发浦东，我看他们搞不好了。有些外国人一开始对浦东开发确实持观望态度，但由于上海市政府对浦东重要基础设施建设的全面展开，对外展示的规划合理，政策条文清楚，敏感的各国企业家看好中国，看好上海。1992年当年签订外资合同竟超100亿美元。回忆过去，1979年至1989年这11年间，上海吸引外资总量不超过30亿美元，但浦东开发开放之后，外资大量涌入上海，说实话，我也没有想到浦东开发开放会如此成功。

浦东开发开放对于上海周边地区而言，是个极大的利好，上海积极利用浦东开发开放服务周边，服务全国。1992年3月，在上海市政府举行的上海对外开放及浦东开发新闻发布会上，时任市长黄菊就明确宣布，中央对浦东开发给予新政策，上海将真诚打好“中华牌”、“世界牌”。之所以要打“中华牌”，是因为“全国支援上海，上海支援全国”不是近两年才讲，而是一直在讲。计划经济年代，全国一盘棋，上世纪五六十年代，上海许多知识分子和有技能职工响应国家号召，参与东北、西北地区的建设。1972年我还在上海天原化工厂工作，有幸参与国家组团出国学习，出国之前，住在北京前门饭店学习。我去饭店的理发店理发，理发师听出我的上海口音，他也讲上海话。然后，我们又去外交部定点的服装店定制出国服装，没想到裁缝又是上海人，他们都是上世纪五十年代初由组织安排支援到北京的。因此，浦东开发开放，是新时期上海支援全国的一个载体、一个抓手。

所以，浦东开发开放新闻发布会一开完，同年7月，上海市政府协作办就印发了《关于对外县级政府、地方国营、大中型企业在沪设立办事机构审批工作的若干意见》。于是，兄弟省市立即掀起了一股在沪设办事处的热潮。当然，当时兄弟省市在沪设窗口，目的不是把厂开到浦东来，而是为了招商引资。有时候外商第一天到上海考察，第二天就被拉到了昆山。我记得很清楚，台湾统一集团项目是由汪道涵亲自牵线的，该项目最后落在上海周边地区，这说明浦东开发的辐射效应，浦东开发开放确实是有利于周边地区发展的。为了欢迎兄弟省市参与浦东开发，上海低价给兄弟省市来沪盖大楼、设办事处，兄弟省市还可享受浦东开发开放的各种优惠政策，全国各地的积极参与为浦东今日的繁荣奠定了基础。一条东方路上，裕安大厦、齐鲁大厦、紫金山大厦，都是当年八方支持留下的深刻印记。上海海纳百川的形象由也由此树立起来。

记者：我查阅了一些资料，发现1991年初，您组织了一场"广东饼干打进上海，上海怎么办"的大讨论。这事情似乎缘起1989年开始，广东饼干每年以递增3000吨的速度在沪攻城略地，为此，上海急谋对策奋起直追。我想现在看起来，外地品牌进入上海市场已经不足为奇了，但在当时，"广东饼干"事件为何会引发上海大讨论？它又带给上海哪些思索？

顾传训：广东是我国第一个对外开放的省份，由于政策优惠，地域邻近，香港一些食品、服装等劳动密集型产业迅速向成本低廉的广东转移。广东的一些基层干部思想解放，胆子也比较大，直接组织企业与香港合作，因此，上海的轻纺、食品行业渐渐比不过广东了。记得当时，上海老百姓对广东商品尤其青睐，个体户从广东批发来的服装，成为上海时尚，上海华亭路服装一条街多是从广东批发来的，广东的厂商从香港买件样品，马上就模仿制作，因此服装款式特别好。

"广东饼干"也是一个典型。这至少可以引起我们三大思索。其一，广东与香港主动接轨，在短时期内就体现出了技术优势。相比之下，上世纪80年代末90年代初，上海的步子迈得慢了，因此在一些消费品生产领域渐渐落后了。实践已经证明，早开放，早得益，对外开放就可以更多更快地吸收分享人类所创造的先进科技。

其二，产业有进有退的问题。经历过那次大讨论后，上海越来越发现，上海的优势在于资金、技术密集，在冶金、石化、汽车、船舶、医药和精密制造等行业，上海的基础较好，并不是外省市轻易就能追赶得上的。当时，上海就确立了这样的指导思想，上海应该做外地不太容易做的东西，而且一定要专心致志地做好，产业上，要有进有退，这就有点像相扑运动员，关键是要想方设法把头保护好，而不是指望身上任何地方都不受到伤害。

其三，当然，上海干部也可以自我安慰说，一般的劳动密集型产业转移到其他地区都属正常现象，但品牌不能丢。如果回忆一下，老上海的工商界人士都知道，旧上海拥有全国名牌商品的50%。牌子贵于金子，名牌的商标价值远高于劳动成本，拥有名牌，就拥有产权，拥有财富。知识产权既不消耗能源，也没有污染。广东饼干打进来，就意味着上海名牌商品的逐渐消失。因此，上世纪90年代，上海提出了名牌战略，这是一个很好的开端。名牌的形成实际上是企业机制创新、企业家成长的过程，一个名牌商品的背后必然有一位成功的企业家。所以我衷心希望上海能长期坚持名牌战略，改革企业机制，形成一个有利于名牌商品形成和企业家成长的经济环境。

记者：外地饼干企业打进上海的时候，上海企业有没有“走出去”呢？

顾传训：我从1988年到1993年分管工业和协作工作，要说遗憾，这五年，上海企业很少“走出去”是一大遗憾。大约是从1994年、1995年开始，上海企业才渐渐“走出去”了。为何在我任上“走出去”很少？原因是多方面的，首先还是意识问题，当时上海企业尚没有向外开拓市场的紧迫感；其次，“走出去”就需要钱，但当时上海企业从上海的银行里贷到款是不能拿到上海以外去的，而外地银行也都有各自的贷款指标，上海企业去向外地银行贷款，也是不可能借到钱的。所以我说，上海企业当时“走出去”少，首先是观念，其次也有政策上的限制。

记者：您在任上时，参与组建了长发集团，您卸任后，又担任起长发集团的董事长，能否谈谈这方面的情况？

顾传训：浦东开发开放以后，上海几位有识之士建议组建一个由上海发起，沿江城市政府、企业入股的股份制公司，注册在浦东，沿江企业投资入股，并鼓励长江沿江企业参与浦东开发，以此发挥浦东开发开放对长江沿江地区的带动效应。这个建议，得到时任上海市委书记吴邦国的赞同，接着，上海、南京、武汉、重庆、交通银行共同发起由沿江31个城市政府财政资金和企业入股组建了长江经济联合发展股份有限公司，这是上海对内协作的一个大动作，期望浦东开发开放对长三角乃至长江沿江地区产生积极的带动效应。为此，《人民日报》头版曾两次发表文章，认为此举对东中西部联动发展具有重要意义。

1992年长发公司成立以来，长江沿岸主要城市就多了一个交流合作的通道。考虑到长江沿江城市所包含的区域面积约为40万平方公里，而沿江陆上快速交通尚未形成，长江黄金水道未充分开发，沿江物流不畅，因此从实际出发，长发公司在南京、武汉、重庆设立区域性分公司，分区域发展各自业务。现在，长发公司的资产总值比成立初期增长了8倍以上，负债率合理，财务信用好。上海作为航运中心，需要先进、快捷、跨地区的物流服务业，可充分发挥长发公司的优势。

记者：您是上海协作工作的老同志，您对目前上海的合作交流工作有何建议吗？

顾传训：这些年，社会和经济体制发生了巨大变化，为了顺应这种变化，上海把协作办、接待办改制为合作交流办公室，这次改制很好，名副其实，定名恰当。现在和二十年前已不能同日而语，随着政府职能转变，应该由企业做的事，由企业自己去办，尤其在长三角地区，地方保护正在消失，资本、技术、人才都可以自由流动，这些都是各地政府从宏观政策层面上共同推进的结果。所以政府之间的交流和合作将是永恒的主题，工作任重道远。

（《解放日报》记者：李晔）

解放思想，搭建平台，服务全国

——专访前上海市政协主席蒋以任

记者：邓小平南巡讲话以及党的十四大召开是在1992年，您开始分管协作是在1994年，相信上海当时正处在一个思想大解放的时期。

蒋以任：是的，小平同志南巡讲话首先是一个思想大解放，党的十四大又明确提出“建设社会主义市场经济”，这对上海触动太大了，上海面临着一个思想观念的大转变。在计划经济年代，上海与全国的关系是，原材料大进，产品大出，甚至牙刷、牙膏都是上海生产的，上海当时的名牌很多，特别是轻工产品。所以以前，都是人家求我，我万事不求人。但是，市场是互通的，封闭是没有出路的，尤其是上世纪80年代初市场经济有所萌芽的时候，各地都在发展，正在慢慢追赶上海。我自己就深有体会。上世纪80年代我在经委工作，因为当时上海急需“两白一黑”即棉花、粮食、煤炭等，因此我们就到山东、湖北等地建立一些原材料基地。但我们越来越感觉到，即便是建了基地，也不一定能拿到物资，为什么？因为那时候，计划经济之外的乡镇企业已经发展起来了，好多物资都被乡镇企业买走，因此，上海与资源大省建立物资基地的合同往往很难履行。所以当时上海每年22万吨的棉花需求，到后来就越来越吃紧。这种情况已经使我们逐渐意识到，在市场经济的交易中，应当体现合作互赢的原则，上海“朝南坐”的习惯应该改一改了。

另一方面，小平同志南巡讲话之后，上海迎来了浦东开发开放的大好机遇，上海确立建设三个中心，即经济、金融和贸易中心（当时航运中心还没提）。既然是中心，就应该服务全国。而且，如果说上世纪80年代开始，在横向经济联合基础上出现的“星期天工程师”是上海工程师走到乡镇企业服务，那么到了90年代，就应该变为上海更要服务全国，更要主动服务全国。

记者：看来上海从“朝南坐”变为“主动服务”的思想大解放，既是市场经济发展的需要，也是上海新一轮发展的需要。那么，上海如何将这种思想的转变化为具体的行动呢？

蒋以任：首先是产业结构调整，产业向外转移，将“产地销”变为“销地产”。当时，由于市场经济，许多企业原材料成本上升，而且，上海煤炭供应紧张，上海企业就要转移到外地去，转移到那些原料基地去，以方便采购和降低成本。想当年，上海的化工、炼钢厂都是用电大户，其中一部分关掉，一部分转移到宁夏，内蒙等地，上海十多万纺锭转移到新疆、安徽，真的是壮士断臂啊！此前，上海市区工厂林立，武宁路上有上钢八厂，淮海路上是上钢十厂，苏州河边上是国棉一、二厂，杨树浦路上有上棉二十一、十七厂等，周家嘴路上有上海冶炼厂，中山北路上有染料一厂、三厂，徐家汇花园是大中华轮胎厂，新华路上有钛白粉厂。过去的上海地图，标识的全都是烟囱，苏州河一勺水就可吃到许多重金属。市区工业企业众多还带了安全隐患，搞不好就发生爆炸、火灾。我当时还分管工业生产，一听到救火车的声音就紧张，像天原化工厂氯气泄露，200 多人中毒被送往医院，有时我是接待外宾接到一半，市区发生安全事故，就赶去事故现场。所以，产业转移的好处很多，解决了企业对原材料的需求，实现了上海技术对兄弟省市的输出，同时带来了上海城市建设和布局的大调整，可谓一举多赢。

其次，就是向外开拓市场，因为如果没有产权、产品、资金、人员、技术的流动，就没有市场经济。1994 年，上海商品博览会在成都举办，这次博览会以上海生产的精、名、优、新、高产品为主，希望重振“上海货”雄风，这是上海 40 多年来首次在外省市举办的一次上海货展示。同年 8 月，我们又是“政府搭台、企业唱戏”，到哈尔滨办“上博会”，以后还到河南郑州办过，这三次展会，都是本人一手操作，“拖”着企业去的，回想操办过程中，日日夜夜，多少个集装箱需要运输，在当地搭展台、联络当地省长、市长参加，都很费精力。黄菊同志说过开创性、操作性、坚韧性“三个性”，在异地办展中就很需要坚韧性，当时困难不少，在当地政府支持下，硬是把三个展会成功举办下来。如此“含辛茹苦”，目的就是要树立培养上海企业的市场意识、竞争意识和开拓意识，更是要做好加强开拓国际市场的思想准备。

后来，展览办成了。当地人对我们说：“你们赚钱了！”听了这话，我就鼓励上海企业在当地建厂，所以梅林、正广和都在外地开设了工厂，上海企业从拿现钞到在外地生根发芽。目的就是使当地也繁荣起来。

记者：您当时鼓励上海企业在外地建厂，鼓励企业开拓外地市场，企业究竟有没有积极性？

蒋以任：我们早就发现上海企业在产品开发、市场开拓意识上不够强。1995 年 7 月，我组织小分队到自贡、泸州等地调研了整整一星期，我们专挑农村的路走，就是要看看上海的商品有没有开拓到这些偏远的地方。到了那些几乎路都不通的小村庄，我们找到村里的小商铺，看看有没有上海的产品。结果，美国的可口可乐打进去了，浙江的娃哈哈也打进去了，却没有上海的正广和。家电方面，青岛海尔打进去了，上广电怎么就没有？这个教训太深刻了。回到上海，我马上召集开会大讨论，鼓励企业一定要“走出去”。后来，冠生园、正广和、上海家化，以及上海的汽车、橡胶、百货公司等，都在山东、四川、广西、海南、武汉等地设点，上海宝钢在宁波、广东、新疆等地按照股权关系建立起来的分公司很多，现在天津、北京的烟厂都是由上海企业来运作。可以看出，上海企业逐步将自己的定位调整为不单单定位在上海，而是定位在全国，定位在全世界，从横向经济联合——开拓市场——销地产——资产关系，这个过程，反映的是企业改革的过程，也反映了上海企业走向市场经济比较成熟的过程。

记者：当时政府一方面鼓励企业走出去，但一方面，税收、GDP 和就业可能因为“走出去”而受到影响，当时上海是如何应对这对矛盾的？

蒋以任：的确，一方面，我希望企业“走出去”得越多越好，但另一方面，我又顾虑重重。我这个副市长，当时承担了工业、外贸等多项指标，可以说接近当时上海 70%的经济指标，所以只能以不变应万变。不过，到了 1995 年，政府换届，政府班子更加明确抓经济的领导要讲科学，企业要效益，要低成本扩张，要走，这就好比“天要下雨娘要嫁”，留是留不住的。我记得很清楚，当时联合利华要搬到外地，我还有点舍不得，建议联合利华是否能“二级跳”，即先跳到上海郊区，再跳到外地，但当时市委书记黄菊说，算了，让人家“跳”两次，累不累？还是让它走吧。后来，联合利华将生产基地放在安徽，将跨地区总部和技术、销售中心放在了上海，现在看来，上海当时的“放手”，反而加快了上海建立总部经济的步伐。

记者：到了1998年，上海降低门槛，出台《关于进一步服务全国扩大对内开放的若干意见》，被外地企业称作“24条政策”，外界瞩目。上海为何要如此大刀阔斧地放开市场？

蒋以任：为全国服务，从来就是上海一条不可动摇的发展方针。上海市进一步搞好服务，扩大对内开放的最新举措，酝酿于党的十五大期间。当时，江泽民总书记鼓励上海“要更好地为全国服务”，而全国各地为谋求新的发展，也迫切希望上海进一步发挥经济中心城市的综合功能。各兄弟省市领导在同上海领导的频繁接触中，还强烈要求共同利用上海交易机会最多、交易成本最低的优势条件，共享上海的政策和市场机遇。这就提出了一个新的课题：上海要把服务全国的大文章做出新水平，必须更加敞开胸怀，把殚精竭虑创造的城市基础设施的“硬件”和改革开放铸就的各项“软件”，无保留地让国人共同享用。于是，全市31个职能部门由协作办牵头，组成联合小组，悉心研究如何扩大对内开放，改善投资环境，体现公民待遇，公平竞争，最后梳理成24条政策文本和一套实施细则。我们对各地进沪大企业试行备案制，制定产业导向，设置引进企业基金，确定引进重点，改善投资环境，改革审批制度，在各区县实行一门式服务、返利政策等，使外地企业“留得住，能发展”，到2002年，外地企业在沪已达4万家左右，与在沪外资企业的数量相当。外地企业入沪，使得资金、产权实现大融通，你中有我，我中有你。你看现在上海双鹿、水仙都已被外地企业收购了，有些产品，牌子还是上海牌子，但业主早就不是上海人了。目前，上海的轻工、轻纺都是浙江人的天下，上海的钢铁市场活跃着福建人的身影。有人说，上海人精明依旧，却有了比以往更多的大气和包容，有人说，上海的“龙头”功能、“中心”效应让人有了切实的感觉。我想，这些都是上海进一步扩大对内开放、服务全国的体现。

而我想特别强调的是，在海纳百川、不断探索进一步扩大对内开放的过程中，上海服务全国的方式也在不断创新。譬如，通过上海方的牵线搭桥，上海锦江麦德龙这家中外合资企业，在西安设立麦德龙大型购物中心，积极发挥在沪中外合资企业巨大的投资实力，利用其强烈的对外扩张意识，引导其在上海之外再行投资，建立“中中外”企业，这是上海服务西部的一大创新；再如，我们在上海办展，为各地搭建展示平台，1999年，上海开始搞上海国际工业博览会，起初都是上海产品，但后来却成了展示全国甚至世界的工业产品的博览会，东北的大型机械、西安的军工产品都搬到上海来展出。农委每年有个农展会，广西的橙子、陕西的猕猴桃、山东的海鲜、延安的苹果，都到上海来唱戏。我积极持支持农委，在上海建立一个农产品订单中心，这样，对于外地一些贫困地区，我们不仅仅让他们到上海来零售其农产品，更要给他们一个常年展示的平台，让到上海的客商看到后，就给这些农产品下订单，这不是服务贫困地区脱贫的一个方式吗？可以这么说，上海的综合优势，比我们对贫困地区投资1亿、2亿效果都要来得更好。按照这样一个用“平台”服务全国的理念，我们又在张江建立了银联数据中心，为银行提供服务，但其中真正上海本地银行只占了小部分。上海产权交易所也是一个平台，上海产权交易所的交易量已占到全国一半以上，同一个项目在上海挂牌后，就是有人高价收购，成交价甚至要比项目"原产地"高出一倍还多！这就是30年改革开放、万商云集的效果，上海在服务全国中，也同样精彩了自己。

记者：您分管协作，从1994年一直到2003年，在这些年里，上海既要"走出去"、"请进来"，还担负着对口支援的工作，能否为我们谈谈这方面的情况？

蒋以任：对口支援对上海而言是一项大任务。我们对口支援云南的工作从1995年就开始了，1996年上海正式明确对口支援云南的红河、思茅、文山。我们对云南的对口支援是全方位、多层次、宽领域，强化输血和造血功能，强化"看得见、摸得着、见实效"，解决其基本生活条件和生产条件。上海还创新性地搞了"五个一"，即在每个村建设一所村校、一个卫生室、一批沼气池、一批小水窖、一批种植养殖项目。另一个创新，就是我们在云南试点小额贷款。举个例子，今天借给你3000元买小猪，6个月后，你的猪卖了钱，这3000元变成了6000元，你再把3000元还给我。上海的扶贫方式，不是简单的输血，而是开发式扶贫。此外，我们还建设了各种设施，如科技中心、邮局、医院等。在科技、文化、教育等方面，我们都派干部过去对当地进行培训。在经济合作领域，我们在云南建立了医药基地、药材基地、烟草基地，建立了昆明电机厂，上海通讯设备厂也在云南建立企业。

再说上海对口支援万县和宜昌。万县一个日用品厂被上海的"白猫"改造，花了几千万元，由于当地劳动力太多，"白猫"产品都采取人工包装，这样就很好地解决了当地人的生计。记得我们每年都要参加国务院三峡工作会议，有一年我去开会，当时浙江省省长万学远、江苏省省长季允石等也来开会，因为浙江"娃哈哈"在万县有投资，当时李鹏同志就叫万学远为"万哈哈"，而上海"白猫"在万县也有投资，所以他们都管我叫"蒋白猫"。上海对三峡地区还有一个载入史册的特殊支持，就是安置三峡移民。中央经过反复调查和讨论，实事求是，科学决策，最后确定将7万余移民安排到上海、江西、浙江、江苏、安徽、广东等11个省市，其中上海确定了7000多位移民的安置任务，由上海市农委主要负责。我们基本的原则是，分散安置，每个村安排4户。他们来之前，土地替他们平整好，稻子为他们种好，等移民到上海后，稻子已经长出来了。另外，日用消费品、餐具、灶头等，我们都为移民们准备好了。自1999年下半年起至2004年8月15日，上海分四批安置了1835户、7519名三峡移民，分别安置在金山、奉贤、南汇、松江、青浦、嘉定和崇明七个区县。

记者：您分管协作工作十年间，我感到您更多的是扮演一个启蒙者、引导者的角色。上海到外地办展览、到农村调查市场、鼓励企业开拓市场等，在当时都是创举。现在回顾起来，您怎么看待当时做的那些决策？会不会担心做得不对？

蒋以任：我们当时的决策，实际上都是从实际出发，是符合经济规律的。作为政府，只是发现了这个规律，并且去实践这个规律，最后还要总结规律。我称不上是改革者，所谓改革，就是顺应规律，按照科学发展观，摸清经济规律而非创造规律。

记者：您认为下一步，上海的协作工作（现在叫合作交流工作）应该如何走得更好？

蒋以任：我的任上，政府是在领导企业，当时说政府搭台，企业唱戏。现在，市场经济愈发成熟了，政府应该指导企业。政府所要做的，是制定政策，降低门槛，让人家走得进来，也走得出去，无论走进来还是走出去都有收益。同时，在市场经济下，企业有一个“物竞天择”的淘汰过程，政府不该什么都管，不能再“慈母”般把企业抱在怀里，这样只会断送企业的前程。我记得那次在成都办展销会，我到各个企业展馆慰问，有人建议我作为副市长站柜台，当一回卖鞋子的营业员，当时我笑着说，营业员是光荣职业，站柜台是重要工作，但政府已经帮你们搭好台，创造好了环境，让副市长示范推销企业产品就不必了。该放手时就放手，否则孩子永远长不大。

其实在“该不该放手”上，我们也走过弯路。譬如上菱冰箱厂，销量越做越少，政府那个急啊，让它成为上市公司，可还是不行！后来，我去青岛看海尔，海尔公司有两个理论，一是“日清日高”，就是每天对各种消耗进行清理，找出原因和落实责任，第一天就提高了；二是“斜坡理论”，意思是在斜坡上，球不上就是下。这两个理论深深触动了我，回上海后，我把上菱的企业高层召集来，给他们念这两个理论，要他们有紧迫感和危机感，但即便这样讲了，还是不行，可见，政府万事操心扶持下的企业，是脆弱的企业。这个教训真的是尤其深刻。所以政府只要做好自己该做的就行了。

（《解放日报》记者：李晔）

上海国内合作交流工作的宗旨就是服务

——专访市政协主席冯国勤

记者：您是2003年下半年开始分管协作工作的，但据我所知其实您在2003年之前，就已经跟协作工作沾边了，当时分管我市三峡移民安置工作。

冯国勤：是的。1998年到2003年上半年，虽然我还没分管协作工作，但因为我分管农业、民政等工作，而上海安置三峡移民工作由农委负责，因此市委市政府安排由我牵头负责上海接收安置三峡移民的工作。我记得很清楚，上海共接收了7519名三峡移民。

在上海土地资源、城市空间如此有限的情况下，接受如此大规模的移民，非常不容易。但是，在市委市政府的高度重视下，全市上下万众一心，本着高度的使命感，发扬社会主义大协作精神，始终把做好库区移民在沪安置工作作为一项重要的政治任务，做到思想重视、组织保障和责任落实、工作到位，为库区经济社会全面发展作出了应有的贡献。当时，全市上下都有这样一种清醒的认识：三峡移民规模大，在世界上是少有的。广大移民舍小家、为大家，作出了巨大贡献。上海必需用实际行动尽最大努力帮助来沪移民安居乐业，使他们真切感受到社会主义大家庭的温暖，能够同全国人民共享发展改革的成果。

全市专门成立了市区两级移民安置工作小组，成立了三峡移民办，有关部门、有关区县进行了大量细致的调查研究，拟定了三峡库区移民试点安置方案，制定了试点安置的若干政策，确定了一系列工作原则：一是“以农为本，以土为本”，“迁得进，稳得住，逐步能致富”，移民迁入上海后不改变农民的身份，每人都拥有不少于当地农民平均水平的一块耕地；二是“政府组织，相对集中，分散安置”；三是方便移民生产生活，在选择安置点的时候，考虑交通、移民就医和子女上学等因素；四是有利于移民与当地社会融通、融合、融化，安置点选择村风、民风好，村级经济和农民收入水平在本乡镇中等以上的村组。全市上下的高度重视和精心组织给予了上海三峡移民安置工作极大的保障。

另一方面，移民安置工作也是个细致活。对此，上海尽可能将方方面面的问题都考虑到。在孩子身上，寄托着移民们的希望，为此，上海专门出台了扶持帮助移民子女教育的特殊政策。移民子女在两年过渡期内，可以免付学杂费等一切费用；体谅到移民故土难离、到沪后又人生地疏的情况，上海移民安置工作从思想情感上“润物细无声”，各区县纷纷建立了镇里领导挂钩到村、村里干部联系到点、当地农户结对到户的关怀网络，定期召开座谈会了解移民思想动态，帮助移民扎根"第二故乡"。现在,这些移民的孩子可能都已经大学毕业了,还有一些三峡移民与上海人结了婚。三峡移民已经真正融入上海,成为上海市民。

在这一过程中,全市550余名各级安置移民干部的忘我工作精神特别让我感动和难忘。当我们回放这段历史时,处处可见安置干部辛劳的身影——他们曾在库区跋山涉水,走家串户,访问移民,建立档案;他们曾在上海精心规划选点,认真监督建房的每道程序,保证移民住房质量;他们主动在移民的自留地、承包地上种上粮食蔬菜,保证移民落户后有粮有菜;他们在搬迁运输的过程中一丝不苟,保证全过程没有伤一人丢一物;他们积极组织培训,千方百计帮助移民走上非农就业岗位。上海合作交流工作蒸蒸日上,离不开这股精神。

记者:您在2003年接过分管协作工作这一棒后,实施了哪些大手笔?

冯国勤:2003年分管协作工作之后,和同志们一起做了几件事。

一是2003正值机构改革,根据当时上海的发展情况,将协作办与市政府接待办合并成立上海市政府合作交流办公室,还成立了市合作交流工作党委,给了90个编制,这在国内是第一个。现在看起来,这是非常符合2004年胡锦涛总书记提出的"三个服务",即"服务长三角、服务长江流域、服务全国"的指导思想的。为什么这样说?当时,上海人均GDP已经突破5000美元,但全国人均GDP刚突破1000美元,区域之间发展不平衡,所以上海的合作交流工作必须是面向全国的,成立市政府合作交流办,同时也是顺应了国内经济一体化的需求,应该说,它的成立,正逢其时。

二是2004年,出台了《关于进一步服务全国加强上海国内合作交流工作的若干意见》,由上海市委、市政府正式印发,《意见》共15条,其中透露的新信息,主要体现在六个方面:一是确立了合作交流工作的重要地位,把"融入全国、服务全国"提到上海建设发展重要战略的高度;二是提出了"立足全局,扩大开放,服务全国,互融共进"新的十六字工作方针;三是明确了"政府引导,市场运作,企业主体,社会参与"的推进合作交流工作的运作机制;四是明确了合作交流工作的主要任务。从对口支援、长三角联动发展、参与西部大开发、支持东北等老工业基地振兴、加强与其它地区合作五个方面明确了工作思路和举措;五是扩大了有关政策的享受范围,增加了合作交流专项资金,引导鼓励企业"走出去"的政策对所有企业将一视同仁;六是强调了要形成合作交流工作的合力。明确要建立市、区(县)两级政府合作交流联席会议制度。上海曾在1998年制订并于2001年修订推出过《关于进一步服务全国扩大对内开放若干政策的意见》,简称"24条政策",主要为各地大企业来沪投资提供更为开放、平等、优化的环境。2000年,上海又制订了《关于上海服务参与西部大开发的实施意见》,简称"17条意见",是鼓励和推动上海企业和部门服务参与西部大开发的重要举措,这两个专项文件继续施行,但2004年出台的《若干意见》则在更高层次对立足全局服务全国提出了更高的要求。

三是对国内的办事处作了调查研究和增设工作。5年内,成立了上海市驻西藏、新疆、内蒙古办事处,其中上海市驻西藏办事处是全国各省市在西藏成立的第一个办事处。之所以要建立这三个办事处,是因为西藏、新疆、内蒙古都是民族大省、资源大省(自治区),又与上海有着千丝万缕的联系。318国道的起点是上海(人民广场),终点是西藏;新疆的戈壁滩,则留下上海知青30多年的足迹;至于内蒙古,3年自然灾害期间,3000多名上海孤儿被送到内蒙古大草原，上世纪六七十年代，又有大量上海知青到内蒙古插队。这三个办事处的成立，是上海市委、市政府贯彻落实中央提出的上海服务全国战略的一项重要部署，也是加大对口支援的一项具体工作。利用办事处窗口，加强沟通，促进当地经济、社会、文化等方面的合作交流，实现共同繁荣进步。

四是促进长三角联动发展。准确地说，在这几年中，长三角联动发展更加明确，更加务实。以上海为中心的长三角16城市群，作为“世界第六大都市圈”正备受瞩目，且16市每年都要召开长三角城市经济协调会，长三角联动发展从组织、工作、推进层面都形成了制度。组织上，有两省一市的省委(市委)书记、省(市)长等高层组织召开座谈会；在工作层面上，由两省一市常务副省(市)长落实座谈会精神，每年由两省一市轮流牵头召开协调会；在推进层面，协调会确定了交通、信息、人才、科技、教育、诚信、旅游等多个专题，并且各个专题都有牵头的省(市)，譬如环保专题由江苏牵头，能源由浙江牵头，上海则负责交通、科技等专题。我们建立这样一个“世界第六大都市圈”的好处在于，各城市对上海作为中心城市有一个接纳，同时城市群对上海“四个中心”建设起到了积极的促进作用。值得一提的是，上海牵头召开了长三角联动发展国际研讨会，将美国、加拿大、日本等国的专家都请来了，这个会议受到了各方面的关注，取得了积极的成效。

五是由上海发起、由上海市人民政府合作交流办公室破题的“长江黄金水道”课题。长江的水运优势是无可比拟的，如果说公路成本是以元计算的话，铁路就是以角计算，水运则是以分计算。但多年以来，长江航运作用未充分发挥，不仅有航运效率低的问题，还有长江经济带这条“经济走廊”尚未完全形成、需求不足所致。但在这方面，上海完全应该主动牵头，把在长江布置生产力和上海正在建设国际航运中心挂钩。这种设想并非没有依据。重庆90%的出口，通过长江到上海，集装箱走水路到上海再出口，要比铁路至少便宜三分之一。通过黄金水道，将长三角沿海港口串联起来，搞江海联运，为兄弟省市服务，是上海服务长三角、服务长江流域的一个很好的抓手。2005年5月，上港集团与南京港签订合作协议，入股25%共同经营南京龙潭集装箱码头；同年7月，上海港又参与武汉港务集团整体改制；2006年，上海港和重庆港达成战略合作协议，双方共同投资经营重庆寸滩码头；2007年6月，上海又与九江签署《港口合作意向书》……合作步伐，令人目不暇接。联动实现共赢。武汉港自牵手上海港以后，武汉港集装箱运量一直保持了30%以上的增速，后来南京也不再满足于与上海在龙潭集装箱码头的单项合作，又向上港集团伸来“整体合资”的橄榄枝。上海港当然也获益匪浅，自实施长江战略以来，从长江流域出发到上海港中转出海的集装箱量，年增长率都在35%以上。

记者：一幅上海地图，就是一幅全国支持上海、上海服务全国的缩影。为什么上海将服务全国放在了如此高的位置上？

冯国勤：举最简单的例子，没有江海联运、没有长江战略，没有广阔腹地对上海港的喂给，就没有上海港一日千里的迅猛发展。上海的精彩，时时处处都折射着全国的滋养和支撑。上海是全国的上海，在中央和各地的大力支持下，包括证券市场、期货市场、黄金交易市场等在内的上海资本市场，正迅速提升能级，其金融服务功能也日长夜大。所以，只有服务，让上海更精彩，只有在服务中，上海才能发展自己。近平同志曾讲“授人玫瑰，手有余香”，在服务兄弟省区市中上海也是得益者。因此，西部开发、中部崛起、东北振兴、沿海快速发展，每一个板块，上海都要参与。在东北，我们签订了工业拓展基地、粮食生产基地的协议；在中西部，我们设立了西安、武汉、重庆、昆明、山西等办事处，每年上海办华交会，我们都要鼓励中、西部企业来参展。

记者：可以说，目前上海服务长三角、服务长江流域、服务全国的工作已经进一步走向制度化、规范化、常态化，您认为上海的“服务”应该如何做得更好？

冯国勤：上海合作交流的党委和行政是对口的，我认为要充分利用这个体制的优势，认真贯彻落实胡锦涛总书记“三个服务”，强化研究国内合作交流文化。我认为，上海国内合作交流工作的文化，就是服务文化，国内合作交流的宗旨，就是服务。这个“服务”，既要服务上海企业走出去，又要服务外地企业到上海落户；既要服务上海对口支援地区尽快脱贫，帮助解决其基本生产、生活、医疗、教育等问题，又要服务他们在经济发展过程中对市场开拓的需要，扎扎实实为两地做一些双赢、共赢的事情。

如果要谈问题的话，其实有一个问题是无法回避的，那就是我们的国内交流合作中尚缺乏协同作战的能力。既然是协同、协调工作，就不能都做红花不当绿叶，各地在合作过程中，观念、技术、标准上的壁垒一定要打破。我认为，三峡移民工作是个很好的范例，当时是举全市之力来完成的，接纳地出地出力，非接纳地区有的出钱，有的出情，关心、照顾、帮助，大家都尽到自己的责任和义务。2008年奥运会上，中国体育健儿已经打破了“个人项目行团体项目不行”的传统，拿到了团体金牌。上海与各地的合作，也应该发扬这样的奥运精神，充分发扬大服务、大协同、大合作的精神，为落实国家统筹区域协调发展总体战略，促进兄弟省区市和上海的协调联动和谐发展做出更大的贡献。

（《解放日报》记者：李晔）

“两利政策”就是“合作共赢”

——专访市政府协作办第一任主任韦明

在上海市政府离休人员管理办公室的图书室里，记者见到了正在看报的韦明老人。他是上海市人民政府协作办公室第一任主任。韦老人缘很好，进进出出的人都热情地向他打招呼。“那我就讲讲协作办成立的原由和成立之初的一些基本情况吧，”老人随和地笑着。他的语调里，有沉吟，有思索，窗外高楼林立的大上海，仿佛被拉回到了30年前……

记者：韦老，你是协作办第一任主任，又是市政府副秘书长，请您说说当时为什么要成立协作办呢？

韦明：这么说吧，有现代化生产就有协作。上海这样一个大城市，虽然在计划经济条件下许多大的方面都有国家安排，但经济联系是千头万绪的，所以文革之前市计委就设有协作处，主要任务是在中央安排之外搞点计划外的协作。

为什么要成立协作办？这是形势发展的需要。我们国家三十多年来由恢复到发展，整个经济形势发生了很大的变化。就省市之间的协作而言，已不是以前简单的调拨关系，计划外的少量协作或对某些项目建设的援助。对一个省来说，在许多方面需要新的发展，需要工业支援农业，如办小化肥、小农药、日用品的生产、各种矿产开发，等等。这就在人力、物力、技术、装备、资金的筹集等方面很自然的对大工业城市提出了要求。因此到上海来谈协作的人员，已不是从前的业务部门或业务人员，而是省市负责人带队的代表团；内容已不是简单的某个项目，而是综合性的各种需求。在这种形势下，上海必须把力量组织起来，成立相应的机构进行接待、梳理需求项目，寻找对口或主办单位，组织协谈，协调矛盾及检查事后落实情况，这就是为什么要成立协作办的原因。

就接待而言，不要把它单纯看成一件事务性工作。热情周到、讲究规格的接待，对搞好协作可以创造更好的气氛，不可小看。所以市里每年除资金、物资要为协作切一块外，每年都专门给协作办批相当额度的接待经费，用来从事接待工作。

记者：韦老，听你刚才说，协作办成立，实际上是上海与兄弟省市进行横向合作的需要，那么，这种合作有什么原则呢？

韦明：“两利政策”是进行协作的核心政策。用现在的话来讲叫“合作共赢”，其实是一个意思。

“两利政策”在实际执行中特别是在具体项目上，上海总是更多地照顾对方利益。尤其在原材料开发项目上，上海一般只投资、只拿产品不分红，这样就保证了项目的稳定性。其实平心而论，表面上看，上海吃点亏，但从总体上来说上海还是划算的，因为有了稳定的原材料供应，制造出成品后利润就上去了。

内地需要兴办各种制造业，这是改造上海工业的大好时机，放开手脚把上海更新下来的设备进行梯度转移，有的只要办个调拨手续即可，不必付费。如上海的纺织业，转移到新疆等内地省份，或帮助附近的社队工业办纺织厂。上海把大批的纺织机械调出或低价售给他们，这样不但调整了纺织工业的布局，同时也为上海纺织工业的技术改造、产品结构升级腾出了厂房及场地。又如上海轻工业中的自行车、缝纫机都是综合性的大厂，厂房拥挤得很，发展困难。通过协作帮助外地兴办零部件专业厂，把大量的零部件扩充出去，既节省了投资，又腾出了场地，形成了行业的专业化协作，使生产的产量和质量都得到了提高。以上事实说明搞好协作对上海和外地是两利，但更多地是外省市支援了上海。

“两利政策”不是各半，而是要做到各得其所。从上面讲的实际情况就可以看到，外地省份主要目的是如何把经济搞上去，增加产值，增加地方盈利，所以很注重兴建项目中的经济收益；而上海的目的不是从兴办企业中分利，而是希望得到其产品（原材料，或零部件、半制品等）。因此有的项目只投资不分红，只拿产品，这样大家高兴，各得其所，互利双赢。

记者：韦老，在您任上，协作工作遇到过什么问题吗？

韦明：在我的任期中，因为有中央对协作的倡导，有市委、市政府的支持，虽然协作办是新成立的机构，但毕竟有原来市计委协作处的基础，加上全国经济处于上升阶段，省市之间均互有需要，相互关系也比较好，况且时间还不长，没有经过风浪，有的原材料项目还未建成，所以总体上几年来工作没有什么大的矛盾。

要说问题的话，协作工作中最担心的是协议遇到中断，或应办成办好的事却办不成、办不好，这类事例曾出现过，比如说：文革之前上海与一些省市搞了一些协作项目，投了一些资，但文革一来，一风吹，都不执行了。还有皖南的劳改农场，市里调给他们饲料养猪来供应上海市场，等猪长大了想运回上海应市，当地因猪肉紧张规定所有的猪都不得运往外地，上海只能干瞪眼。

在我任期内比较遗憾的事也是有的，比如：为适应形势需要，上海在皖南建了一些为军工服务的小企业，后来形势变化，这些企业都停工了。原来设想由上海投资帮助进行技术改造转成民品生产以稳定工人队伍，并发挥其作用，但安庆的个别同志坚决不同意，最后该省高级负责人决定将所有固定资产、流动资产、原材料一律留给当地不得外运，原上海职工全部返回上海，使生产受到了不应有的损失。此事至今想起来都感到遗憾。

又如我们曾想在太仓与当地搞一个汽车轮渡以缩短到南通的时间，这对江苏来说也是非常有利的，但由于省有关部门坚决不同意，只好作罢。

以上这类典型的地方思想是协作中最大的阻力，其它小生产的思想也有干扰。据外贸部门告诉我，龙井茶茶色好味香，但不经泡，而毛峰茶色不如龙井但经泡。于是上海外贸公司取两者之长配起来，取个品名外销，市场不错。后来有关省的业务部门知道了，很生气，“我们的原料，你赚钱，不给你，我销”。结果上海货源被切断，停销了，而他也配不起来。这事虽不大，代表了一种狭隘的思想，因此协作要搞好，必须解放思想，要站得高，看得远，从全局出发，按客观规律办事，这是搞好协作工作的前提。

（《文汇报》记者：吴越）

协作办是改革开放的产物和缩影

——专访原市政府协作办主任孙明良

记者：今年是改革开放30周年，我专程去采访了原市政府协作办主任孙明良，他任职时间是1988年至1995年，正好经历了横向经济联合和浦东开发开放两个重要时期。在上海市政府合作交流办公室的会议室里，我见到了他，老人耳聪目明，思路清晰，一杯清茶在手，往事浮现眼前，向我描述了那个风起云涌的时代，上海合作交流工作的点点滴滴……

扎实踩出五个脚印：设立首批驻外办事处

上海市政府协作办公室是市政府的一个直属部门，由财政拨款，这和一些地区以公司化形式运作的协作办区别很大。上世纪八十年代末期，一些公司化运营的协作办受到各方面影响，逐步萎缩，上海市政府协作办的职能却不断加强。

1986年，我从上海市轻工业局调到市政府协作办，当时还有王大誌同志，我们两个一起来的。协作办从某种意义上说，既是改革开放的产物，也是改革开放的缩影。计划经济条件下是不需要协作办的。改革开放以后，经济体制往市场经济方面发展，计划的物资越来越少，这就产生了地方之间合作交流的必要性，也就产生了协作办。

我到协作办时，协作办的主要任务之一，就是搞技术协作和投资开发。过去上海以制造业为主，所以大量的原材料靠计划分配。改革开放以后，计划分配越来越少，上海生产能力却是越来越扩大，这就显出原材料缺口越来越大。例如有色金属、水泥、煤炭、生铁等各个行业需要的物资，都需要去协作交换。另一方面，上海制造业的优势在全国是领先的，上海就利用这种优势，选派技术人才到各地搞合作，同时换取原材料和农副产品等各类物资。

那时，市领导到各地去访问，基本上都是去商调物资的（笑）。朱镕基同志到山西去访问，希望多供煤给上海。市政府成立了驻山西办事处和驻秦皇岛办事处，主要协调煤和运煤的问题。江泽民同志到内蒙去商调羊毛，叶公琦同志到江西、湖南去商调猪肉和大米。现在，市领导出去的任务转变了，从“商调”转变成“服务”了，这是随着改革开放的深入而带来的转变。

就是在这样的一个形势下，1986年7月份，市政府批准设立5个驻外办事处。在这之前，上海只在北京设有一个办事处，这个办事处的作用大家都知道，就是为上海在中央争取项目。那么在兄弟省市怎么扩大关系呢？就在广州，武汉，重庆，西安，哈尔滨设立办事处，把西北、西南、东南、东北都覆盖进去了。为什么把上海在东北的办事处设在哈尔滨，而不设在沈阳呢？这主要是考虑到和前苏联的边境贸易。边境贸易当时已经起来了，上海轻纺工业产品在那里有一定的优势。办事处设在广州主要是考虑到珠三角是开放比较早的地方；武汉是长江流域、中南地区经济活跃的中心；重庆是西南经济的中心，当时重庆还不是直辖市，但是西南五省一个协作组织放在重庆，因此我们选择了重庆而非成都；西安，当然是西北部的中心。

驻外办事处在 1986 年底至 1987 年中相继成立。上海在各地的办事处都是市政府派出机构，由财政拨款。而其它一些地方设的办事处以公司化形式运作，比较活跃。我们有时有点“吃不太开”，因为人家觉得我们怎么一本正经在搞政府为企业服务和地方之间合作的工作？我觉得这就是政府的本职工作，经营让公司去搞。我们机构下面也有公司，一向是政企分开的。由于我们坚持下来了，现在上海驻外办事处的工作“枝繁叶茂”，不断扩大。而兄弟省市感到上海市政府设立办事处，是对他们的重视，因此在当地影响也很大，给上海的城市形象增添了光彩。

上海市政府驻外办事处主要为企业合作服务，同时把兄弟省市在经济发展中一些好的经验和做法，通过信息上报给决策机关。比如驻哈尔滨办事处把沈阳市“蓝印户口”经验信息报送到上海，市公安部门在上海也实行蓝印户口，推动上海招商引资。

随着深圳开放力度加大、海南全省成为特区，上海大量企业又走向南方，上海市政府就分别于 1989 年和 1993 年，在这两个地方设立了办事处。经过前一段时间设立办事处的经历，我们感觉到精简人员的必要性，因此，编制定为 5 人。随着对口支援的扩大、任务的加重，1996 年又成立了市政府驻昆明办事处，加强对云南的对口支援工作。

市政府驻外办事处按照市委、市政府的要求，在上海市政府协作办的指导下，在推进上海与兄弟省市的联系、合作，以及做好对口支援工作等方面发挥了重要作用。

开辟上海投资热土：“欢迎来沪开店办厂”

1984 年，上海市政府公布了“欢迎兄弟省市来沪开店办厂”暂行办法，根据两年来实施的情况，1986 年又作了修改，政策放宽，减少限制，受到来沪经商人员欢迎。如今上海是万商云集，商品丰富，市场一片繁荣，成为各地商品集散地和招商引资的福地。

随着改革开放的深入，各省市在上海设立办事处范围逐步扩大，国家计划单列市设立了办事处，后来扩大到各个地市级城市成立联络处，县级城市、大型工厂也可在上海设立“工作处”。工作处由上海区县协作办负责对口联络。

那时上海政策管理比较紧，来沪人员经营和生活会遇到一些实际问题。为此我们联系了工商、税务、公安局等 17 个政府部门，每个月开一次协调会，把外地来沪人员碰到的问题提出来，希望他们帮助解决，所以我们真的是一个“协调机构”（笑）。

大概到了 1988 年以后，各区的区长对来沪开店办厂也非常重视了。因为各地来投资，第一增强了区县经济活力，财政收入逐年递增；第二，还能解决区里的就业。各地来沪开店办厂，虽然企业主要领导和经营人员来自各地，但大多数工作人员是聘用当地的，这就大大增加了就业。所以各区在年终要开展慰问奖励活动，听取大家意见，做好服务工作。

浦东开发开放以后，"来沪开店办厂"升级为"招商引资"了。当时协作办设立了一个浦东开发处，在浦东新区办公，协调各地在浦东的投资。在浦东，安徽投资建造了"裕安大厦"，山东建造了"齐鲁大厦"，江苏建造了"江苏大厦"，浙江建造了"之江大厦"，贵州、深圳等都来投资造楼，外贸部组织各进出口公司建造起了"金茂大厦"，掀起了开发浦东的热潮，这些投资对浦东开发开放起了非常重要的推动作用。

优势输出服务全国：为国家发展作出贡献

上海在服装加工方面的优势，变成了苏浙的优势；自行车的优势，变成了昆山的优势；手表制造的优势，变成了深圳的优势。上海发挥优势，服务了全国，对国家发展是作出了贡献的。

"服务全国"的一个重要任务是对口支援。对口支援最早是支援西藏，后来增加了云南、宁夏。1992 年三峡工程建设，上海对口的是宜昌县和万县五桥区，主要任务一是解决库区的移民安置问题，二是帮助库区发展经济。

过去的对口支援是以技术协作为主，到了支援三峡库区，我们向市政府提出，为更好地做好工作，采用贴息贷款的办法鼓励企业参与。对口支援云南时，随着上海财政收入的增加，支援力度也随之增大，除技术物资援助，增大了资金援助和人员援助的规模，加强了方方面面的工作，受援地区在经济建设、社会发展和卫生、教育、居住条件改善以及人员素质提高等方面取得了长足的进步，大多数都脱贫走上了致富路，受到国务院表扬。

地区之间的救灾，上海是比较早的。我记得最早的是 1987 年，杭州遇到台风损失相当大。苏浙沪经济联系非常密切，人家有困难的时候，上海有能力帮助，就必须有所为。我们报请市政府同意，将上海大量钢材和水泥等物资运到了杭州，这是最早的地区之间的救援。1988 年，山西大同地震，我们到山西办事处去慰问，也支援了物资。后来，江西、湖南、四川水灾，我们组织了长江专用船只、火车专列，把化肥等物资送到灾区，受到当地政府和人民的欢迎。

说到苏浙沪，我当时觉得应该成立一个有力的协调机构，真正做点实事。光靠协作办来推动，还是有点难度。现在已有省市领导层面协调，一定会推动苏浙沪经济大发展。协作办从一开始的十几个人、90 年代的五十几个人、发展到现在的近九十个人，每次机构改革，协作办不是萎缩，而是发展。这就可以看出，协作办的功能是为当前社会所需要的。从历史发展看，在市场经济体制还不完善、在一些地方还有些封闭的情况下，协作办的存在不仅是必须的，它的功能还会发生历史性的跃升；但全部开放以后，完全市场化运作之后，也许有一天，它会完成它的历史使命。

（《文汇报》记者：吴越）

从“协作”到“服务”——一种观念的提升

——专访上海世博会执委会专职副主任钟燕群

记者：您在2003年到2005年期间在合作交流委办担任领导工作，能否谈谈当时上海国内合作交流工作的一些主要特点是什么？

钟燕祥：2003年正好是市政府新一轮机构改革，新组建了几个大口党委，合作交流工作党委就是在这样的背景下组建的。同时，合并了原市政府协作办、市政府接待办和市级机关党工委沪办工作部，组建了市政府合作交流办公室。我当时担任市政府副秘书长，同时也就兼了合作交流工作党委书记和市政府合作交流办主任。

新的合作交流工作党委和合作交流办公室的成立，实际上反映了当时上海合作交流工作贯彻落实中央对上海新要求的新定位。回顾上海国内合作交流工作的历史，其实就是随着中央对上海要求的变化和上海自身发展的需要不断调整、发展、提升的过程。上个世纪八十年代，市政府成立协作办的初衷，更主要地是通过与兄弟省市的横向经济协作，获取上海生产所需要的原材料，弥补计划调拨物资的不足，因为上海在煤炭、水泥、烟草等方面的原材料还是比较紧缺的。我们当时搞经济协作，其实就是用上海的品牌、技术、紧缺商品去换取上海所需要的原材料，当然，这本身也是一种互惠互利的合作方式。

进入90年代以后，中央作出了浦东开发开放的英明决策，党的十四大又提出要以浦东开发开放为龙头，带动长江流域经济的腾飞。上海合作交流工作就不再仅仅是资源开发上的需求，而是为浦东开发开放服务，为促进长三角地区和长江流域经济联动发展服务。合作交流工作开始以一种服务的姿态出现，我觉得不论是思想观念还是工作内容都发生了转变和提升。进入新的世纪后，国家东部率先发展、西部开发、东北振兴、中部崛起的区域协调发展战略逐步形成，我国加入WTO后加快了融入经济全球化的步伐，国家要求上海加快“四个中心”建设和加快实现“四个率先”，更好地为全国发展服务。正是在这个时候，胡锦涛总书记视察了上海，对上海提出了“服务长三角、服务长江流域、服务全国”的新要求。在这种大的背景下，上海合作交流工作的主要任务就是贯彻落实中央对上海的要求，做好“三个服务”，所以说“服务”两个字体现了当时甚至是今后一个时期上海合作交流工作最显著的特点。我觉得上海合作交流机构的调整和对功能的重新定位，都反映了这个特点。

记者：您是否记得在主持合作交流委办工作期间，在制度上取得了哪些突破？

钟燕祥：合作交流委办成立以后，上海与兄弟省市的合作交流，更多地以做好“三个服务”为重点，当然，上海也得到许多兄弟省区市的支持。如果说制度上有什么突破，我想是在推动长三角区域合作方面有了一定的建树。记得2004年长三角城市经济协调会和长江沿岸中心城市经济协调会都在上海召开。长江沿岸中心城市经济协调会的主题是推动长江黄金水道建设，那次会议后，这方面的工作取得了一些实质性的进展。当时召开的长三角城市经济协调会其实也是一个转折，会议决定将原来的常设联络处升格为协调会办公室，同时确定了6个合作专题，上海拿出100万进行资助，实现了经济协调会由议事向务实的转变。第二年又建立了沪苏浙两省一市党政主要领导会晤制度。就是在那两年间，逐步形成了长三角区域多层会谈与协调的制度。大概分为四个层面，最上面的是三地党政最高领导每年一次的会晤制度，然后是常务副省(市)长层面座谈会制度，接下来就是每年一次轮流举办的长三角城市经济协调会制度，还有各个对口部门之间的联席会制度。在政府协调机制之外，则是各中介组织、行业协会，包括许多早年就已经成立的非官方的协会，也都有交流，大家讨论一些问题，无形中打破了许多壁垒。一些宏观规划和专业规范，经过协商达成共识，合力推进。长三角区域经济一体化，应该说在这个时候获得了实质性的进展。

记者：当时工作思路上有哪些新的亮点值得总结呢？

钟燕祥：长三角区域联动发展的大背景，是它作为世界上第六大城市群所拥有的经济、资源和人才的优势。在这样的背景下面，城市群的整体发展和每个地区城市化的进程，无疑是我们要关注的重点。现在回过头来看，值得庆幸的是，我们在当时的工作中，始终没有忘记推进中要坚持落实好科学发展观。这是当时取得成果的基础，在很多场合的交流中，不片面地追求GDP的增长，讲求土地的高效利用，这成了长三角区域联动发展的加速器。

从另一个方面来讲，同当时长三角区域间的合作一样，上海与全国各地的合作交流也非常的活跃，具体数字我记不清了，但每个星期至少会有一到两家的外省外单位来访，接待的人员非常多。兄弟省市希望能够借用上海这个平台对外推广自己，而上海也能够在贡献服务平台的同时，加快自身的发展。这种积极服务的姿态，一定程度上改变了一些兄弟省市以前对上海的传统看法。其实只要我们真心实意地为全国经济发展服务，获得了兄弟省市的认可，合作交流就能够向纵深发展。

记者：您能否总结一下这段时间工作上取得的突出成果？

钟燕祥：应当说，这个阶段的对口支援工作，在上海历届领导的重视下，有继承，也有发展。凡是中央指定的对口地区，也就是西藏、新疆、云南、三峡这些对口地区，我们一贯是全力完成任务的，而且形成了一套行之有效的做法。

2003年以后，我们总结了对口支援工作一些成功的经验，强调对口支援不是施舍，不是简单的输血，而是有针对性地把项目做实做好，让贫困人口直接受益，在解决当地最急需解决的问题的同时，更注重促进当地增强自我发展的能力。

在西藏日喀则和新疆阿克苏地区，我们当时重点提出了要注重人才的培养，加大教育上的投入，开设了不少远程教育中心，为当地教师提供了许多培养的机会，同时也开设了不少生产技能的培训课程。同时，针对当地医疗卫生条件比较差的情况，我们在坚持以往一贯的派遣医务人员援助的同时，拓展了规模，想办法邀请一些已经退休但临床经验丰富的老专家、老教授继续发挥余热，这个就是一直实施到今天的“银龄行动”。

在三峡库区，当地最迫切渴求的就是解决产业空心化，推动经济的快速发展。我们利用上海自身的优势，将上海的企业引过去投资、办厂，既为当地经济发展提供了助推器，又能够解决当地的大批劳动力就业，同时也满足了上海本地企业“走出去”的需求。而在上海企业投资的过程当中，我们还要求企业着重加强对当地人才的培养，在合作和用工中帮助有潜力的人才提高管理和运作企业的能力，为当地自主经济的发展培育带头人。

在云南的工作，以扶贫为主，我们强调了全方位的援助支持，建起了许多“白玉兰示范村”，搞“整村推进”。2004年的5月份，全球扶贫大会在上海召开，我们在大会上就对口支援云南的工作经验作了报告，成为全国唯一的地方性经验报告，这也算是一种肯定吧。

除了一些具体的工作成果之外，在2003年到2004年间，我们当时的领导班子，通过集体调研，总结学习过去的经验，形成了上海合作交流工作总体的指导性意见。2003年机构调整之后，为了确保新阶段工作的顺利开展，我们对照新的形势和要求，迅速启动了合作交流工作总体思路的调研。这既是一切工作的基础，也是确定我们未来工作的定位和重点的前提。研究工作持续了大概半年多，各个区县有关部门和相关委办都参与了进来。到2004年初的时候，融合了以往各个时期的若干个政策，一份系统的调研报告就出炉了，这是以前没有过的文件，为当时的工作提出了切合实际的新要求，确实起到了重要的指导作用。

记者：最后，您能否谈一谈对上海未来合作交流工作的期望？

钟燕祥：上海的合作交流工作，应该说现在已经拥有了非常好的局面，但也面临着新的机遇和挑战。国务院出台了《关于进一步推进长江三角洲地区改革开放与经济社会发展的指导意见》，长三角区域规划也快要出来了。这说明，国家对长三角经济一体化的问题越来越重视，已经上升到国家战略的层次。今年，胡锦涛总书记在安徽视察又提出要积极参与泛长角区域发展分工，这对长江流域各个兄弟省市间的合作，无疑会起到重要的推动作用，对上海也是一个重要的发展机遇。现在国家对区域协调发展越来越重视，应该说，区域合作内容正在变得越来越丰富和广泛，而且已经进入到了一个操作性很强的阶段。只要坚持市委提出的“海纳百川、追求卓越、开明睿智、大气谦和”的城市精神，继续加深合作、实现共赢，这样的势头一定还会延续下去。

我现在世博局工作，世博会是我们向世界展示上海乃至中国形象最好的机会，我们提出的“机遇共抓、资源共享、主题共演、活动共办、声势共造”的方针，就是期待着上海和兄弟省市能够更好地合作，借世博会这个窗口，让世界看到一个充满活力、日新月异的中国。

（《文汇报》记者：袁祺）

第三篇 亮点集锦

援边干部在对口支援一线锻炼成长

不论是在西藏的雪域高原、新疆的戈壁滩上，还是云南的彩云深处，抑或高峡出平湖的三峡库区，哪里有上海的对口支援，哪里就有上海援边干部的身影。

自 1994 年上海首批援边干部踏上三峡库区这片热土以来，先后有 29 批、690 名上海干部带着上海市委、市政府的重托和上海人民的深情厚谊，在西藏日喀则，新疆阿克苏，云南红河、文山、普洱、迪庆，以及重庆万州、湖北宜昌夷陵等 8 个上海对口支援和帮扶地区，为当地摆脱贫困贡献力量，同时，也通过对口支援工作经受锻炼，收获经验，不断成长。

百里挑一精心选派

对口支援是一项重要的政治任务，对援边干部的综合素质提出了很高的要求。市委组织部在市委的领导下，14 年来，会同各有关方面，围绕服务对口支援工作和加强干部队伍建设，在干部的遴选、管理、培养、安置等方面，坚持“探索中实践，实践中总结，总结中提高”，形成了一套行之有效的做法。

加强组织领导。市委历来强调，要坚决贯彻落实中央赋予上海的干部选派任务，在对口支援工作中见成效、出人才。为此，市委、市政府成立“市合作交流与对口支援工作领导小组”，负责统筹规划全市合作交流和对口支援工作，并专门设立对口支援干部选派办公室。市委组织部把干部选派工作列入重要议事日程，对每批干部选派都超前准备，精心组织，按时启动；全市各级党组织齐心协力，确保每批干部选派任务按期完成。

坚持选优挑强。按照中组部和市委“选优挑强”的要求，在选派每一批援边干部时，都强调把对口支援与干部培养锻炼紧密结合起来，从后备干部队伍中挑选，其中领队和到受援县（市）担任领导职务的人选，主要从区县和基层（乡镇、街道等）挑选政治上较成熟、有党务和经济工作经验、驾驭全局和处理复杂矛盾能力强的干部，力求做到“选派一个，顶用一个，培养一个”。采取统一部署和逐级动员相结合、组织报名和网上报名相结合、个人志愿和组织挑选相结合的方法，注重在政治素质、业务能力、身体条件等方面严格把关。实践证明，对口支援工作已成为本市中青年干部成长成才的实践舞台。

注重选管结合。在每批援边干部中帮助建立援边干部联络组，负责干部的日常教育和管理。同时，制定了《援边干部联络组职责》和《援边干部守则》，明确了援边期间禁止驾车、禁止出入当地娱乐场所、禁止酗酒等“三条纪律”。各联络组忠实履行职责，建立健全了《重大事项汇报制度》、《请销假制度》等10多项内部管理制度，定期开展主题学习教育活动。援边干部以实际行动维护上海干部的良好形象，为上海人民赢得了荣誉。

搞好有序轮换。市委组织部会同有关方面，精心组织援边干部轮换交接工作，尤其做好援边工作思路、计划和对口支援项目、经费等方面的衔接，做到四个“交清”，即：对口支援总体任务交清；具体项目、资金和工作资料交清；当地风土民情和工作关系交清；同一地区兄弟省市对口支援情况交清，确保干部援边工作的连续性、稳定性和开拓性。

强调以人为本。会同人事部门下发专门文件，规定援边干部工资福利、生活补助、通讯补贴、申报专业技术职称等待遇。关心援边干部家庭，努力做到“四季如春”；坚持援边干部因伤病回沪治疗、家庭发生意外等“六个必访”制度，尽力帮助解决实际困难；中秋、春节等重大节日，举行大型慰问活动，市四套领导亲切慰问援边干部和家属。有的区还安排公安、教育、卫生等部门与援边干部家庭结对子，提供常年服务保障。

重视返回安置。按照中组部和市委的有关精神，坚持统筹协调、归口安置、注重实绩、人岗相适的方针，切实做好援边干部的安置工作。对援边干部中的骨干，重点安置；对援边表现突出的，重视推荐；对援边时担任领导职务的，都作实职安排；对因机构改革、单位改制而造成安置困难的，积极协调安置。

尽心尽职不负重托

上海援边干部时刻牢记市委、市政府的重托，在当地党委、政府的领导下，结成坚强有力的战斗集体，奋战在帮扶第一线，认真协助组织实施每个帮扶项目，把上海人民的深情厚谊带给贫困地区，受到当地干部群众的赞誉。

在西藏日喀则地区，援藏干部会同当地重点落实新农村建设重点村和安居工程等重点项目，帮助农牧民改善上学、就医、文化设施条件，注重人才培训，为当地经济社会实现跨越式发展提供有力的智力支持。通过援藏干部的牵线搭桥，上海团市委、市国资委、科委、知识产权局、药监局、审计局、公安局等单位进藏考察，达成了人才培训合作意向；援藏干部还协助实施白玉兰远程教育网培训项目，使基层科技人员成为脱贫致富的带头人。

在新疆阿克苏地区，援疆干部把“输血”与“造血”结合起来，会同当地重点实施新农村白玉兰重点村建设，援建一批文化、卫生、教育事业项目，帮助当地实现“五通”(通水、通电、通路、通电话、通广播电视)、“五有”(有学校、有医疗保障、有科技文化室、有集体经济收入、有强有力的村级领导班子)目标。同时，充分利用“上海农副产品大联展”等平台，多次协助当地在上海成功举办阿克苏农产品展示展销活动，帮助当地发展特色经济。

在云南，援滇干部紧扣当地发展实际，围绕帮助贫困群众改善基本生活、基本生产、基本教育、基本医疗条件，贡献出不少“金点子”。其中，实施“递进式温饱村”建设获得了沪滇两地领导的高度重视，在试点取得成功经验的基础上，在云南全省进行了推广。他们按照沪滇两地确定的帮扶计划，积极协助落实递进式帮扶项目：第一阶段，1998年启动建设“温饱试点村”，重点在脱贫；第二阶段，从1999年起启动建设“安居温饱试点村”，重点在安居；第三阶段，2001

年初开始，启动建设“脱贫奔小康试点村”，重点在发展；现在重点推进“白玉兰”重点扶贫试点村建设，着重增强当地自我发展能力。

在三峡库区，援峡干部按照对口支援三峡库区安排，会同库区组织援建一批社会公益事业项目和广播电视“村村通”等工程，帮助库区移民解决出行难、上学难和就医难等问题，积极促进上海有关工业园区与当地工业园区对接，协助当地政府“筑巢引凤”，为上海企业落户当地牵线搭桥，帮助推动当地大宗农产品进入上海销售主渠道，发展特色经济。

援边干部在上海对口支援工作中，从帮扶项目的选择、确定、实施到资金的使用，都全程参与，成为上海对口支援的一大特色，为帮扶资金项目进村到户、更好地发挥效益作出了贡献。

经受磨砺加快成长

2007年6月，时任上海市委书记习近平在会见第五批援藏干部和第六批援滇干部时要求，努力在对口支援工作中建功立业、历练人生。

援边干部经受了艰苦条件和复杂环境的考验，受到了当地各级组织和广大干部群众的好评，为上海人民赢得了荣誉。截至2007年底，上海援边干部中7人获国家级荣誉称号和嘉奖，30多人次获省(区、市)级荣誉。

选派干部到受援地区工作，一方面有利于对口援建项目的组织实施，帮助推进对口支援工作；另一方面，对口支援地区艰苦的工作环境，也有利于援边干部思想的升华，才能的提高，从而培养了一大批有发展潜力的年轻干部。按照市委的要求，各级党组织注重通过培训、轮岗、参与重大工程、挂职锻炼等途径，加强对优秀援边干部的后续培养和使用。其中，1名干部走上市级领导岗位，提拔为局级干部的援边干部20多名，还有一批干部走上了处级工作岗位和被列为局、处级后备干部。如第二批援藏干部王迅返沪后，在企业创新、技术成果转化及产业化方面作出了突出贡献，2004年荣获上海市劳动模范称号，2005年获得全国“五一”劳动奖章，并提任市科委高新处处长，2008年3月，又被提任为上海科学院党组纪检组组长。

“援边工作，无怨无悔，终身受益”。对口支援工作既使贫困地区受益，也为上海援边干部提供了锻炼成长的舞台。

(中共上海市委组织部　执笔：徐纪泳)

宣传合作　文化联动

——上海宣传文化系统开展国内合作交流侧记

改革开放30年，特别是近几年来，上海宣传文化系统按照中央要求和市委部署，在不断加快自身发展的同时，围绕大局、服务全国，积极开展国内合作交流，推进与兄弟省市特别是长三角地区的文化联动发展，打造合作平台、搭建交流舞台、构筑交易市场，取得了良好成效。

新闻宣传：协同配合　立足长效

多年来，上海新闻单位一直与兄弟省市新闻媒体在新闻宣传工作中相互支持，保持着良好的合作关系。特别是在上海与兄弟省市党政代表团、经贸代表团互访考察，召开新闻发布会、经贸洽谈会、产品展示会等活动的新闻宣传服务方面，一直相互支持与合作。每逢重要活动，上海各主要媒体都与对方媒体密切合作，充分做好前期配合性报道、中期深度报道和后期后续报道。

2007年7月13日，召开上海市合作交流与对口支援工作会议，会上播放的专题片《共同发展共建和谐——上海市合作交流与对口支援工作回眸与思考》，受到时任市委书记习近平同志的高度肯定。为制作好专题片，时任常务副市长的冯国勤同志亲自把关，市委宣传部副部长宋超带头主抓，市政府新闻办和文广新闻传媒集团有关负责同志带领制作小组承担起了这项重任。项目组的同志在短短8天时间里改写文案，翻看了几百盘资料带，派出4路记者现场采访，从云南、西藏传回了千里之外援滇、援藏干部的镜头。各部门通力合作，精益求精，经过数次审片与修改，使专题片达到了真实、客观、简洁、明确、全面、流畅的要求，在规定期限内交出了出色的答卷。该片在东方卫视、上视新闻综合频道播出后，受到社会各界的广泛好评。

上海宣传部门还多次组织解放日报、文汇报、新民晚报和文广传媒集团电视新闻中心等各大媒体的记者，在兄弟省市媒体的配合下，赴外地集中采访，掌握第一手材料，加强对上海与兄弟省市开展合作交流工作的新闻宣传，受到广泛好评。近几年，上海各主要媒体对本市开展合作交流工作的报道年均达1000余篇。

上海新闻单位多次协同中央驻沪新闻单位、兄弟省市媒体进行大规模的专题宣传报道。特别是在2004年，为落实中央和市委领导指示精神，加大对口支援工作宣传力度，上海市委宣传部、市政府合作交流办和市记协组织上海主要媒体和中央驻上海主要新闻单位骨干记者30

多人，分三路深入到云南思茅、文山、红河及新疆阿克苏、西藏日喀则和三峡库区等对口支援地区采访，记者们行程上万公里，在十分艰苦的环境下完成了采访，用大量鲜活事例，进行了多角度、全方位、有声势的报道。仅仅一个多月时间，新闻报道总量超过20万字，其中《解放日报》、《文汇报》、《新民晚报》、《人民日报》华东版和东方新闻网站等刊登文字和图片报道100多篇（幅），《解放日报》还集中推出4个整版彩色画刊，文广新闻传媒集团所属频率、频道播出新闻和专题报道近100条。这次采访活动集中报道了对口支援地区经济社会发展情况和干部群众奋发有为的精神风貌，生动展示了上海学习全国、融入全国、服务全国，完成对口支援任务的最新进展，产生了广泛的社会影响。市委多次予以肯定，广大读者、听众、观众也交口称赞。

出版领域：上海搭台　全国唱戏

上海出版业综合实力在全国位于前列，这不仅是因为上海出版业能够不断推进体制机制改革，将改革成果转化为发展优势，全面推进内容创新、业务创新和商业模式创新，而且还在于上海出版界不断加强与兄弟省市的合作交流，做到学人之长，补己之短，资源共享，协同发展。

上海新闻出版局自2003年起，每年面向全国组织“中国最美的书”评选，并推荐优秀作品参加“世界最美的书”评选与展出，搭建了中国书籍设计艺术走向世界的交流平台，凸显了出版业服务全国的功能。同样，以服务全国出版业走出去为宗旨，多年来持续推进“文化中国”出版项目，为全国优秀出版物“走出去”搭建平台。通过“文化中国”出版项目，2004—2007年，仅在美国就有“文化中国丛书”的100多种图书出版，并进入美国主流销售渠道巴诺书店和亚马逊网上书店，受到知识界和一般读者的好评。

2008年，上海创办国际印刷包装产品交易会，这是国内首次组织印刷企业和国际印刷品采购商直接交流、洽谈、签约的产品交易会，搭建了一个印刷产品的国际交易平台，开辟了上海市、长三角乃至全国印刷业走向国际印刷市场的新渠道。上海出版管理部门还积极组织本市出版发行单位参展北京图书订货会、全国图书交易博览会、北京国际图书博览会、深圳文博会、香港书展等业内展会，充分展示上海出版界的成果和精神风貌，加强与兄弟省市出版文化的交流。

作为上海城市文化交流的一张名片，每年举办的“上海书展”是本市出版领域最突出的国内合作交流活动之一。根据市委、市政府的要求，上海书展秉承立足上海、服务长三角、服务全国的宗旨，正致力于成为全国出版业交流、展示、交易、研讨的大平台，为上海文化大都市建设服务，为出版业现代化服务，为全国出版业繁荣发展服务。经过五年精心打造，上海书展已从一个区域性订货会发展成一个全国性书展，吸引了国内80%的出版社、出版商参展，从单纯的贸易、销售变为推动国内出版业合作交流的重要平台和社会各界广泛参与的文化盛会。2008年的上海书展进一步打好全国牌。首先以零租金招展的优惠措施，降低参展门槛。其次是主动出击，组织人员分赴北京、长春、沈阳、合肥、南京、杭州等地召开发布会，联络有关方面，同时加强对出版重镇如广东、广西、湖南、四川、辽宁等出版社的招展工作。第三是设置书展主宾省，邀请某个兄弟省市统一组织本地区出版文化单位前来参展，向上海乃至全国人民全面充分展示该地区的特色文化。第四是打出“上海首发、全国畅销”的概念，利用上海书展的品牌优势和上海自身的市场优势，吸引全国新书到上海首发，并从上海推向全国市场，为出版业“上海出效应、全国出市场”奠定基础。书展共引进全国各地446家出版社，近600家参展商，展销范围涉及图书、报纸、期刊、音像制品、电子出版物、文化用品等，参展的中文图书达10万余种，外语原版图书7000余种，并组织举办来自全国各省市的260余项文化交流活动。

文广系统：资源共享、联动发展

近年来，市文化广播影视管理部门以长三角地区为重点，以建立统一开放的文化市场、推进新兴文化产业发展、开展文化遗产保护与开发、合办群文活动等为抓手，促进与兄弟省市的合作交流和联动发展。

2004年，上海发起建立了长三角文化厅局长联席会议制度，签署了《关于加强长三角文化合作的协议》，并在此基础上，于2007年通过了《苏浙沪文化交流与合作行动计划》。根据《协议》，江苏、浙江、上海三地将共同致力整合长三角地区文化市场资源，进一步建立和发展长三角演出合作联盟，共同开发演出票务网络，鼓励营造地区演出品牌；推动社会文化资源共建和成果交流，共培同享人才资源；长三角城市共同开办长三角文化网站，借助网络服务平台更好地推动长三角文化全方位合作。按照《计划》，长三角文化合作与发展决策机制将进一步完善，并建立起信息抄告制、项目实施评估制等文化交流与合作长效机制，长三角文化交流与合作将实现全面提速与升级。

在文化厅局长联席会议制度这个合作交流平台的支撑下，基于各项协议规划，近几年上海和兄弟省市的文化合作交流成效显著。在合作建立统一开放的文化市场体系方面，通过已连续举办多年的江苏、浙江、上海三地演出洽谈会，建立起稳固的演出洽谈机制。2004年，三地签署了《文化市场合作与发展意向书》和《演出市场合作与发展实施意见》两份合同性文件，在建立长三角文化市场互动信息网、合作组织长三角文化市场发展战略研究、设置带有监督和预测功能的文化市场预警机制等方面达成一致，在对跨地区经营的连锁企业给予支持、使之完全享受当地文化市场优惠政策等方面达成了共识。在2008年召开的国际演出项目交易会上，上海与部分兄弟省市签署了《演出市场一体化战略合作协议》，在合力推动和培育一批重点民营演出企业，建立演出市场互动协调网络，改革审批制度、放宽市场准入门槛、制定演出市场统一互惠政策，建立实时互动的演出演艺信息资源共享平台等方面取得了一致。近年来，上海文化主管部门积极支持兄弟省市优秀文化企业来沪发展，浙江华人传媒发展有限公司、永生音像制品有限公司、江苏大华音像制品公司、浙江新华发行集团等都享受到了政策便利和支持。江苏、浙江、上海三地文化市场的经营者也在政府的推动下主动探索加强合作发展的新路子。江苏演艺集团、浙江曲艺杂技总团和上海马戏城结成了“文化产业合作战略联盟”，共同开发文化资源，联动发展做大文化产业。

在合作推动网络信息产业、影视服务产业等新兴文化产业发展方面，“中国江苏”、“浙江在线”和“上海东方网”等部分省市的主流网站已经建立起“网站联盟”，形成网站间长效稳定的全面合作机制，增强了主流网络文化的凝聚力。同样的合作也体现在影视服务产业方面，2003年上海联合电影院线公司和宁波市电影公司正式签约组建宁波联合影业有限责任公司，宁波地区的12家主要影院以整体市场形式加盟上海联合院线，目前联合院线在江苏、浙江等地的加盟影院已达28家。

在合作开展文化遗产保护、传承和开发工作方面，通过成立相关工作领导小组和“三民”文化保护中心、联合申报项目、合办展示会等方式，上海已和兄弟省市共同开展吴歌、滚灯、吴语、评弹、刺绣、故事等多个项目的合作保护传承开发。其中，由文化部艺术司和江苏、浙江、上海三地文化厅(局)联合主办的“评弹金榜”电视大赛，以“传承民族文化，扶持评弹新人”为主旨，打破文化管理的地域限制，覆盖多个省区市，实现了区域文化联动。

在合办群文活动方面，近年也颇有硕果。在2003年的第五届中国上海国际艺术节期间，上海与多个城市合办了“长三角地区城市民歌手邀请赛”。2004年，合办“长三角部分城市优秀文艺节目展演晚会”。同年，“群众文化理论研讨会”在沪召开，会议倡议建立“长三角地区群众艺术馆、文化馆合作与交流联席会议”制度，为加强长三角地区群众文化活动的交流合作打下基础。2008年，“长三角美术馆协作会议”在沪举行，签署《长三角美术馆合作协议》，在加强美术馆合作交流方面达成一致意向，提出多项举措。

（中共上海市委宣传部　执笔：吴巍）

长三角区域合作回顾与展望

长三角区域包括上海、江苏、浙江，位于我国华东地区东部，东岸濒临黄海和东海，西部与安徽、江西接壤，北部毗邻山东，南部紧邻福建，淮河、长江、钱塘江等大型河流穿越长三角地区入海，区域总面积21.07万平方公里，常住人口占全国人口总数的1/5以上，在中国区域经济版图上位置极其重要，被著名的法国地理学家戈特曼称为“世界第六大城市群”。

作为我国经济发展速度最快、经济总量规模最大、经济潜质最好的经济区之一，长三角区域的合作和发展始终受世人瞩目。2007年，长三角区域GDP总量达55199亿元，同比增长15.6%，占全国GDP总量的22.8%，区域经济呈现出均衡增长、协调发展的良好势头，在全国乃至全世界的地位和影响力正在不断提升。

长三角区域合作的历史沿革

长三角区域合作的启动(1982年—1988年)

1982年12月，为了推动区域经济联动发展，国务院决定成立“上海经济区”。1983年3月，“国务院上海经济区规划办公室”正式成立，标志着带有探索试验性质的长三角区域合作启动。上海经济区最初的覆盖范围是以上海为中心，包括苏州、无锡、常州、南通、杭州、嘉兴、湖州、宁波和绍兴等在内的10个城市。1986年7月《上海经济区章程》获得通过。此时，其地域范围包括上海、江苏、浙江、安徽、江西5省。1987年，上海经济区把福建省也纳入进来，合作范围拓展到除山东以外的整个华东地区。

由于种种原因，经济区发展规划难以启动。1988年6月，当时的国家计委办公厅发出通知，决定停止经济区活动。同年7月，上海经济区最后一次省市长会议在上海召开，处理相关事宜。此后，长三角区域政府间的经济合作暂时“搁浅”。

长三角区域合作的发展(1997年—2002年)

“搁浅”并不意味着沉寂，长三角地区自发的经济合作一直没有中断。1992年，由原上海经济区最初的10个城市，加上舟山、扬州、南京、镇江，共14个城市的经济协作办公室发起，组织建立长三角14城市协作办主任联席会议制度。1997年，上述14城市和泰州市，共15个城市，通过平等协商，自愿组成新的经济协调组织——长江三角洲城市经济协调会，“长三角经济圈”概念第一次被明确提出来。

2001年,沪苏浙三地经济合作出现了新的发展,上海、江苏、浙江两省一市政府领导共同磋商,发起建立了沪苏浙经济合作与发展座谈会制度。这个座谈会由两省一市常务副省(市)长主持,三地政府的发展改革等部门参加,沪苏浙三地轮流召开,每年举办一次,其主要任务是按照"优势互补、密切合作、互利互惠、共同发展"的原则,围绕优化区域发展环境,共同研讨两省一市共同关心的经济合作和可持续发展问题,推进落实各项合作事宜,沪苏浙经济合作与发展由此步入了新的发展轨道。

长三角区域合作步入快车道(2003年—2006年)

经过几年发展,长三角在全国区域经济发展中,成为人们关注的热点。2003年之后,沪苏浙高层领导频繁互访,签订了一揽子协议,并共同提出要加快推进长三角区域经济一体化发展。2003年8月,长三角城市经济协调会第一次正式扩容,接纳浙江省台州市为新成员。2004年,安徽的合肥、马鞍山,江苏的盐城、淮安,浙江的金华、衢州6个城市的市长列席了长三角城市经济协调会第五次会议,对在更广范围开展长三角区域经济合作进行积极的探索。

自2004年起,两省一市启动了党政"一把手"年度定期会晤机制,即两省一市主要领导座谈会。该座谈会机制旨在深入讨论区域发展的重大战略问题,研究确定区域合作的总体要求和重点事项。2005年,在三地政府部门各专题合作的基础上,两省一市主要领导座谈会明确要重点推进交通、科技创新、环保、能源等四个平台建设。"十一五"规划编制期间,国家首次将《长三角地区规划》纳入规划编制范围,整个编制工作历时两年,先后完成了八个专题研究报告,两省一市也按照合作发展的思路,分别提交了地方研究报告。2006年,座谈会提出要以编制和落实长三角区域规划为契机,进一步促进长三角地区联动和谐发展,开创区域合作的新局面。

长三角区域合作迈上新台阶(2007年至今)

随着中央对长三角区域发展的日益重视,长三角区域合作也逐步上升为国家战略。2007年2月,温家宝总理在赴浙江省调研后作出重要批示,要求国家发改委、国务院研究室会同三地政府专题研究,提出进一步推进长三角改革开放和经济社会发展的指导意见。2007年5月,温总理在上海专门主持召开了长三角地区经济社会发展座谈会,并对起草好《指导意见》提出了明确意见。经过一年多的调研和起草工作,《指导意见》数易其稿,逐步完善,并于2008年9月正式出台。

2007年11月30日,沪苏浙两省一市主要领导座谈会在上海召开,对进一步推动长三角地区联动发展进行了深入探讨,明确要重点开展区域合作协调机制、法规政策协调、涉外服务障碍、科技创新政策、信息一体化建设、破除市场壁垒等六个专题调研。次日,高规格的"长江三角洲地区发展国际论坛"在上海国际会议中心隆重举行。10天后,第八次长江三角洲城市经济协调会召开。经过这一连串密集的会晤磋商,各方就长三角区域合作的重大问题逐步达成共识,也为下一步长三角在更广范围、更宽领域、更深层次的合作打下了基础。

长三角区域合作的初步成果

长三角地区合作机制进一步完善

如何促进长三角地区的联动发展、协调发展,区域合作的体制机制至关重要,因为只有通过优化区域合作的体制机制，才能构建公平、公正、公开的一体化发展环境，才能从根本上打破以行政区经济为主体的发展模式，这是推进长三角区域一体化进程的必要途径。

随着两省一市二十多年的不懈努力和认真探索，长三角区域的政府层面已经形成了多个层次的合作机制，这其中既有省级政府层面的两省一市主要领导座谈会机制、两省一市常务副省(市)长联席会议机制和两省一市政府相关职能部门参加的专题合作机制，也有长三角区域16城市层面的城市经济协调会机制。其中，两省一市主要领导座谈会定期讨论区域发展的重大战略问题，研究确定区域合作的总体要求和重点事项，其余的合作机制，则是从不同层面推进落实两省一市主要领导座谈会明确的工作重点。

四大平台建设初见成效

经过沪苏浙三地的深思熟虑和认真研究，在2005年的两省一市主要领导座谈会上，明确了要重点推进三地交通、科技创新、环保、能源四个平台的建设，力图在这四大领域的合作发展上谋求突破。2006年，四个平台建设的工作重点得到了进一步的明确，主要在编制规划、搭建平台、营造环境等方面加强合作。目前，在沪苏浙三地的共同努力下，四个平台建设已取得了阶段性成果，对推进长三角地区联动发展起到了积极作用，其中交通和科技创新平台建设由上海负责牵头实施。

在交通平台建设方面，民众期盼已久的区域交通一体化进程不断加快。先后制定了《长三角都市圈高速公路网规划方案》和《长三角道路运输一体化合作规划纲要》，整体布局得到了优化完善；公共基础设施网络建设日新月异，由公路、水路、铁路、航空组成的立体交通体系初步构筑完成；三地的集装箱车辆技术标准、交通卡互通技术标准等也陆续出台，促进了市场整合。在科技创新平台建设方面，长三角区域创新体系建设也取得了阶段性成果。编制完成了《长三角区域“十一五”科技发展规划》，统筹考虑未来长三角的科技合作布局；围绕国家战略和区域发展的共同需求，开展了科技联合攻关，迄今已开展联合攻关18项，共投入经费4000多万元；推进长三角科技公共服务平台建设，建成了长三角大型科学仪器共用系统，并参与了国家科学数据共享工程的区域试点，有力地提升了长三角区域科技创新水平。

重点专题合作稳步推进

实际上，四个平台建设源于三地政府之间重点专题的合作，它与各专题合作组互相融合、互相促进。四个平台建设初见成效，区域信息资源共享、区域旅游合作、海洋生态环境保护、区域人力资源合作、区域规划、区域信用体系建设等专题组的合作也是成果累累。如：在海洋生态环境保护方面，沪苏浙海洋灾害预警预报公共平台建设得到进一步加强，警戒海水潮位核定工作基本完成；在区域旅游合作方面，旅游目的地营销系统一期工程建设基本完成，长三角区域一体化的目的地资源信息交流和市场拓展平台初步建成；在区域信用体系建设方面，“信用长三角”信息共享平台数据共享范围进一步拓展；在区域人力资源合作方面，长三角人才招聘、人才网建设、异地人事代理、职位分类、人才诚信档案等工作正在逐步推进；在区域信息资源共享方面，空间地理信息资源共享开始推进，重要信息基础设施共享进一步扩大，区域无线电协同监管继续开展，行业协会在区域产业合作中的服务带动作用也显著提升。长三角区域的合作正从事务性合作逐步向政策性对接转变，从局部性合作逐步向整体性合作转变。

长三角区域合作的前景展望

长三角区域合作空间范围正在进一步扩大

关于长三角区域的地理空间范围，原先在2004年国家发改委牵头启动编制的《长江三角洲地区区域规划》中，长三角的范围是最初的15个城市。2005年在浙江省台州市的积极争取下，其范围扩大到16个城市，当时主要是突出长三角城市群的概念。2007年5月，温家宝总理在上海召开的长三角地区协调发展座谈会上，明确提出长三角的区域范围要涵盖沪苏浙两省一市。

2008年1月，胡锦涛总书记在安徽考察工作时要求安徽省"充分发挥区位优势、自然资源优势、劳动力资源优势，积极参与泛长三角区域发展分工，主动承接沿海地区产业转移，不断加强同兄弟省份的横向经济联合和协作。"这是"泛长三角"概念第一次出现在党和国家最高领导人的讲话中。所以，"泛长三角"的合作与发展也摆上了国家有关部门和有关省市的议事日程。

长三角区域合作协调机制将进一步完善

2008年9月，凝聚了各方智慧的《国务院关于进一步推进长江三角洲地区改革开放和经济社会发展的指导意见》正式出台，文件要求两省一市积极探索新形势下管理区域经济的新模式，坚持政府引导、多方参与，以市场为基础、以企业为主体，进一步完善合作机制。目前长三角地区的联动发展虽已初见成效，但随着长三角经济社会的快速发展，对区域合作的要求越来越高，现有的合作机制已无法适应长三角区域发展面临的新形势和新要求，政府、市场、社会的各自作用需要进一步发挥出来，这就要求不断开拓创新，完善合作机制，为长三角区域合作提供制度保障。

经过近半年的调研和探索，一个科学合理、层次分明、便捷高效的合作协调机制正在孕育而生。我们认为，两省一市区域合作协调机制，应以科学发展观为指导，根据《指导意见》的要求，从贯彻国家区域发展的总体战略出发，在尊重长三角合作发展的历史和现状基础上，借鉴国内外区域合作协调机制的经验，坚持互利共赢、政府与市场分工的基本原则，充分发挥市场力量在配置资源中的基础性作用，形成以决策层为核心，由决策层、协调层和执行层共同组成的多层次合作机制体系。

长三角区域合作领域将进一步拓展

随着长三角区域一体化进程步伐的不断加快，区域合作也呈现出一些新的特点，比如，由自发的经济协作向自觉规范的制度对接转变，由政府单部门的合作向多部门合作以及社会协同推进转变，由单纯的经济合作向经济、社会和文化的全面合作转变。

随着这种转变，区域合作的领域将进一步拓展，除了现有的平台建设和专题合作之外，相当部分的政府部门主动出击，通过联席会议、论坛、项目合作、专题研究等多种形式，共同构筑区域性合作平台，扩大区域间政府部门的合作。与此同时，行业协会和企业也积极展开合作，正在成为长三角区域合作的有生力量。一个多元化的合作格局和全方位的合作领域正在形成。可以预见，在不远的将来，长三角区域合作的领域将进一步拓展延伸，逐步实现市场相通、体制相融、资源共享、交通共连、人才互通、产业互补，促使长三角区域合作向全方位、深层次、宽领域发展。

长三角区域一体化进程将进一步加快

长三角地区是我国综合实力最强的区域。展望未来，长三角区域的一体化，是长三角地区实现科学发展、率先发展、和谐发展的必由之路。这不仅是长三角地区提升发展层次，保持领先优势的内在要求，也是建设创新型国家，加速推进社会主义现代化国家的迫切需要。随着世界经济的全球化与区域化趋势日益显著，以区域化应对全球化、全球化加速区域化、区域化提升全球化的实践及其效应正在不断深化发展，加快推进长三角区域一体化进程，已成为一种必然趋势。

我们期待着，长三角区域一体化将会在六个方面有所突破：一是重大基础设施一体化，以上海、南京、杭州为中心的"1—2小时交通圈"不断完善，以上海港为中心的上海国际航运中心的综合竞争力全面提升，长三角地区同城效应逐渐显现。二是市场一体化，建立统一的市场体系，制定统一的市场规则，逐渐形成长三角区域统一大市场。三是资源节约和环境保护一体化，通过推进节能减排，加强环境保护和生态一体化建设，长三角地区逐渐建设成为资源节约型、环境友好型社会。四是创新体系一体化，充分发挥区域科技资源集聚的优势，不断优化科技创新合作的市场环境，长三角地区率先成为创新型区域。五是社会事业一体化，通过加强人口管理、加快完善就业和社会保障体系、加快社会事业联动发展，使长三角地区成为和谐发展的示范区。六是联手举办世博会，充分利用世博会建设和举办提供的巨大商机，共同搭建世博会这一世界级平台，扩大长三角地区乃至我国在世界的影响力，使长三角地区共享世博会带来的发展机遇和成果。

（上海市发展和改革委员会　执笔：吴卓立）

神州涌动“上海流”

——上海企业“走出去”历程轨迹录

人流、物流、资金流、信息流、技术流……川流不息，在进出上海的空港航运枢纽、在四通八达的铁路公路网络、在不断延伸的信息通信光缆中涌动，它们承载着上海工业经济的运行，承载着上海工业走出去的全部活动。

上海是全国的上海，上海经济社会的发展，无论过去、现在和将来，都离不开全国各地的大力支持和帮助。作为经济中心城市，上海大工业向各地的强力辐射，更是首先取决于它的运行——同全国各地血脉相连的运行。

数据往往是枯燥的，但这几个数据却令人警醒：上海有1800多万人口(其中500万流动人口)，而人均土地面积只有0.55亩，不足全国的1/20；上海没有矿藏，更没有煤、气资源，全部要靠外地供给，全市每年的能源消耗折合约9000多万吨标煤……

作为一个资源缺失型城市，资源能源能否确保正常供应，关系到上海的经济发展、城市安全和生活稳定！

长期以来，上海历届市委、市政府领导高度重视在全国开展横向经济合作，采取各种措施，积极实施“走出去”战略。经过几十年的努力，特别是改革开放以来的探索创新，通过与兄弟省市多领域、深层次开展合作，在充分利用国内广阔市场和丰富资源这个扇面，使上海的资源能源供应获得了充分保障。

当我们回眸历史，上海“走出去”的历程就像是一幅恢弘的画卷，在我们眼前徐徐铺展开来。

走出去：从物资串换到建点联营

早在上世纪50年代，就有了上海“走出去”的最初轨迹。在新中国，作为中国现代工业诞生地和重要基地的上海，始终对全国经济起着举足轻重的作用。一方面，上海为全国重大建设提供配套设备和重要日用工业品；另一方面，各兄弟省市按照中央“全国保上海”的要求，为上海提供所需的煤炭、木材、生铁等物资。尽管那些年是根据国家计划统一调拨，但在实施过程中，上海和各地建立起了一定的相对固定的协作联系。

从70年代后期开始，上海工业进入迅速恢复发展时期，原材料、燃料供应不足的问题凸显。许多工厂企业纷纷四出奔波，争取"口粮"。最初的"走出去"，是国家计划经济模式下，按照政府指令性要求进行的经济联合。通过向原材料产地或企业提供开发资金或物资串换等形式，建立起煤、铜、铝、锌、水泥等相应的原材料集中供应基地。由于缺少市场导向，难以从根本上实现资源优化配置和提高效率，上海的资源能源供给一直处于"半饥半饱"的状态。

改革开放犹如春风阳光，一扫多年昏沉的阴霾。在解放思想的大潮中，人们视野开阔，探索创新的勇气陡增，成为"走出去"的原动力。从此，一种新的"走出去"经济合作形式，开始在上海大地上破土而出。上海产业同各地合作逐步转变为以协作联营生产、配套加工为纽带的经济联系，从纵向的计划经济合作逐步转向"横向经济联合"，打开了合作交流的新天地。

走出去：打造四大基地新经济联合体

1983年，上海根据中央提出的"发挥优势、保护竞争、促进联合"的方针和国务院《关于推动经济联合的暂行规定》精神，提出了"外挤、内联、改造、开发"的横向经济联合新战略，逐步在兄弟省市建立产品联合生产基地、科研产品系列开发基地和资源综合开发利用基地和出口货源配套加工基地，形成了多种形式的经济联合体。

在以后的几年时间里，由于各行业众多生产企业的实践创新，经济联合体形态纷呈，补偿贸易、定牌生产、联营办厂、行业联合各展其效。上海自行车厂、上海自行车三厂分别在苏州、绍兴、南通建立联营厂，由上海厂提供图纸、技术诊断和协作攻关，联营厂进行产品生产，挂上海商标，大大小小金"凤凰"从各地直飞百姓家。上海金属材料公司与陕西铜川铝厂进行补偿贸易，三年内提供无息资金3600万元，使铜川铝厂经过技术改造后，生产能力从年产铝锭5500吨提高到15000吨，在改造完成后的8年内，共向上海提供了5万吨铝锭，弥补了上海原材料的缺口。

上海市皮革公司与长春市皮革公司实行行业联合，上海方帮助长春改造皮革行业生产技术，长春每年向上海提供牛皮13万多平方米，这种以技术输出换回原材料的办法，为上海解决原材料紧缺开辟了新的途径。上海与江苏连云港碱厂商定，由上海出资8000万元投入设备改造，而对方每年向上海耀华皮尔金顿公司提供纯碱8.5万吨。上海造纸行业则从"七五"开始，先后投资900多万元在各地建立8个纸浆供应基地，每年可为上海提供纸浆3.15万吨。

种种"走出去"的探索实践，充分发挥了各自优势，大大促进了上海与兄弟省市的经济联动发展，为上海经济发展奠定了资源能源的保障。

走出去：建立适应市场经济新运行体制

1990年4月，中共中央、国务院宣布开发开放浦东。上海抓住这一重大契机，进一步加快了"走出去"的步伐。1994年，上海提出"优势互补、互惠互利、联动发展、共同繁荣"的经济合作指导方针，探索出了适应市场经济和新运行体制的对内投资形式。

在模式上，摆脱了原先"建联营点、办联营厂"的初级形态，转向"以市场为导向、以企业为主体、以资产为纽带、以名品为基础、以效益为中心"的原则，实施参股、控股、兼并、收购，以品牌为龙头输出技术、资金、管理、人才的合作模式。

在项目上，积极推进以资产为纽带的跨省市经济合作，合作的领域从以工业项目为主，拓展到商贸、金融、房地产、能源、信息等各个产业。

这是上海实施“走出去”战略的一次新的转折点。

有关统计数据显示，到2000年底本市企业累计在全国各地投资的企业已超过4000家，投资总额逾百亿元；上海70多家大型企业集团已有70%开展了跨省市经济协作；上海的200多个名牌产品大多数与外省市有合作项目，使上海企业跨省市的横向经济联合开始朝着大规模、多元化方向发展。

尤其是上海名牌产品与外省市的合作，取得了明显的双赢效果。上海白猫有限公司在重庆万州、上海人造板机器厂在浙江淳安、上海焦化有限公司在江苏淮安、上棉六厂在安徽望江、上海申达集团公司在河南淮阳、上海海螺集团在四川成都、上海牛奶公司在黑龙江富裕地区等，分别通过控股、兼并、收购等方式，因地制宜建立合资合作项目，带动了两地经济发展，为企业带来明显的经济效益，深受当地政府和企业好评。

跨省市的产业经济合作也为上海企业形成了新的增长点。上海冠生园公司通过投资控股，将冠生园组建成集团公司；发酵食品公司在安徽、江西等地区建立原料基地；建材集团总公司在长江流域兴办防火涂料、石棉水泥等生产企业；上海第一百货商店在江阴开设百货大楼；华联商厦与嘉兴合股成立嘉兴上海华联商厦等，都是通过“走出去”进行产业经济合作，在共赢中实现了企业的跨越式发展。

中央吹响“西部大开发”的战略号角，上海又一次向西部迈出了“走出去”的坚实步伐。仅“九五”期间，上海对云南省、西藏日喀则地区、新疆阿克苏地区和三峡库区地区，就无偿提供援助资金7.3亿元，援建希望工程582个，实施合作项目148项，总投资57亿元。

走出去：新形式　新取向　新高度

进入新世纪，尤其是党的十六大以来，上海对“走出去”又进行了新策划、新部署。根据中央有关精神，按照“优势互补、互惠互利、联动发展、共同繁荣”的原则和“有资源、有市场、有效益”的要求，上海又推出了通过资本合作、项目投资、品牌辐射、技术输出、人才培养等方式进一步加大与不同地区经济合作力度的重大举措。这是上海实施“走出去”战略的新形式、新取向、新高度。

在长三角地区，上海主要以产业群、产业链为纽带，推动区域经济联动发展。由于长三角地区经济比较发达，上海并不采取直接投资办企业的方式，而是致力资本融合、产业融合，强化服务和技术设备输出，以形成优势互补、错位发展的格局。如浙江慈溪生产化工产品，缺少化工机械设备，上海充分利用装备制造业比较发达的优势，不仅提供各种机械设备，还一并提供各种技术服务，使其很快形成了生产规模。

在长江流域地区，上海以“黄金水道”功能开发为抓手，共同推进长江流域经济带发展。主要通过联合投资、收购兼并、参股控股等多种形式，以资产为纽带开展跨地区生产经营；同时，利用上海农业在科研、装备、种源、市场信息等方面的优势，在沿江地区建立农副产品和副食品生产基地。

在中西部地区，主要是以资源、能源合作为重点，实现互惠共赢，共同发展。中西部地区有着煤炭、钢铁、有色金属储量丰富的资源大省，上海集中优势提供对方急需的科技、人才、资金、装备、信息，不断推进与中西部地区高层次、多形式、全方位的合作，在实现联动发展的同时，建立具有相当规模的资源供应基地，成为上海资源、能源的有力保障。

在东北地区，重点是现代装备制造业合作和共建粮食基地，实现联手发展。通过兼并、收购、参股、控股、合资、合作等方式，实施跨地区、跨部门、跨所有制的企业重组和横向联合，建立经济共同体。同时，上海进行项目投资，在东北地区建立粮食供应基地，实现上海主销区、东北主产区的优势互补。

目前，上海工商企业在全国各省市投资、控股、兼并的项目已达3000多项，总规模超过300多亿元；在全国的各类商业网点也逾3000家。投资区域遍布全国31个省区市。

可以欣喜地看到，一个宽领域、大范围、深层次、高水平的经济技术合作新格局，已经基本形成。

走出去：永远铭刻经济发展史册

一条条新思路、一项项新举措、一个个新项目、一组组新数据，都雄辩地证明：改革开放30年来，上海实施“走出去”战略取得了令人瞩目的成就。通过“走出去”，上海与兄弟省市加强产业经济合作，加强资源基地建设，做好“三个服务”，不仅推进了区域经济共同发展，更重要的是对上海调整产业结构，保证资源供应，拓展发展空间，保障城市安全和提高群众生活水平，起到了极其重要的作用。在新的历史条件下，“走出去”之路上海将继续走下去，谱写更加辉煌的新篇章。

“走出去”，将永远铭刻在上海经济发展的光辉史册上。

（上海市经济委员会　执笔：张连森、张宏韬）

打造世界级展会城市

——上海展览业步入专业化国际化黄金期

置身上海这座现代化国际大都市，面对星罗棋布的大中型展馆宾馆，你几乎天天可以碰上展会，或综合或专业，或经济或文化，或科技或教育，可谓目不暇接。

数据显示，近年来，随着国内外各种交流合作活动的广泛开展，上海举办的各种展会保持快速增长，至2007年已达515个，总展出面积为571.9万m^2。而2006年这两项数据分别是466个和479.5万m^2，相比之下，分别增长了10.5%和19.3%。

会展经济正在崛起成为上海经济中的朝阳产业。据不完全统计，2006年全市展会直接收入已达30亿元。上海已经成为中国国际展会的龙头城市之一。

国际展会渐成气候

当上海经济连续16年以两位数增长势头发展时，展览业是令人瞩目的明星产业之一。1984年上海举办的展览会不到20个，刚进入90年代时也只有40个。但其后便以年均20%的增速发展。至2006年，上海举办的各类展会数量超过了北京和广州，居全国首位，呈现专业化、市场化、国际化和品牌化的发展趋势。

展会规模快速提升。场馆是举办各种展会活动的重要空间。目前上海已拥有一批具有一定规模的展会场馆，主要有上海新国际博览中心、上海光大会展中心、上海展览中心、上海国际会议中心、上海世贸商城、上海国际展览中心等，室内展馆总面积26.81万m^2。这些展馆中，除了上海展览中心和上海农展中心，都是在改革开放中逐步建造并投入使用的。

目前，上海举办的国际展会平均规模为1.5万m^2。以2007年国际展会项目为例，平均每个展会规模达到了1.54万m^2，同比增长了4.37%。其中，5万m^2以上的国际展会有25个，总面积达194万m^2，分别同比增长8.70%和9.31%；其项目数虽然只占总项目数的8.7%，但展出面积却占到了41%。3万至5万m^2的国际展会也有21个，同比增长了31.25%。然而，1万至3万m^2和1万m^2以下的国际展会分别为98个和165个，同比减少了8.89%和0.6%。这说明，国际展会的规模正在快速提升。尤其是新国际博览中心、上海科技馆、浦东展览馆3馆共同举办的“2007年中国国际家具展览会”，总面积将近22万m^2，堪称规模第一；其次是“第十二届上海国际汽车工业展览会”和“2007年上海国际纺织工业展览会”，总面积分别为12

万 m^2 和 11.19 万 m^2，规模也相当可观。

展览主体呈现多元化。近年来，上海展览主体迅速扩容。目前全市以展览为主营范围的企业已有 184 家，而在经营范围中含展览、展示、广告等内容的企业更有上万家。展览主体结构呈现多元化，除了 66 家国有展览企业，又涌现 94 家民营展览企业。品牌展览企业也开始崭露头角，国有上海国际展览有限公司，合资的上海博华展览有限公司和民营的上海环球展览有限公司等都已成为展览业中的佼佼者。

令人注目的是，一些国际上著名展览公司以各种形式纷纷登陆上海，如法兰克福、慕尼黑、杜塞尔多夫、汉诺威、雅式等国际展览巨头，都已在上海成功地举办了多个国际展会。

上海展览业在组织和实施国际展览项目和国际展事（包括主要国际性会议 96 个，重要节事活动 72 个）的同时，还走出国门，先后组团赴德国、意大利、美国、法国等国家参加了 54 个国际展会。

展会能级逐步提高。参展商、观众的专业水平和国际化程度，是衡量国际展会能级的最重要指标。目前上海约有近半数的国际展会项目，境外参展商超过 20%。2007 年举办的国际展会，参展商总数为 16.2 万家，其中境外展商 4.21 万家，占比 25.99%，较上年的 24%又有所提高。2007 年上海国际塑料橡胶工业展览会，总面积达 10.2 万 m^2，总参展商有 1585 家，其中境外占了 1015 家，高达 64%；2007 年中国国际皮革展，总面积为 5.75 万 m^2，有 1068 家参展商，其中境外为 575 家，达到了 53.8%；2007 中国国际工业博览会总面积 10.35 万 m^2，共4522个展位，境外展商占了 1415 个，达到了 31.3%。

值得关注是，上海国际展会的专业化同样令人刮目相看。如上海车展、家具展、机床展、化妆品展、建材展、纺机展等专业分类清晰，专业化程度都很高，已有十多个展会在国际展览联盟（UFI）成功注册。上海汽车展已跻身世界六大 A 级车展，海事展位列世界同主题展会前列。

在上海，国际展会特别是大型展会的举办，每每出现人流似潮的盛况。据统计，2007 年上海国际展会的观众总数为 907 万人次，比上年的 884 万人次又增长了 2.6%，其中境外观众约有 53 万人次，占比 5.8%。在上海国际美容展 3 万专业观众中，有 1.4 万境外观众，占比达到了 46.67%；第 17 届中国华东进出口商品交易会，13 万专业观众中有近 3 万境外观众，占比 33.33%；同期举办的第 17 届中国国际自行车展览会和第 18 届中国国际电动自行车展览会，境外观众达到 6.82 万人，占了 68%以上。

三个台阶跨入黄金期

上海会展业崛起形成产业经济，历经了 20 年的发展变化，大致可分三个阶段：

起步：突破计划走市场。要说上海会展不能不提上海展览中心（原中苏友好大厦），作为上海第一个展馆，它从 1954 年诞生之日起，展览中心就竖起了展会的招牌，其后的数十年间，尽管有着数不胜数的展览、会事，包括一些国际展览，但基本上都属于非经济性的交流活动范畴。上海的会展业尚处于准备和学习的阶段。

到了 80 年代初，随着改革开放的推进，上海会展逐步向市场过渡，境外来沪展示转型为中外合作办展，国际性展览开始登场。当时，以香港为主的展览机构占据主导地位，上海本土的展览公司主要是贸促会下属展览机构。那时，一年约举办十多个展览会，展览面积多在一万平方米以下，大都是些工业展，如日本横滨工业展、日本汽车展、德国塑料制品展等，还有国内的各类展销会、产品订货会等。

1984年，上海最早的专业展览公司——上海市国际展览公司宣告成立，获得了独立办展的资质；两年后又创办了拥有自主产权的展会。这意味着上海会展业进入了起步阶段。到1990年，各类展会已增至40个，比1984年翻了一番。但总体上说，仍然显得数量不足，规模不大，影响有限。

加速：展会场馆大发展。进入90年代，浦东开发开放吹响了上海经济社会加快发展的号角。会展业也迅速突破场馆桎梏，改善了基础设施，至1999年全市可供展览的室内场馆面积从2万多m^2增长到近10万m^2。

随着对外开放不断扩大，国际会展企业纷纷入驻中国；国内各类展览公司相继诞生，并呈多元化发展态势。1995年，出现了第一家民营展览企业，此后如雨后春笋，形成一路大军；各专业协会也利用其专业优势创建了展会。

从1995年起，上海国际展会数量以较大幅度逐年递增，1997年首次突破了100个，1999年达到150个。会展业逐渐成为上海经济发展新的增长点。

突破：展会迎来好机遇。2000年起，上海会展业出现迅速发展的势头，国际展会当年就达到了200个，接下来是：238，248，284，276，295，直至2007年的309个。这期间，2003年尽管遭遇了非典的影响，但上海仍有348个国际国内展览项目在举办，展出总面积达到224.35万m^2。

2002年中国成功申办2010年上海世博会，为会展业发展带来新机遇。在此前后，亚行年会、上海合作组织峰会、APEC领导人峰会、财富论坛以及F1国际赛车上海站大赛、国际网球大师杯赛等重大活动和顶级体育赛事，都为上海会展业增添了亮点。以2006年为例，上海共举办了295个项目，展出总面积433.5万m^2，其中，主要国内展览会项目171个，总展出面积45万m^2；大型国际会议、论坛94场；较有影响的节事活动112次。当年，上海展览场馆可展出的室内面积达到了22万m^2，特别是上海新国际博览中心的建成，更为上海会展业与国际接轨提供了现代化的平台。

与此同时，上海会展业由于民营、外资的大量介入而呈现多元化竞争发展的局面。以上海浦东陆家嘴开发公司和德国三家著名展览公司联手投资上海新国际博览中心为标志，欧洲展览公司以其品牌、网络、资金的优势进入上海展览市场，新兴的美国展览机构也跃跃欲试。他们带来世界名展的同时，也带来了先进办展理念，为上海会展业注入了新的活力和动力。其规范的操作、细致的管理、贴心的服务，令上海展览同行耳目一新。

上海会展以朝阳产业姿态，步入了黄金发展期。

三大关口闯出发展路

上海会展业的高速发展，得益于上海的改革开放，是政策导向、市场推动、规范发展的共同结果。上海展览业闯过转型—开放—规范三大关口，走出了一条崭新的发展道路。

转型：政府主导转向市场运作。对内对外各种合作交流活动是展览业的重要载体。长期以来，这些活动大多由政府部门主导，展会基本上属非赢利性社会事业。面对改革开放的新形势，上海政府部门积极推动合作交流活动市场化运作，促使展会转型走上了市场化道路。

2005年上海市委、市政府制定《上海加速发展现代服务业实施纲要》，明确把发展展览业作为近期集中突破现代服务业发展的六大重点领域之一。2003年以来，市委、市政府组织有关部门就上海展览业的发展进行专题调研，形成了《上海展览业发展三年行动计划》，确定了以2010年世博会的举办为目标和工作重点。《计划》提出三项基本原则：一是立足上海与服务全国相结合。支持上海展览企业通过合作办展、资源整合、管理输出等方式服务全国展览业；继续欢迎全国各地的展览企业与品牌展览项目来沪发展，使上海成为全国各地展览企业树形像、寻机会、谋发展的大舞台。二是政府推动与市场运作相结合。各级政府职能重在强化规划、协调监管、搞好服务，逐步淡化政府办展，形成商业项目市场运作、政府项目企业运作的机制。三是促进发展与规范管理相结合，进一步加大上海展览业改革步伐，促进展览市场繁荣；在发展中加强管理力度，在管理中提高发展水平，努力营造国际一流的展会发展环境。为今后展览业的发展指明了方向。

开放：不受时空限制。近20年来，上海的发展是惊人的，同样，上海的开放力度也是惊人的。上海展会的发展，在此社会背景中，就不仅仅是简单的对外合作活动，也不仅仅是与外国资本和机构的合作交流了，而是一场超越时空限制的交流。在向先进国家和地区学习先进办展观念和方法的同时，上海还大力推进了与兄弟省市的合作、交流与交融，邀请了江苏、浙江、安徽、福建、江西、山东等6省和南京、宁波等市与上海联合主办中国华东进出口商品交易会（简称“华交会”）。华交会凭借华东地区雄厚的经济实力和品牌实力，也依托华东地区企业对展览服务的迫切需求，迅速成长，从1991年展出面积仅20000多m^2的一般性展事，发展成为中国目前规模最大、客商最多、辐射面最广、成交额最高，并达到了国际水准的区域性国际经贸盛会之一。以第18届华交会为例，就有来自全世界145个国家和地区的逾1.9万名境外客商和国内6万余专业客户到会洽谈，出口成交总额达36.78亿美元，逾72万人次浏览了华交会网站。在办展过程中，华交会主办方不断加强与国际展览联盟等国际展览组织的交流，吸引世界性组织、国际行业协会、上海友好城市、著名跨国公司参与，集聚了诸多国际级品牌，扩大了上海展览在国际上的影响力。2002年，华交会还第一次实现了海外办展。

规范：瞄准专业化国际化。上海展会鼓励多元化发展，倡导百花齐放，但也讲求规程规范，强调运作的专业化国际化水准。2002年，上海成立了会展行业协会，健全和制订规范性操作规则，协助政府引导上海展览业走上良性发展道路。

2005年市政府发布《上海市展览业管理办法》，进一步从八个方面对展会运作规范作出了明确规定。内容包括：统筹、规划、协调的管理体制；以主办单位为主体的责任制度；增强信息透明度；限制政府部门和机构办展；加强展会市场监管；完善与办展相关的治安、消防、交通及市容等管理机制；引导行业组织、展览主办单位、场馆等发挥自律作用；建立展览项目审查的协调机制。

依据《管理办法》的规定，各职能部门出台了一系列规定，市外经贸委会同市科委和市教委制订了《上海市国际展览项目审查实施细则》，明确在国际展览项目实行审批制的情况下，实行"按授权审批、按行业管理"和"有分有合，分合结合"的管理体制，项目审查结果信息公开；市工商局制订了《关于本市展览场馆备案的实施意见》；市知识产权局制订了《加强展览会专利保护实施细则》；市市容环卫局制订了《上海市展览业市容环境卫生管理实施办法》；市公安局制订了《关于加强本市展(博)览会场馆安全防范工作的通知》；市消防局制订了《上海市展览业消防安全管理规定》；上海海关和上海出入境检验检疫局等也制订了本部门与展览业管理相关的管理规定。

一系列规范的出台，为展览业发展提供了良好的政策环境，以引导展览业向法制化、规范化方向发展。同时，政府部门管理工作也不断规范。

近两年来，展览业内管理不断深化细化，治理整合有序推进。市会展行业协会率先制订了《评估细则》和评估标准，并聘请第三方开展国际展项目评估；会展行业人才认证项目启动；展示工程专业委员会成立；长三角城市会展联盟成立……

平台：提供全景式综合服务。"规模很大"并不能概括华交会的全部，这些年来的关注度已经逐步向提升展会质量和服务水平转变。以第18届华交会为例，其布展更加突出品牌企业和品牌产品，并对参展的品牌企业和品牌商品进行统计，统一对外发布，以放大品牌效应。据展会公布，参展企业和商品中，获得商务部重点支持发展的出口名牌和全国驰名商标有60余个，获得省市名牌和省市驰名商标的品牌企业、品牌商品将近700个，新产品、新款式和采用新技术、新工艺生产的产品达2万余个。

走品牌化发展道路，与国内外优质参展商共成长，已经成为华交会发展的重要特征。华交会依托自身优势，加大对出口品牌的扶持力度，提高其国际竞争力；健全出口品牌评价、保护、推广体系，维护各地出口产品的良好形象，帮助企业提升了国际竞争力。

这些服务都是企业所渴求的，但又是单一经营个体难以企及的。华交会充分发挥其网络优势，将展示、贸易、信息等功能元素集于一身，为"走出去"打造了一个综合服务的全景式大平台。

未来紧抓机遇推动升级

目前上海国际展会已经初步具备了进入新的发展阶段的条件，与此同时，展览业也有望成为上海经济增长的一个新亮点。2010年上海将迎来世博会，展览业将紧抓这一机遇，提升展馆的扩容能力，加强与国内兄弟省市和国外展览企业的交流与合作，努力创造优越的办展环境，培育一批具有全球性影响的知名品牌展览，继续推动上海展览业的稳步健康发展。

（上海市商务委员会　执笔：蒋雪根、吴昌富、薛红梅）

活跃在智力帮扶一线的“灵魂工程师”

——上海教育对口支援散记

“同学们好，我是来自上海第一中学的季永旭，在新学年我将教大家语文课。”2008 年 9 月 1 日上午，上海支教教师季永旭正式到都江堰市第一中学任教。与他同行的 59 名上海老师也于同一天到 59 所都江堰中小学、幼儿园报到。这 59 人，都是上海骨干教师，其中 10 余人还担任中小学校长。

就在这 59 人抵达都江堰的同时，另一支 100 人的上海支教队伍则去了云南的红河、文山等 19 个县的 19 所中学……

“支教”只是上海对口支援大场景中的一个亮丽侧景。

上海市委、市政府按照党中央、国务院的统一部署，自上世纪九十年代起，就在对口支援的西藏日喀则、新疆阿克苏、云南四州市、重庆万州、湖北宜昌等地区，以智力帮扶为重点，充分发挥教育资源优势，扎实做好教育对口支援工作，取得了显著成效。

帮扶从“硬件”做起

“工欲善其事，必先利其器”。要帮助对口地区发展教育事业，首先就要帮助当地改善教学设备。

西藏日喀则地区上海实验学校是当地远近闻名的第一所九年一贯制学校，作为上海第四轮援藏教育项目，上海市教委精心选择项目设计和项目管理单位。作为设计单位，上海高等教育建筑设计研究院本着“援藏援疆义不容辞、精心设计全力以赴”的理念，精心设计，使该援建项目建筑形式新颖，结构选型合理，设备系统周密。为确保项目建设质量，上海教育基建管理中心通过筛选和考核，选派于桓、张志海两位年富力强的青年骨干赴西藏日喀则负责项目建设管理工作。面对当地恶劣的高寒气候，他们以“特别能吃苦、特别能战斗、特别能忍耐、特别能奉献、特别能团结”的“西藏精神”激励自己、要求自己。他们缺氧而不缺精神，艰苦但不降标准，尽心尽力确保了项目的提前顺利完成。

上海市教委先后承担了西藏日喀则中专教学楼、日喀则职业技术学校综合实训楼、云南迪庆州红旗小学教学楼等援藏、援滇项目的建设任务。实用美观的设计、过硬的工程质量和科学规范的管理使得这些项目成为当地教育事业发展的标志性工程。

帮扶是多方位的。上海教育系统为云南、西藏日喀则、新疆阿克苏、重庆万州和湖北宜昌等对口地区教育事业发展提供了力所能及的援助。通过援建、改建校舍，捐赠教育经费、教学仪器设备、图书资料，资助贫困学生等方式，为对口地区教育发展提供有力的物质支持。据统计，2000年至2007年，上海市教育系统共为对口地区援建希望学校69所，改建中小学57所，显著改变了对口地区贫困县中小学的教学条件。

支教以“执着”著称

2000年，中共中央办公厅、国务院办公厅下发《关于推动东西部地区学校对口支援工作的通知》，提出了东部地区学校选派教师和管理人员到西部贫困地区任教、任职的要求。此后，上海教育系统每年选派政治素质好、业务能力强的教师前往云南贫困地区开展支教工作，截至2008年，已累计派遣了八批支教教师共761名，到云南7个州市19个县支教。上海12所高校与云南11所高校、上海9所中等职业学校与云南9所中等职业学校，在师资培训、学科建设、科研、办学等方面开展了对口帮扶合作。

在上海支教队伍中有个杨佐锋，是宝山区呼玛中学的教师，他用“执着”二字书写了对支教事业的理解与奉献。在云南支教的4年间，杨佐锋的母亲和岳母相继病故，为坚守讲台，他都未能与两位老人见上最后一面。在讲台上，他心中装的全是学生，每天起早贪黑，备课、批改作业，还用自己的收入资助学生上学。在办公室和寝室，他心中装的全是同事，带教、做饭，他是大家的坚强后盾。

当得知自己当选为“2005上海教育年度人物”时，他说：“我所做的都是一个教师应该做的事!”朴素语、平常心，透出不同凡响的大爱。这种爱，犹如雨露，点点滴滴，浇灌着西部和对口地区学子的心田。

这样的教师，又何止杨佐锋一人。

2002年，杨浦区思源中学的王建新老师，新婚8天后就奔赴云南支教。这位身材娇小、年仅25岁的女教师，除了担负着英语教学和班主任工作外，还挑起了西盟县一中校长助理的重担。在支教两年中，她托家人从上海带来了一箱箱文具用品送给贫困生，并积极与上海思源中学联系，为7名贫困生提供资助，为西盟县争取到25万元资金援建希望小学。2004年6月，经她牵线，上海市宝山区公安分局与西盟县永不落村小学签订帮扶协议，每年捐赠2万元帮助该学校改善办学条件。

2004年，杨浦区二十五中钱玉琴老师赴滇支教时，母亲正患重病住院治疗，需要她护理，但是为了响应西部的召唤，她安排好家里事，毅然踏上了支教路。在一次赴西盟县一中支教途中，她不幸遭车祸受重伤，被送回上海治疗。她人在上海，心却牵挂着云南的学生，休息几个月后又回到云南。2005年她被云南省教育厅授予“沪滇教育对口支援优秀教师”光荣称号。

上海教师的无私奉献精神，先进科学的教育理念、教学方法和管理经验，给边疆教育事业注入了生机与活力。

“培养”牵手“培训”

1985年，上海行政管理学校和共康中学首开两个西藏班，专门为西藏培养初中生和中专生。西藏班的老师80%以上具有中高级职称，他们情系西藏，为培育雪域雏鹰呕心沥血。上海教育援藏20多年来，为当地培养了2500余名初中生，700余名中专生。

2002年，上海七宝中学、交大附中、嘉定一中、朱家角中学、上大附中等5所学校开设了内地新疆班。

古丽努尔·阿扎提是交大附中首届新疆班的一名女生，入校后吃第一顿饭，她在餐厅闻到了熟悉的味道：拉条子、馕、库尔达克……样样都是地道的家乡口味。学校新建了可容纳200人进餐的清真食堂，还专门从新疆请来主厨库尔班。学生宿舍安装了空调，教室里的卫星电视能收到新疆新闻。老师每周还会将《新疆日报》、《乌鲁木齐晚报》送到同学手上，让他们及时了解家乡的发展信息。

古丽努尔·阿扎提茁壮成长，学习成绩优异，正在积极争取入党。2008年，古丽努尔已经是北京大学心理学系大二学生了。

让每个学生都健康成长，是内地班教师和校领导的共同心愿。

新疆班学生英语、汉语水平基础较薄弱，七宝中学对预备班学生重点补基础课，老师们自编预备班的汉语、普通话测试、电脑等课目的教材。老师每周工作六天，还觉得教学时间不够用，利用周末及节假日为学生补课。

2004年，本市首届新疆高中班学生在高考中取得了较好成绩，77名学生中有69人被重点院校、本科院校录取，占毕业生总数的90%。

2006年，市教委拨款4000多万元，为南汇中学、奉贤中学、金山中学、崇明中学建造新疆班学生宿舍和清真食堂等设施。

多年来，上海不仅为对口支援地区培养了大批学生，同时也培训了大批教师和各类专业人才。

上海积极发挥教育资源优势，每年通过进修、挂职锻炼、就地办班、讲学等形式，多渠道、多途径、多层次地为对口地区开展教师、干部培训。1993年以来，上海教育系统共接收各对口地区教师、干部30000多人来沪进修、培训和挂职锻炼。

2001年起，上海市教委、云南省教育厅、贵州省教育厅与德国汉斯·赛德尔基金会签订了支持云南省、贵州省职教工作的合作协议，运用该基金会提供的资金，引进德国“双元制”培训模式，依托上海职教实训基地的支持，7年来已为两省职教系统培训校长、专业教师1160余人。

2000年，上海创建了白玉兰远程教育网，市教委每年通过白玉兰远程教育网对云南省、重庆万州地区和西藏日喀则地区开展各类师资培训，以更经济、更有效的方式让对口地区共享上海的优质教育资源，几年来，已对西部及对口地区8万余名中小学教师实施专题培训。

“十七”结对“二八”

2005年以来，按照上海市政府对口支援要“集中集聚”的要求，本市17所国家级重点中等职业学校先后与云南省红河州、文山州、思茅州（现为普洱市）、迪庆州、新疆阿克苏、重庆万州等六个对口支援地区的28所中职学校开展联合招生合作办学。通过在当地学校内设分校，采取分阶段、分地区的办学模式，为对口地区培养专业技术人才。同时，上海17所学校以“一对一”形式，向对口合作学校传递先进的教育理念、管理方法和教学经验，帮助他们提高办学水平。三年来，共在六个地区合作招生7000多人。

上海17所学校每年要接收50名对口支援地区学校的教师和行政管理人员来沪进修。同时，上海每年选派70人次的优秀骨干教师和中层管理人员赴对口支援地区支教、讲学，帮助当地职业学校开展专业建设、师资培训以及教学管理改革等。2007年，上海市教委接受国家西部开发办公室任务，为西部地区培训100多名职业教育管理干部。

上海与西部对口地区开展中等职业教育合作办学，既促进了西部地区职业教育规模扩大和教学质量的提高，又促进了西部农村学生通过接受职业教育实现劳动力转移就业，同时还满足了东部地区和城市对高素质劳动者的需求。

（上海市教育委员会　执笔：冯静波）

国内科技合作芝麻开花

改革开放30年来，按照市委、市政府的部署和要求，上海国内科技合作交流始终坚持“优势互补、资源共享、平等互利、联手发展”的方针，紧扣时代需求，立足服务大局，经历了由点到线再到面、由一般性往来到具体合作再到资源共享、由基层单位自发行为到政府引导与市场导向的逐级发展过程，谱写了服务长三角、服务长江流域、服务全国的华丽篇章。

横向联合：技术协作唱主角

改革开放之后，横向经济合作风起云涌。在上个世纪八十年代，上海科技国内合作方式主要有技术协作和联合生产。技术协作就是上海派出技术力量，提供技术和管理经验，在达到协议规定的要求后，收取一定的技术补偿费；联合生产主要是上海产品或部套件扩散到外地同类企业，联合生产市场上紧俏短缺或名牌产品，上海负责提供图纸、工艺技术文件和定额资料，派员进行技术指导和质量监督把关，对方利用现有生产能力按上海技术要求生产，经上海验收合格后以上海厂名销售，上海按销售额的一定比例收取技术服务费。

1978—1982年，上海与兄弟省市的技术协作项目仅有26个，1983年达到了344个，1984年达到了779个；而到了1988年，科技与生产的结合更趋密切，全市技术交易额达到6.3亿元，10所高等院所有909个技术转让项目流向全民大中型企业，全市有760余家专门从事技术商品的经营机构，300多家民办科技机构，已经组成了高新技术和适用技术兼有，面向大中型企业和乡镇企业的多层次、多渠道的技术贸易网络。

在整个八十年代，上海同全国27个省区市建立了包括工业、科研生产、外贸等各种形式的联合体6000多个。其中，科研生产联合体2000多个，开发资源的项目580多个。在联合目标上，建立了原材料联合开发基地、出口产品粗加工生产基地、科研生产联合基地和名优产品联合生产销售基地等四个联合基地。上海各区县也与国内200多个地市州县以及京津所属的一些地区开展横向联合，获得了占区属工业企业利润的十分之一。上海的大批科技人员利用休息日往返于长三角地区，被称作“星期天工程师”，为苏浙乡镇企业和民营企业崛起作出了贡献。

1990年中央宣布浦东开发开放以后，科技横向联合出现了迅速发展的态势，横向联合的点遍及国内。各地区来沪调研、考察、参观、交流和商谈合作事宜也大幅增长，每年达数百人次之多。全国第一个国家级技术交易所——上海技术交易所成立后，引起了全国各地的重视和关注，纷纷派员来沪参观交流和洽谈合作，仅1994年各地来技术交易所的就达8000余人次。上海技术交易所也走出去加强宣传推介，先后赴浙江、山东、江苏等地举办专场技术交易活动。上海还加强了与京津、华东六省一市、长江沿岸部分城市的合作交流，并与其中一些城市建立了科委主任联席会议制度，专题探讨区域创新互动思路，如：华东六省一市技术市场专题研讨会、部分省市科委技术出口工作研讨会、华东地区火炬计划合作会议、第二次全国金卡工程12个试点城市工作会议等。

对口支援：科技帮扶立新功

上个世纪九十年代，中央先后明确上海对口支援西藏日喀则、新疆阿克苏、重庆万州、宜昌夷陵和云南红河、文山、思茅三地州。上海科技帮扶对口地区和西部地区逐步成为科技合作的重点。

选派科技干部挂职是上海科技帮扶的有效形式。市科委先后派出4名干部到西藏日喀则地区科委和新疆阿克苏地区科委任职，带去了上海科教兴市的经验，带去了科技帮扶的思路，帮助当地规划和落实科技合作项目，推动了当地的科技发展。如：赵荣善同志在挂职西藏日喀则地区科委副主任期间，完成了江孜国家级星火密集区立项、地区科技基金的筹集。王迅同志挂职日喀则地区科委常务副主任期间，几乎跑遍了日喀则所有的县乡，开展调研，组织落实了一批当地真正急需的项目，受到当地领导和群众的好评。

科技项目援助是上海科技对口支援的一大特色。上海发挥科技优势，充分利用当地资源，在西藏、云南、三峡等对口地区，合作开发一批科技项目，如：1999年，市政府拨款1000万元，在红河、文山、思茅和重庆万州五桥四个地区，各援建了一个科技中心，用于当地科技成果推广和科技培训；同时支持在西藏日喀则、新疆阿克苏建设科技活动中心。红河上海科技中心实施的工厂化养鱼项目，宜昌县实施的柑桔品种结构优化与示范项目，上海肿瘤医院结对支援西藏自治区人民医院建立肿瘤专科项目，都取得了良好的成效。市科委还分别援建了谢通门县荣玛乡和云南屏边县湾塘乡沪滇科技希望小学。

科技合作从对口地区逐步向中西部地区扩展。1997年市科委设立国内科技合作计划，明确科技合作以西藏、新疆、云南、三峡等对口地区为重点。在云南，实施一批宏观决策咨询项目，已取得阶段性成果。如：上海有关科研院所承担的"区域经济系统理论与云南产业分布城市化研究"、"云南省21世纪关键技术选择原则和方法"、"昆明市高新技术产业化规划"、"云南省楚雄市旅游业发展与布局总体规划"、"云南省二十一世纪产业政策研究"等决策咨询项目，得到了云南方面的肯定与赞誉。重大科技合作项目"云南野生稻遗传资源的保护与研究"获得成功，"丙二醇生产技术开发"、"β-蒎烯合成香叶醇、芳樟醇"项目在云南玉溪成功进行技术转让并建厂，"水相悬浮法制年产5000吨高氯化聚乙烯树脂粉末工程"、"环氧丙烷水合反应丙二醇生产工艺技术"、"电磁场深化金属液技术"、"PTC陶瓷制造技术"、"模式识别工业优化技术在烟草工业中应用"等项目顺利完成。在三峡库区，上海与重庆共同出资援建五桥上海科技中心，并尝试实行股份制运作方式，使中心具有更大的活力。上海科技合作根据形势发展逐步向中西部地区扩展。2000 年，响应中央参与西部开发的号召，市科委在国内科技合作专项中设立西部开发专项。2001 年，市科委批复成立上海市西部开发科技合作项目管理中心。引导上海科技企业走出去，积极开展技术合作、成果转化与产业化合作与交流。2000 年至 2002 年，征集项目 300 多项，涉及合作省市 24 个，市科委国内科技合作计划支持项目 149 项，投入资金 1500 多万元，带动社会资金 2 亿多元，主要合作领域在现代农业、生物医药与卫生、信息技术、新材料和环保技术的推广应用。多年来，复旦大学与西部地区签订合同 30 项，合同总金额共 4.88 亿元，到款数 2.19 亿元。华东理工大学与西部地区签订技术合作合同 98 项，技术交易额共 883 万元。

技术市场加强辐射取得初步成果。上海技术交易所努力履行国家级常设技术交易机构的职责，不断健全服务体系，充分利用网络优势，发挥信息集散功能，坚持市场运作，立足上海，辐射全国，交易网络基本覆盖了除西藏、青海外的西部地区，与西部地区技术交易成交项目 1011 项，成交金额达 6.18 亿元，约占总交易额的 10%，四川、重庆、西安等地交易比较活跃。同时，西部地区通过上海技术交易所平台，一些先进技术输入东部，如：西北核技术研究所通过技交所上市了“便携式脉冲一次成型 X 光机”，“利用辐照生产新材料”等项目，形成双向交易。上海市高新技术成果转化服务中心、上海技术产权交易所主动向西部地区开放，并提供相关服务，在已认定的 488 个上海市高新技术成果转化项目中，已有 18 个外地项目在上海落户，实现了成果转化和产业化，涉及资金 3.1 亿元，其中中西部地区项目为 7 个。

科技人才交流培训不断加强。上海十分重视科技人才交流培训工作，重点为西部地区培训科研人才、管理人才、实用技术人才。2000 年开始，市科委组织上海科技管理干部学院、国家科技部上海培训中心承担西部、东北地区科技管理干部的培训工作，共举办 40 多个培训班，培训 2500 多人。上海科技管理干部学院还为云南省祥云县举办 6 期培训班，培训 354 位干部，受到好评。华东理工大学，自九十年代以来，从西部地区招生 1923 名，去西部就业 1286 名，接受进修、培训达 75 人，向西部地区输送 79 名应届毕业研究生，同时，在成人教育方面，招生 1038名，专科生 1000 名，专升本 38 名。此外，还与西安交大联合办学，培养更多科技人才。

三个服务：区域合作谱新篇

进入新世纪后，随着国家整体区域发展战略的形成和中央对上海“三个服务”要求的提出，上海国内科技合作交流紧紧围绕服务国家战略和上海加快“四个中心”建设，提升层次，扩大领域，深化服务，形成了以区域科技合作为重点的新格局。

建立区域创新体系建设联席会议制度。长三角地区科技实力雄厚，率先建成创新型区域对促进经济发展方式转变具有重要意义。2003 年，在国家科技部的指导协调下，上海、江苏、浙江签订了《关于沪苏浙共同推进长三角创新体系建设协议书》，建立了长三角区域创新体系建设联席会议制度，轮值主席由两省一市分管领导轮流担任，联席会议下设办公室，成员来自两省一市科技主管部门，负责长三角科技合作具体任务的组织和协调，并设立了相应的专项资金。2005 年底，苏浙沪两省一市主要领导在杭州召开座谈会，决定重点推进环保、能源、科技资源共享、交通合作等四个专题，明确了科技合作任务。2007 年 5 月，温家宝总理在上海召开长江三角洲地区经济社会发展座谈会，提出要把长三角建设成为创新型区域的要求，为进一步加强长三角科技合作指明了方向。

两省一市科技主管部门按照“破除壁垒、降低门槛、资源共享、开放共建”的要求，以“政府引导、市场运作、优势互补、资源共享、平等自愿、互利共赢、突出重点、注重实效”为原则，着力在建立工作机制、强化资源共享、开展联合攻关、促进技术转移、编制发展规划等方面推进，初步形成了区域协同创新的良好态势。

编制区域科技创新规划与行动计划。在科技部的指导和推动下，两省一市科技主管部门，共同组织力量，完成了《长三角区域“十一五”科技发展规划战略研究》，编制了《长三角区域“十一五”科技发展规划》，紧扣区域特点和发展实际，明确了“十一五”期间长三角区域科技合作的目标、基本思路、主要任务以及相关的战略措施，重点围绕科技创新要素的自由流动、科技基础设施的共建共享、科技重大项目的联合攻关等方面，统筹谋划了未来长三角科技合作布局。2007年，三地又联合编制了《长三角科技合作三年行动计划(2008—2010年)》，提出了要努力把长三角基本建成为我国重要的科技创新中心区、科技资源共享区、生态和谐宜居区、科技产业创造区的目标，确定了五大科技行动，14个优先主题和43个主要任务。

联合推进重要领域重点项目科技攻关。从2004年开始，苏浙沪三地科技部门围绕长三角经济社会发展中的重大关键、共性技术开展攻关，向全社会征集项目117项，支持开展联合攻关18项，共投入经费4500多万元。如：饮用水一直是三地公众关心的热点问题，为此，三地科技部门与相关应用部门合作，共同组织开展《长三角区域城镇饮水安全保障技术研究》，在饮用水微污染净化示范工程、水源区生态保护、强化水处理常规工艺、安全输配水示范工程等方面取得突破，研究成果已经在三地应用。交通卡互通一直是长三角民众的期盼，为此，组织了《长三角城际一卡互通交换清分平台原型系统》的开发，解决了上海与杭州、无锡等城市公共交通一卡通系统或非金融支付一卡通系统互通问题，显著提高各城市交通卡在长三角范围内的使用率，实现相互清算对账与数据管理，使“交通一卡通”在技术上实现了三地互通。初步计算，如正式投入应用，可节约投资和维护成本约3800万元。三地科技部门将“科技强警”、“东海海洋赤潮监测”、“电子标签在危险化学品食品安全中的应用”作为联合攻关主题，布局了《长三角地区道口公安查控技术的应用研究》、《长江口海域赤潮机理和相关入侵藻类识别与风险评估技术研究》、《长三角区域电子标签标识及其安全管理系统应用示范》等项目，实现了长三角地区治安、海域预警、危险品管理等公共安全保障工作的联动和安全监管水平的提升。

协同推进科技公共服务平台建设。为充分发挥长三角科技资源优势，提高区域创新资源的利用效率和协同效益，苏浙沪联手推进集创新资源、创新机制、创新政策和创新环境于一体的区域科技创新公共服务平台建设，在更大范围、更广领域和更高层次上优化科技资源配置。一是建成长三角大型科学仪器共用系统。2007年6月，在杭州召开的长三角区域创新体系建设联席会议上，长三角大型科学仪器设备协作网系统正式开通，有806家单位的3371台(套)科学仪器设施入网，其中，价值在50万元以上的大型科学仪器设施达2289台(套)，跨区域的仪器设施服务量已达到5300多次，实现了区域科技基础条件平台建设的良好开局，并为长三角地区的企业与科研院所、高校之间搭起了交流共享的桥梁。江苏怡利公司汽车零部件产品以前送到欧洲实验室进行检测，费钱耗时，通过大型科学仪器设备协作网找到上海测试中心，产品检测时间从原来的几个月缩短到几天，成本也仅为原来的十分之一。二是参与国家科学数据共享工程区域试点。苏浙沪三地携手承担了科技部基础条件平台建设专项之一的《区域综合科技信息共享网》，构建了占区域生命科学、化学化工领域数据总量85%以上的主题数据库，可提供共享服务的科学数据量达5.41 TB，为区域科学数据资源共享积累了经验。三是不断深化长三角技术产权交易体系建设。围绕长三角中小企业的发展需求，重点面向沪苏浙高新技术产业集聚区，结合三省市的技术市场，进一步发挥浙江网上技术市场、上海技术交易所、江苏省技术市场等技术中介机构的作用，初步形成了长三角技术交易网络系统。

携手搭台促进科学技术成果交流。苏浙沪三地充分发挥科技中介作用，先后联手组织了“民营科技企业苏北行”、“大院名校浙江行”、“2006长三角共建军民结合，寓军于民科技创新体系报告会”等活动。在“民营科技企业苏北行”中，长三角地区共有130多家民营企业参加，成功签约合作项目130项，合作金额72亿余元。“大院名校浙江行”历时8个多月，共达成合作项目139项，合同金额达4.07亿元。除了省市间组织的合作，各地市与科研机构和高校的合作也日益加强，尤其是浙江的民营企业表现出旺盛的创新需求。仅在湖州，上海255家机构与当地的211家企业建立了长期合作关系。人才交流更是活跃，苏浙沪三地院士、专家联动，相互参与重大项目评审，相互开展咨询活动，相互为经济发展献计献策。在2007年中国国际工业博览会上，三地科技部门联袂组织“长三角科技展区”，展示区域创新成果。

回顾30年来上海国内科技合作交流的历程，有三点体会：一是以服务为核心，通过服务发挥上海科技优势，通过服务提高自身科技创新能力。二是坚持硬件建设与软件输出并举，政府引导与社会参与并重，帮扶支援与互利合作并行。三是加强协商，注重联手，主动协调，整合资源，形成合力。

（上海市科学技术委员会　执笔：陈宏凯）

“上帮村”见证德昂族脱贫

2008年6月底，上海市民族宗教委领导带队赴云南省德宏州考察对口帮扶项目。来到德宏州潞西市三台山德昂族乡，进入村子老远就能看见村头竖着一块大石头，上面刻着“上帮村”三个大字。陪同考察的云南省民族事务委员会的干部介绍说，这块石头是村民们自发出钱雕刻的，意思就是“上海帮扶的村寨”。

“直过民族”亟待脱贫

在祖国美丽的西南边疆，有一个勤劳善良的民族——德昂族，是云南特有的人口较少民族之一，又是一个跨境民族。据2004年人口统计，德昂族总人口约17800人，主要分布在云南省德宏州(13100人)、临沧市(3327人)、保山市(944人)，其他地方也有少量分布。主要聚居在15个行政村。德昂族旧称“崩龙族”，1985年改称德昂族。信仰南传佛教，有自己的语言，无本民族的文字。德昂族主要居住在山区、半山区。解放前夕德昂族还保留着原始的父系氏族公社残余，有的地方正处于父系氏族公社向小家庭过渡的阶段，少数地方进入封建领主经济。新中国成立后，通过“和平协商改革”和“直接过渡”，德昂族人民走上了社会主义道路。

解放后，德昂族政治、经济、文化等各项事业发生了极大的变化，但由于历史、自然等诸多因素，发展极其缓慢，整体处于贫困状态。其面临的主要问题是：基本生产、生活条件恶劣；医疗卫生条件差，缺医少药问题突出；教育严重滞后，人均受教育年限4.9年，文盲率21.3%；交通不便，信息闭塞，文化生活贫乏。

德昂族村寨地处山区，村寨道路崎岖，村民的居住条件非常简陋，全部都是茅草房、杈杈房，当地群众以种植水稻、甘蔗为主，收入较低。德宏州潞西市三台山乡是德昂族唯一的聚居乡。以三台乡为例，2004年，全乡总人口6315人，其中绝对贫困(人均年纯收入625元以下)人口有2478人，相对贫困(人均年纯收入625元以上865元以下)人口有2416人。2004年全乡人均口粮仅277公斤。

包腊伍是德宏州潞西市三台山乡勐丹村委会沪东娜村民小组的德昂族农户，全家6口人，劳动力2个。居住在50平方米低矮的茅草房里，楼上住人楼下养牲畜。承包水田5.5亩、旱地11亩，主要以种植水稻为主。但因严重缺水、经济困难无力购买农药，只能广种薄收。包腊伍也曾与其他农户一样养有猪鸡等家畜，但由于买不起饲料，后来就不养了。一家人生活十分拮据，家中常常断油缺粮，不得不靠政府扶持和救济。2005 年全家经济总收入为 12000 元，粮食总产量 1200 公斤，人均纯收入 780 元，人均口粮 210 公斤。

勒阮是德宏州瑞丽市户育乡德昂村的农民，全家 5 口人，承包 6 亩水田。2006 年，原住房是遇雨就漏的 40 平方米的茅草房，种植水稻是全家的主要经济来源，年人均纯收入仅 600 元。

上海援滇“4＋1”

1996 年以来，中央确定上海对口支援云南普洱（原思茅）、红河、文山和迪庆 4 个州市。2005 年，党中央、国务院提出要采取特殊政策措施，集中力量帮助人口较少民族加快发展步伐，走共同富裕的道路。上海市委、市政府积极贯彻落实，报经国家民委同意，增加云南德昂族为对口帮扶对象，并纳入上海“十一五”沪滇对口支援规划，安排了 2500 万元资金帮助德昂族脱贫与发展。

2006 年 4 月 20 日，上海对口帮扶德昂族工作正式启动。上海市民族宗教委和云南省民委、德宏州民委紧密合作，认真编制规划，精心选择项目，以基础设施建设、产业发展和劳动力培训为重点，按照整村推进方式组织实施。

2006 年，上海援助帮扶资金 511.43 万元，实施 10 个德昂族自然村整村推进等 61 个项目。修建村内道路 4.15 公里，建安居房 174 户，农村文化活动室 6 个，改造、重建和维修小学 2 所，架输电线路 4 公里，建蓄水池 4 个，铺设水管 8 公里，新建、改造 110 口沼气池及其配套圈厕；扶持农户发展茶叶、澳洲坚果、橡胶、八角、竹子等种植业 3085 亩，养猪 230 头、养牛 377 头。经过帮扶，2006 年实施整村推进的 10 个德昂族自然村，一年后人均收入达到 1470 元，比 2005 年增加 624 元；人均占有粮食 332 公斤，比 2005 年增加 47 公斤。基本实现了通路、通电、通广播电视、通电话；有学校、有卫生室、有安全的人畜饮用水、有安居房、有稳定解决温饱的基本农田地；人均粮食占有量、人均纯收入达到国家扶贫开发纲要的要求；九年义务教育普及率达到“两基”攻坚计划的目标。

2007 年，上海进一步加大帮扶力度，投入资金 650 多万元，按照整村推进的要求，帮扶 12 个德昂族自然村。为帮助德昂族提高自我发展能力，上海在三台山德昂族乡成立了“新农村人才培训学校”，购置多媒体教学设备、建远程教学培训点，培训教师 301 人次；在潞西市成立“德昂族青年就业培训基地”，完成第一期 30 名德昂族青年的就业技能培训并全部实现就业。上帮村德昂族学生王腊引通过努力，考取了德宏州师范高等专科学校音乐系，成为村历史上第一名大学生。

德昂族脱贫牵动着上海社会各界人们的心。上海解放军 411 医院重点帮助三台山德昂族乡卫生院配置了 30 万元的医疗设备，累计派出 10 余位各科专家深入 5 个山寨巡诊，诊疗患者 4000 人次。上海华翔羊毛衫公司在德宏州招用德昂族和阿昌族 72 名青年到该厂就业，卢湾烟糖酒食品有限公司连续三年在云南德宏州招收 5 名德昂族青年到公司务工。上海老凤祥公司出资 30 万元，分 3 年培养德昂族工艺美术人才。团市委协调落实了 5 名志愿者到德宏州德昂族地区从事支教助医工作。

生活会越来越好

德昂族女青年董月说："我们相信通过上海的帮扶，生活会越来越好。"董月的话正在变成现实，请看：

2006年上海启动对口帮德昂族的项目后，包腊伍家所在的勐丹村被列入异地搬迁范围，包腊伍一家也从勐丹村民小组搬迁到了沪东娜村民小组。通过异地搬迁帮扶项目的实施，包腊伍家建盖了一幢80平方米的青砖瓦房和40平方米的厨房，建有5间各40平方米的猪圈及一口沼气池，水泥路铺设到了家门口。除种植传统的农作物外，还种植了茶叶5.6亩、板栗3.6亩、大豆2亩；养殖母猪6头、公猪1头、肥猪3头、仔猪6头；养鸡20多只，鸭子5只。2007年，全家经济总收入达25000元，粮食总产量1500公斤。人均纯收入1260元，比2005年增480元；人均口粮258公斤，比2005年增48公斤。家里购买了一台29英寸彩电、一辆摩托车和一台VCD。2008年底还将购买一辆拖拉车，用于生产和运输。包腊伍一家在短短几年内，就告别了人畜混居、条件简陋的低矮茅草房，发展了"猪—沼—果"多种经营的产业链，过上了不愁吃穿的舒心日子。看着自家生产生活日新月异的变化，他感慨地说："上海帮扶政策好，幸福花开德昂家"。

如果说包腊伍一家是通过异地搬迁帮扶项目脱贫，那么勒阮一家就是通过整村推进帮扶项目致富。2007年春，勒阮一家所在的村民小组被列入上海对口帮扶的村寨。借助上海整村推进帮扶项目的实施，勒阮一家生产积极性高涨，家庭成员分工负责，各尽其责，各尽所能，进行安居房、沼气配套、养猪和庭院经济、农业生产四项建设。勒阮负责安居房改造和沼气配套，利用上海帮扶的8000元资金，筹资盖建了120平方米宽敞明亮的新家，洗澡间、卫生间一应尽全，结合建房进行沼气配套建设，大大改善了卫生条件。勒阮母亲负责养猪和庭院经济，养殖仔猪17头，净收入已达11000元；房前屋后种植蔬菜、水果、佐料等经济作物，一年可增加收入千余元。勒阮之妻负责种植甘蔗、水稻等农作物，收入大幅增加。2007年，勒阮一家人均纯收入已达3000元，建房借款已基本还清，成为全村致富的典型。

（上海市民族和宗教事务委员会　执笔：洪美松）

跨地区警务合作

——联手织就打击犯罪天网

2007年8月20日，江苏省太仓市城厢镇桃园新村发生一起恶性凶杀案。犯罪嫌疑人杀死2人后潜逃至上海。上海市公安局接到太仓方面的案情通报后，连夜落实布控措施并将犯罪嫌疑人抓获归案。此时距案发尚不足18个小时……

这只是上海公安与兄弟省市进行跨地区警务合作无数案例中的一个。改革开放30年来，上海公安坚持与时俱进，110快速反应、社区警务、"网格化"街面巡逻、公安信息化、实战化教育培训等现代警务理念不断深化，跨区域协作关系不断加强，逐步建立起华东地区刑事侦查协作会议制度和长江流域治安管控协作模式，完善了与相邻省市道口联合查控协调机制，加强了各地警务系统资料共享和信息互通，充分发挥了"全国公安一盘棋"的整体作战优势，联手织就了打击跨区域犯罪和流窜团伙的天网，为维护社会治安稳定作出了贡献。

跨地区警务协作见成效

改革开放以后，人们价值取向和思想观念呈现多元化趋势。特别是随着经济的持续高速发展，人员和社会资源流动进一步加快，加之现代通讯、网络等技术不断发展更新，刑事犯罪逐渐呈现出动态化的特征，作案手段由相对单一向日趋复杂转变，跨区域犯罪不断增多。为加强区域协作配合，有效打击各种刑事犯罪，上海公安机关多角度、多层次、多形式地与周边地区兄弟单位建立协作机制，开展广泛多样的警务合作。在刑侦方面，1985年5月，苏、浙、沪的13座城市警方代表在上海召开刑事侦查协作第一次会议，通过了《关于加强苏、浙、沪13城市刑事侦查协作工作会议纪要》，这标志着区域性警务协作机制的正式运行。之后，上海警方又会商华东六省的公安厅签署了《华东地区刑侦协作章程》，建立起华东地区刑侦协作制度。2006年，沪苏浙皖的刑侦部门又探索建立了情报信息协作机制。

跨地区警务协作机制在打击流窜犯罪、严重暴力犯罪、缉捕堵截犯罪嫌疑人及开展案件并串等方面取得了明显成效。据统计，2006年初至2008年上半年，苏浙两省公安机关共抓获我市在逃人员1500余名。

网上合作追逃显神威

1999年，公安部组织开展全国公安机关追逃专项斗争，第一次将计算机信息技术与追捕逃犯工作结合起来，开展“网上追逃”。专项斗争结束后，追逃工作转入常态化运作。上海公安以推行“网上追逃”新机制为契机，建立健全工作机制，彻底改变以往“追着逃犯全国跑”这一高成本、低效率的模式，依托信息共享的全国在逃人员网络信息库，“立足本地、守株待兔”抓逃犯。

“网上追逃”机制实施以来，上海共抓获各类逃犯33300人，其中外省市潜逃来沪的12880名，占抓获总数的38.68%；抓获公安部重点督办案逃犯5名，公安部通缉令逃犯24名。2005年，在公安部的组织协调下，上海经济犯罪侦查部门受命侦查“1.17”特大地下钱庄案，专案组转战河南、江苏、浙江等地，与当地警方协同配合，同步开展抓捕行动，一举抓获逃犯25人并成功查扣一批涉案物品，避免了因单独抓捕可能引起的同案犯警觉和销毁证据等情况发生。同年，经济犯罪侦查部门经过锲而不舍地追查，在浙江、广东等地警方的大力协助下，成功抓获逃匿在外多年的公安部通缉犯高某，破获一起涉案金额达1900万元、涉及被害人1600余名的特大集资诈骗案。

浦东公安争当排头兵

浦东是上海改革开放的前沿和排头兵，浦东公安分局在跨地区警务合作方面也走在了前列。浦东公安自1993年建局以来，采取“走出去，请进来”的办法，分别与北京市公安局海淀分局、青海省西宁市公安局、海南省海口市公安局、新疆维吾尔自治区伊犁州公安局建立了友好公安局关系。同时，加强与中国刑警学院等院校的交流与合作，利用“外脑”积极破解现代警务机制建设、“三基”工程建设、警察公共关系建设中遇到的难题。

近年来，浦东分局多次落实青海、海南等地区的基层所队干部到分局挂职。在工作中，挂职干部了解了上海公安在维护稳定、人口管理、治安管控等方面的经验做法。2006年，浦东分局的友好单位——海南省海口市公安局派员赴分局学习，他们先后参加了分局警训中心的业务培训，深入各派出所岗位跟班，与各警种、各执法岗位民警开展座谈，回去后提交了52篇挂职锻炼调研文章，借鉴浦东分局在业务工作和队伍建设方面的经验、做法，就海口公安工作发展建设提出了不少建设性建议，充分体现了跨地区交流的作用和成效。

浦东分局经侦支队为维护规范有序的金融市场秩序，主动与全国各地经侦部门广泛建立协作机制，10年来先后协助外省市抓获重大经济犯罪嫌疑人200余人，外省市经侦部门也协助浦东抓获在逃人员480余人。2005年起，浦东分局受理了多起非法买卖未上市公司股权案件，经与所在省公安机关紧密协作，一举破获了多起中介公司非法经营案；同时发现并破获多起未上市公司集资诈骗案、擅自发行股票案，及时将可能引发的社会群体性不安定因素消除在萌芽状态。

不仅是浦东分局，其他分(县)局及市局单位，也都从公安实战需要出发，通过不同的形式和渠道，加强与各省区市公安机关的合作交流，不断提高合作水平和效能，促进各项警务工作。

抗震救灾谱写新篇章

2008年5月12日，四川汶川发生了特大地震。根据党中央、国务院的总体部署和公安部、市委、市政府的指示要求，上海公安机关充分发扬"一方有难、八方支援"精神，紧急动员组织上海公安消防、特警应急救援队共630人(其中，消防官兵430人、特警队员200人)紧急奔赴灾区开展抗震救灾工作。期间，上海公安救援队牢记嘱托、不辱使命，克服了没有交通工具、余震险情不断、灾区给养缺乏、生活条件极差、负重急行军体力严重透支等种种难以想象的困难，夜以继日地开展抗震救灾工作，共营救出被埋群众360人(生还24人)，成功医治灾区伤病员167人，圆满完成了公安部抗震救灾前线指挥部下达的各项任务，受到公安部、市委、市政府领导的高度评价和灾区干部群众的广泛赞誉。

根据公安部的部署安排，上海公安机关承担了对口支援都江堰公安机关的任务。2008年7月19日，上海市公安局在浦东机场举行出征仪式，为上海公安首批181名干警启程赴都江堰市开展对口支援工作送行。上海支援警队到达都江堰后，迅速奔赴各受援单位，与当地民警同吃、同住、同工作，在刑侦、治安、法制、科技、维稳等各个岗位上积极开展工作，并根据公安部和四川省公安厅的部署，驰援350多公里，出色地协助完成了四川广安市和成都市的奥运火炬接力安保任务。市人大常委会主任刘云耕，上海市委副书记、市长韩正，市长助理、市公安局局长张学兵等领导同志都先后到都江堰市，亲切看望、慰问了上海支援警队民警。

目前，第二支上海支援警队也已到达都江堰，正在各自的工作岗位上辛勤工作；各类警用装备和物资正按需求源源不断地运往灾区；上海市公安局帮助四川都江堰公安机关重建办公场所和设施的方案已经形成并付诸实施，经费也逐步到位……

这是警务合作的又一种形式，是特殊情况下的警务合作。这一切，诠释了上海和兄弟省市公安机关的深厚战友情，谱写了上海公安跨地区警务合作的新篇章。

(上海市公安局)

展示社会捐助新风尚的恢弘画卷

——上海支援灾区社会捐助活动札记

狂风暴雨、浊浪排空；冰冻雪封、山崩地裂……大自然的不测风云，常常带给人们惨烈的灾难。当你从电视上看到遍地废墟，一片凋敝的凄凉场面，看到那些流离失所、孑影孤身的灾民神色茫然的镜头，你能不深受心灵震撼而伸出救援之手？而当你看到众志成城、救死扶伤、生死相搏的抗灾场景，又怎么不深受感动而倾情相助？

一人有难、众人相助，一方有灾、八方救援。正是这种精神、这种传统、这种社会责任感，激励着上海各界人民演绎了一幕又一幕的感人场景。

作为政府主导部门，上海民政系统更是从服务全国的高度，组织推进社会救助事业，通过设点布局、构筑网络，建立健全运作机制，使自发的群众性社会捐助活动不断得到升华，走上了规范有序、扎实有效的可持续发展轨道，支援受灾地区抗灾救灾，缓解受灾群众生活困难，帮助灾区恢复重建，促进灾区社会稳定，集中体现了上海精神、上海风貌、上海水平。

30 年来，上海社会捐助活动留下的闪光足迹，展示了一幅气势恢弘的现代社会风尚画卷。

汇聚点点爱心支援灾区

30 年来，不管发生在何时何地，一场场重大灾难的背后总有一个个动人的上海故事。不需动员，社会参与；量力尽力，有呼必应。多少孩童打碎了蓄积多年的储蓄罐，多少老人拿出了贴身藏着的养老金！这点点滴滴的爱心汇聚成了抗灾救灾的伟力。

早在 20 世纪 80 年代中期，上海就率先出现过“集中募捐衣被支援灾区，帮助灾区人民度过难关”的盛况。

至 90 年代末，随着社会各界的自觉认识逐步深化，社会参与规模不断扩大，群众募捐热情持续高涨，捐赠衣被、资金等数量一年超过一年：

1988 年，云南澜沧、耿马地区发生地震灾害，西藏那曲地区发生雪灾，上海共募集 450 万元支援救灾。

1991 年 7 月，江苏、浙江、安徽遭受特大洪涝灾害，上海各界积极响应市民政局倡议，短期内迅速募集衣被 2.15 万吨，捐款 3700 万元，支援灾区抗洪救灾、重建家园。

1998 年，我国长江流域和东北遭遇罕见的洪涝灾害，上海人民踊跃捐款捐物，共募集救灾物资价值 9764.1 万元，抗洪救灾捐款 17025 万元，体现了上海人民与灾区人民“心连心”的手足之情。

进入新世纪，上海人民的救灾献爱心活动更是进入了新的境界。2004 年 12 月 26 日，印度洋发生强烈地震并引发海啸，20 多万人丧生、数百万人流离失所。市政府及时转发了市民政局关于开展民间捐赠活动的《实施意见》，并在市民政局成立了协调办公室，迅速组织开展民间救灾募捐工作。全市各单位和广大市民纷纷慷慨解囊，募集捐赠款达 7788.7 万元，向印度洋海啸灾区送上了上海人民的一片爱心，也为树立国家形象增添了光彩。

截至 2007 年底，全市共募集社会捐赠款 33634 万元，捐赠物资折价 10206 万元，捐赠衣被 11533 万件。在这些数字的背后，闪烁着爱心的光华。

倾情支持对口地区救灾

1992 年起，上海按照国家统一部署，先后对口支援三峡、西藏、新疆、云南。自此，上海的社会救灾捐助活动又多了一份“结对兄弟”的情谊。

2002 年 8 月 14 日晚，历经连续暴雨的云南省玉溪市水塘镇，突然发生了特大滑坡和泥石流灾害，顷刻之间通信、电力、交通中断，大量民房农田被毁……受灾最严重的南达村，8 人死亡、7 人失踪、9 人受伤，79 户 350 间房屋倒塌，20 公里道路、13 个涵洞、1 万米输电线严重损毁，造成直接经济损失 3318.6 万元。

虽然远隔万水千山，但云南的灾情时刻牵动着上海人民的心。社会各界纷纷伸出援助之手，向灾区人民捐款捐物，支援抗灾救灾和恢复重建。云南省民政部门迅即将上海捐款中的 200 万元划拨到了南达村，用于安置灾民，并取名为“南达上海新村”以作纪念。

南达上海新村落成了。占地面积 87 亩，造起了 146 幢新楼房，共安置 146 户 584 人，户均建筑面积 154 平方米。每家每户住房宽敞，还拥有 30 平方米的家畜厩和沼气池，村里实现了绿色生态环境。

2005 年 9 月，上海市民政局组团赴云南灾区慰问考察，当一行人来到“南达上海新村”时，村民们纷纷围住同来的上海媒体记者，倾诉对上海人民的感念之情，表达了对全新生活的美好憧憬。

“南达上海新村”只是上海人民在对口地区众多“送温暖、献爱心”捐助的一个缩影。

然而，更大规模、更大力度、更有代表性的“送温暖、献爱心”，莫过于支援 2008 年四川省汶川发生特大地震后的抗震救灾斗争了。

5 月 12 日 14 时 28 分，四川省汶川发生 8.0 级特大地震。瞬息之间，山崩地裂，房屋倒塌，村镇摧毁，道路、通信、电力阻断……死亡人数达 8 万之多，经济损失数以千亿计。在举国上下伟大的救援行动中，上海市民政局接到灾情的第一时间，就快速启动了抗灾救灾应急预案，迅速编制工作方案，完善运作机制，组织全市人民积极投入抗震救灾捐赠；协调各方关系，有序推进抗震救灾捐赠运作；同时，联络灾区政府，及时转拨抗震救灾捐赠款物；加强监督管理，落实中央指定的救灾任务。截至 10 月 31 日，全市共接收社会捐赠款 25.25 亿元，接收捐赠物资折价 2.5 亿元。

与此同时，由市民政局领导和有关同志组成的救灾考察小组，分批赴地震灾区参加救援工作和重建工作；并组织和派遣志愿者队伍前往灾区开展救灾服务工作。按照国家统一安排，上海和四川都江堰结成对口支援关系，各区县和都江堰的有关乡镇结成直接支援的对子。上海人民将和四川人民一起，尽力将灾后都江堰建设成环境优美、经济发展、社会和谐的现代化新城市。

推进社会捐助常态化

进入新世纪以来，上海社会募捐工作进行了更新机制、转变形式的探索和变革。按照中办、国办 2001 年转发的民政部《意见通知》精神，着力推进经常性社会捐助活动。同时，把共产党员"送温暖、献爱心"活动，与"扶贫济困送温暖"活动结合起来，让全社会互助的良好风尚深深扎根社区居民之中。

在社区常设募捐点。近些年来，上海积极开展经常性捐赠活动的制度化、规范化和社会化建设。

2004 年起，先行在普陀区试点建立经常性捐赠网络。依托社区设置接收点，按照"立足社区，合理布局，方便群众"的原则，逐步扩大。截至 2008 年 7 月，已在全市街镇层面建立接收点 304 个，形成了全覆盖的经常性捐赠接收网络。

常设捐助接收点，顺应了经常性社会捐助活动的开展。有些企业和商家纷纷与捐助点联系，定期捐赠物品；有的居民主动把衣物熨烫整齐后送到接收点；有的甚至买了新衣裤前来捐赠。一些区和街道根据实际需求，不断扩大并完善经常性捐助接收网络，将其触角延伸到大学校区、居委会和商务楼宇等。

常设点负责接收社会捐赠的物资，采取经常性接收分散捐赠物资和应急性集中调度使用的方法，将涓涓细流汇聚成源源不断的救灾款物的洪流，充分发挥了民间互助对社会救助拾遗补缺的作用。

在校园开办爱心屋。2005 年 11 月，上海高校第一个社会常设捐助接收点在华东师范大学成立，为实现接收与发放相对接，同时成立了"慈善爱心屋"。这个社会常设捐助接收点面向全校师生、周边地区居民和社会企业募集实物，并定向用于资助本校困难学生，特别是外省市困难学生的生活日用，使爱心屋赋予了他们家的感受。该校的助学运作模式很快带动了大学院校的慈善助学活动，上海大学、上海师范大学、复旦大学、同济大学等 10 所高校先后都成立了社会常设捐助接收点和"慈善爱心屋"。学校整合校内外资源，积极拓展帮困助学渠道，努力探索"开发式帮困"，注重供需交流，探索帮困助学新思路。很多外省市贫困学生在"慈善爱心屋"得到帮助，也参加"慈善爱心屋"的勤工助学管理，让他们感觉到了如家的温暖。

健全属地化管理机制。深入开展经常性社会捐助活动，离不开管理机制和制度建设。市民政局从实际出发，强化常设社会捐助网络的规范化制度化。一是实行属地化管理，坚持"三统一"（统一的标准、统一的标识、统一的流转箱），由所在街镇规划，区县民政局按标准条件予以认定。二是加强培训，规范操作程序，提高工作服务水平。对常设捐助接收点，坚持培训在前，公布在后，成熟一个，公布一个。通过加强业务培训，规范操作流程，积极培育和发展社区义工队伍，为经常性社会捐助工作深入、广泛、持续开展，提供了强大的社会人力资源支撑。三是通过公布热线电话、网点地址和接收时间，便于群众联系、咨询和社会监督。

从2004年建立经常性社会捐助网络以来，上海已经接收社会日常捐赠衣被共410万件，目前平均每个月都向云南、四川两个省的对口支援地区发运捐赠衣被2—3个车皮。

（上海市民政局 执笔：林超）

黄海之滨的上海粮仓

——上海、川东农场融入地方走出新路

时值秋天。10月金风的吹拂之下，大江南北呈现一派金色的丰收景象。在上海的大街小巷，喷喷香香，来自黄海之滨的新大米，成了家家户户饭桌上率先尝鲜的新爱。你可知道，这里就有着上海、川东两个农场产出的品牌大米。经过20多年的经营打造，而今它已深深扎根融入黄海之滨的沃野，成为上海在苏北的一大粮仓和副食品基地，成为辐射产业经济、输出上海形象的一个重要窗口。围绕这两个域外农场的发展，上海与盐城两地携手谱写出恢弘的友谊篇章。

2005年11月，上海市长韩正来到上海农场视察，要求充分发挥维护上海社会治安的战略空间作用，在更高起点上形成新的发展空间，把农场建设成为上海重要的粮食基地、副食品生产基地和部分制造业生产基地，为上海和当地的发展多作贡献。时任江苏省委书记李源潮在会谈时，专门就农场经济发展对当地经济社会发展所起的带动效应，向韩正一行表示了感谢。

转型：敞开两头打造规模生产基地

1950年，时任上海市长陈毅批准，在苏北盐城的新四军老根据地建立了上海农场；1983年，根据形势需要又组建了川东农场。这片占地140平方公里的辽阔原野，拥有耕地10.8万亩、林地3.7万亩、淡水养殖水面1.4万亩。长期以来，上海市劳教局先后在此承担过民政教养、罪犯改造、劳动教养、戒毒康复等任务，是教育人改造人的理想天地。

改革开放使农场发展迎来了新的春天。面对千里沃野和日日向大海挺进的广袤滩涂，面对日照充足、雨量充沛、资源丰富等得天独厚的生态自然条件，加上多年精心经营，机械化、组织化程度很高的基础，农场决定把农业作为经济支柱产业，倾心打造上海农副产品生产基地。

经营机制改革是必须走出的一步。对上海、川东两个农场来说，主要是放开两头：一是产品走向市场；一是经营管理打开大门。尽管都是重大突破，但前者并不会有多少困难，因为农场本来就属上海，只是系统特殊性所限，未能直接与市场对接；何况本地粮食资源不足，城市需求远大于供应。而后者的开放，则需要跨越行政体制和管理体制两大障碍，更要突破思想观念壁垒和传统思维定势的束缚，把农场之根深深扎入地方的肥沃土壤、把农场发展全面融入地方发展的大环境之中。然而事在人为，只要大胆解放思想，敢于并善于改革创新，壁垒总是能够

突破，什么坎都能跨越过去的。

进入90年代，农场经济产业终于转型成功，理顺并建立了“以市场为导向、发展经营自增长”的运行机制。种植业、畜牧业迅速突破徘徊，出现了强劲增长的势头。

这时，农场本来就明显不足的劳动力矛盾越加凸现尖锐起来；农事节气又时不我待。燃眉之急，何解？农场领导层索性敞开大门，采取“联产计酬”大承包，吸引周边地区大批农民参与农场水稻生产。大丰、滨海、射阳、盐都，都出现了农村剩余劳动力的大转移，成了农场的专业承包户。地方农民吃苦耐劳，到农场生产条件好、收入高，又随时得到技术指导，一个个精神振奋、热情高昂。今年53岁的盐城人周红兵就是其中一位。

他是一次冬天外出打短工，到农场开挖渠道时才偶然获知“承包”消息的，来年开春就来农场签约，承包了150亩水稻田。他说：“这里生产条件好，每个环节都有技术指导，什么时候播种、插秧、施肥、上水、喷药都有人管，根本不必自己操心，跟在后面干就行了。一年净收入三四万元，要比当地打工强多了。”据不完全统计，农场每年平均吸纳承包户500余户，户均年收入达万余元。

农场吸纳地方劳动力，并不限于全承包，插秧、晒场、扬净、进仓等，道道农活环节都有短工可打。忙完家中农活的农民，想要来个十天半月，悉听尊便。特别是插秧时节，一批批农民蜂拥赶到农场，价格按劳力市场变化而定。一年下来，农场支付农民短工的劳动报酬总额多达300万元左右。

劳动力问题迎刃而解，有力促进了粮食生产发展，水稻单产迅速从400公斤蹭蹭上蹿到575公斤，增产率高达44%。

农场经济的蒸蒸日上，极大地推动了基本建设进程，也吸引了当地建筑大军的积极参与。2001年至今，在农场累计达5亿多元的投资项目中，当地专业团队参加竞标的就有20余家，中标项目占项目总数40%以上，中标金额近2亿元。

人才是第一竞争力。近年来，农场试行“人才本土化”策略，把部分专业人才引进的重点放在周边地区。2001年迄今，已累计引进当地人才168名，并在大丰和这些户口仍在当地的人才签订劳动合同，建立社会保险，办理人事代理，解决了他们的后顾之忧。农场发展轨迹显示，这些技术人才起到了举足轻重的作用。

辐射：播撒种子催得满园花开

嵌镶在黄海之滨的苏北大平原，上海、川东两农场由“飞地”至“明珠”的演化，是他们这些年致力于全面融入地方发展的结果。农场与地方“我中有你、你中有我”的互依互动，毫无疑义造成了携手共荣的态势。

当地方上的大批农民劳动力，在农场土地上耕耘、收获的时候，实际上也是他们在接受生产管理技术的培训和熏陶。用盐城农民周红兵的话来说就是，“在这里干上几年，就能用学到的东西回家乡办一个自己的小农场了”。而当成群结队的农村流动劳动力，在农场这所没有围墙的大学校，来来回回、进进出出的时候，“家里的农活就照农场样子做”，好的生产管理技术便不知不觉地在周边地区传播开来。同一块土地上，种出了同样好的粮食。

更重要的是，农场拥有的先进生产技术和管理知识，大规模地毫无保留的向地方经济传导辐射。农场种子以质优、稳定而驰誉周边农村地区，每年春播总有许多农民开车甚至骑自行车从各地赶来农场买种。种子公司就在江苏周边地区专门建立了县、乡级代理机构就地销售，仅2002年至2007年，全省就销售麦种稻种9800万公斤，良种应用面积达2000余万亩，粮农增收近8亿元。盐城42岁的蒋勇平早在1997年就当了农场种子的代理商，至今已成为大丰地区的总代理商，他由衷地说："农场的种子质优价廉，产量高，农民信得过。"他还清楚地记得，2003年，苏北地区的水稻受到条纹叶枯病肆虐，许多农户单产只有150公斤左右，有的甚至绝收，但采用农场新品种宁粳1号，却未受病害一丝影响，亩产高达600多公斤，农民得到了实惠，他也赚了一把。

为了大面积推广普及现代化种植方式，农场先后在南通、扬州、姜堰、射阳建立了千亩以上的农业良种繁育示范点，将先进的生产管理技术输送到周边农户，从而增强了辐射力。为抵御市场风险，农场还积极发展订单农业，提供全程技术指导，并以高于市场的价格回购粮食，有效促进了当地农民致富。

农场与地方的融合，自始至终得到两地高层的支持。农场积极加入地方发展规划，与江苏省属高校、科研院所结成深度科技联盟，无论是种植业的规模发展，还是畜牧、种子产业的崛起，农场都得到了江苏省地方政府和省内专家的大力支持与帮助。上世纪90年代，农场与地方签约开发滩涂，从规划、建设、配置，到沟、渠、路齐备后的土壤水质改造，全都共谋同策，一丝不苟。经过种绿肥、淋碱洗盐，再试种一年水稻、三年棉花，这片新垦的土地，水质土质级级提升，最初仅单产粮食100多公斤，至2008年"三夏"已达到亩产400多公斤。

联动：共建共保社会平安和谐

农场与盐城有着唇齿相依、手足相牵的地缘关系，作为上海的形象窗口，农场不但积极输出经济技术，而且广为传播精神文明。推进平安建设、构建和谐社会，是两地共兴共荣的应有之义。

为保障场区工作、生活秩序的安全稳定，农场主动服务当地的社会治安综合治理工作，两地建立了119、110联动机制，明确只要农场周边发生案情或报警，农场公安部门便按"就近优先"的原则迅速出警，保护好第一现场，控制局面，防止事态扩大。对当地发生的案件，农场都给予积极配合，协助排查。2004年"6·6"和2007年"4·28"两起杀人案发生后，农场公安局都曾给予了大力协助，使其都在较短时间里成功告破。2008年6月，大丰王港闸附近一化工厂发生爆炸，农场火速出动消防车参与抢救，努力挽回损失，赢得厂方和当地群众一致称赞。

新丰镇的四岔河居委会位于上海农场中心区，但却离镇政府10公里之遥，地方治安及居民管理等，政府部门鞭长难及。农场公安部门便主动承担起"新丰派出所四岔河中心警务室"的责任，认真做好法律知识宣传、安全排查、交通疏导等工作，遇有治安、民事等问题，本着"先接警，后移交"的原则，及时出警，属于普通纠纷的由农场调解解决，重大问题则与新丰镇派出所协作解决，不让矛盾升级，不使问题扩大。多年来，双方协同推进平安建设，场地社会治安综合治理工作做到了"年年上台阶、结硕果"。

刘云耕同志视察农场时曾经说过，农场是上海在苏北地区的一颗明珠。农场那怡人的居住环境、科学的管理理念、先进的生产水平，无不展现着上海的形象。愿这颗明珠在两地相融相携、联袂发展中更加璀璨生辉！

（上海市司法局 执笔：叶玮）

农民工，法律援助全国大协作

——在沪农民工受益法律援助

2008年5月19日。震动世界的汶川大地震刚刚发生一个星期，四川灾区人民仍处在特大灾难造成的水深火热之中……

那天上午，赵昆明等13名川籍农民工向上海某有限公司催讨劳动报酬未果，劳动纠纷升级。浦东新区法律援助中心接到了法律援助申请。鉴于求援方家乡的灾区背景，援助中心破例越过受理申办程序，先行提供法律援助，由三林镇援助服务所受理。三林服务所迅速派员与赵昆明等取得联系。在基本了解案情事实后，当天中午就找到有关公司负责人，随即依据法律和事实开展援助调解工作。下午4时许，劳动争议双方达成并签订调解协议，有关单位当场支付农民工11万元工资。整个案件解决前后仅用了6个小时。

类似这样的绿色通道法律援助，在上海及其各区县可谓屡见不鲜。这是对农民工展开全国城际间法律援助协作的结果。目前上海办理的农民工法律援助案件，受援者几乎覆盖了全国各省区市。市政府投入的法律援助经费从起初的每年数百万元增至2000多万元。有关统计资料显示，上海市法律援助机构办理的农民工法律援助案件呈直线上升之势。2005年为552件，2006年翻倍至1319件，2007年又猛增至2167件，占整个民事法律援助案件的比例，由28.22%、55.98%、直至71.16%，切实为维护农民工的合法权益提供了有力的法律保障。

法律援助：构建城际异地协作网络

不言而喻，申请法律援助的当事人需要提供必要的证明材料，在办理案件过程中，律师也需要为诉讼收集必要的证据材料。然而，许多案件的当事人是外来务工人员，即通常说的农民工，回老家索取证明材料往返奔波，不但劳民伤财，而且可能耽误诉讼时效。为了方便当事人，保证诉讼时效和降低办案成本，为农民工开展城际间法律援助协作的设想油然而生。

1999年6月，上海、北京、天津等11个省级地方法律援助机构倡议在省际之间建立异地协作关系，自发签署《法律援助协作公约》，规定缔约省所辖范围内的法律援助机构需要外省提供异地协作的，可以通过省级地方法律援助机构具体协调。2003年在石家庄召开的“为打工者讨工钱提供法律援助协作恳谈会”上，上海和全国30多个城市签署了《城际间法律援助协作协议》，形成了全国法律援助大协作的局面。

几年来，上海市法律援助机构通过不同途径，为方便农民工就近申请法律援助搭建平台。除了市、区县两级法律援助机构外，还在律师事务所，街镇、村居委、农民工集居地设立联络站(点)，代理申请法律援助；“12348”法律咨询专线也与法律援助建立联动机制，在接答咨询中遇有符合条件的农民工，及时引导其申请法律援助。一个上下一体、横向联动的农民工法律援助网络体系就此建成。

在黄浦区，法律援助中心和区建委专门建立了建设系统维护农民工法律援助工作站，为农民工追讨工资上千万元。在长宁区，法律援助中心特地在本区农民工集居的北新泾街道建立法律援助工作站，并每周两天派律师前往接待咨询，遇有符合规定的事项，由律师代为申请提供援助，实现了不出社区就能获得法律援助的承诺。在徐汇区，司法局和区总工会成立了法律顾问团，建立农民工法律援助工作站，在农民工工作、生活集居地设立法律援助联系点，为农民工就近提供一站式法律援助服务。在嘉定区，法律援助中心在专门为农民工建造的永盛公寓(该公寓共居住了来自全国20多个省份的5400余名农民工)设立了法律援助工作站。区法律援助中心在网上法律援助平台的基础上，又开通了视频对话平台，并在永盛公寓工作站安装了摄像头，面对面地为农民工提供法律咨询和法律援助的初审。农民工可以随时通过视频向中心值班律师进行法律咨询，或提出法律援助申请，不出小区就能得到法律服务。凡此种种，上海各区县法律援助中心的创新服务，使在上海打工和居住生活的各地农民工深切感受到法律援助无处不有，真正享受到了市民待遇。

法律援助：开设高效便捷绿色通道

为了有效开展农民工法律援助工作，上海精心打造优质高效便捷的绿色通道。上海市司法局专门下发了《关于积极做好进城务工人员法律援助工作的通知》，明确对农民工追索劳动报酬和工伤赔偿的案件不再审查其经济状况；对事实清楚、证据充分的法律援助申请，将审批时间由10个工作日缩短到5个工作日内；对即将超过仲裁或诉讼时效的案件先行提供法律援助。2008年本市各区县法律援助机构又专门向经济困难的农民工发放了《法律援助证》，凡持证人申请法律援助，一律免于审查其家庭经济状况。

各法律援助中心纷纷结合实际情况，因地制宜开展对农民工的法律援助工作。金山、闵行区法律援助中心将农民工列入法律援助的重点对象，对农民工法律援助案件指派律师尽快办理；卢湾区法律援助中心在劳动仲裁委员会和区法院设立农民工法律援助工作点，一路跟踪为农民工提供便捷的法律援助；虹口区法律援助中心在办理农民工法律援助事务时，针对不同情况，指派专业对口的律师予以办理，保证了办案质量。

四川农民工向某来上海不到半年时间，经老乡介绍至某市政建设工程有限公司承包工程——某置业标准厂房工地做油漆工。一次高空作业时，向某从无任何安全防护设施的公司自制固定移动架上摔下，造成胸椎、腰椎骨折。经司法部司法鉴定中心鉴定，构成八级伤残。想想人生地不熟的处境，向某焦虑万分。这时有人告诉他，嘉定区有个法律援助中心可以提供免费的法律服务，就抱着一线希望，打电话请求给予法律援助。嘉定区法律援助中心当即受理了此案。在办案律师的努力下，经法院主持，双方达成了协议，由被告方赔偿向某伤残补助金、营养费、误工费共计人民币4万元。为感谢法律援助中心，向某向他们赠送了一面“助人为乐，无私奉献”的锦旗。

不仅如此，上海市各法律援助中心还在办理案件过程中，与外省市互相支持、积极配合，办出了一批高质量的案件，受到当事人的好评。闵行区办理的江西省弋阳县农民工吴君清交通事故赔偿案就是一例。2005年8月，在沪打工的吴君清骑轻便摩托车在北翟路遭遇交通事故，被周恒祥驾驶的牌号为苏A41700的大货车撞伤，构成颅脑损伤十级伤残。然而，肇事驾驶员具体户籍地址不详，肇事车辆所在单位汽车运输有限公司的工商登记材料也不齐全。闵行区法律援助中心受理该案后，随即向江苏省南京市法律援助中心发出了协作委托函，请求帮助调取肇事人个人户籍资料，以及该运输公司的工商登记材料。果然，南京市法律援助中心仅用十几天就回函，查明了肇事人周恒祥的户籍地和公司工商登记证明资料，排除了法院立案和审理送达的障碍。2007年4月3日，吴君清和肇事方经调解，获得赔偿62000元，案件得到了圆满结局。要是没有城际间协作，仅办案律师去南京调查取证，就不知道要花多少时间和经费呢。

2008年5月12日，四川汶川县发生里氏8级地震。为了保障四川灾区来沪农民工的合法权益，市法律援助中心5月15日就根据上级指示下发了紧急通知，要求各区县适当放宽法律援助的条件范围。除了现行规定范围外，四川灾区来沪农民工涉及居住、生活保障和人身损害赔偿等方面的事项均可纳入法律援助范围。同时，对四川灾区的农民工申请法律援助的开辟紧急通道，符合条件的要当日受理、当日审批。遇有经济困难的，要帮助联系有关部门提供救助。黄浦区法律援助中心随即向各街道法律援助工作站和区建设委员会法律援助分中心下发了通知，要求建立法律援助快速处置小组；普陀、闵行、嘉定等区法律援助中心在接待大厅开辟了法律援助紧急通道。浦东新区、松江、长宁等不少区都成功办理了涉及四川灾区农民工的法律援助案件。

法律援助：首要任务宣传普及维权

法律援助是我国新兴的法律制度，上海开展这项工作也仅仅十余年时间。什么是法律援助？法律援助是做什么的？社会上仍有不少人对此不甚了解。信息相对闭塞、法律知识相对缺乏的农民工群体更是如此。因此，做好法律援助工作的首要任务是要普及相关法律知识，提高农民工的知晓率。上海市司法局一方面同与上海签约的省市联系，赠予上海法律援助的相关材料简报，通过他们发给来上海打工的农民工，使他们没出家门就先获得一份法律保障。另一方面，通过媒体大力报道为农民工维权的典型案例，营造维护农民工合法权益的社会氛围。近些年来，先后报道了安徽籍民工“闵炳忠见义勇为索赔案”、河南籍女工“王桂花工伤损害赔偿案”和江苏籍保姆“周岱兰人身损害赔偿案”等一批在上海有较大社会影响的农民工法律援助案件，起到了普及相关法律知识的良好效果。

上海各法律援助机构针对农民工的实际情况，采取多种通俗易懂的形式，广泛深入地开展宣传普及活动。市法律援助中心印了好几万份宣传画，张贴到全市各村、各社区居委会和农民工集居地。长宁区法律援助中心围绕农民工维权的热点、焦点问题，印制了几万份“农民工法律服务指南”、“法律援助宣传手册”等材料，深入社区发放到农民工手中，指导农民工用法律手段维护合法权益；宝山区法律援助中心借民工子弟学校之地办农民工法制学校，定期进行法制讲座，举办农民工家庭法律知识竞赛，教育农民工知法、守法，维护自身合法权益；奉贤区法律援助中心与区有线电视台联合专门录制了针对农民工法律援助的节目，请农民工和法律援助律师参加，以案说法，深受欢迎；卢湾区法律援助中心与街道外劳力办公室共同举办针对农民工的法制讲座，提高农民工的维权意识；闵行区在首个规范化外来人员聚居区——莘庄镇金湾小区设立了“农民工法律援助联络点”，平时由村联络点开展宣传，周日安排专职人员前往小区现场宣传咨询，积极为居住小区的农民工提供便捷的法律援助服务。

经抽样调查，目前在沪农民工对法律援助的知晓率已达 50%，某些区如金山、宝山区的农民工知晓率高达 80%。农民工的知晓率还集中反映在咨询人群的比例上。近三年来，农民工前来法律咨询的比例节节攀升，2005 年为 16476 人次，占全市法律咨询总人数的 20.35%；2006 年达 18491 人次，所占比例为 23.47%；至 2007 年又增至 19824 人次，所占比例达到了 24.81%。

（上海市司法局　执笔：孙黎）

天山南北开出“上海花”

——上海推进人才服务西部地区侧记

“我们新疆好地方，天山南北好牧场……”一曲优美动听的新疆民歌，在20世纪60年代传遍了大江南北，吸引了数十万知识青年奔赴新疆，其中上海就有10万知识青年奔赴新疆，投身兵团建设，加入屯垦戍边的行列，成长为新一代的军垦人。

从那一刻起，上海和新疆兵团就被紧紧地联系在了一起。

情倾西部：打造人才服务平台

上海与西部地区的合作源远流长。改革开放之初，上海就与西部地区建立了对口协作关系，从此，上海走进了这片广袤的土地，脚步从未停下过。

1993年以来，根据中央统一部署，上海先后与重庆万州、湖北宜陵、西藏日喀则、新疆阿克苏、云南文山、红河、思茅、迪庆等八个地区建立了对口支援关系，智力扶贫成为帮扶的一项重要内容。

进入新世纪后，中共中央、国务院陆续下发了《关于实施西部大开发若干政策措施的通知》、《西部地区人才开发十年规划》等文件，上海根据自身实际情况制定了《上海市支持西部地区人才开发实施意见》，部署了全市人才服务西部地区任务。

2002年，上海人才市场又率先设立了“赴西部地区人才信息登记处”，成为国内各地人才市场中第一个为西部地区提供人才信息服务的专门窗口。

流沙瀚海，戈壁滩上，天山南北，留下了上海“博士团”和“银龄行动”等志愿者的足迹，一步步走出了上海智力支持和人才服务西部的情谊。

2006年，上海人才服务西部逐步向人才服务全国扩展。市委组织部、市政府合作交流办、市人事局共同印发了《关于进一步做好本市人才开发服务全国工作的实施意见》。文件要求，上海的人才开发服务全国工作要以战略的眼光立足大局，健全工作机制，加大统筹规划，整合有效资源，加快搭建人才合作交流的专业平台，营造全社会共同参与人才开发服务全国的工作局面。

2008年，上海人才开发服务全国申报立项共计243项，涉及22个市级委办局、19个区县，以及紧缺人才培训事务服务中心等社会培训机构。这些服务项目，形式多样，覆盖范围广，受益人数多达55万。

上海以西部地区特别是对口地区为重点的人才服务全国平台就这样建立，并演绎了一幕幕人才交流合作的动人活剧。

花开天山：“上海班”里出能人

在美丽的天山南北，驻扎着新疆生产建设兵团。这支组建于1954年的特殊队伍，主要任务就是屯垦戍边。兵团曾于1975年被撤销，1981年恢复建制，1990年实行计划单列。2003年5月，国务院新闻办发布《新疆的历史与发展》白皮书，明确了兵团是国家实行计划单列的特殊社会组织，承担屯垦戍边、发展经济、稳定新疆、巩固边防的使命。新疆兵团就像一颗颗珍珠，撒落在天山南北，形成了两圈一线的格局。在北疆和南疆，团场间最远的距离达到了3000公里。

改革开放和现代化建设的任务向兵团提出了新的挑战，经济建设、治国安邦都需要一大批适合社会主义市场经济发展新理念的干部，兵团的二次创业遇到了瓶颈的制约——人才匮乏。

其实早在1995年，上海与新疆兵团就签署了“新疆生产建设兵团跨世纪人才培训项目”协议，进行了由国家人事部立项、上海市政府实施的历时10年之久的人才培训。2005年，双方在总结前10年人才合作的基础上又第二次握手，启动了新一轮人才开发合作，共同签署了“2006年—2015年人才开发合作总协议”。新10年协议包括了8个人才合作子项目协议，内容涵盖党政、企业管理、国有资产管理、建设管理等继续教育和博士后、挂职研修、人事人才考试服务等项目，培训人才预计超千。

10多年来，上海市历届政府高度重视兵团“上海班”的培训工作，先后有820多名兵团的师团级干部在“上海班”进行过培训。经济的发展，往往源于思想观念的转变，一批批“上海班”的学员通过学习，强化了社会主义市场经济的意识，确立了现代企业制度的理念。更为重要的是，他们把现代企业科学管理的意识和探索兵团经济发展的新思路结合在一起。有了理论方面的提高，也就有了操作层面的拓展。

天山北麓，准噶尔盆地南缘，是兵团一个团场的所在地。这里有汉族、维吾尔族、回族、蒙古族等11个民族，开垦着6000多公顷的土地。原团长谢静，是“上海班”第3期的学员。原本就头脑机灵的谢静，在接触了市场经济运作的理论后，很快就激活了思路。他在学习参观的过程中，从上海市郊农场的生产中受到启发，在学习结束回到兵团的时候，既带回了现代经营管理理念，也带回了实实在在的企业项目。团里办的塑料制品厂，就是他参加“上海班”的副产品。厂里生产的农田滴灌用的水管，目前已大量为兵团内外相关的生产单位使用。

天山北麓的棉花长得有些与众不同，它不再洁白，而是色彩斑斓，附加值远远超过了普通的白色棉。谢静从上海回团场后，把学到的充分利用资源优势的经济理念运用到工作实践中去，明确了团场的发展主战略，建立了彩棉生产基地。面积从当初的几千亩发展到现在的30多万亩，被国家农业部确立为“中国彩棉之乡”。在他的努力下，2002年西域彩棉股份有限公司正式成立，聪明的谢静采用借鸡下蛋的方法，与各地的棉制品厂合作，依托那些制品厂的生产条件和生产能力，由团场提供彩棉原料，让厂家生产出别具一格的彩棉制品，这些出自于中国西域的绿色产品，受到了广大消费者尤其是欧美消费者的欢迎和青睐。

地处上海对口地区阿克苏的农一师，在天山南麓、塔克拉玛干沙漠北缘，塔里木河上游。当年的上海十万知青大部分曾在这里安家落户。这里也是全国重要的细绒棉和最大的长绒棉生产基地。

兵团新成立的阿拉尔市是共和国最年轻的城市，农一师师长王平海就是阿拉尔市的市长，他从“上海班”学习归来以后，把城市建设新的理念和现代企业制度融入到自己的工作实践当中去。依托西部大开发、塔河流域综合治理和阿拉尔建市的机遇，加大对外开放力度，全面优化产业结构，围绕“棉花做大，大米做精，畜牧林业做强”的经济发展战略，全面加快产业化进程，使农一师成为具有一定规模的棉、粮、畜牧、果品、水产五大产品基地。而阿拉尔市也成为集农副产品加工、石油化工、棉纺织业、生态旅游于一身的新型军垦城。

13年来，上海和新疆兵团的人才合作结出了丰硕的果实。但是，振兴新疆是一个持续发展的伟大事业，需要几代人为之奋斗，要完成如此重大的历史使命，兵团人才建设的梯队在现在显得尤为重要。

面向未来，上海与兵团的人才合作又翻开了新的一页。随着2006—2016年新10年人才合作培训的逐步深入，可以预见，在这广袤戈壁上将会涌现出越来越多的两地合作新成果。

（上海市人力资源和社会保障局　执笔：王晓琴）

长三角交通一体化驶上"快车道"

改革开放以来，长三角交通经历了恢复起步探索发展、重点突破加快发展、统筹协调科学发展三个阶段。2004 年，苏浙沪先后制订了《长三角公路水路规划纲要》和《长江三角洲地区高等级内河航道网规划》；2005 年，制订了《长三角都市圈高速公路网规划方案》和《长三角洲地区城际轨道交通网规划》；2007 年，制订了《长三角道路运输一体化合作规划纲要》。

在一系列纲要、规划指导下，苏浙沪打破行政壁垒，协同合作，已初步形成公路、水运、铁路、航空等多种运输方式共同发展的综合运输体系。2007 年，高速公路近 7000 公里，内河航道总里程突破 3 万公里，沿海港口综合通过能力 18 亿吨，铁路里程 2870 公里，形成了以浦东国际机场为大型枢纽，南京、杭州为重要枢纽的机场体系，在促进长三角地区产业转移、实现区域经济一体化、拓展长三角经济腹地、辐射带动中西部地区、推动长三角融入全球经济发挥了举足轻重的作用。

2008 年，国务院颁布了《关于进一步推进长江三角洲地区改革开放和经济社会发展的指导意见》，对长三角交通一体化发展提出了更加明晰的要求。随着国家指导意见的实施，可以预料，打造长三角三小时交通圈，实现同城效应的目标已为期不远，长三角交通一体化建设已驶上"快车道"。

公路:"黄金大道"条条贯通

高速公路在长三角的发展中占据主导地位，也是实现长三角三小时交通圈的最主要方式。随着沪宁高速公路(上海段)和沪杭高速公路(上海段)分别于 1996 年、1998 年竣工，两省一市实现了高速公路对接，为长三角城市经济加快发展和融合奠定了基础。2002 年，莘奉金高速公路竣工，形成了上海与浙江的沿海大通道；2004 年嘉金高速一期通车，形成了上海与江苏的沿江大通道；2008 年苏通大桥和杭州湾大桥的贯通，进一步将长江三角洲与环渤海区域，以及珠江三角洲这三个全国最发达的经济区域连通起来，上海国际航运中心"一体两翼"架构渐趋成型，南通、宁波由交通末端城市转变为沿海交通枢纽，南通将融入上海"1 小时经济圈"，宁波到上海的车程缩短 120 多公里。

目前长三角高速公路已经初步成网，"十一五"规划中上海与浙江 4 条高速已建成杭浦、沪杭、申苏浙皖 3 条；规划中上海与江苏的 6 条高速已建成沪宁、沿江高速 1 期、申苏浙皖 3 条，沪苏、崇启通道在建,浙江与江苏规划中的6条高速已建成宁杭、申苏浙皖和乍嘉苏3条。同时,苏浙沪也非常注重非高速干线公路的建设,2007年上海对外干线公路达18条,到江苏12条通道、56车道;到浙江6条通道、24车道。至2010年即能实现长三角城市3小时交通圈的目标。

铁路:列车基本实现公交化

"十五"以来,长三角地区铁路投资力度逐步加大,合资建设了新长线、宁启线南京至海安段、浦东铁路等新线,完成了萧甬、宣杭复线,浙赣、京沪、沪杭、陇海线徐连段电气化以及上海南客站、芦潮港集装箱物流中心(合资项目)等工程建设。2008年4月京沪高速铁路破土动工,标志着长三角进入新一轮铁路建设高潮。2008年7月沪宁城际铁路开工建设,沪杭磁浮、金山支线改造工程、沪通铁路、沪杭客运专线等一批铁路正在积极开展前期工作,长三角区域间的联系将更紧密。

铁路六次大提速开行动车组,也为长三角地区展示了高速铁路的新曙光。时速达到200公里至250公里的动车组列车的大量开行,大大缩短了长三角地区的"时空距离",乘坐动车组列车从上海到长三角各大城市,行程基本在2个小时内,上海、杭州、南京、苏州、常州、无锡、镇江等长三角城市群之间基本实现"列车公交化","同城效应"初步显现。

港口:整体实力跻身世界前列

改革开放以来,长三角港口进入一个前所未有的发展时期。目前,区域内港口密布,水运发达,形成分工合作、优势互补、竞争有序的港口布局。上海港码头泊位由1978年的99个增加到2007年的1155个,集装箱泊位由1982年的2个增加到2007年的37个,设计年吞吐能力25527万吨;浙江省码头泊位由1978年的11个提高到2007年的1127个,货物吞吐能力为4.7亿吨,集装箱吞吐能力为542万TEU;江苏省2007年拥有码头泊位9306个,港口货物吞吐能力9.16亿吨,集装箱泊位30个,集装箱吞吐能力622万TEU。目前长三角拥有主要港口15个,亿吨以上的港口有3个,水路货运量由1978年的2亿吨不到增长到2007年的近13亿吨,增加了近6倍。2007年长三角港口货物吞吐量达25亿吨,已占全国四成,成为我国发展最快、最具竞争力的港口群。集装箱运输从改革开放之初刚刚起步,到2007年长三角港口完成集装箱吞吐量4226.8万TEU,占全国比重达38%,航线布局得到不断优化,为腹地对外贸易打开了通道。

洋山深水港的建设确立了上海国际集装箱枢纽港地位,使得上海港货物吞吐量连续三年世界第一,集装箱吞吐量世界第二。2007年,宁波—舟山港完成4.73亿吨,居世界第四位,集装箱吞吐量943万TEU,居世界11位。

上海国际航运中心一体两翼战略实施以来,长三角港口市场化正打破行政区域的边界,港口间合作关系不断提升,在业务、管理、信息等不同领域不断深化。上海市与浙江省共同建设洋山深水港区、上海港与南京龙潭码头合作、上海洋山港区与太仓港则开展"干支对接"合作、上海港与江阴港合资成立江南集装箱有限公司、宁波港在南京港投资建设矿石码头等,形成了港口企业通过市场运作、互相参股、加强联营合作的格局。随着长三角区域港口综合协调机构上海组合港作用的不断凸显和港口城市联席会议制度的建立，进一步推进了长三角港口的协调发展，提升了区域港口整体竞争力，加快了上海国际航运中心建设的步伐。

航空：初步建成国际空运枢纽

1978年长江三角洲仅有3个民航机场，分别是上海虹桥、杭州笕桥和南京大校场。经过30年发展，长三角民航机场数量达到了10个，其中上海2个（浦东、虹桥）、江苏4个（南京、无锡、常州、南通），浙江4个（杭州、宁波、舟山、台州）。1995年以来，长江三角洲地区机场快速发展，重点推进浦东机场、无锡硕放机场、杭州萧山机场扩建工程和虹桥综合交通枢纽建设的前期工作，支线机场淮安机场、扬州泰州机场建设的前期工作，协调推进了机场配套地面交通基础设施规划和建设工作，逐步完成了机场、空管、航空公司设施的改扩建项目，增强了机场的客货处理能力、空管的飞行保障能力。目前，长三角已基本形成五大枢纽机场布局模式：浦东机场和虹桥机场改扩建工程，可保障旅客吞吐量1亿人次；虹桥综合交通枢纽工程，将建设成一个集高速铁路、城际和城市轨道交通、公共汽车、出租车等交通方式为一体的现代化大型综合交通枢纽，并将与西扩后的虹桥机场新航站楼相连接；杭州萧山机场二期改扩建工程正在进行，届时旅客吞吐量2560万人次；南京禄口机场年旅客吞吐量4000万人次，货邮吞吐量100万吨；宁波栎社机场和无锡硕放机场的改扩建工程也正在进行。

长三角年旅客吞吐量和货邮吞吐量也由1978年的53.2万人次和1万吨增加到了7736.5万人次和339.4万吨，分别增长了145倍和313倍！2007年，上海机场的国际航线旅客运量占全国的三分之一，国际货邮约占全国的五分之三，浦东机场货运量跃升世界第五位，国际货运枢纽初步确立。

信息：实现网络对接资源共享

在交通基础设施飞速发展的同时，长三角交通信息建设也在稳步推进，主要有：长三角区域道路运输企业信用信息联网共享，货运市场信息网络对接，危险品运输信息网上共享，苏浙沪96520运管热线一号通联网和高速公路应急事件及恶劣天气下的交通信息互通共享。

长三角区域高速公路网不停车收费ETC工程取得重大进展。该工程主要是运用信息网络技术对长三角实现区域联网收费，使长三角区域公路交通资源形成一个有机整体，提高省际通道以及公路网主要收费站的通行能力和服务水平，并为用户提供便捷、快速、安全的通行方式与支付方式，有效缓解收费站的拥堵，节约用地，提高服务水平，改善高速公路的整体形象。为实施好这项工程，自2005年起，苏浙沪专门成立联席会议制度，多次进行协商，统一标准。2008年底工程进入示范工程实施阶段，预计2010年在长三角省际高速公路与主要干线即可刷卡通过，远期在其他高速公路以及泛长三角区域的其他收费道路均可刷卡通过。

积极推进交通卡互通工作。2005年，长三角16个城市就开始积极对交通卡互通进行了探索，并在上海、南京、杭州进行了试点，但是由于长三角的交通卡种类繁多，技术标准差异巨大，推进缓慢。目前，两省一市正在探索通过另一种途径，通过开发统一标准的新卡，成立公共营运实体发行推广的模式实现长三角交通卡互通。

机制：建立专题组加强协调推进

根据经济发展需求，1997年建立了“长三角城市经济协调会”机制，2001年建立了“沪苏浙经济合作与发展座谈会”机制，在沪苏浙经济合作和发展座谈会的大框架下成立了区域大交通体系专题组。2007年，专题组根据要求，分别组建了道路运输管理、公路建设和管理、铁路建设、民航发展与建设、港口和航运发展5个专业协调小组。同时，为了实际推进需要，还分别建立了两省一市交通厅(委)、长三角16城市港口管理部门、长三角区域高速公路不停车收费等不同层面的联席会议制度，加强了政府对口部门之间、具体项目合作单位之间的联动互动，使区域联动向制度化、常态化方向发展。

近年来，两省一市还进行了共同研究和探索，制订了集装箱车辆技术标准，进行了长三角高速公路名称和编号统一的前期准备，完成了内河航道船型标准研究。推进区域异地联网售票试点，初步实现上海长途客运总站与江苏南通客运站异地联网售票，2008年底还将实现上海长途客运南站与杭州东站异地联网售票。组织开展公路、水路运输联合执法行动，加强危险品运输联动监管。互通稽查信息，形成协查机制，实现了严重违法及查处后不接受处罚或冲关逃跑拒绝检查案件的即时通报。长三角道路运政稽查一体化联席会议工作机制的建立，标志着苏浙沪三省市在加强运政执法方面跨出了坚实的一步，使长三角道路稽查形成了合力，为稽查一体化奠定了良好基础。

（上海市城乡建设和交通委员会　执笔：屠爱华）

加快长江黄金水道建设

奔腾的长江，绵延6300余公里，横贯中华大地，滋润沿江万物。自古以来，长江“母亲”哺育了一代又一代的炎黄子孙。而如今，她又以坚强的肩膀，承担起通江达海、发展航运的重任。

上海的航运事业，正是在服务长三角、服务长江流域的过程中，依赖于沿江省市的支持取得了跨越式发展。2005年，上海港货物吞吐量攀升到4.43亿吨，跃居世界第一并连年保持。2007年，上海港集装箱吞吐量达2615万标准箱，是1978年0.2万标准箱的1.3万倍，位居世界第二。目前，上海已基本形成以洋山国际集装箱深水枢纽港为代表的上海国际航运中心集装箱运输体系，航运要素集聚功能初步显现，集聚国际海上运输及辅助经营单位超过1000家，经营国际海上运输及其辅助业的外商驻沪代表机构超过250家。全球前20家班轮公司都有分公司或办事机构入驻上海，世界上最大的8个船级社在上海开设了代表处。航运服务功能建设也已启动。

合作同建共发展

如果说公路运输成本单位是以元计，铁路运输成本是以角计，那么水运成本就是以分计。长江干线流经七省二市，通航里程达2800多公里，被称为“黄金水道”。开发利用这条黄金水道，一直是沿江城市的共同愿望。早在1985年2月，国家体改委就召集上海、南京、武汉、重庆就“发挥中心城市作用，联合起来综合开发利用长江黄金水道”进行研究，年底在重庆成立长江沿岸中心城市经济协调会，把开发长江、保护长江、利用长江、治理长江，推动流域经济繁荣和成员城市共同发展作为协调会的宗旨。2004年，中央领导对开发长江黄金水道提出新的要求，沿江29中心城市聚会上海，进行会商。2005年沿江七省二市会同国家交通部聚会北京，成立长江水运发展协调领导小组，明确目标。次年，长江水运发展协调领导小组出台《“十一五”期长江黄金水道建设总体推进方案》，重点推动航道治理、港口规划与建设、船型标准化、三峡过坝运输扩能、水运保障、干支联动等六项工程。长江黄金水道建设迈出了实质性步伐。长江航道经过这几年的疏浚，干线航道条件得到明显改善。到2010年，5万吨级海船可乘潮直达南京，将较大幅度地延长5000吨级海船到武汉的通航期；利用航道自然水深，可使3000吨级海船季节性通航至湖南城陵矶；长江三角洲高等级航道网中主要航道将可通航1000吨级船舶，京杭运河堵航问题也将得到明显缓解，通往上海国际航运中心的主要疏港通道也会更顺畅。

此外，长江重要通航支流航运将得到重点开发，主要港口的主要港区机械化、规模化水平将得到明显提高，长江水运将基本实现船型标准化、系列化，干线货运船舶平均吨位提高到1000吨以上，京杭运河及长江三角洲水网主要航道船型标准化率也将达到80%。

到2020年，长江水运将实现现代化，适应沿江经济社会发展需要，为沿江经济社会全面协调可持续发展提供高效、畅通和有竞争力的水运服务。到那时，长江这条"母亲河"膝下可就是金光灿烂了。

八项措施抓共建

为加快长江黄金水道建设，国家计划投入150亿，沿江城市积极推进，联手推出八项措施。

一是完善长江黄金水道建设协调推进机制。在现有长江水运发展部省市协调机制的基础上，构建有效的体制，完善协作机制，明确有限目标，紧紧抓住难点和重点工作，推动长江水运发展的区域联动和协作联合，扎扎实实地协调落实《"十一五"期长江黄金水道建设总体推进方案》。

二是联手争取国家支持寻求政策突破。积极争取交通运输部、海关总署等国家主管部门的支持，力求实现长江口岸政策的突破，促进长江航运利益共同体合作的全面开展。

三是配套编制沿江省市水运发展和港口建设规划。在交通运输部已经编制完成的《全国内河航运发展战略》、《长江干线航道发展规划》、《西部地区内河航运发展规划》和《长江三角洲高等级航道网规划》的基础上，沿江省市抓紧做好规划的统筹协调和配套衔接，为规划落地积极创造条件。

四是协调推进船舶和航运设施标准化建设。按照船舶标准化、大型化、专业化、系列化程度进一步提升、技术性能明显提高、环保和防污染能力增强的要求，抓紧推进船舶特别是集装箱船舶的标准化建设，逐步提高江海联运的效率。同时，努力协同推进航道及其航运设施、桥梁、港口泊位的标准化建设。

五是加快实施长江航道疏浚整治。按照长江干流航道"深下游、畅中游、延上游"的要求，加快实施长江航道疏浚整治，尽快实现长江口航道水深达到12.5米，第三、四代集装箱船全天候通航和10万吨级散货船乘潮进出长江口；南京至浏河口航道水深达到10.5米，安庆至南京水深提高到6米，宜昌至城陵矶水深达到2.9米；三级航道延伸到水富。努力实现通航标准与保证率明显提高、船舶航行更为畅通的总体目标。

六是建立内河航道维护资金长效机制。努力突破内河航道资金长期短缺的瓶颈，通过立法或政府政策支持的形式，落实高等级航道网建成后航道维护资金的来源，保障以长江水运发展为代表的内河水运的可持续发展和功能效益的发挥。

七是联合打造数字长江"黄金水道"。重点建设长江水运信息系统，配套完善长江船岸VHF通信网，推动长江全线港航EDI联网，启动长江数字航道与智能航运示范工程。在此基础上，加快信息网络工程建设，联合建设公共信息平台，形成长江信息带，为长江航道、航运、港口建设和管理发展提供更好的服务，进一步提高信息化、现代化水平。

八是推动建立以企业为主体、市场化运作的长江航道、港口建设机制。以企业为主体、以

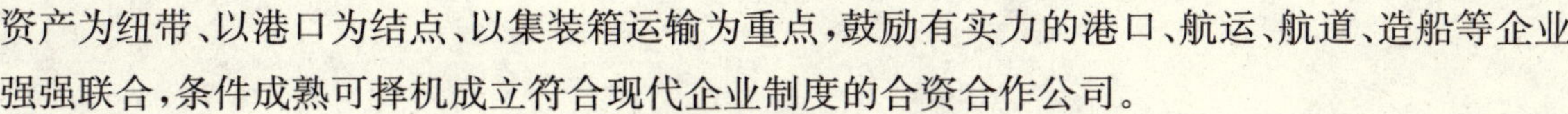

资产为纽带、以港口为结点、以集装箱运输为重点，鼓励有实力的港口、航运、航道、造船等企业强强联合，条件成熟可择机成立符合现代企业制度的合资合作公司。

抓住机遇求突破

2008 年 10 月 30 日，长江沿岸 29 个中心城市市长聚会武汉，共同探讨加快长江黄金水道建设、促进沿江产业合作大计。

沿江省市要不断完善协调会运作机制，推进落实长江水运发展协调领导小组会议决定事项；共同推进长江“六项工程”建设，加强沿江城市双边和多边合作；大力发展现代物流和水运服务贸易，推进水路交通向现代服务业转型；探索完善和发挥好洋山保税港区政策优势，推进洋山深水港区水水中转功能优化；探索完善和发挥好特案免税制度优势，吸引各种航运要素向上海国际航运中心积聚，提高辐射长江流域经济发展的能级；探索完善和发挥好长江一体化集疏运体系优势，实现内河航运、海洋航运和铁路、公路、航空等运输体系的规划对接，构建一体化长江航运体系；探索完善和发挥好沿江港口群建设和多式联运枢纽建设合作优势，共同推进长江岸线资源联合开发；按照“深下游、畅中游、延上游”的要求，合力推进上海国际航运中心、南京长江国际航运物流中心、武汉长江中游航运中心、重庆长江上游航运中心建设，构建一体化的港口物流体系，建设专业化、大型化、集约化的集装箱码头、散货码头和滚装码头，形成中心港、枢纽港、支线港层次分明，分工合理的港口结构；联手推进长江流域产业合作与发展，合力支持企业运用市场机制，在长江流域开展产业联合和重组，形成依托港口、错位发展的产业合作新格局；合作推动沿江沿海保税区、出口加工区、产业园区、高新科技园区的合作与联动发展，促进建立港口、航运、口岸等物流资源“一体化”营运服务体系；共同支持长发集团建立中国物流资源交易中心，形成信息网络交易服务、城市物流配送、物流装卸、物流增值的服务平台；联手完善现有产权交易所、技术交易所、小企业促进中心等平台信息系统，建立统一的产业合作信息网络；联合推进长江水资源保护，共同探索符合各方利益的环境保护补偿机制，加强长江水质的监测与改善。

上海将不断改善投资环境，为长江流域各类企业到上海发展并走向全国、走向世界提供优质服务。

上海将抓住当前的发展机遇，迎难而上，大力实施长江发展战略，联手开发长江，保护长江，推进上海与长江流域以及中西部地区的优势互补、合作共赢，加快国际航运中心建设，带动长三角地区和长江流域协调发展。

（上海市城乡建设和交通委员会　执笔：郑小鹏、李涛）

搭建平台服务全国“三农”

江西省上饶县农民姚长庚第一次来上海参加农副产品大联展，只带来一点红薯干，原是想试试看的，没想到一下子就被上海市民抢购一空。第二年带的红薯干更多，但卖得也更火。上海市农委领导对他说，把红薯干做成小包装，打出品牌，搞成产业。姚长庚信心大增，回去后发动周边地区农民种红薯，大干了起来，经过不断改进和发展，现在产品不仅在上海市场畅销，还被东航、南航认定为航空休闲食品，并远销美国、澳大利亚、新西兰、西班牙等国家。小小红薯干做成了上亿元的大产业，姚长庚也因带领周边地区农民勤劳致富被评为省劳动模范。

这只是兄弟省市依托上海农业服务全国平台发展农村经济的一个缩影。通过这个服务平台，兄弟省市特色农副产品打进了上海这个大市场，丰富了上海人的菜篮子、米缸子；而上海现代农业的技术、品种等也借此走向了全国。就在这“进”与“出”之间，上海农业写就了改革开放30年来服务全国的辉煌篇章。

会展平台打开大市场

上海的优势是人多，常住人口1800多万，流动人口600万，一人吃一斤，就是2400万斤，这个市场可真不小！兄弟省市的产品都想进入上海这个大市场。可计划经济时期，什么都是统分统配，不在计划内，想进也进不了。改革开放以后，市场逐步放开，只要是好产品，就能进来。为了方便全国各地特色农产品进入上海，市农委开始搭建农产品会展平台。依托这个平台，新疆、云南、广西、江西、江苏、浙江、安徽等地政府每年都来举办各类特色农产品展销活动。在展销期间，上海方面还会组织邀请沪上各大超市、外国驻上海贸易代表以及各大高校、企业集团、宾馆、酒家等1000多家采购商洽谈采购。

在成功搭建平时会展的基础上，2002年至2008年连续7年，市农委联合市经委、市外经贸委、市政府合作交流办充分利用春节需求旺季，共同主办“新春农副产品大联展”，邀请全国80多个地级市、800多个农业企业参展。浙江省诸暨市双马禽蛋有限公司在大联展上获得华联超市订单1500吨，企业由此走出了困境，后来越做越红火，2004年在上海的销售额就超过了1亿元。

上海农业会展平台的影响越来越大，服务的范围也越来越广。2005年，上海成功举办了首届海峡两岸农业合作展览暨台湾农产品展销会，吸引了台湾岛内和全国17个省市的台资企业参加。台湾农产品受到了上海市民的广泛青睐，1斤芒果可以卖到45元，3天零售额超过4亿元，所有展品销售一空。2007年，市农委联合市台办、市外经贸委举办了“2007台湾优质农产品巡回展览”上海主展场，来自台湾岛内12个县市各级农会、农业专业协会、农业产销班及120多家农业企业共同参展，得到农业部、国台办和市有关领导的好评。

上海农业会展平台不光是服务“引进来 ”，也服务“走出去”。近年来，上海每年组织农业企业和商业系统企业赴安徽、山东、广东等省市参加大型农产品展销会，为上海企业寻找了商机。

信息平台提供大服务

信息就是生产力，如今已没有多少人对此持有异议。农业生产、农产品销售都离不开信息。很多农民因为信息闭塞，盲目生产，或者生产的东西卖不出去，常常造成很大损失。上海充分利用中心城市信息和技术优势，于1999年搭建了由“三网一线一系统”构成的“上海农业网”。建网9年来，注册会员达数万家，其中近90%的会员来自外省市。“上海农业网”承担了大量信息发布和咨询服务工作，“供求信息”等栏目发布外省市信息数量占70%以上，每年点击数上亿次。2004年初，在网上推出了“全国特色农产品信息库”和“上海农业服务全国信息库”，为全国各地企业加强合作提供信息服务；同时开通了“农民现代远程教育网”，开设了产业化经营、农业标准化、花卉园艺和林木养护等远程教育课程，在云南7个县94个乡镇安装卫星接受设备，28个行政村及自然村安装电视机和DVD，5000多人通过卫星接收上海远程农业实用技术培训。此外，上海还与华东六省农业部门共同创办了“华东农业网”，将华东六省一市14家重点农产品批发市场联为一体，为100多家市场经销商开发了手机短信功能，为买卖双方供求信息对接提供服务。

上海多方位打造信息服务平台，9家农业科技机构联合创办了“上海农科热线”，设置了电话解答、专家坐堂、现场诊断、网上直播等服务形式，形成365天“全天候”服务机制。各地农民在生产、加工和销售过程中遇到问题，只需打一个电话，就能得到上海农业科技单位的咨询服务，既方便快捷又省钱。台州农民俞灵耀在浙江嵊泗海岛承包土地种植蔬菜水果，来电咨询大白菜烂心和甜瓜霜霉病，农科热线的专家不仅告诉了药方，还叮嘱他要勤排水、注意换茬等田间管理办法。10多天后“农科热线”专家回访俞灵耀，他高兴地说：“白菜烂心病已治好了，十分感谢上海的农业专家”。上海还开发了“食用农副产品质量安全条码查询系统”，应用于食用农产品安全管理。浙江、江苏和北京等地已陆续推广应用。

科技平台输出新品种

农业现代化离不开科技，农业发展也离不开科技。上海农业在国民经济构成中比例虽然不高，但科技含量不低。上海充分利用种源、农业技术、农业设施、生物制品四大优势，搭建农业科技平台，服务全国“三农”。

在种源和农业技术方面，近年来，上海农科院加大种质创新力度，以培育适应现代农业发展要求的新品种为载体，综合集成相关配套技术和产品，多途径、多形式地服务全国。目前，已在苏、浙、闽、鲁等18个省建立新品种示范生产基地120个，推广水稻、油菜、玉米、蔬菜、水果、食用菌和畜禽新品种(新品系)250多个。

在农业设施方面,为了满足各地农民对温室大棚的需求,上海电气集团、上海飞机制造研究所、上海市农业科学院、上海交通大学等科教单位和企业组成了产学研联合攻关小组,结合我国地理、气候条件等特点,研制开发了新型温室材料。该材料与国外同类产品相比,既节约了成本,又提高了温室的自然通风和夏季降温能力。目前,新型温室材料已销往广西、湖北、湖南、辽宁等10多个省区,达300多万 m^2。

在生物制品方面,上海引进加拿大荷斯坦良种奶牛,使本市近6万多头奶牛的年产奶量达到8000公斤/头。同时,采用高技术推广纯种荷斯坦奶牛冷冻精液,帮助全国各地特别是对口地区改善奶牛品种。2007年,新疆阿克苏地区已全面使用了上海荷斯坦优质冻精,牧民以优惠价使用了优质冻精,培育的奶牛奶产量可望提高1倍左右,阿克苏地区奶牛业成效显著,

建立基地发展市外农业

上海地少人多,发展现代农业空间有限。"走出去"发展市外农业,既是解决上海土地资源不足的重要出路,也是保证城市供应的有效措施。在市委、市政府的大力支持下,市相关部门会同各区县共同开拓,市外农业发展取得重要进展。

近年来,市农委对异地种植养殖项目进行补贴,鼓励农业龙头企业和农民专业合作社拓展发展空间。例如,奉贤区汉德食品有限公司,除了做好自身水产品加工外,还在吉林建立了肉牛加工基地,在黑龙江木兰县建立了大米生产基地,在青海建立了羊肉、肉牛加工基地。此外,本市一大批养殖专业户也把养殖基地转移到了苏、浙、皖等兄弟省市。截止2007年底,市外农业种养殖总面积达230万亩,带动当地农民就业35万人,其中本市农民在外地从业的有1.5万人。

上海农业在产业输出的同时,对所在地更多地进行资金、技术、人才、技术人员、品牌、标准和先进管理机制等要素的输出,既有利于带动当地农业发展和农民增收,也有利于发展上海农业和农民增收,真正做到了一举多赢。

认证平台打造优质品牌

通过对产品认证,打造优质品牌,利用品牌扩大影响,扶持农业龙头企业加快发展,是上海服务全国"三农"的又一举措。

上海市标准化研究院开发的"主要农产品国际标准和国外先进标准数据库",根据各地农民需要,数据中心随时提供咨询服务。上海市农产品质量认证中心与上海跨国采购中心发布了生产基地的申请、认定程序和标准规范。目前,已有10个外省生产基地通过了上海跨国采购中心认定和授牌,有106个上海企业215个农产品通过了上海市优质农产品认证,这些产品都有独立的品牌,市场影响力较大。上海积极鼓励这些企业到兄弟省区市建立基地,为各地提供生产标准化服务。上海南汇瓜果有限公司是一家集研发、生产、营销于一体的农业产业化龙头企业,生产的"绿妮"牌西甜瓜获上海优质农产品质量认证书,常年供不应求。该公司先后在云南、海南、江西、浙江等地建立了6000多亩的生产基地,带动当地2200多户农民种植西甜

瓜。为提高种植水平，公司除对当地农民进行技术培训外，还建立了“档案农业”管理制度，对所有基地和农户的生产情况实行全程档案监控管理，对异地产品实行实名登记制度，不但确保了产品的质量，还为当地农民传授了农业生产标准化规程。又如上海阿强蛋品公司在江苏通州建设了5万羽示范蛋鸡场，带动周边农民200户，户均2万羽以上。阿强公司以每斤收购价比当地市场高1角计算，每只鸡全年产蛋30—34公斤，每户可净增收6万元以上。

党的十七届三中全会吹响了农村改革的号角，上海要全面贯彻落实党的十七大和十七届三中全会精神，坚持“走出去”与“请进来”战略并举，积极发展市外农业，鼓励支持输出品牌、技术、人力资源等要素，拓展上海农业发展空间；继续完善会展平台，支持农民和合作社参加，加大市场促销，引进外省市优质农产品和品牌企业入住西郊农产品交易中心，提升上海农业服务全国的能力；进一步做深、做细农业对口支援工作，帮助对口支援地区推进农业产业化和市场化。

（上海市农业委员会　执笔：肖志强、曹亚娟）

携手合作共建绿色家园

——上海跨区域环保合作回顾

2008年北京奥运会成功地向世人诠释了“同一个世界、同一个梦想”的理念。地球，是人类共同的家园，加强环境保护已经成为全国性乃至全球性的课题。

改革开放30年来，我国经济持续高速发展，但随之而来的是污染加剧和环境的持续恶化，环保问题也因此越来越受到各个方面的重视。上海市环保局坚持落实科学发展观，在国家统一部署下，主动加强与长三角和兄弟省市的环保合作，建立目标责任制和督查制度，落实资金，拓宽渠道，提高效率，完善机制，取得了一定的成效。

长三角：区域环保合作渐入佳境

上海与经济发达的苏浙两省是近邻，两省一市排放的大气污染物总量大，相互间影响也大；上海又处于长江和太湖流域的下游，地表水水质特别是黄浦江上游饮用水源水质受上游影响很大。因此，上海的环保和污染防治工作带有显著的区域和流域特点。没有区域间的有效合作，上海的环保就无法从根本上得到保障。而区域间环保合作，涉及到区域内空气环境、水域的环境污染等问题，需要合作的领域十分广泛，解决的问题也非常复杂，必须建立有效的合作推进机制，通过长期的共同努力，才能取得成效。回顾长三角环保合作，主要经历了三个阶段。

上世纪七十年代末至九十年代中期为起步阶段。一开始三地主要集中力量解决本地的环境问题，较少考虑区域间的环境合作，处于“只扫门前雪”的状态，没有形成解决“跨界污染”的共识。到了八十年代中期，上海出于开展黄浦江上游水源保护工作的需要，曾希望建立长三角区域环境合作机制，因遇到一些实际问题而未能实现。但上海与苏浙两省环保部门开始探索进行环保研究项目合作，如1993年启动的《杭州湾环境研究项目》，由上海市环保局、浙江省环保局分别组成项目组，配合国外咨询公司完成课题任务，全面分析了杭州湾的污染现状和污染来源，建立了用于污染预测的水质模型，并提出相应的污染治理项目。

上世纪九十年代中期至本世纪初为推进阶段。浦东开发开放以来，长三角地区经济进入了持续高速发展时期，污染物排放量随之增加，环境形势日趋严峻。1996年太湖流域水质污染事件的出现，表明了长三角区域性、流域性的环境污染和生态破坏非常严重，已成为制约长三角可持续发展的重要因素之一。1996年起，国家环保总局、国家发改委等部门组织两省一市政府编制和实施《太湖水污染防治“九五”计划及2010年规划》，长三角大规模区域环保合作行动拉开序幕。在此形势下，上海市环保局按照太湖水污染防治“九五”计划要求，在市政府支持下，主动增加污染防治任务，将污染防治范围由青浦商榻、金泽镇等小范围扩大到整个黄浦江水源保护区。市环保局组织力量，对工业和非工业污染点源进行全面梳理，严格按照太湖流域污染防治要求进行治理。

新世纪以来为深化阶段。2005年，国家环保总局组织苏浙沪环保部门编制长三角区域环境保护规划。上海组织市环科院、市环境监测中心、复旦大学等单位参与规划编制工作，目前已完成《长三角区域（上海市）环境保护规划（初稿）》。编制规划目的是以“环境优先”为原则，提出长三角区域环境保护的总体战略、目标指标体系及对策措施，其重点是明确各省市的环境权责和目标，为建立长三角环保合作机制提供必要的技术准备。规划编制过程中对苏浙沪省市界附近地区的水、大气环境功能区进行调研分析，提出功能区调整方案；提出侧重于跨省市界的区域环境保护的监测规划方案和区域环境信息共享平台建设方案，并建议制定相应的区域环境质量简报制度；建议制定促进区域协调发展的完整而有效的政策措施，如区域环境资源与信息共享制度、区域环境利益协调机制、区域环境合作机制、区域环境监督与制约措施等。上海市环科院还完成《长三角区域大气污染输送规律研究》等科研任务，为及时了解两省一市大气环境互相影响情况，提高空气质量预报水平提供依据。

鉴于长江口、杭州湾等海域污染加剧，2005年国家环保总局启动了长江口及毗邻海域碧海行动计划项目编制工作，委托国家环科院组织苏浙沪环保部门进行长三角陆源污染源现状调查，并开展长江口及毗邻海域污染源扩散模式计算，根据总局分配的污染因子控制指标要求，进行各自碧海行动计划的可行性评价及实施计划的编制。上海市组织市环科院、市环境监测中心等科技人员努力工作，按时完成编制任务。在规划编制过程中，本市通过滚动实施上海市环保三年行动计划，大力推进了污水处理厂和污水收集管网建设，本市规模最大的竹园污水处理厂、白龙港污水处理厂处理工艺由一级加强提升为二级生化并扩大处理规模，2007年全市污水处理设计规模达到556.5万立方米/日，已与本市实际城市污水排放规模接近，从而大大减少陆源污染物排放量，为海域环境保护作出了贡献。

从2004年开始，随着苏浙沪主要领导座谈会机制的建立和长三角城市经济协调会由务虚走向务实，长三角合作进入了一个新的发展时期。长三角城市经济协调会相继提出推进生态环境专题合作、成立环境合作平台的建议，目前已形成具体工作计划。2007年提出建立长三角流域生态补偿机制总体框架的建议，已引起有关部门的关注。苏浙沪三省市对建立区域环保合作机制各自作了相应的规定。本市在规定中明确，要加强区域生态环境保护、治理和灾害防治，建设跨区域环境保护和治理重大项目，逐步建立区域环境保护标准体系，完善区域环境管理和协调机制，推动区域循环经济发展。

2007年太湖流域蓝藻污染事故发生后，国家进一步加大了太湖污染防治力度，对建立长三角环保合作机制提出了更高的要求。2008年初国务院正式颁布了《太湖流域水环境综合治理总体方案》，预算总投资1114.98亿元。2008年8月苏浙沪三地有关领导签署了《关于太湖水环境治理及蓝藻应对合作协议框架》，正式建立区域环保合作协商机制：建立太湖流域水环境综合治理工作情况的定期交流制度；三省市发改委、环保、建设、水利等相关部门和水利部太湖流域管理局每半年举行一次工作例会；建立重大事项应急协商制度；建立关于太湖流域综合治理相关信息的通报制度；建立苏浙沪“蓝藻打捞合作机制”。虽然长三角区域环保合作近年来发展很快，但仍面临着一些政策性、技术性难题，尚需共同作出更大的努力。

对口支援：环保帮扶合作显身手

在国家实施西部大开发战略和开展对口支援的大背景下，根据上海市委、市政府的统一部署，上海市环保局从1999起承担上海—云南环保对口支援和帮助中西部地区生态环境建设任务。

早在上世纪九十年代初，上海市环保局曾先后承担了西藏日喀则地区环境监测站和四川万县地区五里桥环境监测站援建任务，援助资金分别为100多万元，主要用于基建项目，少量用于培训及设备、试剂的采购。九十年代中后期，上海对口帮扶云南后，环保帮扶成为对口支援的一项重要内容。上海环保局除提供必要的物资支援外，着眼云南环保长远发展，充分发挥上海优势，加强人才培训和管理经验交流，为云南环保部门能力建设提供长期支援，分别于2000年、2001年与云南省环保局签订了《沪滇环保合作“十五”规划纲要》和《上海—云南“十五”环保对口合作协议》，确定了两地主要合作内容为环境监测能力建设、人才交流与培训、环境管理、污染治理、环境科研及生态保护等。“十五”期间，这一做法取得了很好的效果，并沿袭到“十一五”期间。

云南红河、文山、思茅（现为普洱）是少数民族贫困地区，经济不发达，三个地（州）市环境监测站都面临仪器陈旧、装备简陋和缺乏等问题。上海市提供援助资金290万元，在2003年为三个地（州）市环境监测站分别解决仪器配置和业务用房问题。“十一五”期间，上海市又提供80万元资金，帮助迪庆州完善环境监测装备。为帮助云南省地区监测站提高业务素质，上海市环境监测中心采取“请进来、派出去”的方法进行指导和培训，如：对文山州环境监测站等来沪实习人员进行培训指导，派出技术人员赴红河、文山、普洱市环境监测站，培训当地技术人员，培训内容为监测站最需要的业务知识。

进入新世纪以来，上海环保局共为云南环保系统举办了12期环保短期培训班，培训约为460人。根据云南省的要求，不同时期安排不同的培训内容。2000年至2001年举办4期，主要是环保法规、环境管理与规划、环境监测、污染防治技术、环境监理等基本课程。2002年至2006年举办了6期，培训内容以环保新知识为主，如ISO14000管理体系认证、室内空气质量监测、循环经济理论及典型经验、企业清洁生产关键技术、科技体制改革经验等。2007年至2008年举办2期，配合云南全面推行城考制度，突出城市环境管理方面内容，如企业建设项目审批前和审批后管理、上海市城考的实施情况、上海市机动车污染控制等。

在上海的支援下，云南省环保局及红河、文山、普洱等环保局设置了白玉兰远程教育接收网点。上海市环保局通过网络，举行了20余次专题技术讲座，约有1000余人次参加。早期培训内容主要为环保管理、环保规划、环保执法、环境监测、环保宣传教育等方面基础知识，以后结合实际工作的需要，调整为实用性内容，如环境污染事故应急处置、循环经济、清洁生产、环境污染治理设施市场化运营及资质管理、环境保护现场执法、环境污染纠纷和调处、环境污染事故处理案例分析、固定污染源烟气排放连续监测技术、水污染源在线监测技术规范等。云南方面认为课程紧贴当前环保实际，对工作帮助较大，普遍反映良好。

沪滇两地环保部门还相互开展了后备干部挂职锻炼活动。云南先后选派了11批23名现职和后备干部在上海环保部门挂职，亲身体验上海环保系统主要业务运转过程，了解上海环境保护现状和面临的任务，从而拓展了视野，提高了实际工作能力。上海市环保局先后派出两批4名处级后备干部到云南普洱、西双版纳、楚雄和大理等地区环保部门，在艰苦的环境中挂职锻炼，提高思想和业务素质。

沪滇环保合作逐步向多方位、多领域扩展。2001年，云南省环保局组织省内12家环保相关企业参加了在上海举办的第四届“上海国际环保产业技术和装备展览会”，并开展了云南馆活动。为配合云南滇池污染治理工作，上海市环保局组织本市在水治理特别是富营养化治理方面具有经验的大专院校、科研机构、环保企业参与滇池污染治理项目的投标及咨询工作，为滇池治理提供技术支持。上海环保局直属单位与云南环保局直属单位直接建立了合作关系，两省市环境监察总队、环保宣传教育中心、环境科学研究院等单位在突发环境事件应急处理、加强环境保护宣传、污染处理技术等方面也开展了形式多样、内容丰富的交流和合作。2008年，云南省辐射环境监督站分两批派出技术人员和管理人员到上海辐射环境监督站学习与交流；云南省昆明市、临沧地区、红河州、西双版纳州、丽江市、德宏州六个环保局分别与本市闵行区、浦东新区、徐汇区、长宁区、嘉定区、静安区结成对口合作关系，积极开展交流、培训、仪器设备捐赠等合作项目，拓宽和深化了两地环保对口交流合作的渠道和内容。

服务全国：在相互交流学习中求发展

近年来，随着上海环境保护工作发展步伐的加快，兄弟省市给予的关注也日益增加。上海市区两级环保部门和直属单位每年接待兄弟省市环保部门来沪考察日益增多，任务十分繁重。2005年至2007年，市环保局平均每年接待外省市环保部门来沪考察人员达67批、394人次。上海市环保局按照市委、市政府的要求，把每一次接待兄弟省市的考察任务，作为上海服务全国和学习兄弟省市经验的机会，认真交流，虚心学习，取长补短。市环保局制订了接待工作制度，完善接待工作网络，整合接待工作资源，尽可能满足兄弟省市来沪人员提出的诸如参观考察企业和环境基础设施工程现场的要求，受到兄弟省市环保部门和国家环保部的好评。

直辖市具有城市规模超大、环境状况复杂等相同的特点，在环保面临的问题和解决问题的思路、工作方法上也具有较大的相似性。上海市环保局珍惜每一次与其他直辖市交流的机会，认真学习借鉴其他城市的经验，不断改进自身工作。如：北京市成功举办2008年北京奥运会，体现“绿色奥运”理念；天津市在创建国家环境保护模范城市基础上，提出建设生态城市；重庆市围绕建设长江上游经济中心目标，通过实施一批重大环境保护工程，有效控制三峡库区等重点区域环境污染。上海认真学习借鉴这些城市的做法和经验，围绕“四个中心”建设和举办世博会，推进实施环保三年行动计划，为实现“城市，让生活更美好”的理念作出更大的努力。

（上海市环境保护局　执笔：沈永林）

联手绘就长三角区域发展一体化蓝图

——沪苏浙规划合作揭开新篇章

驱车驶上宽阔舒坦的六车道高速公路，你可以直达长三角 16 城市中的任何一座城市。过大江、跨港湾、穿隧道、越洼地，酣畅淋漓，一马平川。要不是那些收费口或道旁的指示牌，很难分得清是在省、市、县何处境内，或者是“五圈、六廊、十六枢纽”中的哪一段。而所到之城市，纵使有着不同的风土人情，形成千姿百态个性特色，但其迈向现代化的律动，多少有一种内在的协调、和谐、规整、平衡，甚至互补，呈现了第六城市群的江南特征。

这种发展格局和大势，不仅与苏浙沪两省一市的规划合作有着紧密的关联，而且也是大力推进长三角区域经济一体化、规划合作先行的结果。上述高速公路网和城市群，可以在《长江三角洲城市间综合交通规划研究》和《长三角城镇群规划(讨论草稿)》中条清缕析地找到脉络。

区域发展一体化，规划合作要先行

长江三角洲地区位于中国“黄金水道”长江与“黄金海岸”太平洋西岸交汇处，历来是中国经济发达地区之一。区位优势独特，综合实力雄厚，辐射能力强劲，发展潜力巨大，在全国具有举足轻重的影响。而两省一市的相邻相依，也成就了三地经济的交流共生。

进入新世纪，按照发展区域经济的国家战略，苏浙沪两省一市共同确立了“促进联动发展、形成多赢格局、实现共同繁荣”的合作交流原则，建立合理统一的区域规划体系，便成了一体化发展的应有之义。

2004 年 2 月，上海市城市规划管理局与苏浙两省建设厅共同建立了长江三角洲地区规划工作联席会议制度，并在上海召开第一次会议，就如何推动长三角联动发展和整体规划，提出了工作框架。

会议拟定了四个方面的研究议题：一是区域城镇发展，包括人口、城镇等；二是区域交通联动，包括公路、铁路、轨道交通等；三是区域生态协调，包括环保、绿化、水系、景观等；四是区域发展规划协作，包括规划体系、管理体制、制度建设等。并就两省一市之间建立长期的规划信息交流机制、协调区域规划工作达成了共识。

长三角规划合作拉开了大幕。同年 8 月，第二次规划工作联席会议在南京召开，并特邀建设部规划司和南京大学、同济大学、中国城市规划院等单位的专家与会，围绕长三角城市规划编制工作的总体构想、基本构架和工作组织方式进行了深入研究商讨。会议达成共识，确定把长三角城市群规划列为目标要求，制订包括统筹空间、设施、资源和环境等规划要素的综合性空间规划。研究与规划拟从两个层面展开：第一层面，战略层面。聚焦两省一市共同关注的问题，主要是战略性、目标性的宏观把握，以研究为主。第二层面，操作层面，主要就专门制订行动方案，以研究为支撑，达到以实施为目标的深度。计划用一年左右时间，同步完成研究和规划工作。

按照规划要求，其核心范围为15个城市，根据需要可相应扩大。第一层面，原则上安排到2020年，根据研究需要可作适当调整。第二层面为2004—2010年。具体分为两个部分：一是长三角城市群战略层面，包括背景分析、现状和条件分析、战略目标、战略举措、城乡空间关系、产业空间布局和农业与绿地生态空间布局。二是城市群规划系列，主要有区域综合交通（包括城际轨道交通、高速公路网络、港口、航道、航空、管道）、区域基础设施和社会服务设施（包括区域给水、排水、供电、电信、防洪、垃圾处理、文化体育设施、教育设施）。三是区域生态环境（包括水环境、大气环境、固体废弃物）。四是区域旅游（包括旅游线路组织、旅游营销、旅游基础设施）。五是省际接壤地区。六是近期行动计划（包括城际轨道交通，高速公路网络的衔接规划编制）。

城际综合交通规划列为首选。城际交通网络，是区域经济发展运行的大动脉。2004年11月“长江三角洲城市经济协调会第五次会议”在上海举行，16个城市分管市长签订了《长江三角洲地区城市合作协议书》，确定把规划作为六项合作专题工作之一，要求今后一年，各城市联手启动长三角城市间规划衔接工作，重点完成交通规划的对接。

为此，上海市城市规划管理局会同江苏、浙江两省建设厅，共同组织两省一市规划院，开展了《长江三角洲城市间综合交通规划研究》（以下简称《规划研究》）的方案编制。

2005年4月，上海市城市规划管理局召开专题会议，讨论并明确了规划专题的工作机制与机构；年度细化的工作框架和目标；方案具体实施计划与时间节点等要求。会上，成立了工作推进小组、专题协调小组和项目领导小组，并确定了项目分管领导、项目负责人和联系人。

同年5月，上海市城市规划管理局以两省一市联席工作会议平台为基础，会同苏浙两省建设厅，在沪举行了联席会议暨长三角城际综合交通规划研讨会，并就该专题项目的有关工作计划、内容框架、技术定位和总体要求展开充分讨论并达成了一致意见。会后以会议纪要形式下发至有关单位作为工作依据。

其后，上海市城市规划管理局工作小组有关人员及专家赴苏浙两地实地考察调研，分别与两省相关部门进行交流座谈，互通信息、交换意见，收集了两省有关轨道交通、高速公路、内河航运网络等系统及最新地形图的资料，为规划方案编制打下了坚实的基础。

进入7月，两省一市规划院开始编制规划方案，两省一市建设厅、规划局有关领导也就《交通规划研究》多次听取过专题汇报，方案不断加以修改，深化细化完善。

9月，在杭州举行的两省一市规划工作联席会议，初步审议了《长江三角洲城市间综合交通规划研究》（中间成果讨论稿），听取了上海市规划院的汇报，经过讨论作进一步深化修改后，由两省建设厅分别征询意见。

10月,《交通规划研究》最终成果评审会在苏州举行,两省一市建设厅、规划局、规划院及长三角16城市规划局等有关部门以及专家经过鉴定,一致通过了《交通规划研究》方案。

作为两省一市规划合作专题,《交通规划研究》方案中提出了"五圈、六廊、十六枢纽"的长三角地区综合交通发展框架。

在此《交通规划研究》方案基础上,又完成了《上海—太仓综合交通衔接规划研究》及《昆山市城市轨道交通系统战略规划研究及与上海轨道交通衔接规划研究》,进一步加强了两地衔接规划和建设,特别是对两地有关公路、铁路、轨道交通的对接与衔接提出了建议方案,为两地领导决策提供了依据。

统筹区域交通规划是一项具有战略意义和全局意义的工作。

在这之前,两省一市的交通规划研究都是按照不同交通方式进行的,出于各自为政的模式,难免造成各系统之间缺乏调控组织和统一协调,而此次《交通规划研究》方案突出"综合"两字,具有长三角总体发展战略指导意义,对两省一市近期建设项目也有直接指导作用。

长三角:城镇群规划浮出水面

为加强城市规划与"十一五"规划衔接,促进长三角区域城镇化持续、协调、健康发展,提高整体竞争力,更好地发挥对内地经济发展的带动和辐射作用,国家建设部牵头组织上海、江苏、浙江、安徽三省一市政府共同开展《长江三角洲城镇群规划编制》工作。

2005年11月,建设部城乡规划司在杭州召开首次长三角城镇群规划工作会议,建设部副部长仇保兴到会提出了编制规划的具体要求。2006年3月,建设部正式印发了《长江三角洲城镇群规划编制工作方案》。由国家建设部和江苏、浙江、安徽、上海三省一市组成领导小组、协调小组和规划编制组。具体规划编制工作由中国城市规划设计研究院和各省市规划院承担。

按照国家建设部的部署,上海市城市规划管理局会同市委宣传部、市发展改革委、市建设交通委、市农委、市经委、市旅游委、市政府发展研究中心、市政府合作交流办、市房地资源局、市环保局、市绿化局、市交通局、市水务局、市统计局等有关部门,组成工作小组,积极配合、开展规划编制相关工作。

2005年11月,三省一市在上海分别向建设部、中规院汇报了各地方的概况和规划编制情况。

2006年2月,规划编制组在无锡共同讨论了9个专题研究中间成果和规划大纲草稿。

2006年4月,规划编制组在上海调研,并听取上海城市规划管理局和市政府各有关部门关于上海经济、产业、城镇空间布局、基础设施、自然资源等各方面的发展现状和规划设想的汇报。

2006年7月,规划编制组在北京共同讨论了9个专题研究的成果。

2006年11月,中规院牵头完成《长三角城镇群规划(讨论草稿)》,在合肥召开工作会议提交有关单位讨论。

2006年12月,修改后的《长三角城镇群规划(讨论草稿)》,在杭州工作会议上,一致讨论通过。

长三角：规划合作走上快车道

目前长三角规划合作正在不断推进，上海市城市规划管理局与苏浙两省建设厅将在进一步深化《交通规划研究》的基础上，加大对近期实施的重大交通设施项目对接的协调力度，明确区域重大交通设施的布局，落实一批跨行政区域的区域重大基础设施通道，推进长江三角洲地区一体化建设的进程。

在工作机制方面，两省一市将加强规划信息共享平台的建设，建立定期例会制度，构筑长三角 16 个城市之间长期的规划建设协作关系。至于一些机制与体制问题，比如，像长三角城市群规划那样的重大规划该由谁来审批，行政壁垒如何打破，长三角地区规划编制经费如何落实等，均有待在继续实践中研究解决。

（上海市规划和国土资源管理局　执笔：姜新刚）

文化渊源一线牵　继往开来谱新篇

——长三角文化联动发展纪实

上海青浦福泉山古文化遗址是上海最为原始的历史档案，叠合着马家浜、崧泽、良渚等远古文化遗迹。5000年前的崧泽文化源自上海青浦地区，而6000年前的马家浜文化、4000年前的良渚文化，源头则在浙江省。这一现象清楚地表明，它们与河姆渡文化等一起，在远古时期就相互交融，形成了长三角文化圈。

数千年历史流去，今天的长三角，分属于苏浙沪两省一市，其中的上海、南京、苏州、无锡、杭州、宁波等16城市形成了世界第六大城市群。长三角城市群土地面积仅占全国的1%左右，人口约占全国的6.25%，而工业总产值却占了全国的21%。经济的高速发展，强烈呼唤文化创新。

近年来，江苏、浙江、上海两省一市文化厅局及长三角地区其他15个主要城市的文化行政部门，以机制创新为先导、以合作共赢为目标，积极推动群文联动和资源共享，深化非物质文化遗产保护，大力构建统一开放的文化市场体系，拓展了广泛的合作空间，开创了长三角文化产业发展的新局面。

文化联动发展的"引擎"

2003年10月，由中国上海国际艺术节组委会主办的"长江三角洲文化论坛"在申城隆重揭幕。来自长三角地区16城市的有关领导、文化工作者、专家学者会聚一堂，围绕"长江三角洲文化合作与发展"的论坛主题，共商21世纪长三角文化一体化发展趋势，探讨地域文化资源和成果共享新模式。这也是上海首次举行的高层次、高规格、专业化，共商协调工作、共享资源和交流成果等诸项协作事宜的大型区域文化发展论坛。

合作的大门就这样被打开：2004年8月，苏浙沪文化厅局长首次联席会议在上海举行，会议签署了《关于加强长三角文化合作的协议》。根据《协议》，苏浙沪三地将共同致力整合长三角地区文化市场资源，进一步建立和发展长三角演出合作联盟，共同开发演出票务网络，鼓励营造地区演出品牌；推动社会文化资源共建和成果交流，共培共享人才资源；共同开办长三角文化网站，由长三角地区各城市的文化主管部门共同参与，借助网络服务平台更好地推动长三角文化的全方位合作。

同年，苏浙沪共同举办了长三角部分城市优秀文艺节目展演晚会、长江三角洲城市及部分友好城区群众文化理论研讨会、首届长江三角洲城市图书发展论坛。在上海的发起倡议下，长三角文化论坛、苏浙沪文化厅局长会议每年举办一次。随着长三角美术馆协作会议、外事工作联席会议等专业类高层论坛的相继举办，这些定期和不定期举办的论坛与会议，有效通报信息、交流情况、配套合作，从而形成共同谋划、参与、推介、获益的整体态势和效应。据此，苏浙沪文化管理部门围绕建立与社会主义市场经济体制和区域文化共同发展相适应的文化运行体制、增强区域文化的活力和竞争力、共同构建生态文化圈、促进长三角经济文化协同发展，共谋思路、共商对策，明确框架性设想、细化操作路径，有效推进了长三角文化联动发展。

“评弹金榜”背后的故事

2008 年上半年，由文化部艺术司和苏浙沪三地文化厅局联合主办的“评弹金榜”苏浙沪优秀青年演员电视大赛在原本波澜不惊的评弹界激起了千层浪。这一场全力为青年演员打造的评弹盛会，声势浩大，引起了广泛的关注和积极的参与。

从 2008 年 4 月广泛动员报名，5 月苏浙沪三地各自完成初赛，以及在电视演播厅举行的 7 场“评弹金榜”宣传专题节目，直到 6 月在上海逸夫舞台举行的 4 场复赛、3 场半决赛、1 场决赛和 1 场颁奖晚会，每一阶段的安排都吊足了听客的胃口，使得最终在上海逸夫舞台举行的 9 场赛事吸引了 7000 余名观众到现场观看。逸夫舞台出现了久违的加座，决赛、颁奖晚会的售票率为 100%，其电视转播覆盖了 110 万观众，这个容量对于平时几十人的书场来说，其社会效应是无法比拟的。

评弹，评弹，还是评弹！在火爆的“评弹金榜”苏浙沪优秀青年演员电视大赛背后，恰恰是近年来苏浙沪联合开展民族民间文化保护项目联合申报、共同做好三地非物质文化遗产保护、传承和开发工作的不懈努力。苏浙沪已启动的非物质文化遗产联合保护项目现有 4 个，评弹与吴歌、滚灯、吴语一道名列其中。近年来，上海市文广影视局依托苏浙沪评弹工作领导小组，主动加强与苏浙两省文化主管部门的沟通合作，在打造长三角地区优秀民族艺术生态保护区的过程中，着力营造有利于评弹艺术传承发展的良好环境。

令业内人士和广大网民惊叹的“评弹金榜”，在苏浙沪文化部门的合作史中也具有里程碑的意义。这是评弹界有史以来第一次大规模地在戏剧剧场和电视传媒间同步进行的、历时最长、参与人数最多的青年演员选拔赛，被媒体称为“评弹界的青春盛会”。苏浙沪文化主管部门打破地域限制，以地方曲种为主体，覆盖苏浙沪三地，真正实现了区域的文化联动，营造了良好的文化生态。

构筑文化产业高地

苏浙沪三地还不断拓展文化传播载体，不仅加强重大文化活动的合作与交流，同时进一步开拓网络信息产业及影视服务产业的合作交流，推动建立统一开放的文化市场体系，形成和发挥三地文化市场资源的整合优势，共同打造文化产业高地。

在网络游戏、网络音乐、网络动漫、网络娱乐、网络教育和网络信息等方面，2003 年，“中国江苏”、“浙江在线”和“上海东方网”建立了“长三角网站联盟”，三家网站间长效稳定的全面合作机制，增强了“长三角”主流网络文化的凝聚力。在影视服务产业方面，2003年8月上海联合电影院线公司和宁波市电影公司正式签约组建宁波联合影业有限责任公司，宁波地区的12家主要影院以整体市场形式加盟上海联合院线，目前联合院线在苏浙等地的加盟影院已达28家。2006年以来，上海市文广影视局支持总部在杭州的全国音像制品连锁经营企业——浙江华人传媒发展有限公司和浙江杭州的永生音像制品有限公司来沪从事音像制品经营，批准江苏省主要音像制品经营单位江苏大华音像制品公司和浙江新华发行集团来沪从事音像制品批发业务。在政府的推动下，三地文化市场的经营者们也主动探索加强合作发展的新路子。江苏省演艺集团、浙江省曲艺杂技总团和上海马戏城结成了“文化产业合作战略联盟”，共同开发文化资源，联动发展做大文化产业。

苏浙沪演出业务洽谈会历时15载，在发挥区域优势、推动区域联合、降低演出成本、活跃和规范演出市场、满足人民群众文化消费需求方面发挥了积极作用，为全国演出市场资源的充分流动和优化配置提供了良好的平台，洽谈会所积累的经验已经成为演出市场进一步加快发展的宝贵财富。目前，长三角16城市文化产业发展的竞争基本成雁形方阵展开，从总体上形成群雄崛起、各显英姿、错落有致的差异化发展格局，你追我赶、奋发竞争的态势值得欣喜。

结 语

美国著名的社会学家丹尼尔·贝尔说：“最终为经济提供方向的并不是价格体系而是经济生存于其中的文化价值体系。”文化是城市之魂，更是长三角城市群之魂，推动长三角地区文化交流与合作、构筑共同繁荣的文化生态圈、提倡发展城市历史特色文化的精要所在。作为世界六大城市群之一，长江三角洲16个城市的进一步发展，不但要依靠经济的增长，更要利用文化形态上的丰富性、体制改革上的互补性、制度创新上的多向性，形成文化协调发展的巨大活力。长三角地区不但要继续成为强劲的“经济增长极”，也应构筑起活力澎湃的“文化核心圈”，成为文化产品的消费中心、文化资源的配送中心、文化内容的创造中心和文化产业的发展中心，为经济和社会的可持续协调发展提供源源不断的动力。

2008年9月，《国务院关于进一步推进长江三角洲地区改革开放和经济社会发展的指导意见》出台，为长三角文化联动发展提供了及时有效的政策和制度保障。日益临近的2010年世博会，更是长三角文化生态圈建设和形成的“加速器”。应对全球性的区域一体化发展竞争，长三角正以一种全新的姿态、共同的理念、扎实的举措，提升区域整体实力，积极投身国内外的文化竞争，在21世纪中国文化的伟大振兴中写下更光彩的历史篇章。

（上海市文化广播影视管理局　执笔：朱春霞、施福平）

帮扶西部地区医疗卫生

2007年，重庆市万州区卫生局正式将万州区第五人民医院更名为“万州上海医院”。这是重庆人民对上海医务工作者智力帮扶的真心感谢。

多年来，上海市卫生局把智力帮扶作为服务全国、支持和参与国家西部大开发战略的一项重要工作，根据对口地区的实际需求，开展了多种形式的对口智力帮扶工作，取得了很好的成效。

“镀金”医生了不起

“真是了不起”！从上海进修回来就掌握了“人工股骨头全髋置换术”，填补了医院的技术空白。每当听到这样的赞扬，这些在上海镀过金的西藏医生都会露出会心的微笑。

云南很多医生从上海进修回去后，能完成骨髓移植手术、小儿心脏外科手术、右叶肝癌切除和肝动脉、门静脉双管手术。病人一下子就多了起来。

这都是上海卫生智力帮扶的成果。西藏和云南、新疆和三峡库区都是上海对口支援地区，每年都有大批的医务人员到上海来进修和培训。培训的形式也是多种多样，有的是1个月左右的集中培训，有的是数月的挂职锻炼，有的是为期1年的进修。内容也是按照受援地区的实际需求，兼顾到管理、临床、基础理论等各个方面。为提高培训的效益，还探索了“联合培训”模式，安排两个或数个受援地区人员一同进行培训，搭建相互研讨交流的平台，加强沟通，增进相互了解，开阔视野和思路。经过进修培训的医务人员，专业能力有了很大提高，很多人在返回受援地区后，成为当地医院的技术骨干，为提升当地的临床医疗服务能力和水平做出了贡献。

上海还加强对受援地区卫生管理人员的培训，使其了解上海医疗系统先进管理经验，更新管理理念，提高管理水平。由于培训内容贴近实际，受援地区卫生行政部门对培训效果给予了很高评价。

专家义诊显身手

楚雄州双柏县大庄乡山区的李朝阳，做梦都没想到自己还能站起来劳动。因得了桥脑小脑角肿瘤，身体一侧瘫痪了很长时间，躺在床上动弹不了。2002年9月，上海医疗队来到当地，第九人民医院的丁美修教授以精湛的医技为他作了脑瘤切除手术，术后病人肢体就开始有了知觉。后来上海医生进行随访时，李朝阳已经行动自如，可以下地干活了，全家人对上海专家千恩万谢。

市卫生局组织专家医疗队深入镇沅苦聪人聚居地进行医疗咨询和义诊活动，为云南省少数民族贫困居民开展医疗帮扶。之后又将其中一名患者接至九院进行手术。九院十分重视该名患者的诊治工作，专门成立了以整复外科董佳生教授为组长的治疗小组，并为患者安排了一系列细致的检查，组织了数次全院大会诊，明确了患者足底溃疡长期不愈的根本原因。2006 年 8 月 11 日，由董佳生教授主刀，为患者做了“左足溃疡清创，动静脉瘘支结扎，左背阔肌皮瓣游离移植，左大腿中厚皮片切取移植术”，修复了足部溃疡创面。为了确保背部供区的功能不受影响，董佳生教授采用了保留大部背阔肌及其支配神经、穿支血管供血的新技术，手术进展顺利。手术后，在医务人员的精心护理下，患者移植皮瓣成活，正常康复，于 2006 年 8 月 23 日出院返滇。

这样的事例太多了，上海专家走到哪里，就把幸运带到哪里。义诊，这其实只是上海医疗小分队的任务之一，讲学、示教、帮带等等，都是题中之义。上海第九人民医院派出由神经外科专家组成的医疗队，对当地神经外科医生进行手术带教和上门培训，提高了楚雄州人民医院神经外科的医疗水平。

上海第九人民医院的巡回义诊，只是一个缩影。每年上海都要根据受援地区卫生行政部门的需求，组织医疗队深入当地服务。如：2002 年 5 月，浦东新区五家医院的专家组成医疗巡回团，携带价值 5000 元药物，在重庆市进行了为期两周巡回医疗。同年 10 月徐汇区 6 位副主任医师赴重庆市五桥地区，为三峡坝区 4 万移民提供了巡回医疗门诊服务，还在当地开展了手术示范、指导当地医务人员提高医疗技术水平。2006 年，上海妇科、内科、肿瘤、医院管理等方面的专家前往三峡库区开展培训和医疗咨询。2007 年，上海医院管理、医院科研教育、骨科、更年期保健、疾控等方面专家前往云南，为当地群众提供医疗卫生服务……

上海专业技术人员深入受援地区进行医疗服务和技术指导，使得当地更多的医务人员有机会学习上海先进的管理经验和医疗技术，由点带面，通过几个人带动提高一群人，大大提升了当地医疗卫生队伍的整体素质。

远程培训更便捷

上海派出医疗队指导和义诊，受多种因素制约，服务面还是比较小。有没有更好的办法让更多的人受益？上海想到了建远程网。于是白玉兰远程医学网建起来了，成为上海对口智力帮扶的又一重要平台。通过这一平台，上海专家可以足不出沪，直接为受援地区疑难杂症病人诊治提供咨询，也可为受援地区卫生技术人员提供面对面的医疗业务技术培训。

从 2006 年 11 月开始，上海白玉兰远程医学网通过卫星网络分别为西藏、云南、湖北、重庆等对口支援地区的 4 万余名医护人员提供了远程医学培训，累计播出的教学内容达 6500 多学时。同时，在播放形式以及教学内容上进行着不断的探索和改进，目前，远程教育已从一开始的单纯录制、定期组织收看，改进为将录制课件放入医院局域网内，医生随时可以点播收看，教学内容也得到了极大的充实和完善。

通过"白玉兰"网络的覆盖和辐射，上海优质教学资源在对口地区得到了最大限度的利用和共享。重庆市万州区上海医院全年接受远程医学教育专业人员的覆盖率达到了100%。湖北省宜昌市夷陵区卫生局远程教学点自2005年8月开通以来，通过卫星网络以及机顶盒等各种形式为当地2000余名医务人员搭建了先进的现代远程医学教育平台，为推动当地继续医学教育工作发挥了重要作用。《滇沪合作开展云南省乡镇卫生院全科医学培训项目》更是利用这个平台，对云南全省1505个乡镇卫生院的2.5万在职医护人员进行相应全科医学知识培训，从而提高基层卫生人员的技术水平，更好地为村民服务。让上海感到欣喜的是，很多地区在受惠于白玉兰远程医学教育的同时，不忘向周边和外区辐射，实现了教育资源的共享。

为对口地区的患者提供远程医疗咨询是上海白玉兰远程医学网服务帮扶地区的又一重要内容。目前，已累计开展了1000余次远程医疗咨询，为当地的医护人员和疾病患者提供了上海一流专家的医学服务，取得了良好的反响。

近年来，为了更好地体现智力扶贫的要求，帮扶更多的贫困患者，上海通过积极整合医学专家资源，陆续将多家三级医院吸纳到白玉兰远程医学服务网络中，当对口地区的站点提出服务申请时，即以最快的速度为对口地区提供较全面的、体现上海整体实力的优质服务。此外，还不断扩充服务内涵，陆续增设了疑难病例讨论、专题讲座等服务内容。

上海白玉兰远程医学网自开通以来，已在上海对口支援地区设立了198个站点，覆盖了云南省红河、文山、思茅和迪庆，西藏日喀则地区，重庆万州区，湖北省宜昌市夷陵区以及新疆阿克苏等地区的医疗卫生机构，在上海和对口支援地区之间架起了一座交流的桥梁。西藏日喀则地区人民医院在工作总结中提到，"通过上海白玉兰远程医学网的远程教育及远程咨询业务，为医院专业技术人员的理论知识及临床专业技能提高提供了极大的帮助，并能实时了解和掌握专业领域的新技术和新进展，提升了医院的整体医疗服务水平"。

朵朵"白玉兰"在受援地区开放，它们由点及面，越开越多，越开越艳。

结对帮扶情意深

近年来，上海卫生领域智力帮扶对口地区又有了新进展。从阶段性的培训进修、业务指导，拓展为日常性、经常性的帮扶交流。在上海市卫生局的指导下，本市各区县卫生局、各级医院纷纷与受援地区医疗卫生单位结对子，进行点对点的帮扶交流。在这种模式下，上海的医疗卫生机构每年接受对口单位的医疗技术人员来沪业务进修，同时定期安排一批专家赴定点帮扶地区开展巡回医疗、送医送药上门服务，在定点帮扶医院进行讲学、会诊、业务指导，协助开展新业务、新技术，提高临床业务水平。两地人民的情意在你"来"我"往"中不断得到升华。

定点结对帮扶的另一个重要意义在于为对口帮扶地区的医疗卫生机构在上海找到了"家"，这个"家"不仅是他们学习、进修的加油站，更是支持他们发展提高的坚定力量。在日常工作中，他们可以随时和上海的结对单位进行业务交流、获取技术指导，同时，每当遇到困难，上海的"家"人也总会尽自己最大的努力给予无私援助。比如说，上海公利医院和上海中医药大学附属曙光医院与重庆市万州上海医院通过签订对口帮扶协议书结为对口定点帮扶医院，建立了长期友好协作关系。两家单位不仅承担了对口单位的人员培训，还在各方面予以技术指导。公利医院的孙国武院长更是亲自带领医院各主要处室负责人到万州上海医院实地指导工作，帮助他们建立一些亮点科室、特色科室，填补了当地多项医疗服务空白。多年来，通过上海方面的援助和支持，万州上海医院由小变大，从一个乡镇卫生院发展为承担万州江南辖区60多万人的急救医疗、防病治病、突发事件及对基层乡镇卫生院的业务指导工作的二级综合医院，拓展新医疗项目20余项。

上海的医务工作者以精湛的医术、踏实的医风、高尚的医德、优质的服务和一颗真诚的心赢得了广泛赞誉。

（上海市卫生局　执笔：赵致平）

国企：实施"走出去"战略的主力军

——上海国有企业积极参与区域经济合作

全国各地，无论走到哪个城市，都不难看到上海货。然而，这个"上海货"的概念，却与30年前有着本质的不同：同样的"凤凰"自行车，它可是从上海周边的苏州、绍兴、南通三地起飞的；同样的"白猫"洗涤品、"海螺"衬衣，又分别从西南的成都、万州跳了出来。而"光明"牌牛奶，更是在内蒙古、黑龙江等全国10多个地方都有基地，从奶源到深加工到包装都是地道的本土货……

全上海200多个名牌产品，大多与外省市建立了合作项目；市国资系统大型企业集团，大部分开展了跨省市经济协作。这正是上海国资系统的国有企业积极参与区域经济协调发展的生动体现。

近5年来，按照上海市委、市政府的要求，上海市国资委在实施国资布局结构调整战略的同时，主动融入全国，服务全国。在合作交流中，始终坚持三个原则，即：共同利益原则，市场资源配置最优原则，市场动力和政府调控形成合力原则，充分发挥了上海国资国企的综合优势，促进了与长三角、长江流域乃至全国的互动发展。这是一种实力的参与，是形成"竞争、合作、发展、共赢"良好局面的强大支撑。

综观全国各地正在竞相上演的一部部气势恢弘的经济发展交响经典，上海国有企业之强大音符，奏出了何等亮丽华彩的旋律。

注重产业整合　崛起跨地区新旗舰

上海国有企业积极参与推进跨省市经济协作，特别注重产业整合，注入优质资产优势技术，打造具有核心竞争力的经济联合体。自2002年起，上汽集团旗下的上海通用相继收购或控股柳州五菱、烟台东岳等多家整车企业，形成东西联动、南北呼应的整车生产基地。目前，柳州五菱已成为广西的利税大户；烟台东岳则整体移植及全面延伸上海通用的产品、技术平台和管理体系，实现产品规划、生产、零部件采购、营销网络、质量体系和人力资源管理诸方面的资源共享，赫然崛起了一个"新通用"。同时，上汽集团还与南汽控股方跃进集团签署合作意向书，进一步整合沪苏两地汽车类资源，实现研发、采购、生产、销售方面的协同效应，在双赢中实现新的雄起。

长江联合发展集团另辟蹊径，重点建立上海产业对外联动的生产基地；通过与苏州、盐城等地政府的沟通，启动了上海—苏州产业合作基地建设，同时正在谋划上海—盐城产业合作基地。通过发挥上海产业发展服务中心的枢纽作用，引导上海企业参与长三角的联动、互动发展。

上海纺织志在更大的天地里实现行业扩张，索性将中间制造部分整体落户江苏大丰，形成了一个以针梭织面料为核心的、由纺织、印染、部分成衣组成的产业群，由此带动了曾经是全国著名优质产棉地大丰的重新崛起。2006 年又将上海三毛股份国有股权整体划转重庆，成为西部毛纺龙头企业，带动了重庆的纺织产业调整与发展。

国际港务集团发挥洋山深水港在上海国际航运中心建设中的核心作用，实施差异化发展战略，集中资源、集聚优势，实现与周边宁波港、九江港、重庆港等港口的联动发展，为长三角及长江流域货物集散、江海换装、水陆中转提供服务。

注重基础建设　提升城市服务水平

上海国有企业以技术优势、管理优势，积极竞标参加各地基础建设，帮助树立起城市新标高。电气集团承建的国内第一个区域环保一揽子方案，正在江苏南通如皋港顺利推进：120 平方公里的“生态岛”内，将建设垃圾焚烧发电、太阳能风能发电、污水循环处理等整体环保系统。

建工集团发挥超高层建筑成套施工、轨道交通、桥梁技术管理优势，先后参与国家大剧院、江阴长江大桥、广州鹤洞大桥、珠海横琴大桥等建设。同时，实施“重点领域、重点区域、重点项目、深度开发”的长三角区域经营策略，在江苏和浙江的 10 余座城市开展建筑工程总承包和城市基础设施建设，并在徐州等地投资开发房地产市场。

城建集团斥资近 30 亿元到江苏、浙江、重庆等省市参与基础设施的投资与建设，先后参与长春南胡大路、重庆菜园坝大桥、常州高架道路、江阴霞客大道、海门基础设施等建设。

市政工程设计院则在无锡太湖蓝藻暴发引起“水危机”期间，提供技术支援协助应急供水，后又主动承接无锡太湖治污工程设计项目，并承揽了其中自来水水源和水处理等 5 项工程的前期设计工作。

注重拓展市场　实现跨区域大流通

上海国有企业依靠其开发能力、扩张实力，积极布点拓展市场网络，扩大跨区域市场流通。百联集团继续优化长三角行动计划，推进各业态在长三角地区和重点区域的布局，加大网点密度，提高网点质量，并逐步向其他地区延伸。目前百联集团在国内的网点已经达到了 4000 多家。

锦江国际集团在基本完成苏浙两省经济型酒店地级市布局的基础上，积极向县级城市纵深发展，并出资近 10 亿元，加快在全国各地拓展酒店连锁店。目前锦江国际全国范围内管理的酒店数量达到了 200 余家，遍布全国 25 个省区市的 60 个城市。

光明食品集团则进一步扩大全国性的基地布局，在江苏、山东等 10 多个省市建立了肉类、蜂蜜、蔬菜、茶叶等农副产品生产基地，集团还将成立专门的对外服务办公室，逐步建立起融入全国、服务全国的长效机制。

东方国际集团明确第三方物流企业的发展方向，推广电子商务平台，扩大网络覆盖面，利用自身优势和社会资源开展强强合作，服务长三角、服务全国。

注重能源投资　加强综合开发利用

上海国有企业加大投资力度，积极推进能源的综合开发利用和新能源建设。华谊集团联合内蒙古亿利资源集团、神华集团投资40亿元成立内蒙古亿利化学有限公司，兴建年产40万吨聚氯乙烯和烧碱的大型工程及其配套设施项目，充分发挥合作三方的综合优势，推进能源化工领域的战略合作。

申能集团推进实施的秦山核电二期扩建工程，将建成2台60万千瓦级压水堆核电机组，计划总投资近160亿元。同时加快推动江苏启东风电厂、浙江桐柏抽水蓄能电站等电力项目的开工建设。

光明食品集团在广西建立三十余万亩的蔗糖基地，上控资源，下控成本。光明乳业先后在内蒙、黑龙江等全国10多个地方建立奶源基地，并形成了奶牛饲养——牛奶深加工——包装——冷链——运输等完整的产业链。

注重产权交易　促进资源合理配置

产权交易是市场经济条件下，通过产权流动，实现企业发展战略优化、资本流动扩张、资源合理配置的基本途径。上海联交所与苏浙两省产权市场合作，通过共建信息平台，联手运作项目，人员互访交流，为两省20余家产权交易机构提供信息系统和技术支持，拓展产权交易信息发布的辐射面，逐步使上海产权市场成为长三角地区经济一体化联动发展并向其他地区扩展的重要平台。近些年来，上海产权交易活动空间不断拓展，国资以及民营、海外资本的流动空前活跃，推动着长三角区域第三产业的联动发展，以及与其他省市之间的产业梯度转移，成为上海对全国经济交流合作的一大贡献。

注重智力帮扶　主动参与对口支援

上海国资系统积极实施智力帮扶，改善提升内地技术教育水准，夯实经济发展基础。近五年来，上海国有企业以各种形式，助推中西部发展基础教育、技术教育，因地制宜开发人力资源。在云南迪庆地区援建了两所希望小学，一百多名失学儿童得以重返校园。先后派遣十几批次近60余人援疆、援滇、援藏，帮助提高当地的经济技术水平。国资委党校主动为全国贫困地区干部举行各类培训班，并合理安排班次、学制、课程、教材、师资和科研，提高培训的质量。据不完全统计，至今已连续为全国各地开班200来个，培训各类专业人才逾3000人次。

（上海市国有资产监督管理委员会　执笔：朱力）

助推长三角大市场脱颖而出

——上海工商突围传统机制推进区域联动

三小时经济圈、大桥经济流、产业梯度转移、飞地经济流转……种种新的经济形态，随着高速交通的发展而出现在长三角这一片沃野热土。迅猛发展的区域经济合作交流，一路呼唤着大市场、大流通、大格局的诞生。

在深入改革开放的大潮中，上海市工商局积极顺应并服务市场经济发展新形势，突破传统，创新思路，联手苏浙皖打开市场瓶颈，理顺准入机制、协调执法管理，倾情打造一体化联合体，优化了企业投资的社会大环境。近些年来，更是在商标管理、股权和资本注册等方面有了新的突破。

这是一条充满创新精神的探索之旅。

开创先河：商标管理协作树样板

长三角地区一衣带水，经济基础相近，民情风俗相似，交通便捷发达。尤其是苏浙沪三地经济交往密切，源远流长。随着改革开放的步步推进，出现了发展差距越来越小、价值取向逐渐趋同、很多方面融为一体的社会和文化现象。然而，由于长期的行政区划分割，使得三地市场环境不尽相同，部分存在较大差异。比如：市场准入门槛有高有低，执法尺度有松有紧，商品质量检测结果互不通用，消费维权得不到异地保护等。对此，深入推进长三角地区市场监管合作与交流机制建设，是上海工商部门一直以来矢志不渝的目标。

突破，从长三角走向泛长三角。早在 1997 年，上海市工商局就协调苏浙皖三省的工商局，在上海共同制定并联合签署了《保护驰名、著名商标协作办法》，这一举动开创了全国工商系统省际间商标管理正式合作的先河，初步建立起跨省市商标管理协作网络。

之后，随着协作日益密切，成果日益显现，协作网络也在不断壮大。到 2002 年，网络成员单位又增加了江西和福建，扩大至五省一市工商部门，当年 5 月制定并签署了《华东五省一市商标管理协作办法》。

近些年来，随着各地经济交流的进一步密切和全国统一大市场逐步形成，商标监管工作越来越呈现出跨地域的特征。于是，上海市工商局再次协调各成员单位，促成对 2002 年协作办法的修改，新增了保护商标专用权、完善协作保护工作机制等内容。2004 年 6 月，上海、江苏、浙江、安徽、福建、江西以及新加入的山东，共同在上海签署《华东六省一市商标管理协作办法》，这是拓展泛长三角地区商标管理协作的又一重大突破。

亮点，会聚建立三大机制。综观上述跨省市商标管理协作网络，可见三大亮点：

一是建立了长三角地区商标管理信息通报制度。长三角地区各工商部门不定期地组织举办论坛、研讨会、座谈交流等活动，及时进行协调沟通，交流经验和好的做法，相互学习、取长补短，共同提高商标管理水平；充分运用电话、网络、信函等途径，及时通报商标管理工作中出现的突发事件、重大问题和疑难案件，共同商讨解决办法；每年召开华东六省一市商标管理协作网工作年会，通报各省市商标管理工作情况和今后安排，总结商标保护协作工作成果，研究解决跨省市商标保护协作中的新问题，促进协作网络提高能级和总体水平。

二是建立长三角地区重点商标保护名录。长三角地区各工商部门步调一致加大对驰（著）名商标的保护力度，有力维护驰（著）名商标权利人的合法权益，严厉查处侵犯驰（著）名商标专用权案件。为此，华东六省一市集中开展商品真伪鉴定工作，共同建立了驰（著）名商标保护联系名录，并根据具体需要及时交换部分市场知名度较高、被假冒侵权情况发生较多的驰（著）名商标名单。同时，按照国家工商总局颁布的《驰名商标认定和保护规定》，进一步推动驰名商标异地申报工作，为企业争创驰名商标创造了条件。

三是建立长三角地区商标案件查处工作协作机制。长三角地区各工商部门共同建立商标侵权案件信息网上移送和信息交换系统，并运用该系统平台，对发现的商标侵权假冒线索，及时移交给有管辖权的外省市工商部门。同时，进一步加大对商标案件的协查力度，形成有效打击威慑；对查处中需要外省市工商部门协查的案件，则通过网络运作，由相关工商部门提供便利条件，提高查处工作的效率。

经过多年的精心打造，长三角商标管理协作网络基本上实现了跨地区联手、联合、联网和联动的目标。

聚焦上海：长效合作机制呼之而出

2007年12月2日，人们再次将目光聚焦上海。在这里，苏浙沪工商管理系统正在举行一次重要会议，对长三角大市场的联动发展或许具有非同寻常的意义。

不同于此前的种种业务条线的合作，此次要建立苏浙沪工商管理联席会议制度，是三省市工商为长三角区域联动而推出的首次全面合作，是以制度形式确定下来的“共商、共议、共建、共享”的长效合作机制。

该联席会议制度，其宗旨是要促进长三角地区形成公平公正、和谐有序的市场环境，推动区域经济和社会又好又快发展。目标就是建立区域统一的工商行政管理制度，促进地区统一大市场的形成。

当沪苏浙三地工商正式签署“长三角工商1号、2号文件”——《公司股权出资登记试行办法》和《苏浙沪三省市外商投资企业登记注册合作交流六项措施》时，会场内，掌声雷动；会场外，企业与媒体舆论普遍叫好。

以两个重大实质性利好的文件形式，宣告两省一市工商突围传统体制的全面结盟，无疑释放出一个强烈信号：改革已进入重大突破阶段。

《公司股权出资登记试行办法》是上海工商管理部门为帮助企业应对土地、劳动力等商务成本日益上升的压力，经过前期调研、浦东试点和全市推广，积极出台的制度创新。如今这一新型出资方式的适用范围通过三地工商区域联动机制，扩大到了整个长三角地区，为营造区域统一的市场准入环境夯实了基础。长三角企业享受到了实实在在的统一优质服务。

与常见的货币出资方式不同，股权出资是指投资人以其所持有的公司股权作为出资，投资于其他公司的行为。股权出资之所以具有重要的政策创新价值和现实操作意义，首先是因为，允许股权出资符合法治发展的大方向和总趋势，为实现长三角地区企业多元化投资填补了操作环节上的空白。其次，允许股权出资可以大大降低企业战略重组的成本，有利于推动长三角地区企业做大做强。第三，有利于促进资本市场的发展，提升长三角地区的综合实力。作为一种全新的非货币出资方式，允许股权出资可以使资本在市场中更加自由地流转，从而提高资本的运行效率，促使资本创造更多的社会财富。

对此，企业的感受最为直观和真切。上海光明食品集团的负责人在获悉这一消息后，高兴地向来访记者表示，工商行政管理部门的新举措将大大降低企业的商务成本，缓解企业现金流紧张的压力。他向记者算了一笔账，光明食品集团正在筹划对旗下的一家控股公司进行股权整合和资产重组，如果按照以前的做法，需花费很高的资金成本和商务成本，按照新办法估算，仅交易费用就能省下200多万元。

另一个制度创新的重要文件《苏浙沪三省市外商投资企业登记注册合作交流六项措施》，旨在构建长三角地区高效便捷的外商投资企业登记注册流程。

首先，这个文件突破了行政区划的限制，有利于营造长三角地区统一规范的市场准入环境。实践中企业经常碰到，在一个城市获准登记的事项，到了其他城市就可能不予批准。按照新文件的精神，今后凡是来长三角地区投资的企业，都将在登记注册条件、时限、方式等方面享受一视同仁的待遇。

其次，新文件实现了登记注册文件的互认共享，有利于推动长三角地区企业投资的畅通无阻。文件明确规定，已经在长三角地区任一城市登记设立的外商投资企业，如需在其他城市再投资的，可以享受身份证明资料等相关登记注册文件的互认共享，从而免去了外方投资者再履行从领馆办理公证到完成认证手续的重复程序。无论是对企业降低商务成本，还是鼓励企业再投资都将起到积极的作用。

第三，该文件更加注重对各类信息的互享互通，为长三角地区更好地开展错位竞争，实现联动发展提供了科学的决策依据。按照文件规定，建立了长三角地区外商投资企业信息数据的定期交换制度。通过对这些企业的行业分布、发展趋势、经营状况等信息数据进行动态分析，将为整个长三角地区的企业理性投资、产业合理布局以及政府宏观决策提供更为科学的依据，同时也将有利于加快长三角地区社会诚信体系的建设。

两项政策的出台，强化了两省一市工商管理一体化合作联动网络的建设运行。截至2008年6月底，上海市已有22家公司以股权出资方式进行登记，注册资本总额达211.94亿元，其中股权出资为52.50亿元。截至2008年3月底，江苏省也有11家公司以股权出资方式进行登记，其中股权出资额达6.41亿元；浙江省有2家公司实现了股权出资方式登记，其中股权出资额高达69.15亿元。

放大效应：促进区域经济协调发展

2008年9月，上海工商会同苏浙两地工商部门在江苏南通联合召开“促进长江三角洲联动发展第二次会议”，进一步贯彻落实党的十七大关于区域协调发展的重要精神，共同签署《公平交易执法协作协议》、《商标监管合作协议》、《合同监管合作协议》，携手促进长三角地区科学发展、和谐发展、率先发展、一体化发展。

《公平交易执法协作协议》更多强调的是长三角地区执法信息资源的共享和合作交流协作机制的建立。重点围绕反不正当竞争执法、反垄断执法、打击传销和规范直销等其它跨区域重大案件，以数据交换、案件受理、协同调查、执法支援、委托调查、联合执法等形式建立相关的协作机制，并适时组织双边或多边打击传销联合执法行动，实现交界地区联防联治。同时对在三地均具有市场支配地位的垄断企业，将采用统一部署、协同调查、证据共享、处罚一致等措施予以依法处理。

《商标监管合作协议》则进一步强化了跨区域驰(著)名商标的保护措施。对经国家行政机关认定的三省市驰名商标名单输入各自的企业名称查询系统，作为企业名称核准的参考内容之一，并建立重点驰、(著)名商标保护名录，由三地工商重点保护。目前名录中共收录长三角地区驰名商标276件，著名商标4001件。

《合同监管合作协议》致力于提升三地工商部门合同监管的综合实力。在三地实施工作信息交流和监管工作联动制度，并将在长三角地区推广普及合同示范文本，建立统一的合同示范文本数据库，对三地制定的合同示范文本实行资源互补、集成和共享，同时还将根据监管实际，统一制订、发布和推广重要的合同示范文本。

走过了风风雨雨的10年，上海工商部门与长三角地区工商部门始终携手合作，一步一个脚印创新奋进，逐步搭建起了跨省市区域协作网络，形成了协作配合的统一格局。上海工商将充分运用并拓展这个资源共享的大平台，努力建成统一、开放、有序的大市场格局和公平竞争市场秩序。

（上海市工商行政管理局　执笔：张玉松、韩晓珺）

携手打造长三角质量技监大平台

——上海质量技监局会同苏浙互认合作开新局

繁华富饶的长江三角洲地区。经济运行眼花缭乱，孜孜不息。这里，流转着成千上万的物流、技术流；这里，涌动着无数的生产与消费商品流。

质量技术监督，就是产业的推动者，就是市场的火眼金睛，就是大众消费安全和经济权益的守护神。

而今，正值长三角区域经济一体化发展的重要关头。为了促进异地大投资，加快市场大流通，降低企业生产成本，上海市质量技术监督局会同苏浙两省质量技监部门，勇于突破行政区划，深入推进一体化合作，共同打造长三角地区统一、开放、规范、有序、竞争的质量大市场。

回溯 2003 年 8 月，苏浙沪两省一市签署《长三角质量技术监督合作互认宣言》，首开先河。5 年来，三地质量技监系统积极进行探索实践，有效开展合作互认，取得了令人瞩目的阶段性成果。

建立了准入互认监督新机制

5 年来，长三角质量技监系统相继建立了统一、开放的质量技术监督市场准入互认制度和网络，最大限度地避免了重复检查，减轻了企业的负担。

一是三地省级名牌产品实行了互认。凡是有效期内的省级名牌产品都享有免于监督检查的国民待遇。据统计，三地先后有 2000 多项、价值上万亿元的省级名牌产品实现了互认，得以畅行三地、无障碍流动。

二是三地质量合格评定结果实行了互认。三地先后印发了质量监督、稽查工作合作纪要，并制订了计量器具形式批准或样机试验合格证书互认、以及定量包装商品生产企业“C”标志评价工作互认等管理办法，省级产品质量检验报告、特种设备检验报告和计量器具样机试验结果报告等相继实行了互认，取得定量包装 C 标志的产品则免于监督检查，从而减少了行政审批环节，降低了企业商务成本，方便了企业异地投资。

三是建立起长三角一体化的食品、农产品质量安全互认体系。三地制订了一体化的农产品标识管理规定，签署了长三角食用农产品标准化互认（合作）协议，向社会公布了两省一市1000多项现行农业地方标准目录。所有无公害、绿色农副产品的标准、标识、检测和监管都实行了互认，并通过网络等多种方式开设了农产品选购消费信息专栏，确保消费者吃得放心。

目前两省一市范围内，不仅通行依照国家有关法律、法规、规章认定的有机食品、绿色食品和无公害农产品标志的农产品，而且通行了上海市实施“安全卫生优质认证标志”的农产品。这些农产品已在苏、浙两省的市场准入与监督管理中得到认同，获得了相应食用农产品同等待遇，销售渠道畅通无阻。

构筑了技术标准一体化新体系

长三角质量技监系统初步构筑了技术标准一体化新体系，增强了区域总体技术竞争力。

一是加强了对技术性贸易壁垒研究的合作，三地共同制订了重点产业、重点产品所涉及的先进标准目录并共同组织实施。

二是部分技术性法规、技术标准与合格评定程序获得互认，在消除贸易技术障碍方面取得了突破。

三是初步建立了省际间现代物流标准化体系，为新型产业、新的经济增长点提供服务。以大型超市、配送中心、现代工业园区等为重点，共同推进物流设施领域重点国家标准的实施，着力构筑与国际接轨的长三角现代供应链。

四是制订并发布了首份统一的旅游服务标准《旅游景区（点）道路交通指引标志设置规范》，从 2008 年 1 月 1 日起已统一实施。这是长三角地区第一项跨部门、跨地区的区域旅游标准化合作成果。该标准由苏浙沪两省一市质量技监、旅游、公安、道路交通等部门共同提出，共同研究，共同制订，共同审定，并分别发布。标准的出台对于构筑长三角地区无障碍旅游区，提升区域整体旅游形象，完善旅游服务功能，培育区域旅游市场，推进长三角旅游标准一体化建设具有重要意义和示范效应。

搭建了质量技监联手打假新平台

长三角质量技监系统初步搭建了联手打假工作新平台，联合执法打假，净化市场环境。

一是整合打假力量，形成打假治劣的联防机制，联手围剿制假窝点，统一协调解决了一些跨地区的案件和区域性问题，有效地保护了名优产品及其生产企业的合法权益。

据不完全统计，仅 2004 年上半年，三地就通过协作网查获了货值总金额达 2000 多万元的假冒伪劣产品；质量技监稽查部门共出动 300 多人次，为 50 余家企业赴异地打假，受到了企业和消费者的好评。

二是接通 12365 群众投诉举报网络，实现异地投诉、异地解决和跨省维权，并建立了案件转办、移交的快速通道，进行联合办案。

据统计，2004 年以来，上海市 12365 投诉举报中心共为苏浙两省各市的消费者和企业解决异地投诉 100 余起，约占异地投诉处理总额的 40%，投诉的种类涉及家用电器、手机、电动自行车、相机等众多消费领域，挽回直接经济损失 100 余万元。

打开了技术机构合作新途径

长三角质量技监系统努力打造统一、开放的技术服务市场，提升了技术机构参与竞争、服务社会的能力，开辟了长三角技术机构合作交流新途径。

一是产品检测、计量校准、标准服务等技术机构实现资源共享、信息互通、数据互认。

二是技术机构之间有针对性地开展能力比对试验。以上海市纤维检验所为例，2007年该所会同浙江、江苏等地9家纤维检验机构共同举行了以pH值、甲醛含量、禁用偶氮染料等安全指标为主的6个检测项目的技术比对，比较准确地评估了各地检测水平；对质量评判和执法打假也有了相对统一的技术标准，促成了长三角地区质量检验机构纤维及其制品检验报告互认制度，为生产销售企业正常运作开辟了绿色通道。

形成了信息人才互通新渠道

长三角质量技监系统相继建立了信息和人才资源共享、互通网络，初步形成了长三角质量信息和人才互通新渠道。

一是充分利用已建立的企业质量档案，构建两省一市质量诚信数据库，尤其是食品和工业产品许可证管理产品，为企业合法生产、自由进入市场竞争、打假维权和异地联络提供了快捷、便利的服务；也为应对突发性事件发挥了预警基础作用。

二是建立了产品质量监督检查结果通报和后处理协查制度，对不合格产品及生产企业实行互相通报，结果互认和移送处理等，使从源头抓质量落到了实处。

据统计：2008年1月以来，三地质量技监局彼此间反馈移送了180余件次不合格产品处理单，并对带有区域性特点、涉及人体健康和人身安全的产品，联合开展专项整治和异地协查。

三是三地整合标准信息资源，实现标准信息的互补、共享。据统计，仅上海为苏、浙两省有关标准化研究机构代理采购国外标准文献就有120多万元，提供英国BS标准、美国药典和台湾标准2万余件，平均每月更新国家、行业标准信息200余条。

苏浙沪两省一市共同建设“长三角标准化服务合作网站”，2005年6月正式开通。登录这一公共网站，即可获取整个长三角地区125万条标准文献信息。截至2008年8月，逾43万用户访问了该网站，其中，“特色地方标准介绍”、“长三角标准化动态”等栏目受到用户特别好评。

四是及时交流技术性贸易壁垒信息，为提高区域竞争力提供有力技术支撑。上海正建立健全欧盟、北美、日韩等国产品相关技术法规、标准等数据库，推出了国内外标准文献库，为包括苏浙地区在内的15000余家单位提供了标准信息服务。

五是建立了长三角质量专家信息库、质量工程师数据库、计量认证评审员数据库，实现了质量人力资源的共享和互通。

六是初步实行了省级质量审查认可、质量评审、计量认证、设备监理等质量技术人员和特种设备作业人员的资质互认，建立了长三角地区质量检验机构、认证认可评审员及有关技术专家的资质互认体系，构筑统一开放的合格评定技术服务市场，推进资源共享、数据互认。

（上海市质量技术监督局　执笔：徐毓敏）

建设世界一流旅游目的地

——长三角旅游一体化进程加速

2008年10月，正在举行的上海旅游节，一辆辆各展异彩的花车浩浩荡荡开出上海，进入苏州、湖州大巡游，让更多的人共享盛大的大众节日活动。这是上海旅游节经典项目首次走出上海，驶入长三角其他地区，不仅意味着上海旅游节与苏浙旅游节庆活动协同发展的号角正式吹响，也表明长三角正在紧锣密鼓加快整合资源，打造世界一流的旅游目的地体系。

从1992年首倡"苏浙沪旅游年"，到2003年提出首建无障碍跨省市旅游区，再到正在进行的一体化体系建设，长三角旅游合作一步步走上了发展的快车道，成为中国区域旅游合作的典范。

如今，走进长三角任意一个旅游咨询点，游客看到的绝不仅仅是当地的旅游介绍，不论是上海、江苏还是浙江，一个个景点琳琅满目，串珠成链。晨至上海，晚到杭州，次日饱览苏州园林风光，对于游长三角的旅客来讲，如今已经没有什么跨越省界、市界的概念了，"同游苏浙沪"成为三地旅游营销的统一品牌。

长三角旅游合作进入关键阶段

长三角旅游合作发展是随着"长三角经济合作圈"的建设进程而展开的。对于长三角旅游系统来说，其重要标志是2003年成立的"长三角旅游城市合作组织"和2007年苏浙沪三地签署的《关于全面推进长三角地区旅游合作的若干意见》。2007年正式形成了联席会议工作机制，确定了一体化的合作发展目标。在此前后，长三角一体化旅游目的地资源信息交流平台的建设已初见成效；长三角地区第一个区域标准《旅游景区（点）道路交通指引标志设置规范》正式发布实施；旅游质量监督、投诉体系一体化进程开始启动……

2008年发布的《国务院关于进一步推进长江三角洲地区改革开放和经济社会发展的指导意见》，首次从国家战略高度提出，长三角两省一市要进一步拓展市场、整合资源，建设世界一流水平的旅游目的地体系。

回顾长三角旅游业合作整个发展进程，大致可分三个阶段：

一是自发合作阶段：形式松散　内容单一

"上有天堂，下有苏杭"。长三角地区山清水秀、风光绮丽；古迹胜景，比比皆是。加上经济发达，交通便捷，新景迭出，旅游资源极为丰富。然而，直至七八十年代，省市旅游业仍然各自为政，即便有所合作，也是处于自发状态，表现为某个地区、某一项目在空间区位优势推动下，利用资源互补性而展开，形式内容单一化；因受各自利益驱使，合作中往往有所保留，浅尝辄止。同时，由于省市间区位时空优势差异较大，这种合作主要发生在近邻空间。其主要特点是，合作范围小、领域狭窄、内容单一、形式松散。

二是行业推动阶段：领域打开　层次升级

进入90年代，随着旅游市场不断扩大，小打小闹已不能满足游客需求，单一化合作出现突破之势。1992年苏浙沪二省一市联合推出“苏浙沪旅游年”新概念，打造全国第一个区域性旅游产品，拉开了长三角旅游全面合作的序幕。在市场推动下，长三角旅游合作框架逐渐明朗，合作范围扩大，层次不断升级，领域步步拓宽，内容和途径也趋向多样化。其主要特点是，以旅游服务为主要内容，以企业为主体的行业合作。

三是政府主导阶段：主体多元　产业扩容

2003年是长三角旅游合作取得重大进展的一年。在苏浙沪政府推动下，长江三角洲15个城市及安徽黄山市签署了《长江三角洲旅游城市合作杭州宣言》，宣布成立“长三角旅游城市合作组织”，明确提出，要取消旅游壁垒与进入障碍，建成中国首个无障碍跨省市旅游区，这就表明，长三角旅游合作已不仅是旅游行业的合作，而是包括与旅游业相关的众多行业之间的合作，合作主体包括企业、民间组织、政府，呈现多元化态势。

此后，旅游合作组织会议每年都举行一次，主要研究协调发展中出现的新情况、新问题。在交流、沟通与整合的过程中，政府的地位和作用不断凸现。至2007年，全面推进长三角地区旅游合作《若干意见》推出，正式形成了联席会议工作机制，2008年国务院《指导意见》中又提出了建设世界一流水平的旅游目的地体系目标。作为落实措施，一系列的基础设施建设项目和管理规范正在相继推出。

这一阶段合作的特点是在政府主导下的多元主体参与、产业延伸融合、协调机制不断完善的全方位合作。

旅游一体化：长三角区域经济开路先锋

综观长三角区域经济联动发展大背景下的旅游合作，目前充当了开路先锋的角色，正在政府、产业和企业三个层面全面展开。其表现为：

政府部门合作细分三层次

政府部门之间的合作协调机制主要包括三个层次：首先是沪苏浙经济合作与发展座谈会，“区域旅游合作”被列为八大重点合作专题之一；其次是长江三角洲城市经济协调会，旅游业合作为其六大专题合作之一；再是沪苏浙旅游联席会议，每三个月召开一次，每次均解决两至三件实事。

目前长三角政府部门间已经和正在落实的旅游合作措施主要有：一是促进长三角旅游交通的畅通，完善景区交通指示系统，实现城市间客流的便捷流动。二是建设长三角旅游人才柔性流动机制，打造旅游人才流动平台，实现旅游人才资源共享。三是完善长三角旅游标准化建设，包括建设区域统一的旅游设施标准、旅游饭店服务标准和旅游政策法规标准等，力求从制度上为区域旅游一体化提供有效保障。

旅游产品联合开发新线新活动迭出

目前长三角旅游产品的联合开发，重点是打造符合区域市场新要求的旅游线路。除了传统的沪、苏、锡、杭游线，现已联手推出各种新的主题线路，如上海—杭州—黄山的“名城名湖名山”游、上海—杭州—苏州的“新天堂之旅”；同时，根据客流特点推出的温州进、上海出，和宁波进、上海出的沿海游线，并将浙江的绍兴、台州也融入到这条线路之中；还开辟了无锡—上海—杭州—金华—衢州—三清山和无锡—上海—杭州—温州—雁荡山两条汽车旅游线路。

长三角旅游业积极推进建立联合促销机制，每年都开展一系列大型宣传推介活动。如2003年联手向海内外推出“苏浙沪旅游年”活动统一标识；2004年成立“苏浙沪旅游市场促进会”，建立了定期举行市场开发例会制度；2005年联手亮相中国国际旅游交易会、国内旅游交易会，打出长三角旅游品牌；建立长三角旅游广播网，播出各地旅游信息；联手制作外文宣传光碟，出版苏浙沪完全旅游手册和旅游交通地图，编制重点节庆活动的年历；共同组织境内外媒体对三地旅游景区进行考察采访；联合参加国际大型旅游展会和旅游促销推介会等。

旅游企业合作深化服务实现对接

长三角旅游企业积极开展各种合作，主要表现为大型旅行社和酒店集团的跨区布点与并购，以及旅游集散中心的跨区推广与合作。

苏浙沪旅游部门积极鼓励有实力的旅行社进入上海、江苏和浙江市场开设分支机构和新办旅行社。目前，上海锦江国旅、上海春秋国旅已在杭州和温州开设分社，上海锦江集团已在浙江参与部分酒店的管理；江苏部分高星级酒店的管理人才，也已输入浙江等地；浙江省的开元旅业集团、浙江饭店管理公司等实力雄厚的旅游企业分别在上海松江和江苏南京、镇江、徐州等地广泛进行收购活动。

与传统旅行社做法不同，“上海旅游集散中心”以散客为主要服务市场，以建立不同地区旅游个体的合作平台为经营方针，显示出了很强的生命力，取得了巨大的成功。目前，南京、杭州、苏州等地也都已成立游客集散中心，并实现了各中心间远程网络售票系统端口的连接，在售本地旅游套票的同时，适时销售其他城市的套票，为自助游提供了便利。

上海：当好三大角色发挥辐射带动作用

国内外区域旅游合作的实践表明，求同存异、平等互利、合作共赢是其成功的基本原则；健全的组织机构及法规体系是重要保障；核心城市带动下的不均衡发展以及先易后难、循序渐进等方式也都是成功的经验。上海作为长三角旅游合作的首位城市和增长极，一直走在区域合作发展前列，担当着践行者、探索者和服务者的角色。在新的历史阶段，上海旅游业将进一步发挥其辐射和带动作用，在提高上海旅游产业能级和促进著名旅游城市建设的同时，更好地对接长三角、服务长三角，为把长三角旅游区建设成为世界一流的旅游目的地体系做出应有的贡献。

为此，上海旅游业将不断转变合作观念，树立新的服务意识；健全合作主体，特别是培育产业合作主体和中间组织；转换合作主导机制，发挥旅游标准示范和品牌带动作用；增加合作接口，做好区域旅游统筹规划并抓住世博搭建深化合作的载体和平台，强化"国际旅游板块"整体形象，促进长三角旅游产业融合与会展联盟。长三角旅游业的明天将更加辉煌。

（上海市旅游局　执笔：王婷）

长三角共享信息化大餐

长三角正在变小。现在生活在长三角，就好像生活在同一个城市里一样。这一切不仅是因为交通设施的极大改善，而且也源于现代信息技术的突飞猛进。

上个世纪90年代以来，上海加快了城市信息化发展步伐，不断突破信息化瓶颈，大力推进信息化应用项目，城市信息化主要方面处于全国领先水平。进入新世纪后，上海主动推进区域信息化合作与交流，与长三角城市共享信息化成果。

编制首个区域专业合作规划

2003年，长三角区域信息化合作拉开了序幕。上海市信息化委员会、江苏省信息产业厅和浙江省信息产业厅的领导相聚一堂，正式建立了长三角信息化合作座谈会协商机制。其宗旨是：针对三省市信息化和信息产业的重大专题和热点、难点问题，加强沟通协调，开展专项工作调研，积极引导和促进长三角地区各级政府部门、各类行业协会、各种大型信息化应用系统开展合作，营造资源共享、优势互补、互惠共赢的信息化协同发展环境，提升长三角整体参与全球信息化竞争的能力。

长三角信息化合作座谈会协商机制的建立，密切了苏浙沪三地信息化部门的关系，打开了区域信息化合作的大门。为确保协商机制从联谊议事向务实推进，2005年3月，三地主管部门正式启动《长三角区域信息化"十一五"合作规划》联合编制工作，该项工作由上海市信息化委员会牵头组织实施。经过一年多的资料收集、专题调研、论证分析，形成了规划初稿，通过召开专家论证会和广泛征求意见，完成了对草稿的修改与审定。2006年11月，苏浙沪三方联合发布了《长三角区域信息化"十一五"合作规划》，明确了信息化合作的方向、目标、重点和保障措施，成为迄今国内首个省市级共同编制的专业合作规划。

编制规划的主题是推进区域信息化合作，目的是促进区域信息化发展，提升长三角区域信息化整体水平，为长三角区域经济社会率先发展服务。规划突出了合作的现实性、操作性与成效性，强调立足于国内外信息化发展方向、立足于长三角信息化发展态势、立足于上海及其他15个城市的信息化水平与各自优势特色。

大力推进相关领域信息一体化

近年来，大量跨国公司和各类企业进驻长三角，对区域内物流系统运作效率提出了更高的要求，实现长三角物流信息一体化的愿望日益强烈。

2004年底，在上海市政府合作交流办公室协调支持下，上海市信息化委员会启动了长三角物流信息一体化调研，由政府部门、科研院所和大型企业专家组成工作小组，形成城市间工作联络机制。

2005年初，长三角各城市物流信息一体化主管部门负责人共聚上海，交流推进物流信息一体化工作情况与合作设想，研究确定长三角物流信息一体化推进方案。5月，长三角物流信息一体化国际论坛在上海举行。国内外专家学者、政府官员就长三角区域物流信息一体化工作的现状、国外成功经验案例以及长三角地区开展合作的前景和模式等进行了广泛的研讨交流。长三角地区物流信息一体化合作推进组各成员城市参加了论坛。8月，长三角物流信息一体化调研逐步深入，范围涵盖海关、检验检疫、海事等政府部门和制造、物流、理货、进出口加工、港务公司、码头等企业单位。2006年1月，完成长三角物流信息一体化调研报告，为推进区域物流信息一体化提供了依据。

在加强调研的同时，启动了区域物流信息一体化合作试点。2005年5月，上海亿通国际股份有限公司与江苏南通港口集团签订了共同推进南通港航EDI系统建设协议。10月，两地港航EDI系统正式联网开通。此外，以企业物流信息系统和行业管理信息系统为基础的物流公共信息平台在长三角城市相继建成，为区域物流信息一体化打下了扎实基础。

长三角信息化应用项目也在相继推进。2003年7月，上海、无锡为方便两地市民异地提取养老金和就医结算，本着平等互利、优势互补、共同发展的原则，签署了《关于实现上海与无锡两地"社会保障卡"互通互用的合作框架协议》。双方约定，在无锡建设"社会保障一卡通工程"期间，上海在总体设计、项目实施、社保卡申领与制作等方面，提供建设经验、技术成果和服务资源。双方以实现社会保险有关业务相互合作为目标，共同争取国家在资源共享、信息交换、业务模式、安全管理等方面对两地社会保障卡互通互用合作项目给予政策与技术支持。在此基础上，双方以合作为契机，共同带动相关产业发展，进一步加强沪、锡两地信息化领域的相互交流。2006年，双方合作一期项目顺利通过验收。无锡市社保卡发卡量已达100多万张。2007年，根据劳动和社会保障部"关于开展金保工程异地业务系统建设试点"的通知精神，上海、江苏、浙江、新疆生产建设兵团开展了试点工作，上海与无锡社保卡二期合作项目正式启动。

共同打造区域信用信息平台

2003年12月，"第三次苏浙沪经济合作与发展座谈会"所属的信息资源共享专题组在上海召开会议。上海市发改委、上海市信息委、江苏省发改委、浙江省发改委，以及有关部门和专家，围绕三省市社会诚信系统建设进行了专题座谈，各自交流了社会信用体系建设情况，研究探讨了信用体系建设合作。

2004年5月17日，长三角16城市市长或代表在浙江湖州共同发表了《共建信用长三角宣言》，明确表达了政府携手打造诚信区域的决心。2004年7月14日，上海、江苏、浙江三方政府共同签署了《江苏省、浙江省、上海市信用体系建设合作备忘录》，决定在各自信用体系建设的基础上，探索建立区域信用体系建设合作机制和信用信息共享模式。按照合作备忘录的约定，2005年3月，苏浙沪两省一市政府信用管理部门在宁波共同拟定《苏浙沪信用体系建设区域合作推进方案》。方案明确了长三角区域信用体系建设的工作机构和协调机制，确定了长三角区域信用体系合作的主要内容，即实现长三角地区企业信用信息异地查询，最大限度实现区域信用信息的互联互通，形成一处守信、处处得益，一处失信、处处制约的区域联动机制，共同打造"信用长三角"。

此外，方案还明确提出要在长三角地区内开展信用管理培训和资格认证，共同编制信用管理培训教材，协商确定具备条件的高等院校开设信用管理专业课程，对信用管理师资和企业信用管理岗位进行重点培训，逐步实现长三角地区信用管理专业人才资格互认和人才自由流动。为避免和消除政策法规上的障碍，三方表示要在信用体系建设方面加强合作交流，在长三角地区共同营造一个趋同的政策法规环境，协同制定一系列趋同的地方性政策法规，共同建立信用服务机构的监管制度，进一步促进和规范长三角地区信用服务市场的发展。与此同时，方案还明确了统一两省一市信用信息标准的时间表；各自组建信用行业协会和组建区域信用专家库等事项。长三角诚信体系建设从"湖州宣言"的理念倡导，到"上海备忘录"的方向确定，再到"宁波方案"的具体落实，长三角信用体系一体化的路线图逐渐明确。在此后的几年中，信用长三角的工作扎实稳步推进。2006年6月30日，在上海举办的"信用长三角高层研讨会"上，苏浙沪三省市领导共同点击开通了"信用长三角"信息共享平台，实现了三省市部分企业信用信息的联网共享查询。

共同促进区域信息产业发展

上海在国家有关政策的引导下，抓住全球IT产业分工调整的机遇，大力推动以芯片制造为龙头的集成电路产业发展，逐步形成了涵盖设计、制造、封装、测试和配套服务等环节较为完整的产品链。

为了使长三角地区集成电路产业实现优势互补、联动协作、相互支持，形成研发、生产和服务为一体的产业集群，上海市集成电路行业协会主动与江苏、浙江半导体行业协会联络，建立了集成电路行业联谊会轮值机制，每年举办几次活动。利用SEMICON CHINA、IC CHINA等国际著名会展，促进区域内企业的合作交流。2008年5月，上海市集成电路行业协会与江苏、浙江两省半导体行业协会在上海共同召开"长三角半导体(IC)产业区域合作圆桌论坛"，交流了产业区域合作案例，探讨了东部继续率先发展和提高国际竞争力方面的问题，交流了区域合作中对政府、企业、学院、园区、协会角色定位的看法，商讨了区域合作意向书和近期联合开展合作的内容和方向。

从"十五"开始，上海软件产业得到了长足的发展，产业规模不断扩大，技术水平显著提高，产品结构进一步优化，涌现了一批软件龙头企业。为促进长三角软件产业合作发展，提高区域软件业的国际竞争力，在上海市信息委、上海市外经贸委的大力支持下，上海市软件行业协会联合华东地区和长三角各城市的协会和相关组织，共同成立了“华东—长三角软件外包合作联盟”，并在“2005年上海软件外包国际峰会”上揭牌。联盟成立后，注重发挥华东—长三角地区内软件企业的各自优势，促进企业间的资源共享；加大华东—长三角地区软件产业和软件企业的合作力度，提高区域内软件企业的国内外知名度；通过互补与合作朝着打造一个科学、合理、可持续发展的软件产业链努力。在联盟的带动下，长三角软件行业协会之间、软件产业基地之间、软件企业之间的合作不断增强，区域内企业开始成长、成熟，长三角地区在国际软件外包市场的整体形象逐步提升，软件外包的区域优势已经显现。

长三角区域信息化合作将有力支持区域社会经济的率先协调发展，双方的互馈效应将进一步显现。在未来可以预见的时间里，区域信息基础设施的投资与合作力度将得到强化，城市间信息服务水平差距将逐步缩小；长三角信息产业将形成研发、生产和服务为一体的产业集群；更多的信息技术将得到普遍推广，覆盖长三角经济、社会等领域的信息资源开发、利用和共享程度明显提高；一个不断优化、更加和谐的信息化发展环境正在形成。

（上海市信息化委员会　执笔：姜宁）

上海合作交流系统“两外”单位党建工作探索与创新

2008年9月16日至19日，沿海八省市合作交流党建工作研讨会在深圳举行，会议按照党的十七大“以改革创新精神全面推进党的建设新的伟大工程”的要求，以合作交流“两外”单位党建为主题，总结经验，研讨规律。沿海省市合作交流党建工作研讨会是上海市合作交流工作党委（以下简称市合作交流工作党委）会同市委组织部，于2006年联合海南、广州、深圳、厦门等省市发起的，至今已成功举办三届。研讨会形成的一批成果，为沿海省市推进合作交流“两外”单位党建工作发挥了积极的作用。

所谓“两外”单位，是指外派单位和外驻单位，也就是派出地和派驻地不是同一地的单位。就上海合作交流系统而言，“两外”单位是指上海派驻外地的政府办事机构、企事业单位和中央、各省市、自治区在上海的政府办事机构、企事业单位。

“两外”单位是改革开放的产物。随着市场经济体制的逐步建立，跨地区合作不断拓展，上海“走出去”到全国各地的单位不断增加，全国各地来上海的单位也日益增多，这些单位都远离其派出机构，党建工作面临着许多新情况、新问题。为此，市合作交流工作党委从调研入手，勇于创新，大胆实践，截至2008年，上海以市政府驻外办事处为依托共建立上海在外单位党委11个，覆盖各地有代表性的企事业单位130余家，党员近2000人；同时，对归口管理的41个省区市和副省级城市的驻沪办事机构和18个中央部属企业单位的党组织（党委43个、党总支32个、党支部364个）、近4300名党员加强了组织、制度方面的建设，党的组织覆盖面和工作覆盖面不断扩大。在完善组织体系、健全运作机制、改进工作方式、提高服务水平等方面，逐步探索出了一套加强“两外”单位党建工作的做法，并取得了一定的成效。

深入调研明确思路对策

市合作交流工作党委2003年8月组建以来，以高度的政治责任感和改革创新的精神，按照中央和市委有关要求，深入调查研究，摸清“两外”单位特点，进行党建工作体制机制和有效管理方法的探索。从市合作交流系统联系和指导的“两外”单位看：各地在沪设立的960多家政府办事机构，除41家副省级以上政府驻沪办事机构党组织挂靠在市合作交流工作党委以外，其余地市级政府驻沪办事机构的党组织分别挂靠在省政府驻沪办事处设立的党组织，县级以下政府办事机构一般挂靠在上海区县相关部门。中央在沪单位有18家挂靠在市合作交流工作党委，其余挂靠在市其它8个委办。外省市在沪投资企业(注册资金100万元以上)51000多户，党建工作还存在不少盲点。上海到各地的投资企业(注册资金100万元以上)8000多户，只有三个地区(海南、深圳、厦门)建立了驻外企事业单位党委，其它众多企业党的工作也存在一定程度的空白点。经对调研情况进行分析，"两外"单位党建工作主要面临以下问题：

管理对象情况复杂。既有政府派出办事机构又有企事业单位，既有国有企业又有民营企业与合资企业，既有大企业又有中小企业。这种多元化的组织属性对统计党员数量以及核实党员身份带来了较大的难度，部分单位存在着为数不少的"隐形党员"和"口袋党员"。如：有的党员因所在企业破产、转制等而失去归属，有的党员因新工作单位没有建立党组织或由于转组织关系难而没有归属，有的党员因所在单位不具备单独建立党组织条件而自己又未能寻找到挂靠单位而失去归属。

管理体制不太适应。"两外"单位党组织一般是隶属派出地党组织，横向挂靠派驻地党组织，由于流入地党组织与"两外"单位之间无资产关系、无人事关系、无行政隶属关系，不拥有对这些单位的"人、财、物"的决策权和支配权，派驻地党组织对"两外"单位党组织及其党员往往缺乏硬约束，一些单位党组织的日常工作随意性比较大、工作开展不经常、落实质量不够高。"两外"单位党组织的管理又无明确政策规定，加上双重管理体制的职责和内容界定不清晰，造成管理上很难把握。

管理主体趋向弱化。有的民营企业或外资企业对党建工作不理解，不赞成在单位建立党组织，这些单位的党员往往处于没有管理主体的状态。有的企业担心党员组织活动占用过多时间会妨碍企业管理和影响生产经营，以各种理由进行限制，党组织生活很不正常。有的"两外"单位因规模小、党员数量少，建立党组织有难度，或者即便建立了党组织，因为各种原因党员频频跳槽，流动性大，未转接组织关系的现象时有发生，党组织往往形同虚设，很难巩固发展。

管理缺乏有效手段。对"两外"单位的党员参加正常组织活动缺少有效制约，出现流出地党组织管不到，流入地党组织不好管的"两不管"现象。有些党员长期游离于党组织管理之外，党性观念渐渐淡化。"两外"单位党组织极少配备专职党务干部，发展党员应进行的培养、教育、考察等工作难以进行，致使新党员发展工作处于停滞状态。有的党员异地工作而不能按时缴纳党费，党组织很难落实相关的制约措施。

教育缺乏针对性。教育理念落后，内容单一，方式呆板，走过场较多，流于形式，收效甚微。

党建可用资源有限。"两外"单位党组织活动经费缺乏有效保障，失去了党组织管理体系支撑和有力的行政依托，成为制约"两外"单位党建的瓶颈问题。

由此带来市合作交流系统党建工作"三难"：一是"两外"单位性质成分、工作基础、人员结构参差不齐，造成党建工作全面推进难；二是"两外"单位派出地和派驻地在工作安排和工作要求上都不尽一致，造成党建工作内容统一难；三是"两外"单位大多数党务工作者身兼多职，难以集中精力抓党建，造成党建工作成效提高难。

随着上海与全国各地的合作交流进一步深化，随着走出去、引进来的"两外"单位不断发展壮大，迫切需要我们推进组织覆盖和工作覆盖，使更多“两外”单位的党员都能纳入到党的组织体系中来，使之成为巩固党的执政基础、推进和谐社会建设的重要力量。

针对“两外”单位党建工作的这些问题、特点与难点，市合作交流工作党委坚持“跳出党建看党建，开拓创新抓党建”的方针，在深入调查的基础上，于 2005 年形成了《把握“两外”单位特点，扩大工作覆盖面，构建合作交流党建工作新格局》的调研报告，明确提出加强“两外”单位党建工作的基本思路和对策，主要是：坚持党建工作属地化管理、分级分类归口管理的原则，在现有市区两级管理的格局下，依托市政府驻外办事机构和各地省级政府驻沪办事机构，整合有关资源，健全党建管理组织体系，完善管理机制，创新管理办法，形成市内外结合、条块结合、上下贯通的“两外”单位党建工作指导管理体系，逐步实现由依靠直接管人管物向主动提供指导服务转变，由单靠行政资源向利用多种资源转变，最大限度地推进党建工作全覆盖。坚持“基层需要、党员欢迎”的原则，积极开展党的工作，为“两外”单位党员提供能满足多方面需求、自主便利、多项选择的党组织活动空间。把“两外”单位党组织和党员联系指导好、管理服务好、凝聚发展好，做到有群众的地方就有党员，有党员的地方就有党的组织，有党的组织就有健全的组织生活和坚强的战斗力。

改革创新形成有效做法

市合作交流工作党委在分析研究的基础上，树立创新理念，充分发挥自身优势，整合资源，从组织、方法、机制等方面入手，敢于突破当前“两外”单位党建工作中的瓶颈问题，建立与市场经济体制相适应的新制度、新机制，在自身职权范围内付诸实施，逐步形成了一套有效的组织管理和工作体系。

在管理体制上，实行双重领导。针对“两外”党组织隶属派出地党组织，横向挂靠派驻地党组织的特性，对“两外”单位党组织实行双重领导体制。双重领导不是双方全面领导，而是派驻地上级党组织、派出地（单位）上级党组织根据职责权限，对“两外”单位党组织实行分工的领导。市合作交流工作党委对市政府驻外单位党组织的领导主要是：加强党组织领导班子建设，配备班子成员，换届时推荐人选，协助派驻地归口管理的上级党组织做好日常工作的管理和抓好党风廉政建设责任制贯彻落实。市合作交流工作党委对中央、各地驻沪办事机构党组织的领导主要是：加强对党组织建设的领导，做好日常工作的联系和指导，协助派出地（单位）上级党组织抓好党组织班子建设和党风廉政责任制的落实。同样，上海在外单位党组织和中央、各地驻沪单位党组织对挂靠企事业单位基层党组织也实行双重领导。

在管理机制上，实行分级管理。按照一级抓一级党建工作责任制要求，构建由“市合作交流工作党委——省级驻沪办事处（单位）和上海市政府驻外办事处（单位）党组织——基层党组织”三级党组织管理体系。市合作交流工作党委负责对省级驻沪办事处和上海市政府驻外办事处党组织工作的管理指导。在各省级政府驻沪办事处设立驻沪单位党组织，在上海市政府驻外办事处设立在外单位党委，分别为各地在沪地市级以下政府办事机构、企事业单位党组织和上海在驻地企事业单位党组织提供挂靠、提供服务、提供信息、提供平台，建立起了一个以各省区市驻沪办事机构、部分中央在沪企业和上海市政府驻外办事处为依托的党的组织体系，在接纳"两外"单位党组织和党员关系挂靠中发挥了重要作用。"两外"单位基层党组织根据党员人数和分布情况，建立相应的党组织形式，使"两外"单位中的党员都能有组织"落户"，参加组织生活，努力实现"两外"单位党员由无序到有序的管理。

在管理办法上，加强载体与制度建设。载体建设的重点是：拓展合作交流系统党员服务点的管理、教育和培训功能，充分利用各种党员教育资源加强思想政治建设；建立合作交流系统党建网站，运用现代信息化手段和网络技术加强对跨地区设立的"两外"单位党组织党员的管理、教育与服务，推动党建工作向深度和广度发展。如：上海驻琼企事业党委构建具有海南特点、时代特征的党建信息网络平台，服务驻琼企事业单位党员群众及各级各类组织，通过网络平台传递了党和政府的信息，拓展了党组织的活动形式、工作方式和管理模式，增强了党建工作的实时性、准确性和有效性，取得了一定的成效。同时，建立合作交流系统党组织和党员管理信息库，培养一支党建信息员队伍，对"两外"单位党员实行动态化管理等。制度建设的重点是：将"两外"单位党建工作探索实践中取得的经验提升为管理办法，2006 年研究制定了《上海市合作交流系统"两外"单位党组织管理办法(试行)》，确定了"两外"单位党组织双重领导体制和属地管理机制，对上海在外和外地驻沪单位党组织的建立与管理进行了规范，填补制度上的缺失。并逐步探索建立对"两外"单位党组织成员的工作考核制度，增强上级党组织的管理监督职能；建立合作交流系统党建工作调研制度，不断开拓新思路；建立合作交流系统党组织联席会议制度及负责人例会制度，加强工作联系和信息沟通；建立合作交流系统党员教育和培训制度，提高"两外"单位管理教育水平。

在管理资源上，注重依托和加强整合。利用工商、税务等行政资源优势，在外来企业登记、注册、经营过程中，明确其党组织的归口隶属关系，帮助开展党建工作，完善覆盖"两外"单位党建工作的网络；不断探索适合当前社会经济发展形势的基层组织设置方式，如：中央在沪建筑单位采用"支部建在工地上"、"党委建在项目上"的办法，切实抓好基层党组织建设，推进工程建设取得可喜的成效。如中国建筑总公司在上海环球金融中心项目设立党委，为按期高质量高标准完成由中国建筑单位首次独立总承包的"世界第一高楼"——上海环球金融中心工程的建设，统揽协调 100 多家施工企业，创下了世界摩天大厦施工史上多项"国内第一"的奇迹和新纪录，也为施工企业的党组织如何充分发挥政治核心作用、战斗堡垒作用和党员的先锋模范作用积累了不少新鲜经验。以驻沪单位的业务和实际需要为出发点，找准党建工作的载体，做到党务与业务相结合；加大资源投入，从人员、资金、场地等方面为"两外"单位党建工作创造必要条件，保证基层党组织有效运转。整合党员流出地和流入地党组织资源，实现跨地区党务资源、行政资源、社会资源和市场资源共享。

稳步推进扩大组织覆盖

上海市合作交流工作党委坚持"不求所有，但求所为"的工作理念，不断扩大"两外"单位党建工作覆盖面，以"两外"单位党组织为核心，凝聚企业，与政府形成国内合作交流工作的合力。按照"成熟一个、成立一个"的原则，2005 年起先后在陕西、云南、重庆、广东、吉林、黑龙江、湖北、四川等地，以市政府驻外办事处为依托建立了上海在外单位党委，对有上级主管单位的沪籍企业党组织做好联系指导工作，对无上级主管单位沪籍企业党组织争取组织覆盖。同时在有条件的地区建立上海企业商会或联谊会，形成上海在外单位党委、市政府驻外办事处、上海在外企业商会（联谊会）三位一体的工作体制，借助市政府驻外办事处的力量，充分发挥企业商会、联谊会等民间组织的作用，在上海在外单位党委与各单位之间建立起联系的纽带和沟通的桥梁，最大限度地涵盖上海驻外单位基层党组织和党员，实现党建工作方式的创新。同时，"两外"单位党委依托"三位一体"工作机制，出面沟通驻外企业与地方党委、政府间的关系，引导、支持驻外单位正确处理矛盾，联合企业商会协调维护保障"两外"单位的权益。如：浦发银行西安分行在开拓业务之初遇到了重重困难，在加入上海在陕单位党委后，党委发挥桥梁纽带和服务作用，积极牵头使浦发银行和当地政府接上头，促进政府和企业之间的联系，有力促进了浦发银行在陕业务的拓展。

2005年以来，市合作交流工作党委也先后接纳3家中央驻沪企业的党组织，即中国中福实业有限公司党委、中国铁路工程总公司上海地区党工委、中国铁路物资上海公司党委，为其提供组织挂靠和服务。同时，积极支持中央驻沪单位和副省级以上各地驻沪办事机构依托驻沪办事机构建立在沪单位党组织，加强对本地区本系统来沪发展的企事业单位党组织和党员的统一管理，扩大对来沪发展的企事业单位党的工作覆盖面，充分发挥基层党组织推动发展、服务群众、凝聚人心、促进和谐的作用。

对党员人数少的"两外"基层单位，采取"建、联、挂"等方式设立党组织。"建"就是要求3名以上正式党员的单位建立党支部，不能成立支部的根据实际情况成立片区支部。如：中建七局针对公司战线长、项目分散的特点，设立三个区域党组织，对党员管理实行登记制度，每季度党员要向区域党组织负责人汇报思想，党组织要向上级党委汇报季度工作。"联"就是要求3名以下党员的基层单位组建联合党支部，使党组织尽量做到全覆盖，使单位党员有"家"可归，能够正常地参加党的活动，履行党的义务。如上海在吉林单位中，上海震旦家具长春公司和上海莱克盛长春公司各只有1名党员，长春华信房地产公司也只有2名党员，对此，上海在吉林单位党委采用"联"的方式建立联合党支部。"挂"就是驻外办事处党组织一方面为驻地企事业单位党组织提供挂靠和服务，实现"两外"单位党员"有家可归"、"有话可说"、"有事可找"，从而为"两外"单位党员的教育管理提供坚实的组织保证。

市合作交流工作党委在逐步推进党的组织覆盖的同时，更加注重加强对"两外"单位党员的教育与管理。如建立"双月报告会"制度，定期组织专题报告会，邀请市领导、专家学者作形势报告；有计划地组织参观学习和举办重大节日庆祝活动，强化党员素质教育；推动基层党组织建立党员活动中心，定期组织分散党员开展"三会一课"、争先创优、组织培训、举办讲座、文化娱乐等活动。

上海合作交流"两外"单位党建工作经过近几年的推进，扩大了组织和工作覆盖面，在加强基层党组织建设、提高党员教育管理方面取得了一些成效，但仍有一些深层次的问题有待于在今后的实践中探索解决。我们将借助"沿海省市合作交流党建工作研讨会"这个平台，与兄弟省市一起探索一些共性的问题，如管理创新方面：对属地或挂靠管理的主管方、协管方、被管方签订协议的方式，明确双方上级党组织和"两外"单位党组织的权利与义务及各自的职责，有利于责任制的落实；在交通、通讯十分发达的今天，“两外”单位中的政府办事机构或国有企业的党组织也可以不实行属地管理而实行挂靠管理，也就是只实行工作联系和参加重大活动，不转组织关系，这样既可以解决管不实的问题，又可以减少管理成本；针对一些在外单位党组织负责人流动过快、党委成员变化较多而增补手续不能及时办理、党组织人员分散不便召开党员大会讨论决定重大事项等问题，运用党委成员代表制、设分会场同步研究或个别征求意见等机制来解决。

（中共上海市合作交流工作委员会　执笔：莫大琛）

春种秋收　谱写金融华丽乐章

——上海金融市场体系的建设和发展

上海，曾经是远东的金融中心，然而金融控制权却掌握在西方列强手中。自1870年起，外资银行就已垄断上海的外汇市场。进入20世纪后，外资银行除支持帝国主义商品倾销和掠夺原料外，还极力推行资本输出，控制旧中国的海关和财政金融。1949年解放后，上海回到了人民手中，上海金融发展史翻开了新的一页。

1978年改革开放以来，上海始终站在我国金融改革发展的最前沿，谱写出中国现代金融史上发展最为迅速、成就最为显著的乐章。党的十四大作出尽快把上海建成国际金融中心的战略决策，更是为上海金融改革发展装上了腾飞的翅膀。货币市场、证券市场、债券市场、外汇市场、期货市场、黄金市场等如雨后春笋般涌现，逐步形成体系，在不到30年的时间里，走过了发达国家上百年才走过的历程，取得了跳跃式发展，为全国经济建设、金融改革发展提供了强大的服务和支撑作用。金融，让上海这座城市充满激情，迸发活力，更加迷人。

春种：全面构建金融市场体系

金融是现代经济的核心，在经济社会发展中具有重要的支撑和促进作用。改革开放以来，党的历代领导人都非常重视金融改革和发展，对上海也寄予了厚望。

邓小平同志早在1978年就提出，银行要抓经济，银行要成为发展经济、革新技术的杠杆，要把银行办成真正的银行。1991年视察上海时又指出："上海过去是金融中心，是货币自由兑换的地方，今后也要这样搞"，"中国在金融方面取得国际地位，首先要靠上海"。

江泽民同志在党的十四大报告中提出，要"尽快把上海建设成为国际经济、金融、贸易中心之一，带动长江三角洲和整个长江流域地区经济的新飞跃"。

胡锦涛总书记2004年在上海考察时指出："希望上海要继续走在全国前列，把上海建设成为国际经济、金融、贸易、航运中心和现代化国际大都市"。

正是历代中央领导的高瞻远瞩和高度重视，为上海确定了打造国际金融中心的目标，赋予了金融改革先行先试的任务，从各个方面给予了大力的支持，于是，我们看到了这样的场景：

建立票据承兑与贴现市场。上世纪80年代初，上海在全国率先推出商业汇票的承兑与再贴现业务，逐步成为企业主要结算方式和融资手段，以及作为货币政策工具发挥作用。目前，上海已经成为长三角地区的票据清算中心。

形成并发展同业拆借市场。1986年8月，上海成立了第一个有形的短期资金市场；1989年成立以会员制为基础的短期融资中介服务机构——上海短期资金调剂中心。1996年1月，全国银行间同业拆借中心在上海成立，4月同业拆借交易系统运行，实现了同业拆借的统一报价、统一交易、统一结算。2007年初，全国统一的同业拆借市场利率在银行间同业拆借市场形成。

建立和发展股票市场。1984年7月，中国人民银行上海市分行制定《关于发行股票暂行管理办法》；同年，上海飞乐音响股份有限公司公开发行解放后全国第一张股票。1986年，上海建立了第一个证券柜台交易点，即中国工商银行上海市信托投资公司静安证券业务部，这标志着柜台交易阶段的开始。1990年11月26日，上海成立了新中国第一家证券交易所——上海证券交易所，证券市场发展进入快车道。

建立和发展债券市场。1981年，国家在上海开始发行国库券。1985年，工商银行上海市分行、农业银行上海市分行分别向社会发行可转让金融债券。上海证券交易所成立后，债券发行市场规模进一步扩大，发行方式逐步从审批制向核准制转变，债券开始上市交易，相继推出国债回购交易业务、债券回购业务、国债期货业务。

建立和发展外汇市场。1985年起，中国银行上海市分行试办国内企业间留成外汇额度调剂业务，后改由国家外汇管理局上海分局办理外汇调剂业务，并扩大到外商企业。1988年4月成立上海外汇调剂中心，成为改革开放后中国第一家公开的外汇调剂市场，并于1992年6月开设外汇期货交易。1994年4月，撤销上海外汇调剂中心，成立中国外汇交易中心，统一人民币市场汇价，实行以市场供求为基础、参考一篮子货币进行调节、有管理的浮动汇率制度。

建立和发展商品期货市场。1991上海成立了上海金属商品交易所。经过数年发展，1998年期货市场格局大调整，原来14家期货交易所合并为上海、大连、郑州三家。1999年6月，国家《期货交易管理暂行条例》等系列法规颁布，上海期货市场进入了发展新阶段。目前，上海期货交易所主要进行铜、铝、锌、橡胶、燃料油、黄金等产品的期货交易，其中期铜价格在国际上具有相当大的影响力。

建立金融期货市场。2006年，在上海成立中国金融期货交易所，专门从事金融衍生品交易。

建立和发展黄金市场。2002年10月，上海黄金交易所正式开业。黄金交易所的成立，结束了我国长期以来的黄金管制，标志着黄金可以自由买卖。目前，上海黄金交易所推出了黄金、白银、铂金等多种交易品种，黄金托管、黄金储蓄、黄金存折投资等一系列新的业务也逐步摆上银行的柜台。

在国家的大力支持下，在不到30年的时间里，上海逐步建立起了集货币市场、证券市场、外汇市场、期货市场、黄金市场等为一体相对完善的金融市场体系。

秋收：服务经济建设硕果累累

30年来，上海金融市场从无到有，从小到大，逐步形成包括股票、债券、货币、外汇、商品期货、金融期货与OTC衍生品、黄金、产权交易市场等在内的全国性金融市场体系，是国际上少数几个市场种类比较完整的金融中心城市之一，成为国内金融市场中心。2007年，上海金融市场直接融资额为13584亿元，占国内融资总额的比重为25.2%，在国家经济建设中具有举足轻重的地位，有力地支持了上海和全国经济的高速发展。

票据市场对经济影响力进一步增强。上海票据贴现市场在全国范围内最先开启，发展至今，已经具备一定规模。它使商业信用票据化，联通资金和物资，加速商品流通，促进有效资金供给，支持国民经济发展。上海银行间同业拆借利率，承担了市场基准利率的职能，有力地推进了货币市场功能建设，对票据市场的合理定价起到了积极作用。2006年，上海票据市场商业汇票交易规模与上海市GDP之比达到99.04：100，远高于全国66.6%的占比。

证券市场推动了企业改制和国民经济发展。上海在过去的五年中，通过发行股票、债券共筹集资金1.2万亿元，占全国直接融资总额的比重超过90%。2007年，沪市年成交金额高达305434.29亿元，代缴证券印花税1353.49亿元。股票成交金额跃居亚洲第二，全球第七；股票市值亚洲排名第二，全球第六。截至2008年10月6日，上海证券交易所共有上市公司864家，上市证券1175只，总市值115249.69亿。上海证券市场的发展，有力地支持了国有企业通过改制发行上市，促进上市公司改善资本结构和法人治理结构，推动国有资产管理模式由企业监管为主向资本运营方向转变，推进公司内部治理与外部监督的有机结合，扶持上市国有企业做大做强，宝钢、中石化、中石油、工商银行等一大批国有企业依托证券市场成为行业的龙头企业，成为国民经济的支柱力量。同时，也催生了证券公司、基金公司等证券服务机构，推动了投资银行、证券经纪和销售、资产管理、证券分析、证券咨询等新职业的兴起，为中国金融业培养了大批专业人才。

外汇市场在控制外汇风险中发挥了积极作用。外汇市场的发展，有力地促进了我国金融机构在金融交易实践中提高自主定价权和风险管理的能力，更加有效地进行国际货币汇率和利率的风险管理。例如，中国外汇交易中心和芝加哥商业交易所(CME)达成的协议，规定交易中心可以为我国金融机构和投资者交易CME不涉及人民币的汇率和利率产品提供技术平台和清算服务。银行间外汇市场推出的人民币外汇掉期交易，提高了银行资金筹措和管理的灵活性，成为增强管理本外币资金流动性的有效手段。

期货市场促进了全国商品统一交易市场的发展。上海期货交易所的建立，在很大程度上改变了分散的流通格局，不仅形成了能够反映整个市场供求状况的价格，而且在很大程度上改变了商流、物流、信息流分散割裂的格局，有力地支持了经济建设。目前，上海期货交易所已经成为我国交易最活跃的交易所。2006年，上海期货交易所累计成交额12万亿元，在我国内地期货市场总额中的比重超过60%。

此外，上海黄金交易所的成立，为国内黄金、白银、铂金等贵金属的交易提供了便捷平台。2006年，上海黄金交易所全年累计成交量为1294.34吨，累计成交额达到2045.95亿元。黄金交易所夜市交易的开通，又极大地开发了交易的套期保值和投资功能。

2008年，美国次贷引发的金融危机席卷全球，引起了国际上对美国主导的金融体系的反思，要求重建国际金融体系的呼声不绝于耳。上海加快国际金融中心建设既面临着新形势的严峻挑战，也面临着难得的机遇。面对复杂形势，上海将按照中央要求，坚持贯彻落实科学发展观，围绕加快实现“四个率先”、加快建设“四个中心”，把建设国际金融中心放在更加突出的位置，抢抓机遇，迎接挑战，进一步加强金融创新，加强金融监管，加强金融市场建设，为我国经济建设和社会发展作出更大的贡献。

（中共上海市金融工作委员会　执笔：郝相君、徐少辉）

长江巨龙共舞辉煌

——上海口岸积极服务长三角和长江流域

大江东去，滚滚万里波涛。一路上似银练串珠、缀连起星罗棋布的口岸城市，养育着两岸流域的富庶和文明璀璨；更承载着千帆竞发、商旅物华、繁华涌动的经济交流……上海，就是这条长龙的龙头，黄金水道的咽喉。

作为祖国的东方门户，上海早在清代康熙二十四年(1685年)就设立了江海关，名入全国四大水运口岸之列。从1842年的五口通商到1933年形成远东航运中心，百多年间，上海正是依傍长江水系的广袤腹地面向浩瀚东海，迎来送往彼岸世界的商船。黄浦江上，百船穿梭，汽笛声声，万国旗帜飘拂；水运口岸，码头比肩，商贾如云……上海，正是在发展自己繁荣的同时，带动着长三角和长江沿岸的鱼米之乡走向兴旺。

这就是上海和长江沿岸城市休戚与共的历史渊源，一衣带水的情缘。

龙头：在国际航运中心建设中昂起

如今，沿江城市在对外开放中不断崛起，上海更是在打造国际航运中心过程中率先发展。放眼长江口，深水航道历经三期建设正在由10米向12.5米挺进。原先集中在浦江两岸的水运口岸，成功实施了功能扩展，在长江口流域大手笔布局，宝山装卸区、外高桥港区、罗泾港区等水运口岸相继建成投入使用；更令人惊叹的是，具有世界一流规模的洋山深水港区，集装箱吞吐能力超过700万标准箱，初露远东第一大港的风采；加之杭州湾北岸金山石化码头和化工区码头的对外开放，上海水运口岸实现了从内河港向真正海港的跨越。目前上海港已是世界第一大货运港、世界第二大集装箱港口，是东北亚地区集装箱航班最密集的港口之一。与此同时，随着浦东国际机场扩建的完成和虹桥机场的改造扩建，上海现代化航空枢纽港格局也初具规模……上海口岸已经开启了现代化立体化发展的新纪元。

尽管如此，历史悠久的长江黄金水道依然发挥着不可替代的重要作用。作为中国唯一贯穿东、中、西部的水路大通道，沿江大型企业生产所需的约80%的铁矿石、72%的原油和83%的电煤都是依靠长江运输的。到2006年，长江黄金水道对沿江地区经济发展的直接GDP贡献达389.5亿元，间接GDP贡献达11607.9亿元。

"长江黄金水道的货运量已连续两年居世界内河第一位"。交通运输部长江航道局局长唐冠军作如是介绍：2006年货运量从上一年的7.95亿吨增加到了9.9亿，2007年又达到了11.3亿吨，是美国密西西比河的2倍，是欧洲莱茵河的3倍。

长江作为连接东、中、西部经济的天然纽带和生命线，紧紧把上海与沿江各省（市）有机地联系在一起。上海的水运口岸始终是上海口岸中发展历史最长、货物进出口量最大、对外影响最大最重要的部分。从上海口岸的辐射范围来看，全国31个省（市、区）的货物从上海口岸进出口。2007年上海口岸进出口货物总值为6900亿美元，其中，外省区市外贸货物为4300亿美元，占上海口岸贸易总额的62%。而外省区市外贸货物主要集中在长三角的江苏和浙江以及长江流域的湖北、湖南、江西、安徽、重庆、四川等省市，其通过长江水运的货物总量、集装箱量也均要占到本省市出口比例的50%以上。其中，重庆和湖北甚至分别达到了80%和95%。上海口岸对长三角和长江流域已经形成了巨大的影响力和辐射力。

龙舞：联合　带动　服务　共赢

上海口岸是国家的门户，全国的口岸。如何将实施国家战略、服务全国，以及自身发展三者有机结合好，是时代赋予上海口岸的任务。只有认真服务全国，才能不断发展上海。为此，上海口岸始终立足于国家战略和全局的高度，积极依托长江黄金水道，以区域共同利益为纽带，以“联合、带动、服务、共赢”为主线，加强与长三角和长江流域口岸的合作，既充分发挥了上海口岸中心城市的综合服务功能，又带动了长三角、长江流域经济带的共同发展。

长江一条龙，口岸大通关。长江沿岸星罗棋布的口岸城市是依托长江东进上海的，而西向开发同样依托长江黄金水道挺进，但要真正做到红线串珠，环环联动，形成一泻千里之势，“大通关”是其必由之路。

与“东部地区率先发展”相呼应，2007年5月30日，苏浙沪三省市政府分管领导在上海共同签署《长三角区域大通关建设协作备忘录》。长三角地区口岸查验单位一致认为：此举对进一步加强长三角区域大通关协作，整合长三角口岸资源，提升口岸功能，促进长三角地区对外开放，促进区域经济持续健康联动发展有着积极意义。

与“中部崛起”相呼应，2006年9月25日，在湖南长沙举行的首届中国中部贸易投资博览会上，上海口岸办与中部六省口岸办共同签署了《上海与中部六省口岸大通关合作，促进现代国际物流发展》合作框架协议。由此，掀开了上海口岸与长江流域各省市口岸合作的新篇章。湖南媒体指出：此协议签署为促进长三角与中部六省的口岸合作，东中联手，共同打造“万商西进”快速物流通道，为中部地区承接开放型产业梯度转移创造了良好条件。

与“西部大开发”相呼应，2008年3月26日，上海、重庆、四川三省市口岸办在重庆市签署了《沪渝川三省市口岸大通关合作框架协议》，三省市领导出席签约。此举引起西部地区热烈反响。当地船运公司一致认为：这将使四川和重庆货物一路畅通，加快进出上海口岸的流速，有力推进西部口岸物流业的发展。

与此同时，2008年5月14日、8月26日和11月13日，上海口岸办还先后与江西、湖北、湖南口岸办签署了《赣沪口岸对接合作协议书》、《鄂沪加强口岸大通关合作协议》、《湘沪口岸大通关合作协议》，至此，上海口岸与长三角和长江流域口岸的合作框架体系已经形成，标志着上海口岸的辐射作用和服务能级的提升，服务长三角、服务长江流域、服务全国的水平得到了提高。

长江一条龙，航运大服务。长江沿岸经济带各地区的梯度承接及其联动发展，需要整体协调、首尾互动，上海就担当了服务的要角。

2007 年 6 月，当国务院批准成渝地区为“统筹城乡改革试验区”以后，上海口岸办主动与四川和重庆方面联系，提出了构建川渝沪区域大合作的设想。同年 11 月，上海口岸办牵头会同海关、出入境检验检疫局、上海铁路局、上海港务集团等相关单位组成考察团共赴川渝，深入考察了重庆寸滩水运口岸、成都青白江铁路口岸，并广泛听取西部地区企业意见。此后，在渝沪两地口岸办的共同推动下，上海航空公司开辟了每周三趟的重庆至泰国曼谷国际航班；上海国际港务集团与 8 家船运公司建立起互惠互利合作关系，为川、渝船运公司在上海开辟新的长江内支线运输提供服务。现在，重庆已经开通了至上海的快班轮，每周 10 班，只消 5 天就可顺江而下抵达上海港。

2008 年 8 月 20 日至 22 日，为协调江西烟花爆竹出口通关事宜，上海口岸办会同上海海事局、市港口管理局、上海国际港务集团冒着高温在江西境内驱车 1000 公里，深入到进贤李渡、万载等烟花爆竹产地和南昌港白水湖码头、九江港集装箱码头进行实地考察，对江西烟花爆竹的生产、监装和出口运输问题加以会商研究，双方取得了共识。

江西作为烟花爆竹生产大省，已有 1300 年生产历史，每年烟花爆竹出口创汇约在 1.5 亿美元左右。其中，40%左右是从上海口岸转运的。由于种种原因，其运输路线要绕道湖南，再进入长江到达上海口岸。比从南昌直接起运，路程多出 600—1000 公里，时间多花 7—10 天不等，每集装箱运费要增加 500—800 美元，严重制约了该省烟花爆竹产业的发展。如今，线路得以优化，烟花爆竹抵南昌集运，直接进入长江。江西生产厂家激动地说，“上海同志真是我们企业的福星哪!”

长江一条龙，领域大扩展。近两年来，上海口岸与长江沿岸经济带各口岸整合资源、规范运作、扩大合作，呈现出专业化，个性化，并走向规模化的趋势。

2007 年 2 月 27 日，上海航交所、上海口岸办牵头推动货代企业信用等级评估，促进诚信口岸建设，各方签订了有关协定；长三角货代行业信用等级评估由此率先启动。以货代行业信用等级评估为切入点，逐步规范通关中介服务，加强进出口代理企业市场建设，营造长三角区域口岸通关软环境。

2008 年 6 月 25 日，浙江省口岸办也牵头协调海关、检验检疫、海事以及浙江货代仓储协会、宁波货代协会等单位，共同签订了支持、指导和服务货代企业信用等级评估、促进诚信口岸建设《协作备忘》。此项活动在长三角迅速联动开展。

2008 年 4 月 23 日，长三角口岸船舶动态信息共享平台在上海航交所启动。这是三省市口岸办牵头协调三地海事局和电子口岸运维企业，共同开展的又一个合作项目。

各方将所掌握的海事船舶相关信息，以统一的数据标准和传输方式，通过三地电子口岸平台互相发送，实现互联共享。目前，上海海事局已在上海电子口岸建立上海口岸船舶动态信息的申报、处理和发布系统，并以每个工作日发送的方式与浙江电子口岸共享。对此，三地船舶代理企业反响热烈，相关作业安排的效率和货物管理水平普遍提高。

2008年6月24日，在上海口岸办的协调推进下，上海亿通公司和湖北电子口岸办签署了信息平台项目合作意向书。根据协议，该项目投资4500万元建设湖北电子口岸信息平台，并将在2009年完成项目验收，实现上线运行，进一步加强了上海电子口岸作为枢纽平台的作用。

随着上海口岸与长三角、长江流域口岸合作的不断推进，各口岸实现优势互补，总体功能不断延伸。

目前，上海海关牵头实施的长三角区域“属地申报，口岸验放”的通关模式，已经扩展到长江流域以及中西部地区19个省市20个关区，适用企业1523家。上海检验检疫局也将“属地检验，口岸验放”的模式扩大至长江流域的安徽、江西、湖北、湖南等省。由此，上海口岸承接长江流域进出口货物的快速通关体系基本形成，促进了长江流域外向型经济的发展。

长江一条龙，合作大延伸。长江一条龙舞动起来了。运行之中，各口岸间物流似行云流水；其背后，组织协调各显其能，合作形式纷呈。

港口物流企业多元化。目前，上海港先后与南京、江阴、宁波、武汉、长沙、芜湖等港口合资成立了港口物流企业，以南京港和武汉港为代表的长江中下游区域已经成为上海集装箱货源的重要集散地。上海港推出的“南京港—外高桥港”等内支线班轮，合理使用资源，加快船舶周转，为长三角和长江流域企业提供极大的便利。在国家有关部门、上海口岸办与中部各省口岸办共同努力下，目前已经开通上海至苏州，上海至宁波、义乌，以及上海至南昌，上海至合肥的“五定班列”(定时、定点、定线、定班次、定价格)，初步形成了“海铁联运”网络。这也标志着上海与长三角、长江流域口岸物流合作进入了一个新的阶段。

电子口岸信息化建设进程加快。以上海电子口岸信息平台为枢纽，长三角和长江流域电子口岸信息平台为节点的口岸通关物流信息平台正在形成。上海通过电子口岸“虚拟平台”为中部各省实现异地通关数据传输、口岸物流信息服务、电子订舱、异地税费电子支付等服务也正在实施。上海电子口岸稳步向长江流域延伸拓展，并和南京、江阴、南通等港口和企业实现了口岸物流数据联网传输。

与长江流域港口资源的合作进一步深化。上海国际港务集团通过管理、资本和技术输出，实现上海港与长江流域港口的和谐共赢发展。目前已初步形成涵盖集装箱码头、内支线集装箱运输、船货代网点的物流服务网络，继以增资扩股方式参与长沙、武汉港的整体改制后，又以资本入股参与九江港的整体改制，有力地推动口岸物流的发展。以前，九江港运往上海洋山港的外贸集装箱，95%以上须经外高桥码头中转；如今，上港集团新开辟了九江港直抵洋山港的集装箱班轮，不仅运程节省24小时，也节约了进出口企业的中转成本。

龙腾：区域联动发展加速推进

2008年10月30日，长江沿岸29个中心城市相聚武汉，共商开发长江黄金水道、促进产业合作大计。未来几年，上海、南京、武汉、重庆等沿江中心城市，将联合打造长江流域“黄金经济区”，建立统一、协调的水运市场体系，把长江黄金水道的航运优势转化为经济发展优势。业内专家根据《长江干线航运总体规划布局》预测，长江干线货运量和港口吞吐量到2010年将达到

15.1亿吨和21.3亿吨，到2020年可达到26.5亿吨和36.8亿吨。

然而，目前长江黄金水道的整体利用率仍不尽理想，平均还不足50%。

为此，上海口岸将立足国家战略目标，在区域联动发展的时代潮流中，与长江流域28个城市一起携手共进，用更高的起点、更宽的视野、更新的思路，把黄金水道建成世界级的一流运输通道。在今后的合作中，将进一步推进完善区域联动机制，搭建好服务合作平台，在项目选择、推进机制、工作模式等方面不断开拓创新，共同建立起符合长江流域经济和各城市发展实际的环境保护新体制与新机制，走出一条有别于传统发展模式的新型工业化、城市化道路。

（上海市口岸服务办公室　执笔：郑荣庆）

“三个服务”背后的智力支撑

——上海合作交流决策咨询课题研究综述

北上松辽平原、南至天涯海角、西入四川盆地，对口支援进藏、进疆、进滇，联手苏浙打造长三角经济圈……在共和国960万平方公里大地上，处处都有上海的足迹；在新世纪新的历史阶段，“上海服务”揭开了新的篇章。

服务长三角、服务长江流域、服务全国经济开发，作为其智力支持支撑之一，上海市政府发展研究中心以合作交流研究课题为载体，运筹谋划、探求要津，为领导决策提供科学依据。

多年来，研究中心每年都在重点课题、热点课题以及各部门承担的自行研究课题中安排推动长三角区域一体化、长江流域经济合作、上海服务全国、参与西部开发、东北振兴、中部崛起等国家区域发展战略的课题，形成了一批高质量的研究报告，多项研究成果获奖。

服务新主题：加速长三角一体化

2008年9月，国务院发布了《关于进一步推进长江三角洲地区改革开放和经济社会发展的指导意见》。长三角发展首次跃至国家层面，长三角区域一体化发力加速。在此大背景下，沪苏浙两省一市对加强长三角区域合作的愿望更趋强烈。

然而，区域合作何处着手？重点何在？近年来，市政府发展研究中心多次组织专家或自行赴江苏和浙江调研，对长三角区域的发展现状、现有合作机制进行研究梳理，形成了《长江三角洲开发区比较研究》、《长江三角洲地区协调发展问题研究》、《长江三角洲交通网络构架研究》、《长三角规划与上海地位问题》、《上海拓展长江三角洲旅游圈问题研究》、《长江三角洲都市圈》、《以世博会为抓手，推进长三角经济协作》、《长三角市场监管研究》、《长三角金融合作研究》、《沪杭科技合作研究》、《“十五”时期上海与长江三角洲赶超“四小龙”的机遇与挑战问题研究》以及《沪杭、沪宁高速公路上海段“一门式收费”研究》专题等一大批长三角区域合作课题，提出了进一步加强苏浙沪合作的意见和建议，市政府领导多次对有关研究成果作出批示。

服务金纽带：促进长江“黄金水道”建设

长江是我国第一大河，也是连接东、中、西部，促进经济联动发展的黄金纽带。充分发挥长江黄金水道的作用，不仅对于进一步推动长江流域经济的发展，而且也对我国实现可持续发展、区域统筹发展，有着极其重要的作用。近两年来，市政府发展研究中心通过赴重庆、武汉、南京实地考察交流，与当地政府的综合部门、港口管理部门、航运管理部门及部分企业进行座谈，开展推进长江黄金水道建设课题研究。课题研究成果在长江沿岸中心城市经济协调会上交流，得到各方认同，并获得国务院发展研究中心中国发展奖二等奖。其他如《洋山深水港建设、管理体制和海港城功能定位研究总报告》、《航运中心与内河航运联动发展研究》、《三峡工程与南水北调工程对长江口水环境影响问题研究》等热点重点课题报告也颇有影响。

服务新内涵：落实国家区域发展战略

上海作为经济中心城市，历史上曾为全国经济发展作出过突出贡献。在新的历史时期，根据中央对上海的战略定位和上海自身发展的需要，服务全国有了新的内涵、载体和方式。

实施西部大开发战略，加快中西部地区发展，是党中央总揽全局、面向新世纪作出的重大决策，具有重要的现实意义和深远的历史意义。市政府发展研究中心立足于国家发展总体目标，通过实地考察和实证研究，对上海在西部大开发战略中的作用、参与西部大开发的策略以及上海与西部地区优势互补问题进行深入研究。《上海主动服务全国研究》、《上海在西部开发战略中的作用》、《上海在西部大开发中的作用研究》、《上海参与西部大开发创新方法研究》、《上海与西部地区优势互补问题研究》、《上海服务参与西部大开发的策略研究》、《上海扩大辐射功能与西部各省市优势互补机制问题研究》等研究成果，得到广泛好评。

其后，中央进而提出了“振兴东北”和“中部崛起”的发展战略，形成了促进区域协调发展的总体格局。围绕国家发展战略，《振兴东北与上海发展装备工业问题研究总报告》、《上海为全国三农服务的重点、途径与方式》等课题研究成果，引起新的思考。

服务新探索：提升对口支援效益

根据党中央、国务院的统一部署，上海负责对口帮扶云南、西藏、新疆、三峡库区等地的有关地区。近年来，市政府发展研究中心落实市委、市政府相关精神，通过实地考察和座谈、走访等形式，深入调查上海对口帮扶工作的现状及成效，并就如何进一步做好对口帮扶，征求了当地政府的意见，通过综合研究形成新的思路，提出切实可行的政策建议。

《关于西藏日喀则地区经济发展规划的若干思考和建议》、《关于文山州“十一五”沪滇对口帮扶的调研报告》、《关于红河州新一轮沪滇对口帮扶的调研报告》、《关于赴云南迪庆藏族自治州进行沪滇对口帮扶的调研报告》、《加强沪滇经济合作，促进红河州社会经济发展战略思路研究》，一系列课题成果获得市领导的肯定，并对编撰“十一五”上海服务全国和对口支援规划起到了重要参考作用。

服务新探索：主动提供智力支持

市政府发展研究中心结合上海改革开放以来经济、城市、社会领域改革开放经验教训，运用对全局性、综合性、战略性问题的把握能力和研究能力，走出去为兄弟省区市出谋划策，提供智力服务，帮助当地加快发展。《河北发展战略研究》、《海南文昌滨海旅游区产业发展规划研究》、《腾冲国际化生态旅游区战略思路研究》、《云南石林旅游发展战略及布局思路研究》等研究成果都受到了当地政府的认同和肯定。

与此同时，上海在发展过程中，也离不开对全国各省区市先进经验的学习借鉴。上海市政府发展研究中心通过对其他省区市如江苏、浙江、北京、深圳等地的走访调研，吸收当地发展的先进经验和有效做法，形成《沪深人才分配机制比较研究》、《上海与北京第三产业发展比较研究成果》、《京、沪设立跨国公司中国总部情况的比较分析》等课题报告，为市府领导提供决策参考，受到市府领导的高度重视。

服务新拓展：聚焦沪港澳台交流

加强与港、澳、台地区的交流互动，不仅对促进上海经济社会发展起到推动作用，更对贯彻落实"一国两制"方针，促进祖国统一大业具有重要意义。市政府发展研究中心针对上海与港、澳、台合作的新形势、新问题，形成了《CEPA 协议与沪港经济合作框架研究》、《CEPA：港澳与长三角合作的新思路》、《沪港旅游合作机制研究》、《国际经济中心城市 GDP 比例与增长率问题比较研究》等一批优秀成果，为推进沪港澳台交流合作，提供了决策参考。

（上海市人民政府发展研究中心　执笔：樊星）

技术协作花开老少边穷地区

——上海职工技协开展合作交流回顾

“情系边疆，支援建设”。在上海市职工技术协会琳琅满目的陈列室里，前不久又添了一面新锦旗。在每一面锦旗、每一张奖状的背后，凝聚着上海与老少边穷地区开展技术协作的深情厚谊。

改革开放以来，上海市职工技协积极响应国家号召，依托社团的技术与人才优势，组织机电、轻工、仪电、食品、教育、卫生、养殖等数十个行业系统职工技协190余批，近4000多名工程技术人员赴老少边穷地区开展经济技术协作活动，为当地企业解决生产难题，培训技术骨干，共实施技术项目近1800项，培训各类技术人员6500余名，支援了边疆建设。职工技协合作交流工作受到了当地政府、工会、企业的欢迎，也多次受到国务院、国家科委、全国总工会、上海市政府的表彰，曾荣获“全国民族团结进步模范集体”、“全国技术市场金桥集体奖”、“上海市国内协作先进集体”、“上海市对口支援先进集体”等多个奖项。

建立合作交流机制

上海职工技协把做好合作交流与对口支援工作作为落实中央要求，参与西部大开发、服务全国的重要组成部分，作为职工技协走出去实现跨地区合作、促进交流、谋求共赢的重要举措，予以高度重视。市总工会领导多次率团赴新疆、云南、青海、宁夏等西部地区开展经济技术考察和合作交流活动，同云南、青海、新疆等14个省区职工技协签订经济技术协作协议，为工会技协开展跨地区合作交流活动搭建舞台。

2000年，市职工技协发起组织了对口协作省区市职工技协经济技术协作研讨会，上海与山西、青海、新疆、贵州、宁夏、云南、湖南8个省区市技协办主任参加了会议，会议讨论通过了《对口协作省市技协办主任工作会议制度》、《对口协作省市经济技术协作互访制度》和《关于建立职工技协信息协作网的备忘录》等文件，为职工技协抓住机遇，参与西部大开发提供了制度保证。2002年，市职工技协与对口地区省市职工技协建立了“对口地区职工技协协作交流机制”，确定了工会技协参与对口地区技术协作的基本思路、工作重点和工作方式，建立了工作信息交流平台，开拓工会技协合作交流新领域。2004年，在上海召开了长三角地区职工技协会长会议，建立了长三角地区职工技协会长会议制度、职工技协工作交流制度和信息协作网络，进一步推动苏浙沪三地职工技协群众性技术活动深入开展和科技成果的转化。

深入一线推进协作

不论是在云南的文山、红河、普洱、楚雄、丽江，还是在甘肃的酒泉，新疆的阿克苏、霍城、哈密，重庆的万州，宁夏的银川，广西的南宁，或者陕西的延安，吉林的延边，贵州的凯里，到处都留有上海职工技协技术人员的足迹。他们帮助当地企业进行技术改造，解决技术难题，开发新产品，培训技术人员，建立职工培训中心，援建希望小学，工会技协成了当地企业的知心人。

1998年底，上海职工技协与云南省职工技协在上海市工人文化宫共同举办了上海云南蝴蝶工艺品联展。沪滇两地技协实行优势组合，利用云南的蝴蝶资源优势和上海的工艺制作、市场的优势，制作了数百幅蝴蝶工艺品，在展会上展示和销售，产生了良好的效益。通过这一活动，探索了合作交流与对口支援活动的新方式。

云南省红河哈尼族彝族自治州元阳淀粉厂是一家以木薯为原料的生产淀粉的县办企业，因生产工艺不合理，技术落后等原因，投产后一直未能达到设计要求，工厂连年亏损。上海医药工会闻讯后，立即派专家到该厂帮助进行技术改造和攻关。经一期技改完成后，该厂的产品脱色率提高，白度增加，产品全部达到国家一级标准，部分产品还达到特级品的标准，年产量也由原来的2000吨增加到5000吨。次年，他们又赴云南红河州，对该厂进行了第二期技术改造，结果精淀粉年产量达1万吨。该项目的成功实施，不仅使元阳厂摆脱了困境，还带动了当地农民种植木薯的积极性，促进了农业科技在该地区的推广。该项目也因此受到省政府、州政府的重视，作为了红河州扶贫工作的样板。

云南楚雄彝族自治州活塞销厂产品虽有市场，但因缺少高吨位的冷挤压机而制约了企业生产的发展。市职工技协根据厂方的意愿，签订了一份为其制造一台具有较高水平的160吨活塞销冷挤压机的合同。当时制造这一设备可算是一项高科技项目，国内仅有图纸，而无实物可参考。承担这一任务的上海重型机器厂职工技协联合汽车技协、船舶技协等单位，携手攻关，克服诸多困难，经过反复试验，160吨活塞销冷挤压机终于按期交付使用。该机运行以来，性能良好，质量精度高，产品适应性强，安全可靠，大大降低了工人的劳动强度，为企业经济的发展奠定了基础，使该厂成为地区工业的排头兵。

新疆阿克苏巨鹰棉纺厂在生产中存在诸多问题，2007年市职工技协组织了上海申安棉纺厂王乐君副总经理赴阿克苏巨鹰棉纺厂实地考察，了解该厂的生产设备、生产工艺，并与巨鹰棉纺厂的总工程师、生产事业部部长、工艺室主管等技术人员进行技术交流。王乐君针对该厂棉纺生产过程中产生的异丝、棉结、毛羽等问题，提出了解决方法，并提供了前后罗拉牵伸比、棉结的剪切率等一系列生产工艺参数供厂方参考。同时就棉纺织的重锭工艺技术，提出了上海棉纺行业的建议。最后双方商定，由申安棉纺厂按巨鹰棉纺厂的生产设备、工艺、产品规格标准，为巨鹰棉纺厂设计一整套生产工艺，并建立对口联系，进行技术指导帮助。

2005年，上海职工技协同江苏、浙江两地职工技协，共同参与组织承办了以“创新、交流、人才”为主题的“2005长三角青年人才科技创新成果展示交流会”和劳模发明家与青年创新论坛。在创新展上，上海市职工技协展示了128项科技创新项目和20名青年创新精英，涉及本市电气、冶金、化工、纺织、轻工、电力等三十多个行业。劳模创新论坛邀请了李斌、包起帆、邓建军、周平等八位苏浙沪三地著名劳模发明家与近两百名大学生、青年职工、媒体记者进行了互动式对话交流，告诉了学生和青年“创造改变人生，创造成就事业”，激励广大青年学习劳模的敬业精神、创新精神和奉献精神。

2006年和2007年上海职工技协组织技术专家参加了重庆市职工技协和万州区总工会组织的“三峡职工科技日”的活动，开展技术攻关、技术咨询、技术培训等活动，在当地职工中营造了学技术、求创新的氛围，提高了职工的技术能力，为企业解决了生产技术难题。

2008年，市职工技协在接到云南禄丰勤攀磷化工有限公司“四万吨硫酸改八万吨硫酸余热发电”和云南奕标水泥集团公司“水泥生产湿窑改干窑”项目的技术求助后，立即组织上海硫化有限公司和上海海豹水泥(集团)有限公司的精兵强将，赴云南禄丰开展技术帮扶活动。在云南禄丰勤攀磷化工有限公司，上海硫化有限公司高级技师杨伟民进行了实地考察和现场生产指导，提出了技术改进意见。在云南奕标水泥集团公司，上海海豹水泥(集团)有限公司总工程师傅沪鸣和生产设备专家汪立新在实地考察的基础上，制定了整套技改方案，建议利用厂址搬迁上马全新“干窑”生产设备(湿窑工艺因污染和高能耗已被国家禁止使用)，同时进行了生产工艺、岗位管理培训。上海企业在云南禄丰的技术帮扶工作，受到了当地企业的欢迎。

多管齐下加强培训

上海职工技协情系边疆，充分利用上海企业的技术和师资优势，采取多种措施，积极为边疆及对口支援地区的企业职工进行技术培训，提高他们的技术能力，帮助这些地区增强自我发展能力。

1996年，上海沪东中华造船有限公司工会主席唐顺安率队赴云南红河州考察，翻山越岭，遍访红河州各市县，通过双方交流技术协作和市场信息，签订了经贸技协合作意向书。根据协议，沪东造船厂将为红河州自动焊剂厂的产品性能、质量的提高提供技术支持，并为该产品在上海地区的推广应用提供服务。与此同时，唐顺安同志通过实地考，深刻地感到，沿海与内地的真正差距，还在于人才方面的差距，于是，为红河州培训干部成为合作意向中的一项重要内容。在上海市总工会、上海市职工技术协会的关心指导下，沪东中华造船有限公司工会抓紧编制好培训大纲，积极落实授课人员，联系相关考察单位，安排学员的食宿。在之后的三年里，培训了一大批红河州的干部和技术人员，为当地经济建设打下了基础。

2006年，上海职工技协会同市绿化局职工技协组织著名林业专家张嘉宾教授赴云南普洱市普洱县卫国林业局，为林业局120多名骨干讲授了现代林业的概念与理念，并针对卫国林业局的林业管理状况，提出了建立生态林业工程的设想。普洱市澜沧县、景谷县两县获悉后，要求上海职工技协再次组织张嘉宾教授到两县授课。为此，张嘉宾教授不顾年事已高，赴普洱市澜沧县、景谷县为两地的干部职工讲授现代林业知识。两县共有2400人听了张教授的讲座，其中澜沧县四套班子在家领导、干部职工都参加主会场知识讲座，20个乡镇的所有干部职工以视频的方式参加分会场知识讲座。此次讲座对当地利用林地发展经济具有十分重要的启发意义。

华东理工大学生物工程学院的专家赴重庆万州诗仙太白酒厂和昊元集团公司考察，帮助解决了微生物检测和分离、发酵技术等技术难题，深感企业急需培训技术人才。回沪后，华东理工大学生物工程学院工会技协针对当地企业的生产、工艺情况，制定培训大纲，安排相应的教师，落实实验课程和实验室，联系食宿，当年精心安排了5位检测技术人员来沪进行微生物检测、分离、发酵技术培训，进行一对一的授课和实验，帮助两厂技术人员了解微生物的检测、分离的机理，了解和使用先进的检测、分离设备，提高了他们的技术能力。

为提高重点对口地区的教育水平，2007年，上海市建德学校校长纪长有、上海市普陀区教育学院高级讲师颜欣玮跋山涉水，来到云南景东县，给13个乡镇21所学校的154名小学校长和138名骨干教师讲授现代教育理论。专家在培训过程中，采用讲授与提问交流相结合的方式与学员进行互动，共同探讨教学中的焦点、难点、热点问题，既增进了友谊，又提高了学习效果。有位校长深有感触地说："参加这次培训班，开始是抱着试试看的态度，没想到短暂的培训让我获得了始料不及的教益，真是让人耳目一新，感谢县总工会和教育局给了我们这样一个好的学习机会！"

多年来，市医务工会职工技协在周崇礼副主席的带领下，不断强化帮扶意识、健全工作机制、拓宽帮扶思路、落实帮扶项目。他们积极组织医务技协赴云南等对口地区进行考察、交流、咨询等活动，增强了医务系统各级职工技协服务长三角、服务长江流域、服务全国的意识。安排医学专家赴对口地区、对接地区开展专家坐堂、专家门诊、医疗咨询技术讲课、培训医务人员等活动，采取走出去(赴当地授课)、请进来(来沪实习培训)、合作办医等多种方式，开展合作交流活动，并取得了良好的效果。在近3年中，他们踏踏实实，克服各种困难，组织实施培训项目10余项，组织医疗技术交流200余次，培训医务人员2000人次，深受对口支援地区医院的欢迎。

针对云南高技术人才缺乏的状况，市工会技协联合云南省工会技协，开设了生产加工技术培训班，上海机电职工技协分别派出了著名劳模发明家李斌和上海工具厂有限公司的高级技术人员赴云南，为500余名技工讲授数控机床加工技术和高效数控切削刀具知识，提升了职工的技术素质。

展望未来，市职工技协要以党的"十七"大精神为指导，全面贯彻落实科学发展观，按照市合作交流和对口支援工作总体要求，切实增强责任感和使命感，充分发挥社团作用，利用技术、人才优势，以提高对口帮扶地区企业技术水平和职工技术能力为重点，不断增强服务意识，提高服务质量，将技术服务延伸到信息服务、项目服务和市场服务。同时建立地区间职工技协信息交流机制，搭建资源、技术、项目信息共享服务平台，以成果、项目为中心，形成项目、技术、资本的转移，实现资源与技术的结合，资源与资本的结合、资源与市场的结合，不断推动合作交流和对口支援工作向更宽领域、更大范围、更深层次、更高水平发展。

(上海市总工会)

谱写新世纪青春之歌

——上海大学生志愿者服务西部的故事

“同学们，大家起来！担负起天下的兴亡……”雄浑激越的《毕业歌》唱了70多年了。

它跳动着时代的脉搏，激励一代又一代热血青年走上社会充当先锋，奔向祖国最需要的地方奉献青春，施展才华，在生活的激流中历练成为国家栋梁。

进入新世纪，西部成了当代青年向往的热土。2003年开始实施的大学生志愿服务西部计划，吸引着广大应届毕业生和在读研究生报名投身服务西部的洪流。赴云南、进西藏、到重庆，6年来，上海先后选拔了1126名大学生志愿者。

扎根基层、艰苦创业、顽强拼搏、开拓进取。经过一两年的志愿服务，这些优秀人才有的成为学校教学骨干，有的成为科技致富带头人，有的成为小有名气的医生，还有的被所在地党委和政府委以重任、成为基层领导干部，其中21人服务期满后，主动选择留下扎根，成为西部建设的栋梁。

大学生志愿服务创下的业绩赢得了当地党政领导和人民群众的高度评价，谱写出一曲曲新世纪青春之歌。

我是一支烛光

2003年6月，得知上海招募大学生志愿者赴西部服务的消息，复旦大学学生冯艾作为在读硕士研究生，毅然决定报名参加。

9月，她来到了海拔超过3200米的彝寨——云南省宁蒗彝族自治县战河乡，在战河中学担任了初中语文、历史教师。冯艾教的是初二语文和初一历史，每周差不多有30节课。备课、教书、改作业，一天下来，累得骨头都要散架了，连洗澡的时间都没有。这样的工作节奏，一个月要连续28天。

然而，冯艾遇到的最大问题还是语言障碍。这里的学生都是彝族，从小耳濡目染，说的都是彝语，往往要到小学四五年级才开始学说汉语，有些即便读到了初一也还听不懂汉语，要靠其他同学充当翻译。冯艾教学之难，可想而知。一节课的内容，她至少要上3节课。对此，冯艾并不气馁，相反却激起了她对人生的挑战之情。冯艾细细观察学生的兴趣特点，努力营造活泼愉快的教学氛围。她给学生读故事、说笑话，讲课时尽量联系日常生活；她鼓励学生抢答问题，多说、多练。课堂气氛越来越活跃，孩子们也越学越有劲，终于出现了学习成绩直线上升的喜人景象。

2004年春节，冯艾决定留在宁蒗坚守岗位，与当地群众共度新年。她应邀主持了宁蒗县"我们都是一家人"新年联欢会；从大年初三开始，又与其他志愿者一起为县里的教师培训班讲课。这期间，冯艾克服种种困难，餐风饮露，翻山越岭，走访当地的风土人情、文化教育状况，感受贫困家庭的生活，还深入了摩梭族村寨，以独特的视角，细腻的笔触写下了数万字的调查报告。

冯艾甚为当地孩子失学现象忧虑，多方奔走解决相关问题。经过她的努力，上海市希望工程办公室不仅为战河中学建造了"希望图书室"，还捐赠20万元建造了学生宿舍楼。在长宁区团委牵线搭桥之下，又在战河中学专门为贫困家庭孩子成立了"长宁威达"班，全班50名学生都由上海民营企业"威达集团"资助，保证他们从初一读到初三。此外，复旦大学捐赠了教学用具，北京育英小学的小学生寄来了教学用品，人民日报社的记者编辑寄来了崭新的字典……战河中学成了各地关注贫困家庭孩子入学的一个载体。

在上海、在云南，不时有人问冯艾，大上海发展机会那么多，你已经去过西部了，为什么还要去？每当面对这个问题之际，有时候她回答，有时候她不回答，但她心里想说的就是："有一种生活，你没有经历过，就不知道其中的艰辛；有一种艰辛，你没有体会过，就不知道其中的快乐；有一种快乐，你没有拥有过，就不知道其中的纯粹。"每每想到孩子们的生命轨迹会因为自己的付出而有所改变，冯艾心中就会涌起无穷无尽的快乐。她相信，大学生志愿服务西部计划是一项播撒希望的事业。千千万万的志愿者用自己的心血、汗水和辛劳播下的种子，总有一天会在祖国广袤的西部生根发芽，绽放成灿烂的花海。

而今，冯艾已经成为上海大学生志服务西部的一面旗帜，成为上海青年学子积极向上主流价值观的集中体现。在西部计划的引领下，上海高校唱响了"到西部去、到基层去、到祖国和人民最需要的地方去"的主旋律。

我感到自己长大了

2008年春节，第一次在外地过年的上海大学生志愿者莫家骥，加了5天班，看了81个病人。他说："这里人手不多，让当地医生回家和亲人过个团圆年，我累点没关系。"

莫家骥毕业于同济大学口腔医学院，2007年7月参加西部计划，来到重庆市大足县人民医院，在口腔科挂职工作。刚到大足时，莫家骥显得并不适应，语言障碍让他感到特别棘手，"当地话很难懂，上了年纪的又听不懂普通话，有的病人实在无法交流，只好转给当地的医生。"对此，小莫只有一个念头：坚持。渐渐地，他摸出了当地方言的一些音韵特点，连比带划能够同患者作简单交流了，工作也顺利上手，适应了一周六天的节奏。

小莫有一本《志愿者工作手册》，上面记着每天的门诊情况，看了几个病人、有些什么心得，都有案可查。他说："这是我对志愿服务生涯记载，也留下了一份珍贵的回忆。"

这一年的春节黄金周，就是这样记载的：初一、初六休息，除夕夜看了14个病人，初二看了12个，初三14个，初四25个，初五16个。对小莫来说，难忘的事全都发生在诊室里：初五那天，一个六岁的小孩来拔牙，闹了二十多分钟，就是不让小莫动手，“当时确实觉得束手无策，只好把手中的工具比喻成淋浴龙头，逗他说，‘叔叔要帮你把牙齿里的小虫子冲出来’。”小莫承认，给小孩子拔牙是最头痛的事，他现在已经总结出一套方法：“耐心加细心，要用一种童话的语言，解释给小孩子听，必要时也要家长配合采取一定的强制手段，呵呵。”说到这里，小莫笑了起来。

“不知不觉，一年的志愿服务期已经过去了三分之二。”说这话时，小莫的声音中透着无限的留恋。他说要把剩余的三分之一志愿者时间过得更加充实。小莫说：正是在忙忙碌碌的工作中，真正感到自己成熟了、长大了。

上海大学生志愿者在服务单位挂实职、干实事、求实效，发挥自己专业特长，以接力服务的形式直接服务于当地群众，让他们得实惠；而志愿者也由此增阅历、长才干，培养了对人民群众的深厚感情，激发了社会责任感。

希望在西藏工作到退休

“如果可能的话，我希望能在西藏工作到退休”，在西藏服务的大学生西部志愿者周雁这样表示。2004年7月，她从华东师范大学电子信息专业毕业后，来到西藏自治区教育厅基础教育处志愿服务。当一年服务期即将结束的时候，23岁的周雁作出了自己的人生抉择：留在西藏大学任教，为西藏教育事业贡献自己的力量。

周雁是从广州来上海读大学的，毕业时，同班同学纷纷选择留在上海工作，而她却放弃了美好的工作前景，报名参加大学生志愿服务西部计划，来到了远离家人、但更富有人生挑战的西藏高原。

当时，周雁给系里老师和学校团委写了一封长长的申请书，表达自己的强烈决心。其实这是周雁从小就有的愿望，早在高中提交入党申请书的时候，她就明确表示想去西藏工作，如今“作为一名大学生，自己有义务有责任为祖国西部大开发贡献出自己的青春和力量，同时，这也是对自己的一个很好的锻炼机会”。周雁的父母非常认同女儿的理想，为她构筑了最坚强的后盾。

然而，志愿服务的道路并不平坦。一进西藏她就出现严重的高原反应，到了拉萨，周雁躺倒了。但她暗暗告诫自己：决不能没上火线就退出阵地。经过治疗休息和慢慢的锻炼，周雁终于闯过了第一关。但是，面对生活环境特别是气候环境的变化，长期生活在南方的她仍然感到很不适应。“这里冬天很冷，有时候温度会降到零下十几摄氏度，只能蜷缩在被窝里。而且，这里气候特别干燥，常常是早上起来一摸鼻子，发觉都是鼻血”。好在对于种种艰苦、种种意外，周雁早已作了比较充分的心理准备，她咬紧牙关强化意志磨炼，始终坚信“适应环境是人的基本能力”。考验，就这样通过了。

周雁被安排在自治区教育厅协助基础教育工作。这里的基础建设相对落后，工作人员普遍对电脑不熟悉，教育厅也没有学籍管理的电子文档，文件资料全部使用书面文档，工作量大，也容易出错。周雁看到这种状况，发挥自己所学专长，花了几个昼夜制作出学籍管理软件的设计方案。到9月份，这份软件已经正式使用了。

当志愿者一年时间，几乎每个周末周雁都到当地的中学去听课；业余时间，还要定期为孤儿院的孩子们上课。针对拉萨、山南、那曲地区的中小学普遍缺少专业英语教师的情况，周雁和有关老师一起到基层调研并撰写了调查报告，希望为自治区教育厅推出教师英语强化班的计划打下基础。

“如果说当初做志愿者还带有一丝理想主义的话，那么现在决定留下来，则是经过一年志愿服务实践后做出的理性抉择”。2005 年 9 月，周雁正式到西藏大学工作，在计算机系担任教师。“这里太缺乏人才了，我希望能为西藏培养更多的老师”。

周雁清晰地记得，那次到日喀则一所小学考察，“那里连一张课桌椅都没有，孩子们都坐在自己带来的羊皮毯上看书写字。当时我的泪水就在眼眶里打转。看到孩子们渴望的眼神、企盼的目光，一瞬间我感到自己身上的责任是多么重大”。为了方便更好地和学生交流，她学习了藏语，还到各个地区开展教育调研。

“有的时候我也会想家，一个人在被子里哭，哭过之后就好了。西部建设、基层建设需要年轻人，我要面带笑容去面对工作，面对这些孩子”。周雁说她已经对西藏产生了深厚的感情，把它当成了自己的第二故乡。“我喜欢西藏这片土地，它有一种美，可我为它做得很少，但是我会尽量去做”。

大学生志愿服务西部是一项事业，需要一年一年的接力才能完成。广大志愿者经过一两年的服务，有的坚持在当地留了下来，而大部分人虽然离开，但他们对当地的关注和支持却是永恒的。一年西部行，终身西部情！随着西部计划的深入实施，大学生人才资源将从东部流到西部、从城市流到乡村，成为永不停息的时代潮流。

（共青团上海市委员会　执笔：王婷）

盛开在云南边陲的白玉兰

对口支援，将沪滇两地姐妹的真情相牵。自1997年开始，上海市妇联本着"促进女性发展，建设美好云南"的目标，向云南姐妹伸出援助之手，帮助云南姐妹同走致富路。10年过去了，两地妇联携手合作在云南姐妹心头播撒的希望，犹如朵朵美丽的白玉兰，盛开在那片彩云下的红土地上。

含苞欲放的白玉兰

她们是一群花季少女，然而，由于身处贫困山区，贫穷和重男轻女的传统思想，使这些少数民族女孩们远离学校、失去了上学的机会。

女孩们渴望的眼神，强烈的求学愿望深深地牵动了两地妇联干部的心。上海市和云南省妇联共同发出了呼吁："女孩男孩都一样，都是未来建设云南的栋梁之才，都有接受教育的权利，要让失学的女孩上学去，要为边疆少数民族贫困地区培养一批妇女人才。"

经过艰苦的努力，1997年9月，上海、云南两地妇联实施的首个合作项目"春蕾女童班"(初、高中班)在昆明市女子中学内开班了。首批来自22个少数民族的163名失学女孩重返了校园。

这些一度辍学的女孩们，异常珍惜这一失而复得的学习机会。她们如饥似渴地汲取着各种知识。

1997年至2007年，云南省"春蕾女童班"初、高中班共招收14个班，招收学生533人，均为来自贫困地区的女童，其中少数民族学生近90%。据统计，在"春蕾"高中班已毕业的289名学生中，有218人升入大专院校深造，升学率达75.4%。2004—2007年三年间，"春蕾"高中班的高考录取率均达到100%。

期间，上海市妇联想方设法筹措春蕾女童奖学基金50万元，支持云南省妇联举办"春蕾女童班"，资助学习成绩优良的少数民族贫困女生完成初、高中学业；并发动上海妇女与云南贫困女童搭建结对帮扶"春蕾桥"。在上海市妇联的支持下，春蕾女童班继而得到了社会各界及联合国、英国、美国、澳大利亚以及香港等地区热心人士的关注和资助。

如含苞欲放的白玉兰预示美丽春天的来临，春蕾女童班让失学女童憧憬着美好的未来。看啊，当年的失学女童，如今迈进了高等学府的大门，她们露出了甜美的笑容！

遍地盛开的白玉兰

她们是一群善良纯朴的女性，像祖辈一样辛勤耕耘，然而日复一日的辛劳付出换来的依旧是“一贫如洗”。

如何才能让云南的农民姐妹提高素质、走上致富的道路呢？“授人以鱼不如授人以渔”。为了让更多的云南农民姐妹接受上海优质教育和学习先进技术，走上脱贫致富的道路，2004年沪滇两地妇联再度携手，为云南贫困县建设白玉兰女子远程教育学院。

上海市妇联分别在红河州蒙自县、弥勒县，文山州马关县，普洱市翠云区等4个贫困县的20个村妇代会“妇女之家”，安装了白玉兰远程教育接收设备。

4年来，白玉兰女子远程教育学院开设了《瓜果栽培》、《食用菌栽培》、《蔬菜园艺》、《蔬菜农药的安全使用》、《蔬菜主要病害的测报与防治技术》、《淡水鱼疾病防治技术》、《优质水稻主要病虫害发生特点和防治技术》、《家长与孩子的良好沟通——与孩子一起成长》、《家庭急救小常识》等农村妇女实用知识、技术课程。

通过远程教育培训，妇女们在心里萌发了学以致用的强烈欲望。红河州蒙自县余家寨村的妇女王翠萍、黄春玲参加远程教育培训学习后，改变了过去种植传统作物的观念，发展了特色水果种植。她俩分别承包了120亩、100亩的土地，种植优质石榴、大枇杷、小红枣、水蜜桃。

她俩利用学到的知识，在管理过程中适时整形修剪、培土、开沟排水、施肥，对果树进行科学管理，培育出了无公害绿色水果。王翠萍、黄春玲以水果园为基础，建立了余家寨村“科技示范园”，收到可喜的效果。

目前，这个优质水果示范基地已基本形成了规模，产生了较好的经济效益，更重要的是还带动了该村妇女学科技、用科技的热情。蒙自县文澜镇余家寨村“妇女之家”远程教育教学点被全国“双学双比”领导小组、“巾帼建功”领导小组确定为“全国农村妇女教育培训基地”。

截至2008年6月底，20个“白玉兰”远程教育教学点共培训685期，培训人数共41241人次。

白玉兰女子远程教育学院，为云南农村姐妹学文化、学技术、比发展、比贡献提供了一个新的平台，让她们尝到了学科技、用科技的甜头。

经常参加收看远程教育培训节目的妇女发出这样的感叹：远程教育网是一所没有围墙的学校，不需要花钱、不走出家门就能学到科技知识，掌握脱贫致富的本领，远程教育真好。远程教育满足了云南农村姐妹求知、求富的需要。

通过参与白玉兰女子远程教育学院培训，还有很多云南农村姐妹学到了大量的技术经验，成了当地的种植、养殖女能手。她们不仅自身获得了良好的经济效益，而且成为当地妇女依靠科技发展生产的带头人。

远程教育培训，改变了云南农村姐妹的思想，开阔了她们的眼界，增长了致富的能力，增加了收入来源，户均实现最低增收50元，最高增收1300元。

一个个远程教育接收点，犹如一朵朵盛开在西南边陲的白玉兰。有了它们，云南农村姐妹就增添了一份建设美好家园的信心。如今，她们充满了自信和自豪。

引领春风的白玉兰

“寒凝大地发春华”。在初春的季节，白玉兰引领春天百花的盛开。

要全面促进云南姐妹的发展，增强她们建设美丽云南的能力，关键是要有一支出色的领军队伍。

这支队伍的核心力量就是妇联干部。

1997年以来，上海市妇联和上海市妇女干部学校无偿举办云南妇联干部培训班，每年接收一批云南各级各族妇联干部来沪集中培训。

上海市妇联高度重视培训项目，加强与云南省妇联的沟通，有针对性地设计课程，做到培训之前有计划、培训期间有对话、培训之后有跟踪，关注培训实效。

最受云南妇联干部欢迎的是培训内容注重了三个结合：注重妇女工作理论与党的理论相结合，提高在围绕中心、服务大局中谋划妇女工作的能力；注重妇女新时代的需求与妇女工作开展方式方法的结合，提高服务妇女、凝聚妇女的能力；注重现实与未来发展的结合，提高开创新局面、开辟新境界的能力。

云南妇联干部反响最为热烈的是，培训课程注重“精”字。上海市妇联为云南妇联干部培训班选择了精品课程，提供了精品教材，传授了精彩内容，奉献了上海妇女工作经验中的精华。

课堂上，云南妇联干部聚精会神，不时露出会心的微笑；课堂下，她们与老师，特别是上海妇联的干部热烈讨论，交流着彼此的感受。

11年来，约有310余名云南各级妇联干部来到上海参加培训。

培训过的云南妇联干部一致认为：培训立意高，从理论到实践，既立足当前、又着眼未来，开阔了眼界，拓展了思路，有利于她们认识时代，把握时代脉搏，认清面临的机遇和挑战；培训内容丰富，教师在讲课中引经据典、旁征博引，既提高了她们妇女理论水平和妇女工作实务能力，又提升了文化素养。培训增强了云南妇联干部服务大局、服务基层、服务妇女的能力，增强了她们发挥妇联组织优势、发挥半边天在云南经济社会发展中作用的底气。

如今，她们如迎春盛开的白玉兰，在云南市(州)、县各级妇联工作岗位上，将上海的经验和云南实际结合，勇于突破瓶颈，创造性地开展工作，用她们的智慧和才华，引领云南姐妹们共同描绘美丽的七彩云南。在她们的脸上，流露出的是自信的笑容。

白玉兰盛开的季节是美丽的，脱贫致富的边疆是和谐的。为了民族团结、促进边疆发展，沪滇两地妇联的合作如浩浩长江之水永不停歇，崭新的历史篇章又将开始续写……

（上海市妇女联合会　执笔：黄志英）

谱写跨关区通关合作新篇章

上海是我国对外开放的重要门户。2007年，上海港集装箱吞吐量完成2615万标准箱，跃居全球第二，货物吞吐量则连续三年蝉联全球之冠，上海口岸进出口货值也从2005年的3506亿美元增长至5209亿美元，年均增幅达22%。随着开放型经济的快速发展，越来越多的外地企业通过上海口岸，融入经济全球化的浪潮。目前，上海口岸超过一半的进出口货物来自上海以外的地区，上海“大口岸、大外贸”的功能不断增强。

上海海关作为国家重要的进出境监督管理机关，始终致力于加强通关合作，提高口岸通关效率、增强口岸辐射能力，服务推动区域协调发展。2005年启动的区域通关改革，就是上海海关服务长三角、服务长江流域、服务全国的重大举措。

探索：制订改革方案

上海位于我国东部沿海开放带和沿江产业密集带的T型结合部，集“黄金海岸”和“黄金水道”于一身，既是长江流域的出海门户，又是江海、水陆、空运、铁路的重要枢纽。经济全球化步伐的加快，“零库存”、“及时生产模式”、“供应商管理库存”等先进物流管理理念的兴起，对上海口岸通关模式、通关效率都提出了更高的要求。从国际环境看，东北亚国际集装箱枢纽港竞争日趋激烈，迫切要求上海口岸加速与国际物流体系接轨，提升通行能力，完善服务环境，不断提高国际竞争力。从国内环境看，我国开放型经济的快速发展，上海口岸进出口货物和出入境人员将持续大幅增长，迫切要求上海口岸进一步优化通关环境，全面提升口岸功能，增强集聚、辐射功能，提高上海口岸服务长三角、服务长江流域、服务全国的能力。

为推动提升上海口岸的通行能力，实现区域物流的快速流动，上海海关于2004年深入开展调研，充分吸纳兄弟海关、口岸管理部门和广大企业的意见和建议，多方论证、数易其稿，最终形成《长三角区域通关一体化改革方案》并上报海关总署。2005年11月21日，在海关总署的统一部署下，长三角区域通关改革试点正式启动，通过实现不同关区海关之间的信息共享，再造跨关区通关流程，消除因行政区划和关区设置造成的通关障碍，着力为长三角和长江流域企业打造新型通关模式，由此揭开了海关跨关区通关合作崭新的一页。

启动：具体实施两步走

实施区域通关改革前，内陆企业如果需要办理货物进出口通关手续，只有两种选择：或者在货物实际进出境口岸办结全部海关手续，奔波于企业所在地和口岸之间；或者采用转关运输方式，在口岸海关和内陆海关"两次申报、两次放行"，手续较为繁琐。区域通关改革着眼于区域经济协调发展，切实转变了跨关区通关手续多、成本高、效率低的局面。

2005 年 11 月，长三角区域通关改革正式启动，分两步实施：第一步是"规范和简化转关监管"。企业申报转关后，海关计算机系统将自动审核转关申请电子数据，并在大多数情况下自动办理放行操作，减少了对原先人工作业的依赖程度。只要申报内容符合国家规定，海关原则上都同意转关，不同意转关的，须上报核准，并注明原因。此措施出台后，转关效率得以大幅提升。

在"规范和简化转关监管"顺利推行之后，2005 年 12 月 1 日，区域通关改革第二步——"属地申报、口岸验放"模式正式启动。该模式是为守法水平较高的企业提供一种更为便捷和高效的通关模式。在这一模式下，跨关区通关企业在向当地海关报关后，可直接由口岸海关实施验放，货物在两地间的运输也无需由海关监管车辆承运，实现"一次申报、一次放行"，使企业办理跨关区通关手续时，如同在一个海关内，突破了行政区划分割和关区设置的"樊篱"。

推进：从沿江扩展到内陆

区域通关改革试点的成功，使得上海口岸通关效率大幅提高，越来越多的内陆企业"借道"上海走向世界，有效地推动了内陆省市开放型经济的发展，同样也使上海口岸更好地发挥面向世界、服务全国的枢纽作用。

通过"规范和简化转关监管"，转关运输从制度上、流程上、计算机程序上有效限制人为干预，切实保证"应转尽转、应转快转"。企业普遍反映，采用新模式后，转关运输比以往更加顺畅、快捷，充分体现了尊重企业自主选择和物流规律的原则。转关业务量的增长带动了上海口岸现代服务业的发展，为上海集聚了大量的物流、人流、信息流和资金流，为上海的港口、机场、航运、仓储、运输、报关、金融、旅游等相关服务行业提供了发展机遇。目前，上海海关已经同全国 35 个直属海关开展转关业务，涉及 30 个省区市。2007 年，上海海关监管进出口转关货物 148.66 万批，重量 3099.12 万吨，与 2005 年末实施"规范和简化转关监管"措施前相比增幅明显，增长幅度分别达到 55%和 46%。

而"属地申报、口岸验放"改革措施的实施，更是进一步拉近了内陆地区与国际大市场的距离，为企业通关提供了更多实实在在的通关便利。

首先，通关更快捷。企业可以提前在属地海关办理报关手续，待运输工具抵达口岸后，直接到口岸海关办理货物验放手续，从而减少了货物在口岸的滞留时间，简化了企业的申报环节，免除了企业在两地海关来回奔波，手续更简便，速度更快。以往内陆企业几天才能办完的通关手续，现在一个小时就能全部完成，大大优化了内陆企业开展国际贸易的物流环境。

其次，成本更低廉。企业无需再使用海关监管船舶或车辆，可自由选择运输工具，安排货物转运，有效降低运输成本。以重庆企业进口货物为例，现在使用从上海到重庆的一辆非海关监管车，可帮助企业节约成本一万元左右；货物在口岸海关放行后，可自行保存在企业仓库，不必像以往那样必须保存在海关监管仓库，仅入、出仓费每公斤就节约八毛钱；由于减少了报关量，企业还节省了大量人工成本。

第三，资金更安全。货主企业可在属地海关直接办理税费、保证金的缴纳手续，无需将款项提前汇到口岸代理公司的账户上，保证了公司资金的安全。

正是"属地申报、口岸验放"模式给企业带来的众多实惠，该模式受到了不少内陆企业极大关注。无锡阿尔卑斯电子有限公司就是第一批"吃螃蟹"的企业之一。2005年底，该公司进口了一批急需的机器设备，由于船期延误，企业生产受到影响，交货时间迫在眉睫。按原有通关模式，这些设备要从上海口岸完成通关至少需要三天时间，而这三天的延误，企业可能需要承担上百万元的违约赔偿。针对企业的困难，当地海关与上海海关迅速取得联系，就该企业适用"属地申报、口岸验放"的需求进行沟通。在通过对该家企业的资格审核后，当天下午，无锡阿尔卑斯电子有限公司的这批进口设备仅用了半天时间，就迅速完成通关，使得企业如期交货。现在，无锡阿尔卑斯电子有限公司的出口业务，90%都采用"属地申报、口岸验放"模式，不仅通关速度得以加快，企业的物流成本也大幅降低。

中国嘉兴外轮代理有限公司总经理俞伟光用四个"不用"，生动形象地描绘了"属地申报、口岸验放"模式给企业带来的实效，"不用那么勤快地跑口岸海关了，不用在口岸海关报关大厅排队等候了，不用非要等到海关监管车辆才能运货了，不用再进属地海关的监管场地了。"

"属地申报、口岸验放"推广以来，社会反响热烈，发展态势良好，广受企业青睐，越来越多的企业申请使用该模式。区域通关也随之从长三角向长江流域甚至更广的范围推进。上海海关作为长江流域区域通关改革的牵头单位，已经将改革范围从上海拓展到其他18个省区市，具体包括：江苏、浙江、安徽、江西、湖南、湖北、四川、重庆、陕西、河南、青海、甘肃、福建、西藏、宁夏、黑龙江、云南、海南，共有1323家企业获准使用该通关模式。2008年1—8月，上海海关以"属地申报、口岸验放"模式办理进出口业务货物货值共63.39亿美元，同比增长1.97倍。

区域通关改革不仅给企业带来了便利，更加快了上海口岸进出口货物的通关速度，进一步发挥了上海口岸的辐射带动作用，实现了东中西互动、优势互补、相互促进，大大扩大了上海口岸对周边地区的服务作用和辐射能力，提升了上海大口岸、大外贸的集散功能，促使上海更好地服务长三角、服务长江流域、服务全国。

提升：打造长三角通关一体化

为了进一步完善长三角区域合作交流机制，加快推进区域一体化进程，充分发挥长三角地区的"经济增长极"和"发动机"作用，2007年5月30日，苏浙沪三地政府共同签署了《长三角区域大通关建设协作备忘录》，探索建立长三角区域大通关协作机制。上海海关将一如既往地推进长三角区域大通关各项工作的开展，在新的更高起点上谋划长江三角洲地区的发展，把长三角发展置于全国的大格局中去思考、谋划和推动，着眼共同发展，立足互惠共赢，积极主动地推动区域联动发展。按照"深化、扩大、突破、提升"的思路，全力做好长三角区域大通关建设这篇大文章。

深化，就是积极推动长三角沪、宁、杭、甬四个直属海关之间的协作交流向纵深发展。在海关总署的统一领导下，进一步健全完善长三角内各海关的协调、合作机制，推动长三角海关相互之间的信息互通共享。同时，加强与其他口岸查验单位的联系配合，共同推动区域通关建设向更大范围、更深层次发展，努力提升海关服务的能力和水平。

扩大，就是扩大区域通关改革的范围和效应，与长江黄金水道开发相结合，与中部崛起、西部开发的国家战略相配套，推动长江流域和内陆地区的联动发展。探索以"梯次推进、点片辐射、区域一体"方式，积极帮助武汉、重庆等长江沿线主要港口发挥转运分流功能，使长江流域和中西部地区共享区域通关改革的成果。

突破，就是进一步加大海关通关改革的整合优化力度，努力突破口岸通关瓶颈，充分发挥好上海口岸的辐射和服务功能。以风险管理为依托，进一步简化手续，分类管理，使守法企业和低风险货物能够更为便捷地通关，切实提高口岸通行效率。继续促进洋山保税港区和上海航空枢纽建设，充分发挥上海口岸辐射长三角、服务全国的能力。

提升，就是不断提升海关执法能力和服务水平。以中国电子口岸建设为依托，完善综合信息处理平台，逐步在长三角区域推广应用税费电子支付一体化。在海关总署的统一领导下，加快探索构建长三角区域审单中心，实现集中作业、资源共享，为进出口通关提供更加安全、便捷、高效的海关服务。

（上海海关　执笔：孙峻炜）

企业腾飞　事业光彩

——上海市民营企业参与国内合作与光彩事业侧记

2008年7月20日，在“心系灾区、携手共建”为主题的“2008年光彩事业活动日”现场，上海民营企业投资援建都江堰的首批12个定向项目签约；与此同时，上海民营企业“光彩再行动”定向助学、助业、培训等项目也正式启动。之前，上海市各级光彩会组织和广大民营企业家已经向四川地震灾区捐款捐物达6.59亿元人民币。

2000年国家西部大开发战略实施以来，上海市工商联充分发挥党和政府联系民营企业的桥梁与助手作用，积极引导民营企业更好地“服务长三角、服务长江流域、服务全国”，积极参与国内合作与光彩事业，成效显著。

创建交流平台

长江三角洲地区在中国经济发展中备受瞩目，在长三角经济发展中发挥重要作用的民营企业，在全球经济趋于一体化的背景下孕育着新一轮的发展机遇。为加强政府、学界、企业界的交流，探讨区域经济发展的特点，2003年苏浙沪三地工商联商定以联合主办、轮流承办的方式，创建“长江三角洲经济与民营企业发展论坛”(简称“长三角论坛”)，首届举办地放在上海。2006年7月，上海方再次主办了“长三角民营企业自主创新研讨会暨科技成果转化项目信息发布会”。每年一次的长三角论坛为企业提供了对话、交流的平台，企业从中了解到区域产业发展动态、各地招商政策和项目信息，促进民营企业在区域产业整合中寻求到更多商机，有力地推动了“长三角”经济一体化发展。

继2003年8月成功举办首届“长三角论坛”后，同年12月苏浙沪15城市工商联组建“长江三角洲十五城市民营经济和商会工作合作与交流机制”，旨在发挥工商联组织的独特优势。通过每年一次的年会使区域工商联的联系和交流制度化，加强资源共享和经验交流，实现区域工商联工作“政策互通、待遇同等、商会互动、资源共享”，共同构建促进区域经济发展的民营经济服务体系。

为了让上海的民营企业家更多地了解中国主要经济区规划和发展现状，上海市工商联组织本市民营企业家代表团赴天津滨海新区、广西北部湾经济开发区等地考察，详细了解总体规划和项目信息。上海市工商联还分别与河南、宁夏、江西、吉林、新疆、云南等地工商联建立友好商会关系，积极推动区县工商联与各地工商联之间的交流沟通，借助工商联组织网络，帮助上海民营企业加强与外省区市企业的合作，在参与地方经济建设中共同发展。

近年来，上海实施"两个优先"战略，加快推进先进制造业和现代服务业发展。为了吸引更多的全国知名民营企业来沪参与"两个优先"发展，2005 年上海市工商联与上海市发展和改革委员会、上海市经委共同举办"民营企业家·上海产业发展咨询会"，邀请了北京、天津、四川、广东等 16 个省市的 23 位知名民营企业家与会。市政府有关部门介绍了上海优先发展先进制造业和现代服务业的情况及上海落实《国务院关于鼓励支持和引导个体私营经济等非公有制经济发展的若干意见》的设想。与会企业家为上海的经济发展提出了许多有价值的意见和建议，为本市非公经济发展、先进制造业和现代服务业发展出谋划策。会议加强了上海与外省区市知名民营企业的联系，提高了本市民营经济的影响，在社会上引起了一定反响。

追求多赢发展

上海市工商联、上海市光彩会以促进区域经济协调发展为己任，积极引导民营企业参与项目合作。2000 年以来，组织 70 余批(次)民营企业赴对口地区、中西部和东北等地考察，开展帮困扶贫、投资项目、捐赠光彩小学、植树造林等活动。

开展企业合作，带动当地发展。上海复星医药(集团)股份有限公司通过与广西、四川、重庆、陕西、宁夏、新疆、西藏等西部地区的企业合作，现已成为中国最大的综合类民营企业，旗下桂林制药有限责任公司自主研发的青蒿琥酯系列产品跻身国际市场，而青蒿产业链则带动了老少边穷地区的农业和工业经济发展；东方希望 2002 年在包头投资煤铝电一体化项目，打造了独具竞争力的循环经济链。这些大项目大投资对当地产生了良好的带动和规模效益。

投资三峡库区，发展当地产业。我国最大的水利枢纽工程三峡工程涉及到大量移民外迁，妥善安置他们对实现三峡库区可持续发展意义深远。均瑶集团在宜昌投资建设乳品加工基地和示范牧场，在三峡库区实施万头奶牛养殖计划，形成集养殖、深加工、销售于一体的农业产业龙头企业，盘活国有资产近 1000 万元，安置农民工等就业 1000 多人，使 5000 多人脱贫；上海中发电气(集团)有限公司 2004 年 7 月投资成立了重庆一口鲜实业有限公司，进行牛、羊屠宰及深加工项目，除吸纳 2 万农户从事牧草种植、牛羊养殖外，牛羊屠宰深加工还为 550 名城市下岗失业人员和移民实现"再就业"。这些项目的实施，有效地缓解了库区移民"就业难"矛盾，对解决三峡库区的移民安置和继续发展三峡库区的农业产业化，促进当地的农业结构调整具有重要意义。

参与国企改制，支持中西部发展。集聚资本、产业优势，积极参与外省区市国企改革，是上海民营企业服务全国的主要方式之一。2003 年以来，上海胜华电缆集团分别投资收购安徽绿宝电缆集团有限公司、河南新乡电缆厂、沈阳新城子电缆厂，对老厂设备进行了更新改造，新建研发基地和车间；上海人民企业(集团)有限公司收购重组有 50 多年经营历史的哈尔滨电表仪器厂，妥善安置员工，重振"哈仪"这一国家名牌。上海民营企业通过收购经营困难的国有企业，使老企业焕发了生机，明显提高了改制企业的经济效益，也挽救了国有老字号品牌，在支持兄弟省区市发展中实现了自身的发展。

情系西部地区，改善人居环境。2000年国家西部大开发战略实施后，上海慧彬实业投资有限公司抓住机遇，选址贺兰山东麓国营玉泉营农场，投巨资签约3000亩(其中2000亩荒地)土地40年的葡萄种植承包权，开展以种植酿酒葡萄为主，集防风治沙、水土保持为一体的综合性资源环境治理项目，不但安排了300名农民就业和居住，还使这个不毛之地变为适宜居住的绿洲；上海国达建筑安装工程有限公司在2001年完成对新疆耐材公司的收购后，先后投入3500万元为职工修建安居房，为特困户购买解困房，还承担了600亩荒山的绿化项目。上海民营企业发挥自身优势，主动对接当地资源优势，明显改善了当地的生态环境，极大地促进了当地社会事业和经济建设的全面发展。

投身光彩事业

1994年4月，为配合“国家八七扶贫攻坚计划”，在中央统战部和全国工商联的支持下，上海淮海机电科技有限公司董事长范建中等10位民营企业家联名倡议“让我们投身到扶贫的光彩事业中来”，以民营企业家为参与主体，投资项目、开发资源、兴办企业、培训人才、发展贸易，并通过包括捐赠在内的多种方式促进贫困地区的经济发展和教育、卫生、文化等社会事业的进步。

在市委、市政府关心和支持下，市工商联努力引导民营企业在对口支援、促进就业、社区建设和新农村建设中发挥积极作用。上海民营企业对光彩事业认识不断提高，参与热情与日俱增。2003年上海市工商联、上海市光彩会首次举办光彩事业活动日，通过多媒体、演讲、采访、合唱、展示等多种形式，生动再现了上海民营企业在投资西部、捐资助学、扶危济困、促进就业、社区建设、抗震救灾等多方面做出的突出业绩，得到大家的一致好评。2006年光彩活动日上，全国工商联领导黄孟复和胡德平发来贺信，充分肯定了上海一年一度的“光彩事业活动日”。

“光彩事业活动日”连续举办了6届，它已经成为上海一个品牌活动。每年光彩活动日现场，民营企业家积极参加，踊跃认捐，产生了良好的宣传和示范效果。据不完全统计，2003年以来，上海民营企业共实施光彩事业项目132项，投资金额220.67亿元，到位资金123.51亿元，捐建光彩学校129所计3407.32万元，捐赠各类公益事业金额(不包括此次“5·12”汶川地震赈灾捐款)9亿多元。

改革开放30周年，尤其是近年来，上海民营经济逐渐步入新的发展阶段，企业在腾飞的同时，积极主动承担社会责任，为光彩精神注入了新的内涵。

(上海市工商业联合会　执笔：张蕙)

服务，写在浦东开发开放的旗帜上

开发开放浦东！1990年4月，中国大地上，树起了又一面旗帜，标志着改革开放踏上了新的征程。2005年，在浦东，又诞生了全国第一个综合配套改革试验区。

作为上海改革开放的窗口和先行先试的样板，18年来，浦东开发大打“长江牌”、“中华牌”、“世界牌”，全国、全世界的目光都投向这片热土，资本、人才、技术、信息迅速向这里集聚，人们纷纷寻求在这里落户。截至2007年，浦东新区共有493家中外资金融机构，96家跨国公司和地区总部，28013家中外资企业入驻。2007年实现国内生产总值2750.76亿元，外贸进出口总额1280.52亿美金，吸引外资实际到位金额达到33.06亿美金。

浦东新区的迅速崛起和发展，得益于这里良好的政策环境、投资环境、市场环境、服务环境和生活环境，也是18年来新区各部门和社会各方面共同努力，不断完善优化服务组织、服务平台、服务规范、服务功能，提升服务质量的结果。

服务：凝聚在新区职能部门

1990年，从浦东新区政府（前身是浦东新区管理委员会）第一天挂牌开始，就将服务放在了重要位置。新区政府按照上海“八五”计划纲要提出的“开发浦东、振兴上海、服务全国、面向世界”的国民经济和社会发展总体战略思想，把开发浦东和服务全国结合起来，放在同等重要位置，在机构设置和工作举措上加以体现，并不断完善与加强。1997年4月，新区成立了国内协作办公室，具体工作由原新区经贸局负责。2000年新区建政时，在原经贸局加挂“浦东新区人民政府协作办公室”牌子，主任由原经贸局局长兼任。2003年在市政府新一轮机构改革中，原新区政府协作办公室改名为新区政府国内合作交流办公室，但牌子仍挂在经委内。2004年9月，新区建立国内合作交流工作联席会议制度，由分管副区长和经委负责人担任召集人，下设联席会议办公室，由经委、发改委、国资委主要负责人分别任正副主任，新区16个委办局作为成员单位，分工协作，形成合力，共同推进国内合作工作。

目前，浦东新区服务全国工作主要有：一是对口支援。主要负责援疆援藏、对口支援三峡库区重庆万州、对口帮扶云南和都江堰市幸福镇及一个开发区。二是友好城区合作。2000年以来，浦东分别与青海省西宁市、浙江省嘉兴市、北京市海淀区结为友好城区，相关工作主要由区委、区政府办公室和经委牵头，相关委办局协同落实。三是经常性经贸合作交流，主要由经委负责推进。兄弟省区市党政人才培训和干部挂职锻炼等，主要由区委组织部、新区党校以及设在浦东的“展望计划”办公室负责实施；现代农业人才培训主要由孙桥现代农业开发公司负责实施；对口支援地区新农村建设方面的干部培训由新区农村党校实施。此外，新区各委办局、功能区域、街镇和开发公司、龙头企业也都结合各自实际，在项目合作、技术输出、搭建平台等方面建立工作机制，加强服务，积极发挥辐射带动作用。

服务：集聚优势全方位辐射

浦东新区相关委办局和单位均由主要领导挂帅、分管领导负责，结合各自职责和工作特点，不断拓展服务内涵，使各项对内对外服务同步规划、同步实施、同步考核，并落实到具体责任人。其服务内容和形式体现了全方位多向性的特点。主要有：

发挥资金支持优势。经不完全统计，截至2007年底，新区在对口支援地区累计投入帮扶资金6600多万元，援建了60多个项目，帮助培训干部270多期、1万余人，派出13批23名优秀干部到当地挂职，有力地促进了当地经济社会发展。除了财政投入外，各部门、各单位自筹资金，整合资源，主动帮助对口支援地区和中西部地区解决实际问题，建立起紧密的合作关系。2007年新区计划外安排415万元资金，分3年在重庆万州实施以解决民生问题为主要内容的“爱心工程”，洋泾街道为万州城中疾控中心综合楼项目建设资助了100万元。

发挥人才服务优势。浦东新区每年都组团赴友城西宁考察，围绕城市规划与建设、招商引资、经贸洽谈等开展服务活动。2002年起，先后派出规划专家组、博士团、教育专家组、园林绿化高级技师组等赴西宁开展专题活动，推进相关项目。新区捐资1000万元援建了西宁凤凰台标志性建筑，投资8247万元建造了“浦宁之珠”电视塔。金桥出口加工区与西宁国家级经济技术开发区结成友好开发区，新区人事部门协助建设并开通了“昆仑人才网”，结束了青海省会城市无专业性人才网站的历史。

发挥农科输出优势。浦东新区把立足浦东、服务全国作为现代都市农业发展方向，大力发展科技农业、服务农业、设施农业。坚持以科技为先导，以标准化生产提升农业产业能级，逐步实现从城郊型农业向现代都市型农业的转变。近年来，浦东积极探索并形成了“两头在内、中间在外”（即种子技术和精深加工在浦东、生产种植养殖在区外）的现代农业发展模式，建立异地农产品基地130万亩，辐射范围达20多个省（市、自治区）。

浦东农业技术服务，主要采用种源输出型、技术输出型、龙头企业带动型和交易服务型等四种模式。上海农业科技种子公司在内蒙古鄂尔多斯地区建立种子包衣工厂，对牧草种子包衣后实施牧草飞播，实施面积已达1000多万亩，其技术水平得到国家林业局的肯定。新区利用科技优势培育的种苗猪、优质水稻、蔬菜种子等，目前已辐射全国20多个省（市、自治区）。

浦东新区现代农业龙头企业积极在外省市建立生产基地，开展农产品合作，带动当地经济发展。上海东方种畜场等10多家农业龙头企业与20多个省（市、自治区）建立合作关系，将外省市农业原料以合同、订单等方式收购，并通过加工、包装等实现农产品的配送和出口，带动种植养殖面积20多万亩、滩涂15万亩，年销售农产品20多亿元，其中出口创汇2000多万美元，带动农户10多万户。

孙桥现代农业园区、新成食品公司、恒大水产市场、浦优配送中心等农业龙头企业赴嘉兴考察，建立农业基地，并协助嘉兴将乌镇纳入浦东旅游网络并开始正常运作。

发挥服务平台优势。浦东新区在功能开发中，积极优化资源配置，打造了一系列服务平台，不仅提高了自身经济的运行效率，还促进了对外经济服务和合作交流。以浦东人才中心建设为载体，建立智力输出、合作培训、人才派遣、人才交流等区域合作开发机制，先后与南京、苏州、无锡、杭州、合肥等17个城市开展了异地人才派遣合作。并按照"联网贯通、信息共享，互为代理、协调互动，差别定位、功能互补、定期会商、协调互动"的思路，进一步推动人才市场和劳动力市场的信息化、专业化、产业化发展，提供一体化服务。积极畅通"西行"人才信息供求渠道，为中西部地区提供人才预测规划、专家咨询、人才测评、人才市场建设等多种服务。

与此同时，浦东还利用人才培训平台，为全国各地提供服务。据不完全统计，18年来共举办各类干部培训班586期，培训人数达2万多人次，安排各类干部挂职锻炼400多人次，并为全国17个省(市、自治区)培训现代农业人才1万多人次。

发挥要素集聚优势。按照"国家战略、上海实施、浦东载体"的定位，浦东大力打造金融核心功能区，营造良好金融环境，深入开展金融服务。目前已成为金融机构集聚度最高、金融要素市场体系最完善、金融功能最全面的地区之一，成为长三角、长江流域乃至全国经济发展的重要助推器。浦东通过实施"区港联动"，大力推动外高桥港区、保税区和保税物流园区的发展，使之成为与国际经济运行规则接轨的重要平台。外高桥保税区在创新海关监管模式、探索外汇政策改革、开放外资贸易公司和推动物流分拨等方面先行先试。保税物流园区促进了国际中转、转口贸易与海运直通业务的发展，改变了以往区内企业产品香港"一日游"的状况，为长三角地区加工贸易企业搭建了快速结转平台。现已初步成为长三角区域性物流中心，其进出区的货物总量中，一半以上往来于长三角地区。

发挥市场辐射优势。18年来，作为改革试验田的浦东充分发挥各项先行先试政策优势，大力推动证券、期货、黄金、钻石、人才、产权等要素市场建设，开创并逐步完善"一门式"服务，为落户企业做好各项后续服务工作。截至2008年8月底，各地投资企业达到12786家，注册资本达到850亿元。各地企业把浦东作为走向全国、走向世界的平台，"借台唱戏"、"借船出海"、"借梯登高"，许多企业在浦东设立总部或地区总部，在全国乃至全球谋篇布局进行再投资，不少跨国公司也在浦东设立地区总部，作为向全国各地延伸投资的平台。浦东依托新区农产品批发和水产品交易两大市场平台，帮助来自全国各地的农产品、水产品实现销售，年交易额已分别达到35亿元和23亿元。

发挥行业协会优势。浦东新区各部门和各类协会在帮助解决外省市入驻企业实际困难方面做了大量工作，如子女就学和参加中考高考、户口和居住证、车辆牌照和通行证、企业间矛盾纠纷调解等。新区积极鼓励律师主动服务全国，浦东律师每年参与的全国重大经济谈判和重大项目法律服务数以百计。

发挥党组织的优势。浦东新区通过建立内联党工委、"两新"党组织为外省区市入驻单位建立党组织、开展组织活动创造条件，并提供挂靠、提供服务、提供信息。据新区内联党工委统计，目前直接挂靠的外省区市入驻浦东企业55家，基层党组织277个，党员3489名。截至

2007年底，累计为外省区市入驻企业办理因公出国政审1506批、5117人次。

发挥社会力量优势。为更好地开展服务全国工作，新区积极发动社会力量，群策群力，共同参与。新区残联三年内为西宁援助"三个一百"项目，2003年至2005年，为西宁市白内障患者免费实施复明手术120例，赠送轮椅100辆，资助10万元用于100名残疾学生完成学业。新区还通过组织各类爱心慈善募捐活动、援建希望工程等，为中西部地区献出爱心，并组织各开发公司及部分内外资企业到中西部进行考察，有效地推动了企业捐建希望小学等活动。

服务：新时期　新提升　新突破

2004年，胡锦涛总书记视察上海，对上海提出了"服务长三角、服务长江流域、服务全国"的新要求，对浦东寄予了继续当好改革开放排头兵的新期待。在新的形势下，浦东进一步推进综合配套改革，更好地服务长三角、服务长江流域、服务全国。

扩大对内开放，优化各种服务。浦东将立足国家区域发展总体战略，在全国统筹发展的大格局下，按照以下原则做好"三个服务"：一是坚持扩大开放、海纳百川。进一步降低门槛，消除壁垒，优化服务，为全国各地的人才和企业在浦东创业发展提供各种便利，为各类要素资源的流动和配置提供优质服务。二是坚持优势互补、合作共赢。把浦东的体制、资本、信息、人才、技术、产业等优势与兄弟地区的自然资源、市场资源、政策资源、人文资源等优势结合起来，在广泛合作与交流的基础上实现共同发展。三是坚持政府引导、社会参与。加快转变政府职能，强化规划导向、信息服务和政策扶持，充分发挥市场的调节功能和企业的主体作用，广泛动员社会各界参与，共同形成服务全国的合力。四是坚持统筹兼顾、突出重点。以推动长三角地区联动发展为核心，积极促进与长江流域、中西部地区和东北地区的互动发展，真心实意做好对口支援工作，加强与兄弟地区的交流合作。

打造四大平台，增强辐射功能。浦东新区在深化综合配套改革中，将着眼突破发展瓶颈，着力打造四大平台：要素市场服务平台、产业功能辐射平台、区域合作交流平台、人才培训开发平台，健全市场经济体系，充分发挥要素集聚和资源配置作用。

抓住贯彻落实国家有关促进长三角改革开放和经济社会发展指导意见以及长三角区域规划的契机，完善以浦东铁路、长江隧桥工程为重点的对外交通网络，促进外高桥港区与长三角港口群互动合作，深化与长三角周边城市在"大通关"、科技创新、知识产权保护、人才开发、环境保护等方面的合作，主动参与区域性合作组织活动，发挥浦东的先行先试效应。

发展要素市场，促进产业升级。进一步聚焦陆家嘴金融区，加快各类金融机构、监管机构、专业服务机构集中集聚，推动证券、期货、外汇、产权等要素市场建设，提升总部经济能级和水平，促进各种要素资源跨区域流动、市场化配置，在推进上海国际金融中心建设中不断增强辐射力和影响力。呼应洋山深水港工程，积极推进外高桥港区扩建，全力配合浦东国际机场二期工程建设，加快建设机场北通道，发挥海港、空港物流园区作用，不断提高浦东口岸服务全国的能力和效率。

进一步做优做强浦东的主导产业，不断优化投资"导航"服务，支持企业"走出去"发展，为各类企业在全国全球范围内优化产业布局、延伸产业链提供优质服务。把浦东加快转变增长方式与促进兄弟地区产业优化升级有机结合起来，把浦东产业结构调整与实施产业梯度转移结合起来。扩大生产性服务业的辐射服务范围，鼓励连锁商业、连锁酒店等服务业企业到兄弟地区布设网点，积极输出技术、人才、管理和信息等资源。

抢抓世博机遇，创新合作模式。在认真总结经验的基础上，积极探索合作交流的新途径新模式。发挥浦东国家级开发区的品牌优势、管理优势，深化对开发模式、园区规划、政策设计的系统化研究和个性化服务，通过品牌共享、管理输出、招商代理等多种形式，加强与兄弟地区开发区的联动与合作。

积极研究提升“三个服务”传统项目的质量和能级，做强做精，打响服务品牌。加快推进区委党校迁建工程建设，提高承接能力和教学水平；增加专业培训项目，进一步放大培训效应。充分发挥张江创新学院作为国家级服务外包专业人才培训基地的作用，采用政府购买服务等方式，鼓励各种社会力量参与外省区市人才培训工作。用好国家人事部在浦东开展人才中介机构外资控股试点的机遇，与兄弟城市共建人才交流服务平台，开展跨地区人才开发合作。

抢抓2010年举办中国上海世博会的机遇，以此作为浦东服务全国的重要载体，大力完善金融贸易、会展旅游、现代物流、商务服务等功能，为搭建全国办博大平台奠定扎实基础。积极参与筹办世博论坛，为网上世博会提供软硬件支撑。进一步加强与长三角周边城市建立共享世博效应的定期沟通机制，以“世博之旅”为载体联合开展世博客源综合开发利用工作。积极协助兄弟地区在世博会期间开展地区活动日、演出、巡游以及各类招商、展示、推介等活动，合力解决国内外游客的住宿、出行、观光等问题。

加强资源整合，形成服务合力。进一步健全新区国内合作交流工作联席会议制度，建立要素市场服务等四大平台建设的专题小组，由相关单位分别牵头，协调解决各种重大问题。充分发挥新区国内合作交流办公室职能，会同有关部门加强对“三个服务”的指导协调和监督检查，落实领导责任制和工作责任制，把“三个服务”落到实处。

加强与市政府驻外办事机构、各地政府驻上海和浦东办事机构、各地驻上海和浦东企业商会等部门和机构的联系与合作。相关部门和单位将建立联络员制度，主动做好重点对象的服务工作。

加强对浦东新区现行多渠道的国内合作、支援帮扶等各类资金的整合，统一建立“三个服务”专项资金，健全管理机制，提高使用效率。进一步发挥人民团体和各类社会组织的作用，扩大“三个服务”活动的社会参与度。充分发挥落户浦东的全国“展望计划”办公室、沿海中西部地区县市联合办事处等机构的优势，拓展“三个服务”工作的渠道和网络。

（浦东新区人民政府合作交流办公室　执笔：胡建华、王忠文）

亲商：落户徐汇的原动力

2008年7月31日下午3时，在上海均瑶国际广场32楼大会议室，一场题为“纵横——如何规避经济合同中的风险”法律讲座正在举行。主讲人先理论阐述，后案例分析。当进入“现场互动”环节时，气氛顿时活跃起来，问题一个个抛来：应收账款长期收不回来怎么办？遇到霸王条款是签还是不签……主讲人是沪上优秀律师，对这些疑难杂症一一号脉并开出方子，与会者频频点头。

组织这次“专家会诊”的是徐汇区各地在沪企业协会，参加会议的都是协会会员。类似活动每个月都要举办一到两次，形式与内容不拘。这个协会自1989年成立以来，本着“为企业提供一流服务”的宗旨，全心全意为企业解决各种急、难、愁问题，尽心尽责帮助企业寻找商机。这里已经成为各地在沪企业温馨的家。

落户徐汇的四川客商说：
“国内投资上海一流，上海投资徐汇一流”

风雨19年，弹指一挥间。徐汇区各地在沪企业协会自1989年成立以来，按照区政府的要求，在区合作交流办直接领导下，以服务企业为己任，不断丰富服务内涵，创新服务形式，形成了“招商、安商、助商、兴商”的良好投资氛围。

徐汇区各地在沪企业协会会员目前已经发展到238个，就像一个和睦的大家庭。协会关心每一个成员的发展，对企业在经营中遇到的难题，协会尽力帮助解决，而扶助企业开拓商机，更是当作份内工作，不遗余力。协会依托区合作交流办的大力支持，开展“走出去、请进来”活动，每年组织企业到外地考察，邀请各地政府和企业来沪举办经贸洽谈会、推介会、展销会，与各地政府和企业合作举办经济论坛……正是背后有了政府强有力的托举，经过短短几年“孵化”，各地企业在徐汇得到发展壮大，有的还通过徐汇这个平台走向全国乃至国际市场。

2004年5月，区委书记茅明贵率16家区属国有企业负责人赴浙江民营企业正泰、德力西、万向、天通电子、银泰百货等考察学习，通过这样的“跑动”，促进了区内企业与长三角企业的联系和合作。近年来一大批苏浙企业落户徐汇，其中就有温州正泰集团、宁波音王公司、浙江新华书店集团、温州均瑶集团等国内500强企业；而区内企业也从苏浙引来一大批合作项目，如7.6万m^2的均瑶国际广场项目，8.3万m^2的飞洲国际广场项目，4.1万m^2的之俊大厦项目，

2.5万m^2的飞雕国际广场项目，1.2万m^2的博库书城项目，20万m^2的宏润花园项目等。

2007年4月，区合作交流办组织企业和驻沪机构一行16人赴福建学习考察。考察团到了福州、福清、莆田等地，与榕乐集团、瑞煌铜业、五友模具、南方铝业、凯景实业、莆田国货等民营企业进行交流，探寻合作商机。不久，一批闽企纷纷落户徐汇。福建政和县的陈氏兄弟在徐汇康健地区开发闲置地块，建起了桂琳胶合板市场。该市场当年施工、当年开业、当年得益，上缴税收从第一年的30万元增加到目前的100多万元。接着，陈氏兄弟又相继在田林街道开设文化用品批发市场，在徐家汇中心地段投资700万元开设鞋城。

2008年7月，区合作交流办组织均瑶集团、城开集团、徐汇软件基地、汇成集团、威达服装有限公司等30多家企业老总赴江苏南通、海门学习考察，参观了南通崇川区开发建设项目、海门滨海工业新区、海门港滨江工贸区，与两地政府和企业交流座谈。这次考察让徐汇的企业家开阔了眼界，学到了很多东西，了解到长三角产业梯度转移的最新动态。

徐汇区各地在沪企业协会通过开展“走出去、请进来”活动，让企业开阔了眼界，去追求更大的发展空间，向更高的台阶迈进。而当本地企业在“走出去”或外地企业“走进来”遇到困难时，协会又会及时提供有效的帮助。

翻开上海裕都投资集团有限公司在沪十余年创业史，可以看到，徐汇区提出的以优质服务“招商、安商、助商、兴商”举措，绝不是一句口号，而是有着实实在在的内容。

上海裕都投资集团有限公司1995年到徐汇注册，从四川绵阳来到上海，一时还“水土不服”。作为政府的服务窗口，徐汇区各地在沪企业协会从办理注册到项目选择等，一一给予指导、帮助。裕都老总对徐汇的“第一印象”是美好的。在此后的十余年里，协会给裕都提供的服务可谓是全方位的，不间断的。

2005年上海裕都投资兴建的大型住宅项目“越湖名邸”在苏州启动，由于对当地政策不熟悉，导致项目启动一波三折。区合作交流办在听了协会的汇报后，及时安排企业与苏州市政府驻上海联络处负责人沟通，请对方出面协调。目前，上海裕都在苏州的项目进展顺利，前期效益已显现。

上海裕都投资集团落户徐汇区已经10余个年头，在企业发展的每个关键阶段，都得到了当地政府和协会的及时帮助和支持。上海裕都投资集团从当初的注册资本5000万元，发展到现在的总资产达到了37亿元。

每当回顾这段历程，上海裕都投资集团董事长张钧总是感慨地说：“国内投资上海一流，上海投资徐汇一流”。

而徐汇区合作交流办公室主任、徐汇区各地在沪企业协会常务副会长王勉忠则表示：“客商不分籍贯，来到徐汇投资就是徐汇人了，应该得到区里承诺的最好服务。”

外地企业进入上海，员工落户沪上，需要办理各种各样的入门手续，在这个过程中会遇到难题。徐汇区各地在沪企业协会，主动走访企业，帮助企业人员解决子女入托、入学、家属入户等后顾之忧。据统计，2002年至2006年，协会平均每年为会员解决各类急、难、愁事120余起；2007年，解决了270起。

汶川大地震发生后，协会在第一时间收集四川来徐汇投资企业名单，来自绵阳的上海裕都投资集团有限公司受到特别关注。徐汇区合作交流办、区卫生局以及企业协会派出人员，带去救灾物资，在震后第三天赶到四川绵阳该集团总部，慰问企业职工，了解受灾情况。上海裕都投资集团有限公司董事长张钧激动地说："在我们最困难的时候，徐汇区送来了温暖和关心。企业协会就像我们的娘家人。我们投资上海，投资徐汇的信心更坚定了。"

徐汇区干部说："客商来徐汇投资项目，我们要对他们投资感情"

一门式服务、一卡通查询、一企一议……徐汇区在招商引资中推出的"一字经"服务高招，生动地塑造了一个具有亲和力的政府形象，更引来了无数金凤凰。

1999年9月，徐汇区人民政府为优化投资环境，转变政府职能，提高办事效率，更好地为客商和入驻企业服务，建立了徐汇区招商(企业服务)中心。进入中心这扇门，温馨的小气候扑面而来，13个窗口的几十名工作人员"围"你提供"接龙"服务，新入住企业所需办理的所有手续在这里一次搞定。16年来，一大批企业从这扇门走出低谷，走向成功，走向辉煌！

2006年1月，徐汇区招商(企业服务)中心通过ISO9001质量管理体系认证，招商引资和企业服务攀上了一个新台阶。

"进了这扇门，想不留下都难！"浙江之俊集团董事长何之俊说出了许多各地在沪企业老总想说的话。

浙江之俊集团是浙江省大型集团企业，经过20多年的发展，已拥有12个子公司、5个控股公司、4个办事处。进军上海市场是该集团新的战略部署中的重要一着棋，而来沪投资建设"之俊综合业务楼"则是他们进驻上海的大本营。

2000年7月，之俊集团到徐汇探路。刚到上海，人生地不熟，对异地开发的难度是有心理准备的。申请营业执照时，原来想最短也要十天半个月，想不到3天就办成了。在这一扇门里，徐汇区政府机构高效的办事效率，规范透明的操作流程以及办事人员勤勉的工作作风，给他留下了深刻印象。

"第一印象"先入为主，浙江之俊集团决定在徐汇投资亿元建造综合办公大厦。在区政府的帮助和支持下，选址工作进展很快，"之俊综合业务楼"最终选定斜土路1221弄地块。该地块属上海市"365"危棚简屋改造范围，项目建成后，不仅可以满足之俊集团的发展需求，同时又有利于徐汇城市发展，提高这一地区环境质量，是一个"双赢"项目。

经徐汇区政府牵线搭桥，2000年9月30日，浙江之俊集团与上海徐房集团签订合作协议，成立"上海之俊置业有限公司"，正式启动浙江之俊集团有限公司总部大楼的投资建设工作。这一次，从提出申请到公司成立仅用18个工作日。"上海之俊大厦"建设项目还被列入区政府当年重点招商引资项目，徐汇区党政领导多次召集发改委、建委、规划、招商、财税等部门和街道召开专题办公会议，研究如何克服困难，确保如期开工。

徐汇区以优质服务"招商、安商、助商、兴商"，其内涵在不断延伸。

徐汇区合作交流办主任王勉忠经常挂在嘴边的一句话是，"客商来徐汇投资项目，我们要对他们投资感情。"

多年来，徐汇区真心诚意帮助各地企业借地发展、借梯登高、借船出海，一大批像上海裕都投资集团这样的企业，一路高歌，走上了扩张之路。

——2000年以来，在徐汇区支持协助下，均瑶集团在湖北宜昌建立了夷陵乳业基地，在河北唐山建立了乳业基地，在安徽蚌埠建立了乳业基地。

——2004年以来，通过徐汇区牵线搭桥，天通控股股份有限公司投资8亿元在安徽黄山开发了世贸绿洲项目，投资4亿元在安徽六安开发了上城国际项目，在江苏靖江开发10万m^2上海城项目，今年又赴浙江开发20万平方米的嘉兴工业园区。

——2005年以来，在徐汇区协调下，上海汇成集团2005年在苏州投资“锦沧名苑”项目，总投资4.06亿元；2008年，在昆明开发盘龙区白沙河片区地块，总投资2.3亿元。

——2006年，区合作交流办提供跟踪服务，促成智恒房产将连锁店开到广东、河北、河南、深圳、苏州、宁波、南昌。

政治上的关心，是徐汇区将“招商、安商、助商、兴商”内涵延伸的又一种做法。

徐汇区积极做好每年的评优工作，帮助企业树立形象，扩大影响。2004年，均瑶集团、兴力达集团荣获先进集体，另有8人被评为先进个人。在2007—2009年度合作交流系统拔尖人才评选中，均瑶集团有限公司副董事长王均豪等三人获此殊荣，另有一人被评为学科带头人。

近几年来，徐汇区经济得到长足的发展，外省市企业为促进徐汇经济发展发挥了积极的作用。而作为政府服务各地在沪企业的机构——徐汇区各地在沪企业协会，功不可没，其自身也得到飞跃发展。2006年徐汇区各地在沪企业协会成员增加至120家，2007年达到170家；截至2008年6月已经超过200家。企业协会如同一个雪球，在徐汇区越滚越大！

（徐汇区人民政府合作交流办公室　执笔：王云华）

促交流，谋发展

——改革开放中的长宁区合作交流剪影

全国第一块土地批租、上海第一个经济开发区、第一个形成的国际性社区、率先开始经济快速转型的城区……

在上海西部，30年的改革开放成就了长宁区的骄人崛起。在这片热土，锐意改革的长宁人抓住机遇，积极开放，大力推进房地产开发，推动合作交流，拓展外向型经济，很快形成了外商投资企业、各地投资企业、房地产企业和民营科技企业4个经济增长点。2007年，区增加值已经达到230.96亿元，外贸进出口总额达到31.37亿美元，分别同比增长12.5%和6.4%，保持了经济增长的强劲势头。空前活跃的对内对外经济合作交流活动，为区域经济发展注入了强大的活力。

营造环境创优势

上海城区的改革开放，最早莫过于长宁区了。得益于当时上海唯一的国际机场——虹桥机场近水楼台的区位优势，初期的外商外资往往首选长宁地区。1988年，虹桥地区首块土地批租成功，在全国首次发出了一种历史性的信号：对外经济进入资本运作阶段。招商引资由此大规模启动，虹桥经济开发区破土而出。长宁区成为上海改革开放的重要窗口。

90年代中期，长宁区借助于长宁路拓宽、内环高架路、轨道交通2号线、3号线等大市政工程建设，带动了全区整个形态建设与投资规模的发展，至2000年基本构建形成了以虹桥涉外贸易中心为核心，中山公园商业中心和虹桥临空经济园区为两翼的产业布局。

进入新世纪，长宁区抓住信息化建设的机遇，转变经济增长方式，发展现代服务业，发展特色经济，优化产业结构和区位交通功能。特别是2006年以来，以提升功能为主线，抓住交通枢纽建设、长三角联动发展和服务世博会的机遇，充分发挥长宁优势，进一步确立长宁国际经贸与商务的功能定位，促进产业升级、环境质量和公共服务水平的提高，进一步融入上海整体发展的大格局，成为上海对外贸易中心的重要一极。

规模流动大集聚

长宁区立足并运用区位优势致力发展外向型经济，从一开始就是对传统经济体制和模式的扬弃，在改革开放的激越旋律中，长宁人积极打造资本、人才、技术、产权、企业全面流动的市场和社会环境。招商引资，就是其外向与内联的载体及其生动演绎。

1992年长宁提出“科技兴区”的战略目标，在积极引进外资的同时，率先制订了支持民营科技企业发展的优惠政策，在全市产生了轰动效应。芙蓉江路电子一条街集聚了联想、四通、北大方正等一批中关村前十位企业，全区民营科技企业从1992年的58户发展到1997年1364户，其中24家列入全市民营科技企业100强。

1993年起，长宁区不断加大同全国各地的合作交流，在融入全国、服务全国的同时致力自身的发展。是年，就先后同湖北、湖南、浙江、安徽、黑龙江等省的主要城区开展了贸易洽谈、经济协作等活动。至1995年，政府间往来、企业间合作、外省区市企业来区内投资、县级以上政府设办事机构等多种形式的横向联系面，扩展到全国28个省区市，在区内的外省区市驻沪办事机构达63个，区与外省区市地、市、县以书面协议书方式缔结的友好单位达29个。

期间，根据区委大力发展区域经济的总体要求，横向经济协作紧紧围绕发展经济这个中心，突出重点，把沿海地区和国内500强企业作为主要协作对象。1991—1995年，共组织党政代表团出访国内各地40余批，引来了“福临门”、“江西纸业”等一批品牌企业，并有一大批大企业来区设立地区总部。

1998年，长宁区实施《五业拓展规划纲要》，有效地促进现代商业、都市型工业、主导型第三产业、高新技术产业、房地产及其延伸产业的发展。2002年，编制《长宁区现代服务业规划纲要》，推进“数字长宁”建设，将信息咨询服务业作为“一业特强”的产业加以培育，现代服务业形成一定的产业集聚和企业集聚效应。

外省区市投资企业在长宁区发展，已成为全区经济的重要一极和新增长点。到2006年，区内的外省区市投资企业，从1991年的138家累计增至4310家，其中，仅1996年就引进561家，较1991年增长了306.5%。外省区市投资企业的注册资金则从1991年的5054万元，增至2006年的20.06亿元，足足增长了40倍；上缴区财税的额度更是从1991年的641万元增加到2006年的31.17亿元。2007年底，外省区市投资企业占有不小比例的现代服务业，完成税收34.42亿元，占全区税收的35.6%；其绝对数及其占全区税收比重均首次超过房地产业，成为长宁区第一支柱产业。

与此同时，长宁区积极为兄弟省区市来沪办展搭建平台，使之“借船出海”。

2002年，分别协助湖北省十堰市、湖南省湘潭市、湖南省怀化市、浙江省举办了“十堰市（上海）特色产品、旅游资源投资贸易洽谈会”、“湖南湘潭市投资说明暨招商项目签约仪式”、“湖南怀化市市情发布会”、“浙江水产精品上海推介展销会”。

2003年，协助浙江省丽水市、安徽省举办了“浙江丽水（上海）投资环境推介暨名特优新产品展示展销会”、“安徽省皖苏沪经济技术合作活动”。

2005年，分别协助安徽省黄山市、黑龙江省鸡西市举办了“中国黄山茶叶暨名优农产品（上海）交易会”、“黑龙江省鸡西市招商项目推介暨合作——开拓俄罗斯市场交流会”。

2007年，配合贵州省毕节地区在沪举办长三角招商引资推荐会、协助武汉市在沪举办招商引资学习观摩活动。

2008年，会同安徽省黄山市政府共同主办的中国黄山茶叶、名优农产品暨旅游(上海)展示推介活动，与浙江省绍兴市在沪企业联合会共同组织召开了长宁区·上海越商商务合作座谈会。

为数众多的各类商务座谈会、投资环境推介会、投资信息渠道发布会，有不少是长宁区积极邀请区内企业参加，为"走出去，请进来"搭建桥梁的。云南特色产业投资合作项目推荐会、浙江余姚市名特优农产品展销会、宁波北仑区现代服务业发展项目上海推荐会等均获圆满成果，得到了主办方与企业的好评。2006年，长宁区还组织上海服装(集团)有限公司、上海可樱服饰有限公司、上海东方鳄鱼服饰有限公司企业老总参加了在宁波举行的"第十届中国国际服装服饰交易会"，同样收获颇丰。

强力辐射大联动

长宁区作为上海中心城区的西部重镇，其"三区两带"的城区布局、"一点两翼"的外向型产业经济、不断优化的投资环境及其公共服务水平，造成了外向内联的极大张力和辐射场效应。服务长三角、服务长江流域经济、服务全国，造成了合作、交流、联动的大循环格局。

作为世界第六大城市群，苏浙沪两省一市经济呈现"一点两翼"融合发展之势。近年来，根据市委、市政府的要求，长宁区坚持"深化、放大、提升、搭台"的工作思路，全方位融入长三角联动发展的进程。

2007年6月，由区委书记薛潮、区长卞百平率队，包括四套班子领导、各部委办局负责人及部分街道领导、大企业集团经营者的党政代表团赴杭州、宁波、苏州、无锡和南京5城市深入考察和调研，重点考察了城市规划展馆、高新技术开发区、工业园区、教育园区、创意产业园、区域建设指挥部、环境治理工程、社区文化中心和卫生服务中心等23个项目，并分别召开了5个高层大型座谈会。代表团结合长宁要在现代服务业、社会事业、城区信息化建设和环境品质提升等四个方面走在前列的目标，从兄弟城市的历史变迁中，深化对发展规律的认识；从兄弟城市工作的特点、亮点和成功点中"淘金"，在创新机制、园区管理、环境建设、市场运作、科学规划和产业布局等方面，获得了许多有益的启示和经验借鉴。考察期间，长宁与兄弟城市签署了三个合作协议，分别是《杭州动漫产业基地与上海长宁区多媒体产业园合作协议》、《苏州市工商联与长宁区工商联缔结友好商会协议》、《长宁区和苏州市教育合作协议》，为长宁区与兄弟地区的深入合作奠定了基础。

2007年8月，区委书记薛潮出席镇江慧谷快鹿科技园开工奠基仪式。作为入驻长宁的上海民营百强企业之一，上海快鹿投资集团通过与上海交大的合作，旨在把"慧谷快鹿"打造成镇江高科技产业基地。仪式前，薛潮与镇江市委书记史和平、市长许津荣进行了座谈，就如何加强区域合作交换意见，达成了重要共识。

2008年5月，湖州(吴兴)多媒体产业园项目签约落地。该项目由上海新长宁集团全资控股子公司上海多媒体产业园发展有限公司投资建设，占地约382亩，总投资12亿元，主要包括动漫产品及网络、单机版游戏，多媒体视频广告，电影后期特效制作等，按照统一开发、统一招商、集中服务、提供核心设备技术平台等方式运作。产业园将成为吴兴区经济发展的强大助推器。

2008年6月,长宁区与杭州市江干区正式缔结为友好城区,使长宁区在长三角地区的友好城区数上升为8个(包括浙江省舟山市、丽水市、海盐县、宁波市北仑区,江苏省盐城市、泰县(姜堰)、常州市天宁区)。

就在同时,与全国各地更大范围、更广阔腹地的经济合作交流和联动发展也进入了新的境界。2004年,长宁区建立国内合作交流工作联席会议制度,由全区23个部门、街道(镇)作为成员单位,23个部门负责人为联席会议成员,为全区逐步形成大协作格局奠定了基础。之后,相继出台了《关于接待外省市党政代表团工作的有关意见》、《关于长宁区合作交流与对口支援工作职责分解的意见》等多个规范性文件,明确职能、规范流程。从2000年至今,共接待各兄弟省区市代表团204批2955人次;组织区代表团出访考察46批494人次。还组织举行了香港CEPA商机推介会。

长宁区的交流合作始终围绕国家战略,本着"优势互补、合作共赢"的发展思路,多年来积极引导企业和社会各界参与西部大开发、东北等老工业基地振兴和促进中部崛起工作。2008年,由国家商务部等部委(局)和中部六省政府共同主办的第三届中国中部投资贸易博览会在武汉召开。由副区长乔志刚带队的长宁区代表团,代表上海市出席参展。借助中博会这一平台,围绕数字长宁、"三区两带"及新一轮发展规划,进行全方位推介宣传,全面展示经济建设发展成果及良好投资环境,提升了长宁区在中部地区的整体形象。同时,也找准了区域优势互补与经贸合作的切入点,取得了良好效应。上海长峰房地产开发有限公司投资35亿元,在武汉硚口区工农路北片征地1000亩,开发建设集大型购物中心、专业市场、特色步行街、商务办公、餐饮酒店、休闲娱乐和游览于一体的大规模组团式商务商业中心,建筑面积达400万平方米。

"对口帮扶"是职责

"区域协调、统筹发展、东西联动、共同富裕"这是国家经济发展的重要战略。上海是全国的上海,上海的发展离不开全国的支援;所以,也更有义务、更有责任服务全国、支援中西部地区发展。长宁区始终本着"优势互补、合作共赢"的发展思路,积极落实市委、市政府赋予的"对口支援"重任。

1996年10月,根据"上海—云南对口帮扶与经济社会协作'九五'计划纲要"精神,长宁、徐汇、青浦、奉贤四区领导及有关部门负责人组成上海市学习考察团经济协作分团红河州团,考察了云南省红河州地区,并与该州四套班子领导及有关部门负责人会谈,签订了"关于开展对口帮扶加强经济协作的会谈纪要"。就此,开始了长宁区对口云南的帮扶工作。

自1997年始,11年来,全区以帮扶贫困地区脱贫致富为己任,坚持"动真情,真扶贫,求实效"的原则,坚持开创性、坚韧性和操作性的统一,将对口帮扶与经济协作结合起来,将社会援助与经济开发结合起来,以科教帮扶为抓手,完善机制,加大投入,扩大协作规模,注重扶贫成效。至2008年,共组团24批199人赴云南实地考察和调研,先后选派6名干部援滇挂职和联络对口帮扶工作;与此同时,先后接待了红河州党政代表团21批275人次,为当地安排干部挂职锻炼28人。全区广泛动员,精心组织,在人力、财力、物力上给予了最大可能的援助。

两地帮扶协作"手拉手、心连心"。从1996年至2008年，长宁区共投入云南金平县、元阳县帮扶资金3884余万元，完成各类帮扶项目300余项，受益人数达31万人次，援建的重点项目有温饱试点村54个，脱贫奔小康试点工程6个、白玉兰扶贫开发重点村32个、希望小学(村校点)29所、卫生院(室)87所、"1+1"助学835人、各种实用技术培训210批，参加者达3万余人次。

"谢谢你上海的亲人，是你们帮助我们脱贫致富奔小康"，这是祖国西南边陲云南贫困地区群众的肺腑之言，也是金平、元阳两县群众对上海长宁人表达最多的言语。长宁区把真情融进边疆山水，融入贫困群众心中，为云南贫困地区20多万群众解决温饱、脱贫致富作出了贡献。

按照中央第三次西藏工作座谈会的精神，落实"分片负责，对口支援，定期轮换"的援藏工作方针，自1995年始，长宁区先后派出5批10人援藏干部到西藏日喀则地区挂职工作。承担了日喀则地委、江孜县政府以及其他重要岗位的经济管理工作。同时，全区用于援藏的资金达1145余万元，其中援建的主要项目有：日喀则大礼堂改建、日喀则市"上海家园"小区建设、江孜县长宁路、江孜县妇幼保健院、江孜县江热乡希望小学和江孜县有线电视网等，援助医疗设备及各种物资折合人民币共计155万元。援藏干部与当地人民共同奋斗，艰苦创业，为西藏的"两个文明"建设作出了较大贡献。

一分耕耘，一分收获。长宁区合作交流与对口支援工作赢得了一系列荣誉：1998年3月荣获"上海市国内协作先进集体"称号；1999年11月获得"上海市对口支援先进集体"称号；2002年1月获得云南省委和省政府颁发的"云南省'七七'扶贫攻坚先进集体"称号；2002年4月入选"上海市国内合作服务年十佳好事单位"；2002年9月获得云南省红河州委和州政府赠送的"扶贫攻坚 情暖江河"荣誉牌匾；2005年4月再次获得"上海市对口支援先进集体"称号。

30年改革开放的发展历程，为长宁区的合作交流奠定了坚实基石并指明了前行方向。站在新的起跑线上，可以预见，源源不竭的合作交流活动必将为长宁绽开更为艳丽的花朵、挂上更为丰硕的果实。

(长宁区人民政府合作交流办公室　执笔：缪琦、刘旻)

真情洒向哀牢山

云南,在那重峦叠嶂、河流纵横、风景秀丽的哀牢山和无量山麓,坐落着景东和镇沅两县,这里少数民族聚集,农业人口众多,是典型的山区农业县。悠久的历史积淀打造出独特的风土人情。然而,由于受自然条件、经济基础、交通、教育等诸多因素的制约,两县的经济建设、社会发展和生活水平长期滞后。

1996 年,中央决定上海对口帮扶云南,上海市委、市政府指定普陀区结对帮扶景东和镇沅两县。十余年来,普陀区按照市委、市政府"动真情、办实事、求实效"的要求,始终以改善对口地区贫困群众基本生产、基本生活、基本教育、基本医疗条件为立足点,不断创新扶贫方式,拓宽帮困渠道,取得了显著成效。2004 年,普陀区合作交流办公室被国务院授予"全国东西扶贫协作先进集体"光荣称号。

援建递进式温饱村

援建递进式温饱试点村是上海对口帮扶云南的一大特色。普陀区按照市政府的要求,在结对的景东和镇沅两县,在当地政府的领导下,以自然村为单位,首先援建温饱试点村,解决基本温饱问题;然后建设脱贫奔小康试点村,着力提高生产生活水平;最后按照国务院扶贫办的要求和上海援滇工作领导小组的部署,实施整村推进,援建白玉兰扶贫开发重点村,逐步帮助两县改变贫穷落后面貌,走向发展致富之路。

1998 年至 2000 年,普陀区先在两县各建设一个温饱试点村,实施以坡改梯为重点的"五个一"工程,即:人均有一亩高产田,户均有一间卫生猪圈、一个氨化饲料地、一个沼气池,村建一个培训室。在此基础上开展扶教、助医工作,援建希望小学和村卫生室,提高教学和卫生水平。温饱试点村项目为递进式扶贫打下了坚实的基础,不仅基本解决了当地群众温饱问题,还激发了村民的脱贫意识。

2001 年至 2002 年,普陀区积极响应市政府提出的建设脱贫奔小康试点村的要求,在总结两县温饱试点村建设经验的基础上,再为两县各建两个脱贫奔小康试点村,精心实施了"四个一"工程,即:每村修筑一条环村道路和建造一个文体活动场所,按户建设一个新庭院和规划一块创业基地。以景东县文井镇红土坡绿色生态脱贫奔小康试点村为例:该村建设总投资159.1 万元,其中普陀区投资 50 万元,改造公路 2000 米,铺筑 4 米宽水泥路面 10 条 1105 米,"一场两室"526平方米;建花池83户,庭院地坪76户;建饮水池3个、输水管道5000米、沼气池83口、卫生猪厩与厕所浴室相配套83套;排危建房6户,改扩建房77户;建基本农田地400亩,种植桑树100亩、甘蔗400亩、优质红香蕉50亩、美国油桃44株,扶持种养业大户5户;科技培训1230人次。通过脱贫奔小康试点村的建设,进一步改善了当地生产条件,提高了农民收入,丰富了村民文化生活,被当地群众称之为"金钥匙工程"。

2006年,普陀区启动了整村推进项目,帮助两县进行10个白玉兰扶贫开发重点村建设,重点解决口粮、饮水、住房、通电、通路,以及发展产业和增加农民收入等问题,同时为重点村配备白玉兰卫生室和希望小学。

在多年的帮扶工作中,普陀区和景东、镇沅两县人民结下的深情厚谊犹如长江之水绵延不绝,既滋润着贫困村民的心田,也陶冶了普陀区人民的情操。

扶贫就要扶在根上

如何使已经脱贫的群众不再返贫?如何从根本上消除导致贫困的原因?普陀区的回答是:扶贫先扶智,帮助贫困群众转变观念、提高致富本领才是治贫的根本。多年来,普陀区逐渐探索出一套智力扶贫的模式,将扶贫工作提升到一个新高度。

十余年来,普陀区共出资3639.79万元,先后在两县建立了23所希望小学,共派出8批33人支教,救助贫困学生842人。现在山区的孩子们告别了低矮、简陋的课堂,坐在宽敞、明亮的教室里,借助现代化的教学设备,汲取丰富的科学文化知识。

普陀区充分发掘全区社会资源,发动学生踊跃捐款,捐电脑、图书等学习用品,组织学校师生与对口支援学校师生开展"手拉手"活动。普陀区曹杨二中、宜川中学等学校的学生自发结对帮扶思茅景东一中、澜沧中学等学校的学生,捐款达4万余元,使近百名当地失学学生重返校园。普陀区兴陇中学、曹杨小学、平利路二小、华师大附小等九所中小学,分别与景东龙街乡中学、安定乡中心小学、太忠乡中心小学、镇源田坝乡中学等中小学结成对口支援姐妹学校,组织学生夏令营到思茅考察,让上海学生了解贫困地区学生刻苦学习的精神;组织思茅贫困学生到上海学校参观访问,让云南学生了解上海改革开放的巨大变化。此外,开展两地校际活动,两地学生之间互通信件。

在对口帮扶中,普陀区注重科技培训,先后派出10批58名专业人员深入两县传授新思想、新观念、新技术、新信息,共培训各类人员696人次。两县先后派出33批476人到普陀学习,选送各类专业技术骨干209人到普陀区培训。普陀区还根据上海劳动力市场需求量大的特点,从两县输出劳务人员374人到上海企业务工,使他们学会了技能,增长了见识,增加了收入,达到"输出一个,脱贫一家"的良好效果。如:1997年,区内红子鸡美食总汇赴云南思茅地区景东县、镇沅县招聘劳务人员,之后,华日服装有限公司、华盛制刷有限公司也积极加入。10年间3个单位8次赴思茅,共招收劳务人员606人次。

"造血"比"输血"更重要

普陀区按照市政府对口支援工作要坚持"输血"与"造血"并举的要求,把激发当地贫困群众自强自立的精神和提升自我发展的能力作为“造血”的重要途径，从2003年起，开展了以市场为重点的“四扶”工作，即扶市场、扶特色村、扶专业户和扶（育）人才。帮助两县各援建一个交易市场，围绕市场开发相关生产、养殖基地和培植相关产业的特色村和专业户，探索市场＋基地＋农户的开发模式，让当地特色资源发挥最大的扶贫效应，充分挖掘贫困地区自身发展能力，通过发展特色经济勤劳致富。

在此基础上，普陀区又先后实施了“集贸市场”、“专业特色村”、“一乡一品工程”、“小额贷款”、“县城规划”等项目，均收到了一定的成效。集贸市场的建设改善了两县的城镇投资环境，改变了长期“以路为市，有市无场”的落后状况，推动了当地非公经济的发展。如勐大农贸市场于2004年8月5日起开始营业，原先在老街上摆摊的经营户都迁入农贸市场。该市场开业以来，摊位出租率在95%以上，每天进场的肉猪60头、肉牛36头，各种鸡、鸭、鹅1000只以上，每天的交易额达50万元以上，这在镇沅县的其他乡镇是没有的。而“专业特色村”、“一乡一品”项目的实施则有效地利用了当地资源优势，推动了产业结构优化升级。“小额贷款”项目则解决了村民资金短缺问题，提高了群众的创业热情。“造血”式扶贫项目不仅通过以市场为载体，带动了相关产业的发展，更主要的是转变了当地村民思想观念，使他们拥有了致富的钥匙。

异地搬迁援建新村

镇沅县哀牢山深处，居住着1.5万苦聪人。苦聪人是拉祜族的一个分支，解放前处于原始社会末期，过着刀耕火种的生活。解放后翻身进入社会主义，生活有了很大改善，但由于分散居住在大山深处，交通不便，信息闭塞，缺医少药，改革开放后经济发展缓慢，生活仍很贫困。苦聪人脱贫牵动着中央领导的心，2005年，国务院总理温家宝两次作出重要批示，要求采取切实有效措施解决人口较少民族脱贫问题。上海市委、市政府极为重视，提出贯彻落实要求，市政府合作交流办派人带队率记者赴苦聪人居住地拍摄专题片，反映苦聪人生存状况，片子在市合作交流与对口支援领导小组成员单位全体会议上播放后，引起极大震动，帮扶苦聪人脱贫正式启动。

普陀区根据市统一部署，在2006至2007年期间，拨款30万元为苦聪人购买生活物资，拨款15万元扶持九甲乡苦聪人种植泡桐树，拨款100万元修建哀牢山区富村路100公里。针对苦聪人分散居住在深山，自然条件差难以脱贫的情况，为彻底解决问题，普陀区又与市国资委等单位联合投资531.3万元，在太平掌为50户苦聪人易地搬迁建设新村。2007年2月5日，时任中共上海市委副书记王安顺在昆明出席云南——上海对口帮扶协作领导小组第九次联席会议期间，翻山越岭，长途跋涉，专程来到普陀区对口援助的普洱市恩乐镇复兴村，对白玉兰苦聪人易地安置的太平掌新村的落成表示祝贺，并挨家挨户亲切慰问、看望当地干部群众，给苦聪人送上新年的祝福。

（普陀区人民政府合作交流办公室　执笔：计勇平、付桦）

用足优势打造新闸北

改革开放30年来，素有上海陆上大门之称的闸北在经济、文化、社会等各项事业上发生了翻天覆地的变化：经济实力不断增强，财政收入大幅增长，城区面貌大为改观，生活水平明显提高，这一切变化的背后，是闸北区落实市委、市政府要求，发挥自身优势，扩大对内对外开放，努力开展国内合作交流工作的结果。

抓住机遇赢得新发展

闸北之名，源于苏州河(吴淞江)上的两座水闸。清康熙十四年(1675年)今福建路桥附近的吴淞江上建了一座水闸，称为老闸。雍正十三年(1735年)，在老闸西面三里外的金家湾(今新闸路桥附近)又建一水闸，称为新闸。嘉庆年间，在老闸和新闸周围形成了两个集市，初显繁华。上海开埠以后，老闸、新闸北面也开始发展，闸北之名形成。

1898年之后，随着重建的淞沪铁路和沪宁铁路全线通车，闸北成为沟通上海与外地的陆上交通枢纽。辛亥革命后，闸北成立闸北市政厅，1928年划归上海市，改称区。1932年淞沪抗战中，闸北遭日军进攻，受到重创。解放后，闸北旧貌换新颜，但其原有的交通优势已不复前，而蕃瓜弄、炒米浜、长兴路、苏家巷四大棚户区，却闻名全市。

改革开放以来，闸北发展驶入了快车道。尤其是1987年12月上海铁路新客站在闸北落成，人流、物流、信息流在这里汇集，为闸北依托陆上门户地理优势加快发展创造了条件。闸北抓住机遇，将交通枢纽优势转化为经济优势，努力打造各地驻沪机构集中地。1987年在新客站对面建起长安大厦，吸引纺织部、冶金部、化工部、航天部、天津、云南等中央和各地驻沪机构以及经营机构124家入驻；同年，区政府又在公兴路17弄动迁195户居民、7个单位，建造了4幢多层办公楼，湖南、广西、河南、安徽、福建、黑龙江等省16个地级市政府纷纷前来投资购房，当年驻沪办事机构入驻闸北成倍增长。目前，已有来自全国各地的153家驻沪办事机构入驻闸北。这些办事机构为密切当地与闸北的友好关系和加强经济合作作出了重要贡献。

闸北区还先后与浙江湖州和江苏江阴、广西柳州等20多家城市结为友好城区，不断加强友好往来，推动政府间、企业间的交流合作，先后洽谈引进数十个重大项目，借闸北之地共同发展。

优质服务取得新成效

闸北按照“立足大局、扩大开放、服务全国、互融共进”的指导方针，围绕“打造上海现代交通商务区”的发展目标，依托交通枢纽优势，提升服务理念，创新服务方式，丰富服务内容，在服务中求发展，不断开创国内合作交流工作新局面。

服务理念求新。在计划经济体制下，国内合作限于单纯的物资资源的调配，随着计划经济体制向市场经济体制的转变，企业成为合作的主体，政府更多的是引导和服务。闸北区按照“加快自身发展，主动服务全国”的工作要求，树立“服务是第一要素”和“人人都是投资环境”的服务理念，提出“只设路灯不设路障”和“闸北是全国人民的闸北”的服务口号，一视同仁对待各地来沪企业。聘请部分驻沪企业代表作为闸北招商引资顾问，以主人翁的姿态主动关心闸北、参与闸北的经济建设。邀请驻沪机构参加区的重大活动及各种节庆活动，加强联系与沟通，并推荐部分省区市沪办机构、大企业的优秀分子作为闸北人大代表、政协委员、青联委员参政议政，为闸北发展献计献策。

服务内容求全。为切实转变政府职能，提高办事效率，先后推出了一系列服务新举措，如“电话约谈制”、“首问首办制”、“联络员制度”、“惠商八条”等，形成全方位、全天候、全过程的服务内容。在引进前，重点做好一门式服务，为企业提供办公场地的选址、扶持政策的咨询等；在引进中，重点为企业提供办证办照、社会保险、住房公积金办理、企业年审、工资联审、子女转学入学等“一条龙服务”和“特事特办”，开辟绿色通道；在引进后，加强对重点企业和驻沪机构的定期走访，互通信息，采取多种方式做到服务经常化，如：区四套班子领导主动关心重点企业的生产经营和发展情况，支持企业做大做强；组织长三角地区城市驻沪办事处主任看闸北、友好城区驻沪办事处主任会议、迎中秋座谈会等系列活动，交流信息，增进感情，加强合作；组织健康体检、企业沙龙、节庆酒会、高层次人才研修班、桥牌赛、网球友谊赛、企业家团拜会、发放医疗特卡等各种人性化活动与服务，进一步完善各类服务。

服务方式求实。闸北始终把服务企业作为开展国内合作的重中之重，从被动服务转向主动服务，从单纯的招商服务发展到招商、安商、扶商服务，不断深化服务内涵，创新服务方式，使优质服务成为闸北国内合作、招商引资的一张“名片”，如：专门设立以服务企业为宗旨的办事大厅，提供对企业的“一门式”服务；梳理原有751项行政审批事项，对其中368项进行调整，简化办事程序；率先开通网上并联审批系统，通过集中联合年检等服务方式，方便企业办事，提高工作效能；完善驻沪办工作例会制度，采取轮值制，扩大参加范围，邀请相关地区的办事处、联络处、工作处、行业协会等参与，不断丰富例会内容；组织苏浙沪相关企业开展“现代交通运输服务企业论坛”和“多媒体产业论坛”等活动，打造合作交流服务平台。优质服务赢得了各地企业对闸北区的青睐。据不完全统计，各地投资企业在闸北约2200户，累计引进资金达100亿元。中国铁路工程总公司、中国建筑工程总公司等世界500强企业，东风汽车、兖州矿业、中国土木等近30多家国内500强企业选择落户闸北，为闸北经济发展作出了积极贡献。

绘制蓝图寻求新突破

“十五”期间，闸北区根据自身特点和区位优势，结合上海成功申办世博会和加快“四个中心”建设的发展机遇，制定了打造“上海现代交通商务区”的战略蓝图。全区紧紧围绕这个目标，按照区委、区政府“抢抓机遇”、“能快则快”、“引大引强”的工作要求，重点关注符合现代交通商务建设的项目，进一步加强对全区招商工作的领导。以街道、镇、区属重点企业为基础，成立以招商中心为龙头的11个招商分中心，制订招商优惠和中介奖励等相关政策，建立了三个网络，完善了项目信息员制、首问首办责任制、电话约谈制等四项制度，形成完整的招商体系。通过招商资源的梳理整合、招商方法的突破创新、招商服务水平的不断提高、招商体制机制的改进完善，极大地调动了各方面参与招商的积极性，引进大项目明显增加，中国迅达电梯、中国医药集团、中科电子等一大批国内知名企业落户闸北。据统计，“十五”期间，共引进企业6699家，注册资金180.41亿元；引进内资年平均增幅在15%左右。

闸北区在加快自身发展的同时，不忘按照市委、市政府要求，做好“服务长三角、服务长江流域、服务全国”工作的责任。一是主动参与长三角地区的合作，与长三角友好城区建立联席会议制度，每年会商一次，党政领导班子相互学习考察。二是结合闸北实际，充分利用基础教育、综合服务、科技等方面的优势，通过“走出去”与“请进来”，积极参与中西部地区开发与东北老工业基地振兴。“十五”期间，区领导多次率团出访东北开展经贸洽谈，先后引进黑龙江北大荒粮油批发市场有限公司、北大荒物流等多个项目，加强与中西部地区的智力合作，帮助培训来沪挂职干部。三是以项目为抓手，全力完成对口帮扶任务。发动社会力量，依靠各部门共同努力，坚持“输血”与“造血”相结合、扶贫与扶智相结合、生产与生活相结合，先后在对口支援地区组织实施了“温饱工程”、“增收工程”、“智力工程”和“健康工程”等一大批项目，帮助贫困地区改善基本生产、生活、医疗、教育条件。截止2007年，全区无偿投入资金4488.7万元，组织实施对口帮扶项目213个，培训各类人员5368名，实施经济合作项目37个，援建了温饱村、饮水工程、假肢厂、蔬菜与养殖基地、农贸市场等扶贫项目，使一大批贫困人口受益，受到当地群众好评。

（闸北区人民政府合作交流办公室　执笔：朱明渊）

鹤舞翩翩引凤飞

——虹口区汇聚合力打造航运中心产业城

一个停泊“国际邮轮”的优良母港，正在浦江东岸的北外滩崛起。那“一滴水”国际客运码头上，皇家加勒比、嘉年华邮轮集团、丽星邮轮集团，全球三大邮轮巨头都曾相继在此登陆，赢得国内外业界一片赞叹。仅2007年，这里靠泊的国际邮轮就达到了38艘次。

这就是虹口区的一隅，依托着因虹口港而得名、拥黄浦江而兴起的一片热土。沧海桑田，昔日沪上的“海上门户”，如今伴随着北外滩的开发启动，正合着上海建设国际航运中心的紧锣密鼓而发展兴起，濒临岸线的航海一条街渐成规模。

围绕新一轮发展主题，波澜壮阔的合作交流之海又翻卷起一拨滔天浪潮。打好航运牌、打好合作牌、打好服务牌。虹口按照“深化、放大、提升、搭台”的工作思路，加强组织领导，采取有力措施，建立有效机制，整合区域资源，形成工作合力，积极创新推进。

这三张牌成就了虹口区与全国各省区市之间更为广阔的互动交流，深化了地区间的互惠合作，实现了共赢发展。

打造航运产业链“后腰”

虹口北外滩，再次成为人们关注的焦点。地理位置优越，不仅拥有黄浦江上独一无二的岸线资源优势，且与老外滩毗邻，与陆家嘴金融贸易区隔江相望，呈“金三角”态势交相辉映。经过几年的快速发展，虹口区航运服务业已成为区域经济发展的亮点。特别是北外滩航运服务集聚区建设项目不断推进，促进了国内外企业、产业和资源要素的集聚，北外滩航运服务集聚区已成为上海乃至全国航运要素最为集中的集聚区之一。

如果把洋山深水港和外高桥码头比作上海航运中心的先锋，拥有北外滩的虹口则努力使自己成为这条产业链上的“后腰”。这几年，虹口区充分发挥政府在促进产业集群发展中的主导作用，建造了“一滴水”国际客运码头，积极与国际接轨，在服务、管理等方面为发展“国际邮轮”母港创造了良好的环境。同时，通过“请进来”和“走出去”，虹口不断拓宽视野，“学各地之长，补上海之短、创虹口之新”。

每年，虹口区都有计划、有重点、分层次地安排党政代表团赴各兄弟省区市，特别是长三角和长江流域以及对口地区进行学习考察。通过互访，进一步深化地区间的广泛合作，扩大对内开放，实现城区对接。与此同时，各部门、街道也纷纷拓宽招商渠道，用更新的招商手段，有针对性地组团赴兄弟省区市考察招商，不断加强合作。

自1986年8月与河北省邢台市建立友好城区至今，虹口已先后与12个省市的城市地区缔结了友好关系。以友好城区交流为平台，在更大范围、更广领域开展了与各省区市之间的合作交流。还组织参加了广东、四川、浙江、江苏、安徽、青海、重庆、福建、山东等地在上海召开的近百个特色产品推介会和投资推介会。近5年来，友好城区、兄弟省区市先后共有46批204人次的干部来虹口区挂职锻炼，虹口区共有3批15人次干部前往广东省中山市、浙江省台州市等地进行了挂职锻炼。此外，还组织相关航运人才赴国内外对口城市考察学习，进一步促进了相互学习和交流。

虹口区紧紧围绕“一区一街一圈”建设，加强与长三角其他地区在航运服务业、知识服务业、教育服务业、信息服务业等方面的区域交流与合作，探讨交流航运建设经验；依托中远、中海、上海港务集团等国家航运支柱企业，不断增强虹口航运要素市场的服务功能，帮助扶持天海海运等各地来沪企业做大做强。

同时，积极组织有关部门、企业与长三角及沿江、沿海地区的互动，与大连、宁波、青岛、汕头、南京等沿江沿海港口城市开展友好往来，积极参与融入长三角联动发展的各种论坛、研讨和经贸活动，努力提升互动、联动水平，实现区域一体化发展。

近年来，虹口区与兄弟省区市之间的经济合作效果显著。各地企业纷至沓来，企业落户数呈逐年上升的态势，仅2005年至2006年两年间，就有1653户之多，注册资金达到46.4亿元。更可喜的是，落户在虹口区的企业纷纷发挥其在市场、资本、管理、技术、人才、信息等方面的综合优势，增强了核心竞争力和辐射功能。例如华博、新兴医药、绿谷生物等多家企业积极开拓中西部市场，参与当地经济建设，受到了好评。

打造“出海”系列服务平台

围绕航运中心建设，虹口区积极打造并优化“出海”服务大平台，为各地来沪“借船”拓展更大的空间，营造浓浓的“亲商、安商、助商、强商”社会氛围。2007年，虹口区制订了《关于推进北外滩航运服务集聚区发展的若干措施》，设立了总额为3000万元的“北外滩航运服务集聚区发展专项资金”，专项用于支持与北外滩航运服务相关的金融、保险、中介、咨询、信息等航运辅助、衍生业及航运企业发展。

耳熟能详的“一门式”服务，是虹口区早在1993年时就在全市率先推出的，以优惠的政策和优质的服务，为各类企业来沪发展提供了便捷。如今，这条通道扩展成了绿色大平台，服务功能也向综合性、专业型迅速发展。虹口区近期联合航交所推出的“一门式”大通关，就在业界赢得了口碑。过去企业报关，不同地区进关的货物要分别到吴淞口、外高桥、洋山港等好几处地方报检，往返时间要耗几天甚至十几天。现在企业只要走进通关中心一扇门，就可办理上海各地的报关报检手续，通关时间仅需一两天。

企业注册，过去也是件麻烦事。尤其是国际大型企业要开设中国总部，审批在国家商务部、登记名称在国家工商总局，部分手续还涉及地方政府机构，一些企业摸不着头脑。对此，虹口专门研究制订个案化企业扶持方案，帮助企业完成这“一揽子”事项。优特埃中国公司、SDV中国公司等国际知名第三方物流企业，都是这些便利平台的受益者。

虹口全面强化了人才、科技、教育、文化、会展、交通、知识产权等方面的延伸服务功能，纵深拓展服务领域，形成了全方位服务平台网络体系，城市辐射集聚功能大为增强。同时，积极引导、推动、鼓励区内各部门、企事业单位与苏浙两省的相关单位，以多种形式开展研究，推进合作交流工作；为来沪企业提供“事前、事中、事后”的全方位服务，向符合区域经济发展导向、发展潜力大、诚信度高的企业发放了“绿色通道”服务卡。

坚持区领导座谈会制度和企业走访制度，积极为来沪企业办实事、解难事、做好事，讨论并解决企业在发展中遇到的新情况、新问题、新矛盾，这是虹口区政府增强服务功能的一项基本制度。同时，还建立了友好城区互访机制、走访机制、培训机制，并坚持服务好各地驻沪机构，充分发挥他们在合作交流工作中的窗口、桥梁、纽带作用。每年都要召开迎春恳谈会、“驻外大使”座谈会，加强与各省区市的交流与沟通，并通过驻外办积极参与兄弟省区市组织的各种贸展活动，在融入全国、服务全国中提高了虹口的知名度和外向度。

虹口区为数众多的“服务细、进入宽、疏通多、政策佳”的服务平台，成为来沪企业“借梯登高，借船出海”的重要保障。有关数据显示：目前虹口已集聚各类航运服务企业2000多家，航运服务业已成为虹口区域经济发展的新动力，成为区域经济发展的主体。

增强辐射优势　提升帮扶水平

云南省文山州，绵延不绝的大山将现实与梦想写在云贵高原的版图上，是大山孕育了希望，也是大山带来了贫困。西畴、富宁更处于熔岩山区，曾被澳大利亚地质专家认定为“基本失去人类生存条件的地方”。仅以富宁县归朝镇为例，虽然它毗邻国道，但由于山路蜿蜒崎岖，居民赶一次集来回要走上六小时的“牛车路”。若要到分布在山坳里的“自然村”，则只有靠山间小路才能抵达。

这是一块贫瘠得让人震惊的土地，但在这块土地上从来不缺少欢笑，因为有一批特殊的虹口人在这片土地上奋斗着、努力着，资金、物资、技术、人才、管理……从浦江西岸的虹口源源流入喀斯特山地。

从某种意义来说，这也正是虹口区产业经济强大辐射力中，借助“对口支援”绿色通道所释放的一束。

虹口区委、区政府是1996年与富宁、西畴两县攀上“亲戚”的，沪滇两地的绿色通道已经运行了12个年头。

贫困山区：“穷根子”在哪？

虹口人钻进大山，一个个村寨、一块块田地进行调研，终于发现当地土质和气候非常适宜种植八角、花椒等香料植物，以及葡萄、杨梅等经济植物，但由于种植技术落后，产量一直很低，经济效益极为有限。为此，专家们进行了深入研究，耐心指导当地农民科学种植。2003年，富宁县归朝镇率先开垦了100亩葡萄基地，现今每亩葡萄收益达7000元以上。一位侬姓村民说：“我们一家五口，种上了三亩葡萄田，一下子就脱贫了。”

如今，通过各种“造血型”经济发展和农民增收项目的扶持，富宁县农民纯收入已升至1509元。目前，富宁、西畴两县已分别形成了一批有规模、有效益的蔬菜、养猪、林果等商品基地。累计有经济林果2700亩，蔬菜示范基地3400亩，葡萄示范基地100亩，家禽良种养殖基地3个，脱毒红薯基地1个，还扩建了农副产品交易市场。同时，累计开展小额信贷200余万元，扶持2000余户贫困户开展了养殖业，发展生猪养殖7000头。致富的道路越走越宽了。

不仅如此，虹口区的援助更体现在“智力”上。他们先后建造、修缮希望小学31所，成人技校2所，受益学生超过5万人次；累计派遣支教教师19批83人次，为当地培训各类师资近3000人。如今，在希望小学区域内的适龄儿童入学率已达99.6%。

近三年来，虹口区共投入培训资金140余万元，开展劳务技能、产业开发培训近8000人次，每年安排当地5名干部在上海挂职3个月。

有这样一句顺口溜：“小病忍、大病耐。”当地居民最害怕生病，因为一生病就要到20多公里以外的富宁（县城）去看病。为此，虹口先后在文山州建造了白玉兰卫生室55个、卫生院4所、妇幼保健院1所，配备了高压锅、产包、听诊器等医疗器械，还培训医务工作者百余名。就连边远山区的4万多贫困群众都实现了就近就医。上海医生亲手实施白内障切除术百余例，为群众就地施诊1万余人次。这一串串数字的背后，是对口帮扶一片片真情。

在富宁县，有一本《中国富宁壮族坡芽歌书》，让当地百姓对虹口人念念不忘。该书是迄今为止发现的用图画文字记录民歌的唯一一部民歌集，为了抢救和保护好这一珍贵的文化遗产，虹口区拿出15万元用于该书的挖掘、整理及保护，在文化产业方面开创了对口帮扶的先例，形成了对口帮扶工作的一大特色。

10余年来，云南文山州西畴、富宁两县先后建成温饱示范村、脱贫奔小康试点村、白玉兰扶贫开发重点村38个，使当地近26万人直接受益。10年前，富宁县有28.8万人处于温饱线下，人均纯收入仅378元。如今，富宁县人均纯收入已升至1509元。

其实，虹口区悉心帮扶的何止云南文山州两县，西藏、新疆以及江西等地都有虹口人留下的足迹。虹口坚持政府主导与社会参与相结合，初步形成了多层次的帮扶体系，并确立了“以资金、实物帮扶为基础，智力援助为重点，整村推进为原则，输送骨干为抓手”的对口帮扶工作模式。在西藏日喀则地区，虹口援建了希望小学，帮助改建了检察院等；在新疆阿克苏地区，援建了卫生防疫站、帮助地区学校建设了计算机室、多媒体语音室等，深受当地好评。

10余年来，虹口区财政累计投入帮扶资金5285.43万元，累计引导社会力量无偿捐助1019多万元，援建了一批关系贫困群众温饱的基础设施、经济发展、生态保护、医疗卫生、文化教育等项目。先后选派了16批25位优秀干部担当联络员，长期驻扎，成为对口扶贫工作的实际操作者、帮扶项目的组织实施者、先进文化和新科技知识的传播者、项目建设的示范者，树立了虹口援外干部的良好形象。一批落户在虹口多年的万峰公司、中虹集团、富大胶带、海泰集团、德律风物业等优秀企业也热心公益事业，积极参与了对外合作交流与对口支援工作。

展望未来，合作交流任重而道远。虹口将以更宽广的胸襟，兼容并蓄、博采众长，大力塑造“海纳百川、追求卓越、开明睿智、大气谦和”的新形象。

（虹口区人民政府合作交流办公室）

为有源头活水来

——杨浦探索走出合作交流服务创新之路

十月的扬州，秋高气爽。美丽的瘦西湖畔，正在举行杨浦知识创新区第三届长三角推介会。随着一阵阵热烈的掌声，现场进入高潮：在百余名各行业精英的见证下，淮南矿业集团、中信集团、中建集团、环球雅思……一个个重量级名企分别与杨浦签下了项目合作协议。而在随后的交流发言中，老总们不约而同地指出，"知识杨浦"的建设理念和良好的投资发展环境，成为他们与杨浦合作的一个重要原因，他们十分期待并看好此次合作能够取得双赢的成果。

这充满热情和希望的一幕，近年来接连上演，它只是杨浦区合作交流空前活跃的一个缩影。以波司登集团为代表的一批长三角企业，把地区总部、研发中心放到了杨浦；世界 500 强企业西门子集团华东总部、德国大陆集团、加拿大科特集团相继入驻…… 在"知识杨浦"这面大旗下，正集聚起越来越多的跨国公司地区总部、国内外著名企业、各种研发机构以及金融、信托、信息、中介等服务机构或网点，他们将杨浦作为事业发展的新平台，为杨浦经济的腾飞注入了新鲜血液。

从昔日的老工业区到如今的知识创新区，杨浦走过了一条筚路蓝缕的创业之路。在区域定位发展更为明确的同时，杨浦合作交流工作以创新发展为理念，逐步创新完善机制，拓展新的工作模式，不断探索实践，走出了为区域经济发展创新服务的新路子。

创新理念，打造企业扎根新环境

在上海的发展史上，杨浦拥有过辉煌，做出过重要贡献。进入黄浦江口，右岸那迎面扑来的、积淀了百多年发展的大工业区之壮观，多少年来一直是大上海的骄傲，是大上海雄厚实力之所在。然而，上世纪 90 年代以来，随着浦东开发开放和上海新一轮产业结构的调整，杨浦作为老工业基地的超级优势出现了惊人的弱化，随着传统产业逐步淡出，大浪淘沙之中，原先多达 1000 余家的国有企业，到现在只剩下了 200 家；产业工人从近 60 万降到 6 万左右。企业关停并转、职工下岗失业，就业、救助难题十分突出，维护社会稳定的压力凸显。

这样的情势之下，杨浦的未来何去何从？现实是严峻的，然而在困境的背后同样也隐藏着巨大的转机。历届区委区政府带领全区上下励精图治、上下求索，而为之服务的区域合作交流工作也由此走上了一条机遇与挑战并存的发展之路。

1992年,区政府常务会议决定成立区经济开发办公室。1996年初,建立招商引资工作领导小组,开展专题调研,出台优惠政策,大力引进企业,推进全区投资环境的逐步改善。杨浦的合作交流工作开始了新起步。

然而,眼前的一切都还只是一片空白:背负着老城区的薄弱底子、没有现成的经验可以借鉴、整体大环境投资服务意识不强、办公场所设施简陋,各种内外部因素交织在一起,对合作交流工作造成了一道道难关:有的企业不愿到杨浦来,有的企业来过之后又走了,并留下"杨浦的门难进、脸难看、事难办"的评价;还有的企业来到区协作办(区合作交流办前身),一间仅有16平方米的办公室,话说得非常直白:"一看这副模样,就对你们杨浦失去了信心。"

场面是令人难堪的,但是杨浦的合作交流人并没有灰心,他们坚信,一切都是可以改变的。正因为是白纸才能画出最新最美的图画。

破冰之旅,关键在于调整航线。杨浦区协作办立足职能定位,挖掘提炼自身优势,提出了"硬件不够软件补,以优质服务安商助商"的理念。他们深知:硬件的改造提升非一日之功,但可以凭借热忱、用一流的服务来留住企业的脚步。

上海三湘(集团)公司的入驻及其发展轨迹,就印证了这一服务理念。1989年,三湘(集团)公司初来杨浦,谁知投资注册程序繁复、关卡重重,三湘知难萌生了退意,来到区协作办一吐心中郁积之不满,协作办主要领导当即予以挽留,表示竭尽全力帮助解决难题。他们很快与各部门沟通协调,并从企业工商注册、银行验资、税务登记,直至项目申请等全程协助三湘办理。历时三个月,总共四五十个图章,就这样一个一个敲了下来。

投资者被深深感动了,欣然在杨浦落了户;两年后,三湘房产迅速崛起;三年后,该公司将总部迁入了杨浦;如今,上海三湘(集团)已发展成为一家以房地产开发为核心,集高新科技材料等多种经营于一体的大型民营企业集团,成为杨浦民营企业的一面旗帜。

就这样,杨浦区协作办以执着的服务理念与行动,吸引了一家又一家企业扎根杨浦。至2003年,全区引进企业由1991年的88家猛增至2285家,上缴税收由325.3万元增加到42039.2万元,分别增长了24.97倍和128.23倍。

在为区域经济发展作出贡献的同时,区合作交流办自身也不断地发展壮大。2001年区政府设立区招商服务中心,与区协作办合署办公。同年4月,区企业注册登记中心正式揭牌,提供办证办照"一门式"综合服务,接待场地也扩大1000多平方米,杨浦合作交流工作呈现新的发展态势。

创新机制,构建企业发展新平台

2003年,对杨浦区来说具有重要的历史意义。这一年的4月,中共上海市委、市政府从上海建设"四个中心"的大局出发,作出了建设杨浦知识创新区的重大战略决策。历经10年的徘徊与探索,杨浦真正迎来了属于自己的春天。

值此重大历史机遇,杨浦需要的不仅是抓住机遇的气魄与胆略,更是把握机遇的能力与实力。杨浦要转型要发展,关键在于引导符合新的区域功能定位的产业集聚,投资环境要优化,服务领域要拓展,引进力度要加大,合作交流工作重任在肩。2005年10月,区协作办更名为上海市杨浦区合作交流办公室，正式在区政府办公室挂牌。同月，新组建的杨浦区招商服务中心也正式挂牌，合作交流工作就此进入了新的发展阶段。

工欲善其事，必先利其器。区合作交流办（招商服务中心）立足于“三总一推”（招商资源“信息总库”、一门式服务的“总前台”、投资环境的“总协调”，区域经济发展有力“推动器”）职能建设，在做好引进企业的同时，整合各方资源，提升服务功能，努力协调解决企业经营生产过程中出现的疑难问题，为企业发展壮大保驾护航。

五角场镇 297 街坊地块项目，要建设集聚相关产业的高标准的钢材大厦。然而负责合作开发的上海同文置业有限公司和上海逸仙钢材市场经营有限公司，却因多年经济纠纷和历史遗留问题而纠纷不断，非但项目推进缓慢，而且随时有合作破裂中断的可能。对此，区合作交流办本着“抢抓时间、尽快上马”的原则，积极介入，牵头区法院、公安分局、房地局等部门多次召开专题协调会，抓住资产权益核心问题，促使双方签订了补充协议，确保了项目建设的顺利开展。

这样的特色服务，对象何止是重点企业。这样的服务同样提供给了美梦佳化工用品有限公司这样的小型民营企业。2008 年 6 月，该公司一名投资人正值子女新生入学，但因相关材料不全，无法正常办理入学手续，而要补齐这些材料一般需要 30 个工作日，那时早已过了报名截止时间。区合作交流办得知此事，立即协调联系有关部门，采取变通办法给予解决，终于在规定时间内，办齐了相关材料，解决了那位投资者的后顾之忧。

对于区合作交流办来说，企业的事再小也是大事，因为只有政府职能部门率先迈前一步，对企业的目光由“平视”转为“仰视”，才能拉近企业与政府的心理距离，使企业对部门的目光由“仰视”转为“平视”。

然而，这并不是区合作交流的全部工作。此外区合作交流办也正致力于积极探索、大胆尝试，将部门的资源特色转化为杨浦的服务品牌。

——在全市率先实行政府购买“三项代理”中介服务。第一轮试行，先后为新办企业提供工商注册代理、税务申报和会计记账代理 11440 户项，使其不再为注册、报税、记账诸事陷入“自己办、不会办”的烦恼，而通过政府购买委托专业机构服务，实现了“代理办、轻松办”的便捷。

——率先推出服务目标考核管理机制。按照“操作量化、办结得分、绩效评估、奖勤罚懒”的原则，鼓励职能部门为“服务基层、服务企业、服务发展”多办实事、多出力，成为优化投资环境的特色阵地和新兴竞争力。

——率先将工商和税务两个垂直管理单位请进了“一门式”办证办照服务大厅，不懈的努力转化为喜人的成果。近三年来，杨浦区招商引资工作呈现出欣欣向荣的景象。新引进各类企业 6572 户，完成目标数（5000 户）的 131%；吸引注册资金 138.6 亿元，完成目标数（78 亿元）的 178%，各项主要目标均超额完成，基本上实现了从“求商”到“招商”再到“选商”的结构性转变，并逐步形成服务产业市场占优，科技企业稳步增长，都市型工业和其他类企业同步发展的多元化格局。

创新模式，提升企业辐射新能级

2007年底，杨浦区委作出了全面提升杨浦开放质量和国际化水平的决定，明确把推动区域合作向全方位、深层次发展作为主攻方向。这是因为，建设杨浦知识创新区，关起门来是建不成的，光有大学和区域的资源也是不够的，必须站在前沿和高端，引进国内外一流的创新要素，推动自主创新。

杨浦进入了新的发展时期，合作交流工作也站到了一个新的起点上。作为杨浦形象的窗口，作为政企之间的沟通桥梁，区合作交流办积极打造各类专业服务大平台，帮助各地来区企业"借梯登高"、"借船出海"、"借地发展"，引导企业实现更高层次上的发展。

2007年，杨浦引进了著名民营企业波司登集团。作为服装业的一个领军企业，传统的家族经营模式已经不能满足这家大型企业的发展需求。区合作交流办协同相关部门积极助推波司登实现转型，建立了现代企业管理制度。在理顺了企业内部关系后，又在政策、项目运作等方面鼎力扶持。2007年底，波司登终于登陆香港主板成功上市，同时又获得了"中国世界品牌"的称号。这既是中国民营服装企业发展的骄傲，也是杨浦扶持企业发展的骄傲。

一边"请进来"，一边"走出去"。杨浦区合作交流之步迈得更加有力了。2004年在南通举办第一届杨浦知识创新区长三角推介会，取得不俗反响；2007年再接再厉，又在宁波召开了第二届推介会，一举签下了15个大型合作项目，总投资额达到50亿元，解放日报、新民晚报等众多主流媒体纷纷予以报导，激起了良好社会反响。今年在扬州举行的第三届推介会，正如本文开头所述，再现豪迈气势，签订了13项重量级合作项目，正常运行后预计可实现区级年税收1亿元。可以预期，知识创新区长三角推介会将成为杨浦合作交流的一张新名片。

探索创新无止境。2008年以来，杨浦区合作交流办不断深化服务功能内涵，借行政审批制度改革深化的东风，将一般企业设立登记时限提速至18个工作日；含前置审批的内资企业提速至42个工作日，整体缩减审批时限三分之二。

同时，依托新办公大楼搬迁的契机，提升"一门式"办证办照服务大厅功能，进驻部门服务窗口从原有的12个增加到23个，基本实现了审批办照功能的全覆盖。

近期杨浦区出台《关于促进企业发展的若干政策措施》，从财政政策、融资服务、人才环境及服务举措四个方面推出30条措施，扶助企业加强自主创新，提升产业能级，扩大规模效益。让更多的"波司登"从杨浦起步，走向长三角、走向全国乃至全世界。

问渠哪得清如许，为有源头活水来。永不停步地创新追求，是杨浦知识创新区发展的灵魂，也是合作交流工作发展的动力源。

雄关漫道真如铁，而今迈步从头越。百年杨浦，抖落世纪风霜，正昂首阔步向前挺进。如果将知识杨浦喻为蓄势待发的鲲鹏，那么合作交流就是一双强大的羽翼，载着新杨浦乘风直上，扶摇千里，飞向灿烂的明天。

（杨浦区人民政府合作交流办公室　执笔：陈明明、金思园）

“老字号”牵手“长三角”

——黄浦区主动参与长三角区域合作

黄浦区位于上海中心城区，新世界、一百等名店云集，“老字号”品牌资源丰富。近年来，黄浦区贯彻落实市委、市政府“走出去”战略，把眼光瞄准长三角地区，跳出黄浦看黄浦、求发展，充分发挥自身的资源优势，积极参与长三角区域合作，形成了互融共进的良好氛围。

产业：加强对接和优势互补

在全球经济一体化和国内经济市场化的双轮驱动下，区域经济一体化正以前所未有的步伐迅速推进。长三角地区作为国内最具活力的经济圈，随着国家有关推进长三角地区改革开放和经济社会发展指导意见的出台，经济一体化已经上升为国家发展战略，加快区域合作和联动发展重要性日趋显现。

上海市委、市政府十分重视长三角区域合作，提出了“深化、放大、提升、搭台”的指导方针。黄浦区认真贯彻落实，抓住时机，发挥优势，加强产业对接和互补，呈现出优势互补、互惠共赢的良好局面。

房地产业是黄浦区的五大支柱产业之一。多年来，通过政府的推动引导，区内房地产企业纷纷走出去，积极参与长三角区域联动发展。黄浦投资集团与澳大利亚 ACTI 公司联手在苏州工业园区组建合资公司，从事光电子及信息产品的研究、开发和生产，工业厂房和办公用房总建筑面积达 9.57 万 m^2。区市政建设有限公司控股的镇江新今达房地产有限公司投资近 3 亿元，在镇江市大港经济开发区建设总占地面积约 22 万 m^2 的瓦尔登坡景艺别墅。端正置业集团下属源程置业公司参建江苏沙家浜度假别墅项目。豫园集团下属苏州商城公司在苏州观前街参与投资建设 1.16 万 m^2 的商业大楼。

长三角地区山清水秀，人文荟萃，景点众多，旅游业优势突出。而黄浦区也具有外滩、南京路、豫园等上海特有的旅游资源。因此，黄浦区立足形成长三角地区旅游产业整体优势的目标，按照现代旅游业的要求，结合自身旅游资源和旅游产业优势，进行强强联手，与长三角 15 个城市(区)组建了旅游合作网络，采取旅游信息共享、开展主题咨询推介、提供旅游会展服务等多种形式，共同搭建长三角区域旅游宣传平台，积极拓宽客流通道，实现了区域旅游资源的整合，推进了区域旅游产业的蓬勃发展。

近年来，为了顺应上海大力发展现代服务业的趋势，黄浦区按照“以加快发展现代服务业为主攻方向”的要求，加快推进现代服务业集聚区建设，充分发挥西藏路环人民广场及外滩沿黄浦江地区现代服务业发展优势，结合自身发展需要，不断深化与长三角区域在现代服务业领域的对接。按照引大、引强、引优的要求，着力引进长三角高质量企业，吸引企业总部和品牌旗舰店入驻，建设现代服务业企业“总部经济”集聚地。积极引进长三角IT、电子商务等具有发展前景的新兴产业，加速结构调整，完善城区功能，提高产业发展质量和能级，从而更好地发挥产业集聚和辐射效应，在更高的层次和效能上服务长三角。

品牌：在开拓市场中发挥作用

长三角区域经济快速发展的趋势，已迫切要求区域内资源的优化配置和整合。黄浦区坚持政府推动与市场机制运作相结合，注重发挥市场配置资源功能，充分调动市场主体的自身积极性，强化优势资源的整合利用，积极促进长三角地区市场的相互渗透和共同繁荣。

黄浦区拥有“中华老字号”的品牌优势，而长三角区域的土地、劳动力、原材料等资源相当丰富。黄浦区坚持政策引导与市场运作相结合，积极引导老字号品牌向长三角市场拓展，采用“政府开路、企业跟进”和“企业先行、政府帮扶”的模式，找准重点区域和切入点，发展具有区域竞争力的项目，促进黄浦老字号品牌与当地的互惠共赢。新世界集团通过与当地企业合作、联营等形式，先后向长三角地区输出杏花楼、功德林、王宝和、培罗蒙等多个老字号品牌，在苏浙地区建立分公司和加工厂，年销售额近亿元。老凤祥公司在长三角地区拓展经营网点，开设专卖店70余家；在无锡等地开设的4家银楼年销售额达9000万元。豫园商城旗下老庙黄金和亚一金店在长三角地区开设经销店95家、加盟店83家、代销专柜6个。

在发挥品牌资源优势的同时，黄浦区还积极动员各方力量，多元化开拓长三角区域市场。通过研究制定扶持政策措施，创新发展模式，科学制定重点项目向外拓展计划，简化审批程序，引导和鼓励区域内具有技术、资金、人才等资源优势的各种所有制企业，通过兼并收购、参股控股、合资合作等多种形式，发展跨区域经营，广泛参与长三角合作。恒源祥集团在无锡投入资金7400万元，与当地合作注册羊绒、印刷包装、羽绒、西服、度假等五家企业；万有全集团分别在江苏南通、盐城、浙江金华等地与当地共同出资联办食品公司；凯昌制衣有限公司、海狮体育救生用品公司、沪光变压器有限公司等先后在无锡、慈溪等地开设加工企业。新世界集团的蔡同德、邵万生、新世界股份等品牌也分别在苏浙两地设立了酿酒、火腿、茶叶、毛纺等生产加工厂。区内民营企业还纷纷到长三角地区开展项目合作、投资办企业，在苏浙两省开设分公司43家，年销售额约21亿元，投资房产等项目45亿元，占地212.5万m^2，每年贸易额达23900万元。

“服务企业就是服务发展”，黄浦区牢固树立这一理念，完善相关政策，改进服务方式，提高综合服务水平，及时协调帮助长三角来沪投资企业解决经营发展中遇到的诸如员工培训、就医、住房、职工子女读书等各类难题，使企业打消顾虑、快速发展；加大综合监管和专项整治力度，整顿和规范市场经济秩序，确保市场健康有序运行，为企业创造公平、公正、公开的市场环境，努力营造商务成本合理、投资机会丰富、服务质量优良的留商环境，由此吸引了一大批有实力的知名长三角企业积极参与到黄浦的经济建设和社会发展中。浙江绿城集团所属公司参与了区内最大规模的旧区改造项目——董家渡聚居区开发，改造面积 8 万 m^2；浙江耀江集团参与了黄浦世博区域的开发，已成功完成 13 万 m^2 的商业楼宇开发；江苏苏宁房产公司更是以 44 亿元的高标价取得了 163 号地块的土地开发经营权。另外，黄浦区还通过企业产权转让、股权投资等形式吸纳苏浙两地民营资本参与区属企业多元化改造和盘活存量资产，促进区域经济发展。2004 年新世界集团在区属企业美丽华集团公司改制中，引进浙江富越控股集团有限公司等 7 家义乌企业 9387 万元资金，妥善解决了企业的 2 亿元债务。

服务：在加强交流互动中升华

黄浦区充分发挥驻沪机构的桥梁作用，通过举办“交流融通，携手共进”大型恳谈会，邀请长三角地区的驻沪机构负责人以及在沪投资的百家企业共商互利共赢、合作发展的大计，取得了很好的效果。同时，通过建立与长三角地区驻沪机构的日常沟通协调机制，在第一时间进行信息互递和情况交流，积极为浙江桐庐县、衢州市、温州市、杭州下城区、宁波海曙区、常山县，江苏常州市、苏州平江区、南京白下区、苏州金阊区、南通市、常熟市、镇江市、扬州市来沪企业及区域内企业的推介活动提供服务，推动了区域对话与合作。

黄浦区还定期组织政府间互访，通过各方面的交流活动加深了解，增进友谊。一方面，做好区域内兄弟省市来本区访问考察的接待服务工作，另一方面，精心设计考察课题，带着课题主动走出去，到浙江杭州市、宁波海曙区、江苏扬州市、镇江市等长三角兄弟城区走访考察，学习经济社会建设方面的先进经验。政府间日益频繁的交往进一步加强了地区间的协作交流，对长三角联动发展起到了积极的推动作用。

近年来，黄浦区还建立了由区合作交流办牵头，政府相关职能部门参与配合的工作机制，形成合力，全方位、多领域地推动了黄浦区同长三角区域的联动与合作，促进了区域经济发展和社会进步。区委组织部、人事局认真组织协调，接待了浙江杭州下城区、宁波海曙区和江苏南京玄武区、镇江京口区等区县选派的多名处级干部和公务员来黄浦区挂职锻炼；区科委充分利用区内集成电路设计专业孵化器国家级创业服务中心的品牌效应，在嘉兴南湖区设立分基地，向当地企业输出服务；区人事局与湖州、安吉共建了互联网络、信息共享、互设席位、互为代理的人才流动平台，开展跨省市人才交流合作，并组织专家讲学，为湖州市政府成功组建了经济和社会发展专家智囊团；区工商联先后与浙江宁波、黄岩及江苏南京、太仓、海门等 7 家工商联缔结为友好商会，并组织了多次商会互访、企业家交流和项目恳谈等活动；区教育局、卫生局也结合各自实际开展多种形式的合作交流活动。

实现长三角区域一体化发展是一个渐进的过程，需要区域各城市共同努力、合力推进。黄浦区将一如既往地加强与区域内各城市间的互联互动，不断提升区域合作的广度和深度，务实推进区域一体化进程，为长三角经济社会全面协调发展作出应有的贡献。

（黄浦区人民政府合作交流办公室　执笔：张倩）

楼宇经济撑起了半壁江山

——卢湾区大打全国牌塑造城区新功能

淮海中路，闻名世界的繁华商业街。车水马龙，熙熙攘攘，涌动流淌着人流、物流、商品流、资本流、信息流、科技流……孕育、诞生了马路两旁鳞次栉比高楼大厦内的楼宇经济。这是卢湾区改革开放不断深入出现的新经济样板。

尽管是上海陆地面积最小的中心城区，然而，就是在这 7.54 平方公里的土地上，1993—2007 年，卢湾区投资 673 亿元改造旧区、重塑功能，拆迁改造了 285 万 m^2 旧房，建造起 682 万 m^2 现代化高楼，实现了从传统中心商业区向现代中央商务区的转换，基本建成了以服务经济、楼宇经济、涉外经济为主体的、体现上海繁荣繁华特征的国际时尚商务区。目前，近 70 幢商务楼宇入驻各类企业约 2870 户，其中内资企业 2229 户，实收资本 653 亿元，其中内资企业实收资本 450 亿元，撑起了全区经济的半壁江山。2007 年有 12 幢楼宇税收超亿元，最高一幢楼宇超过了 11 亿元。

回顾从传统经济向楼宇经济的转型历程，大打全国牌的合作交流起到了不可或缺的重要作用。

功能开发篇

卢湾区，上海有名的中心商业区。其繁华以淮海中路商业街为标志，拥有市百二店、益民百货、全国土产、妇女用品商店等一大批老字号商业名店。然而，在这一抹亮色下，掩盖不住的是南部地区的旧房简舍，打浦桥、黄浦江滨江地区，分布了江南造船厂等众多工业企业，约占该地区总面积一半以上。

20 世纪 90 年代，上海进入了改革开放的快车道。1992 年，随着全市第一块土地批租——“斜三基地”的启动，拉开了卢湾区大规模旧区改造的序幕。

开发城区商务功能，实现从传统商业区向现代商务区的转换，成为卢湾区的必然选择。大打全国牌，积极推进商业商务项目开发，则成为卢湾国内合作交流工作的重要内容。

大批企业“退二进三”，功能开发打出全国牌。1993 年以前，卢湾区共有 159 家市属工业企业，职工总数 10.2 万人，这些企业以纺织、轻工、仪表、机电业为主，分别隶属于 26 个主管局、控股公司。尽管工业总产值达 89.2 亿元，但这些企业大多规模小，历史包袱重；设备较陈旧，产品档次低;资金匮乏,职工下岗多;生产场地小,厂房与居民住宅犬牙交错,矛盾复杂。部分企业三废污染严重,其中国家级三废污染企业有7家,市级三废污染企业11家。

结合大规模的城市改造,上海实施"第二产业向郊区梯度转移,第三产业向中心城区集聚"——即"退二进三"的发展战略。卢湾合作交流工作的重点是,帮助市属工业企业梯度转移,依托工厂地块实施商务楼宇开发,推进楼宇经济发展的规划布局。

1993年底,区政府成立"推动三产发展领导小组",由时任区长韩正任组长。1996年根据市经委的要求,更名为"帮助市属工业企业布局调整"领导小组,由时任区长张学兵任组长。领导小组办公室设在区经济协作办公室,具体负责"二转三"的协调、服务工作。

在对这些市属企业进行全面普查的基础上,又一家一家地深入调查摸底,研究政策,协调矛盾,并助其引进投资主体,解决转产过程中的矛盾,促使"二转三"成功实施。遇到推进难度较大的企业,区政府领导还多次带队上门、现场办公。元通漂染厂、天益色织厂、第六电表厂……都曾留下过时任区长韩正的足迹。就说天益色织厂改建成为广发银行大厦,针对项目容积率、环保设施和绿化配套等一系列难点问题,韩正率领区规划局、区建委、区房地局、区环保局等部门的负责人赴现场办公,当场一个个协调解决相关问题,使项目得以顺利推进。经过数年的建设,其间经历亚洲金融危机,至2000年9月,广东发展银行大厦竣工并投入运营,总建筑面积达5万m^2。目前,广东发展银行上海分行总资产已超过350亿元,各项存款逾200亿元,在中小企业和个人金融服务方面走出了一条新路。作为重点商务楼宇的广发大厦,其入驻企业的经营规模也进入了卢湾区楼宇经济前三名。

33幢大厦拔地而起,楼宇经济一举定局。8年过去了。通过积极改善投资环境,大力引进各地资金,卢湾区"退二进三"取得了突破性进展。原159家市属工业企业,迁出6家,关停116家。一幢幢崭新的商务楼宇拔地而起。仅引进国内资金建成的,就有久事复兴大厦、新华联大厦、世纪巴士大厦、医药大厦、柳林大厦、建设银行大厦、广发银行大厦、申能大厦、宝鼎大厦、华伦大厦等33幢之多,其建筑面积占到了全区楼宇的45%左右。为提高区域经济发展的集约化程度,大力发展以楼宇经济为主体的现代服务业,奠定了坚实的基础。

结构调整篇

90年代末期,卢湾区第一轮旧区改造完成,一大批商业商务楼宇相继竣工投入使用。不料,亚洲金融危机风起云涌,影响所及,楼价大幅下跌。商务新楼宇的招商形势空前严峻。为了帮助楼宇企业尽早完成招商,卢湾区政府推出了"政府服务年"等一系列招商引资新举措。强化服务意识、开设服务窗口;推行首问责任制、建立联动服务机制、实施并联审批制……投资环境不断得到改进。还制订了一系列相应的扶持政策,吸引各类企业入驻楼宇。

一幢幢高楼大厦,亮起了"满座"的红灯。

招商引资提升能级,新兴产业形态集聚。进入新世纪,随着楼宇经济的全面铺开,卢湾逐渐把国内合作交流工作重点转移到提高招商引资能级、帮助企业、积极推进产业结构升级上来。

卢湾区协作办认真贯彻市政府关于进一步服务全国扩大对内开放的"24条"政策,拓宽招商思路,变"筑巢引凤"、"等客上门"为主动外出招商。通过上门走访,广交朋友,扩大与企业的联系渠道;对有投资意向的企业进行重点服务,从帮助寻找经营场地,办理相关手续,到协调解决有关问题,落实相应扶持政策,使各地企业产生了较强的认同感和归属感。

随着一批世界500强企业和国内外知名企业相继入驻卢湾,以楼宇经济为依托的新兴产业形态开始呈现。进而,商贸物流、金融服务、信息服务、专业服务、休闲服务,高能级、强辐射的现代服务业企业相继形成规模,卢湾楼宇经济的聚集效应和辐射功能已经显现。

这一时期入驻卢湾的企业中,不乏一些国内著名企业的身影。上海神华煤炭运销有限公司,1999年在卢湾注册成立,原系我国最大的煤炭开采销售企业神华集团在华东的销售窗口,现已发展成为中国神华能源股份有限公司的子公司,注册资金达5000万元。主要为华东地区的电厂、石化、钢铁等大型企业提供煤炭,年销售量已超过4300万吨,总收入逾150亿元,纳税规模近亿元,是上海地区最大的煤炭销售企业。

上海诚通香山金属交易有限公司,由中国诚通(集团)公司控股、上海淮海商业(集团)公司参股组成。中国诚通是原国家物资总局转制企业,在196家重量级央企中排名第63位。2000年,该公司投资520万元,收购卢湾区香山钢材市场51%的股份,成立上海诚通香山金属交易有限公司,改制后的香山市场引入先进的管理模式,交易规模很快突破100亿元,跃居全国三甲之列,2001年成为我国首家通过ISO9001论证的钢材市场。在此基础上,公司还与IBM合作,建立中国诚通集团公司香山钢市场业务系统和中国E金属网,使香山市场成为融现代物流与交易服务为一体的现代化金属交易市场。

楼宇经济撑起半边天,一楼最高创收破10亿。经过7年大浪淘沙,卢湾楼宇经济结构不断优化升级。根据第一次经济普查的结果,到2004年底,全区近70幢商务楼宇入驻各类企业2870户,其中内资企业2229户,分别占全区企业数的39%和31%;实收资本653亿元,其中内资企业450亿元,分别占全区企业实收资本总额的78%和53%;拥有从业人员85564人,其中内资企业55937人,分别占全区从业人员的39%和25%。

全区商务楼宇中,年营业收入30亿元以上的已有10幢,其中内资开发的占了6幢;年营业收入50亿元以上的楼宇有4幢,内资开发的就占3幢。香港新世界大厦以83.41亿元雄踞榜首,兰生大厦、广发大厦分列第二、第三。

至2007年,全区66幢楼宇实现税收49.5亿元,同比增长40%,占全区总收入的58%。楼宇经济已占全区经济的半壁江山。

近5年来,卢湾区域经济之所以保持持续快速发展的势头,楼宇经济是其主要支撑。2007年全区增加值是1992年的15.3倍,年均增长20%;财政收入达到84.9亿元,是1992年的38.8倍,年均增长27.6%。

卢湾区因地制宜,创新合作交流,大力发展以楼宇经济为主体的现代服务业,走出了区域经济科学发展的特色之路。

(卢湾区人民政府合作交流办公室　执笔:陈进洪)

情涌商务港

——静安区积极打造来沪企业服务网络平台

静安区以“袖珍”闻名。其实闻名的不是因为“袖珍”，而是在这“袖珍”里，集聚了“楼宇经济”的半壁江山，成为中外现代服务业的高地。静安南京路商务大道一举成为世界著名的CBD地区之一，“钻石街”的美誉名扬海外。正是静安国际的、现代的、充满商机和人文关怀的服务网络平台，凝聚了超常的人气；是真情服务的东风，扬起了楼宇经济发展的风帆……

真诚搭“金桥”

静安区与全国18个省的27个市、区缔结了友好关系，每年，各地代表团互访交流、项目推荐、会展招商，外省市企业投资入驻静安，区内企业外拓各地市场，来来往往，恰似江海奔流。

那天，区政府合作办又迎来了一位“亲戚”——陕西省驻沪办事处领导。一进门，他就连声地致谢：“感谢静安啊！为我们解决了陕西商务酒店建设遇到的大难题，还不肯吃我们一顿饭，不肯收一份礼，这样诚心诚意地为我们办事，感动，感动哪！”

19层的陕西商务酒店坐落在延安路茂名路口。陕西省希望通过它在静安搭建一座招商引资的桥梁。但建设过程中，涉及到规划、环保、卫生防疫、交通、市政、环卫、绿化、街道等各有关方面的诸多难题。区政府合作办多次牵头召开区各相关部门协调会，一个部门一个部门地沟通，一个问题一个问题地解决……

一天深夜，因为车道、垃圾箱的设置问题，又有部分居民堵住了车道，并涌到酒店大堂吵闹。陕西省驻沪办人员不得不再次向静安区合作办“求救”。

已是子夜时分，协调还在继续……

好事要做，可不能扰民。区合作交流办有求必应，来回奔波，不怕磨破嘴皮，甚至还请出了区领导前往“救火”。

等到陕西商务酒店顺利开张，区政府合作办前后差不多忙活了一个春夏秋冬。

随着陕西商务酒店的开张经营，区政府合作办领导班子不由得对这种情况进行了反思：如何创新服务手段？如何更快更高效地服务企业和友城呢？他们苦苦探索着……

2006年，全市19个区县合作交流系统中第一个“友好往来”网站在静安诞生。这个网聚合相关信息和有关应用，作为静安公共信息平台的子网站，具有在互联网和区公务内网同时发布的功能。鲜明的特色,丰富的栏目,打造了网上咨询、信息发布、论坛交流、精彩专题等功能,架起了一座静安区与友好城区以及驻地企业沟通、合作、共赢的网络服务平台。

这个网络服务平台开通后很快就显示出其独有的功效。

那天,网站上重庆来沪企业上海朝华科技有限公司的“窗口”跳出一条消息:“朝华”将要破产!看到这条消息,区合作交流办领导的心猛然一紧,立即与“朝华”领导联系。

“唉!我们的房产已被法院查封,第一次拍卖流拍,至今无法回笼资金;债务还不出,连破产也难哪!”“朝华”领导万般无奈地倒着苦水。

马上,这条信息从“友好往来”网站传到了上海亚泰计算机信息系统有限公司。

“我们正在考虑‘扩张’哪!”,“亚泰”公司总裁十分感兴趣。

看来这事儿有门!区合作交流办领导和工作人员立即行动起来。赤日炎炎,他们顶着酷暑,不是陪着“亚泰”老总看楼宇,就是陪着“朝华”领导与拍卖公司商洽、与市中级人民法院沟通……果然,仅仅半年多,朝华的资产就被盘活了,“亚泰”也因喜得“朝华”在静安大厦的4个楼面而在静安注册了新公司。“朝华”、“亚泰”、法院、静安,一举多赢!

友好城区南通崇川区将建设大型滨江公园区的信息也是在“友好往来”网站上流向静安投资咨询服务有限公司的。区合作交流办与咨询公司一起积极为上海美丽园大酒店和崇川区牵线搭桥。不久,上海美丽园大酒店就与崇川区成功合作,承担了“休闲天地”中酒店的设计任务,滨江公园项目在美丽园大酒店的策划下也重新定位,港口风情、江岸风光、碧水金沙、生态湿地、休闲天地……长江边狼山下独具特色的旅游景点已指日可待。

如果说信息高速公路的建立,改变了世界的思维方式,那么,“友好往来”网站带来的则不仅是工作效率的提高和视野的拓宽,而且是观念的转变、工作思路的创新。

杭州休博会、淮安龙虾节、威海投资发展推荐会……一个个跨地区的经济、科技、教育、文化、卫生、体育等领域的合作项目,通过“友好往来”网站向外发布……

人才圆舞曲

清华、北大这两所我国最著名的高等学府,却在2007年11月14日刮起了一股静安旋风。旋风的源头是“2008年静安区公务员招录推介暨储备人才招聘会”。清华、北大300多名学子纷纷报名效力静安,大大超出了静安人事局的预料!翌日上午,燕山大酒店近百名学子面试,28名来自清华、北大、复旦、交大、人大等重点高校的博士、硕士研究生站在了国际静安建设的起跑线上……

人们纷纷揣摩着:是什么让清华、北大学子对静安钟情如斯?

是静安现代化、国际化商务高地的魅力,是静安海纳百川的胸襟,是静安的优质服务!也正是这个魅力、胸襟与服务,汇聚了静安对一流人才的吸引力。

这天,在辉瑞投资公司,老总和员工们迎来了静安人事局干部。

“人事干部上门服务?”,白领们简直不敢相信自己的眼睛。人事干部朝南坐向来“顺理成章”,而且还带着几分神秘。但他们今天来了,而且是送户籍政策上门!在职场拼搏中看惯了冷漠的白领们,心里不禁一阵温暖。

从管理到服务的转变，让静安的人事部门从衙门变成了人才服务平台。以对人才的公共服务为轴心，服务的重点涵盖区属机关、企事业单位以及全部的区域经济单位。走出传统事务型管理桎梏的人事干部，在中凯置业、国泰君安、晋能国际、欧莱亚等重点企业，针对人才的不同需求，不厌其烦地解读、说明并送上一项项政策。

区人事局还将岗位与人才提前对接，搭建平台，主动到企业搜集岗位需求，发布到相关高校网站，让学生自主选择；区人事局新录用的大学生，先安排到对口的相关委办局或企业进行“岗位见习”。于是，“伯乐相马”的故事在国际化的静安被全新演绎，又一深层次变革的帷幕拉开了。

高山不辞抔土，大海不拒细流。一个个举贤任能的网络平台，一次次主动服务，为“金领”、“白领”、“灰领”、“蓝领”搭建了建功立业的大舞台。

就业困难人员招聘会，商业、服务业招聘会，青年见习报名招聘会，静安就业项目招聘会，静安百家企业招聘会……公共职介服务的新模式，为不同群体的务工人员度身打造；条条大路通罗马，各方人士各得所需。

来自大山的贫困学生受到格外呵护。那是上海城市国际企业有限公司从云南昆明、文山的穷乡僻壤招来的97名农民的孩子。他们家境困难，考上大学也上不起学。进入城市超市工作不久，这些年轻人不仅圆了父母“一人就业，全家致富”的梦，还在城市超市边工作、边上学，其中的45人已成为静安业余大学的学生。

今年汶川地震，静安各部门各企业积极进行技术救灾。民营企业腾出了379个岗位，帮助灾区人民就业；在劳动和社会保障局的精心安排下，从都江堰来的7名青年，不仅在静安包吃、包住、包培训、包工作，还进入了现代应用技术培训中心学习数控机床技术……

年轻人破碎的心终于走出了阴影，开心地笑了。

会战午餐难

白领们做梦也没有想到，自己小小的午餐问题竟然惊动了静安区委区政府领导，而且静安经验还被推向整个上海滩。

记得21世纪初，开放的静安已是来沪企业的创业福地。静安通过各种办法，为他们打造了完整的生存链。

但是，随着国际商务港建设的推进，静安成了中外各路精英建功立业的风水宝地，当10万白领每天踩着现代化国际化的鼓点，从上海的四面八方涌入静安，惊喜的同时，“午餐难”的矛盾突出起来。

“吃商务套餐，动辄五六十元钱，开销大吃不消；到路边摊吃盒饭，不卫生又没营养；自己带饭，既麻烦，又怕同事笑话，”白小姐直率地说。

白领们的这些烦恼摆上了区委区政府的案头，而且被作为“完善区域服务功能，优化商务软环境”工作的重要切入点，纳入了静安区委区政府的议事日程。整整几个月，分管副区长亲自挂帅，区经委牵头承办，区委宣传部、区财政局、食品药品监督静安分局、各街道等部门通力协作，发动国有的、民营的、外资的、股份制的企业共同参与、多渠道解决区内10万白领午餐问题。区财政还对这些参与解决白领午餐难的企业实行一定补贴。

政府引导，市场运作，区域资源整合集聚。上海夏尧餐饮管理有限公司精心策划餐饮业态；十多家多国风情的美味在“食博汇美食广场”登陆；每天，4000多名白领成群结队前往用餐，俨然成了静安一景。在上海意大利餐厅中排名第一的巴贝拉意式西餐还组织专车，开展外送业务。2009年“食博汇美食广场”全部开业后，将可满足10000名以上白领的用餐需求。

在静安南京路沿线10分钟服务半径内，30家有条件、有场所的大中型餐饮企业增设了外送服务，或者辟出专门区域，增设商务套餐供应；社区配膳中心、社区单位纷纷扩大服务面，给白领“搭伙”；楼宇食堂的开放也受到鼓励；大众餐饮的增设和改造更是紧锣密鼓。上海城市国际企业还投资60余万元，建立了全市唯一的流动餐车，依托自己的有机蔬菜和养殖基地，为白领每天配送千余份各式美食……

一个多形式、多渠道、多层次的午餐服务网络迅速地覆盖静安；困扰10万白领的难题，化为雨后绚丽的彩虹。

“午餐方便了、卫生了、便宜了、省心了，我们也可集中精力为静安作贡献了。”卸下了包袱的白领们一脸轻松。

静安多策并举解决10万白领“午餐难”，着力提升现代服务业集聚区软环境的做法，得到了市委书记俞正声的首肯，并指示向全市推广静安区的这一经验。

支部建楼上

以发达的楼宇经济享誉沪上的静安，在21世纪初，还遇到了一个前所未有的挑战。

那是一双双焦急寻觅的眼睛。工作在外企的“白领”党员在寻找党组织，但由于情况特殊，哪里的党组织都无法接纳他们。在林立的商务楼宇之间，在一群群建设上海的生力军中，这种情况不在少数。他们在为上海、为静安经济发展作出贡献的同时，却又不得不为自己政治生活的无着落而着急。

静安勇敢地迎接挑战。2002年5月，全市第一个“党员服务点”在中华企业大厦诞生。一年后，一块块红色的指示牌联结着静安的每一座商务楼宇，亲切地召唤着楼宇里的党员：这儿有你温馨的“家”！

有一天，一位清瘦的青年走进了紫安大厦。“党员服务点！”他似乎不相信自己的眼睛，又走近了几步，没错，就是它！“两年了，我苦苦找了两年哪！”这位在上海交大入党、在日资企业工作的青年感慨万分；百感交集的他立即赶去报到，交上了“情况说明和检查”，请求参加党组织活动……

一张张党员活动记录卡——很普通，因为它记录的只不过是党员的一次次组织生活；但它又很不普通，因为，它冲破了固有的程式；因为这张卡的主人很多在这里并没有组织关系，或许还要转战南北。然而，“不求所有，但求所在”，只要你参加党员服务点活动，只要你发挥党员的先锋模范作用，街道的党组织就会在卡上作下记录，留下你参加学习和组织生活的足迹。

“党员活动卡真好，现在我每年回温州时，就用记录卡向所在党支部汇报，支部就知道我在上海仍然过正常的组织生活了。”一位在延安饭店党员服务点参加活动的温州籍党员高兴地说。

小小的记录卡不仅维系了“两新”组织党员的政治生命，而且凝聚了基层党组织对党员的政治关心、爱护和帮助。

“支部建在楼上”，一大批“流动党员”找到了“家”。2005 年，区委成立了区社会工作党工委，专门负责“两新”组织党建工作。截至 2007 年 10 月，静安区的 120 多幢商务楼宇、8204 家两新组织中，共建立党组织 308 个，其中党委 3 个，党总支 7 个，独立党支部 200 个，联合党支部 98 个；在“两新”组织从业的 12 万员工中，有中共党员 8302 人，其中，已有 3385 人将党组织关系转入静安。

“当你有烦恼的时候，希望能够为你解疑释惑；当你有困难的时候，希望能够帮你排忧解难；当你有喜悦的时候，希望能够为你祝福庆贺……”一个个党员服务热线的承诺，一个个民主、开放、个性化、互动式的党组织活动，成为楼宇的一道独特风景。在很多商务楼，党员工作台前还挂上了“先锋模范岗”的标牌。

“我是党员，向我看齐”的口号，在一幢幢商务楼宇叫响！精神关怀、组织关怀、生活关怀、事业关怀，党的工作成了新经济组织持续健康发展的加速器；“支部建在楼上”的别样风景，创新了社区党建功能，填补了新时期“两新”组织党建工作的空白，促进了静安商务港建设。中央和上海市委、市政府领导多次视察静安楼宇党建工作，并给予高度评价。

久而久之，“党员优先”成了一个个民营、外资企业招聘人才不变的“广告”。支持、推动楼宇党建工作也成了很多老总的“份内”事。有的企业甚至不惜损失上千万收入，让出一个楼面，配合街道做好党建宣传……

生活便利舒适的国际化静安在每一个角落伸展着服务，酒店＋办公楼＋生态公园＋购物＋会所＋高尚住宅的“豪布斯卡”模式，也在静安悄然孕育着……

静安为来沪企业打造的服务平台能级不断提升，静安“国际商务港”建设正在加速。

（静安区人民政府合作交流办公室）

宝山奏响建设滨江新区交响曲

——宝山招商引资功能在合作交流工作中的有效发挥

上海北大门宝山，得天独厚的区位优势、交通优势、产业优势和智力优势，使之成为一片投资热土和发展福地。在上海加快向世界级城市发展的进程中，宝山——这座依托气势恢弘的钢城和现代物流港区的滨江新区正在蓬勃兴起，其雄厚的综合实力日趋显现，已经成为上海辐射长三角地区的桥头堡。

正是这一目标定位，促使宝山区合作交流工作迅速实现转型：突破传统招数，创新思路、创新服务、创新运作方式，凸显招商引资新功能，显著增强了社会投资环境的磁场效应。近两年来，宝山区先后引进500强企业，跨国公司总部、机构和研发中心，民营企业"小巨人"近40家，投资总额达30亿元。2007年，全区新增注册资金218.66亿元，同比增长75.7%，户均注册资金892.1万元，同比增长107.4%。引进各地投资企业600户，注册资金78976万元，户均注册资金131.63万元。全区经济小区税收总额完成60.9亿元，同比增长28.72%，占全区的比例为47.31%。其中，区级税收18.6亿元，同比增长24.76%，占全区的比例为42.01%，超额完成了同比增长15%的目标。

2008年1—10月，全区新增注册资金161.2亿元，户均注册资金719.8万元，注册户数2240户。全区经济小区税收总额完成70.9亿元，同比增长23.4%，占全区的比例为55.56%。其中，区级税收20.9亿元，同比增长22%，占全区的比例为50.5%。

拓展招商引资新功能

宝山区合作交流工作，在改革开放中走过了风风雨雨30年。宝山合作交流工作跟随着上海建设"四个中心"的步伐，也揭开了新的一页：围绕主轴积极探索拓展招商引资新功能，在更广更深的服务范围、服务领域注入新的内涵。努力将合作交流工作和招商引资工作有机结合，在推进区域经济发展的同时给合作交流工作注入新的内涵。招商工作力行"三个转变"：由粗放型招商向效益型招商转变，由资源开发招商向二次开发招商转变，由偏向制造业招商向现代服务业、先进制造业并举转变。做到"三个加强"：加强转变观念、创新形式的力度，加强生产型服务业招商的力度，加强营造良好的投资环境的力度。近几年来，宝山运用合作交流工作的优势，不断推进招商引资工作，招商引资工作同时也推动了合作交流工作的深入开展。

强化政策导向。宝山区着力优化投资环境和发展环境，制订促进跨区域合作的政策意见，扩大政策鼓励范围，引导企业增强开拓市场、创新技术和培育自主品牌的能力，围绕区位发展主轴不断强筋健骨。同时，进一步完善对内开放政策的实施细则，通过加强组织协调，构筑服务平台，推进政策落实，引导各地企业和资本向优势产业、重大产业基地及市级工业园区集聚，从而形成了宝山经济的产业骨干。

宝山区建立并完善投资服务体系，编制了《市外企业投资合作指南》和《各地企业来沪投资导向》，健全并完善了合作交流统计制度。建立了区招商服务中心，一门式地为企业办理申办手续。同时，宝山区积极开展合作项目征集和推介工作，组织协调中介机构积极参与服务国内合作交流工作，激励各地企业来宝山发展。

近年来，为改变经济粗放型增长方式，宝山区又将发展现代服务业列为招商引资重点，大力培育现代服务业的新载体，以引进"规模大、产出高、效益好"具有引领作用的大企业集团，努力打造总部经济为目标，出台了激励政策措施。同时，广泛利用市级、区级媒体对宝山现代服务业进行推介，编印《宝山现代服务业》招商引资宣传册，制作了《乘风扬帆》专题宣传片，举办了宝山现代服务业主题词征集等活动，造成强大的投资环境舆论氛围，均取得了良好成效。

强化组织功能。宝山区积极拓展合作交流组织网络，健全完善招商引资协调功能。

建立区合作交流联席会议制度，定期召开会议，研究、协调、部署招商引资和对口支援任务；组织各类招商引资活动，加强目标考核，形成良好的工作氛围。

建立与各地驻沪办事机构、上海驻各地办事机构的合作联系机制。宝山区努力加强与全国各地的沟通和联系，与现有的61个友好区县市保持友好合作；同时，宝山区充分发挥驻外省市招商联络处的作用，并大力扩建对外招商联络网点，不定期举行各地驻沪商会考察宝山活动、部分省市商会考察宝山活动、宝山钢铁服务全国行、宝山投资说明会等各种形式的投资推介活动。

宝山基本上每年举办一次大型投资推介会，在2008年的宝山投资说明会上，宝钢产业园、上海电气集团装备产业园、中国机械集团国际研发总部基地等15个产业投资项目现场签约，投资总额105亿元。其中，外资企业5个，投资额2.6亿美元；内资企业10个，投资额87亿元，中外大企业投资额78亿元，占74%。

强化走出去策略。宝山区积极探索开拓招商新模式，推进招商载体建设，吸引优质企业落户。特别是贯彻落实好区政府以"走出去"带动"引进来"的战略。由区领导率团或组织有关企业、招商人员有针对性地到广西南宁参加东盟博览会，组团参加"第三届中国城市商业规划和商业地产展览会"等商贸活动，到安徽、江苏、浙江、福建、广东、山东、湖北、天津、青海等外省市招商，寻访邀请有意来沪"借船出海，借梯登高"的外地大企业落户宝山，都取得了较为明显的成效。

宝山区还引导各地投资企业做大做强，实施"走出去"战略；积极发挥各地区投资企业协会作为政府与企业桥梁和纽带的作用，不定期地举办沙龙、政策信息发布会，使企业及时了解有关方针和政策，大大增强了"走出去"的有效性。

近两年来，宝山区通过各种形式的"走出去"，先后引进各类产业投资项目2570余个，涉及了29个产业和行业,总投资额达到了379.86亿元。

推进互动合作谋双赢

宝山区充分利用区位优势实施国家战略,服务长三角、服务长江流域、服务全国,在联动发展中互补共赢,从而促进了自身发展。

融入长三角:乘势提升竞争力。打开上海地图,可见宝山区在长江三角洲具有桥头堡和枢纽港口的区位优势。宝山积极运用这一得天独厚的有利条件,寻求服务长三角、融入长三角的有效途径。特别是完善政府间协商机制,在规划衔接、政策协调、项目建设等区域合作的重大问题上及时沟通,并深化相关职能部门的合作,着重推进现代化交通运输体系、产业发展、市场建设、能源利用、环境保护、人才开发等方面的专项合作,促进区域协调发展。以筹办2010年世博会为契机,突出特色,密切合作,加快推进交通联网、旅游联手、信息连通、生态联保,共同提升综合竞争力,努力形成区域联动发展的格局。

服务全国:优势互补促合作。宝山正在打造先进制造业基地和航运物流基地、港口产业基地,这与国内一些老工业基地的振兴无疑具有良好的互补性。

宝山积极贯彻落实服务长三角、服务长江流域、服务全国的工作要求,进一步发挥宝山综合优势,宣传推介宝山投资发展环境和功能性载体,打响宝山现代服务业的品牌,在主动服务全国中加快宝山发展。2008年4月,正式启动了“宝山钢铁服务全国行”活动,活动秉持“真诚沟通、诚信合作、成就共赢”的理念,突出服务全国的主题,突出企业主体作用,充分发挥宝山综合优势,充分发挥宝山钢铁服务平台、载体和中介机构集聚辐射功能,推动宝山的钢铁服务业走向全国,为全国钢铁业的新一轮发展服务,先后在武汉、天津、厦门、广州、青岛、杭州等地举办了多场专题活动,活动得到了当地钢铁产业链企业的大力支持和积极响应,有力地推动宝山的钢铁服务业走向全国,胡延照副市长在武汉站活动上赞扬“宝山钢铁服务全国行”在本市区县服务全国工作中带了个好头。

宝山区利用技术、管理、人才、信息和产业等方面的优势,积极参与一些老工业基地的振兴建设。组织区内向外拓展的企业,通过资产运作、存量盘活、并购重组等方式进行合作开发;引导相关企业和机构进入东北布设网点,既为当地产业结构调整、企业资产重组提供市场服务,又使企业得以发展,扩大了市场占有率。

宝山致力于寻求参与一些老工业基地振兴的切入点,运用市场机制,实现双方经济共赢,各得其益。特别是充分发掘宝山的行业特点,积极推进钢铁、能源、医药、科技、教育等行业或领域的合作,推动资产跨地区、跨部门、跨行业、跨所有制的重组。同时,发挥各类要素市场和中介机构的功能,为当地产业结构调整、企业资产重组提供了高效服务。

走进宝山:亲商安商促发展。部、市属大企业是宝山经济发展的顶梁柱。宝山区按照“政府引导、市场运作、企业主体、社会参与”的运作机制,充分发挥市场对资源配置的基础性作用,地企合作、优势互补、携手共进。

在这里,富有激情创意的服务工作,迎来了宝钢船板、不锈钢配送中心、ARJ—21支线飞机等大项目的顺利落户。在这里,地区的资源优势和大企业的实力优势,产生了正相叠加效应,共推宝山经济发展走上了快车道。

切实完善宝山地区大企业联席会议制度，加强与宝钢等集团公司的战略合作，积极引进多元投资强势企业，宝山区以市级工业园区等为载体，集聚起了47个大项目、大企业，产业范围正在向商贸、物流、房地产、现代服务业、楼宇经济、都市工业等领域拓展。

宝山区还采取与开发商联手的办法，积极推进宝莲城、国际钢铁物流总部基地、祥腾商业广场、安信广场、骏利财富大厦等招商载体规划建设，为引进优质的现代服务业项目提供了较为完善的平台。

宝山区积极贯彻落实上海市委、市政府关于加大为企业服务力度的要求，进一步在落实科学发展观的过程中转变政府职能，增强服务意识、提高行政效率，为企业发展营造更好环境、搭建更多舞台，帮助企业解决碰到的困难和发展瓶颈。出台了关于做好企业服务工作的若干措施，建立和完善了相关服务工作机制，为企业解决融资难、企业人才资源利用、工商注册登记、给予相关政策倾斜等方面提供了制度保障。

适应形势着力破解新难题

宝山区的合作交流工作虽然取得了长足的进步，业绩有目共睹，但与发展要求相比仍有一段距离，只有经常不断地自我“三省”，善于作前瞻性思考谋划，才能步入新的境界。

首先，完善合作交流机制。根据新的发展形势，明确以长三角联动发展为重点，以宝山现代服务业为载体，带动国内合作交流工作。对现有招商顾问进行调整和优化，大力发挥社会机构和中介咨询公司在招商引资工作中的作用，确保取得实效。

其次，构建信息收集及发布平台。由于协调和沟通不够，现今各种招商活动虽然众多，但雷同重复的不少，导致资源浪费。外省区市企业和本地企业也由于缺乏信息，无法找到合适各自发展的投资项目。宝山将建立政府间信息沟通机制，构建信息收集和发布平台，汇总各种渠道的投资消息，服务于企业，使招商引资活动更有针对性，更具实效。

再次，强化市场引资导向。近年来，利用信息优势实现“企业导入”取得了不小成就，但对适合向外省区市拓展的“企业导出”却存在着非对称性。不同类型的企业也没有因地制宜，找到最适合自己发展的环境，未能利用本地资源创造最大效益。

最后，充实招商引资文化内涵。目前，地区文化交流无法在招商引资中得到体现，诸多招商引资活动因为缺乏文化支撑而受到制约。在一些场合，甚至由于两地间的文化差异导致沟通不畅，往往为双方合作发展平添不必要的阻碍。这些都将在今后的合作交流实践中加以破解。

可以预期，随着招商引资功能在合作交流工作中的不断融合和深化，宝山一定能在建设滨江新城区，打造产业新高地过程中，谱写出主动服务全国、加快自身发展的新篇章。

（宝山区人民政府合作交流办公室　执笔：奚贺）

授人以渔，可解一生之需

——闵行区对口支援夷陵区产业转移工作侧记

2008年4月28日，夷陵经济开发区小溪塔轻型综合工业园内，闵行区援建的移民就业基地标准化厂房正式奠基。

这个占地2万多m^2、总投资达5000万元的援建项目，是上海市帮助夷陵区提升承接产业转移能力的一个“大手笔”。按照计划，到2008年11月底，该基地厂房即可全部竣工。届时，可容纳5至8家电子工业类企业进园发展，实现工业产值4亿元，利税8000万元以上。

这是闵行区对口支援夷陵区的一个缩影。1992年以来，闵行区委区政府按照国务院和市委、市政府的工作要求，以高度的政治责任感，切实开展对口支援夷陵区工作，落实对口支援项目68个，援助建设资金5000多万元。

凤凰鸣矣，于彼高冈

“凤凰鸣矣，于彼高冈。梧桐生矣，于彼朝阳。”

——《诗经·大雅·卷阿》

今日，东部沿海地区开发区正在加紧“腾笼换鸟”，推动产业升级；与此同时，万商西进之势已成，产业转移大潮汹涌而至。夷陵区地处长江经济带承东启西的要地，自然不能错失这千载难逢的发展机遇。如何才能挺立产业转移潮头？关键在于筑巢引凤；只有栽下梧桐树，才能引得凤凰来。

闵行区对口支援夷陵区产业转移工作，扮演的就是筑巢引凤这一关键角色。

从2004年开始，闵行区在市政府合作交流办的牵头指导下，发挥闵行、夷陵两地优势，开始尝试共同援建移民就业示范基地和食品工业园，探索经济协作新模式。夷陵区区长刘洪福说：截至目前，一期移民就业基地已建成使用，成功吸引广州雅倩等3家企业进驻生产，提供就业岗位1000多个，上缴税金3000多万元；鸦鹊岭食品工业园规划建成500亩，已有荣盛、嘉源等柑桔加工企业引进落户，解决了大批农民就业和卖桔难问题……

闵行区区长陈靖说：当前，闵行已进入新一轮大建设、大发展时期，进一步扩大对内开放，在更大范围内实现要素合理配置，促进产业结构优化升级、推动企业做大做强、缓解要素制约和环境压力，是闵行区经济社会保持又好又快战略部署的重要内容和基本要求。

随着城市基础设施建设大规模推进，大批企业需要外迁，闵行与周边地区加强合作，开展产业转移工作，如上海迎世博重大工程虹桥综合交通枢纽建设中有近1000多家企业面临动迁，因此，在继续帮助夷陵区“筑巢”工作的基础上，如何帮助夷陵区加大“引凤”招商力度，使闵行区企业落户夷陵经济开发区，成为闵行区合作交流办公室进一步探索经济协作新模式的重要方向。

2007年8月份，闵行区政府率领莘庄工业园和闵北工业园区的8家企业，参加了“对口支援湖北省三峡库区暨承接发达地区产业转移研讨会”，会上，莘庄工业园区与夷陵经济技术开发区签订了“友好园区”的协议书，双方决定在招商引资、项目转移、人才培养等方面开展全方位合作。在闵行区政府的统一安排下，夷陵区首批派往莘庄工业园区的挂职干部到岗。于是，今年3月份，刘昀和另一位老乡王娟肩负使命来到闵行，他们一方面学习闵行的招商引资经验，另一方面借助闵行的招商平台，为夷陵区收集企业信息，牵线搭桥。9月底，当他们挂职期满，踏上回程之时，带走的不仅仅是学习到的一些理念、经验，更是有价值的一批意向投资企业的信息、资料。

授人以渔，可解一生之需

“授人以鱼，不如授之以渔，授人以鱼只救一时之急，授人以渔则可解一生之需。”

闵行和夷陵，同饮一江水，亲如一家人。夷陵区招商局局长周玉春，对这句话深有感触。她说，闵行对夷陵的帮助，不仅体现在实实在在的项目上，更融化在点点滴滴的细节中。项目和资金，只能解决当下迫在眉睫的问题；而人才培训，着眼的是库区经济的可持续发展。

其实，周玉春本人就是这样一个受益者。她原来担任夷陵区某乡镇党委书记，在闵行区经过为期3个月的专题培训后，她即被夷陵区委区政府委任为区招商局局长的重任。

夷陵区人事局局长易善卿更是深有感触地说：从2005年开始，根据宜昌市和夷陵区人才、干部培训规划及上海市合作交流办公室安排，闵行区利用区域内交通大学等教育资源和培训条件，落实培训经费，每年为宜昌市和夷陵区举办人才、干部培训，四年来举办培训班7期，培训人员214人次；特别是2007—2008年，聘请交大等院校一批专家教授为宜昌市和夷陵区举办“MPA公共管理高级课程研修班”，培训了夷陵区近70名经济管理干部。另外，通过举办社会工作人才队伍建设培训班的机会，共同探索，相互取长补短，共同做好社会人才队伍建设管理工作。

一方面培养干部，另一方面直接服务民生。近年来，闵行区不遗余力地为夷陵搭建劳务平台，为夷陵区劳动力培训、就业、安置做好服务。在两地政府的不断探索和紧密配合下，劳务培训、安置、就业机制已经相当完善。

目前，夷陵区劳动保障局在闵行区专设了驻沪联络处，每月向夷陵区发布闵行区的用工信息，定期收集夷陵区三峡移民及富余劳动力的情况，建立了完备的劳动力资源信息库；并在用工中实行优先为移民提供用工信息、优先介绍移民到效益较好企业工作的“两个优先政策”。同时，闵行区还配合夷陵区政府援建集教学、实验、住宿于一体的劳动培训实训楼，更好地为当地劳动力提供就业指导和培训。

从2008年起，两地劳动部门还签订了《委托培训意向协议书》，以提前购买培训成果的方式，资金支持、业务指导、过程管理提前介入，大大加强了两地的职业技能培训对接。

与此同时，闵行区还努力提高夷陵务工人员的综合素质，向他们提供上海风俗习惯、新闵行人须知、劳动保障法律法规等书籍及培训活动，引导他们尽快融入闵行的社会生活。

十年中，闵行区累计安置夷陵区劳动力就业1.5万人次，分布在上海大金空调有限公司、上海龙厨食品有限公司、上海中镁科技有限公司等60多家企业。这些外来务工者通过自己辛勤劳动，为闵行的经济社会发展作出了贡献，同时，他们也为家乡和自己增加了收入，每年劳务收入达到一亿元以上……

闵行区时刻关注着夷陵务工人员的生活状况，他们有了急难愁的事，职能部门及时伸出援助之手。在某电子企业工作的三峡移民高桂芳突然患病，多家医院因她不是本地户籍人员，怕进院后无人管而不愿收治，区劳动保障局得知情况立即出面和医院协商，并提供担保，高桂芳进院得到及时治疗；一次得知某企业精简员工涉及到60多名三峡移民，了解到他们想继续留在闵行工作的意愿后，把他们及时安排进了区内亚细亚陶瓷有限公司、四合不锈钢有限公司和上海大霸实业公司，解决了他们的后顾之忧。

授人以渔，可解一生之需。现在，夷陵务工人员的收入水平不断提高，60%的务工人员月收入达到1200元以上；在闵行区的夷陵务工人员有的已经当上了办公室文职人员，有80多人被提升为生产线长、领班或部门主管，1000多人通过自学考试取得了大专以上的学历或专业资格证书，有200多人带着在闵行企业的工作经验开始了创业，在上海或回到家乡开办了门店、公司，这样又带动了一大批人就业。2006年，闵行区被国务院三峡办授予“全国对口支援三峡库区移民工作先进集体”的称号。

闵行区将继续加强两地职业技能培训的对接，积极落实政府补贴培训政策，提高夷陵地区后方培训基地技术型人才的年储备量；同时大力提升“区、镇、村三级就业服务网络”和夷陵地区的分层对接水平，完善信息网络的建设，建立互通劳动力就业、培训、维权信息的长效机制。闵行区还将探索市场化职介运作模式对拓宽两地劳务协作渠道的作用，借助浦江人力资源中介园区、华漕人力资源中介园区的市场化职介平台，挖掘隐性资源，开拓两地劳务协作的多元机制；加强对夷陵来闵工作者的人文关怀，通过劳动保障监察“网格化”的管理，进一步改善夷陵来闵工作者的就业、培训、维权环境。

授人玫瑰，手有余香

“授人玫瑰，手有余香。只有认真服务他人，才能发展自己。”

——《解放日报》申言

2007年，市有关部门出台了《上海市国内合作交流专项资金合作项目投资补助实施细则》，每年拿出专项资金5000万元，重点对上海企业到对口支援等地区投资的项目予以补助，单一项目按固定资产投资总额的20%补贴，最高不超过500万元。

这显然是一项含金量非常高的激励政策。为了进一步鼓励本区企业到夷陵投资兴业，完成对口支援地区的“引凤”任务，闵行区有关部门也在区级层面上出台了相关政策——对本区企业到夷陵区进行重大投资项目设立2000万专项补助基金，固定资产投资补贴按市里实行1∶1配套，鼓励企业到夷陵投资兴业。

这样实打实的配套，只有闵行人愿意干。为什么？闵行区区长陈靖说，授人玫瑰，手有余香。只有认真服务他人，才能发展自己。

是啊，授人玫瑰，手有余香。这句美好的哲言，说的是当你尽心帮助别人时，自身也从中得到崇高的回报。在帮助夷陵区获得快速发展的同时，闵行区也为自身发展赢得了机遇。

——通过国内合作交流，闵行区有效地拓展了产业发展的空间。随着土地、能源日益短缺和商务成本的上升，闵行面临的"瓶颈"制约也日益显现，不突破就难以再上台阶。闵行鼓励和指导企业从自身发展的需要，到有资源、有市场、有劳动力、有发展空间、投资成本低的地区去发展、创业，将闵行产业、技术、管理等优势与这些地区的自然资源、劳动力等优势结合，获得新的发展空间，同时将总部、销售、研发等环节留在闵行，既支持了其他地区产业的发展，也使闵行加快发展生产性服务业成为可能。

——通过国内合作交流，闵行区有效地缓解了产业发展中的用工难问题。随着商务成本的提高，闵行区在产业发展过程中，用工难问题逐渐显现。针对产业发展的需要，闵行区通过开展与夷陵等中西部地区、欠发达地区的劳务对接和合作培训工作，引进了大批具备一定专业技能的外地劳动力。两年来，从这些地区引入劳动力达一万多人，既解决了当地富余劳动力的出路，推动省际劳动力资源的有序流动，又为闵行区引进了产业发展需要的技术型人才，有效解决闵行区用工短缺难题，达到合作共赢的目的。

——通过国内合作交流，有效地推进了区域产业结构升级。闵行经济产业的发展，正在通过从初期的注重数量集聚的粗放型到注重质量提升的集约型转变，向重点产业、重点行业和重点企业倾斜。航天科技集团相关民用项目、无锡尚德太阳能等一批先进制造业项目纷纷落户闵行。至2007年底，闵行拥有以英特尔研发中心、意法半导体研发、可口可乐技术研发等为代表的外资研发机构达25家，占全市的十分之一强。其中，投资额最大的为落户紫竹科学园的意法半导体(中国)投资有限公司，合同外资达到3亿美元。

成绩，只代表着过去。闵行区政府有关负责人表示，展望将来，闵行区将进一步创新合作交流的模式，积极开展国内跨地区合作、对口支援，参与西部开发、东北等老工业基地振兴和中部地区崛起，全面加强与长三角的联动，实现区域内外的资源共享、要素整合、优势互补、合作共赢，促进生产要素优化配置、产业结构优化升级协调推进，从而真正在全区形成全方位、宽领域、多层次开展国内合作交流的新格局，在融入全国、服务全国中加快自身的发展。

(闵行区人民政府合作交流办公室　执笔：王欢平)

托起现代化新城区的一大支柱

——嘉定区专业市场在海纳百川大背景下兴起发展

上海北郊464平方公里乡野沃土，历经沧桑的城镇。嘉定这片古老的土地，正在改革开放大潮中加速二元并轨、转型，加快经济社会发展，日趋成为高度现代化的上海新城区。

经过30年的实践，嘉定区已确立新的产业发展定位和规划布局：中部将重点发展以汽车产业为依托的现代服务业，西部强化汽车整车及零配件制造和汽车商贸、博览、研发等功能，建设国际性汽车产业集聚区；南部发展现代物流商贸和生产性服务业；北部建设先进制造业基地和现代都市型农业园区。2007年，全区实现增加值559.9亿元，工业总产值1860.4亿元，财政收入183.2亿元。近年来在二产不断提升的情况下，第三产业占三次产业的比重已经突破了30%，成为嘉定经济发展新的增长点。期间，专业市场的兴起与发展，正是其支柱和亮点，也是合作交流成果的标志之一。

南来东流渐成气候

目前，嘉定区专业市场已达29家，总用地面积243.7万平方米，现行总营业面积为118万平方米；2007年全区专业市场(不含二手车市场外场)成交额达172.2亿元，同比增长1.8%，占全区商品销售总额38.3%；全年实现社会消费品零售额39亿元，占全区23.6%。

外地资本流入造就新市场。嘉定专业市场的出现，主要受益于浙江、广东、江苏等地南来东流的民营资本和地方市场效应的辐射。当时，市场经济“先行一步”的珠江三角洲，逐渐积累起北上扩张的实力，而南方地方市场的兴旺也首先在长三角地区找到了知音。随着改革开放的深入，苏浙两地的发展模式更为出色地造就了强大的地方经济特别是民营经济的张力。在海纳百川的社会大背景下，南来东流的民营资本在上海北郊经济基础较好、市场发展潜力较大的地区——嘉定集结，较为容易地找到了地域特性相近、特别适合发展的土壤。

沿国道布点集结渐成气候。在嘉定，颇具规模的专业交易市场，大都依傍车水马龙的交通要道或当地物流集散地。全区的29家专业市场中，有23家专业市场布局在312国道、204国道嘉定段沿线，占全区市场总数的79.3%，主要分布在四个地段：一是市郊结合部的真新、江桥地区，沿曹安路集聚了上海市轻纺市场等13家市场，占全区市场总数的44.8%，形成了最为集中的市场群落；二是安亭、黄渡地区沿曹安路，兴建了上海二手车市场等5家市场；三是马陆镇向西沿宝安路兴建了上海国际机电五金交易中心等4家市场；四是南翔镇段兴建了2家建材市场。加上原本就已形成较为发达市场群落的城区中心——嘉定镇，基本上形成了全区布局均衡、功能互补的专业市场体系。

六大类专业市场凸显专业功能。嘉定区现行专业市场主要涉及汽配、建材、纺织等6大行业，具有鲜明的专业性和相当的交易量。其中，汽车汽配类市场有5家，用地面积约占全区市场总面积的15%，交易额占40%；食用农产品类4家，用地面积约占15%，交易额占25%；建材钢材类8家，用地面积占14.5%，交易额占18.2%；轻纺百货类7家，用地面积占9%，交易额占9.8%；五金机械类4家，用地占29.6%，交易额占6.2%；还有3家其他类专业市场。

市场运作模式多元灵活。这些专业市场经过10余年时间发展，逐渐形成系统。运行模式按其建成开业时段的不同特点，大致可分两类：一是从1993年到2002年间开张，有上海真新粮食交易市场等16家，经营模式都以“铺位出租”为主，目前总体经营情况比较良好；二是从2003年至今，共有上海国际机电五金交易中心等13家市场，以“先出售商铺、后返租”形式经营为主，其中11家已经相继开业；余下的两家上海电子商城、上海国际汽配贸易中心尚在筹备之中。总体上说，都具有多元灵活的特征。

显现导向助推效应

1993年，上海真新粮食交易市场第一家建成开业。短短10多年来，嘉定区的专业市场以较快速度发展，全区市场成交额由1996年的35亿元，增加到2007年的172.2亿元，占全区商品销售总额38.3%。这对嘉定区的产业发展起到了导向作用。

规模运作助推经济发展。专业市场体系渐成规模的运作，为嘉定经济的繁荣发展作出了重要贡献。据统计，2007年内实现成交额10亿元以上的大型专业市场已有上海二手车市场、上海安亭汽车市场、上海江桥批发市场、上海东方汽配城、上海市轻纺市场、上海真新粮食交易市场和上海曹安钢材市场等7家市场。其中，上海东方汽配城、上海市轻纺市场、上海曹安钢材市场等均为外省区市来沪投资企业。

上海市江桥批发市场更是对整个上海市场的蔬菜副食品供应至关重要，在丰富市民菜篮子、保障食品安全方面发挥了重要作用。目前该批发场经营着安徽、浙江、海南、福建、山东、江西、广东、江苏等省市30多个产地的蔬菜副食品，2007年经营量高达180多万吨，占上海蔬菜消费总量60%以上；成交额达23.9亿元，同比增长了10.0%。

上海曹安钢材市场实施制度化、人性化和企业文化相结合的“三化”管理模式，开业5年来，市场经营蒸蒸日上，没有发生安全事故。2007年实现成交额14.4亿元，同比增长14.0%；实现税收近1000万元，同比增长20%以上。

相比之下，上海二手车交易市场面对二手车流通格局发生的重大变化，即由全市统一交易办证变为各场自行办证，公司迅速调整经营思路，推出各种应对举措，使交易规模继续保持在全市乃至国内行业中的领先地位。

遇有瓶颈亟待健筋强骨。嘉定区专业市场这些年来取得了长足的发展，但从市场形态和运行状况来看，还存在一些问题：一是市场发展中出现的不规范问题，没有从根本上得到解决；

二是一些市场土地使用率偏低，影响经济效益；三是一些市场规模不大，实力不强等。此外，个别市场经营业态雷同，比如，存在着两个五金城、曹安商贸城与轻纺市场部分经营重叠等问题。对于这些问题，要在发展中加强管理，制订规范，协调解决。政府要因地制宜，出台相关政策，鼓励扩大市场占有率，提高经济效益。有条件的镇或街道，也可结合实际情况，制订一些鼓励专业市场发展的政策。嘉定现有各种市场较多，但基本上是各自为政，政府将在产业专业发展、交通物流、招商引资等方面，进行资源整合，使之优势互补、共同发展。

锻造全能“小巨人”

嘉定现行专业市场，投资和经营主体以民营资本为主，在市场经济条件下，企业往往考虑自身利益的最大化，而忽视地区经济发展和社会利益，这就要求政府有关职能部门在搞好服务的同时，切实加强市场监管，积极做好沟通、协调和必要的指导引导工作。

更重要的是，要在推进专业市场发展的过程中，勇于创新，敢于突破，打造一批全能型“小巨人”。

控制总量，提升能级。嘉定区10多年来专业市场开发建设，基本沿用开发、招商、开业的传统模式，长期下去，不利于市场体系的进一步发展。在新的历史条件下，将逐步从一般商品交易向品牌商品交易市场拓展；从商品市场向要素市场拓展；从有形市场向无形市场拓展，实现交易功能的整体提升。将从占用大量土地的商品交易为主的模式向配送中心、电子交易中心、金融结算中心、会展中心等总部经济模式发展。

规范发展，提高市场贡献率。政府职能部门将通过政策导向，建章立制，环境优化，引导专业市场科学发展、规范发展。江桥镇政府近期颁发《关于扶持和规范三产市场发展的实施意见》，明确了市场职责、市场扶持办法和考核目标，在所在地市场中引起了较好反响。各街镇都将因地制宜，对所在地专业市场进行有效监管和指导，并实施淘汰机制，使不符合基本条件的企业，逐步退出专业市场经营。

打造专业市场“小巨人”，创立市场品牌、商业名牌。对一部分基础条件较好、有一定发展潜力的市场，鼓励其创立市场品牌和商业名牌，并纳入重点培育的“小巨人”范围。通过培育专业市场小巨人，不断创造条件，争取部分专业市场企业上市。加强与市行业协会联系，鼓励专业市场参与中国商业联合会开展的星级市场评定工作。

强化市场环境形象，提高市场管理水平。继续认真学习并贯彻落实《上海市商品交易市场管理条例》，结合各个市场的实际情况，修订企业有关规章制度，从基础管理抓起，完善企业的内部管理，规范企业的经营行为，发挥市场投资者和场内经营者的作用，为地方经济发展多作贡献。

（嘉定区人民政府合作交流办公室　执笔：顾劲）

携手石化 共创金山辉煌

东海之滨、杭州湾畔的金山区位于上海的西南，具有丰富的自然和人文资源，生态环境优美，是上海的后花园。全国著名的特大型企业——中国石化上海石油化工股份有限公司和上海化学工业区的大部坐落在境内。

改革开放以来，金山区抓住机遇，准确定位，紧紧依托大化工，遵循“服务、配合、参与、延伸、保障”十字方针，携手石化，全方位联合发展，大力推动区域经济、特色产业，社会事业和精神文明建设取得了丰硕的成果。

历史赋机遇，联合图发展

1972 年初，为解决全国人民穿衣问题，党中央、国务院决策在上海金山建设上海石化，由此揭开了金山与化工联合发展的序幕。

火红的年代，诞生了上海石化，带动了区域基础设施的建设；亭卫公路的修通、浦江大桥和铁路专线的建成，大大改善了金山与中心市区的交通条件；高素质人口的导入，促进了金山商业、教育、医疗、文化等社会事业的迅速发展。

金山结缘大化工，教育先发展。教育是最大的民生工程，在推动经济社会发展中，具有重要的作用。早在 1984 至 1985 年，金山区政府、上海石化就先后与华东师范大学、上海师范大学四方联合创办了华师大三附中、上师大二附中两所重点高级中学。企业鼎力资助，政府出力指导，大学输送优质教学资源，共同办出金山教育优质品牌。二十多年来，两校培养了一大批新一代建设人才。上海石化工业学校是金山区内的中职学校。该校紧紧抓住学校教育与上海化学工业区、上海石化的资源共享，以就业为导向，以校企合作为突破口，使学校成功摆脱困境，实现了跨越式发展，在校生规模由 1999 年的 2700 多人迅速增长到 2007 年的 7000 多人，学生就业率长期保持在 99%以上。学校在校企互动中，以石化行业需求为重点，百家企业需求为基础，第三产业需求为补充，在上海石化、上海化学工业区大力支持下，先后与进驻化工区的世界 500 强企业德国拜耳、巴斯夫公司，以及国内外 200 多家企业建立订单式培养机制，开办了 30 多个以企业冠名的专业班，从而开创了互惠互利、双向介入的合作办学模式。学生学有所长，就业稳定，企业获得理想员工人才。学校也因此发展壮大，并先后被评为国家级重点中专、国家级重点技校、全国职业教育先进单位。中央领导在视察上海石化工业学校时，得知学校大批同学被德国拜耳等一些国际知名企业录取，高度称赞这种学以致用的订单式培养方式，是对职业教育发展进行的积极探索，认为金山的职业教育走在了前列。

2008年8月12日，洋溢着浓浓喜庆奥运氛围、主题为"绿色化工，温馨家园"的上海金山石化文化艺术节隆重开幕。这是金山区与上海石化从2003年起联合举办的第6届文化艺术节。几年来，双方通过共同举办文化艺术节，促进了社区文化与企业文化的有机融合，展示文化才艺的既是上海石化员工又是金山社区居民，互为融和，增进了上海石化员工与金山人民深厚的友谊，为构建和谐社会、建设美好家园发挥了积极的推动作用。

配合大化工，服务是核心

金山区建立伊始，即将区协作办职能扩大，增设与大化工的联合发展办公室，专门负责协调金山区与大化工联合发展事务和招商引资，加强沟通合作。区发改委、各镇、工业区紧密配合。

贯彻"服务、配合、参与、延伸、保障"方针，服务是根本，在服务中联络感情，在服务中参与建设。漕泾镇地处上海化学工业区大开发的前沿阵地，为化工区配套的大市政建设与当地老百姓的利益不可避免地存在一定的冲突。近年来，漕泾始终将稳定作为做好服务的前提，坚持讲大局，讲奉献，想方设法解决矛盾，保障了化工区市政建设的顺利进行。七年来共为化工区完成企业动迁32家，居民动迁500多户，拆迁居住房面积15万m^2。上海化学工业区需要内河航道，工程涉及当地9个村的老百姓利益问题。金山分区管委会、漕泾镇党委与政府组成9个协调小组定村联系协调，通过耐心细致的思想工作，解决了636名征地工农转非后的货币安置，原承包田的重新调整、确权以及2000多亩养殖面积水质破坏导致虾苗、鱼苗受损等问题。

化工区建设征地带来了大批失地农民的就业问题。化工区及时将招工信息提供给漕泾镇，镇政府在对失地劳动力进行技能培训后，积极向化工区内企业推荐。几年来，双方联合解决了1500多名失业、失地农民的就业问题(包括非正规就业)。

上海石化推进改革，相当一部分职工要脱离原劳动关系，进入社区。石化街道积极支持上海石化的改革，努力做好这部分人员的社会保障工作和稳定工作，为其中的困难人员落实了最低生活保障。同时，举办就业培训，拓展就业渠道，努力使这部分人员重新上岗。

服务赢得理解，服务赢得合作，服务赢得发展。2003年5月，金山区政府、上海石化签订《进一步推进联合发展框架协议》，上海石化加大了在金山的投资力度，一系列项目落户金山。投资近亿元的上海石化漕泾物流基地和上海石化机械制造公司在漕泾开工建设。上海石化与金山区共建日处理量5万吨的污水厂，2005年破土动工。年销售2亿元的上海石化汽车运输公司落户金山第二工业区。一批大化工配套企业税收落户金山，使依托大化工增加区财政收入成为现实。

上海石化大力支持金山第二工业区公用配套设施建设，共投资1000多万元，建成覆盖1.5平方公里的各类管网，累计铺设各类管道6公里，形成了2平方公里配套齐全的成熟区域。金山第二工业区与上海石化公用配套资源和人才资源实现共享，为金山节省了数以亿计的配套设施建设资金，极大地推进了金山第二工业区招商引资和项目落地进程，破解了联合发展中的重大难题，为依托大化工发展延伸产业奠定了坚实基础。

依托产业优势，打造国际化工城

2007年6月12日，时任上海市委书记习近平指出，金山漕泾、石化沿杭州湾一带有望建设成为世界一流、亚洲第一的现代化工基地，成为中国最大的乙烯生产和石油化工加工基地。市委、市政府的要求为金山指明了方向，为此，金山区抢抓机遇，全面推进上海国际化工城建设。

根据规划，国际化工城的核心区域将形成70平方公里化工产业带，依托上海石化和上海化学工业区的原料、技术和客户优势，重点发展高等级的石油深加工产品、精细化工产品、专用化工产品和高新技术材料，延伸化工产业链；大力发展特种化工和生物化工产业，使特种化工成为上海国际化工城的产业亮点之一。

上海国际化工城区域内规划两大产业功能园区：金山第二工业区（精细化工园区）和上海化学工业区金山分区。

金山第二工业区是金山与上海石化联合发展“一业特强”特色环保型精细化工产业园区。园区已引进吸纳内外资项目83个。园区总投资逾150亿元，一大批规模型精细化工项目已经竣工投产。园区与上海市科委、区科委、市化工研究院四方共同出资筹建的上海金山化工孵化基地已经初具规模，一批创业型企业落户基地。作为上海国际化工城建设的主战场，金山第二工业区正以上海精细化工专业孵化基地为技术支撑，大力发展精细化工产业。2008年7月9日，中共中央政治局委员、上海市委书记俞正声视察金山第二工业区，当得知已经有近百家企业落户园区、30多家企业投入生产时，俞正声点头表示满意。其中，落户于上海精细化工火炬创新创业园的上海玉毅钛材料技术有限公司拥有7项发明专利，其产品钛酸钾晶是最新一代高性能复合材料增强剂，广泛应用于航空航天等领域。俞正声对该产品的性能和科技含量给予了高度评价，称赞该产品有望“解决世界性难题”。

上海化学工业区金山分区，是上海化学工业区的重要组成部分和综合配套基地。2004年7月，金山区与化工区签署《加强战略合作的框架协议》，约定双方在化工区总体规划下资源共享、优势互补、错位发展，带动区域经济的联动发展。2006年4月，金山区与化工区签署《加强新一轮战略合作的框架协议》。从推进化工区和金山区相互支持、优势互补、共赢发展出发，充分发挥化工区打造金山国际化工城所具备的重要带动作用和示范作用，推进化工区与金山分区的联动发展，提升上海化工产业基地的综合投资环境。目前已有58家企业相继投产，总投资45亿元人民币。

分区依托联合发展优势，重点发展以物流、仓储为主体的现代服务业。上海君昊企业发展有限公司，是新加坡最大的物流公司，专为世界品牌企业提供物流服务，2006年5月启动建设，2007年5月投产。上海金山石化物流有限公司落户金山分区，投资1亿元，一期建8000 m^2 仓储用房。二期建1万平方米物流用房，累计完成营业收入1.8亿元，实现税收410万元。上海华谊天原化工物流有限公司是化工区内拜耳公司的中转仓库。项目总投资2亿元，2005年10月启动，建成了3.1万 m^2 乙类及丙类化工仓储用房，成为集仓储、运输、码头为一体的综合性物流公司。上海交运远翼化工储运有限公司投资7500万元，建造2万 m^2 仓储用房。该公司是一家专业性化工危险品运输公司，专门为化工区内企业提供槽罐运输配送服务。

与此同时，分区充分依托上海化学工业区物源优势、产供销网络体系，做大做强延伸加工产业，重点发展医药化工、精细化工、高分子材料等产业。上海久邦化工有限公司在金山分区投资1.3亿元，2005年5月建成，是专业生产医药中间体系列产品的高科技化工企业，已建单烯、双烯、综合三大车间及相配套公用设施。2006年，被上海市科学技术委员会认定为“上海市高新技术企业”。2006年，产值8245万元，实现税收108.40万元。上海合全药业有限公司投资1亿元，2006年2月投产。主要生产拉呋替丁原料药、药用中间体，从事药用化合物、化工原料的开发。2006年，产值6571万元，实现税收35.9万元。上海双力集团有限公司总投资4.8亿元，2004年4月投产。公司具有国际标准的技术研发和高水平现代化生产制造设备，专业生产压力容器受压部件及工矿业管道配件，是目前国内外规模最大的专业生产不锈钢管及规格最齐全的企业，公司在同行业中具有较高的影响力。2006年，工业产值4.41亿元，实现税收2179.70万元。

倡导绿色环保，共建模范城区

在2008年7月9日的视察中，俞正声对发展中的金山寄予厚望，认为在区位优势、资源优势、后发优势逐步显现的情况下，金山“潜力更大”。以人为本，建设人与自然和谐发展的生态环境是金山与化工联合发展的又一大亮点。

十几年来，金山区与上海石化共建绿色环保，促进地区生态环境、人居环境的良性发展。通过大量投资、科技创新、技术改造，上海石化在总体生产能力增加近一倍的情况下，化学耗氧排放总量下降近一半，万元产值COD排放量下降90%，废水排放量下降34%，地区大气质量始终保持在国家二级大气标准及以上。2005年10月，伴随上海石化诞生并燃烧了几十年的标志性烟囱——“火炬”熄灭了。这是上海石化创建节能节约型企业的重大举措，“不舍得”把宝贵的资源白白烧掉，而是投入7000万元实施技术改造，建成火炬气回收气柜装置回收可燃气体，一年可回收利用3万吨可燃气体，既创造可观经济效益，又创造了环保节能的生态效益。2007年9月15日，上海石化热电一站停止发电，高耸225米靠近生活城区的烟囱也不再冒烟了，此举每年可减少二氧化硫排放量7000吨。同年上海石化投资1.1亿元，进行炉烟气脱硫，又减排二氧化硫6000吨。

金山海岸是杭州湾北岸的一部分，西起沪、浙交界的金丝娘桥，东至奉贤区交界的漴缺，全长23.3公里，是金山得天独厚的资源，改革开放之前，其中9公里曾是上海石化的工业岸线，为了共同的美好家园，双方达成共识，上海石化让出岸线，金山投资开发。经过三年建设，一条充满浪漫风情的城市沙滩风景线展现在世人眼前：蓝天白云，碧海金沙，景观长廊，海鲜美味……这里已成为上海市民在城市岸线观海戏海、放飞心情的休闲娱乐之地。习近平同志也曾来到这里，仔细听取了城市沙滩水处理综合系统、水上娱乐等项目的情况介绍，充分肯定海岸线发展旅游经济的发展模式，并希望继续开发建设，使之真正成为上海的城市沙滩。

随着人民群众对环境要求的不断提高，金山区政府提出在2009年底前创建国家环保模范城区的目标。在如此大规模的化工区域内开展创建工作，国内没有先例。为此，在原国家环保总局和上海市环保局的支持和指导下，金山区政府借助上海石化创建国家环境友好型企业、上海化学工业区创建国家循环经济试点园区的契机，2007年底，与上海石化、上海化学工业区郑重签约，创建国家环保模范城区。

同创共建国家环境保护模范城区，重点在循环经济建设、节能减排、环保资源共享、污染联治、环境风险预警监测、事故应急体系建设、项目环境管理等领域开展全方位、多层次的合作。金山区区长赵福禧认为，杭州湾沿岸区域是上海市环境保护的一个薄弱地段和高风险地区，也是上海市创模的一块硬骨头。同创共建的模式可以从根本上解决金山区以及周边地区的化工污染和环境风险问题。同时，也有助于优化区域发展环境。

伴随着杭州湾跨海大桥的壮美崛起，杭州湾产业带的发展跨入了崭新的历史阶段。金山区已从长三角地区的边缘地带，一举跃升为长三角南翼经济圈的交通枢纽。作为跨海大桥这条经济大动脉进入上海的第一站，金山的区位优势、资源优势、后发优势正在全面凸显出来。这在客观上为金山创造了立足于上海大局，融入杭州湾、服务长三角的历史新机遇。

“路漫漫其修远兮”，区委书记吴尧鑫说得好，发展金山，一是要站在金“山”的制高点，二是要挖掘“金”山的含“金”量。站得高才能看得远，是金子总会发光。金山人民相信，不远的将来，一座更加光辉灿烂的“金山”必将出现在世人的眼前！

（金山区人民政府合作交流办公室　执笔：乐民）

手拉手奔向希望

——松江区对口支援工作纪实

在壮观的雪域珠峰脚下，珠穆朗玛上海大酒店巍然屹立，她吸引着世界各国登高探险家在这里栖身；在美丽的滇西南崇山峻岭中，丹参开花，柑橘结果，三七长得又粗又壮；在清澈的叶尔羌河之畔，一座精致的幼儿园已经落成，每天孩子们像潮水般涌来……

面对这一切，无论是藏族同胞，还是傣族、苗族、彝族同胞，抑或是维吾尔族同胞，都会深情地向人们诉说，是上海派来的好干部带来了家乡的巨大变化。

按照“服务全国，发展上海”的总体要求，根据市委、市政府的统一部署，松江区自 1995 年起相继对口支援西藏日喀则地区定日县、云南文山州丘北县和马关县、新疆阿克苏地区阿瓦提县。持续 10 多年的对口帮扶，松江区付出真情，累计援助资金达 7184.8 万元，援建项目多达 316 项。

生命，绽放雪域高原的火花

1995 年 4 月，一条消息在千年古城松江不胫而走：松江要选派两名援藏干部，赴定日县任县委书记、县委办主任。

苦吗？苦！那是世界上海拔最高的县，打火机都不冒火星。穷吗？穷！那是西藏 5 个国家级的贫困县之一。松江县领导在动员大会上直言不讳地说：援藏是一项极其光荣的任务，也是一项极其艰苦的工作。没想到，一不怕苦二不怕穷的大有人在，自愿报名援藏的党员干部多达百名，不少机关凡符合年龄要求的统一报名。学孔繁森事迹，走孔繁森道路，有些干部生怕轮不上自己，竟“全家总动员”，联名给组织部写信，支持自己的亲人到祖国最困难的地方去锤炼。

好中选强，强中选优。1995 年 5 月 17 日，松江首批援藏干部许一新、高飞启程赴藏。

从东海之滨直攀平均海拔 4500 米以上的定日县，困难比想象中更大！最难熬的是缺氧综合症：胸闷、气急、肋痛、耳鸣、疲软乏力、心律失常和记忆力下降！最触目惊心的是贫穷：全县人口中特贫的占三分之一，儿童入学率仅为 35%，成年人文盲占了 72%；全县经济总收入仅 3900万元，工业产值是零。面对眼前的贫困景象，松江援藏干部流泪了，同时更坚定了根治贫穷的决心。

1995年9月，援藏干部在广泛调研后，马上行动。定日县召开了首次扶贫动员大会，并明确了《扶贫开发规划》。

“只有将心智、体力的锋刃不停地砥砺于信念的基石，我们的生命才会迸发出美丽的火花”。松江人民的好儿子、优秀援藏干部邵海云用生命实践了他的感言。1998年5月17日，邵海云进藏任定日县委办主任。11月4日下午，他在陪同援藏干部、定日县委书记沈亚弟前往日喀则地委汇报工作的途中，因机械突发故障翻车，于当天下午4时15分因公殉职。年仅36岁的邵海云，进藏后，凭着一颗真诚的心和顽强的意志，克服强烈的高原反应，在短短5个半月中，深入到定日县21个乡镇中的17个乡镇调查研究，撰写和起草了《定日援藏小组三年工作思路》等文件和报告16份，工作简报20期，达20余万字。由他带队蹲点的协格尔镇，提前总结出脱贫经验。家属寄去的补品，他舍不得自己吃，分送给了体弱多病的藏族同胞和老进藏干部，自己体重下降了10多斤。缅怀这位“西藏自治区优秀共产党员”时，藏族干部热泪盈眶。噩耗传到上海，松江人民为失去了一位好儿子、好干部、好党员而悲痛万分。1998年11月14日上午，时任上海市委副书记的孟建柱在慰问邵海云同志亲属时指出：“邵海云同志为了西藏的繁荣发展以身殉职十分光荣，党和人民为有这样一个好青年、好干部、好党员而感到光荣和自豪，全市共产党员、干部要学习他的先进思想和先进事迹”。

“远学孔繁森，近学邵海云”，松江的援藏援滇援疆干部，学习践行邵海云不畏困难、艰苦创业的无私奉献精神，感人事迹不断传来：为了探寻定日县的旅游资源，援藏干部姚建峰身坠深崖，险些丧命；为了定日县早日脱贫，援藏干部张金弟曾雪困戈壁荒滩；为了抓援建项目进度，援滇干部张青足迹踏遍马关县、丘北县的山寨……松江所有的援藏援滇援疆干部有一个共同的体会，他们身在异域他乡，并非孤军作战，背后强大的后盾，就是百万松江人民。

1996年10月，市委、市政府确定松江对口帮扶云南文山州马关县、丘北县。次月，松江就成立了帮扶和经济协作领导小组办公室，负责日常工作。自1997年起，松江连续5年开展“爱我松江，情系文山”募捐活动，捐赠衣被累计达117.63万件，按50万户籍人口计算，人均捐衣捐被达2.35件！这种人人参与的爱心募捐活动，极大地凝聚起民心共同来推进对口援助工作。

10多年来，“有钱出钱，有智献智”，成了松江各级组织的自觉行动。规划部门帮助搞规划，建设部门出资揽项目，教育部门帮助启动“校长培训工程”，卫生部门帮助援建村卫生室，农业部门提供技术援助……支援贫困地区，松江没有旁观者，只有参与者。2000年1月，丘北县境内发生里氏5.5级地震，松江一家羊毛衫厂捐赠了4000件羊毛衫，让灾区人民御寒过冬。2005年，松江8家房产商捐助80万元援建马关、丘北两县引水工程。

松江人民真情实意支持帮助对口地区早日脱贫，汇成了爱的海洋。2001年，松江区荣获上海市对口支援先进集体称号；2002年，松江区被授予云南省“七七”扶贫攻坚先进集体；2004年，松江区被国务院评为全国东西扶贫协作先进集体。2006年被评为上海市合作交流与对口支援先进集体。

“造血”，展现开发扶贫新理念

历任松江领导认识到：对口支援并非权宜之计，脱贫致富不可能一蹴而就，根本之策在于科学规划、科学引导、科学示范，一言以蔽之：科学发展。

松江的对口援助工作由以前的“输血”为主——主要资助贫困户，解决他们的生活困难，开始向“造血”转变——重点通过帮助当地发展生产来增强自身“造血”功能，从而实现脱贫致富。

区委书记盛亚飞、区长孙建平在与对口地区领导座谈和实地考察后，毅然决定邀请同济大学帮助马关、丘北两县研究制订中长期发展战略规划，把松江对口支援资金、技术与马关、丘北两县发展的优势有机结合起来，使整个工作既增加针对性、有效性，又增加科学性、长期性。

规划引路，因地制宜发展经济。宜林的植林，宜果的种果，宜菜的种菜，宜牧的放牧，对口支援地区呈现了一派新景象。10年间，松江累计援助马关、丘北两县帮扶资金（包括物资）2962.4万元，其中绝大部分用于发展农业。“八山一水一分田”的马关，有种植中草药传统，像三七等药材名闻遐迩。松江投入资金，重点扶持占地1000亩的丹参种植基地，亩产效益已从原来的几百元一跃而飚升至2000元；利用“冬无严寒、夏无酷暑”的气候优势，占地2000亩的马铃薯生产基地引进了个大味美新产品。利用马关坡地多的资源，在塘房援建了100口旱地水窖池，引来清流浇灌山坡上栽种的5万棵柑橘，春季叶碧绿，秋来果染金，荒山野岭成了丰收的果园。在丘北县树皮乡也援建了100口旱地水窖池，可保500亩辣椒丰产稳产。

松江10年来集中投入513.2万元，援建的上海文山现代农业科技示范园、2个商贸市场、1个农产品交易市场，以及玉米、兰花、黄柏、灯盏花、亚麻、香蕉、柑橘、辣椒和牛羊猪等种植、养殖业基地，起到了很大的辐射和带动效应，使当地农民收入稳步提高。

据统计，1996年马关县农民人均纯收入438元，至2005年底已攀升至1442元，同期全县贫困人口已由原来的29万人锐减至5万人；1996年丘北县农民人均纯收入436元，至2005年底已攀升至1314元，同期全县贫困人口已由原来的31万人锐减至7万人。

2005年12月，时任上海市委副书记王安顺在丘北考察时，对松江的帮扶项目给予了高度评价。

自1996年迄今，松江已向定日县援助资金2569万元，援建项目73个。定日县为牧业大县，全县经济总量的90%来自于牧业。为抓好主业，历任援藏干部一以贯之地实施“农牧林水”配套工程，近3年来，为13个乡镇配备了拖拉机和农用机械装备；在协格尔镇陇庆村新建了一座奶牛场；在加措乡修建了长达2000米的水渠和网围栏，解决了牧草灌溉等难题；投资数百万元，辟建了曲当乡千亩林带、白坝苗圃基地和协白公路绿化带；为解决当地藏民吃不上新鲜蔬菜的难题，还兴建了蔬菜大棚及灌溉井。此外，松江还出资20万元购买种羊1400头，分送到盆吉乡35户贫困户家中。

瑰丽的雪域高原定日县，是北峰攀登珠穆朗玛峰的必经之地。靠山吃山，松江区联合卢湾区、静安区共同援助实施旅游项目，援助904万元，在珠峰脚下建成了珠穆朗玛上海大酒店，全力打造珠峰品牌和嘎玛沟品牌，旅游业对定日县的财政收入和农牧民增收的贡献率与日俱增。

对口帮扶能不能做到双赢？答案是肯定的。松江积极创新机制，开辟对口帮扶的新财源，如上海昂立彩印有限公司采取邀请入股的方式，从2000年起连续10年按入股本金15%回报的比例支持马关县帮扶项目。这样，松江企业因注入资金而不断发展壮大。企业之树结硕果，又能回馈对口地区，真可谓一举两得。松江工业发展迅猛，工业产出已雄居全市前列。新开工企业需要招募劳动力，政府乐当月老牵线搭桥，像正泰电气公司等企业特地到马关、丘北两县招聘员工，173名年轻人从大山里走出，不仅学到了技术，而且还有不错的收入。此举被当地农民誉为“一人进厂，全家脱贫”。

有人说，最大的贫困，并非是口袋钱少，而是脑袋干瘪。从“输血”过渡到“造血”，首要任务就是要启动“育人工程”。请过来培训，来松江学习的藏、滇、疆干部，学到了改革开放的新思路，几乎人人受到当地重用；原地“借脑培训”，松江出资并邀请中科院、云南农业大学及文山三七特产局的14位专家，向马关、丘北两县的农民传授农业科技知识，提高专业理论水平；基地“实战培训”，以援建项目为平台，让当地技术员全程参与，真正授人以渔。三管齐下，大大增强了当地干部和农民的脱贫致富能力。10多年来，松江已先后为对口地区培训教育、卫生、行政、经济管理等各类专业技术人才和干部300多名，农业科技人员近6000人。

民生，彰显对口支援立足点

松江的对口援助工作坚持以人为本，始终聚焦对口地区贫困户急、难、愁问题，倾力解决他们最关心、最直接、最现实的利益问题，使他们对帮扶的好处看得见、摸得着、感受得到。扎实推进援建项目的实施，松江做到年前有规划，年初有措施，全年有跟踪，年末有总结，抓一件成一件。

“安居方能乐业”。松江以改善对口地区群众的生活生产为基本点，积极实施“安康工程”。在定日县，近3年投入约492万元，替50户贫困户进行了民房改造；配备了13个乡镇卫生院的医疗设备和一定数量的急需药品；实施了广电覆盖工程，配备了70台电视机，帮助500多户藏民解决了看不上电视的“老大难”问题。

松江在对马关、丘北两县的援助中，着力加大以文教卫生为重点的社会事业建设的投入力度，在这方面投资约占帮扶资金的38%。截至2006年，松江共出资513万元在两县援建希望小学20所，出资110万元改造农村小学42所，出资281万元修建村级卫生室66所。硬件建设先行，软件紧紧跟上，努力放大资源效应。期间，松江先后选派6批教师赴滇支教，组织4批教师赴滇开展教学交流活动，选派2批医疗团赴滇巡回医疗。“知民所需，解民所盼”。松江援滇干部推行“一线工作法”，攀山越岭，走村串户，在了解丘北溽暑闷热、瘴气笼罩，引发皮肤病多发的特点后，在那里投资辟建了皮肤病防治所；见许多老人因患白内障而失明、因战争伤残而瘫痪，就为两县设立医疗基金，并出资为200余人施行了白内障手术或安装假肢手术。

马关、丘北资源丰富，享有动植物“王国”和稀有金属“富矿”的美誉，但因崇山峻岭出行难，捧着“金碗”却“饿肚子”。“若要富，先修路”。近年来，松江大力支持两县筑路架桥，部分乡镇已实现了“村村通”。马关、丘北境内峰峦叠嶂，沟壑纵横，地无五里平，山居无水源。为此，松江援建了10个饮水工程和一批沼气池，改造了一批畜厩和茅草房，极大地改变了山区居民缺水、少燃料和居住条件差的状况。松江区从2005年起实施“整村安居工程”，为马关、丘北援建了4个温饱试点村、9个脱贫奔小康试点村、9个白玉兰扶贫开发重点村。这不仅让试点村的大批农民早日脱贫，还通过典型激发当地群众同奔小康的热情，使脱贫致富蔚成星火燎原之势。

与祖国西南边陲的马关、丘北和世界屋脊下的定日县相比，位于天山南麓、塔克拉玛干沙漠北缘，处在叶尔羌河、阿克苏河及和田河三大河流交汇处的阿瓦提县，乃我国著名的“长绒棉之乡”，经济状况相对来说要好些。为此，松江把援疆工作重点锁定在发展教育上，捐赠50万元援建了多浪乡松江白玉兰幼儿园，并捐赠了一批学习用品。松江的援疆干部利用自己人脉广的优势，争取到800多万元的援助资金，并联系了40名上海企业家与40名品学兼优的贫困高中生结成帮困对子，使这些困难学生能顺利完成高中学业。

文化交流无疑为松江区的对口帮扶工作添上了浓墨重彩。每逢过年过节，松江常会盛情邀请少数民族的小伙子、姑娘抵松献艺，给予每名演出者以丰厚的酬金。在佘山脚下、方塔前，松江市民喜滋滋、乐呵呵地欣赏了一台台精彩的歌舞节目，婀娜多姿的“傣女舞”，热烈奔放的彝家“三步弦”，粗犷古朴的瑶家汉子“跳铍”，独特典型的拉基人“跳掌笆”，激情似火的苗家“味多”、“跳芦笙”，他们在向人们展现了一幅幅瑰丽无比的民族民俗风情画卷的同时，尽情演绎了汉族和少数民族兄弟间“血浓于水”的深情厚谊。

（松江区人民政府合作交流办公室　执笔：褚平强）

依托长三角，东中西全面开花

浩浩长江，穿越历史的沧桑，挟带改革的风雷，一路呼啸而来，于入海处打造出一片神奇的土地——“长三角”。她与“珠三角”、“环渤海”一起，并列为中国三大经济圈，是中国经济最具活力、最为看好的区域之一。青浦区地处苏浙沪两省一市的交界处，位于中国长江三角洲经济圈的中心地带，水陆交通发达，具有承东启西、东联西进的枢纽作用和对华东地区的辐射作用。

近年来，青浦区围绕“服务长江三角洲、服务长江流域、服务全国”的要求，进一步深化“绿色青浦”的内涵，依托区位优势，把握长三角联动发展的机遇，立足上海，瞄准长三角，辐射全国，广泛开展区域交流与合作。

东部，集聚现代服务业

赵巷镇南接松江区、闵行区，北靠嘉定区，依托得天独厚的地理优势，打造一种全新的奥特莱斯商业业态，初步获得成功。赵巷镇现代服务业集聚区总规划面积4.3平方公里，准备引入5个大型奥特莱斯项目。奥特莱斯，品牌店背后是快速增长的数字：2006年5月开业时，这里的世界一线品牌只有5个，而现在已汇聚了20多个；最初，前往购物的95%是本地消费者，如今外省区市消费者已占三成以上，从开业至今销售总额为16亿元，实现税收6071万元。此外，不远处的吉盛伟邦国际家具村由中国房地产领军企业绿地集团与家具行业巨头吉盛伟邦集团共同投资建设，是中国最具规模的全球家具展销中心。目前，一期项目已进驻国内国际家具品牌达400多个，其中国际家具品牌占30%，包括弗莱克斯福姆、佐杰提、B&B等。2007年9月13日开业至今，销售额达1.2亿元，实现税收744万元。这种绿色商圈，集购物旅游、商务发展、休闲娱乐为一体，填补了上海原有商业模式中的空白，也在服务长三角地区的同时形成了独特的竞争力。

毗邻上海虹桥国际机场的徐泾镇，正逐步建成新虹桥生态商务区。2007年上海市委、市政府提出建设虹桥综合交通枢纽工程，并明确年底主体工程全面开工，2009年底工程初步建成，2010年世博会期间相继投入使用的工程建设总目标，这给上海郊区带来了新一轮发展机遇，周边省市也跃跃欲试。两年前，青浦区主动对接虹桥枢纽港的规划，及时冻结徐泾镇东部大片土地，提前挖掘周边的产业发展功能。目前，位于徐泾镇的新虹桥生态商务区，已圈定了7.2平方公里，届时这里的商务客足不出楼，就可通过地下空间直达虹桥机场、京沪高铁、轨道交通总站等。也许过不了几年，这里就会成为上海近郊一块投资热土，吸引着海内外知名企业和各类办事机构的眼球。2008年轨道交通2号线徐泾站的开工，标志着虹桥综合交通枢纽配套工程实质性启动，该项目建成后将带动青浦东部地区现代服务业的发展和提升，为上海开辟新的城市商务空间。

中部，集聚先进制造业

长江三角洲以占全国1%的土地和6%的人口，创造了18%的国内生产总值，成为中国经济发展速度最快、经济总量规模最大的区域之一。上海青浦工业园区建立于1995年11月，总规划面积56.2平方公里，是上海市级工业开发区，地处苏浙沪交通枢纽和长江三角洲经济区产业链中心地带的区位优势和独一无二的自然环境，造就了一个绿色生态工业园区。园区内道路、供水、供电、供气、通讯、供热、污水及雨水处理等基础配套设施和生态环境已达国际标准。到2007年底，园区已累计引进外资企业560家，吸引外资注册资本30亿美元，合同外资27亿美元，实到外资19亿美元；引进世界500强企业20家，行业龙头企业38家，行业著名企业74家，并有15家地区总部、研发中心、销售技术服务中心企业相继落户园区，形成了印刷传媒制造业、电子信息、精密机械及汽车零部件、现代纺织及新材料和生物医药产业等“4＋1”主导产业的新格局，园区的集聚效应得到进一步体现。目前，园区经济运行呈现“87641”的发展态势，即一年中平均每8天有一家企业投产，每天可产生700万元税收收入，每6天有一家企业开工建设，每4天引进一家企业，一年可解决1万人次的就业岗位，呈现出一派蒸蒸日上、欣欣向荣的良好发展态势，成为青浦区最具活力的经济增长极，成为上海打造先进制造业的重要基地，成为世界了解青浦、了解上海、了解中国的一个重要窗口。在市级工业园区集聚效应的“辐射”下，2008年上半年，区内招商引资情况态势良好。据统计，1—6月份，青浦新注册内资企业2659户，同比增长41.29%，其中属地型企业548户；实现总产值218.4亿元，同比增长10.3%；税收37.54亿元，同比增长2.93%。此外，2007年青浦区组团赴安徽省凤阳县考察，与凤阳就建立产业转移园区进行了洽谈；同年9月中旬，凤阳县领导回访了上海青浦区。据悉，由九华咨询制订的“长三角产业转移(凤阳)园区的可行性研究报告”已得到中央有关部门、安徽省委的充分肯定。江苏、黑龙江和浙江的一些玻璃、建材等大型企业已经纷纷在凤阳动工、入驻。

西部，打造度假胜地

青浦以西，直接与江苏省和浙江省接壤，文化底蕴深厚，自然资源丰富，尤其是淀山湖畔的生态旅游板块逐渐升温，贯穿东西的一条生态居住带也已浮出水面。

淀山湖湖区面积62平方公里，西接太湖，东连黄浦江，湖水碧澄如镜，沿岸烟树迷茫，富有江南水乡风光。淀山湖地区名胜荟萃，散布着以红楼文化为题材的上海大观园，充满旖旎的江南水乡风情的朱家角古镇，中国最大的休闲旅游中心东方绿舟，以展示陈云生平业绩的陈云纪念馆等4个国家AAAA级景点及一大批各有特色的景区。

朱家角镇是上海地区保存最完整的历史文化名镇。她得天独厚的自然环境及便捷的水路交通，曾以布业著称江南，号称“衣被天下”，成为江南名镇。近年来，朱家角古镇旅游业发展迅猛，旅游资源丰富，先后修复并对外开放了20多处旅游景点，休闲设施闻名中外，境内有上海水上运动场、东方绿舟、上海太阳岛国际俱乐部、上海国际高尔夫乡村俱乐部等旅游娱乐设施，丰富的旅游资源吸引着长三角，特别是周边苏浙两省的游客。据统计，2007年，来朱家角观光的游客约70多万人次，仅门票收入就达1152万元。随着旅游业的快速发展，古镇的知名度得到提升，被上海市列为重点开发建设的“一城九镇”之一。根据规划，古镇区将保持江南明清风格，新镇区将体现用世界语言来诠释朱家角自然生态中的现代化格局。

长三角旅游正在环淀山湖地区如火如荼地发展。2006年以来，以桂花为媒介，以中国龙头都市上海、中国最佳旅游城市杭州以及素有“中国近代第一城”之称的南通等3个重量级旅游城市为主体的“中国赏桂之旅”正成为长三角地区游客新的追捧对象。活动以长三角专项旅游合作为抓手，以“桂花”这一特定的旅游产品为纽带，以中国传统的桂花文化和中秋文化为主题，旨在推动苏浙沪三地区域旅游合作进程，优势互补，资源共享，共建旅游品牌。“中国赏桂之旅”合作联盟主要由徐汇区、青浦区、杭州市和南通市组成，自成立以来，精诚合作，打造了多个经典旅游项目。据统计，2007年“赏桂”期间，共接待各地游客129.1万人次。2008年，合作联盟将进一步得到提升，由单一的“赏桂之旅”旅游产品的合作，发展为“中国赏桂之旅”合作联盟，区域旅游的战略地位得到进一步提升与巩固。通过近几年的努力，“赏桂之旅”在长三角以至于东南亚市场的影响力不断凸显，合作联盟正努力将这一极具中国特色的精品旅游品牌打造成为如日本的樱花节、美国的玫瑰节一样的以花为载体的国际知名旅游品牌。

近年来，在烟波浩淼的淀山湖地区，青浦区为了保护水环境，正在全力夯实生态基础，第一步禁止制造业进入该区域；第二步调整水产养殖业，已清退25家水产养殖场，并拆除了淀山湖中的固定捕捞设施；第三步启动了大规模的淀山湖岸线修复工程。环湖湿地公园、湿地森林等犹如一颗颗珍珠，连成一条环淀山湖的生态休闲、旅游带，已经展现在市民的面前。尽管一切还在起步阶段，但市民十分看好这块生态区域旅游价值。该区内10多家度假村生意异常火爆，入住预约早已排到了一两个月后，而且，这还只是青浦区正在打造的绿色旅游产业中的一个内容。

青浦未来的发展，将以党的十七大精神为指导，贯彻落实科学发展观，紧紧围绕上海加快实现“四个率先”、建设“四个中心”和社会主义现代化国际大都市的主线，按照建设“绿色青浦”的总体目标，充分发挥青浦的区位和资源优势，加快形成结构布局科学、产业特色鲜明的经济发展格局，加快形成功能完善、环境优美的新型城镇体系框架，加快形成以人为本、全面发展的社会事业体系，努力建设与上海国际大都市相匹配的，产业集群发展、社会和谐进步、环境舒适宜人，具有较强经济实力和江南水乡特色的现代化新城区。

（青浦区人民政府合作交流办公室　执笔：胥蔚青）

引八方客商　建临港新城

2005年5月25日，全长32.5公里的东海大桥历经三年建设全线贯通，创下了世界造桥史上的一个奇迹，也为洋山深水港区开港奠定了基础。随着12月10日洋山深水港区开港，南汇临港新城建设也进入了由基础设施建设阶段转入产业发展的新阶段。临港新城作为洋山深水港建设的重要组成部分和上海三大重点新城建设之一，南汇区正以海纳百川的胸襟，加强合作交流，广招各方客商，把它建成以洋山国际深水港为支撑，以现代装备制造业、海洋高科技产业为核心，以高附加值先进制造业、高新技术产业为基础的现代化综合型海滨城区。

镶嵌“宝石”的能工巧匠

临港新城东濒东海，与东海大桥、国际洋山深水港相望，南临杭州湾，西连南汇区腹地，北接浦东国际机场。总体规划面积296.6平方公里，其中产业区规划231平方公里。

在这296.6平方公里的区域里，有一个碧波万顷的滴水湖，空中看去，犹如一粒璀璨的宝石镶嵌在皇冠之上。现在各地宾客只要到了南汇，都要去滴水湖一睹她的芳容，滴水湖俨然成为南汇的一张新名片。可曾几何时，这里还是一片滩涂地。

谁能把这片滩涂地变成“皇冠上的宝石”？南汇区公开招标，广觅能工巧匠。

在众多的竞争者中，海南省龙湾港建设集团以其围垦、开挖优势脱颖而出。2002年5月，集团专门设立上海龙湾港建设实业有限公司，先后调集大型进口挖泥船及可拆卸式泥船14艘，专用泥浆泵等设备300多台套，3000多名施工人员，为临港新城建设勇当开路先锋。

滴水湖开挖工程十分艰巨。在这片滩涂上要挖直径2.66公里、平均深度3.5米、5.56平方公里的大湖泊，仅挖出的泥土就有1800万立方米。这些土方，假如用10吨大卡车装运，每天出动50辆大卡车，每车按20吨计算，最少也要装5到6年，这样的速度与临港建设三年初具规模的要求不符，肯定不行。

面对困难，龙湾港建设集团与本市专家一道反复思考：能不能采用绞吸式挖泥船开挖？就是说把挖泥船驶入湖区，边挖泥，边吸泥上岸，既可节省大量运输工具，又可减少大量运输时间。

经过研究论证之后，龙湾港建设集团调集福岷6号等4艘大中型绞吸式挖泥船进入滴水湖开挖施工。2002年5月11日是大潮汛的第一个晚上，半夜12点时，潮水达到高峰，挖泥船开始向湖区前进。当夜遇8级大风，风高浪急，施工人员想尽办法也无法将船驶进抛石促淤坝的口子。其后两天，连夜"作战"，但由于诸多客观原因都没有成功。所有人心里都很着急。直到5月14日晚上，龙湾港建设集团组织了近百名施工人员，抢在涨潮之前，在海水里从抛石坝上抢出数百块大石头，将抛石促淤坝的口子再次挖深。到了5月15日凌晨2时，涨潮又一次达到高峰。这是决战的关键时刻。终于一个振奋人心的消息传来——福岷6号进入坝内了！

福岷6号绞吸式挖泥船成功进入湖区后，经过连续不断的作业，在滩涂上挖出了一条20米宽、5米深、4公里长的航槽，让后续跟进的3艘挖泥船顺利就位。2002年6月28日，"滴水湖"开挖工程正式启动，仅历时15个月，终于在2003年9月28日开挖完工。临港开发建设的第一步，奇迹般地实现了！龙湾港建设集团打通了临港新城整体开发建设的通道，人们永远不会忘记这些开路先锋！

打造投资兴业的乐园

临港新城作为上海重点建设的三大城镇之一，具有依托两港、服务两港、融产业支撑与城市发展为一体的优势，正成为各地企业投资兴业的乐园。

重装备产业区规划面积约36平方公里，主要引进和发展龙头型、总成式、整机型重型专用成套设备的制造项目，逐步打造成船用设备、海洋工程装备、发电设备、自主品牌汽车、港口机械等五大装备制造业基地。

物流园区规划面积约21.4平方公里，包括保税港区和非保税物流园区，重点发展保税仓储分拨、国际采购配送和中转、转口贸易、出口加工、多式联运、港口服务等业务。

主产业区规划面积约101.6平方公里，主要发展光仪电制造、IT制造、汽车零部件制造、通用机械制造等四大集群，以丰富现代装备制造业的内涵。

综合区规划面积约42平方公里，主要发展高新技术产业、教育培训、旅游休闲等，充分体现知识创新、技术创新和产业创新。

四个分城区及配套产业园，规划面积约30平方公里，将建成四个各具特色、环境优美的新型生态型城市社区，满足现代社区居住和产业配套服务的需要，各分城区各一平方公里的配套产业园将重点引进与七大产业关联度高的高新技术、高附加值和低污染的新兴产业，以解决就业和提供社会保障。

临港新城总体规划建设至2020年完成，固定资产投资累计达到1200亿元。其中，到2011年实现地区生产总值305亿元，年均增长25%左右；工业总产值500亿元，年均增长50%左右；税收收入40亿元，年均增长35%左右；产业区累计吸引总投资500亿元。

临港新城的开发建设，无疑给南汇注入了生机和活力。自2002年以来短短的6年多时间里，南汇充分抓住机遇，推进开发建设，扩大与长三角、长江流域及其他地区的合作交流。截止2008年6月底，已实现落地内外资项目超过300多亿元。瓦锡兰柴油机、卡尔玛港口机械、中船柴油机、苏尔寿工程机械、卡特彼勒、普洛斯、马士基等著名企业落户临港新城，国内最大光电项目——上海临港太阳能发电示范项目已投入商业运行，年发电量超过100万千瓦时。

2008年上半年，临港产业区实现地区增加值77.7亿元，同比增长31.6%，工业总产值完成61.0亿元,同比增长60.3%,实现税收8.6亿元,同比增长58.9%。

促进临港产业的发展

目前,南汇产业总体布局为:"二三一",其比重分别为:55.4∶40.6∶4,而临港新城主要发展目标是第二、第三产业。依据临港新城开发建设和产业发展目标,南汇把加强国内合作交流工作贯穿于临港新城开发建设的全过程。

为此,有关部门积极举办"南汇行"系列活动,宣传临港新城建设,如:利用市政府驻外办事处春节回沪述职机会,开展"上海市人民政府驻外办事处新春联谊"活动;利用"上海桃花节"平台,组织"中央单位和外省区市驻沪办事机构相聚上海桃花节"活动。通过这些活动让更多的来宾了解临港新城开发建设的总体要求、阶段目标和发展的重点产业,不断探索合作共赢的新途径。同时,充分运用已形成的长三角区域合作交流平台,积极参与长三角和长江流域城市的合作交流,以合作项目为抓手,不断扩大"临港"、"海洋南汇"、长三角、长江黄金水道建设利益共同体,不断参与推动区域联动发展,达到优势互补,互利共赢的目标。

招商引资是临港新城建设成败的关键,帮助企业搭建参与临港开发建设的桥梁至关重要。临港新城产业发展的目标是:着力发展以装备制造为重点的先进制造业,加快发展以航运服务和现代物流为重点的现代服务业,积极推进海洋科技集聚和产业化,发展相关配套产业。根据产业发展目标加强招商引资工作,为兄弟省区市企业落户临港做好服务。同时通过走访、座谈等形式,与兄弟省区市落户临港的企业建立密切的联系沟通机制,及时了解掌握企业的生产和生活状况,对他们遇到的一些实际困难和问题,想方设法予以帮助、协调解决,扶持临港企业发展壮大。

合作交流,是落实科学发展观、推动区域协调发展的主题,南汇区将充分运用合作交流这个平台,促进临港产业有序发展。

(南汇区人民政府合作交流办公室　执笔:陶保国)

“哈哈木兰”香飘申城

——奉贤区创跨地区农业合作新模式

2008年国庆节前夕，奉贤区农委领导一行来到哈尔滨市木兰县，商讨进一步推进奉贤木兰合作事宜。在“沪哈南北粮食合作联社”一望无垠的稻海里，大家看着金黄色谷穗，呼吸着沁人心脾的稻香，心情无比舒畅。今年又是一个丰收年！木兰县农民收入将会提高，而上海市民今年又能吃到优质的“哈哈木兰”大米。

奉贤和木兰合作交流已经走过四年的历程，合作成效显著。此次奉贤区农委领导来木兰县就是商谈进一步合作事宜，经过谈判，双方达成了多项协议：共同组建“上海哈哈木兰营销有限公司”；木兰水稻良种繁育基地从300亩扩大到1000亩；木兰县南美白对虾养殖从300亩扩大到1500亩……

优势互补互利合作

近年来，土地资源的紧缺，制约了奉贤农业经济的发展，奉贤区农委早有到幅员辽阔的东北大地寻找合作的打算。2004年秋，木兰县县长热情邀请奉贤朋友到木兰考察。奉贤人了解到，木兰方圆3600平方公里，有耕地146万亩，森林291万亩，是“全国首批生态县”，当地年产稻谷、大豆、玉米三大粮食作物46万吨。水是无污染的天然水，土是肥沃的黑土地，正是生产安全优质农作物的理想之地，可也存在经济落后、单产不高、卖粮困难等问题。

此后，两地领导多次互访、考察、洽谈。双方都觉得黑龙江有丰富的土地、劳力、物产资源和优质生态环境等优势，上海有产业、技术、资金、管理和市场等优势，奉贤木兰合作有广阔的发展空间。2005年初，奉贤区和木兰县签订了农业经贸合作协议，随后又达成了建立“沪哈南北粮食合作联社”协议和“南北水稻技术合作协议”、“南北粮食企业产销合作协议”。

当年秋天，哈尔滨市政府来沪推介“沪哈南北粮食合作联社”生产的“哈哈木兰”大米，首批运抵上海的80吨大米几天便销售一空。此后三年来，每年以2万吨绿色、安全、优质“哈哈木兰”大米和数百吨优质木兰牛肉运销上海等地。木兰也因采用了优良品种和先进技术，水稻亩产达到550公斤以上，比原来增产一成。“哈哈木兰”大米在上海一炮打响，成功打开了上海市场“绿色通道”，此后又顺利打开了北京、深圳、成都、西安等市场。2007年木兰共销售“哈哈木兰”大米15万吨，木兰农民因此增收2000万元。

合作联社所属三胜水稻生产合作社社长刘江说，以前种了粮食卖粮难，压到第二年春天要用钱，贱价也得卖；现在种好粮食不愁卖，优质优价，有多少收多少。该合作社社员尚清玉秋收后算了一笔账：他家种植57亩水稻，由于采用“六统一分”经营模式，每亩增产一成，节约成本60元，优质优价每公斤补贴6分，平均每亩增加收入190元。农民纷纷要求参加合作社，2008年联社的木兰方已从原来1个合作社、601户、1万亩水稻，发展到6个合作社、3094户、11万亩水稻，并辐射带动周边20万亩水稻的种植。

“三步走”出“四条路径”

奉贤区与木兰县建立合作伙伴关系，两地政府搭起合作平台，首创跨省区的“沪哈南北粮食合作联社”运营模式。

这种运营模式是按照“政府搭台、企业主体、市场运作、社会参与”的原则，通过“三步走”，来健全利益联结机制的。第一步，木兰建立拥有601户农户、1万亩耕地的三胜水稻生产合作社，奉贤建立陈顺粮食生产合作社，由黑龙江哈哈木兰米业公司加工稻米，拥有超市销售渠道的上海华日配送有限公司担纲总经销。第二步，将双方合作社加工销售企业联合起来，组成跨地区、产加销一体化的“沪哈南北粮食合作联社”，在上海注册，收购、加工、销售拥有“哈哈木兰”品牌的大米，实现跨地域不同经济主体的利益联结和互利共赢。第三步，在合作联社运作成熟后，转变为股份制，农民以土地入股，更紧密地联结各个主体的利益。

奉贤木兰合作的利益联结主要通过四条路径：

一是生产与技术合作。双方共同出资，在木兰建立沪哈水稻良种繁育科技示范基地300亩，从原来20多个品种中，筛选出高产优质、吃口香糯、适合上海市民口味的龙稻3号、松粳10号两个优良品种进行推广。

二是收购与加工合作。建立“上海木兰营销有限公司”，上海华日公司与黑龙江哈哈木兰米业公司合作，引进国际先进的大米加工生产线，统一价格、统一加工、统一销售。

三是仓储与运输合作。仓储采用科学收储粮食新技术，能在一年内保持新米品质。为解决铁路运输“瓶颈”问题，上海市与黑龙江省领导亲自协调，将“哈哈木兰”大米运输列入沪黑政府铁路运输计划。

四是营销与品牌合作。注册“哈哈木兰”大米品牌，获得了上海市场的绿色通行证和国家环保总局的“有机食品认证”。上海由华日公司总经销，在上海市区和南桥设有专卖店，并在全市各大超市销售。

国务院研究室农村司领导多次赴木兰、奉贤调研，他们认为，这种模式不仅是合作机制的创新，而且是推动区域经济、实现优势互补、协调发展带有方向性的探索。

五种形式合作共赢

奉贤和木兰从粮食产销合作，扩展到共建现代农业园区和肉牛生产加工、虾类生产、生物有机肥生产等多领域的合作。目前，奉贤跨区域农业合作已走向全国15个省区市，异地种养面积150万亩，相当奉贤农田面积的3倍；合作项目156个，投资总额10.7亿元；带动当地农户21.5万户，助农增收12.6亿元。为自身发展拓展了空间，为全国发展提供了服务。

奉贤跨区域合作成功探索出五种形式：

一是建立南北联社，有效衔接产销两头。在建立“沪哈南北粮食合作联社”后，奉贤又与海南省文昌市联合建立“南北种源渔业合作社”。今年，海南的优质虾苗繁育基地为奉贤虾农提供优质虾苗 21 亿尾，农户增产三成左右。

二是实行订单农业，解决农产品销路问题。奉贤农业龙头企业汉德食品公司在木兰设立分公司，出资 2000 万元，整体收购木兰肥牛公司，帮助木兰养牛户建立合作社，引进优质种牛，推广先进技术，汉德公司以订单方式收购肉牛，今年木兰肉牛饲养规模突破 4 万头。

三是拓展外延种养，实现产业转移。由于土地资源紧张，制约了奉贤养虾业进一步发展。近年有 300 多家养虾大户走出奉贤，在全国 15 个省区市养虾 3.5 万亩，自己增加了收入，也带动了当地养殖业发展。

四是农业园区设立分园，龙头企业产地投资。奉贤现代农业园区在木兰县建立分园区，2 平方公里的第一期园区建设现已启动，被定为黑龙江省省级现代农业开发园区。

五是种养技术输出，填补当地空白。奉贤区农委水产技术部门帮助木兰县和新疆吐鲁番地区养殖南美白对虾取得成功。2008 年国庆期间，哈尔滨的市民吃到了价廉物美、活蹦乱跳的本地产对虾。

（奉贤区人民政府合作交流办公室）

崇明蟹“爬”向全国

崇明，我国的第三大岛，上海的生态绿洲。没有领先的科技，没有优势的工业，如何服务全国？崇明人用实际行动作出了回答。他们充分利用河蟹种苗这一特色资源，按照市委、市政府“走出去”战略的要求，把优质河蟹种苗、养殖技术、资金等优势与当地生态型湖泊资源、廉价劳动力、政策扶持等优势相结合，逐步形成优势产业，推进经济共同发展。

优势互补　走出岛外

崇明岛地处长江入海口，通江达海的地理优势和良好的水域生态条件，培育了品质优良的中华绒螯蟹种苗，使崇明享有“蟹苗之乡”的美称。俗话说：“靠山吃山，靠水吃水”，崇明人在很长一段时间内，以经营优质蟹苗获得经济效益。1998 年，这种传统经营模式被黄春一举打破，“为什么不利用崇明优质蟹苗在岛外发展成蟹养殖呢?”。黄春心潮澎湃，他想成为第一个吃“螃蟹”的人。经过实地考察，他在安徽明光市女山湖租下 3000 亩水面，投放了第一批仔蟹进行试点。同年夏天，他又沿洪泽湖考察了 5 个县，最后与环湖镇政府签约，一举承包 2500 亩水面，从此崇明人有了岛外养蟹基地。次年他就取得了丰厚的回报。回忆当时创业的艰难，黄春深有体会，曾有多次，正是菊香橙黄时，湖塘里的成蟹壳硬了，该回捕了，当地农民抢先一步挑着箩筐，拎着蛇皮袋，甚至开着卡车来到湖边疯狂捕捞。他们从水里拖起提笼就倒，倒满了就一声怪叫，作鸟兽散。蟹老板和雇工顾此失彼，眼看辛辛苦苦的养殖成果毁于一旦，呼天抢地也无人应啊。真要是逮住几个，他们的嗓子比你还响：我们生在这里，长在这里，湖里的鱼蟹人人有份，你捞我捞大家捞！后经当地政府多方协调，最终化解了矛盾。一是安排部分以渔业为生的渔民异地发展渔业生产；二是积极引导当地渔农民从事养蟹业；三是维护当地治安的稳定，坚决打击偷盗分子。正如《真心英雄》这首歌中所唱：“不经历风雨，怎么见彩虹，没有人能够随随便便成功”。几年间，黄春已带动岛内 100 多户从事河蟹苗生产，100 多户养蟹人走出崇明，开展岛外大规格商品蟹养殖。当地农民祖祖辈辈在地里刨食，或者下湖捉点鱼虾，根本不会养蟹，不相信崇明蟹能在洪泽湖里长得大，黄春就把崇明蟹苗无偿地提供给十几户农民，并把养蟹技术无保留地传授给他们，结果他们当年就获得了好收成。有一个叫刘培宽的农民，养过几年蟹，但年年养，年年亏，自从获得了蟹苗和技术后，当年就赚了 10 万元。黄春带领着岛内外养蟹农民实现共同致富，同时通过“以蟹为媒”，树立了崇明人在岛外的形象。

政府扶持　形成产业

"现在，我们崇明蟹已经走向全国9个省区市，涉及31个县市，36个湖泊"，崇明河蟹协会会长袁国荣如是说。江苏、安徽、云南、湖北、湖南、河南、山东甚至更远的新疆、青海，都在进行崇明蟹的养殖开发。

"没有县委、县政府的关心支持，我们养蟹大户别想取得这么大的成功"，这是现任中江特种水产有限公司董事长陆瑜发自内心的感慨。

崇明河蟹产业在实行走出去发展的过程中，县委、县政府及时制定政策，不断完善发展思路，促进了产业的发展。结合上海市水产办提出的"南虾北蟹"的产业定位，崇明县委、县政府提出了"一个方针、两个抓、三个相结合"的发展河蟹产业的基本思路。"一个方针"就是岛内发展与岛外开发并举。"两个抓"就是岛内抓河蟹源头发展，岛外抓规模化开发养蟹。"三个相结合"就是岛内培育优质蟹种优势与外省市生态型湖泊养大规格商品蟹优势相结合，岛内建生态蟹苗繁育基地与岛外建成蟹养殖基地相结合，拓展市内市场与开拓外省市市场包括境外市场相结合。至2008年，岛内外河蟹养殖总面积发展到104万亩(岛内8万亩，岛外96万亩)，预计生产河蟹总量为1.3万吨(蟹种5000吨、商品蟹8000吨)，总产值完成8.5亿元。

崇明河蟹产业的不断完善与发展离不开政府的积极引导、离不开养殖户的悉心经营、也离不开优质蟹苗培育技术的提高。崇明县主动与上海海洋大学等多家科研单位联手，通过组织召开养蟹代表交流会和举办专题培训班的形式，保障了河蟹良种生产发展。生态蟹种培育发展至今，从过去蟹种培育亩产量100—150斤左右到现在亩产量提高到200—300斤，最高亩产量突破400斤，培育蟹种面积扩大到5万亩，生产优质蟹种达到5000吨。

2004年初，面对养殖面积日益扩大，以及养蟹效益有所下滑的现实，黄春意识到纯粹地扩大养殖规模、改变养殖模式还不足以使河蟹业成为一个真正完整的产业，只有发展河蟹深加工，延伸产业链，提高产品附加值，才能有效推进河蟹业的健康持续发展。同年8月，黄春果断地兼并了一家蟹肉加工厂，投资对生产设备进行了改造，把河蟹肉壳分离，深加工成蟹粉。在国庆前夕投放香港市场后，一下子便出现了供不应求的局面，各大超市、酒店的订单接踵而来。

龙头企业是联结小生产与大市场的桥梁，是带动河蟹产业发展和养蟹户增收致富的关键。据调查统计，参与外省市开发养蟹的龙头企业带出岛内劳务工近1000人，聘用当地渔(农)民劳务工近1500人/年，帮助解决当地部分渔(农)民就业和增收，推动了当地相关产业发展和养殖业结构调整，为当地经济发展作出了一定的贡献。如今，黄春的上海宝岛蟹业有限公司已在岛内建立了2300多亩的种源基地，在岛外的湖南、江苏、安徽、江西等地的商品蟹养殖基地也达10万多亩，公司更被认定为首批上海市农业龙头企业。而蟹粉等深加工产品的成功开发不仅为黄春的第二次创业打下坚实的基础，也打响了黄春先后注册的"宝岛"、"宝岛人家"两个品牌，使得当年被称为"乌小蟹"的崇明蟹大踏步走上从繁育、养殖到销售、加工的一条龙式产业化经营之路。

如今，崇明河蟹养殖、加工、销售的规模正逐步壮大，现有龙头企业15家、农民专业合作社

13家及一批专业大户，其中上海宝岛蟹业有限公司、上海瀛生实业有限公司是集河蟹标准化养殖、河蟹深加工、出口销售为一体的复合型龙头企业，在河蟹产业的发展过程中有着举足轻重的地位。

加强营销　打响品牌

为了宣传崇明优质蟹苗种和实施跨地区经济合作的发展战略，推进养蟹业的发展，崇明在2001年召开了第一届河蟹苗种信息发布会，2003年在北京成功地举办了“崇明长江水系中华绒螯蟹推介会”并参加了在上海举行的“国际渔业博览会”，2005年在香港举办“上海崇明河蟹暨特色农产品推介会”，2006年参加第四届中国国际农产品交易会“一村一品”馆的参展工作，2007年在安徽安庆召开“中西部地区河蟹养殖研究会”。通过几年来的精心实施，崇明已拥有“国螯”、“宝岛”、“瀛生”三个河蟹品牌商标，其中“宝岛”牌清水大闸蟹已获得上海市农产品质量中心认证，且宝岛蟹粉已获ISO9001、2000和HACCP食品安全管理体系认证，产品已销往日本。另外，为保护崇明中华绒螯蟹的特有品质，促进该特色产品的生产和可持续发展，根据国家有关规定和要求，通过组织材料、制订标准、专家审定等环节，上报国家质量技术监督检验检疫总局，并与2007年10月12日顺利通过了《崇明老毛蟹》地理标志产品保护验收，正式确立了崇明老毛蟹的品牌。

“阳澄湖大闸蟹靠的是名气，崇明蟹靠的是实力。”崇明河蟹协会会长袁国荣如是说，“崇明老毛蟹现在不但打出品牌，还受到国家地理标志产品保护，声势不比阳澄湖大闸蟹弱。今后要利用科学手段改善放养条件，崇明蟹定会越来越吃香。”

崇明河蟹产业的发展离不开优良品质的产品及科学先进的营销理念。因此，崇明养蟹人着力于营销队伍的建设和营销手段的探索，并确立了“立足上海，面向全国，拓展境外市场”的营销策略。先后在上海、常州、江阴、武汉、南京、广州、深圳等地建立了营销网点。利用现代网络技术，在全国相关网站上发布产品销售、各大河蟹产业龙头企业等信息并通过网络传递，先后与香港、澳门、韩国等客商取得联系，建立了较好的业务关系。

崇明河蟹产业在走出去发展的过程中，虽然取得了一定的成功，但是在河蟹养殖技术、品牌、市场、蟹文化等河蟹产业“软实力”上还有待开发与提升。崇明县政府着眼河蟹产业长远发展的需要，与上海海洋大学共同制订了《崇明岛河蟹产业发展规划》，确定了生产、加工、销售、研发的具体方向，通过建立核心种源基地、巩固成蟹养殖基地面积、实施生态养殖技术、实施品牌战略等举措，实现到2020年形成河蟹年产值20—25亿元、利润8—10亿元的目标。崇明河蟹产业发展方向将以科学发展、主动发展、全面发展的方针，着力保护养殖生态环境和科学合理利用，着力发展河蟹生产、加工、销售一体化经营，着力建设一批规模化养蟹基地，着力推进河蟹质量安全体系建设，着力实施河蟹品牌战略，努力实现河蟹产业又好又快发展。

崇明河蟹产业的发展不仅成功地实现了岛内蟹种资源和劳动力的转移，更带动了岛外养殖基地的经济发展和农民增收，为上海更好地服务全国作出了自己的贡献。

（崇明县人民政府合作交流办公室　执笔：蔡建新）

推进证券市场建设 服务经济社会发展

1986年11月14日，邓小平会见率团来访的纽约证券交易所董事长约翰·范尔霖时，将一张上海飞乐音响的股票赠给了美国客人。国际社会把这一举动解读为中国将要发展资本市场的信号，发出了“中国与股市握手”的惊呼。

时隔四年，国际社会的猜测变成了现实。1990年11月26日，上海证券交易所正式成立。12月19日，沪市首个交易日以96.05点开盘，以99.98最高点报收，成交金额49万4千元人民币。2007年，沪市以5261.56点收盘，全年成交金额高达305434.29亿元，代缴证券印花税1353.49亿元。股票成交金额已超过香港，仅次于东京证券交易所，跃居亚洲第二，全球第七；股票市值亚洲排名第二，全球第六。上海证券市场在不到20年的时间里，走过了发达国家证券市场发展百年的历程，跻身亚太地区主要市场之列，创造了证券市场发展史上的奇迹。

允许看，但要坚决地试

上海证券市场的建立与发展是改革开放的产物，是经济体制改革不断深化的必然结果。它前进的每一步，都反映了思想解放的成果，体现了中央的正确决策，凝聚着国人的智慧与心血。

回顾历史，上海证券市场的建立与发展经历了四个阶段。

1980—1992年为第一阶段。中国经济体制改革全面启动后，计划经济体制被逐步打破，股份制经济取得长足发展，中国资本市场开始出现，上海证券交易所宣告成立。

1992—1998年为第二阶段。虽然我国建立了证券市场，但证券市场姓“资”姓“社”的问题并未解决，人们仍心存疑虑。1992年，邓小平发表了南方讲话，指出：“证券、股市，这些东西究竟好不好，有没有危险，是不是资本主义独有的东西，社会主义能不能用？允许看，但要坚决地试。看对了，搞一两年对了，放开；错了，纠正，关了就是了”，并强调，社会主义要赢得与资本主义相比较的优势，就必须大胆吸收和借鉴人类社会创造的一切文明成果。邓小平的讲话，拨开了笼罩在人们心头的迷雾，我国经济体制改革开始向市场经济体制转轨。上海证券市场建设也开始由区域性试点推向全国。随着中国证监会的成立，证券市场纳入了统一监管，全国性资本市场开始形成并逐步发展。

1998—2005年为第三阶段。《证券法》的颁布实施，确立了我国资本市场的法律地位，加快证券市场建设已经达成了共识。随着配套改革措施的推进，证券市场规模不断扩大，运作逐步走向规范。

2005年后进入第四阶段。股权分置改革的启动，标志着我国证券市场建立之初设计上遗留的结构性缺陷问题，有望得到根本性解决。随着非流通股股东向流通股股东支付“对价”和大股东“锁一爬二”后，我国证券市场将逐步进入一个上市公司股权全流通的时代。

立足服务，在深化服务中求发展

上海证券市场从建立的第一天起，就站在我国改革开放的前沿，在不断完善自我、加快自身发展的同时，注重引领经济体制和社会资源配置方式的变革，带动股份制公司的普及，推动企业发展壮大和行业的整合，促进国有资产管理模式的改善和民营企业的发展，加快相关法律制度、会计制度和社会信用体制的建立与完善，成为我国经济体制向市场体制转型过程中最为重要的成就之一。

服务国有企业改制，促进公司治理和国有资产管理模式变革。我国建立资本市场的重要目的之一，就是帮助国有企业进行股份制改造。国有企业通过上市，按照资本市场的要求，逐步建立起规范化的现代企业制度，形成股东大会、董事会和监事会的公司运作机制和治理框架。此外，引入独立董事制度和股权激励机制，完善信息披露制度，推出“上证公司治理板块”和公司治理指数，建立企业风险管理机制和综合评价指标体系，促使上市公司管理层与股东间的利益更加趋于一致，推动国有资产管理模式由企业监管为主向资本运营方向转变，推进公司内部治理与外部监督的有机结合，扶持上市国有企业做大做强。这些年来，宝钢、中石化、中石油、工商银行、中国人寿等一大批国有企业登陆沪市，依托证券市场成长为各行各业的龙头企业，成为国民经济的支柱力量。2007年，有6家上市公司流通市值超过万亿元。截至2008年6月底，在上证综指重挫50%的情况下，沪市流通市值超过万亿元的上市公司仍有2家，其中，中石油24191.16亿元，工商银行12447.73亿元。流通市值超过百亿元的151家上市公司，总市值和流通市值分别占到沪市863家上市公司的81%和62%。这些大盘蓝筹股不仅奠定了上海证券交易所作为我国证券市场主板的地位，也奠定了证券市场在国民经济发展中的支柱地位。

服务市场资源配置，推动国民经济又好又快发展。上海证券交易所始终把建设蓝筹股市场作为上海证券市场建设工作的重点，强调要吸引国民经济骨干企业来沪发行上市，充分发挥证券市场直接融资功能，通过市场机制配置资源，努力推动国内公司整体上市步伐，创造条件推动海外红筹股公司回归内地上市，研究国际板市场开设，为上市公司并购重组和蓝筹股发展壮大创造更为有利的制度与市场环境，为全国经济发展服务。截至2008年6月底，沪市863家上市公司中，东北三省66家，华北142家，华东399家，华中72家，华南55家，西北55家，西南74家。同期沪市的股票总市值达14.45万亿元人民币，相当于全国GDP的50%以上。而2007年中的沪市最高总市值曾高达26万亿元，相当于全国2006年GDP的120%以上。这些来自全国各地的863家上市公司，累计发行总股数约1.5万亿股，其中上市流通股数为4244亿股；历年通过上海证券市场筹得资金达1.57万亿元。特别是2006年6月恢复IPO以来，市场筹资总额大幅上升。仅2007年，全国上百家企业通过IPO、再融资等方式筹集资金6616.35亿元，占历年总筹资总额的47%，股权总筹资额拔得当年世界交易所筹资排名的头筹。2008年上半年，受股市行情低迷的制约，沪深两市IPO融资额为909.55亿元，较去年同期有较大降幅。其中共有四家发行超过1亿股的蓝筹企业在上海市场成功实现IPO，总筹资668.14亿元。其中，中煤能源和中国铁建融资规模达到了480亿元左右。企业债和公司债的发行规模及筹资规模大幅提升，21家上市公司发债筹资745亿元，是上年的6.35倍。上海证券市场的加速发展推进了资源向优势企业集中，增强了企业核心竞争力，推动了产业结构调整、资产重组和企业发展壮大，促进了国有资产的保值增值，扶持了民营企业的发展。

服务专业人才培养，推进经济社会发生深刻变革。资本市场的发展离不开专业人才。上海证券市场的发展，催生了证券公司、基金公司等证券服务机构，推动了投资银行、证券经纪和销售、资产管理、证券分析、证券咨询等新职业的兴起，同时也为中国金融业培养了大批专业人才。据统计，上海证券交易所现有会员单位(证券公司)116家，其他中介机构177家(包括境外的40家从事B股业务的专业机构)。截至2008年6月底，全国证券公司总资产达1.6万亿元，净资本3000亿元；注册证券从业人员已达7.5万人，其中，证券公司约占92%，基金管理公司约占3.87%，证券投资咨询机构约占2.67%，基金托管等其他机构约占1.46%。为加快上海国际金融中心建设，上海市政府将出台吸引包括金融人才在内的落户上海的新政策，并计划到2010年把金融从业人员扩充到22万人。同时，资本市场的出现拓宽了居民的投资渠道，投资品种由单一的储蓄扩展到股票、基金、权证、债券、回购等证券及其衍生产品。居民理财意识空前增强，“家庭理财”概念开始普及，理财文化悄然兴起，证券投资走入我国社会的千家万户，投资者在上海证券交易所开户已达近7680万户。证券资产已成为居民家庭财产的重要组成部分，股票市场的起伏与居民的财富盈亏紧密联系在一起，并逐步成为影响经济发展和社会稳定的重要因素。

抓住机遇，打造一流国际资本市场

经过近30年的发展，我国资本市场成绩斐然。但必须看到，我国资本市场依然是一个“新兴加转轨”的市场，在新的运行环境下，一些老问题将逐步化解，一些新问题又逐步显现，市场发展面临的内外部环境更趋复杂，面临着新的机遇和挑战。

首先，伴随着国民经济的快速发展，巨大的融资需求将有很大一部分依靠资本市场来满足。其次，我国经济迫切需要转变发展方式、优化调整产业结构，资本市场资源配置功能将在这一过程中发挥重要作用。第三，我国长期以来形成的以银行为主的间接金融体系，迫切需要提高直接融资比重，不断加以完善，防范金融风险，而这种转变必须通过做大做强资本市场来实现。第四，在全面建设和谐社会的过程中，建立和完善多层次养老体系、改革医疗保险体系和建设新农村等重要领域，也要求资本市场提供全面有效的金融支持和金融服务。第五，随着金融市场全球化、一体化的趋势不断增强，各国资本市场和金融中心的竞争日益加剧，资本市场的发展和监管模式日新月异，资本市场的竞争力和发达程度已经成为一个国家竞争力的重要组成部分。

面对上述机遇和挑战，上海将进一步解放思想，在中央和国务院的正确领导下，按照国家统一部署，以改革的思路，创新的精神，抓紧研究制订上海证券市场切实可行的发展战略和措施，抓紧提高市场监管和防范金融风险的能力，抓紧做好推出股指期货和不动产投资信托基金(REITs)等创新产品的准备，抓紧研究推进资本市场建设的制度与政策创新，抓紧研究人民币可自由兑换和上海证券市场完全对外开放的条件与时机，抓紧推进资本市场从“新兴加转轨”向成熟市场的过渡，逐步实现与国际资本市场的接轨，逐步释放中国资本市场的活力和潜力，力争在国际金融体系中发挥出更加重要的作用。

(上海证券交易所　执笔：袁秀国)

打造服务企业并购重组的交易平台

——上海联合产权交易所的建立与发展

30 年前，没有人会想到企业的产权会卖来卖去；30 年后，一年的产权交易额达到近千亿元。

这就是上海联合产权交易所。在它的屏幕上，跳动着的是数字，流动着的是资产。“走出去”、“引进来”，企业的并购重组，就在这数字的跳动中完成。

从 1994 年成立后第一年 18.4 亿元的交易额到 2007 年的 956.93 亿元，增长了 52 倍！13 年的风风雨雨铸就了上海联合产权交易所的辉煌。

三步走上快车道

产权交易是改革开放的产物。从 1979 年党中央决定改革开放到 1988 年，我国经济体制从计划经济走向了商品经济，国有企业政企分开、所有权和经营权分离为产权市场的形成创造了条件。1988 年 5 月，武汉市企业兼并市场事务所成立，标志着我国产权市场正式起步。

1992 年党的十四大决定实行社会主义市场经济体制，多种所有制经济竞相发展，国资国企改革不断深化，企业重组兼并如火如荼，各类要素市场纷纷建立，产权市场也开始在全国范围内蓬勃发展。1994 年 4 月，为盘活集体企业的存量资产，推进集体经济体制改革，“上海城乡产权交易所”应运而生，这就是上海产权交易所的前身，也是上海迈出的第一步。

迈出第二步是在 1996 年 3 月，上海成立了“上海市产权交易管理办公室”，把上海城乡产权交易所重新组建为上海产权交易所，交易标的引入了上海国有企业产权，将国有企业兼并重组纳入“公开、公平、公正”的市场交易环境，为国有企业改革改制服务。从 1996 年开始，上海市政府相继出台了近 10 部有关国有资产产权交易的政府规章和政策性文件，内容涉及产权交易规则、产权经纪机构资格认定等，规范了上海产权交易市场的发展。1999 年，为配合实施“科教兴国”战略，推动技术创新，上海成立了全国第一家技术产权交易所——上海技术产权交易所，技术产权成为产权市场新的交易品种。

2003 年 11 月，党的十六届三中全会明确提出要建立归属清晰、权责明确、保护严格、流转顺畅的现代产权制度，我国产权交易市场又迎来了新一轮发展的重大历史机遇。当年 12 月，上海市委、市政府将上海产权交易所和上海技术产权交易所合并，成立“上海联合产权交易所”，把产权市场作为上海多层次资本市场的重要组成部分加快建设。迈出的第三步将上海产权市场带上了快车道，使之成为国资、民资和外资等各类资本积极参与的各类企业并购重组的交易平台。2007年，上海产权市场成交金额同比增长13.36%，交易规模连续13年位居全国第一。

十年打造大平台

上海是全国的上海。做好加快上海自身发展和服务全国“两篇大文章”是上个世纪90年代市委、市政府对全市的要求。上海产权交易所作为服务企业并购重组的平台，决不能只限于上海这片土地，而要面向世界，服务全国，为推动企业合作、区域协调发展作出贡献。因此，上海联合产权交易所早在上个世纪九十年代，就按照市委、市政府“走出去”的要求，努力探索与长三角地区和长江流域的合作，吸引外地资源流入上海，帮助上海企业到外地发展，实现资源互通、优势互补，发展双赢，努力搭建产权交易大平台，做好参与区域经济合作这篇大文章。

一是构筑长江流域产权市场平台。1997年7月，上海会同8家产权交易机构共同发起成立长江流域产权交易共同市场。2008年，共同市场已从长江流域发展到包括青海、福建、陕西、海南在内的15个省市51家会员单位，成为做大做强上海产权市场和发展区域合作的大平台。上海作为理事长单位，在市场信息平台和交易规则的建设上发挥了重要作用。为促进异地并购，上海联交所网站不仅开设了国有产权转让信息，还开辟了债权、矿权、投资、招商等项目专栏，供外地机构和政府招商部门发布信息。上海开发的信息交易系统在全国居于领先水平，无偿为共同市场30家会员单位安装，帮助它们提高产权市场的管理水平。上海联交所在共同市场内组织了业务标准委员会、利益协调委员会和督查工作委员会，推动产权市场的自律规范，加大区域内并购合作的力度。2008年4月，制定了《长江流域产权交易共同市场电子竞价暂行规则》，目前正在制定“共同发布信息规则”和“产权交易利益处置办法”。这些规则的制定，有利于降低异地交易成本，促进区域经济的资源优化组合。同时，上海联交所利用上海资本市场的区位优势，积极组织异地项目的推介活动。2007年以来，先后为湖南长沙、安徽滁州、铜陵、江西九江等15个地区组织召开项目推介会，组织境外机构到温州举办“温州企业上市推介会”。2007年，长江流域产权交易共同市场共成交项目20821宗，占全国交易总宗数的58.3%；成交金额达1766.58亿元，占全国总成交金额的50.29%；完成异地交易2393宗，占全国异地交易总成交宗数的74.9%；异地交易总额358亿元，占全国异地交易总成交额的57.3%。其中，上海完成异地交易750宗，交易金额193.62亿元。

二是构筑区域股权托管平台。2003年12月，经市政府批准，上海联交所出资设立上海股权托管中心。上海股权托管中心确定了“通过资本链、寻找业务链、形成服务链”的工作目标，以托管企业为中心点，延伸增值服务链；以解决历史遗留问题为抓手，扩大服务内容；以筹备创投公司为契机，拓展企业融资渠道，提高了综合服务能力。2007年，上海股权托管中心受闸北区人民政府和上海不夜城股份有限公司的委托，通过协助公司确权登记和过户登记的方式，协助不夜城公司处理7200多自然人股权历史问题。目前已完成自然人股集中登记工作和法人股登记确权。这项工作使得中小股东通过股份转让获得投资溢价收益，闸北区国资委收回了部分前期垫付的不夜城公司改制费用，缓解了社会矛盾，不夜城公司也理顺关系走上正常发展之路。截至2008年6月，上海股权托管中心托管的企业达到了130家，有3家企业正在与券商紧密接触，进入上市前准备。托管登记的企业股本总额已突破111亿元，累计过户登记股权超过22.8亿元。

上海联交所利用上海在股权托管运作和规范制度建设方面的经验，经过调研沟通，在共同市场内达成共识，建立区域性的股权托管交易平台。在前期工作的基础上，与苏州、无锡、镇江、合肥、芜湖等市以及江西省协商，建设一个包括长三角周边区域的中小企业股权交易市场。

三招创建新平台

在新的形势下，上海联产所应当站得更高，看得更远，做得更实。我国正进入转变经济发展方式的关键时期，上海也进入经济结构调整优化升级的关键阶段。加强产权交易市场建设，创建新的市场交易平台，推出新的交易品种，扩大和增强产权市场的服务功能，更好地为优化资源配置、促进区域间产业结构调整和经济可持续发展服务，是上海联交所面临的机遇与责任。

一是成立全球技术产权交易所。2008年11月3日，南南全球技术产权交易所在上海联交所挂牌成立。这是上海联交所与联合国开发计划署合作的一个项目，获得国家商务部批准。建设该项目旨在利用上海联交所产权市场运作的经验，促进南南国家间的技术合作。目前，"南南技术产权交易所"已在7个国家建立了分站。上海联交所利用这个交易所平台，引进日本企业与江西宜春地区合作进行CDM减排。同时筹划建立技术产权投资基金，把基金和交易所平台结合，为上海和长江流域的中小高新技术企业提供融资服务和资本进退平台。

二是成立上海环境能源交易所。2008年7月23日，市政府正式批复同意设立上海环境能源交易所。根据国家和本市的法律法规，开展节能减排、环境保护与能源领域的各类权益交易。做好此项工作，对促进国际国内资源互补、区域经济和谐发展具有重要意义。

三是建立上海文化产权交易所。为配合上海文化大都市的建设，充分发挥产权市场在知识、技术、文化等方面的集聚效应，促进文化精神产品的产业化，加快搭建各类"延伸服务"的桥梁，上海联交所已与上海市委宣传部合作成立"上海文化产权交易所"，把"上海版权产权交易中心"和与文化部合作的"国家动漫游戏产业产权交易中心"整合在一起，形成文化交易平台，促进长三角乃至长江流域地区文化产业的发展。

展望未来，任重道远。上海联交所将按照市委、市政府加快实现"四个率先"、加快建设"四个中心"的要求，充分利用市场机制，发挥产权市场的平台作用，更好地服务长三角，服务长江流域，服务全国。

（上海联合产权交易所　执笔：杨清）

上海商品期货市场发展与服务国民经济

上海浦东，陆家嘴金融区。环视要素市场，“四市”峰起并峙。上海商品期货市场就是其中之一。

说起“期市”，平民百姓似乎知之不多，但在社会经济系统，“期市”早已成为“常用词”，“期市”对实体经济的运行起着越来越重要的作用。全国各地尤其是市场经济较为发达的长三角、珠三角、环渤海湾地区，为数众多的集团公司、生产企业和商贸经营者都在关注并参与商品期市交易活动，从中获取信息，辨别风向，指导生产经营；沟通产销，规避风险，锁定利润；不断提高现代经营管理意识。

上海商品期货市场，不但对国内相关企业、行业、产业的发展影响巨大，而且已经让世界期市知晓并逐渐接受了“上海价格”、“上海标准”、“上海规则”，有的品种已经成为国际现货贸易的重要定价依据。2008 年 1 月 9 日，黄金期货在上海上市，成为第一个兼具商品属性和金融属性的期货品种，上海商品期货市场实现了一次新的、质的飞跃。

前行：发展过程跌荡起伏

以上海金属交易所成立为标志，上海商品期货市场迄今走过了 16 个年头，期间经历了超常规发展的初创阶段、问题不断的整顿阶段，现正处于规范发展的成长阶段。

初具雏形，运行平稳。1990 年 10 月 12 日，中国郑州粮食批发市场建立，开始了以现货交易为基础引入期货交易机制的探索。1992 年 5 月，上海金属交易所挂牌。同年 10 月，深圳有色金属交易所推出我国第一个标准期货合约——特级铝期货标准合约，首先实现了由远期交易向期货交易的过渡。

随后，1993 年 3 月，上海金属交易所推出一号铜标准合约。5 月，郑州粮食批发市场更名为郑州商品交易所。至此，我国期货市场初具雏形。以当时的态势来看，市场运行平稳，交易稳步发展。

急剧膨胀，盲目超前。1993 年下半年，经济发展出现过热现象，在急剧膨胀的利益驱动下，期货市场陷入盲目发展。到 1993 年底，各地开展商品期货交易的交易所猛增至 38 家，期货经纪公司 300 多家，会员 2337 家，交易品种达 50 多个，进行国际、国内期货交易的企业和金融机构约 2700 家，各品种交易空前活跃。当时，仅上海就有金属、石油、化工、煤炭、粮油、建材和农资等7家商品交易所。其中,上海金属交易所的成交量超过了纽约有色金属的成交量,跃居世界第二。

市场扭曲,偏离轨道。然而,在一个个交易所运行之际,人们对期货市场其实并不怎么了解,市场规则、法律法规等制度也不健全,时常发生市场操纵、恶意炒作、逼仓等事件,期货市场甚至为投机力量所左右,导致功能扭曲,从根本上背离了服务国民经济的轨道。为此,1993年11月,国务院下达《关于坚决制止期货市场盲目发展的通知》,期货市场开始了长达7年的治理整顿。

七年整治,获得新生。在此期间,全国14家期货交易所整合为上海期货交易所、郑州商品交易所、大连商品交易所3家,期货品种减少为12个。同时,大力整顿期货经纪业,实行经营许可证制度,严禁银行贷款或拆入资金入市,严禁金融机构投资入股期货交易所和期货经纪公司等。上海期货交易所就是在治理整顿过程中,由当时上海的6家商品交易所经过两次合并而建立的。

以上海期货交易所1999年成立为标志,健康的上海商品期货市场初步形成。当时交易的品种有铜、铝、天然橡胶、籼米和胶合板5个品种。1999年,上海商品期货市场共成交695.66万手,占全国总量的9.4%;成交金额4914.8亿元,占全国总量的22%。

入轨:平稳快步走向成熟

进入新世纪,全球经济金融一体化趋势加快,国际国内形势发生重大变化,迫切需要期货市场管理风险;同时,我国经济处于持续快速增长阶段,这也为期市发展提供了动力和基础。正是在这样的大背景下,上海商品期货市场获得了长足的发展。

成交规模稳步扩大。2001年起,随着期货市场出现恢复性增长,上海商品期货市场成交量不断放大,成交额稳步攀升,市场规模迅速扩大。2008年上半年,上海期市共成交9854.21万手,成交金额140189.39亿元,分别是1999年同期的30.73倍和75.66倍。从成交规模看,上海商品期货市场一直处于国内领先地位,基本上占据了40%左右的市场份额。

品种创新富有成果。目前,上海商品期货市场上市交易的期货品种包括铜、铝、天然橡胶、燃料油、锌和黄金,基本涵盖了能源、化工、有色金属、贵金属等系列。特别是2008年1月9日上市的黄金期货品种,在期货市场发展史上具有里程碑的意义,为上海建设国际金融中心充实了更重要的内涵。

市场功能显著发挥。随着期货市场规模的不断扩大,市场功能日益彰显。越来越多的现货企业通过上海期市达到了沟通产销、规避风险、节约费用、锁定利润的目的。而"上海价格"、"上海标准"、"上海规则"也已经影响到了世界市场。

更为可观的是,上海铜期货市场成为全球三大铜定价中心之一,逐步成为国际现货贸易的定价依据;天然橡胶成为全球最大的天然橡胶期货交易市场;燃料油则成了亚洲地区现货贸易重要定价依据之一。

市场运行更趋成熟。经过十多年的运行,上海期货市场各主体理性运作意识不断增强,市场违规事件和强行平仓次数明显减少,突发事件应对能力和抗风险能力有了很大提高,市场运行更趋成熟。

尤其是最近，由美国次贷危机引发的金融海啸激荡全球，世界经济出现衰退的迹象，国际大宗商品价格波动频繁。在国际国内经济动荡、不确定因素增加的形势下，上海商品期货市场不断增强服务意识、创新服务模式、优化业务流程、加强内部管理，面对市场价格的大幅波动，始终保持了平稳运行，没有出现一起风险事件。

提升：凸现服务经济发展功能

目前，上海期货市场显现规模效应，吸引了全国为数众多的企业参与其中，期货市场对实体经济的影响和作用不断提升，主要表现在：

规避风险，提高现代经营管理意识。期货市场集中了相关品种的供求，具有天然的套期保值和价格发现功能，这是任何一个市场体系都不具备的。企业通过期货合约的买卖，可以解决未来一定时期现货市场买难或卖难的问题；通过在期货市场进行与现货市场方向相反的买卖，对冲现货市场的风险。同时，在参与期货交易的过程中，许多企业借助期货市场这个平台，吸收先进的管理理念，极大地提高了现代经营管理意识和水平。

目前，我国80%以上的铜加工企业参与上海铜期货交易；铝消费企业也逐步进入市场，特别是中小企业的入市积极性不断提高；大量电厂、陶瓷厂、远洋运输企业陆续参与到燃料油市场中；黄金期货上市以来，许多黄金生产企业、有色金属冶炼企业、金银首饰企业、贸易商积极参与黄金期货交易。山东招金集团在黄金期货上市当天做了大量套保头寸，除去6个月的资金成本和交易成本，首日的这个套期保值方案帮助招金集团锁定了约20元/克左右的精炼销售利润。

规范交易，维护市场经济秩序。党的十四大提出要建立和完善社会主义市场经济体制，使市场在社会主义国家宏观调控下对资源配置起基础性作用；十六大进一步强调，建立健全统一、开放、竞争、有序的现代市场体系；十七大更是将完善社会主义市场经济体制作为实现未来经济发展目标的关键。但是，由于受发展阶段、体制转轨等因素的影响，我国社会主义市场体系还存在企业垄断、行政垄断、地方保护、上下游产业市场化程度不匹配、商业信用缺失等现象，这些问题极大阻碍了资源的合理流动，影响了整个社会资源配置的效率。然而，有了商品期货市场，这些现象可以有效得到改善。

由于商品期货市场是高度组织化、规范化的市场，期货合约是经国家批准的标准化、合法化的合约，可以迅速集中全国乃至全球的供求信息，打破地区、部门、行业的限制和垄断，形成全国统一的大市场。商品期货的涨跌停板制度在有效回避期货市场价格大幅波动的同时，也有效抑制了现货市场价格的大起大落，促进整个市场的稳定运行。同时，由于商品期货交易奉行“公开、公平、公正”的原则，严禁私下交易、秘密交易、场外交易，对于培育现货市场公平竞争的秩序具有示范作用。

“上海价格”力争定价国际话语权。期货市场公开竞价形成的某一商品的价格，具有很强的公正性和权威性，很容易被生产者、经营者接受，将其作为内外贸易谈判的依据，显然易于迅速成交，节约洽谈费用。目前，国内众多铜现货贸易商均以9:30—10:00上海期货交易所近月铜的平均成交价作为定价基准，参考交易最为活跃的期铜合约作为贸易合同的定价。上海铜期货市场已经成为全球三大铜定价中心之一。

更不容小觑的是，我国经济对外依存度已达到60%，“中国因素”开始牵动全球大宗商品价格的神经。在国际贸易中，争夺大宗商品定价权不仅关系一个企业、一个行业的发展，而且关系国家利益的维护。一个不争的事实是，上海商品期货市场的铜、铝期货品种与对应的现货行业是我国市场化程度最高、最具国际竞争力的行业之一，也是应对国际市场冲击力能力最强的行业之一。相反，由于没有钢材、原油等期货品种，我国在钢材、原油的国际贸易中就不免形成“买什么，什么涨”、“越买越高、越高越买”的不利局面，致使国家利益受到很大损失。

期市价格信号引导生产经营发展方向。为促进和引导国民经济快速增长和协调发展，国家需要制定一系列宏观经济政策，而关系国计民生的重要商品的供求状况及价格走势就是制定这些政策的重要参考。由于现货市场形成的价格具有短期性的特点，以此作为政策制定的参考依据势必滞后于经济发展。而期货交易则是对商品远期价格的预测，具有超前性。期货市场发出的价格信号，更能为工商企业调整生产经营结构及其规模提供方向性指导。

拓展：夯实国际金融中心基础

上海正在积极推进国际金融中心建设，这是针对世界经济一体化、金融全球化发展趋势，作出的具有深远战略意义的国家选择。期货市场作为金融市场体系的重要组成部分，一方面可以为金融机构的业务创新提供风险管理工具，为金融产品创新提供可靠及时的定价参数；另一方面，则吸引着越来越多的机构投资者和中介机构一批批进入，不断提升上海金融在全球金融体系中的地位和影响力。

十多年来，尽管上海商品期货市场取得了长足的发展，但是受制于所处的历史发展阶段、受制于法律法规尚不健全、受制于基础性制度建设不尽完善等诸多因素，上海商品期货市场服务国民经济的广度和深度有待于进一步拓展。

扩大市场规模效应。实践证明，期货市场必须具备一定的规模，才能更好服务于国民经济。这些年来，我国期货市场交易额虽然基本上与GDP保持了同方向上升势头，但是，直至2007年，包括上海商品交易所在内的全国三家商品交易所交易总额，仍只相当于GDP的1.64倍，2008年上半年是2.68倍，与成熟的期货市场还有很大差距。

为此，要加大改革创新力度，完善交易机制，加强技术创新，不断扩大上海商品期货的市场规模。

服务“世界加工中心”。我国已经进入以矿产资源为主的大宗商品大量、高速消费期，此趋势还将持续一段时间，因此争夺大宗商品的国际市场定价话语权是保证我国企业得到公平待遇、保护国家利益不受损害的关键。这需要期货市场予以强力支撑。为此，要做深做精现有期货品种，同时，尽快推出钢材、原油等重点品种，通过期市交易形成具有真实性、预期性、连续性和权威性的价格，真实反映未来供求关系和变化趋势，变“中国因素”为“中国力量”。

大力培育机构投资者。随着商品期货市场的发展，越来越多的机构投资者成为骨干力量。尤其是黄金期货上市以来，商业银行已获批在满足一定条件的情况下，参与该项交易。这将有效促进期货市场投资者结构更趋合理，并提升服务经济的广度和深度。

同时，随着期市规模和机构投资者力量的不断扩大，信托、证券、基金等金融机构和投资咨询公司、会计师事务所、律师事务所等金融服务中介机构将源源不断进驻上海，这将有助于加快上海金融市场体系和金融机构体系建设的步伐，推进上海国际金融中心建设。

稳步走向期市国际化。目前上海商品期货市场的期货品种所对应的现货市场都已经国际化了，但是期货交易却还是区域性的，这会削弱我国在国际贸易中的定价影响力。上海商品期货市场将在现有政策、法律框架下，通过吸引国际公司国内品牌注册、条件成熟后考虑保税交割等模式，逐步推进期货市场国际化，争夺我国在国际贸易中的话语权。

上海商品期货市场正迎来一个快步发展的历史机遇期，外部环境不断改善，基础制度不断完善，市场品种不断丰富，风险控制能力不断提高，但同时，期货市场所处的“新兴加转轨”的阶段性特征并没有发生变化，法律法规还不完善，投资者结构还不合理，许多关系国计民生的重要品种还没有推出，投资者对期货市场还存在错误认识。面对机遇和挑战，上海商品期货市场将以科学发展观为指导，不断探索市场规律，加大改革创新力度，完善风险管理措施，不断拓展期货市场服务国民经济的广度和深度。

（上海期货交易所　执笔：雷晓冰）

第四篇 精彩故事

上海企业“花开”全国

上海家化在三亚建设的家化万豪五星级度假酒店宾客盈门，上汽收购了烟台车身厂，华谊参建了内蒙古化工项目，华源接管新乡医院……进入新世纪以来，上海优势企业以经济协作、市场开拓为主，积极融入全国、服务全国。而这，正是上海全方位、多层次、宽领域进行国内合作“大服务”格局的一个缩影。

也曾裹足不前

在计划经济年代，上海是工业加工城市，原料来自全国，产品则销往全国，尤其是上海产的轻工产品，在全国广受青睐。

这是曾经的辉煌。

然而到了改革开放初期，上海从“笼子经济”中挣脱出来的步伐稍晚于兄弟省市，在追求资金、技术各类要素自由流动的市场经济中，上海渐渐落后了。上海的一些老市民现在大概还清楚地记得，上海华亭路上一条街，卖的都是从广东批发而来的服饰。这些服饰，款式新，做工也较考究，深受上海人喜爱。1989 年开始，广东饼干以每年递增 3000 吨的速度在上海“攻城掠地”，上海食品业内惊呼“广东饼干打进来，上海怎么办?”。再看上海的“老字号”，以创建于 1848 年的老凤祥首饰为例，在上世纪 80 年代中叶，这个老字号只在华东地区享有盛名，但银楼门店基本局限于“前店后工场”，总共不过四、五家，尽管“老凤祥”曾在浙江等地兴办联营厂，但品牌拓展仍局限于华东等区域，上海以外省市销售基本以产品批发为主。

当时的上海领导层也意识到上海企业在产品开发、市场开拓意识方面不够强。1995 年 7 月，由时任上海市副市长蒋以任带队组织的一支小分队到自贡、泸州等地调研了整整一星期，小分队专挑农村的路走，就是要看看上海的商品有没有拓展到这些偏远的地方。到了那些几乎路都不通的小村庄，小分队直奔那里的小商铺，结果却大失所望，美国的可口可乐打进去了，浙江的娃哈哈也打进去了，却没有上海的正广和。家电方面，青岛海尔打进去了，上广电怎么就没有?

“走”出新坐标

市场经济条件下，固步自封，满足于昔日的辉煌，无异于自毁前程。

于是，上海一些为市场所逼的企业，响应市委、市政府“走出去”开拓市场、服务全国的要求，从自身企业发展角度出发，成为第一拨“走出去”的试水者。

“光明乳业”便是一个典型案例。步入九十年代，对光明乳业而言，其原有的奶源和主要市场均局限于上海地区，受到资源和气候的限制，“光明”十分需要开拓新的奶源基地。带着企业本身开拓新的奶源基地和新的市场的冲动，“光明”毅然走出了由区域性企业向全国性企业迈进的步伐。当时，“光明”面临的是这样的局面——中国奶源基地集中在北方，而成熟的市场则集中在大城市和东南沿海。依照“用全国资源做全国市场”的前瞻性战略，光明乳业进行全国性布局，从1995年迄今，已在全国各地建立了独资、合资、合作、定牌加工等各类型的加工基地25家；在全国的主要城市，还分别设立了9家销售型企业，几十家销售分公司或办事处；投资注册资本金已超过6.6亿元，基本完成了全国性的战略布局。近年来，除上海地区以外的全国乳制品销售收入已占到公司乳制品销售总收入的70%左右，光明乳业已成为真正意义上的全国性公司，总部在上海、大部分生产基地在外省市的模式已初具规模。

走出上海，飞向“光明”，才知外面的世界有多精彩。与“光明”所不同的是，上海航空公司紧紧抓住沪滇合作的契机，从关怀欠发达地区入手，“飞”出了一片不寻常的天地。1991年，被写进沪滇合作协议的4个项目中，有3个是经济和技术合作项目，而第4个项目则是“上航开航云南”。1991年4月，上航克服重重困难，打破垄断，在沪滇两地政府的大力支持下，正式开通上海至昆明的航线，成为沪滇经济交流合作与对口帮扶的先行官。此后，上航以对口帮扶理念在老少边穷地区开辟航线的步伐便一发不可收拾。在全国各航空公司中，目前尚没有一家航空公司能够像上航这样，能在陵夷、运城、井冈山等欠发达小城市也开出航线来。在上海对口支援的西藏、新疆、云南以及三峡库区等地，除了西藏之外，上航全部开通了航线。为了帮助万县发展，上航甚至停下一班飞厦门的航线，并且贴钱坚持每周2班飞万县；没有一家航空公司愿意飞北戴河，上航愿意，飞行2年有余，目前已达到每天一班的密度。在此次汶川大地震后，到绵阳的航线从6月份开始几乎全部停航，但上航仍旧坚持飞重灾区绵阳。如果没有上航的这种坚持，上海的救灾板房进不了绵阳，全国各地的抗震救灾专家也到不了绵阳。平日里，航空是一座连结旅游与经济的桥梁，而在大灾面前，则成了一条“生命通道”。有人不禁疑惑，这“帮扶饭”究竟有没有回报？对此，上航股份有限公司总裁范鸿喜却独有一番见解：“要不是多年来我们坚持开发老少边穷的航线，‘上航假期’不会在短短5年内成为全国第二名的旅行社，上航与上航假期并肩作战的格局不会如此迅速的形成。这么多年来，我们坚持只要这条航线能实现收支持平，我们就开航，这种付出与合作，总会有回报。”在范鸿喜看来，目前上航开通的延安、陵夷、运城、秦皇岛等航线已出现盈利，万县等航线在旺季可实现盈利，而目前这些欠发达地区很有潜力可挖——延安的煤炭和石油开发增加值，目前已占到陕西省GDP的第二位，延安的旅游资源也日益显示其蓬勃吸引力，这些地区的经济要崛起，航空等交通必须先行，因此，上航先行一步开拓了这些新的市场，也就先行得到当地的政策支持。譬如，在淮海战役的发生地徐州，上航创新式地开辟了上海经停徐州再飞香港，成为徐州当地第一个国际航班；在重庆，上航的对内合作发展到了对外合作，开辟上海飞重庆再飞曼谷的“中中外”航线。由于这些地区政府为提高航空公司的积极性，对航空公司开辟航线都有一定补贴，因此，上航在促进当地经济发展的过程中，也为自身在更大范围内寻找到了新的客源和货源，实现了双赢。目前，上航已拥有64架飞机，在国际、国内70多个城市开辟了160多条航线，公司已从1985年创立之初的8300万资产，发展到如今公司净资产16亿，经营总资产200亿的辉煌佳绩。回顾多年帮扶式走向全国的道路，范鸿喜感慨："企业只有站在全局才能搞好局部，站在上海经济发展战略这个棋盘上，找到自己发展的机会，并且承担发展的责任！"

随着上航、光明等率先一步"走出去"，越来越多的上海企业将眼光投向了外面的天地。冠生园、正广和、上海家化，以及上海的汽车、橡胶、百货公司等，都在山东、四川、广西、海南、武汉等地设点，上海宝钢在宁波、广东、新疆等地按照股权关系建立起来的分公司很多，现在天津、北京的烟厂都是由上海企业来运作。可以看出，上海企业逐步将自己的定位调整为不单单定位在上海，而是定位在全国，定位在全世界，从横向经济联合—开拓市场—销地产—资产关系，这个过程，反映的是企业改革的过程，也反映了上海企业走向市场经济逐步成熟的过程。"走出去"的过程，也是企业实力飞速发展的过程。"走出去"有效分散了区域市场波动带来的结构风险，不少企业销售收入增长高于原先在上海时的速度，加速走入全国。

上海服务　全国得益

上海企业在"走出去"的同时，还肩负为全国输送"上海服务"的历史使命。

绿地集团便是一个典型案例。在"走出去"的城市选择上，绿地重点选择中西部地区和东北地区，为的是响应党中央提出的"西部大开发"、"中部地区崛起"和"振兴东北等老工业基地"战略以及"推动东、中、西区域协调发展"的要求。目前，绿地集团已成功进入重庆、四川、陕西、内蒙古、广西、贵州等西部6省区市，江西、安徽、河南、山西等中部4省，以及黑龙江、吉林、辽宁东北3省的近20座城市。而在项目的选择上，抓住两个重点——重点开发住宅与基础设施项目，重点参与现代服务业建设。因为住宅与基础设施项目对于提高当地百姓的居住质量、提升当地的城市建设水平、改善当地的投资发展环境意义重大，现代服务业项目则对于当地经济结构调整优化、城市规模与能级提升至关重要，抓住这两个重点就抓住了服务全国的关键。与此同时，绿地集团认为，相对于资金输出而言，理念输出和人才培养更为重要，因此，绿地集团不仅注重向当地输出大量的开发建设资金，更注重输出先进的经营管理模式和开发建设理念，也更注重对当地人才的培养。在所进入的每一个城市，绿地集团把"海珀"、"公馆"、"新里"等全国性著名品牌带到当地，将多年来形成的较为先进的经营管理模式输出到当地的企业中，并且大量培养、使用当地人才。绿地集团还与国际一流设计师事务所、商业巨头开展了广泛的合作，也将国际一流的理念和资源带到了当地。

光明乳业在走向全国的过程中也始终坚持这样的理念——要想建立起全国性的市场，就一定要能带动奶农一起发展。据不完全统计，光明乳业在全国共带动养牛户4万多户，每年收购奶源80多万吨，使许多奶农迅速走上养殖致富的道路。其中一个突出的案例就是位于黑龙江富裕县的"黑龙江光明松鹤乳品公司"(光明松鹤)。1996年初，数九严寒，沿着黑龙江的滨州铁路，从大庆的红色草原到嫩江的绿色草原，光明乳业一路寻找着新的奶源基地。最后，在位于嫩江平原和世界最大自然湿地保护区的富裕县，通过购并当地政府投资的富裕乳品厂而建立了合资乳品企业。此后，当地奶牛产业发展发生了翻天覆地的变化，农民们也脱贫致富奔了小康。他们告别了昔日的泥草房，住上新的砖瓦房，还买了电脑、冰箱、汽车，奶牛成为姑娘出嫁的时髦"嫁妆"。从去年开始，随着养牛成本逐步升高，公司又为奶农提高了鲜奶收购价，使公司＋农户的模式得到了持续、健康发展，形成了比较完善和规范的产业发展格局，为农民带来了真正的实惠。

上海企业在自身得到发展壮大的过程中，将自己的管理理念、资金、技术输入、共享到全国各地，使当地受益，这样的例子比比皆是。上海华谊集团与内蒙古亿利集团共同出资，在鄂尔多斯市建设西部最大的年产40万吨聚氯乙烯项目，该项目取鄂尔多斯市资源之长，补其成本之短。由于上海企业的参与，不仅生产成本下降40%，且引入循环经济环保型一体化理念，避免了小化工企业的浪费和污染。在医药领域拥有丰富经验的华源集团接管河南新乡市5家市属医院时，其中4家门可罗雀，举步维艰，通过理顺管理机制，整合学科资源，5家医院半年后业务量与业务收入大幅上升，病人满意率达95%。上海通用东岳汽车的前身是烟台车身厂，过去每年只能卖出200多辆车，处境艰难，上海通用入主后进行全方位"输血"，东岳公司中的124个业务流程、51个质量体系均与上海通用金桥基地一致，1300多名在当地招聘的员工20万小时的培训标准也与上海通用一致。为保证柔性化精益生产体系的一致，上海通用投入巨资进行生产线改造，仅在信息系统上，投入资金就是原工厂规划的5倍。2004年1月，全面转产的东岳公司推出赛欧04款新车型，仅1个月就卖出6000辆。

作为酒店行业的知名企业，锦江国际管理模式在全国10多个省市50多家星级酒店中推广；武汉市轨道交通一号线管理模式来源于上海地铁运营公司；宝钢股份以"作业长制"为中心的基层管理模式，帮助马钢2007年产值效益达到历史最好水平……业内人士认为，在上海，汽车、钢铁、酒店、超市等行业企业发展较快，在全国同行中占有相对优势地位，并渐渐形成了一整套企业管理模式，包括生产线管理、人力资源、客户服务、信息平台等各个方面。作为无形的财富，成功管理模式成为公司的"招牌"。通过管理移植，不仅能扩大品牌影响、创造利润增长点，也是服务全国的一种新形式。

2007年7月，《上海市国内合作交流专项资金合作项目投资补助实施细则（试行）》开始实施，鼓励上海企业大步"走出去"，上海本市的企事业单位、自然人到对口支援地区和其他边远及贫困地区投资，如果符合标准，就可以申请相应的专项补助。单个项目，最高可以补贴500万元，这必将使上海企业阔步走神州，步伐迈得更大，走得更为稳健。

（《解放日报》记者　李晔）

上海汽车驶向全国

——记上汽走出去合作发展之路

2007年12月26日，北京人民大会堂，随着两只手紧紧地握在一起，中国汽车工业的发展翻开了新的一页。上汽集团(以下简称上汽)董事长胡茂元和跃进集团董事长王浩良在上汽跃进全面合作框架协议上落笔，上汽和跃进汽车集团在历时8个月的协商之后，终于坚定地走在了一起。

这只是上汽众多"走出去"成功案例中的一个。这些年来，上汽积极响应国家汽车产业发展政策，按照市委、市政府的要求，实施"走出去"战略，北上、西进、南下，挺进全国，拓展了产品市场，扩张了企业规模，促进了当地经济的发展，体现了服务长三角、服务长江流域、服务全国的精神，自身也获得了快速的发展。2008年，上汽以2007年度262亿美元的合并销售收入，位列《财富》杂志世界500强企业第373位，第四次名列世界500强企业。

签订协议：八个月真诚互动成就良缘

2007年4月，上海国际车展，商贾如云，观众如潮。这正是制造轰动效应的大好时机。上汽举行新闻发布会，董事长胡茂元面对200多家媒体，向南汽伸出了橄榄枝："今天我作为上汽的法人代表，很认真地告诉大家，我们希望与南汽联合，这是为了中国汽车工业的发展，为了国有资产的高效运作，这对中国汽车工业有益，对消费者有益。"

此话当然是说给南汽听的。南汽集团董事长王浩良很快做出积极回应，他在接受记者专访时表示，南汽从未关闭与上汽合作的大门。

6月21日，在上海汽车年度股东大会上，上汽董事长胡茂元再次表示，上汽愿意与同处长三角的南汽合作。他说，无论与南汽还是其他国内企业合作，都是为了顺应中国汽车工业发展的趋势。现在上汽与南汽都有一个共同的思路，就是利用世界资源来提升自主创新能力和品牌建设，形成核心竞争力。

双方的合作意向得到了上海市、江苏省以及南京市政府的重视和支持。2007年7月，时任上海市委书记习近平在会见南京市党政代表团时说：相信在双方共同努力下，沪宁之间的合作与交流一定会再上新台阶，进一步形成资源共享、优势互补、合作共赢的新局面。

双方合作同样得到了国务院有关部门的重视。6月28日，国家发改委副主任张国宝在视察南汽浦口基地时，对双方的合作意向予以充分肯定。

与此同时，随两地政府互访的上汽、南汽高层领导就双方合作事宜进行了初步接触，并在此后多次进行友好商议。

7月10日，双方在南京确定了合作框架，签订了会议纪要。

7月27日，上海汽车控股股东上汽集团与南汽集团控股股东跃进集团在上汽大厦签署了《上汽集团和跃进集团全面合作意向书》。为此，上汽集团与南汽集团成立了联合工作小组，探讨双方下一步的合作以及相关的资产重组工作。《意向书》的签订标志着上汽南汽的合作重组项目正式启动。

9月，双方完成尽职调查。11月，完成了资产审计和资产评估。此后，又就合作的具体事宜进行了详尽的洽谈。

12月26日，北京人民大会堂，在国务院副总理曾培炎，国务院有关方面负责人和上海、江苏两地领导的共同见证下，上汽集团董事长胡茂元与跃进集团董事长王浩良在上汽与跃进全面合作框架协议上落笔。

强强联合：依托长三角打造汽车航母

“长江三角洲将诞生一家航母级的汽车工业集团，并极可能掀起一场国内汽车业的整合风暴。”这是媒体在评论上汽与南汽合作项目时使用的词汇。

上汽与南汽合作协议的内容，也确实证明媒体此言不虚，这是一次汽车业的“强强联合”，是两个巨人的拥抱。

按照上汽与跃进签署的全面合作协议，跃进集团下属的汽车业务将全面融入上汽。其中的整车及紧密零部件资产将进入上汽集团控股的上海汽车；其他零部件及服务贸易资产将进入上汽与跃进合资成立的东华公司；上海汽车将出资20.95亿元购买跃进整车和紧密零部件资产，跃进将持有上海汽车3.2亿股股份和东华公司25%股权。

两家公司融合以后，上汽依维柯红岩重卡、上汽通用五菱的微型车与南汽依维柯现有的中、轻型商用车，将组成完整的商用车型谱和系列。按照规划，在未来几年里，上汽将对南汽现有的整车和零部件资产注入资金予以改造。2010年，南汽基地的规模将大幅提升。

不可否认的是，上汽和南汽作为两地的重要企业和汽车行业的著名企业，实施跨地区合作必然会有许多观念上的碰撞、心态上的障碍和利益上的矛盾。实施全面合作，除了政府支持以外，还需要合作双方，尤其是公司高层的胸怀、气度和智慧。双方在实质性接触的4个多月里，工作组时常夜以继日地工作，增进了双方的友谊与了解。当11月份王浩良率南汽高管赴上汽参观交流时，胡茂元表示：不管是上汽人还是南汽人，现在大家都是一家人。上汽集团董事长的真诚打消了南汽人的疑虑，营造了合作过程中和谐的氛围。

在12月24日召开的南汽职代会上，上汽与南汽的合作议案获到会400多名代表全票通过，这是对前期双方真诚合作和努力工作的高度肯定。

这是一个成功合作的案例，是“1＋1＞2”的强强联手。双方的合作有利于整合资源，加快自主能力建设；有利于减少固定资产投资，提高资产利用效率；有利于实现双方企业资源的优化配置，获得在研发、采购、生产、销售等方面的协同效应；有利于丰富产品结构，提升自主品牌价值，从而实现双赢。国家发改委副主任张国宝认为：上汽与南汽的合作不仅对中国汽车产业，而且对整个制造业都具有示范性的作用。

两个市场：着眼长远稳妥推进整体布局

跨入新世纪以来，上汽就把建设具有核心竞争能力和国际经营能力的汽车大集团作为目标，制定了“立足上海发展与谋求全国布局并举”的发展战略，按照“抢时间、拓市场、少投资、降成本”的工作方针，致力于完善全国整车布局，形成自主开发体系，大张旗鼓地“走出去”开拓，在国内外布局，打开一片新天地。

在国内，上汽紧抓跨地区合作重组的机会，与合作伙伴一起充分利用当地的存量资产，实现双赢。2002年，上汽与通用汽车一起，通过收购广西柳州五菱的股权，合资成立了上汽通用五菱汽车股份有限公司，开创了汽车制造业中中外合作跨地区重组的先河。上汽通用五菱经过短短几年发展，已经成为国内微型车市场上销量最大的企业。

上汽接下来频频出击，按照市委、市政府支持东北等老工业基地振兴的要求，北上寻求合作商机，相继完成了对山东烟台大宇车身公司、发动机公司和沈阳金杯通用的资产重组，先后成立了上海通用东岳汽车有限公司、上海通用东岳动力总成有限公司、上海通用(沈阳)北盛汽车有限公司，开拓了北方市场。

随后，上汽把目光投向了西部地区。重庆以其雄厚的工业和科技实力进入了视野。2007年初，上汽和依维柯一起重组了重庆红岩，成立了上汽依维柯红岩商用车有限公司，并相继成立了上汽菲亚特红岩动力总成有限公司。

通过一系列的国内重组，上汽逐步完善了乘用车、微型车、重型商用车成系列、多品种整车产品线，并进一步提高了产能。

上汽的目标不仅仅止于国内。上汽人明白，要成为世界级企业，就必须开拓国内国外两个市场。因此一直积极探索资本经营跨出国门和海外经营研发全球化布局，不断提高自身的国际经营能力。2002年，上汽出资收购韩国大宇10%的股权，开创了国有企业大集团投资国外汽车制造商的先例。初试牛刀后，2004年10月，上汽购买了韩国双龙汽车公司48.92%股权，以后通过增持，握有50.91%的股份，成为双龙的控股股东。双龙项目是上海企业在海外最大的并购项目，是中国企业在韩国最大的收购项目，被誉为中国汽车业海外收购第一案。收购两年来，双龙公司稳定健康发展，为提高跨国经营能力积累了宝贵经验。

在当今高科技飞速发展的年代，谁要想立于不败之地，就必须站在科技的制高点，拥有自己的知识产权。上汽把目光放得更远。2004年12月，上汽收购英国罗孚75、25和发动机等核心知识产权，并建立了以150名国外工程师为主的研发中心RICARDO2010。上汽把上海、英国、韩国3个研发中心整合起来，形成了产品开发的协同效应，在主流车型层面上具备了参与国际竞争的能力。

日历翻到了2006年。上汽提出了“十一五”发展目标：整车生产规模翻一番，达到200万辆，进一步完善全国整车布局；年产自主品牌汽车60万辆，形成自主开发经营体系；出口和海外收入50亿美元，国际经营实现新的突破。并提出深化对外合作与加快自主开发并举等发展原则。

围绕这个目标，上汽加大了开拓国内外市场的力度。特别是2007年12月上汽与南汽的合作，实际上就是上汽落实发展目标的重要举措。上南合作被誉为中国汽车工业战略重组新的里程碑，集中反映了国家关于区域协调发展、特别是长三角联动发展以及培育具有国际竞争力大集团等重大战略。按照“全面合作，融为一家”的要求，上南合作正在顺利推进。目前，上汽在国内已拥有上海、仪征、柳州、烟台、沈阳、青岛、重庆、南京八大整车生产基地，形成东南西北全面开花的格局。

上汽的海外布局，在底特律、汉堡、东京、首尔和香港设有分公司，在韩国有占50%以上股份的双龙公司，在英国有控股的研发公司和生产基地。

（上海汽车工业（集团）总公司　执笔：陈原）

绿地集团：开辟企业发展新天地

16 载拼搏进取，16 载建功立业，“融入全国、服务全国”的脚步越走越快，项目开发遍及全国 19 个省区市的 30 多个城市，成功打造了新里、老街、海域等 10 多个品牌产品，在 2008 中国企业 500 强排名中位列第 183 位，中国房地产企业排名第 2 位，成功实现了上海、外地、企业三方共赢，而百姓则得到实惠……创造这一骄人业绩的是上海绿地集团。

走出上海实现初战必胜

2008 年 5 月 18 日，奥运火炬在南昌传递，观众从电视画面中看到，火炬手经过的红谷滩中心区高楼鳞次栉比，呈现出现代化大都市的勃勃生机与活力。作为南昌市对外开放的窗口之一，红谷滩新区的开发建设速度突飞猛进，被南昌人誉之为“绿地速度”。

南昌是绿地集团走出上海，实行全国化战略的第一站。2001 年，上海绿地集团在红谷滩新区开发建设伊始、前景尚不明朗的情况下，毅然决定扮演市场拓荒者的角色，启动走向全国、进军外埠市场的第一个项目——滨江豪园。该项目处于红谷滩中心区域，与南昌市政府隔路相望，总建筑面积 24 万平方米，绿化率 57%，18 幢高层建筑错落式展开。

滨江豪园楼盘的开工建设标志着红谷滩新区开发建设正式启动。当地政府对这个打头炮项目寄予厚望，因为这之前南昌房地产尚处于市场化初期，楼盘品位不高，产品品质一般，高层住宅寥寥无几，别墅产品更无先例。

绿地人对滨江豪园的建设倾注了大量心血和汗水。为确保建筑质量，为南昌人打造一个品质优良的居所，项目采用了大量新工艺、新手法。

2005 年 5 月，滨江豪园 24 万平方米全部交付使用，被南昌市政府誉为“红谷滩第一楼”。2006 年 12 月，绿地山庄别墅 13 万平方米交付使用，成为南昌规模最大、档次最高的别墅项目。2007 年 2 月，绿地梵顿公馆项目售楼处开放，南昌市委、市政府多次组织观摩和现场办公，要求各建设单位学习取经。

有了绿地的引领带动，红谷滩新区的房地产项目如雨后春笋一般涌了出来，新区成为了一个大工地。几年间，红谷滩新区一幢幢高楼拔地而起，由于楼盘的品质足够高、开发规模足够大、项目足够集中等，这里成为南昌众多楼市中风格别具、特色明显的“第一板块”。

2008年3月，绿地集团竞获南昌新地王——绿地中央广场。该项目地处红谷滩政务、金融、商务核心区门户位置，2009年建成后将成为南昌市最现代化、规模最大、功能最完备，代表南昌城市新形象的城市新地标。

进入南昌6年来，绿地集团在南昌获得“最佳别墅设计奖”、“中国优秀住宅”、“中国别墅地产示范楼盘”、“2007南昌市名片大奖”、“南昌市城市建设发展贡献奖”等各种荣誉近百项。

项目选择突出两个重点

2008年7月，世界第七高楼、中国第三高楼、江苏第一高楼——高达450米的绿地广场·紫峰大厦顺利封顶。这个项目的封顶，标志着绿地集团打造高端现代服务业集聚区的水平上升到了一个新高度。

绿地广场·紫峰大厦项目是由上海绿地集团牵手南京国资集团共同打造，这种优势互补的强强联合，体现了长三角经济一体化进程的加快。

在走向全国的互利合作中，绿地集团把房地产开发与推动当地旧区改造和城市建设相结合，在项目的选择上，突出两个重点——重点开发住宅与基础设施项目，重点参与现代服务业项目建设。住宅与基础设施项目对于提高当地百姓的居住质量、提升当地的城市建设水平、改善当地的投资发展环境意义重大，现代服务业项目则对于当地经济结构调整优化、城市规模与能级提升至关重要，抓住这两个重点就抓住了服务全国的关键。

近年来，绿地集团为全国各地打造现代服务业项目成绩斐然。

2004年2月，绿地集团进入西安，先后开发建设了西安绿地世纪城、绿地笔克国际会展中心、都市之门、绿地国际城等项目，总投资近100亿元，位居外省市在陕投资优秀企业第一名。目前，绿地集团西北事业部已成为西安乃至西北地区房地产旗舰企业，成为西安高新区开发建设的主力军，有力推动了西安房地产业市场化发展，获得当地各级领导、业内人士以及广大消费者的高度评价。

2004年5月，绿地集团进入郑州，成为最早投身郑东新区建设的企业之一，开发建设了高度超过280米、被誉为“中原第一高楼”和“郑州城市名片”的绿地广场·郑州会展宾馆。该项目总投资22亿元，是集商业、办公、酒店、观光旅游等多功能为一体的城市大型综合服务设施，也是河南省乃至整个中部地区的标志性建筑，将大大提升郑州对外形象和服务水平，有力推动郑州旅游业、会展业等多个现代服务行业的发展。

2008年1月，绿地集团成功竞获天津市蓟县一幅1481亩的土地，规划打造世界级复合型文化城——天津盘龙谷文化城项目。规划用5到8年的时间，建设150至200万平方米的文化产业设施，引进1500家企业，导入6.5万人口，提供4.5万个就业岗位，实现年产值百亿元的经济规模。该项目建成后将成为“国际一流、亚洲领先、中国第一”的世界级复合型文化城，成为环渤海经济圈文化产业中心和亚洲重要的文化产业集聚区。

目前，绿地集团为全国各地打造现代服务业项目，规划总建筑面积近1000万m^2，已建和在建的高端现代服务业项目超过50个。

服务全国贴近百姓需求

“让百姓生活更美好。”这是绿地集团的企业宗旨，也是绿地从上海成功走向全国的法宝之一。有关专家称，绿地之所以能够保持持续增长的势头，并在所到之处形成极佳的市场口碑，与其多年来坚持走百姓路线密切相关。绿地集团董事长张玉良认为，首先要从理念上、从指导思想上把绿地办成一个受公众欢迎的企业，把自己的利益跟社会利益、群众利益紧密联系在一起。

针对不同的市场需求，绿地住宅产品形成了多层次的品牌系列，如“老街”、“新里”系列立足中低端市场，“公馆”、“海珀”、“海域”等则是主打高端住宅；根据老年人和青年人需求，还分别量身打造了孝贤坊老年社区、启航社青年社区；商业地产则形成了“蓝海”、MAX-MALL、“饕界”等品牌。绿地在多年的发展中创造了一系列的品牌，从圣约翰名邸到柏仕晶舍，从莫奈印象到老街、新里公寓，处处渗透着“让百姓生活更美好”的人文理念。

在区域布局上，中西部地区和东北地区是绿地集团重点拓展的“重镇”。绿地集团认为，这是贯彻落实党中央、国务院区域协调发展战略和上海市委、市政府服务全国的要求，为“西部大开发”、“东北振兴”、“中部崛起”付诸的具体行动。绿地集团先后在太原、牡丹江、沈阳、长春、哈尔滨、呼和浩特以及银川等地，投资建设了多个大型旧城改造和现代服务业项目，目前在中西部和东北地区开发建设项目的数量已占所有在建项目的半数以上。依照“先进入省会城市，再向省辖热点城市拓展”的发展思路，目前绿地正加速进入一批发展空间大的二三线城市——在安徽省立足合肥，积极向芜湖、安庆、蚌埠、滁州等地拓展；在河南省立足郑州，积极向新乡等地拓展；在西北地区立足西安，再积极辐射其他热点城市，力争逐步形成华东、华北、东北、西北、西南、华南等6大区域以及中部6省的区域格局。

“让百姓生活更美好”的理念，渗透到绿地集团的企业文化中。想百姓所想，急百姓所急，企业自觉地担当起更多的社会责任。

汶川大地震发生后，绿地集团第一时间启动“地震无情、绿地有爱”赈灾计划，累计捐款超过1700万元。上万名绿地员工踊跃捐款，党员干部积极缴纳特殊党费，部分员工直接深入一线运送赈灾物资。企业还利用自身建设经验和技术力量，援建灾区1万套过渡安置房以及数十所配套学校，出资近600万元捐建都江堰土桥小学。

近年来，绿地集团热心慈善公益事业，关心和帮助弱势群体，大力支持教育事业，在全国各地设立了助老帮困、慈善助学、拥军优属、再就业、救助残疾儿童、抗击非典、见义勇为等数十个专项基金，在慈善、公益、拥军等方面累计捐赠达2.3亿多元。

注重品牌追求合作共赢

实践证明，绿地集团走出上海、服务全国的做法取得了良好的成效，实现了上海、当地、企业三方共赢。

——上海受益。绿地集团在走向全国、服务全国的过程中，坚持诚信经营，注重树立品牌，踊跃自主创新，所开发建设的项目大多成为当地的名片工程和标杆工程，得到了很多省市主要领导的肯定与赞誉。绿地集团有多名驻外省市事业部总经理担任所在省市上海商会会长、上海驻该省企业党委负责人，为促进上海与兄弟省市间的合作交流作出了应有的贡献。

——当地受益。在服务全国过程中，绿地集团开发建设的大型综合性现代服务业项目，通过引入金融、商贸、创意、IT、传媒等一流现代服务企业入驻，吸引相关上下游产业以及生产要素在周边集聚，进而形成规模大、层级高、辐射力强的现代服务业集聚区，推动所在区域和城市的产业能级提升。如南京绿地广场·紫峰大厦目前已引入了包括渣打、通力、新加坡金鹰集团、美国富登投资、挪威船级社、韩国LG物流、金陵商事株式会社等世界500强知名企业，以及远大空调、浙商银行等国内知名500强企业入驻。这种以高端商务项目为载体，吸引国内外一流现代服务企业入驻，创造巨额经济效益和税收，进而产生联动效应，推动区域产业能级提升的“楼宇经济”模式，已得到当地政府的高度肯定。

——企业受益。从2001年启动全国化战略以来，绿地集团获得了前所未有的快速发展，近3年来更是以年销售收入增长40%以上的速度发展，稳居全国房地产企业前列。2007年，绿地集团全年业务销售收入、资产规模、经营性现金流量三项指标均突破300亿元，并成功获评“中国驰名商标”。原来作为上海品牌的绿地，一跃成为全国品牌。

（上海绿地（集团）有限公司 执笔：鲍荣富）

“烂山芋”变成“甜蛋糕”

——上海光明重组广西上思县糖厂侧记

“广西重点企业”、“广西优秀企业”、“广西文明单位”、“广西五一劳动奖状”、“防城港市强优工业企业”……20多个荣誉称号，让人眼花瞭乱。这样一个罩满光环的企业，谁会想到7年前竟是没人要的“烂山芋”。正是上海光明集团这双魔手，七年磨一剑，最终成功将“烂山芋”变成了“甜蛋糕”。

2001年11月1日，上海光明集团旗下烟糖集团对广西上思县糖业进行整合重组，宣告了上上公司的成立。公司取名“上上”的本意是“上海与上思的合作交流”，但上上公司的成功历程给“上上模式”注入了“走上上路”、“兴上上业”的丰富内涵，并赢得了“东西部合作成功典范”的美誉。

危机四伏盼重组

原上思糖厂建于1969年，已有39年的历史，建厂以后虽然也进行了几次技改，但由于资金有限以及市场意识淡薄等原因，技改和设备维护没有真正到位，厂房、机器设备陈旧，工艺落后，产能低，质量差，成本高，市场竞争力十分脆弱。上上公司成立之初，最为突出的管理问题就是机构臃肿，冗员高达500多人，工作效率低，企业负担重。

此外，上思县地处广西十万山区，天远地偏，交通不便，信息闭塞，经济文化相对落后，受长期计划经济体制下形成的思维定势、工作习惯等影响，员工思想观念较为陈旧，比如：工资收入只能高不能低，职务只能上不能下，等等。

原本，上思县发展甘蔗的自然条件优越，宜蔗地多，雨量充足，昼夜温差大，甘蔗产量高，蔗糖含量在广西乃至全国是最高的。糖业理应是上思一颗熠熠发光的明珠。然而，原上思糖厂由于机制不活，观念陈旧，设备老化，工艺落后，冗员多，信息、资金、技术、人才、市场等各方面都较为匮乏，农民蔗款打白条，员工工资拖欠，负债率高达90%，濒临破产境地。

大刀阔斧搞变革

就在企业危难之际，上海光明集团旗下烟糖集团对广西上思糖厂进行重组，成立了上上公司。当时，企业已是风雨飘摇，随时有被市场淘汰的可能。面对严峻的形势，上上领导层审时度势，决定走自我跨越、奋起直追的发展道路，敲下了转变观念、创新管理、技改扩建的重锤！

想要转变多年来形成的观念，谈何容易！公司从加强企业文化建设入手，按照“文化兼容求和谐，目标一致共同体”的思路，大力提倡“和谐、积极、求实、创新”的企业精神。同时，以完善制度建设为切入点，创新管理模式，优化管理流程，实行竞聘上岗，推行绩效考核，确定了“效益优先、兼顾公司”的薪酬分配机制，在求同存异中促进两地文化的有效融合，以共同的目标营造命运共同体，使员工的思想意识与时俱进，逐步改变了观念。

更重要的是，针对臃肿的人员机构，公司并没有进行简单的裁员来减负，而是本着精简高效的原则，大刀阔斧地进行人力资源整合。通过撤销兼并，机构由原来的21个减为15个，精简了28%；干部职数由原来的63人减为43人，精减了31.8%；经过严格定岗定员，第一个榨季即减少用工400多人，全部取消了季节性用工。随后的几年通过生产规模的不断扩大创造了更多的就业岗位，有效地安置和消化内部富余人员，员工吃了定心丸，也没有增加社会负担。人员的合理配置，极大地提高了工作效率，2007年平均万吨蔗用工8.8人，比2001年万吨蔗用工18人减少9.2人，降低了51%。

上上公司十分注重技改，从2002年到2006年，先后投入3亿多元进行了三次大技改，日榨蔗由最初的5000吨提高到15000吨，生产能力提高了三倍，单体生产能力跃居广西制糖行业前五位。在技改当中，积极采用国内外新设备、新技术、新工艺，使公司生产设备和工艺跃上我国制糖行业的先进行列，其中白砂糖自动包装线和经营管理与生产控制信息化、自动化系统更是令同行所青睐。由于规模的扩大和技术的进步，产品质量大幅度提升，一级白砂糖理化指标和卫生指标大大优于国家标准，赢得了终端客户的赞誉，赢得了市场。主导产品“玉棠”牌一级白砂糖以其卓越的品质成为上海市名牌产品，年年被评为国家“优秀产品”。同时，产品成本也大幅降低，吨糖成本在同行业处于最低地位。

上思县种植甘蔗具有得天独厚的自然优势，但由于原来的制糖规模小，尤其是原料蔗收购款的拖欠，农民种蔗的积极性不高，甘蔗种植管理粗放，种植面积小，品种单一，单产较低，原料蔗规模不但徘徊不前甚至呈现下滑的趋势。面对上思县农业支柱产业——蔗业的不景气状况，当地政府在产业政策上、在组织上采取了相应的积极措施，而上上公司更是主动而为，采取了一系列有利于企业发展的举措。

一是及时兑现蔗款。坚决消除“打白条”现象，并建立了“保底联动机制”，包种包销，收购按市场确定保底价。如糖价上升，其间差价的5%至6%对农户进行再分配；若糖价下浮，保底价不变。

二是鼓励农户种蔗。先后投入甘蔗发展资金1.6亿元，积极采取各种优惠、扶持、激励和服务措施，加强原料蔗种植技术指导、引进培育良种、推广良法以及加强蔗区公路建设等。农民种蔗的积极性高涨。从上上公司成立到2007年，种蔗农户由1.1万户增加到2.1万户，原料蔗种植面积由16万亩提高到30.5万亩，原料蔗总量由63.7万吨提高到169万吨，榨季平均糖份由12.3%提高到15.68%以上，平均亩产由3.8吨提高到5.5吨，良种种植率由63%提高到100%。

三是改善蔗区交通。为扩大蔗源，七年来，上上公司共投资参建蔗区道路486条，涵桥200余座，蔗区道路贯通辖区8个乡镇22个村，里程2100多公里。道路的贯通不仅使原料蔗走出了山坳，也促进了山村的物流，道路成了名副其实的“致富路”。路通了，运输车辆成了许多农民的期盼，为此公司从2004年起先后以预付运费的方式借支给农民4192.5万元购置农用运输车700多辆，既保证了原料蔗运输，也促进了当地运输业的快速发展，扩大了农村富余劳动力的分流，为农民广收增收开辟了新的门路。据统计，每辆运输车仅运蔗纯收入年均就约达5万元。当地经济的巨大变化，是上海——上思合作的结晶，也是上海对上思的有力支援。

企业发展了，上上公司十分注重建立员工福利增长机制，努力使“员工的福利待遇随公司的发展而提高”。一方面提高员工的工资福利，做到水涨船高；另一方面改善员工的生活条件。员工原来用水都是用厂里从河里抽上来未经任何处理的河水，浑浊又不卫生；住的是破烂的危房。公司投资55万元引接县城的自来水，解决了员工30多年久而不决的饮水难题；投资800多万元新建了三幢共125套住房的宿舍楼，使员工摆脱危房的阴影。同时，还新建了办公楼，修建完善了文娱活动场所。享受到企业发展带来的实惠，广大员工深深感受到了企业大家庭的温暖，增强了主人翁责任感和凝聚力。

上上公司在发展壮大中更注重社会责任。公司着力构建环境友好型的“绿色”企业，狠抓节能减排工作，斥资2000多万元进行废水处理工程等环保项目建设，实现了废水达标排放和清洁生产，有效保护了周边生态环境。几年来，公司先后捐助200多万元，资助上思县政府修桥修路、旅游基础设施建设、教育基础建设、贫困村委村公所建设；资助贫困生上学，慰问养老院孤寡老人等。2008年1月，罕见的冰冻灾害使公司蔗区部分原料蔗冻坏，为了降低蔗农的损失，在繁忙的榨季生产中公司抽出50多人帮助农民砍收甘蔗等等。这些回报社会的善举，深受社会各界的广泛好评，融洽了企业和社会的关系，提升了公司形象。

七年艰辛结硕果

上上公司是在全面接盘上思糖厂的厂房、设备和人员的基础上组建起来的。当时，在很多人看来接手上思糖厂无异于怀揣一个“烂山芋”，而上海烟糖集团领导层直面困难，敢于创新，大手笔，大动作，把山芋做成了大蛋糕！七年艰辛发展路，而今欣看结硕果。

企业发展：2007—2008年榨季，上上公司榨蔗量突破170万吨，产糖量超过20万吨，跃居广西糖厂前列。公司资产质量不断优化和提升，2007年公司总资产比2001年增了2.9倍，所有者权益增了7.85倍，营业收入增了2.8倍，累计利润3.2亿元。如今，上上的规模、实力令业内业外人士刮目相看。

财政增收：七年累计缴税金总额2.6亿元，其中，2006年，缴税金约7000万元，占上思县年财政收入的45%左右，是上思县财政收入的顶梁柱。上上公司的发展增强了县域经济实力，上思县甩掉了国家贫困县帽子，2007年荣获“广西经济发展十佳县”殊荣。

农民多得：七年累计兑现原料蔗款16.5亿元，运输款1.1亿元。种蔗农民人均种蔗年收入由2001年的2533元提高到2007年的5600元，增长了120%。种蔗使上思农民走上了致富路，“甘蔗车”进了千家万户，“甘蔗楼”在蔗区农村雨后春笋般竞相耸起。

员工得益：企业员工工资年递增10%以上，人均工资收入由2002年度的10979元增加到2007年度的16840元，增长了53%。企业缴的员工保障金由公司成立前不足额缴的“两金”

（养老保险金、工伤保险金）完善为足额缴交“五金”（养老保险金、工伤保险金、住房公积金、失业保险金、医疗保险金），员工的福利待遇明显高于当地其他行业。

雄关漫道真如铁，而今迈步从头越。身处飞速发展和激烈竞争年代，上上公司正在寻找新的契机，向纵深发展，创造更加辉煌灿烂的明天！

（光明集团东方先导糖酒有限公司）

“金凤凰”飞出大上海

——记老凤祥开拓市场发展壮大之路

改革开放以其坚定而辉煌的步伐走过了30年，上海老凤祥也以其不同寻常的对外扩张速度在企业发展史上写下了灿烂的一页。“老凤祥首饰，三代人的青睐”、“百年老凤祥，首饰奥斯卡”、“百年老凤祥，引领新时尚”，三句不同时期流传甚广的广告语，浓缩了老凤祥从一个区域性品牌成为全国著名首饰品牌的发展历程。

老品牌获得新生

说起老凤祥，不能不追溯它的历史。1840年的鸦片战争，敲开了中国闭关自守的大门，上海逐渐成为冒险家的乐园，也成为我国早期银楼业的发祥地。1848年初（清道光二十八年），老凤祥银楼的前身——凤祥裕记银楼，在南市大东门（今方浜中路）创立。1908年（清光绪三十四年）迁址于现在的南京东路432号。南京东路老凤祥银楼总店，是我国留存于今、原店原址、历史最为悠久的银楼老字号，也是中国珠宝首饰业传承至今历史最为悠久的世纪品牌。

老凤祥传人费祖寿，1889年生于浙江慈溪，1919年子承父业经营老凤祥银楼，以“兢兢业业、励精图治、善于经营”享誉业内。老凤祥的精制首饰、中西器皿、珠翠钻石、玲珑镶嵌、法蓝镀金产品闻名遐迩，仅黄金项链就有锉平链、铰棒链、竹节链、如意链等10多种款式，深得上海滩名流喜爱。据记载，1931年杜月笙家祠堂落成典礼，所订中型水缸大小的银鼎礼品及各方名人所送贺礼，不少就是老凤祥能工巧匠所作。

上世纪30年代，老凤祥银楼迎来了第一个鼎盛时期，在现今的老凤祥银楼总店原址，改建成三层钢骨水泥楼宇，上层为工场，下面为店铺，拥有员工40余名，地库存金数以万两计，曾有日销售黄金千两的骄人业绩。

抗战时期，老凤祥员工曾冒着风险与新四军联系，地下党用老凤祥调换的“合法黄金”买到了大批药品，资助了当时极为困难的新四军，救治了大批新四军伤员。

新中国成立后的1951年，在陈毅市长的亲自关怀下，南京东路老凤祥银楼重新开业，改名为“国营上海金银饰品店”，百年老店获得新生。改革开放后，金银业重整旗鼓。1985年1月，国营上海金银饰品店恢复使用“老凤祥银楼”招牌，设计并采用了“凤祥牌”商标。老凤祥这只“金凤凰”又要展翅飞翔了。

老凤祥当时主要是以首饰设计、生产为主，银楼门店格局为“前店后工场”，并逐步发展到四五家的规模。在上世纪 80 年代上海与兄弟省市大力开展横向经济联合的背景下，上海手表、自行车等品牌都与苏浙的乡镇企业开展定牌生产或联营合作，老凤祥也开始走出上海，在浙江等地兴办联营厂，将品牌拓展到华东地区，成为上海乃至华东地区较为知名的品牌。

重设计走向全国

随着改革开放的深入推进，人们对首饰的需求也不断增长，还在国内金银首饰市场粗放经营的时候，老凤祥已经注重首饰的款式设计制作了，并取得了较大突破。中国工艺美术大师张京羊设计的首饰在国际首饰比赛中首获大奖，成为中国首饰设计在国际上"零"的突破。在一次以著名电影为灵感的足金首饰设计比赛中，老凤祥设计师以《走出非洲》、《第五元素》、《雨中情》……等为主题设计了许多精美的首饰，《大红灯笼高高挂》摘取了唯一的金奖。从此，"百年老凤祥，首饰奥斯卡"的美誉名闻遐迩。南非的世界黄金博物馆还以"天价"收藏老凤祥的获奖首饰。

历年来，老凤祥才华横溢的设计师们，在国内外首饰设计比赛中所获各类奖项已逾 180 个。在世界黄金协会北亚区的一些首饰大赛中，老凤祥的奖项甚至超过了一些国家和地区，堪称首饰比赛的"国家队"。

与此同时，老凤祥将"市场"当作"赛场"，把"作品"化作"产品"，更多的将精力放在为老百姓服务的产品上，设计制造出一大批深受消费者喜欢的首饰产品。

上世纪 90 年代中期，市委、市政府推行"走出去"战略，要求上海企业开拓市场，变"产地销"为"销地产"。老凤祥坚决响应市委、市政府的号召，依托首饰产品设计获得大奖的声誉，把眼光瞄准全国市场，加强宣传推广，连锁银楼从长三角地区开到湖南、湖北、河南、陕西、四川、河北等省市，再挥师北上。刚开始，在北京地区，老凤祥品牌的知名度不高，打开市场有一定难度。老凤祥人没有在困难面前止步，而是把建设"和谐社会"与钻石首饰"恒久远"的特性结合起来，策划了一个"和谐社会，寻找金婚老人"的品牌推广活动。《北京晚报》的报眼处每天都在做"寻找倒计时广告"，媒体也都在跟踪报道金婚老人的过去与现在既平凡而又不平凡的生活。一时间，北京地区茶余饭后都在议论"不在乎天长地久"的时代，那些能够平淡生活、相敬如宾、白头到老的感人夫妻。老凤祥"吉祥如意，百年诚信"的品牌内涵也就借助寻找金婚老人的活动得到了演绎、诠释和传播，品牌知名度在北京和华北地区大大提高，产品迅速打进了北京和华北市场。

随着老凤祥的名气越来越响，要求合作的企业也日益增多。老凤祥就采取开加盟店、设总代理、建特约经销点的形式加强合作，在全国建立四级营销网络，逐步发展为集科工贸于一身，拥有 4 个专业厂、20 多家子公司、近 300 个加盟连锁银楼、1000 多个销售网点的全国性企业，产品行销全国 30 个省区市，销售覆盖率达 90%以上，2007 年销售额达到 61.06 亿元，呈现出高速增长的态势。

做强品牌闯世界

进入新世纪，我国加入了 WTO，与国际接轨就成为企业面对的问题。老凤祥作为一个百年老品牌，虽然改革开放后取得了跳跃式发展，但要想在国际市场上拥有一席之地，还必须要有国际眼光、战略思维，采各家之长、补自己之短。因此，老凤祥树立强烈的品牌、质量、市场、创新、效益“五种意识”，加强品牌营销，提高产品质量，积极开拓市场，注重继承创新，努力提高效益，做大、做强、做优老凤祥品牌，在中国珠宝首饰业获得了众多第一：

中国工艺美术大师、上海工艺美术大师拥有人数行业第一；首批行业中同时拥有中国名牌、中国驰名商标的老字号品牌；首家成功在港澳台及东南亚11个国家和地区进行了商标注册的国内珠宝首饰企业。

有人说“酒香不怕巷子深”，但老凤祥人不这样想。再香的酒也要吆喝，再响的品牌也要营销。老凤祥抓住各种机遇，在全国各地举办了一系列品牌推广活动：

借助建国50周年，发行“千禧金条”；依托各种重要事件，发行“生肖金卡系列”、“回归系列”、“奥运产品”、“老凤祥与赵朴初”、“老凤祥的名师们”、“老凤祥的国际获奖金饰”等具有收藏价值的产品；借助“世界顶级峰荟”平台，会同生活时尚频道合作推广“情心物语”金饰秀；举行首饰文化“花车大游行”，参与“上海旅游节”；组织消费者互动的“浦江游览”派对，演绎“上海时尚周”主题。

2006年，依托市政府和文广集团的支持，在中华第一街世纪广场举办了“响亮2006——情人节老凤祥浪漫之夜”大型晚会，大陆和港台明星汇聚，数万人参与，展示老凤祥大师和“情人节”首饰的风采。

2007年，“群星耀东方——老凤祥之夜，香港回归十周年大型文艺晚会”在香港美丽的维多利亚港倾情上演。

2008年，老凤祥冠名收视率极高的《今日股市》栏目；老凤祥还签约香港著名艺人赵雅芝，借助其与珠宝首饰内涵相似的高贵、典雅气质和在社会上的广泛知名度提升企业形象；老凤祥与黄浦区、市旅委、“SMG”一起打造了一台明星荟萃、精彩纷呈的“上海旅游节开幕式晚会”，广泛传播老凤祥“经典时尚”品牌形象。

……

老凤祥不断制造“热点”、传播热点，为老凤祥品牌走向世界打下良好基础。

老凤祥品牌营销战略取得了实效，据市场调查，老凤祥品牌产品质量及其服务的顾客满意度，近年来一直保持并处于同行业的领先地位，老凤祥品牌的知名度、美誉度、忠诚度逐年稳步上升。在2008年“中国500最具价值品牌排行榜”中，老凤祥名列第198位，品牌价值达到了38.37亿元，荣列中华老字号百强榜前10、亚洲“品牌500强”、全球珠宝100强。老凤祥在业内率先形成了黄金首饰、铂金首饰、钻石首饰、白玉首饰、翡翠首饰、白银首饰、有色宝石首饰和工艺礼品等从设计到生产、销售完整的产业链，拥有加盟连锁银楼、销售网点、研究所、检测站、典当行、拍卖行等多个机构，正在迈出坚定而有力的国际化步伐。预计到2010年，老凤祥的连锁银楼将发展到400—500余家，营销网点将扩大至2000个，不仅在国内拓展，而且还将走向世界，老凤祥的销售将力争突破100亿元。“百年老凤祥”将散发出更加迷人的光彩，成为中国民族首饰业“经典与时尚”的一面旗帜，成为国际知名首饰品牌大家园中一朵艳丽的奇葩。

老凤祥是“吉祥美丽的金凤凰”。美丽的金凤凰从上海起飞、飞向全国、飞向世界。

（上海老凤祥有限公司 执笔：卢晶）

上航情系对口帮扶

1985年，上海市长汪道涵欣然为印有吉祥白鹤的上航客机题名——上海航空，从此，上航人承载着历任市领导的殷切期望，乘着改革开放的东风，秉承服务上海、服务全国的理念，响应市委、市政府的号召，情系上海对口支援地区，默默地为完成中央赋予上海的对口支援任务尽一份绵薄之力。

架起联结“白玉兰”和“红土地”的空中之桥

云南，那片美丽的红土地上，曾洒淌过上海知青的汗水。改革开放之初，中央就明确上海与云南对口协作，这种特殊的渊源酿就了上海人对那片红土地的特殊感情。也正因为此，上海航空公司成立不久，就在沪滇两地政府的大力支持下，克服重重困难，开辟了上海—昆明航线。17年过去了，上航每周飞往云南的航班从最初的2班发展到现在的49班，航线辐射到西双版纳、丽江等地，在沪滇航线市场上的占有率、航班量、运输旅客人次不断攀升，累计输送旅客已达200多万人次。上航在为云南旅游业带去滚滚客源的同时，也将云南的名胜美景传播到国内外，有力地推动了云南旅游业的蓬勃发展。

昆明是闻名于世的春城，更是名符其实的花城，花卉产量占到全国总产量的50％。而上海则是鲜花消费的大市场，每年消费的鲜花要占到全国的三分之一。如何把植物王国的鲜花及时运到上海，把种花者辛勤耕耘应得的财富带回云南，空运无疑是最佳的选择。为此，上航开通了上海—昆明货运航线空中快速通道，目前，运送鲜花已占到整个货运的60％。1999年，在昆明世界园艺博览会迎展期间，上航为昆明园艺博览会运送物资150多吨，其中鲜花盆景50多吨。在货物运送过程中，做到层层有把关，批批有人管，件件有落实，未发生任何差错。园艺博览会上海筹展办公室负责人深有感触地说“托上航运送，我们放心”。

1996年中央决定上海对口支援云南之后，沪滇之间交往更为频繁，合作领域更加广泛，上航昆明营业部竭诚为沪滇对口支援和两地经济合作服务，出色担当了沪滇合作空中使者的角色，获得“云南上海对口帮扶协作先进单位”称号，成为上海驻滇唯一获此荣誉的单位。

上航人在服务上海对口支援云南的同时，也取得了相应的经济效益，实现了企业回报社会的价值观，促进了企业的自我发展。

服务对口支援和中西部地区没商量

上航成立23年来，一直遵守一个信条，就是只要上海市委、市政府有要求，只要上海对口支援和中西部地区有需求，哪怕是赔本的买卖也要做，套用一句时髦的话：服务对口帮扶没商量。

上海承担着西藏日喀则、新疆阿克苏、三峡库区和云南四州市等8个地区的对口支援任务，每年都有市领导赴上述地区学习考察，有时还是市四套领导班子率团出访，上航都义不容辞地担任了保障任务，并确保安全和服务到位，受到市委、市政府的高度肯定。

1998年以来，上海已有11批300多名青年志愿者赴云南实施扶贫接力计划，这些青年志愿者往返沪滇的行李都是上航免费托运，同时还在订售机票和接机等方面提供周到的服务，因此上航的航班就成了团市委组织志愿者往返对口支援地区的首选。

上航开辟航线时对中西部地区和革命老区情有独钟，很早就开通了上海至银川、西宁、和田等航线，并在一段时间内让利，培育航线发展，服务西部开发。2008年，和田行署的领导来沪特地走访了上航，赠送手工精心编织的纯羊毛挂毯，表达新疆人民对上海人民的深情厚意。井冈山、延安、临沂等这些革命老区，曾经为中国革命的胜利作出过巨大牺牲，在改革开放的大潮中，因为处于中西部地区而发展缓慢，上航开辟航线就向这些地区倾斜，既满足上海人民瞻仰革命圣地的心愿，又为老区红色旅游造势，带动当地经济发展。

重庆万州是上海对口支援地区，发展生产和移民就业是库区帮扶的两大难题。市政府合作交流办要求上海企业到库区投资和帮助当地农产品进入上海市场，促进当地发展生产。上航根据自身的实际，将万州鱼泉牌榨菜引进航班作为配菜，还就榨菜的品质、口味、加工包装、送货方式等多次进行沟通，提出改进建议，使之通过ISO9000论证并成为上航空中配餐中的一道美味。现在万州鱼泉牌榨菜在沪乃至全国有了稳定市场，并形成了产业链，惠及了当地20万榨菜种植农户。“榨菜虽小，情牵两地”，小小榨菜成就了对口支援工作中的一段佳话。

上航在服务对口支援地区和中西部地区中做出了贡献，受到了上海市人民政府合作交流办公室的表彰。

该出手时就出手展现大爱无疆

每到关键时刻，上航人决不含糊，该出手时就出手，每次都是真情的自然流露，都是社会责任的充分体现。

2008年5月12日，四川汶川发生特大地震，通信中断，抢险救灾十万火急，在这关键时刻，一架架印着吉祥白鹤标志的上航飞机源源不断地飞向四川的天空，航班不停不减，头五天就运送救灾物资580吨。5月17日，中科院上海微系统与信息技术研究所组织20多位专家携带卫星通信设备要去四川绵阳，协助建立通信系统，保障抗震救灾指挥畅通和新闻发布。为确保这些卫星通信设备安全运抵四川，上航不仅对2吨多重的卫星通信设备免费承运，而且还精心装卸这些高科技设备，确保完好无损。

汶川大地震的灾情牵动着上航人的心，5月20日，上航组织捐款活动，15000多名员工捐款200多万元，用于上海对口支援都江堰市文教设施的重建。

上航真心扶贫、真情救灾由来已久，这是上航人的传统，也是上航人的骄傲。

1996年2月，丽江发生地震，上航及时为灾区运送上海人民捐赠的文具用品，并捐赠丽江地区实验学校2000个书包，保证灾区中小学生及时开学。

上航先后多次出资在云南彝良县、德宏州梁河县、迪庆藏族自治州德钦县的贫困地区建造了希望小学。每当学校竣工的时候，学生们为远道而来的上航人戴上红领巾、披上民族服饰，上航人就会流泪，为这里的贫穷，为孩子们的希望，为自己的爱心。

上航客舱服务部的空姐们，不仅面容娇艳，而且心灵美好。上海与新疆喀什相隔数千里，空姐们两次前往，与18位贫困学生心手相牵，赠送学习用品，捐助他们完成学业。一位名叫努尔阿米娜·阿不力米提的四年级小学生在给上航空姐的信中写道：我很小失去父亲，家里很困难，每当看到其他同学使用漂亮的学习用品，我也很想拥有一个，但一直未能如愿。今天，你们不远万里来到我们学校，帮我实现了愿望，我的感激之情无法用语言表达。就写了这封简短的感谢信，争取在以后的学习中，用优异的成绩回报你们的恩情。

2006年的六一国际儿童节，10名来自云南边远地区的少数民族残疾儿童终于笑了。这些患有“兔唇”的孩子们，平日里经常捂着嘴，很少有笑容。为了让他们放飞正常孩子的梦想，市政府合作交流办、市政府驻昆明办事处、上海解放日报社、上海新华医院、安利公司等单位伸出援助之手，把他们接到上海做矫治手术，上航承担了免费接送任务。当这些孩子们笑着回到村寨后，云南沪办代表云南省政府将写有“飞千里送爱心，行善举传真情”的锦旗送到了上航。一年后，景颇族小男孩腊崩用刚学会的汉字写下：上海叔叔阿姨好。这是对上海人民的真情问候，也是对上航人爱心付出的最好回报！

（上海航空股份有限公司　执笔：夏本建）

“均瑶”选择上海这块沃土扎根

17年前，浙江温州苍南县的王氏三兄弟，因在湖南长沙做生意感到往返交通很不方便，同时发现在长沙经商的老乡也面临同样的问题，于是就包了架飞机，以温州商人为主要客户，开辟了定期包机航班。中国第一家私营包机公司——温州天龙包机有限公司诞生了，这就是均瑶集团的前身。

时光荏苒，如今的均瑶集团总部扎根上海，业务遍及全国，已发展成为以航空运输、营销服务为主营业务，并涉及置业和投资等领域的多元化大型集团，2007年销售额81亿元，员工5000余人，名列中国民营企业百强。回顾均瑶集团十几年的快速发展历程，无不与上海这块沃土有着紧密的联系。

落户上海，寻求更大发展平台

浦东开发开放后的上海是一块充满生机的投资热土，它通江达海、面向世界的区位优势和良好的投资环境，为民营企业提供了大展鸿图的平台。正因为如此，均瑶集团选择了上海。

1999年12月，均瑶集团全面实施战略调整，在上海康桥征地200多亩后，于2000年将集团的营运中心、人才中心、信息中心迁入上海，成立了上海均瑶集团有限公司。1998年，上海市政府出台了鼓励各地大企业来上海落户的“24条政策”，这对均瑶集团来说是一个很好的契机，因为在温州建立同样的基地，土地很难批复下来，而在上海投资，不仅在用地、户口、子女上学等方面享受政策优惠，而且还可以充分利用上海人才、信息、资金等方面的优势，加快企业的发展。均瑶集团创始人以企业家的远见就这样把“家”搬到了上海。

均瑶集团在上海拥有属于自己真正的“家”是在2002年。当年10月，均瑶集团收购了位于上海徐家汇商圈的“金汇大厦”，以后追加投资，于2004年1月成功将其打造成一座现代化的5A级写字楼，更名为“上海均瑶国际广场”。这是上海地区以企业冠名的第一座高档商务楼，并获得“上海市文明单位”称号。“徐汇区是上海著名商业区，站在我们这个楼顶往下看，大上海的繁华尽收眼底”，现任均瑶集团董事长王均金说，“站得高才能看得远”。

均瑶集团将总部从温州迁到上海，看中的就是上海良好的商业发展环境和丰富的人力资源。自落户上海以来，得益于上海辐射全国的有利条件，将业务不断扩大到中西部地区，使集团获得了快速的发展。8年来，均瑶集团在上海这块土地上，生根、开花、结果，一跃成为上海民营企业版图上一颗耀眼的明星。

应势转型，致力发展现代服务业

2004年，均瑶集团遭受了一次令人伤痛的变故，当外界对集团的未来出现各种揣测与怀疑时，均瑶集团在上海市政府和市社会工作党委大力支持和引导下，在现任董事长王均金的卓越领导下，在集团面临危机的困难关头，顺利实现平稳过渡。随后一年，均瑶集团正式确定了全面向现代服务业转型的发展目标，就是要在更高层面上、更广领域里，与中国经济、世界经济未来的发展大潮融为一体。

上海"十一五"规划提出要优先发展现代服务业，使得均瑶集团的发展战略也日益清晰。均瑶集团的发展目标是用五到十年时间，使集团成为以上海为基地，以现代服务业为主营业务的国际化的企业集团，把"打造现代服务业"作为发展目标，把现有产业整合之后，在已经确定的航空运输和营销服务两大主营业务的基础上，扎扎实实地做好每一步，把均瑶集团打造成为一个"轻资产"的现代企业集团。集团董事长王均金说得好："上海这个码头很好，扎扎实实地发展，未来不会亚于香港。"

做强主业，"吉祥"开航圆了航空梦

2003年，中国民航总局透露出民营企业有望进入航空领域的信息，在包机领域创造了一系列奇迹的王氏兄弟决定要开设自己的航空公司。2005年6月，均瑶集团获准筹建上海吉祥航空有限公司。2006年9月25日，一架印有吉祥航空标志的飞机从上海起飞，首航长沙成功，均瑶人终于圆了航空梦。吉祥航空从一开始就将目标定位在商务旅客。王均金始终认为，高品质、差异化营销是民营航空生存的立足点，为此，他花了很多时间在这方面，甚至于空乘的服装、座椅套和地毯的颜色，每月一期机上读物《如意时空》的内容等细节，都会亲自把关过问。公司引进的全新空客A320系列飞机，客舱定为"吉祥"商务舱和"如意"经济舱，商务舱座位按国内航班头等舱标准打造，经济舱座位前后间距也较一般客机宽畅，并在超薄座椅上配置了可调节高度、可折拢的头靠。吉祥航空的每一款餐食都精心烹制，突出个性化与地域化特色，适合不同旅客的口味，并在早餐和夜间航线推出热餐。"吉祥航空的宗旨是'吉祥航空，如意到家'，'如意'是一个标杆，不跟别人比较也知道缺少什么"，王均金一直和吉祥乘务员说："你就把乘客当作家里的客人。"

秉承"敢于创新，勤于创业"的精神，均瑶集团在中国民航业创下多项第一：1991年第一家承包飞行航线的民营企业；2002年第一家入股国有航空公司；2006年控股第一家民营航空公司天津奥凯航空；在民营航空公司中吉祥航空引进飞机的速度也是名列第一。迄今，吉祥已开通了国内30条航线。预计到2010年，飞机将达到30多架，形成以上海为中心、以国内航线为骨架、开拓近洋国际航线的布局。

领先一步，抢占商机涉足文化产业

早在王均瑶、王均金、王均豪创业时，三兄弟就曾为亚运会印刷旗子等小产品。而那时，没有人会想到，均瑶集团今天会成为奥运会、F1（一级方程式赛车世界锦标赛）、FIFA（国际足球联合会）等国际重要赛事的特许经营商。几年前，均瑶集团旗下的派瑞文化传播公司就开始涉足体育文化营销的领域，只不过那时还未具备现在的规模。后来出于品牌传播的考虑，派瑞更名为均瑶文化传播公司。2005年，在王均金和首席执行官黄辉谋划转型时，重点强调了这部分的业务。当时，国内集中做这方面业务的公司并不多，领先一步进入市场让均瑶文化传播公司抢占了先机。就在那一年，均瑶文化传播公司获得北京奥组委授权，成为北京2008年奥运会特许经营商和零售商。为品牌做产品运营，投入非常巨大，但是，王均金一直觉得认定了这条路，就要踏踏实实走下去。2006年，是均瑶文化传播公司的快速起步年，获得第三届全国体育大会、世界田径黄金联赛上海大奖赛、2007中国女足世界、北京2008残奥会官方授权，成为这几项大型赛事产品的授权生产商。

2007年9月27日，均瑶集团在文化产业上迈出了一大步，正式成为中国2010年上海世博会标志特许产品生产高级赞助商，承担世博会6个特许品类产品的生产。这再一次体现了均瑶集团的综合实力，也成为均瑶集团在向现代服务业全面转型后，立足上海、服务全国的又一个里程碑。2008年6月，均瑶集团宣布与NBA结成在华合作伙伴，并携手在北京开设了美国本土外首家NBA专营店，计划在未来两年内在北京、上海、广州等数10个城市陆续开设销售NBA特许产品的专营店，同时将陆续在NBA专营店中销售由均瑶自主设计、开发、生产的NBA系列玩具及文具。

加强合作，企业发展不忘社会责任

均瑶集团积极响应上海市委、市政府的号召，参与对口支援工作，加强与中西部地区的合作交流，在企业发展的同时，始终不忘回报社会。

2006年12月，国务院三峡工程建设委员会授予王均金“全国对口支援三峡工程库区移民工作先进个人”荣誉称号。这是均瑶集团第二次获此殊荣。第一次，是在2001年，领奖的是王均瑶。2000年，得知哥哥决心在宜昌投资乳业，王均金有点疑惑：宜昌交通那么不便，旺季货发不出，何必自讨苦吃呢？从1990年起，哥哥就到处为希望小学之类捐钱，王均金开始也有些不解。“但是今天看看，他所做的都是对的！”这个认识，早在王均金临危接班时就有了。所以，他走马上任伊始就宣布，遵循哥哥生前定的“三不变”：品牌不变，企业名称不变，对社会的贡献不变。均瑶集团对三峡库区的贡献概言之：建立了两个乳品加工生产基地和一个示范牧场，累计投资近2亿元，年加工鲜奶能力达12万吨，形成了集种植、养殖、深加工、销售于一体的农业产业化龙头企业，实现产值6.45亿元，上缴国家税收3195万元，盘活国有资产近千万元，间接带动和盘活各类配套企业数十家，1000多移民直接就业，带动产业链就业人数5000多人，其中出现不少率先致富的示范户。

2003年，团中央实施大学生志愿服务西部计划，均瑶集团捐款1000万元设立“大学生志愿服务西部计划均瑶基金”，并设立了“大学生志愿服务西部计划均瑶奖”，每年对圆满完成西部服务任务的优秀大学生志愿者进行表彰，鼓励3万余名大学生到西部基层服务。

2008年1月，我国南方出现百年一遇的雪灾，均瑶集团员工捐款捐物，短短几天，募得现金

5.8万元，冬衣108件。“5·12”四川汶川大地震后，均瑶集团捐款捐物达到650万元，其中现金418万元，均瑶文化传播公司捐助奥运会和世博产品150万元，吉祥航空和奥凯航空运送救灾物资150吨，折合人民币75万元。均瑶集团的努力，得到了社会的认可和赞许，获得上海光彩事业突出贡献奖、上海市光彩之星等多项奖项。

“我们尽自己所能多做一些。企业的发展应该与社会的发展接轨，企业持续发展也需要和谐社会作保障”，王均金如是说。

（上海均瑶（集团）有限公司　执笔：娄伧）

小亚龙，腾跃大上海

——民营企业家张文荣来沪创业纪事

2005年4月29日，北京，人民大会堂，勋章、绶带，锣鼓、鲜花。我国民营企业家代表有史以来首次被国务院授予国家最高荣誉——跻身了全国劳动模范行列。张文荣，这位上海亚龙投资（集团）有限公司董事长，就是上海仅有的几位著名民营企业家全国劳模之一。

整整30年春秋，一个而立轮回。从闯荡商海时的单枪匹马，到如今拥有企业、商楼、宾馆、学校、产业园的知名集团，是上海这方现代化、国际化的大都市热土造就了张文荣和亚龙起飞的事业。十大杰出青年、全国优秀中国特色社会主义事业建设者、市人大代表、市工商联副主席……此时的张文荣从未忘记他所历经的种种艰辛、曲折，是这座城市以其“海纳百川”的博大胸怀给予了他不竭的动力和支撑。他由衷地说，我是在心仪的大上海得到了创业向往的雪中送炭和锦上添花。

立基业：从收废料到“电缆大王”

1986年春天，年刚二十出头的张文荣一席铺盖从温州到了上海。来读大学？不，是来闯上海滩商海。尽管他出身经商之家，对生意经自小耳濡目染，也独立做到过大单，但他不愿就此承袭父业，他要到大地方干一番大事业。

然而，真到了大上海，眼界是开了，但也看花了。尽管那么多的大企业，那么繁华的大市场，但到底还没有一家真正不是姓“国”的。再说，吃大米凭粮票、购粮证，想租间私房都是件很难的事。可这一切，对张文荣来说都算不了什么。住简陋的招待所，吃上海人不爱吃的籼米饭，好在兜里的钱暂时不成问题。

张文荣走在大街小巷，围着企业、围着市场一天天转悠着、寻思着，他坚信“偌大上海滩遍地是黄金”的传言不会是假，而这黄金就是机会。

果然，功夫不负有心人。张文荣从门警森然的企业运行中看出了名堂：这里什么都是有板有眼的，就是边角料处理随便，大手大脚的。温州家乡不正有“小五金”厂无米下锅而纷纷停产吗？何不就收收边角废料呢。就此，他跑遍上海所有的机械厂、电工厂、电缆厂的废料堆，起劲地做起了收废铜料业务。此举，不但为温州的工厂揭开了锅，也让张文荣掘得了上海的第一桶金。

张文荣背靠大工厂找到生财之道，他还要依仗这个靠山来办实业。两年后，机会来了。他从市场信息中了解到，全国各地的基本建设需要大量的电线电缆，但上海国企的朝南坐"官商"作风却阻碍了市场流通。产销失衡，导致企业危机迭现。张文荣便瞄准了这个"软肋"，斗胆向规模可观的行业大户——上海电缆厂提出：可否由他个体承包电线电缆的销售业务。

这确实是对国营经济体制的一大挑战。尽管多年来的"收废"双赢、建立了彼此间的融洽关系，张文荣的为人和能力显然都是无可挑剔的，但要电缆厂在清规戒律下越雷池半步，厂方和上级局都很为难。好在国企的改革正在松动，经过半年的游说和争取，张文荣竟然得到了超乎意料的结果——被批准联营建立上海电缆厂亚龙公司，并出任董事长。

这下张文荣可如鱼得水了，他主张生产与销售分开管理，制订"以销定产"的方针，从而盘活了整个上海电缆厂的营运。

然而，亚龙市场的从无到有，可是靠双脚一步一个脚印跑出来的。对此，张文荣胸有成竹，因为"一只背包、两条腿"本来就是温州经商模式的强项。张文荣和他的团队几乎跑遍山南海北，向一个个建设工地投石问路，一摸准就把货单送上门，把生意做到家。遇有展示会订货会之类的机会，就不请自到摆摊头。这一年，他们翻山越岭，跑了不知多远的路，披风沐雨，没有节假日，没有休息时间，最长的连着好几个月没有回家。多少回似乎跑了冤枉路，却跑到了一张大订单；多少次探腹地，却收获到一个个意外，厂商对送货上门来感到惊喜，纷纷说"不到大上海走路子，照样买到了上海的王牌产品"。就此，又一个市场网点建立了起来。到年终一核计，销售额居然跃上了1个亿。

接下来的几年，驾轻就熟了，亚龙公司的电线电缆产品销售指标年年翻新：1994年是近3个亿，1995年达到了10个亿。国营企业的牌子加上民营企业的机制，张文荣成为上海电缆厂最大、最优的营销商，对外承接合同的主要合作者。他还适时根据不少客户的需求，兼营销售无锡、浦东、南汇电缆厂等兄弟单位的产品。同行们称他为"电缆大王"，公认他是电缆业的"龙头老大"。

张文荣从营销实践中成为销售行家，更成了专业能手。他按捺不住新的渴望：扩张兼并。上海浦东电缆厂就是张文荣眼热的兼并对象。当时这家国营企业生产经营连年滑坡、连年亏损，濒临破产。国营企业有这么好的条件，有这么好的厂房设备，有这么好的工人，为什么这样死气沉沉？能不能把他买过来，让亚龙来经营？

在浦东这块改革开放的前沿阵地，张文荣有幸吃到了"民营资本股权收购破产国企"的螃蟹。在新区管委会的支持帮助下，1997年，经过紧张的筹划和运作，上海浦东电缆厂犹如凤凰涅槃，获得了重生。

然而，改革仍处于摸索阶段，没有现成的经验和模式，一切都得从头开始，摸着石头过河，随时可能翻船。但张文荣认准一个理：一方面是平稳接管企业，一方面是果断开创新路。在那个创业的年代，公司上下都饱含激情投入到让企业起死回生的艰苦战斗。经过反复对比分析，张文荣在集团领导层形成共识：眼前的出路，根本在于转变企业运行发展机制和经营管理理念。

张文荣没有换人，也没有裁员。但他提出，从厂领导到每个员工都实行全员岗位制管理，把每个人的岗位工作量精细安排到半小时之内。同时，他推出新的激励机制，凡有本领有能力的人可以自己提出竞争上岗。紧接着就是涨工资，按岗位的原工资先提高30%，效益上去后，当年又把工资涨了50%，工人们个个欢欣鼓舞，干劲十足。

更重要的是，张文荣制订了适合于浦东电缆厂发展的战略。从抓技术革新入手，大手笔投资2000多万元，建设和改造了必要的厂房和先进的生产检测设备。引进了一批专业技术人才，建立了相对完善的质量、安全管理体系。同时，利用亚龙的营销优势为浦东厂建立了销售网络。

很快面貌就焕然一新，上海浦东电缆厂有限公司当年就实现了盈利，产值达3000多万元，后逐年提高到1个多亿。至高峰时，企业年销售额更达到了3个亿，成为浦东新区的纳税大户。工厂先后获得3C、长城等认证，通过了ISO9000质量管理体系、ISO14000环境管理体系和OHSAS18000职业安全和健康管理体系认证，并被授予"免检企业"称号。目前该厂能够生产的电缆产品已达十几大类2万多个品种，其中新产品就有上千个，不但畅销全国各省市，还先后被宝钢、浦东国际机场、通用汽车、各大隧道等重大工程项目选用，受到广泛好评。

行业中，亚龙红火地树起了一帜。

民企兼并重组国企成功，张文荣又有了新的目标。只要改革开放深入发展，有机会就建立理想中的电缆王国：大型托拉斯。足足三年的深思熟虑，足足三年的调研积累。2003年9月，亚龙高层作出重大战略决策：在市郊幅员广阔的金山新兴地区打造占地2300亩的"亚龙现代工业园"。这是集团为之一搏的核心工业基地，如果没有高新、尖端电线电缆产品的研发制造，没有自己原创的技术中心，亚龙永远也进不了世界级的行列。该出手时就不惜一掷千金，亚龙敲定总盘子为30亿元。园区建设分三期实施，仅厂房就达100多万m^2。这等规模，不说也知道是全国最大的。

如果说时间就是金钱，那速度就是机遇。好在亚龙拉得出工程建设队伍，机遇就掌控在自己手里了。至2005年底，工业园一期全面建成投产，二期工程又紧锣密鼓地展开了。与此同时，亚龙集团积极与全国和上海有关高校、各大科研机构建立合作关系，实现了强强联手。随着首批研发成果同步进入园区，攻关进而锁定为研发磁浮电缆和核电站K1、K3电缆产品国产化生产线等高精尖项目。

就这样，又是一个短短两年。亚龙园区已初显规模效应，不但产销两旺，还被授予"上海市高新企业"称号，获批市级企业技术中心；部分电缆产品被评为"上海名牌"。在保持和扩大国内市场份额的基础上，亚龙正继续开拓国际市场，扩大出口。

2007年，亚龙园区诞生了全国首家电线电缆博物馆——上海电线电缆博物馆。这里，用另一种方式记录了亚龙的足迹。

拼短线：精品楼宇扮靓上海

改革开放大潮中的上海，面貌日新月异。眼看着身边高楼四起，张文荣岂有不动心之理。有了产业的实力，他也要在旧城改造中树起亚龙的楼宇品牌。出手，选择在一波曲线的回升之际，地块仍然首选在浦东——这方支撑他事业崛起的热土。从2001年建亚龙大酒店起，五六年时间里，亚龙先后在中心城区7个黄金地段参与开发项目，竣工面积达30多万m^2。

2004年3月12日，一座富有现代化气息的五金机电商品交易大楼——亚龙国际机电商城，在上海著名的北京东路"生产资料一条街"上崛起，成为专业交易的一大"旗舰"，也是规划建设中的"国际制造服务贸易区"的浓重一笔，为亚龙实业树起了品牌窗口。

在西藏南路、金陵东路口钻石地段，那座综合性现代智能化的大型特色建筑又是何等气派，成为大上海闹市区既具个性魅力、又富共性美感的新型现代建筑，并成功地连接了淮海路和人民广场商圈的高档中枢商务楼盘。这就是集高档办公、商业、餐饮、停车等为一体的亚龙国际广场——亚龙集团总部所在地。

在浦东陆家嘴金融贸易区高档建筑群落，亚龙国际酒店2007年元月正式营业，同样吸引了购房消费与投资群体的眼球。当年就成功地接待了2007年特奥会运动员、教练员和国际比基尼小姐选美大赛选手。而浦江沿岸的上海金苹果国际滨江花园(暂用名)，现已实现"三通一平"，将打造成上海最现代、最环保的概念性项目；城隍庙老城厢地段的亚龙古城国际花园项目，则要成为传承"海派"历史文化内蕴、极具民族特色的建筑群，为上海城市再留下精彩绝伦的一笔。

张文荣和他的亚龙房产，追求的就是经典之作、标志性价值。他说，只有做到了建筑与环境，建筑与人的和谐匹配，才能共荣共生。在上海，你站得越高，就越能发现她的美，所以她总是垂青站在高处的人。民营企业同样如此。

更值得一提的是，尽管房产开发具有较长的周期，张文荣却始终把它定位为集团的短线产品，抓住机会见好就收。他认为，任何产业再好，好过了头，总是要多留点心的。当泡沫开始破裂时，只有精品才能经受住考验。

看长远：摘得智慧金苹果

"电缆大王"去办教育了？业内人士都好生奇怪。满脑子的实业，张文荣哪有闲情趋附风雅？但确确实实，张文荣猛砸3.5亿元办了一所完全中小学。

说起来，还是一次同学聚会，触动了张文荣尘封多年的心灵痛楚。2000年，天南海北的老同学应约相会，一见面竟发现同学少年全都翻了个底。当年的"高材生"在机关或单位过得平平淡淡，有的甚至生活潦倒。而几个读书"没用的"反倒个个精神抖擞，有了自己的产业和学业。MBA、研究生根本不稀奇，十几年后反差如此之大！

感慨之余，张文荣又"逆反"了。他要办一所真正开启智慧的学校。

2000年6月，学校造了起来：占地210亩，总建筑面积11.3万m^2，是一所从小学、初中到高中的高标准寄宿制民办学校，被誉为民办教育的"航空母舰"。

按照张文荣一贯的行事风格，学校环境和硬件设施自然追求其"最好"：花园、石径、小桥、喷泉、长廊、凉亭，除了教学楼、师生宿舍楼、学生大餐厅，还有英语城、带同声翻译系统的多功能报告厅、四百米塑胶跑道、标准足球场、室内篮球场和网球场，简直让人难以想象，这是一所民办中小学。

更令人刮目的是，张文荣完全把学校放手交给教育专家去办。专门聘请沪上知名的特级教师分别担任中学部和小学部的校长，还特邀上海知名教育家组成了顾问专家组。取校名时，张文荣提议为“上海金苹果双语学校”，大家一致称好。金苹果，智慧的光芒四射！从此，它叫响了上海滩。

教育专家治学，果然不同凡响。

学校以“融合东西方文化，创造最完善的教育系统”的理念为核心，以培养适应国际化潮流的21世纪创业型人才为目标，组建高素质的师资团队，开展“三教”特色化教学（即：双语教学、艺术教学和素质教育）。2004年初，学校成立了经营管理（股东）委员会，作为股东的骨干教职员工薪酬与学校教育教学状况挂钩，为学校管理运行注入了新的动力。

学校始终顺应学生的不同需求，创设适合个性发展的自由空间，充分发掘和激活学生的潜能。在这里，传统的分班模式被打破了。学校倾听学生的意愿和爱好，分别编入文学艺术、音乐、数学、IT、体育、动画制作等班级，志趣相投，学而乐之。

学校始终认为，优秀的学生是“教”出来的，不是“管”出来的。教，润之于心，动之于情，感受一辈子。管，只能束缚一时，难以令孩子悦服。总之，让文化教育、艺术素质教育、活动德育有机结合，并长期固化在学校的常规活动之中。这就是金苹果实施素质教育和能力教育的理念和方式。

近年来，学校还采取多种措施，积极探索开拓国际化办学之路，努力融入国际化办学大环境，打造“金苹果”大教育品牌，在教育教学创新上迈出新的步伐。

9年过去了，金苹果结出了丰硕的智慧之果。2004年至今，学校初中毕业生升学率达100%。其中，72%以上进入了市、区重点高中；高考达线率也在同等学校中名列前茅。学校先后荣获全国和省市各类比赛奖项1000多个。2005年5月，学校代表队参加第26届世界头脑奥林匹克总决赛，喜获亚军，受到了上海市长韩正的亲切会见。时过一月，学校代表上海市参加全国航模比赛，又获得了三个团体赛第一名。

金苹果声誉鹊起，博得了学生、家长、社会的一致认同，被评为“全国民办教育百强学校”。

张文荣和他的亚龙，办教育产业又获得了成功。

（上海亚龙投资（集团）有限公司　执笔：王定凯）

受益改革开放　真情回报社会

——上海人民企业(集团)有限公司发展之路

“没有改革开放,就没有中国的民营经济,也就没有上海人民企业集团。回顾集团三十年的发展史,可以说是一部伴随着三十年改革开放不断前进、艰苦创业、顽强拼搏的发展史”。上海人民企业(集团)有限公司董事长金福音在本市举行的一次“改革开放与民营经济”论坛上这样说。

1978 年,党的十一届三中全会决定改革开放,温州敢为人先,大力发展民营经济,金福音开始走上在家乡办企业的创业之路。1984 年,在邓小平“思想要解放一点,胆子要大一点,步子要快一点”讲话精神的鼓舞下,金福音从温州来到上海创办了上海大华机电设备总公司(上海人民企业集团的前身),成为温州比较早走出去、上海比较早引进来的民营企业。1992 年,抓住邓小平南方谈话以后国家全面改革开放的机遇,企业迅速发展壮大。在以后的岁月里,上海人民企业集团秉承“知识、胆量、求实、创新”的经营理念,追求“创人民企业、作不朽文章”的创业精神,在党和政府的关怀以及社会各界的大力支持下,坚持企业走稳健、持续发展之路,励精图治,荣获“中国名牌产品”、“国家免检产品”、“全国就业和社会保障先进民营企业”、“守信用、重合同企业”、“中国电气产品制造十大领军企业”等荣誉称号,取得了名列中国企业 500 强、中国最具发展潜力企业 100 强、上海市民营企业 100 强第二名的骄人业绩。集团公司已经发展成为一家以高低压电器、输配电设备、仪器仪表制造业为主,集上市公司、商贸物流、金融投资、房地产开发为一体的、总资产达 100 亿元的综合性大型企业集团,基本形成了一个跨行业、跨区域、跨国界、跨所有制形式的多层次发展的新经济格局。

紧紧抓住上海每一个发展机遇

回首往事,令人不胜感慨。1986 年 6 月,国家出台《企业法人登记管理条例》,上海企业登记政策有所放宽,金福音便抓住这个难得的机遇,以 20 万元资本金申请开办了“上海京华机电商店”。

尽管在上海有了属于他自己的第一家企业,但要想在上海站稳脚跟并发展壮大,在寸土寸金的闹市区,首先遇到的难题就是经营场地捉襟见肘。

1989 年,建设部出台房改政策,允许公有房产进入市场流通。上海市则要求尽力解决人均 2 m^2 以下的住房困难户。金福音感到机会来了,从 40 余户居民手中置换到 40 余间店面房,既解决了群众住房困难问题，也使企业增加了6000多m^2黄金地段的商用面积。于是，在全国商业制高点的大上海，“京华机电商店”连锁店越开越多，而且还开辟了全国的销售市场。在此基础上，又创办了上海大华机电设备总公司，形成了17家子公司和多家分公司的集约式经营集团，快速完成了从商贸型到生产实业型的转轨。1996年金福音抓住“抓大放小”的机遇，联合多家企业进行重组整合，成立了上海人民企业(集团)有限公司。

集团成立仅一年多，就先后从老真北路、外高桥、南汇等地买下总面积1.5万m^2的3座厂房，集团固定资产净增5000万元，安置下岗职工270人，而且使3家濒临倒闭的企业重新焕发了青春。

在企业重组改制的过程中，遇到了许多意想不到的困难。有一次。某亏损企业的一些职工拒绝改制，联合起来卧轨闹事，一时闹得很僵。集团领导便上门前去进行疏导，耐心地向员工及家属宣传政策，做了大量细致的说服工作。工夫不负苦心人，终于使问题迎刃而解。

在收购一个企业时，还经历了一些意想不到的事，如有两位员工为了争取更多利益，竟然闯进金福音的办公室，以暴力相威胁。金福音坦诚地和他们对话，既指出他们的严重错误，又耐心听取他们的诉求，表示合理的要求可以解决。两位员工说：“老板能够这样跟我们说话，我们服了”。后来，他们对同事说老板很开明，在企业改制中还起了带头作用。

从1984年到1996年，金福音抓住上海每一个发展机遇，完成了原始资本的积累，实现了企业从商业型向生产实业型转变，淘到了“第一桶金”，为企业今后的腾飞打下了基础。

受益于上海“引进来”“走出去”政策导向

人民企业领导认为，上海拥有区位、政策、投融资、人才、科技、产权交易等优势，具有吸引商家的独特资源，这些都是民营企业到上海取得成功的关键。民营企业发展需要上海这样的大舞台。

1998年，上海市政府出台了“24条政策”，进一步拆除“围墙”，吸引各地企业到上海落户发展，在招商、安商、亲商方面形成了“一条龙”服务。我们感到上海的投资环境更好了，特别是区县对企业的支持力度很大。比如说，黄浦区政府利用南京路步行街，为企业搭建集中展示的舞台，人民企业的品牌因此被带到全国，而人民企业等民营企业的品牌做大了，又推动了黄浦区的经济发展。黄浦区还为民营企业的经营出谋划策，不断加大扶持力度。政府的大力支持对人民企业来说，既是参与市场经济激烈竞争的坚强后盾，也是不断发展壮大的可靠保障。

人民企业经过20多年的稳步发展，已经融入上海，并牢牢地扎下了根。近年来，上海要求企业“走出去”、“两头在外”的政策导向又为人民企业的发展指明了方向。

人民企业集团总部在上海，生产和销售两头在外。生产基地以浙江乐清和黑龙江哈尔滨为主体，销售体系在全国已经拥有3000多个分支机构，几乎遍布全国县级区域，国外的销售网络也在日益扩大。实施“走出去”战略，不仅响应了参与国家西部开发、东北振兴的号召，也使企业的规模上了一个大台阶。

以改制、重组哈尔滨电表仪器厂有限公司为例，上海与东北在文化上有很大差异，相互沟通的重要性是不言而喻的。人民企业派往东北的管理团队只有3人，非常精干。面对当时百废待兴的“哈表”，面对数千满怀观望甚至抵触情绪的员工，管理团队与当地政府沟通，深入基层与员工沟通，终于找到了彼此共同的目标，妥善解决了很多心结与矛盾，调动了全厂员工的积极性，增强了企业凝聚力。

“哈表”通过优化资源配置，聚精会神地恢复和发展生产，企业综合实力及核心竞争力迅速得以恢复和提高。2008年7月1日，重组三年的“哈表”改为哈尔滨电表仪器厂(集团)有限公司。上海人民企业集团通过“走出去”重组这步棋，不仅支持了东北老工业基地振兴，而且迅速在全国电工仪器仪表行业取得了龙头地位。如果不是走出去，人民企业可能还要奋斗好多年。

目前，人民企业正在温州平阳县实施一个大型的海涂围垦工程项目，该工程完成后新增土地1.2万余亩，将使数十万沿海人民受益。

企业发展壮大离不开党的建设

上海人民企业集团发展20多年来，始终贯穿着一条红线，那就是加强党的建设。集团先后成立了党委和工、青、妇等组织，并开展卓有成效的、富有特色的党群活动，党群组织的作用发挥十分明显。集团总部荣获静安区“党建星级楼宇”称号。集团的生产基地——哈尔滨中国哈表集团、乐清市的温州电器有限公司等先后成立了党委。在上海人民企业集团，党的工作已经深入人心，深入基层，指导企业的发展，保障企业的运行。

人民企业与黄浦区工商联、黄浦区福海居委会一直坚持联合举行“三结对”活动。这几年，尽管集团总部已搬迁至静安区，但这项活动依然持续了下来。“三结对”活动围绕如何发挥党组织战斗堡垒作用、党员先锋模范作用和新形势下党建工作进行理性思考，围绕如何加强党的群众基础进行探索，使这项活动形成了自己的特色。

企业领导认为，与时俱进地弘扬长征精神，在继承中发展、在实践中创新，这是激励我们振兴民族工业、不断走向成功的动力。因此，人民企业以实际行动积极响应和参与革命历史活动。2007年，人民企业分别被授予纪念红军长征七十周年活动特殊贡献奖、纪念乌兰夫同志诞辰一百周年活动特殊贡献奖。

人民企业还把学习党的十七大精神与新形势下发扬雷锋精神结合起来，集团领导到辽宁抚顺出席纪念老一辈革命家为雷锋同志题词四十五周年活动，为“雷锋从这里走来——共和国将军书画展”捐款，坚持以雷锋精神夯实企业发展理念，陶冶员工情操。

如今，“人民企业为人民”、“振兴民族工业，实现产业报国”的企业理念已经深入人心，为社会担责任、尽义务的价值观基本形成，成为每个员工自觉遵守的行动准则，企业涌现出许多实践雷锋精神的典型，不断为社会公益事业做出奉献。

早在1998年，人民企业就成立了“双爱基金会”，主要用于资助贫困失学学生、生活困难的家庭及遭受突发性自然灾害的受灾群众，累计捐赠各种善款超过五千万元。2008年四川汶川发生大地震后，人民企业捐资五百万元用于灾区重建一座九年一贯制义务教育希望学校。人民企业被国家劳动和社会保障部、全国工商联评为“全国就业和社会保障先进民营企业”。

上海人民企业集团将坚持走科学发展之路，继续施大手笔，做大文章，谋大发展，创新天地，为上海乃至全国的发展做出更大的贡献。

（上海人民企业（集团）有限公司　执笔：宓正明）

上海“水土”滋润“建桥文化”

2008年8月，全国20个省市3300多名新生收到了上海建桥学院的录取通知书。上海建桥学院是上海建桥集团创办的民办本科高等院校，目前全日制在校生近9000人，已有12500多名毕业生服务于长三角地区各单位。此外，建桥集团投资5亿多元创办的上海市首家新型会员制老年社区“亲和源”迎来首批老人入住，各地养老机构、研究人员纷纷前来考察；建桥山西太原能源、河北铁矿、浙江舟山石油储运等20多家外地子公司也是喜报频传……

这家民营企业来沪仅8年多时间，为什么能获得如此快速发展？这“建桥现象”究竟有着怎样的文化支撑和未来呢？

建桥文化来自感恩情结

一家民营企业的成长轨迹，很大程度上就是创业者的人生足迹；一家民营企业的发展壮大，实际上就是改革开放30年在经济领域的缩影。

以周星增为核心的建桥创业团队来自中国民营经济发祥地之一温州。1962年，周星增出生于一户普通农家，从记事起，他就体味到了生活的艰辛，少年时靠课余捉黄鳝、泥鳅卖钱交学费，完成了学业。国家恢复高考那年，周星增以优异的成绩考上了江西财经学院，后在贵州工学院、温州大学执教十年，1992年辞职下海，经商致富。富了之后做什么？周星增曾一度陷入困惑与迷茫中……

上世纪80年代某年端午节划龙舟，全村老少都涌到周家老宅门前的桥上看热闹，那老石桥突然断裂了，桥上的人纷纷落水，打捞不及，死了十几人。没有桥，出入极为不便，周母发动村民捐钱出力，修好了这座桥。少年时这段独特的经历给了周星增人生的启迪：桥，是跨越障碍最短的路径，是迈向成功最便捷的通道；桥，是心与心的沟通，手与手的相牵；承载着梦想，托升起希望。每个人都离不开那些有形的桥和无形的桥，每个人都应当对桥心怀感恩。但同时，每个人都可以是一座“桥”，在服务他人、奉献社会的事业中跨越自我，实现更有意义的人生价值。这个感恩情结一直伴随着周星增对人生与事业的选择。他认为，个人与环境、社会、时代的命运息息相关，只有融入奉献社会、服务国家和时代主流的广阔天地中去，才有个人成长与事业发展的空间。钱投在不同的地方，创造的价值财富也是大不相同的，先富起来的企业家应当为和谐社会承担更大的责任。此后，周星增以桥为师，以实际行动诠释他所感悟的“建桥”

理念。

老吾老及人之老，幼吾幼及人之幼。大众的需要也就是周星增的事业目标，于是，办中国一流的民办大学和养老院成了他的心愿。1997年—1999年间，他经常在温州、杭州等地调研，选址筹办，但都因为政策、师资、土地等问题而搁浅了。1999年，在全国第三届教育工作会议召开之际，他把目光投向上海浦东。

"鲶鱼"游进上海促增活力

有这么一个传说：在挪威，渔民捕到的沙丁鱼，往往等不到上市，就奄奄一息了，于是，有人在鱼桶中放进一条鲶鱼，鲶鱼追逐着沙丁鱼，沙丁鱼为求生存拼命游动，从而活力倍增，这就是著名的"鲶鱼效应"。周星增要做鲶鱼，到上海这个大桶中去追逐。

选择上海，不仅是因为浙江与上海地域相近、人缘相亲、文化相融、精神互补，而是上海具有政策、土地、师资等办学的优势条件，且民办教育明显较弱，具有很大的发展空间。周星增作为第一位外地来沪投资办大学的民营企业家，兼有高校教学、企业经验与温州资本实力的多重优势，比单一的教师办学或企业家办学更具优势，也更易找到突破点。

1999年7月，周星增组建了上海建桥(集团)有限公司，他一次性向上海市教委的银行账户汇入500万元，以显示办学决心和诚意，同时在康桥工业区征地487亩兴建校舍。从确定校址，征购土地，设计规划，通过专家答辩，到督工建造，上海建桥学院"当年建成，当年招生"，创造了温州精神与上海速度合作的奇迹！

专家治校是办学的重要保障。这几年，建桥学院聘请了上海教育界专家黄清云教授当校长，再由黄校长组建校领导班子，还聘请了复旦、同济、华师大、上外、东华以及上海社科院等单位一批著名教授、专家，负责各系、各专业建设。董事会与校领导班子为了"教育事业"这一共同的目标，各司其职，和谐共处，保障了各项工作稳步发展。

建桥学院创办初期，就同步建立了党总支(现已升格为党委)。董事会还制订章程，确保党委主要领导、教育界专家进董事会，享有充分的参与权、话语权、决策权，为办学事业把好"舵"。建桥学院创办以来，一直秉承"公益性质、民营模式、人本观念、文化管理"的办学理念。章程还明确规定：从国家利益和社会公共利益出发，始终坚持教育的公益性质，不以营利为目的。2005年，建桥学院作为第一批承担中国高校依法自主招生改革试点任务的三家民办高校之一，领航被《中国教育报》称为具有"破冰之旅"的自主招生改革。面对《民办教育促进法》实施过程中的一些不合理现象，建桥学院董事会首先保障广大师生的合法权益，如：物价上涨时，对广大师生进行伙食补贴；主动承担贴息损失，让贫困大学生顺利得到助学贷款。同时，还通过人大、上海市工商联民办教育协会、温州商会等多渠道呼吁，努力为改善民办教育大环境出力。

建桥学院这条鲜活的"鲶鱼"，开创了一条教育引资的新路子。凭着温州基因的活力，得益于上海良好的"生态"环境，这条"鲶鱼"迅速壮大，还带来了"同伴"，搅热了"深潭"，新机制的探索、建立，逼得本土"沙丁鱼"们你追我赶，力争上游，从而促进了上海民办教育整体水平的提高。

跳跃发展源于真心扶持

如果说，在建桥集团创业初期，温州人特别强的生存能力、适应能力、创新能力发挥了主导作用，那么在后来的发展过程中，没有上海这么多的综合优势，这么大的包容度和适宜的环境平台，就没有建桥集团跳跃式发展的局面。

上海不但善于招商，还善于亲商、安商、富商，对外来投资者的方方面面考虑得非常周到。比如，安排他们子女上学、配偶就业、帮助解决住房问题，等等。上海市政府春节时宴请外来投资大企业，听音乐会，看文艺演出，鱼水情深，众乐融融。每年春节前夕，当地政府官员还专程赶到企业家老家，给老人们送“压岁钱”。中共上海市社会工作党委、市政府合作交流办等党政部门主动为外来企业排忧解难……这种观念和做法，深得人心，也是建桥集团进一步做大做强的切实保障。

1999年8月10日，建桥集团征下第一批土地，政府部门即如期将30多户农民搬迁，平整好土地交给企业。为了保证基建进度，协调各方，康桥镇党委书记任工程总指挥，当地还把建桥项目列为县长工程、重点工程。一个民营企业投资项目被列为重点工程，这在南汇县历史上还是第一次。当年9月开学在即，当地组织了200多康桥人义务为校园绿化。

上海市政府、市教委对建桥的发展更是给予了充分的信任和支持，使得建桥成为第一家冠以“上海”两字的民办大学，面向全国20省市招生，办学五年升格为本科院校。民盟上海市委、民建上海市委以及社会各方面，都热情为建桥学院发展出点子、搭梯子、开路子。两院院士、原同济大学校长李国豪教授欣然担任名誉院长，费孝通先生为建桥题写校名……正因为得到了各方面的关怀与支持，才使得建桥事业这几年实现了跨越式的发展。

社会责任提升企业品质

以“办大学”叩开上海滩大门的建桥集团，充分利用上海战略高地、品牌、人才、信息、市民素质、政府管理等诸多优势，抢抓先机，快速发展，通过服务社会不断开拓事业领域：1999年抓住了房地产业低谷的机遇，积聚实力后快速扩张，转入养老、能源和矿产资源开发，同时涉足文化传播、国际贸易、园林绿化、财务咨询等多个领域，并立足上海，向全国扩张。建桥集团现有外地子公司、单位28家，员工3000多人，业务辐射全国10多个省市，为办学、养老两大公益性主业提供了坚实的保障。建桥集团在发展事业的同时主动承担社会责任，并把两者有机结合起来，使之形成良性循环，实现可持续发展。

2004年3月18日，在浦东南路国家开发银行大厦39楼，举行着《美林小城定向供应协议》签订仪式。就在上海建桥集团董事长周星增和上海世博土地控股有限公司董事长白文华，双方落笔签名那一刹间，建桥集团旗下新获上海建筑类最高奖“白玉兰奖”的住宅项目以每平方米低于时价千元的优惠，整体供应给上海世博局——2671户世博动迁居民质优价廉的新住所得到了落实。仅此一项，建桥集团让利上亿元。

建桥集团大力弘扬以“感恩、回报、爱心、责任”为核心价值观的企业文化，将感恩文化融入广大师生员工的培养、考核、晋升之中。如：集团要求中层以上干部到贫困地区考察，结对资助贫困学生，或服务西部希望学校；周浦敬老院、上海世纪公园等都有建桥志愿者的身影；建桥学院学子集体义务献血活动创上海市单车单日最高记录，历年志愿服务西部的毕业生名列前茅。

建桥集团还大力弘扬中国优秀传统文化，赞助举办了中国新人王、中韩新人王围棋赛；建桥杯中国女子围棋公开赛；全国中国式摔跤冠军赛；支持上海昆剧团《一片桃花红》进高校巡演；赞助上海国际象棋队四方征战；支持清华射击队更新训练装备……近年来，建桥集团对慈善公益事业的投入达 1700 多万元，已在青海、新疆、云南、四川等地建成 21 所希望学校，资助 300 多个贫困学生，设立了各种奖助学金……

办大学、建养老院，如果以单一、短期的经济指标来评估，确是大投资、低收益、高风险的行业，这就是社会资本、民营企业一般不愿涉足的主要因素。但上海建桥集团以主动承担社会责任为己任，这两大主业的公益特性，为企业创造的品牌价值、无形资产、社会效益则影响深远，现已逐步形成核心竞争力、文化软实力，坚实地支撑着企业的可持续发展。从温州出发到上海，从融入上海到服务长三角、服务全国，从个人的脱贫致富到服务社会、奉献爱心，投身教育、养老事业，人格化了的温州民营资本，正伴随着上海前进的步伐、时代的旋律，一步步实现了质的飞跃与升华，迎来更美好的未来！

（上海建桥（集团）有限公司　执笔：金旦生、何羽）

领军上海滩　笑看三十年

——上海市浙江商会创立与发展侧记

2008年6月，金融企业云集的浦东陆家嘴，迎来了一位新"财神"——闻名沪上的上海市浙江商会。迁址仪式上，浦东新区与浙江商会谈及战略合作，主宾双方大有相见恨晚之意，陆家嘴功能区管委会书记顾晓鸣表示："浙商是国内最有活力的商人群体之一，陆家嘴要在支持浙商发展的过程中，为海内外企业家营造更为良好的投资环境。"

实际上，浙江商会成立之后，早就期待进驻陆家嘴这方金融热土。之所以现在才入驻，恰好反映了浙商在上海从少到多、从小到大不断发展的历程，也体现了浦东这块聚集了全国金融资源、经济资源、人才资源的土地，在浙商眼中日益提升的地位与价值。

说起来，浦东新区与浙江商会的握手还有一个不容忽视的社会大背景：中国改革开放30年。没有过去30年改革发展的一切成就，就不会有浙江商会的壮大或是陆家嘴的腾飞。这次握手也许会产生一个不容忽视的将来："中国第一商帮"和"中国金融中心"创造出新的发展奇迹，为下一个30年增辉添彩。

22年沧桑：走进春日阳光

说起上海市浙江商会的渊源，可以追溯到1986年3月5日。其前身浙江省驻沪企业协会就是那一天，经浙江省政府驻上海办事处批准、上海市政府协作办公室备案、市民政局同意宣布成立的。发展到现在，商会已有会员5000多家，其中团体会员4000多家、直属会员1000多家，含上市公司和行业龙头企业逾100家，还设立了房地产分会、文化餐饮娱乐分会、女企业家联谊会等专业分会。

上海市浙江商会的发展壮大，体现了浙商群体的成长，更是民营经济在中国改革开放中逐渐争得主体地位的历史见证。

1984年，中国沿海14个口岸城市宣布对外开放，百业待兴的上海微启门庭。向来敢于闯荡的浙江人，便很快成了建设上海的先锋队。

然而实际上，当时的上海仍处于计划经济体制惯性之中，对外来经商者入沪设有一定的门槛，能注册成立企业者数量极少，即便最早的84家浙江企业，在发展中也是举步维艰。驻沪企业协会第一届理事会会长、上海苍南贸易公司总经理关珠泉事后回忆，初成立的驻沪企业协会在很大程度上就是为企业撑腰说话的"后台"。

2002年,党的十六大提出,要促进区域经济协调发展,长三角地区的加快融合提上了日程。2003年9月,商会换届,王均瑶新当选为会长,敏锐地为浙商会员解说发展契机:这一地区日渐崛起的第六大城市群发展前景,是国内惟一被用来可与世界另五大城市群相提并论的。上海,为浙江企业接轨国际、走向世界提供了非常好的平台。

那也是商会成长突飞猛进的时期,几乎每天都有企业申请加入商会,2004年,会员企业数量的增长超过了20%。

2005年2月,国务院发布《关于鼓励支持和引导个体私营等非公有制经济发展的若干意见》,允许非公有资本进入法律法规未禁止的行业和领域。对民营企业家们而言,这一被简称为"非公经济36条"的文件,并不只是意味着更多的投资机会,它更被认为是对民营经济最充分的肯定。

犹记当初,驻沪企业协会初成立时,向上海市民政局登记注册的资金,还是靠举办浙江土特产展销会积累起来的。参加筹建协会的人们,都把这种办法称之为"打擦边球"。或许他们并没有想过、也想象不出,民营经济会在何时方能堂堂正正、没有任何阻拦地进入社会经济任何领域。

为这一天,等了近10年。刚换届产生的商会第六届理事会专门改版了自己的刊物,命名为《新浙商》:时代是新的,创业环境是新的,为之奋斗的浙商群体和他们的商会组织,也是全新的。

服务,不再专做"老娘舅"

民营企业的发展环境变好了,作为驻沪浙商"娘家人"的商会,也就不再做专职"老娘舅"了,他们开始发挥组织服务功能,集中精力为浙江企业牵线搭桥,千方百计帮助他们在上海获得更好的发展。

探索银会合作机制,建立商会与银行等金融机构间的合作服务平台。2007年12月19日,上海市浙江商会与中国建设银行上海分行签署了银会战略合作框架协议,双方建立长期银会战略合作伙伴关系,建行提供总额达200亿元的授信额度,为商会的优质企业和项目提供资金支持。这一事件标志着商会实施银会合作战略的正式启动。一年来商会的金融服务成效显著。截止7月底,建设银行实际到帐贷款达30多亿元,50多家商会企业受惠。浙商银行上海分行也已审批通过浙商企业25户,授信总额11亿元,授信户数和授信额度占比均将近40%。此外,商会还出面积极联络包括其他内资银行、外资银行、海内外公私募基金等在内的各种融资渠道,为中小企业争取更多地资金支持。同时针对浙商企业以实业为基础的特点,浙江商会在与银行等金融机构的合作过程中,重点关注金融服务与企业发展建设的融合度,提供上市、并购、财务管理等服务,满足企业成长中的内在需求,用现代金融的手段打造现代浙商企业。

近年来,全国各地到上海招商引资的密度特别高。但实际上,直接到上海来召开招商会只是部分工作,更多的是悄悄展开的。上海市浙江商会协同浙江省政府驻沪办,连续在上海举办了浙江企业家与法国企业家的联谊会,邀请各国驻沪总领事考察浙江,并邀请沪上外资银行负责人参加浙江国际金融推介会……浙江省的很多城市,虽然没有到上海开招商会,但通过这些活动，早已默默地引入了大量国际资本。

在实际工作中，商会的工作不仅是被动地满足会员的需求，而是为他们把握大局，筹划未来。2003年8月，商会第一次举办国际性的企业家论坛，请来美国和新加坡两只基金的高级董事来为企业家们讲课。

彼时，宏观调控的大幕尚未开启，广大民营企业家们仍在热衷于大手笔的实业投资。但商会的人士已经意识到了未来竞争的方向。商会高新技术委员会的负责人指出，国内的民营企业崛起于一个特殊的历史环境，它的诞生不需要太多的知识和技能，企业之间大都进行低价博弈，从薄利多销中得以发展，长此以来，企业的核心竞争力难以强化；只有积极介入资本市场，才能使企业获得质的提升，财富得到几何级数的增长。

商会现任会长郭广昌在2004年底当选就职演说中，就直言不讳地提醒大家思考两个问题，一是在国家宏观调控后的大形势下，民营企业特别是中小企业将碰到什么深层次的问题，商会要为他们做些什么；二是2006年是中国加入WTO后兑现诺言的第一年，民营企业将在家门口迎接来自世界一流企业的竞争，商会应该如何帮助企业从各方面作好准备。

上海市浙江商会对这些问题早已有所思考。2003年的欧洲之行大家感触尤深：国外的企业不断走进中国，利用我们廉价的劳动力和有限的资源，实行品牌输出战略，外资企业不仅拥有国内市场，还拥有国际市场，其竞争力肯定远远大于只有一个市场的企业。我们的民营企业已经从浙江“跳”到了上海，想再利用上海这一平台，跳上国际舞台。有了这样的发展战略，商会将循序渐进地一步步走下去，最终搏击国际市场。

进一步深化与外省市政府间的交流与合作，加强与其他省市在沪商会和各省市浙江商会的广泛联络。先后接待了北京、河北、山西、内蒙古、辽宁、吉林、安徽、湖北、湖南、广东、云南、陕西、新疆等省市自治区有关领导的来访，并洽谈合作有关事宜；商会组织会员企业按照国家区域发展总体战略的部署，赴京津冀环渤海地区、中西部地区和东北老工业基地等地区开展广泛考察交流活动，寻找新的发展商机。先后组团赴湖北、新疆、云南、甘肃、陕西、吉林、天津等地考察，促成投资项目数十个，投资金额达数百亿元。分别与陕西省人民政府、吉林省白山市人民政府签署了战略合作框架协议。商会还作为上海市政府代表与长春市宽城区人民政府签署了由上海与吉林两省市政府共同推动的合作项目“吉申·宽城经济开发区合作框架协议”，协议使宽城经济开发区成为吉林省承接上海产业转移，促进南北交流合作的一个重要平台。据了解，近五年来商会共组织会员逾5千人次参加外省市政府在沪举行的各类经贸交流活动，为会员企业参与各地开发提供了合作平台。为拓宽视野，加快与国际接轨的步伐，应境外商会或有关机构的邀请，商会先后组团赴意大利、美国、加拿大、英国、澳大利亚、新加坡、越南、台湾等10多个国家或地区考察，对当地的投资环境与政策有了进一步的了解。

2007年9月21日，在沪考察的浙江省领导与上海市领导共同接见了50位商会企业家。时任上海市委书记习近平在接见时指出，在社会主义市场经济大潮中培育和成长起来的浙商群体，是全国最活跃的企业家群体；浙商已不仅是一个经济概念，也成为一个文化概念；浙商不但是推动浙江发展的一支生力军，也对上海的经济建设作出了积极贡献。

打造新“中间型”社会组织

翻开商会的工作记录，维护会员企业合法权益，引导企业寻找投资机会，加强企业的信息沟通和对外宣传，撰写经济报告，帮助企业分析国内外经济形势，不一而足。一位浙江在沪企业的老总很坦诚地对记者说，浙江在沪企业加入商会，就是回到了“娘家”，有了依靠。

事实上，上海市浙江商会在帮助浙江驻沪企业发展自身的同时，也不知不觉地在完成另一项任务，那就是为国内的其他商会和行业协会树立榜样。商会和行业组织在浙江民营经济发展过程中的巨大作用早有连篇累牍的报道，在当地也是习以为常了。但就全国而言，商会和行业协会却还很不健全，其发展面临着定位不准、资金和人才缺乏、职能单一等诸多软肋。

国家工商行政管理总局市场规范管理司司长张经曾经表示，美国、日本、欧洲的行业协会具备国内大多数行业协会所没有的功能：行业统计、制订行规、协调价格、参与指定行业标准及实施监督、市场建设(反倾销)、发展行业与社会公益事业。而在中国行业协会的现有主要职能中，排在首位的被认为是帮助企业和政府沟通(占93.02%)。

长三角一位长期研究公共管理的专家指出，“中间型”社会组织的充分发展，是现代市民社会的一个重要标志。而我国现有的行业组织，行政色彩还是比较浓厚，像上海市浙江商会这样成熟的组织资源，能够按照市场化的原则来行使原本由行政力量履行的职能，从而真正推动政府职能的转变。

近年来，商会以奉献社会为主题，引导会员企业积极参与构建和谐社会，动员和组织会员企业积极投身社会公益事业，不断加强“上海市浙江商会公益基金”建设，及时有效地为遭受重大和突发灾难的地区和群众送去温暖，切实关心和帮助社会弱势群体共同发展，在奉献社会的过程中凸显商会会员企业的特殊作用。会员企业先后向中国光彩事业基金会、上海市慈善基金会、上海市特奥筹委会等捐款逾亿元。在举世震惊的“5·12”汶川特大地震灾难发生后，商会在第一时间紧急启动了“我们和你在一起——汶川地震捐赠行动”，开设捐赠热线，通过短信平台号召广大会员积极向地震灾区捐款捐物、奉献爱心。商会在《解放日报》刊登了专版赈灾广告，呼吁全社会向灾区人民伸出援助之手。据不完全统计，商会会员企业和个人累积共向灾区捐赠款物达2.2亿元。一大批会员企业和个人还深入到灾区第一线，以各种方式参与抗震救灾和灾后重建工作。“上海市浙江商会公益基金”还向中国青少年发展基金会发起的“5.12汶川地震心灵守望计划”捐款20万元，为灾后灾区儿童的心理健康辅导工作送去关怀。浙江省委书记赵洪祝等各级领导高度赞扬了商会在抗震救灾工作中所做出的积极努力。

上海市浙江商会也在探索建立科学化的会员管理体系，搭建有效服务平台。商会负责人透露，未来三年的工作重点就是根据第七次会员大会制定的未来三年的工作规划，以服务会员、发现商机、创造价值为宗旨，以观念创新、服务创新、管理创新为抓手，进一步巩固和加强商会的组织建设，对内增强凝聚力，对外扩大影响力，为打造中国最具活力和影响力的商会而努力奋斗。

(上海市浙江商会　执笔：李芃、陈丽群)

第五篇 媒体视角

上海颁布推动横向联合办法

1986 年 8 月 22 日

市人民政府日前颁布《上海市进一步推动横向经济联合的试行办法》。这是本市为进一步发展横向经济联合所采取的又一重大步骤。

《办法》共分十一节三十六条，对联合的投资计划额度和统计方法、促进物资的横向流通、资金的横向融通、经济联合所得收益的分配、经济联合的劳动计划指标、工资基金额度和派出人员待遇，以及兄弟地区来沪开办企业的经营范围及价格等都作了规定，其中有不少新的突破。

《办法》指出，横向经济联合应充分发挥现有企业的潜力，走以内涵扩大再生产的路子，尽量不上新的建设项目；确属需要的，应纳入固定资产投资规模。本市每年在国家下达的计划额度内，划出一定份额，用于横向经济联合；本市各企业从自行筹措资金的联合项目所分得的产品，可以自行支配使用和销售，如作为原地区企业以长期、固定供应紧缺原材料的形式同本市企业进行联合的，可分享留成外汇和人民币奖励，其得益要比在本地生产或出口更为优惠。

《办法》规定：各专业银行，在审查资金投向合理性和经济、社会效益的基础上，鼓励企业动用多余的自有资金（不包括国家拨给的流动资金）进行横向经济联合。各专业银行可向联合企业或来沪开店办厂的独资企业发放流动资金贷款。流动资金贷款，可以由经济联合组织上贷下拨、统贷统还，也可由参加联合的企业分别贷款，横向划拨，但不准用于固定资产投资。有关专业银行，对出口创汇好、市场名优紧俏产品的发展，对高能耗、高用料产品的转移和合理开发资源，支援“老、少、边、穷”地区经济发展等联合项目的信贷，应优先支持。

《办法》还规定：参加联合的科研单位，可继续享受独立的科研单位原来的纳税优惠，其事业费的增减不受影响。企业从技术转让和技术咨询服务的净收入中，先提取百分之五至十作为奖励费用，此项费用不计入本单位的资金总额，具体发放办法由企业自定。企业在不增加人员的前提下，在职职工派出期间的原有工资，仍留企业工资总额内，不予扣减，这部分工资余额可由企业自主使用。地区性的综合窗口，其经营范围可适当放宽。兄弟地区在沪企业，不论是全民所有制企业还是集体所有制企业，除国家另有规定者外，均可经营批发业务，其批发对象可以是本市的，也可以是外地的。

《办法》规定：对经济联合组织不应重复征税。凡实行统一核算的经济联合组织，内部各单位之间相互提供的协作产品，不缴纳产品税；对外销售的产品缴纳产品税，税率要按联合前各单位缴纳的税额占对外销售额的比例换算确定。不实行统一核算的经济联合组织的产品，除烟、酒、化妆品等高税率产品外，可以实行增值税；经济联合组织，以及参加各种形式联合的企业，应在当地依法缴纳产品税（增值税）、营业税，然后按照"先分后税"的原则，由联合各方按协议规定分配利润，在各自所在地缴纳所得税。全民所有制企业从联合中新分得的利润，免缴调节税，这些企业的原有利润，应继续缴纳调节税；企事业单位向能源、原材料生产开发基地和交通设施、"老、少、边、穷"地区进行投资分得的利润，可减半征收所得税五年。参与投资的企业和单位，从联合中分得的利润再投资于上述行业和地区的，可免征所得税。联合集资办电（柴油发电除外），其新增的售电量定期减免产品税。经济联合组织开发的新产品，按照有关税收规定减征或免征产品税（增值税），减免的税款，专项用于技术开发；全民、集体所有制企业的技术转让和技术服务收入（包括成果转让，技术承包，技术咨询服务，技术培训，下同）暂免征营业税。年净收入在30万元以下的，暂免征所得税；超过30万元的部分，照章缴纳所得税。但大中型企业的技术转让和技术服务收入，其免征所得税的限额，根据不同情况给予放宽，最高可达到50万元；全民所有制企业用银行委托贷款投资于联合企业的，其从联合企业分得的利润，可以按照有关还款规定，在征收所得税前归还贷款。用委托贷款投资于能源、原材料生产开发基地、交通设施以及"老、少、边、穷"地区的，也可比照办理；大专院校、科研单位以及其它全民所有制事业单位的独立咨询服务机构的技术转让和技术服务收入，暂免征营业税和所得税。

《办法》还强调应加强宏观管理和指导，维护企业组织横向经济联合的自主权，允许企业自愿参加、自愿退出，允许自愿转让股权。市和区、县的有关部门，不得从本位利益出发加以干涉。

这一《办法》适用于各企事业单位跨省、市、自治区以及市内的横向经济联合。

为了贯彻这一试行办法，上海市财政局关于促进横向经济联合若干税收财务问题的实施细则，中国人民银行上海市分行关于搞好资金融通支持横向经济联合的贯彻意见，上海市劳动局关于横向经济联合的劳动计划指标、工资基金额度及派出人员的工资待遇问题的补充意见，上海市工商行政管理局关于经济联合组织登记管理若干问题的暂行规定，也已经制定通过。

（《解放日报》讯）

集中力量先搞好浦东开发开放 分层次推进长江沿江地区发展

1992年6月29日

国务院6月24日至27日在北京召开长江三角洲及长江沿江地区经济规划座谈会，中共中央总书记江泽民、国务院总理李鹏出席了会议，并就如何贯彻落实邓小平同志南巡讲话及党中央关于"以上海浦东开发为龙头，进一步开放长江沿岸城市"的决策发表了重要讲话。

长江三角洲和长江沿江地区，东起上海，西至重庆，涉及到上海、江苏、浙江、安徽、江西、湖北、湖南、四川8个省市，土地面积约33万平方公里，占全国土地面积的3.4%；人口约1.68亿，占全国人口总数的14.7%，1990年国民生产总值3436亿元，占全国的百分之19.4%。这一地区在我国经济战略格局中占有举足轻重的地位，加快这一地区的开发开放，不仅使上海和长江三角洲率先早日成为我国基本实现现代化的地区之一，带动整个长江流域地区经济的新飞跃，而且对于推动我国全方位的对外开放格局的形成，加快社会主义新经济体制的建立，胜利实现三步走的战略部署，都有着极为重要的意义，会议期间，来自长江三角洲及长江沿岸地区各省市的同志，对如何规划好这一地区的经济发展，发挥整体优势和总体优势，提出了很多好的建议和意见。

在听取了一些代表的发言后，江泽民在座谈会结束时讲了话。他在讲话中强调，要充分认识开发开放长江三角洲及沿江地区的战略意义，要坚持改革开放这个基本方针，要抓住重点，统筹兼顾，搞好联合，发挥整体优势。

李鹏在座谈会结束时指出，这次会议是贯彻落实小平同志南巡讲话精神的一次重要会议。小平同志南巡讲话的一个重要指导思想是，全党和全国人民要抓住机遇，加快改革开放的步伐，力争经济更好更快地上一个新台阶。机不可失，时不我待，我们要有紧迫感和历史责任感，解放思想，转变观念，抓住机遇，加快改革开放的步伐，集中精力把经济建设搞上去，把有中国特色的社会主义事业更快地向前推进，这是摆在全党与全国人民面前的战略任务。

在谈到加快长江三角洲和沿江地区改革开放和经济发展时，李鹏说，我们要以上海浦东的开发开放和三峡工程建设为契机，推动长江三角洲及沿江地区的开发开放和经济发展，使长江沿江地区开放的步子更大些，改革得更深入些。在注重效益的前提下，发展速度更快一些。同时充分利用该地区辐射与带动作用，促进我国国民经济的发展，使其在实现第二步、第三步的战略目标中发挥更大的作用。因此,加快长江三角洲及沿江的开发开放和经济发展,关系到国民经济的发展全局和整个地区的共同繁荣,具有十分重要的战略意义,是中央继沿海地区开放以后,促使我国经济振兴的又一重大战略决策;我们对这个地区寄予更大的希望。

李鹏说,加快这一地区的开发开放要以上海为龙头,开发开放好浦东地区。上海要真正起龙头作用,要优先发展第三产业。要开拓多种筹资渠道,大力发展金融、贸易、交通、信息等第三产业。这样才能更好地发挥上海内引外联的作用,才能不断增强上海这个尤头对整个地区乃至全国的辐射和带动作用。国务院有关部门要积极支持与引导,以上海浦东的开发开放为龙头,推动长江沿江地区发展的工作。

李鹏说,要切实把长江三角洲及沿江地区的开发开放与经济发展这件事办好,首先要搞好规划。根据自然区位与经济的内在联系,从一省一市的圈子里跳出来,统筹考虑资源配置和经济的发展,长江沿江各地区要从实际出发,发挥各自的比较优势。通过各种形式的联合,以发挥整体优势与综合效益。不要盲目攀比,不要搞小而全,避免不必要的重复建设。沿江的开发开放及经济发展,要办的事很多,既要考虑到需要,又要考虑到可能,考虑到能力与条件,要少花钱多办事,要相对集中必要的力量,先搞好龙头浦东的开发开放,通过它带动长江三角洲及沿江地区的开发与开放,做到分层次推进。同时,还要注意解决好制约经济发展的薄弱环节,加强交通通讯、能源、原材料等基础设施的建设,并在节约能源、降低物耗上下大功夫,让有限的资源发挥更大的作用、农业是国民经济的基础;长江沿江地区同样要重视农业的发展。在农业发展上,要走优质、高产、高效的路子。

李鹏说,三峡工程已列入十年规划和"八五"计划,它的建设不但需要大量工程技术人员和施工队伍,而且需要大量设备、机具和建材。要充分利用三峡建设工程,发挥沿江地区的优势,引进技术和人才,开展科技开发,发展建材、冶金、机电等工业;做好开发型库区移民工作,以促进沿江地区特别是长江中上游地区的经济发展。

李鹏指出,长江三角洲地区乡镇工业发达,市场调节比例较大,经济发展有较大的活力。要进一步发挥市场调节的积极作用,并进一步提高产品的档次,发展高新技术注重外向型经济。在加强国内资源开发和市场培育与发展的同时,还要重视利用国外资源和开拓国际市场,运用好国内、国外两种资源、两个市场。我们要根据国内、国际市场的需求,调整结构,注重适销对路,讲求质量,提高效益,并加快对外贸易多元化的步伐。

李鹏最后说,这次座谈会对整个规划确定了方向,开了一个好头,但深度还不够,许多问题还需进一步研究落实。座谈会后要由计委牵头,把工作深入下去,以期尽快形成比较完整可行的规划。

出席座谈会的国务院领导同志还有:姚依林、田纪云、邹家华、朱镕基、李铁映、秦基伟、王丙乾、宋健、李贵鲜、陈俊生、钱其琛和国务院秘书长罗干等。邹家华在会议期间也讲了话。各民主党派的有关负责人彭清源、高天、万国权、陈舜礼、姚峻、杨纪珂、徐采栋、吴克泰、孙孚凌等应邀出席了27日的座谈会。

(新华社记者:吴士深、何平)

上海产品开拓国内市场创辉煌

1997年1月5日

开拓国内市场，是1996年上海工商企业的一大热点。记者日前从市协作办获悉，到目前为止上海已在全国23个省市设立配货中心；在外省市兴办企业3200多家，在各地建立的商场营业面积达76万平方米。据最近对南京、杭州、武汉、成都等15个主要商业城市所作市场调查表明，上海产品市场占有率达到了10%至15%。上海产品重建市场营销网络取得突破性进展。

自1994年4月首届“上海商品博览会”在成都召开以来，上海工商各界始终把拓展上海产品生存空间作为战略重点，一改过去“官商”、“坐商”作风，变为闯荡市场的“行商”，从开创时“人地生疏”的困境中走出来，发展到如今跨地区的“优势互补、强强联合”。据统计，全市商业系统在市外已拓展项目353个，总投资28.24亿元，其中上海投资13.66亿元，并在全国主要城市相继建成3000m^2以上的商场、仓储及营业项目70个；1万m^2以上的大型项目19个，为上海产品走向全国打下了基础。

上海市为适应现代市场的需要，去年1月组建了“上海工业品配售总公司”，并开设了6个市外分公司。全市工业系统纷纷以联建、加盟、控股以及输出品牌、技术管理等形式，在全国设立代理点、经销点上万个，上海市在外省市兴办的企业达3261个，投资91.34亿元；仅去年，本市各工业控股(集团)公司实施较大规模的跨地区经济协作项目有100多项。上海名厂、名店在与外省市合作的同时，注重发挥“无形资产”投资的优势。上海华联超市以“牌誉”和经营管理的合作形式，在全国建起37家超市。上海市百一店为开拓市场，成立了“第一百货集团连锁有限公司”，分别在重庆、合肥、江阴、长春、西安及深圳等地开设连锁店。上海古今胸罩公司在北京、南京、无锡等地设立7家分公司，年销售内衣逾260万件。正章集团在昆山、汕头、深圳设分店，形成30余家洗染分店。静安区联合11家商店组成“联合舰队”，在江苏武进建起“上海静安名品广场”。上海友谊商店在扬州设分店，由于生意红火，被当地新闻界称为“友谊商店现象”。这些上海外设企业不仅在拓展市场的过程中壮大自己，同时也促进了当地经济的发展和商业繁荣。在武汉市，由上海30多家股东组成的上海商品城，在提高上海产品知名度的同时，也增加了武汉市的商业财政收入。

上海还通过定牌、定样和技术参股，使上海名品从“产地销”发展到“销地产”。上海华联商厦与四川省供销社联合，办起的云龙商厦成了辐射周边地区的商品供销中心。上海开开集团公司在全国建27家子公司，其中22家是控股公司，使开开系列产品进入全国1500多家商店销售、并通过参股联建的方式，建有5家衬衫厂和2家毛衣厂。上海恒源祥公司利用品牌优势，包销外地5家毛纺厂的产品，没投资一分钱就控股8家企业，使这家公司绒线销售达到全国销售总量的40%。

（《解放日报》记者：第五同）

上海做好服务全国大文章

1998 年 5 月 28 日

世纪之交，上海决策层再次强调，要做好“服务全国”大文章。这项承诺有多少“含金量”？一套“进一步搞好服务，扩大对内开放”的最新举措作了诠释。各地的反馈，欣喜中有几分震惊：

“上海人精明依旧，却有了比以往更多的大气和包容。”

“上海的‘龙头’功能、‘中心’效应，让人有了切实的感觉。”

优势和机遇让国人“共享”。

为全国服务，从来是上海一条不可动摇的发展方针。新一届上海市委、市政府领导班子，更把“增强中心城市功能，更好地为全国服务”，作为上海面向 21 世纪的主要发展战略，列为本世纪最后三年的十项施政纲领之首，中共中央政治局委员、上海市委书记黄菊用一句内涵丰富的话语概括心声：“上海的发展离不开全国的支持，只有在全国的共同繁荣中才能实现自身的振兴。”

从 1986 年上海市政府制订《上海市进一步推动横向经济联合试行办法》，以及 1988 年上海市政府出台《上海市外地投资企业若干规定》，十多年来，上海企业有逾 4000 个项目“走向全国”；全国有一万多个企业“走进上海”。这种具有深远历史意义的“双向对流”，把上海与兄弟省市的经济协作和联动发展，推进到一个新的水平。

上海市“进一步搞好服务，扩大对内开放”的最新举措，酝酿于去年党的十五大期间。江泽民总书记鼓励上海“要更好地为全国服务”。而全国各地为谋求新的发展，也迫切希望上海进一步发挥经济中心城市的综合功能；各地领导在同上海领导的频繁接触中，还强烈要求共同利用上海交易机会最多、交易成本最低的优势条件，共享上海的政策和市场机遇。这就提出了一个新的课题：上海要把服务全国的大文章做出新水平，必须更加敞开胸怀，把殚精竭虑创造的城市基础设施的“硬件”和改革开放铸就的各项“软件”，无保留地让国人共同享用。

在去年岁尾的党代会上，市委书记黄菊指出，上海建设国际经济中心城市的过程，就是不断扩大城市开放度的过程。上海要在为全国服务中加快发展自己。上海市市长徐匡迪指出，经济中心是不可能完全靠自身力量形成的。上海只有海纳百川，万商云集，才能形成世界大都市的经济规模，才能确立国际经济中心城市的地位。

在中共上海市委、市政府的直接领导下，全市31个职能部门由市协作办牵头，组成联合工作小组，悉心研究如何扩大对内开放。改善投资环境，如何体现“敞开大门，降低门槛”，“公民待遇，公平竞争”。很快，一批政策意见提了出来，最后梳理归纳成24条政策文本和一套实施细则。把那些“公文”语言转化成大白话，还真让人吃惊不小：

——上海所有的改革开放成果，包括构筑的市场体系，初步形成的资金、商品、技术、人才、信息“五流”，创造的养老保险、医疗保险等社会保障机制，构建的现代企业制度框架和各种改革配套条件，一视同仁为所有在沪企业服务。所有进入上海的大企业，都可以享受上海重点扶持大企业的政策，并有多项免收费用优惠；所有在沪的高新技术企业，注册上海的上市公司，收购兼并上海困难企业的市外在沪企业，均可享受上海有关优惠政策。

——上海的金融业，对所有在沪企业实行全方位服务，包括为它们选择和落实主办银行。在沪大企业想收购上海上市公司、发行企业债券和短期融资券，注册浦东的大企业想使用上海市的B股发行额度，都可以向上海有关部门提出申请。

——在沪注册的大企业(集团)高层管理人员及其配偶和未成年子女，都可申办上海常住户口。各地在沪企业可以挂靠有关部门，加入上海市各相关行业协会，参加有关会议。各地在沪企业家都可以同上海人一样评定职称，参政议政，评选先进，当选劳模。

“浦江春暖‘客’先知，未成曲调先传情。”上海给各地企业进驻申城提供的便利，为降低异地融资成本给予的税费优惠，在企业运作中营造的宽松环境，加快了大批企业进军上海的步伐。在落户上海的大集团中，已有一长串显赫的名字。

“让出位置，请客人坐”

虎年伊始，上海决策层叫响一个口号：“拆围墙”。市委向从事对内经济协作的干部提出了这一领域“拆围墙”的要求：要敞开胸怀，张开双臂，欢迎国内大企业进驻上海；要让外地企业在上海有宾至如归的感觉；如果客人多了、位置不够坐，主人要让出位置，请客人坐。

这是90年代以来上海人精神境界的又一次升华。

90年代初，“不愿衰落和萎缩”的上海人，抓住浦东开发、开放的契机，提出了打“中华牌”的口号。长期在计划经济体制紧箍下的人们，走出“大上海的螺丝壳”，放下“朝南坐”的架子，学习兄弟省市不辞千辛万苦闯荡天下的精神，走向中华大地广袤市场。这对于老大自居、万事不求人的上海，是一次飞跃。

经过几年的历练，上海同兄弟省市的经济联系，已经开始摆脱原先“经济联营”的初级模式，转向以资产为纽带的参股、控股、兼并、收购的紧密型合作模式；转向在原材料资源地直接输出技术、资金、管理、人才，投资办厂、组建企业集团或集约化联合体；转向输出品牌，利用知名品牌盘活资产存量，实施“销地产”。市委、市政府派出得力干部加强对内协作工作的领导，确定专人负责与兄弟省市沟通，每项对内协作都做到人员、资金、进度落实。仅最近两年间，上海在长江经济带七省一市的合作项目总数就达到230多项，上海方投资逾70亿元；上海输出的技术成果5000多项，技术交易额达到10多亿元。

上海还特别加强了对口支援云南、西藏、新疆和三峡库区的工作，对每一个对口支援地区，都制订出因地制宜的工作规划，并动员全市各系统、行业以及群众组织、社会团体和广大市民参与到各种形式的对口支援之中。迄今已投入捐赠资金近2亿元，开发项目总投资达7亿元，多数是科技合作帮扶和人才培训项目。着眼于培育对口支援地区的造血功能。上海组织部门先后选派118名优秀干部，到对口支援地区挂职的同时接受当地干部来上海挂职。上海还有计划接受云南、贵州等地劳务输出，结果是："出来一人，脱贫一户"。

如今，根据全国各地的要求，不仅上述各项工作要做得更好、更积极，而且要把各地企业请进来共享上海经济中心城市的优势，支持它们迅速壮大，原有的利益全部回报当地，新增的利益也与当地共享，这不能不让上海人受到震动，甚至产生某种痛苦和失落感。尤其是在市场竞争中已经颇感"吃力"的工商企业，他们一时难以理解，为什么上海要造好高楼大厦，请"外地人"来做"上海人"；要搭好竞技擂台，请各地企业来做擂主；要"屈尊纡贵"排出一批劣势企业，欢迎各地企业来收购、兼并。他们认为，"天时、地利、人和"，是上海企业的天然优势；连这一道"本地屏障"也要作为"围墙"拆除，是否对上海企业过于苛求？

确实，实现这一升华和飞跃，需要伴随新一轮的思想解放。上海市委、市政府领导亲自做干部、群众的思想工作。市委书记黄菊指出，社会主义市场经济是不受地域阻隔的开放式经济。市场和产业的渗透，你想用"围墙"去堵也是堵不住的。顺着这一思路，各行各业冷静剖析，看到了一个个严峻的现实：人为地不让"顶尖高手"逐鹿申城，只能是"关门称王"，保护落后；只在本市企业间互相购并，"近亲繁殖"之虞难以避免。"让出位置，让客人坐"，是诚邀大家来共同建设大上海。如今全球经济都一体化了，国际跨国公司都在世界大范围内进行资源配置，上海再排外守旧，搞本位主义、地方保护主义，就不可能取得与众不同的新突破和持续发展。

事实上，"让出位置，让客人坐"，只会给上海注入新的活力，创造更多的机遇。浦东新区就有一个实例，上海轻工系统下放到新区的上海利民造纸厂资不抵债，陷入困境，无力自拔。新区政府以开放的意识，为远在广东的维达纸业股份公司提供信息，牵线搭桥，帮助维达集团对利民厂实施兼并，为这家企业注入资金和先进的加工设备，并更名为广东维达纸业（上海）有限公司，这家新生的企业不久便扭亏为盈。更多的上海企业在"让出位置"的过程中，和"客人"实现跨地区、跨部门、跨所有制的经济联合，而这正是新一轮经济发展的重要增长方式。

政府转变职能的最好契机

上海在新一轮扩大对内开放中，各级政府部门受到极大的冲击，也抓住了"转变职能"最好的契机。

试想，当兄弟省市的大批企业进驻上海，有的还冠以上海的名号，政府部门再按照"预算内""统计口径"和老的"门牌号码"去按图索骥，怎么行得通？当所有在沪企业不分亲疏，一律享受"市民待遇"，政府再"慈母"般把上海市企业"抱在怀里"，只会断送企业的前程。在公平、公正、公开的竞技场上，"谁有实力，谁当主角"。有的企业发达，有的企业衰败，是市场经济的规律，政府部门犯不着狭隘地为"上海企业"败下阵来而着急、生气。政府职能顺理成章开始了大转变。

市委书记黄菊适时提出了“构筑全社会大工业管理框架”的思路，要求上海市经济委员会主要采用经济的、法律的手段来进行管理，而不是主要采用行政的手段来进行管理，并提出了“疏、帮、联”的要求。“疏”，就是以规划为导向，做好工业布局和产业结构的调整；“联”，就是以经济增长方式的转变为目标，以资产经营为依托，加快资产的联合重组，促进生产要素的合理流动；“帮”，就是提供技术、管理、人才、信息、政策的服务，支持帮助所有在沪工业加速发展。这就促使经委的职能发生了从战术管理到战略管理、从直接管理到间接管理、从行政管理到法律、经济手段管理的历史性转变。“政府做政府的事，企业做企业的事”，逐步变成现实。

上海市商业委员会则坚决清除市场障碍，推出“鼓励开放，鼓励竞争，鼓励联合，鼓励创新”的方针，更加注重功能开发，力求通过市场化运作，使商业真正成为竞争性行业，为各地提供中华“第一市场”，让全国的优质商品通过在上海打擂台，创名牌，增强走向世界市场的竞争力。

上海各区县政府更是在降低“门槛”、减少收费、完善服务上大做文章。浙江中轻工业集团公司总部落户上海金山以后，更名为上海埃力生(集团)有限公司。公司董事长吴国迪提出要建立占地460亩的“埃力生高科技工业园”，金山区马上派出由常务副区长牵头的工作小组去现场办公，10天内就拿出两套方案供其选择。今年年初，已经报上上海户口的吴国迪还当选为上海市第十一届人代会代表。

上海市市长徐匡迪把政府转变职能、更好地服务全国概括为重点做好四个方面工作：进一步推进证券、货币、外汇、技术、生产资料等要素市场的建设；按照统一开放市场的要求，加强市场法制化的建设，形成交易行为规范、竞争有序的市场环境；进一步拓展商业和交通运输的枢纽功能；继续发挥浦东的示范带动作用，进一步增强经济中心城市的集聚和辐射功能。

政府高屋建瓴，同各省市共图大业，上海服务全国的大文章真是做“大”了。作为共和国经济的长子，上海的经济脉搏同全国一起跳动，把自己的各项优势变成全国共有的发展基础，这一切，必将大大推进全国“东西联动”经济新格局的发展步伐。

(新华社记者：吴复民、李正华)

异地重组搞活国企

1999 年

要建立起比较完善的社会主义市场经济体制，必须打好国有企业改革和发展的攻坚战，这是"一个非闯不可、也绕不过去的关口"。光荣而艰巨的历史重任，落在国有企业广大干部和职工的肩头。

上海一大批国有企业带着自身发展中遇到的问题，在开展跨地区经济合作的过程中，与各地共同探索国企改革之路，在异地资产重组方面获得可喜进展，同时在体制转换、结构调整、资源配置、技术升级、人才培养等方面积累了宝贵经验。据市经委提供的材料，近三年来，上海各工业企业和集团公司以资产为纽带的跨地区经济合作项目达 193 个，总规模达 37.9 亿元(上海方总体占股 59%)；这些项目实施达纲后将形成年销售总额 137 亿元，年度利税 17.3 亿元，创汇 3947 万美元，盘活存量资金和无形资产 4.49 亿元。上海工业系统市外控股企业去年工业总产值已达 54.95 亿元，大部分外地合资合作企业均呈现明显的经济效益。

以名牌产品为龙头、资产重组为突破口不断"做强做大"，上海轮胎橡胶集团提供了成功的例证。他们适时做出重大调整：一方面集中有限的资源，在上海加快发展代表当今轮胎最高水平的子午线轮胎，形成经济规模，强化企业的核心能力；另一方面以股权置换、协议收购、购并重组等形式，先后把江苏轮胎厂、海口轮胎厂、洛阳轮胎厂纳入麾下，组建为海鹏、海华、海虹三家子公司，分别生产工程轮胎、农用轮胎等，实现了产品的合理布局，在外地形成了年产轮胎 240 万套的生产能力。集团的总资产从 1996 年底的 57 亿元迅速扩张为 1998 年底的近 80 亿元。朱镕基总理和吴邦国副总理在分别视察海华公司时，都充分肯定了上轮集团通过资产重组实现跳跃式发展的积极做法。

先改制再生产，是上海胶带股份有限公司向外拓展时的明确思路。据张涛董事长介绍，总资产 1.6 亿元的重庆中南橡胶厂，至 1997 年已负债 1.7 亿元，处于半停产状况已有两三年，上海胶带股份公司按照自身经验对其进行体制改革，把原来捆在一起吃大锅饭的炼胶、胶管、胶带实行分离，组建为独立核算、相互制约、相互促进的三个分公司，按现代企业制度运行；对原有的 3000 人实行减员，自谋出路 700 多人，提前退休 700 多人，留下 1500 人继续工作。结果，这家厂从去年 5 月启动后，到年底即做到持平不亏，今年预计将有 8000 万元销售额，可望实现利润 400—500 万元。

拥有 2.4 亿元资产的成都服装集团，最近成建制地进入上海海螺集团，成为震动沪蓉两地和中国服装业的一大新闻。成服集团总经理罗明扬认为，由于经营人才缺乏，品牌培育不力，靠自身努力已很难挽回颓势，而海螺集团有人才、技术、品牌等优势，与之结合可以盘活存量，把企业带起来。而海螺集团也早有利用品牌效应拓展西南服装市场的打算，戴自毅董事长说，海螺在上海先后兼并过 9 家企业，他相信这次双方结合是优势互补，是很有希望的。新组建的上海海螺集团成都有限公司，今年将开出两条衬衫流水线和一条西装流水线，年产 40 万件衬衫和 6 万套西装。

“用全国的资源，做全国的市场，办全国性公司，使我们企业的出发点和境界完全变了。”这是上海光明乳业有限公司董事长王佳芬的感慨之言。这家公司通过跨地区合作，已在内蒙古和黑龙江建立两个奶源基地，在北京、西安和武汉建起了合资生产厂，在上海以外开设了 12 个经营部，自 1992 年以来销售额以每年 30%的速度递增。

开展跨地区经济合作，无疑是国企改革和发展的一个有效途径。而在上海工业新一轮发展中，“建设都市型产业”、“有所为有所不为”、“头脑在上海，生产在外地”等新思路，又为这种合作搭建了更广阔、更有作为的舞台。上海将继续探索与全国各地的合作，按照党中央的部署，共同打好“攻坚战”，把富有生机和活力的国有企业带入 21 世纪！

（《文汇报》记者：吴振标、徐晓蔚、浦建平）

借上海之地发展

2000 年

“如果打算搬迁总部，首选哪里?”市青联和《中国企业家》杂志的一项调查显示，被访者无一例外地选择上海。各地在沪投资企业负责人认为，“经济中心、辐射力强”是最主要优势，他们希望——借上海之地发展。

“九五”期间，上海按照“优势互补、互惠互利、联动发展、共同繁荣”原则，积极优化投资环境和配套服务，“盖起房子”、“让出位子”，吸引各地企业来沪“借地发展”、“借梯登高”、“借船出海”，在国内合作方面取得了长足进展。

——连续 3 年，每年各地来沪企业达 1000 家。目前，市外在沪投资企业累计达 1.5 万家，注册资金近 700 亿元，投入资金 1300 多亿元，投资领域从工业、商贸领域扩展到房地产、信息、教育等新兴产业。

——1998 年后，各地在沪企业拉动上海市 GDP 增长 0.7—0.9 个百分点。

进一步扩大对内开放，海纳百川，共图大业，是上海新世纪发展蓝图中的重要篇章。市委七届七次会议明确提出，“十五”期间，上海将以增强城市综合竞争力为发展主线，化自身优势条件为全国、尤其是中西部地区共有的发展基础，更好地为全国服务。

上海寸土寸金。也许，各地在沪投资企业当家人是对这句话有着最敏感反应、最深刻理解的群体之一。由上海市青联和《中国企业家》杂志日前对广大在沪投资企业进行的一项调查可以惊人地体现他们心中对“上海之地”含金量的估价:“如果打算搬迁总部，首选哪里?”被访者居然无一例外地选择了“上海”!

虽然由于实际的种种因素，这些企业中仅有 26.7%表示“打算搬迁总部”，但是上面这个“如果”也充分说明了上海已经成为国内企业家众望所归的“风水宝地”。整个“九五”期间，企业“迁都”到上海，或者干脆在上海重新“建都”，即决策机构向上海转移，已经成为一种潮流，甚至部分一度从江浙出走南下广东的企业又重新北上把总部搬到上海。

是什么吸引了这些中国企业家一定要把办公桌摆在上海? 这对企业的发展究竟有多重要? 上述调查结果显示: 有 60%的被访者认为企业所在地对企业经营来讲“非常重要”。他们认为，企业搬迁总部的原因主要有“寻求更大市场空间”、“寻求国际化经营平台”等，“经济中心、辐射力强”是上海最主要的优势，其次是地方政策好、有良好的商业氛围、人才资源丰富、政府作风开朗、办事效率高等等。而对总部迁入上海的影响、营销业务、资本运作、高层管理、海外业务等被认为是直接受惠的领域。

上海把房地产业作为六大支柱产业之一，而尝到“借地发展”最直接甜头的莫过于房地产企业。浦东新区和各开发区内鳞次栉比的高级办公楼、上海改造老城区建立起来的新型住宅小区等等，无不给外地企业带来了大规模开发经营房地产的空间。由深圳中达集团控股的上海万邦企业集团自 1998 年 6 月在上海成立后，通过房地产开发，目前已拥有近 10 亿元的资产。建筑面积 5.8 万 m^2，集地铁站、商场、写字楼、餐饮娱乐功能为一体的地铁上盖建筑——地铁万邦广场是该集团投资上海的首个项目，该项目目前已配合地铁二号线全面开放，不但使万邦品牌在上海树立起来，更为上海增添了一道新的风景。由中远集团在上海“建都”的中远置业集团更以超大手笔打造超大楼盘：不但开发了上海国际航运金融大厦、上海远洋广场、绿洲城市花园、众城大厦等一批高档楼盘，还积极参与上海旧城改造，投资 60 多亿元改造“两湾一宅”，打造上海楼盘之“航空母舰”——160 万 m^2 超级规模的中远两湾城。如今，中远两湾城已成为上海市区环线内规模最大的智能生态居住区之一，也成为中远置业集团房地产开发的龙头和象征。

房地产企业开发的是有形之地，而利用上海已经建成的资本市场、要素市场进行资本扩张的各地企业则可谓借了上海的“无形之地”。1999 年 4 月从成都“迁都”上海的东方希望集团董事长刘永行被当年《福布斯》杂志评为中国国内私有财产的排名第二。上海在这位被认为是中国第二富有的老板心里究竟有多重要？刘永行的说法是：“我现在的生活 60%在上海”。通过资产运作，东方希望公司下属企业的数目从 14 家增加到近 62 家，资产规模增加 4 倍。该公司还是民生银行的大股东之一，据悉目前正在涉足另一家股份制银行和上海一家知名企业的上市。

配合上海企业进行资产重组，也是各地投资企业在上海“做大”的重要手段。来自北京的上海飞天投资有限公司投资 2 亿元对上海永生股份有限公司进行了资产重组，使该企业在经营方向和业绩上获得了更广阔的发展。近期，青岛啤酒集团投资 1.5 亿元正式收购嘉士伯香港公司在上海投资的嘉酿上海啤酒公司，易名为“上海青岛啤酒华东控股有限公司”。至此，青岛啤酒集团总年产量达到近 200 万吨。

到上海是为了“做大”，“做大”之后则“头在上海、扩展四肢”，以求“更大”。上海华宇融投资发展有限公司的历史证明了这一战略的成功。1995 年成立于深圳的华宇融于 1999 年初迁到上海，在上海发展壮大后不但以 90%的股权收购了上海申隆药业有限公司，成立上海大众药业有限公司，还在河南收购了许昌华佳氨基酸有限公司，将其改组为上海大众药业许昌制药有限公司。公司还参股光大银行，成为光大银行重要的股东之一。与华宇融一样，被上海市评审为“市外在沪大企业”的上海中东实业投资股份有限公司也以上海为基地，在全国各地投资成立了重庆中东环境产业有限公司、云南沪滇投资发展股份有限公司、江苏响水生态农业园区等，以新兴的环保产品生产和开发带动了这些地区的产业升级和经济发展。来自湖南的上海鸿仪集团在上海经历一个时期的发展壮大后，目前已在上海收购兼并了两家上市公司，并获得了张家界部分景区和有关公路的 50 年收费权，形成了旅游产业和资本运作为一体的经营体系。

近一年来，随着西部大开发热潮涌动，在借上海之地发展的外地企业中，来自中西部企业的身影越来越多。在上海与西部企业近期签订的合作协议中，开放上海市场，欢迎西部产品扩大在上海的市场占有率是一个突出特点。来自新疆、甘肃、青海、陕西、云南等地区的企业纷纷在上海设立产品分销中心。仅以水果为例，今年以来上海有关部门已经与宁夏陶林园艺试验场、内蒙杭锦后旗小台乡、甘肃天水等地区的企业建立了固定合作关系，上海方面不但积极为对方提供适合上海市场的供销信息，还派专人帮助对方销售，可谓大开方便之门。

世纪之交，上海决策层在“十五”规划中再次强调做好“服务全国”大文章，随着上海中心城市功能的进一步加强，到上海“借地发展”将被更多外地企业作为新世纪企业规划中的重要战略。

（《文汇报》记者：顾佳贇　特约通讯员：程婉贞）

全国之上海：追求“无我之境”

上海，自其开埠之日起，与生俱来即是全国之上海。不说其初兴时就是一个移民筑起的城市，全国各大商帮的商会林立，就说新中国成立后，作为中国工商业之“长子”，全国资源保上海，上海货流向全国各个角落。改革开放后，市场经济勃兴，上海向其中心城市功能回归，城市服务体系不断完善，全国范围内的人流、物流、资金流、信息流在上海集聚中转。融入全国、服务全国，已经成为决定上海未来兴衰的生命线。

“无我之境”

上海明确提出“服务全国”的理念，是在10多年之前。这预示着上海对其深植于城市性格之中的“全国意识”进入真正自觉的时期。

计划经济虽然使上海人动辄以“阿拉上海人”自居，但上海骨子里“全国之上海”的意识却是难以根除的。虽然上海长期为全国的发展提供强有力的财政支撑，使得自身城市“过度消耗”，但一俟周边地区市场步伐加快之后，长期积淀下来的资产、人才及技术资源便冲破了地域樊篱开始了流动。虽然上海口头上还称外省市在上海的企业为“外地来沪企业”，但上海已开始视之为自身经济的一部分。

“全国支持上海，上海服务全国”。上海市领导反复对全市上下“普及”一个观念：服务全国不仅是上海对全国的一种责任，而且也是上海自身发展的根本需要。在全国城市中，上海“个性”独特，其个性就是“无我”。有学者说，只要上海尚持“你我之见”，上海就还没有真正找到自己的发展之路。上海的最高境界是“无我之境”，是一个“无我”的供各地平等发展的舞台。

一系列新的观念出现了：拆“围墙”；不求所有，但求所在；资源由留转向“流”；投资机会全面开放，“座位”不够，要让出“座位”，让客人坐；客人就是主人。一系列新的政策正式出台了：关于扩大对内开放的24条政策中最引人注目的就是多处“平等”的字眼：对外省市投资企业一视同仁，给予各方面平等待遇；与上海本地企业在税收、评奖、质量认证、融资等方面享有同等待遇，“外地企业”进上海得到其久盼的“市民待遇”。上海还实行大企业认定制度，一经认定，就可享受多方优惠政策。

证券交易所、产权交易所、技术交易所、航运交易所、日益集聚的中外金融机构、跨国采购中心……基本形成体系的全国性要素市场框架，使上海成为中国“流量经济”的一个中心。各地在沪设立的全资或控股企业增速在加快，杉杉、春兰、中兴通讯等国内实力企业的总部或研发中心纷纷迁至上海，上海出现了一个崭新的经济形态“总部经济”，这成为上海这个中心城市吸引力的一个表征。

上海已正式宣布将融入全国、服务全国列为上海的重要发展战略。上海清醒地认识到，上海的发展其实是一种国家战略，上海应该在服务全国中发展自己。

“接轨”长三角

中国市场经济的快速发展，已把区域经济推到了前台。长江三角洲地区是中国最具潜力的区域经济地带。在长三角，上海服务全国的城市功能与区域经济发展势头找到了最佳的结合点。

联营企业、星期日工程师，被视为长三角经济联合的起点。三地政府不失时机地发挥着自己的作用，长三角在政府推动下“走得越来越近”。苏浙沪政府高层对话交流机制建立起来了；长江流域发展研究院成立了；长三角旅游、人事、建设、工商等相关政府部门协调机制也在形成；长三角区域行业协会也在酝酿之中。

但真正起作用的还是市场力量。上海在世纪之交进入了人均GDP从5000美元向8000美元提升的城市经济升级阶段，伴随而来的是，土地、劳动力等基础资源的商务成本刚性上升，与周边地区相比，在制造业等一般竞争领域上海已无明显竞争优势。上海第一次切身感受到城市经济升级的紧迫性。上海大规模开展了新一轮枢纽型城市基础设施的建设，进一步集聚中心城市功能，与长三角其他省份形成错位的垂直形态的竞争与合作关系。

与此同时，苏南的乡镇企业、浙江的民营企业，在经过了长达10多年的积累和蜕变之后，在市场力量的推动下，向现代企业、公众化公司转型，其投资能力已今非昔比，市场眼界日益开阔，对接受区域内中心城市的辐射和服务，有了真正内在的需求。近年来，杭州、湖州、绍兴、嘉兴、嘉善等长三角大、中、小城市都定期在上海举办各类招商会或投资环境说明会，并且真心实意地叫响了一个口号：“接轨上海”。上海也明确提出：“接轨”长三角。长三角走上了经济一体化的轨道。

长三角实质性融合

长三角合作平台建设已迎来一个“机制年”、“标准年”和“市场年”，实质性融合开始破题。更为重要的是，国务院正式颁布了长三角地区改革开放与经济社会发展的指导意见。长三角区域发展已正式上升为国家战略层面，成为中国区域发展格局的样板。

环保：引领长三角合作机制创立。长三角地区水系发达，跨区域河流众多，区域各省市生态状况、经济发展结构和水平具有一定的差异，建立科学的流域生态补偿机制问题日益受到各方关注。长三角环保合作专题将重点研究设计长三角地区流域生态补偿机制总体框架，处理好政府与市场、中央与地方、生态补偿与扶贫、流域上游与下游责任、补偿与协议补偿等方面的关系；研究提出长三角地区流域生态补偿责任主体、补偿标准、补偿方式和补偿途径等方面的建议。建立机制，是建立长三角合作长效机制的必然选择。前两年，在具体技术方案上有明显进展的长三角交通卡互通课题，将在推进机制上进一步深化；长三角港口合作也将在现有的“联席会议”框架下进一步推进“港口规划与建设”、“港口市场监管”、“港口安全与环保”和“港口信息与培训”等方面的合作机制建设。

旅游：为长三角标准体系建设带头。随着长三角地区第一个区域性标准《旅游景区（点）道路交通指引标志设置规范》的出台，长三角区域开始在标准上进行合作。长三角交通卡互通的下一步目标也是统一技术标准，研究制订区域统一的卡结构、机具接口、清算平台等标准，集中力量重点解决结算平台、运营模式等瓶颈问题，为最终实现真正意义上的互通创造条件。

统一大市场建设进入实质性运作。苏浙沪三地工商行政管理部门已经在股权出资、外资统一管理等方面达成了一致意见，并出台了共同文件。这标志着长三角统一大市场建设进入了实质性运作阶段。为了在政府间的合作平台之外形成长三角的“第二合作平台”，使已经十分活跃的企业间跨地域联动更为组织化，长三角地区将通过跨区域整合，建立长三角区域性行业协会，使其成为企业联系政府的桥梁纽带，不断拓展和深化长三角区域合作。专家表示，区域一体化的本质是市场一体化，企业是市场的主体，通过把长三角区域内的企业按行业组织起来，使区域性行业协会成为可以有效组织企业并形成利益共同体的平台，形成政府和市场主体共同推动的长三角合作体制。

利义一致

就像水必须有落差，才有足够的势能，才能奔流一样，中国经济经历了长期平均主义束缚后，“让一部分人先富起来”的政策使中国的经济活力被充分调动了起来。但江河最终还是要归大海，社会主义中国的最终目标是实现共同富裕。中央在东部沿海地区积累起一定财富的基础上，在世纪之交正式宣布了西部大开发的国策，并且要求发达地区对口支援贫困地区。上海在全国一盘棋中有自己的责任，也有自己的机会。

上海在西部大开发中追求的是“利与义的一致和共赢”。政府部门肩负起上海应尽的责任和义务，制定鼓励企业投资中西部的优惠政策，组织专家考察西部，对东西部资源、劳力、技术、资金和人才之间的优势互补和联动的可行性进行充分论证，提出指导意见。这就为企业“走西口”打下了扎实的基础。市场化使上海企业在西部真正找到了发展的机会，并购重组、合资合作等投资手段使得上海与西部之间建立了一条牢固的资产纽带。“销地产”、贴牌生产等等富于创意的经营之道，让白猫、上海医药、家化、汇丽等上海名牌企业的名牌产品走进了大山。

上海对口支援云南、三峡库区、援疆、援藏。上海给人留下最深的印象是：上海不仅出钱，而且“出人”。上海在贫困地区挂职锻炼的干部，不仅给贫困地区带去了当地发展不可或缺的“经济血液”，而且带去了比资金更重要的现代管理理念、项目评估方法、资金使用效率观念。出钱又出人，使得上海对口支援的绩效大增。援滇进村入户，实施“一所村校、一个卫生室、一座卫星接收站、一个沼气池、一个种养特色项目”温饱试点村工程，有些温饱村已在向“小康村”递进。如果挂职干部不深入当地，靠拍脑袋是想不出来的。上海出钱又出人，得到的最大收获是：干部受到了最为刻骨铭心的国情教育，不知多少挂职干部说，如果没有这次经历，我一辈子也不会真正明白中国是什么样子。振兴中华，是每个中国人的责任。

多少上海干部到过的地方，都留下了“上海路”的路名。上海也同样不会忘记西部的山山水水。上海始终是全国的上海。

（新华社上海分社记者：李荣）

共建、共享、共进

——记上海参与长江黄金水道建设

上海在哪里?

上海在江海之滨。长江在此汇入东海。

有江有海,与水如此亲近,上海今日在中国经济社会中显著的地位和作用,与这得天独厚的地理位置关系密切。

正当上海回顾改革开放30年来国内合作交流工作之时,9月,国务院发布《关于进一步推进长江三角洲地区改革开放和经济社会发展的指导意见》,其中明确要"强化服务和辐射功能,充分发挥对周边地区、长江流域及其他地区的带动作用",上海作为长三角龙头城市,身处"长江尾"的港口城市,"服务"、"带动",已经也将继续是上海参与长江黄金水道建设的关键词。

长江黄金水道建设功在当代,利在千秋

长江是我国唯一贯穿东中西部的水路大通道,长江水系完成的水运货运量占沿江全社会货运量的20%。根据交通部的预计,到2010年,长江干线水运量将达到13亿吨,其中外贸运输量将达到4.5亿吨,港口集装箱吞吐量将达到1600万标箱。再看长江流域沿江省市,面积不足我国总面积1/5,其水资源近1万亿立方米则占全国34.2%,沿江省市人口逾4亿。资源带、产业带、生活带,作为东西大通道,长江水道的确称得上"黄金"。

正因为黄金水道的价值所在,沿江七省二市都在开发利用长江上下足功夫,但黄金水道整体概念的提出和合作建设开发的展开,包括长江黄金水道开发战略的制定,却也只是近几年的事。

2005年,交通部和沿江省市共同召开了"合力建设黄金水道,促进长江经济发展"会议,就加快长江水道建设达成共识,明确了总体目标,提出了"十一五"时期建设重点。同年底,长江水运发展领导小组第一次会议在南京举行,各方共同签署了《"十一五"期长江黄金水道建设总体推进方案》,确定重点推动长江沿线航道治理、港口规划与建设、船型标准化、三峡过坝运输扩能、水运保障、干支联动等六项建设工程。由此,长江黄金水道建设步入新一轮发展期。

在长江黄金水道建设步伐加快的形势下,2006年,中央高层对此做出重要批示,要求沿江

各省市及有关部门加强协调,相互支持,形成合力,加快推进黄金水道建设,不断提高长江水运能力和水平,为沿江流域经济社会可持续发展做出积极贡献。长江黄金水道建设在这样的背景下全面展开,其开发建设,对推进西部开发、促进中部崛起,加强中西部地区与东部地区经济联系,利在千秋,对探索建立合理的区域协调发展机制,也是意义深远。

此时,也是中央明确上海加快建设经济、金融、贸易、航运中心"四个中心"建设之时,上海参与长江黄金水道的建设开发,也由此在硬件、软件上加速推进。

打造江海枢纽,上海悉心建好基础工程

特殊的地理位置,决定了上海的江海枢纽功能,建好深水港,拓展港口服务,上海一切从基础做起。

早在2004年,上海市政府合作交流办公室即会同有关部门与长江流域中心城市专家学者联合开展推进长江黄金水道建设课题研究,立足国家发展战略,重点谋划长江流域联动发展与西部开发的有机结合。

上海组合港管理委员会在长江黄金水道建设中发挥了重要的调研和协调作用。2005年,该办公室即在交通部及沪苏浙三省市政府的领导下,根据上海国际航运中心建设的需要,开始了长江黄金水道建设方面的调研。2006年,交通部长江航务管理局、长江航道局、长江口航道管理局及上海海事大学专家对长江沿线南京以下地区经济发展情况和航道条件进行了深入调研,走访了沿途有关单位和科研实验室,对这一部分航道整治到－12.5米水深的必要性、可行性进行了分析,为下一步建设奠定了科学基础。

同时推进的还有上海洋山深水港建设,这不仅是上海国际航运中心建设的核心工程,也是《"十一五"期长江黄金水道建设总体推进方案》的重要内容,以实现上海港与长江紧密连接,更好地服务长江流域。洋山港继2006年二期工程开港运营和完成323万标箱吞吐量后,2007年年底三期工程的4个泊位也陆续投入运营,2007年,洋山港的集装箱吞吐量超过了600万标箱,水水中转比例已超过40%。

建集疏运体系,建江海枢纽,离不开高等级内河航道网络以实现良好的对接,这也是上海参与建设长江黄金水道重要的一项基础工作。根据交通部和上海市政府联合批复的《上海市内河航运发展规划(修订报告)》和《"十一五"期长江黄金水道建设总体推进方案》的要求,上海确立"十一五"期间航道建设目标是,至2010年,基本建成赵家沟、大芦线等6条内河集装箱主通道,整治航道总里程174.6公里,实现上海境内三级航道的基本贯通,初步形成连接上海主要集装箱港区与长三角港口群的内河集疏运通道。疏浚加深、裁弯取直……一项项工程如火如荼地展开,"十一五"期间,将有112亿元资金投入这些工程。

截至2007年底,大芦线一期工程、赵家沟工程等均在顺利实施中,苏申外港线、杭申线、大芦线二期、黄浦江泖港段、苏申内港线等工程也都在逐步展开。上海内河高等级航道网是长江黄金水道建设的有机组成部分,这部分建设任务重、要求高、投资大,上海正以高标准坚持不懈地向前推进。

创新合作方式，推进长江战略，发挥上海港服务功能

2008年8月，湖北省政府率17个地市政府在上海举行鄂沪（长三角地区）经贸合作洽谈会，旨在借上海的平台，加快推动国外资本及产业和长三角地区资金及产业向湖北转移。会上，湖北省副省长田承忠表示，改革开放以来，长江航道能力不断得到提升，湖北希望通过加深与上海及长三角地区的合作，顺长江把海岸线延伸至内陆地区，武汉新港的建设必将充分利用长江黄金水道，通过江海联运带动整体发展。

长江沿岸七省二市中，内陆与沿海的区位差别明显，如何以长江为纽带，增进沿江省市合作，增强上海港服务带动作用，是上海服务全国过程中的重要命题。

上海港的主要服务对象是长三角和长江流域，上海市委、市政府一直强调上海港要贯彻落实长江战略，在谋求共赢中加强与长三角和长江流域港口的合作。每年，上海市政府有关领导都与沿江省市领导就长江黄金水道港口合作举行会议。

在港口行政管理部门的合作交流方面，2006年9月，由上海市港口管理局牵头，会同宁波、南京和南通市港口管理部门共同发起成立了长三角城市港口管理部门合作联席会议，初步搭建起区域港口合作平台。2007年9月，长三角16个港口的管理部门在宁波举行了第二次联席会议，以“建立机制，深化合作，促进发展”为主题，以建立合作工作机制为主要任务，会议审议和通过了在联席会议框架下成立的港口规划与建设、港口市场与监督、港口安全与环保、港口信息与培训等4个合作工作小组的可行性方案。通过这一平台，实现了长三角港口行政管理部门从“对话交流式”合作转向“项目带动式”的实质性合作。这样的合作，今后也必将延伸至整个长江流域。

上海国际港务集团还创新突破，以产权为纽带向长江上游推进。该集团积极推行长江战略，通过资本、技术和管理输出，与长江沿线港口紧密合作。目前，该集团在重庆、武汉、南京等沿江港口均有参股。2007年，集团又与九江港进行战略合作，共同建设和发展九江港码头。以前，九江港运往上海洋山港95%以上的外贸集装箱必须经过上海外高桥码头中转，合作后，上港集团在长江干线上新开辟了九江港直抵洋山港的集装箱班轮，不仅运程节省24个小时，而且节约了进出口企业的物流成本。一系列的合作围绕长江黄金水道拓展了战略布局空间，更顺畅地整体推进上海港和长江流域的发展。

与上海较近的长江中下游地区，也是长江流域港口合作的重点。上海组合港管理委员会办公室2007年协调长江下游各港开辟到上海洋山港区集装箱支线问题，重点开辟江苏太仓港区到洋山港区直达支线。港区间及航运公司在集装箱运输业务方面的合作，使上海港的服务带动作用进一步显现。

此外，以浏河口为界，长江下游分为河区和海区，两段区域在船舶技术标准和引航、船员、管理等政策上有很大差别，要提高长江到沿海港口的货源集聚，提高船舶营运效率和效益，自然条件和技术条件上都要有所突破。为探索推进江海直达，上海提出建立长江口特别管理内河航区的思路。从2006年开始，上海组合港管理委员会办公室就“长江到洋山专用船型”等问题进行了调研，分别与太仓、常熟、南通、镇江、南京、台州、嘉兴等港口及上海海事局及中远、中

海、上海长江轮船等机构交换意见，认为根据实际运营情况和多年来的风浪条件，对政策进行一揽子调整和创新，探索开辟长江口到洋山港区及宁波舟山海域作为“特别管理的内河航区”是有可能的。当然，这项工作还在探索中，从长远看，改善区域主要港口水运集疏运系统，政策创新突破是必然。

大通关，管理政策创新突破提速长江流域物流效率

提高江海联运和物流效率，都离不开通关政策的改革和改善。近几年，上海联合多部门积极推进大通关改革，为口岸物流创造更好的通关条件，这也是提高长江黄金水道与沿海港口间物流效率最重要的管理政策突破，对港口、对企业、对社会，都是利好。

大通关是运用现代管理、信息化和高科技手段，建立政府有效监管和企业高效运作的协调联动机制，优化单证、货物、旅客、资金、信息等作业流程和通关环境，提高口岸工作效率和进出口货物、出入境旅游通关速度的系统工程。具体到目前的通关改革，即在一定区域内实现跨关区、跨检区的“属地申报、口岸验放”，将货物的通关模式由原来的“两次申报、两次放行”变为“一次申报、一次放行”，通过电子口岸平台，通关过程最快1小时即可完成，大大提高物流效率。

大通关说起来简单，做起来却是一个复杂的系统工程。它涉及海关、出入境检验检疫、空港、海港、船务代理、货运代理、报关公司、海事、边防、通信、银行、运输、仓储、税务等诸多机构，涉及物流、信息流、资金流、单证流多个层面，而要打破关区、检区界限，建立统一的口岸数据平台，也绝非一夕之功。经过多年努力，上海口岸大通关改革合作已沿长江而上由长三角地区扩展到中西部地区，大大提高了上海口岸对中西部地区的服务水平。

2006年9月以来，上海先后与中部六省、苏浙两省和川渝两省（市）签订了《上海与中部六省加强口岸大通关合作促进现代国际物流发展框架协议》、《沿海部分省市与中部六省口岸大通关合作框架协议》、《长三角区域大通关建设协作备忘录》和《沪川渝三省市口岸大通关合作框架协议》4个口岸大通关合作协议，标志着上海口岸区域大通关合作框架体系基本形成，上海服务长三角、服务长江流域、服务全国的水平进一步提高。

根据各地区的不同情况，上海因地制宜寻找合作项目。在长三角区域大通关协作中，上海主要着眼于推进区域一体化项目的深度合作，率先启动了长三角货代企业信用等级评估互认工作，并对货代企业进行信用等级评估，促进了苏浙沪三地诚信口岸建设。在与中部六省的合作中，上海则主要依托长江黄金水道开展港口资源、江海联运、国际集装箱多式联运、口岸电子信息化的战略合作，并协调各方于2007年先后开通了上海至南昌、上海至合肥的集装箱“五定班列”，使上海口岸与长江沿线口岸的合作进一步深入。在与西部川渝地区大通关合作中，上海重点突出电子口岸信息化合作、水水转运、海铁联运、国际航空线路开拓的战略合作，上海港务集团与重庆、四川8家船运公司加强了战略合作，促进长江支线运输发展。为适应重庆对外开放的要求，上海口岸办还协调上海航空增开了重庆至泰国曼谷的国际航线。上海口岸通过加强口岸大通关合作，既充分发挥了上海口岸向内陆辐射的功能，又达到了促进上海口岸与长三角和中西部地区口岸功能延伸和优势互补。

到2007年底，上海海关牵头实施的长三角区域“属地申报，口岸验放”的通关模式已拓展到武汉、郑州、合肥、长沙、南昌、重庆、成都、西安、银川等19个关区，适用企业1323家，上海口岸承接长三角和长江流域进出口货物的快速通关体系基本形成。

当前，长江黄金水道建设和上海国际航运中心建设都在向纵深推进，在构建统一市场体系、物流信息化、企业信用等级评估、港口协调整合、管理创新等方面，长江流域还有很多事情要做。按照优势互补的原则，以港口为基础形成长江大物流圈，以更好地服务长三角和长江流域，是上海与长江流域省市谋求共赢发展的必由之路。

（《人民日报》社上海分社记者：王薇）

思念穿越千山万水

——上海援藏片段

从拉萨向西250公里，汹涌奔流的年楚河与雅鲁藏布江轰鸣交汇，其景如仙似幻，藏民遂将其称为日喀则，意为“最美的庄园”，再往南，即是珠穆朗玛。这里，是上海在西藏的对口支援地区。

从日喀则市开往定日县，途中会经过一块纪念墙，墙上刻着：“距上海人民广场5000公里。”据说，每个从上海来藏的人，只要经过这里，都会停下拍照留念。

援藏这三年

数字：1997年至2007年的十年间，上海共向西藏日喀则地区派出总计249名的挂职干部，支教老师10名，并帮助当地培训技术干部6885人次。

定日距日喀则244公里，这里有5名上海援藏干部。

关于“定日”的来历，上海援藏干部、定日县委书记张金弟的解释是，“定日”藏语意为“定声小山”，传说一位喇嘛掷石，“啶”的一声，落在该地，后来在该地小山上修建寺庙，即取名定日寺，后沿用“定日”为县名。

喇嘛掷石的故事已不可考。作为珠穆朗玛峰的所在地，定日最大的优势显然是丰富的旅游资源。但定日坐拥世界第一高峰，旅游业的发展却举步维艰。

路！张金弟说，关键的掣肘就是定日通往珠峰那条路！

日喀则行署专员许雪光说，国家对西藏地区的交通建设投资巨大，国道、通往县城的省道全部纳入中央财政拨款。“但是，定日通往珠峰大本营的108公里道路，既不属国道，也不属省道，所以至今仍是土路一条。”

这三年里，上海在定日投入了援藏资金2460多万元，定日县生产总值、农牧民人均纯收入、财政收入都保持了年均15%以上的增速。与此同时，旅游业的配套设施开始完善，投资904万元的珠穆朗玛上海大酒店也建起来了。但路呢？还是那个老样。108公里，一路颠簸，一路灰尘，有的路段甚至是车轮在山体上轧出的便道，游客从低海拔上来，高原反应本来就大，这样的交通条件，哪还有心思看珠峰？

2008年5月2日，西藏自治区党委书记张庆黎到珠峰大本营看望为奥运圣火采集做前期准备的相关工作人员，中午在珠峰脚下的一个帐篷里召开现场办公会。

轮到张金弟发言了。“从定日到珠峰的路不解决，定日旅游业的发展就始终突破不了。”

当时在场的日喀则行署专员许雪光告诉记者：“张金弟平时话很少，但当时他就这么急。一个马上要离任的援藏干部，如果不是真正为定日谋发展，没必要这样。”

许雪光说，张金弟发言后，张庆黎没明确表态。只是没几天，自治区交通厅厅长就来了定日。5月24日，有关方面通知，西藏日喀则地区定日县至珠峰大本营的道路将改建。改建后，定日至珠峰大本营旅游干线将达到四级沥青路标准，两车道双向行车，预计投资1.5亿元。

张金弟长舒一口气，这个心愿，圆了。

萨迦，藏语意为“灰白土”。

大名鼎鼎的萨迦寺就坐落在本波山麓、仲曲河两岸。站在萨迦城墙上，大风裹挟沙尘呼啸，声音大得让人们近在咫尺却无法听到对方说话。成群的红衣僧侣在城下经过，穿着不同地域服装的藏民沿着内城墙漫长的转经廊转经，城下是成片的萨迦特有的灰色藏居，时光仿佛停滞一般。

“到了冬天，你肯定不会喜欢这里的大风天。”上海援藏干部、萨迦县委书记顾云飞说：“刚到萨迦，水土不服，半夜去厕所，零下27摄氏度，风从简易茅房的茅坑里吹上来，风吹得那个疼，针扎一样。”

其实在日喀则，不管哪个县，气候条件都差不多，要说援藏苦，首先苦在自然条件。日喀则地区人民医院副院长陈睦曾任上海新华医院副院长，是援藏干部中唯一的执业医师。走在日喀则的夜色中，他感慨：“作为医生，在这里我更感到生命的脆弱和渺小。一个阑尾炎这样的普通小病，在这里都有可能夺走人的生命。”

但在日喀则地委副书记、上海援藏干部领队赵福禧看来，再恶劣的自然环境都算不了苦，苦的是对家人的内疚。“有个干部，问他最需要什么，他玩笑似地说，准我3天假，我想看看3岁的女儿，看一眼就回。”

日喀则地委组织部副部长丁保定说，想回家看女儿的叫金晨，担任日喀则地区建设局副局长。在他援藏期间，老父老母，岳父岳母都身患重病，但他一直瞒着不说。去年上半年，岳父和妻子先后动手术，他都没能陪上一天。这种情况，50名援藏干部几乎都不同程度经历过。

赵福禧说：“欠父母，欠妻子，欠孩子……这三年，对每一个援藏干部来说都不容易。但在这三年里，当地和上海的各级领导对我们给予了无微不至的关心，每逢节假日来临，他们都嘘寒问暖。对有困难或者有病人的援藏干部家庭，市委组织部和援藏干部选派单位领导也总是及时帮助解决后顾之忧。”

正是在这样一种力量的支撑下，第四批援藏干部取得了令人信服的业绩。要离开西藏了，日喀则地委书记格桑次仁对记者这样评价上海第四批援藏干部：“这是一支低调、务实、干实事的队伍。他们思路清晰，工作扎实，考虑问题很严谨，特别谦虚，从来不张扬。”

而“足迹遍布援藏地，不留半点病榻前”，日喀则当地一名藏族干部这样评价上海的援藏干部。他说，几乎每批上海的援藏干部中都有几个“多灾多难”的小故事——

第四批的黄海峰记得很清楚，他把老父老母从崇明接到市区时对他们说的话：“三年援藏回来后，我要好好照顾你们。”可是，当他在西藏没到三个月的时候，父亲却因病溘然长逝，让他再也不能履行孝子的诺言。回来奔丧，也不过十天时间。刚做过手术的老母亲，特别需要儿子的安慰，说：“孩子，你再待两天，陪陪我吧”。可他不想给组织再添麻烦，“狠狠心”走了。

第三批林巍的妻子蒋祯恺，在丈夫援藏最初三个月是多么的焦头烂额：怀着孩子，母亲又要动手术。孩子生下来后，又患重病，只得放在松江的母亲家照顾，自己单位却在闸北，一天有四五个小时挤在公交车上。可当她看到丈夫带着西藏建筑领域内最高荣誉“雪莲奖”凯旋的时候，由衷地感到值得。

第三批的“老大哥”黄伟也记不清自己多少次有“负”家人：三年间老父住院五次，有一次父母同时住院，他都没时间回来看看他们。令他感动的是，两位老人家刚住院，就马上召集亲戚开“家庭会”，不让任何人告诉他。更令他感动的是，医院床位十分紧张，一听说是援藏干部的父母，医院马上见缝插针安排。黄伟说，那种时刻，只感觉到不仅是自己一个人在援藏，也不仅是全家人在援藏，而是整个上海都心系西藏！

安康工程“亚咕嘟”

数字：1997 年至 2007 年的十年间，上海共在西藏日喀则地区无偿援建各类项目 606 个，金额总计 9.68 亿元。其中，教育项目 104 个，卫生项目 72 个，整村推进扶贫开发 68 个。

从海拔 4 米的上海到海拔 4000 米的日喀则，数批上海援藏干部接踵而至，送去上海人民的绵绵情谊：“希望工程”，点燃了教育的星星之火；“健康工程”，改善了农牧民的就医条件；“安康工程”，正铺就一条脱贫致富的新路……

“安康”，也非一帆风顺。拉孜查务乡副乡长格旺说，刚开始时，村民们顾虑很多，认为自己一无技术，二无销路，不愿意参加试点。上海干部就想方设法把愿意尝试的农民集中起来培训，帮他们建造大棚，形成示范作用。如今，试点农户的户均收入已达到 5000 元。

28 岁的藏族小伙战堆憨厚地笑着，从贴身衣服里掏出一叠带着体温的钱，乐滋滋地说道：“蔬菜大棚里的白菜，一拿到市场就卖了个底朝天，又有了 200 块钱收入”。眼前这片不足 100 平方米的大棚，就是战堆的“宝贝”，里面种满了黄瓜、白菜、油白菜等好几种蔬菜，每次一收获，挑到乡里很快就会被一抢而空。

作为一个典型的西藏农区农民，战堆以前的生活却是另外一个样子：守着几亩产量不高的青稞地，年收入在 1000 元以下，只能勉强维持温饱。如今，“安康工程”让战堆的日子越来越滋润了：以前连百元大钞都没见过的他，自从搞了这个蔬菜大棚，几个月就增收了 500 元。

在江孜县东郊村，扶持专业户是“安康工程”为农民增收的新特点。在援藏资金扶持下，一批批养牛专业户、奶渣专业户冒了出来，村民央拉仅靠奶渣一项年收入就达三万元。针对拉孜县“三宝”——藏刀、藏鞋、六弦琴手工艺的传统优势，上海援藏干部扶持成立了拉孜县民族手工艺产品有限公司，召集当地农牧民进厂生产，既保护了藏地珍贵的手工艺资源，又让农牧民增加了不少收入。当地农民普旺达制作藏刀，上海干部在春节回家探亲期间，也不忘给普旺达寻找专家，帮他改良镀锌技术。现在，普旺达的订单如雪片，年收入达 5 万多元。此外，援藏干部还特许制作藏鞋的农牧民分批分次到厂里做活，既不耽误农活，又可增加收入，还使更多人受益。

上海援藏干部、江孜县委书记赵卫安说，围绕农牧民增收这个“支点”，“安康工程”还着力调整农村产业结构，培育农村集体经济。江孜县东郊村通过援藏资金的8万元，扶持养殖大户和奶渣专业户，在农区大力发展家庭畜牧业。同时建立了种牛基地，为农民养牛改良品种。白久仑布村通过安康工程，培育农民种植油菜、玉米等以前从未种过的经济作物。

调整农业产业结构离不开加工、销售等一系列配套的支持，许多试点村利用安康工程资金建立了小型榨油厂、磨面厂，方便农民就近加工；此外，还在加工厂设立收购点，帮助农民销售。

这些措施在富民的同时，使村委会也积累了一笔资金。江热村通过兴办食品加工厂和小售货店，村级集体积累每年由数千元迅速升到了3万元。拉孜县的6个试点村平均一年村级集体经济收入达到3万元，有了一定的积累，试点村基本解决了“有钱办事，有场所办事”的老大难问题，村干部的误工补贴可不必再从农户中收取，调动了方方面面的积极性。一些村还用集体积累帮助贫困户脱贫，帮助残疾人改善生活，提高教育质量，形成了社会经济共同发展的良好势头。

从养牛羊，到种大棚菜、做手工艺品，农牧民的收入实实在在增加着。也难怪，许多没有进行安康工程试点的村子纷纷要求安康工程“落户”；也难怪，“安康村”的村民都说安康工程“亚咕嘟”（藏语“太好了”的意思）！

安康工程，也给村子和村民的面貌带来了巨大变化。

亚东县的试点村虽大多在偏远地区，但安康工程仍延伸到那里。太阳能设施的安装，结束了农民常年点酥油灯的“黑暗”历史；小超市的建立，让村民们欢欣鼓舞。一年之内，拉孜县孜龙村28户家庭就购买了彩电，用上了太阳灶。几个试点村的群众对吃、穿、用等生活方式有了新的要求，农牧民群众的生活正悄然发生着可喜的变化。

在那西村村委会办公室，有这样一份表格，全村82户人家全都在列，除了生产收入、贷款额度等栏目外，还有法律意识、团结意识、文明意识、科技意识、致富意识五大栏目。副乡长格旺解释，这是那西村最近开展的“五星户”评比活动，也是安康工程的重要内容之一。五星户评比等一系列活动使村干部群众的思想观念发生很大变化，极大地调动了“治乱治愚、勤劳致富”的积极性。

江孜县和定日县对试点村组织了居住环境整治活动，修建了简易下水道，设立了小型垃圾场，仅江热一个村，为改善环境，村民自发投入劳力就达3192人（次）。现在，只要走进试点村，就会感觉气象一新。人们精神面貌也不同以往：喝酒、玩麻将虚度时光的少了；在活动室看电视，学知识的多了。江孜县的试点村统计表明，适龄儿童入学率达98%，初中入学率达96%。有了村委会办公室，有了一定的活动经费，试点村普遍建立了制度上墙，村党支部的组织生活也都健全了，不少村还能坚持定期召开村民大会。村党支部和村委会的向心力、凝聚力和战斗力得到了增强。不少试点村被评为县、乡的先进。

在拉孜那西村，援藏干部去调研，当地藏民跳起了传统庆祝丰收的舞蹈“堆谐”，在六弦琴的伴奏下，欢快的舞蹈跳出了藏族同胞对安康工程发自内心的拥护，对援藏干部衷心的感谢。临走的时候，那西村几乎所有的村民都聚集到村委会大院，围着上海援藏干部敬献哈达。副乡长格旺说，那西村村民不知从哪里打听来的消息，听说援藏干部将要结束三年的援藏，马上就要返回上海，因此他们就自发地围过来敬献哈达。是啊，这些援藏干部，这些“安康工程”，实实在在为他们带来了幸福变化！

黄浦江畔的雪域之子

数字：1985年，上海市政府接受了党中央、国务院智力援藏任务，在上海市回民中学开办了内地西藏班，每年招收来自拉萨、日喀则地区的学生。自1998年起，西藏班迁入目前的新校址共康中学。这是一所以藏族学生为主、藏汉合校的少数民族寄宿制初级中学，目前在校学生近千名，其中来自拉萨、日喀则、山南地区的藏族学生650名。除此之外，上海行政管理学校、复旦附中、复兴中学、晋元中学、新中中学等学校也承担着藏族学生的教学任务。20多年来，上海共为西藏培养学生4000多名。上海有关部门拨出教育专款，每年为培养一名西藏学生提供8000多元的资金保障。

初来乍到时，语言是拦在藏族学生面前最大的障碍。很多学生刚来上海时，听不懂更不会说汉语，交流上有困难。来上海西藏班后，几年的学习和生活，让他们逐渐成长。

1997年，15岁的大平措刚来上海时，听不懂一句汉语，更不用说用汉语交流了。班主任唐琦玲老师为他准备一个“翻译机”。他天天对着学习工具朗读训练，加上唐老师的辅导，逐渐找到学习窍门，学习成绩也不断提高。七年级时他开始能与老师进行简单的交流，还担任了班干部。

对于远离家门的孩子，生病是他们最无助的时候。六年级那年，大平措病重输液，病愈后，他仍不肯吃饭，经常暗地里流泪，学习成绩也急转直下。这个十五岁的孩子不能承受生病的压力，痛哭失声：“唐老师，我是不是得了重病，医生不肯告诉我实情？我想回家，我想妈妈”。唐老师眼含着泪，轻言细语：“孩子，你的病早好了，唐老师就是你的上海妈妈”。大平措考入北京西藏中学后，仍以共康人自称，努力学习，不甘落后，先后当选为校团委宣传委员、校团委书记，高三成为中共预备党员，如今他已在中国人民大学就读。

藏族学生们带着希望和理想从青藏高原来到上海，学校为他们营造了一个温馨的家。他们几乎都是头一次走出高原，又逢十一、二岁年纪，自理能力较差。有的孩子衣服穿了很长时间不知道换洗，袜子换下来东藏西掖。老师看在眼里，急在心里，挤时间为他们换洗衣服。当他们初来时，不适应上海的气候，老师们又送上绿豆汤、西瓜、盐汽水等饮料，陪他们谈家事讲故事。学校宿舍里配备空调、洗衣机，方便孩子的生活；食堂师傅每周排出花色不同的菜单，早餐一袋牛奶，午餐一个水果，天天如此。

老师给学生无微不至的照顾、关心。一次，戴昱珩老师班里学生格桑卓玛的脚扭伤了，戴老师第一时间带她上医院，挂号、拍片、打石膏……东跑西跑，忙上忙下，回到家里已经是11点多了。为了不耽误卓玛的学习，戴老师天天把她从宿舍背到教室上课，晚自修下课后，再把她背回宿舍。这样整整坚持了一个多月。

西藏班学生来沪后，节假日绝大部分都不回家。双休日，老师们分批把他们领到家中，烧拿手好菜，带他们游览东方明珠、豫园等景点。今年暑假，共康中学老师带上所有在校藏族学生，去浙江、江苏采风，领略祖国美丽河山。学校电子阅览室、图书馆、篮球场、足球场等场所，假期里也为西藏班学生开放。每年春节，有的老师放弃与家人团圆，陪藏族学生一起过藏历新年。学校还专门为学生开设视频电话，让他们通过网络摄像头，与家人在网上团圆。

藏族学生不仅和老师成了好朋友，还与社区居民成了一家人。社区居民成了孩子的联谊家长。“上海爸妈”每逢节假日，会带他们在上海游玩；或把他们领回家，共享家的温馨。藏历新年时，孩子们把象征吉祥的“观颠”撒向“上海爸妈”，“扎西德勒”的声音此起彼伏，洋溢着浓郁的西藏气息，其乐融融。

藏族学生和社区居民结下深厚情谊。社区的王伯伯是初三(2)班的团支部书记旺姆同学的联谊结对“家长”。王伯伯为了激励旺姆努力学习，联系学校和彭浦新村街道组织了一次参观并祭扫宋庆龄陵园的团日活动，通过实践活动激发孩子情感。旺姆参加活动后，很受触动，对王伯伯说，我要珍惜现在的生活，勤奋学习，将来为建设祖国和家乡西藏贡献自己的力量。

“每逢佳节倍思亲”，每到此时，藏族孩子们都会欢呼雀跃地和社区结对的上海爸妈过节。贡嘎仁青、多吉平措、才绕白吉穿着鲜艳的藏袍牵着社区居民冯宝林的手，来到他家。一下子来了这么些藏族孩子，邻居疑惑了，“老冯，他们是谁呀?”，老冯笑着说：“这都是我的孩子！今天大家好好聚聚”。孩子自己动手，洗菜做饭，老冯还提醒孩子们给远在西藏的亲人打个电话，电话那头的爸爸妈妈既激动又感谢。

西藏孩子的到来，也给社区居民带来温暖。“文华”敬老院里，初二(4)班的学生载歌载舞。他们每逢节假休息日来到老人中间，打扫卫生，讲故事，表演节目，让孤老们在晚年感受到浓浓的亲情。几年来，学校先后与上海紫江集团、闸北交巡警支队彭浦中队等单位签订了共建精神文明协议。西藏孩子们真切体会到：“上海就是我的家”。

（《解放日报》记者：张斌）

白杨树故乡的“上海故事”

——上海援疆片段

题记：新疆阿克苏是上海对口支援地区。在阿克苏广袤的大地上，各种关于上海的憧憬和记忆，已经丝丝入扣地渗入许多人的心底。“上海”改变命运的故事，一次又一次地在阿克苏上演。影响还不限于这些故事本身，来自上海的帮助所产生的那股力量，正在激励白杨树的故乡，编织属于自己的未来希望。

孩子们的生活不再一样

数字：1997 年至 2007 年的 10 年间，上海共在新疆阿克苏地区无偿援建教育项目 74 个，金额总计 5278.12 万元。

上海七宝中学是上海最早招收新疆班学生的学校，至今已招生 8 届，共计 600 多人。交大附中自 2002 年开始也招收新疆班学生，每届 45 人。2005 年开始，上海开设新疆班的学校骤增，嘉定一中、朱家角中学、宝山中学和上大附中，每年的招生总额从最初的十几个，扩大到现在的六七百人。

越野车离开新疆阿克苏市，在茫茫戈壁滩中颠簸了 6 个小时，才到乌什，国家级贫困县。县城里只有一条像样的街道，因为国庆节，有的临街人家挂起了国旗，红红地添了喜气。街道尽头，就是县里最好的中学。

老师土地卡日说，今年开学的时候，讲台上堆满了免费领取的课本，可一个星期过去，书还是那么多。老师领不到工资，家长付不起学费，这里的孩子上学有一天没一天，牧民的孩子读了几年书，还是回去放羊。很少变化，很少惊喜，孩子们的生活看起来平淡无味。

但是，几乎所有的孩子都和埃克拜尔一样，藏着一个外人看不到的梦想。

14 岁的埃克拜尔住在距离乌什千里远的温宿县，他说，要像海日姑力一样，到上海去念高中；要像古丽斯旦一样，考上北京的大学；最后要像阿依先木一样，回到家乡当老师。

今年 7 月，海日姑力考取上海七宝中学，成了全温宿县唯一进入上海新疆班免费就读高中的农村娃。自那以后，在家乡温宿县，很多母亲开始这样训斥孩子：学学人家海日姑力。

也是 7 月，4 年前第一批进入上海新疆班的学生古丽斯旦，高中毕业后考入北京医科大学，成了今年全阿克苏 6 个进京读书的学生之一。在姐姐古丽博斯旦——阿克苏职业技术学校的一位老师眼里，妹妹到上海新疆班读高中，是命运巨变的分水岭，“阿克苏一年才摊到十几个名额，但竞争的有几千人。”

就是这些到上海读书的孩子，演绎着知识改变命运的故事，在广袤的新疆大地上成为一个个传奇。可真正产生影响的，并不是这些故事本身，而是上海帮助所产生的激励力量——

生活在赤贫家庭的女童，有机会获得上海援疆干部筹措的助学资金，得以离开高过自己一头的灶台，离开距家几十里的牧羊草场，重新回到允许自由自在编织梦想的课堂；考上高中却无力缴纳学费的孩子，能得到上海设立的基金会资助，将自己的奋斗路继续走下去；而那些考上大学而没钱入学的，也许能像阿依先木，遇上好心的“上海叔叔”伸以援手……

其实，上海在当地的影响远不止此。如果改变未来唯有靠“考大学”才可能实现，那么孩子们的世界依然是单调的。正如扎根新疆大地的白杨树，每一棵都有独特的生长姿态，不同的孩子也都有属于自己的成长方式。

18岁的艾合买提江是个腼腆的男孩，不爱读书，高一上了好几年。他从小喜欢拖拉机，老逃学跟在别人的拖拉机后面跑。几年过去，固执的父亲终于打消了自己一厢情愿的念头，不再强求儿子上大学，直接送他进了上海拖拉机厂销售部在当地开办的一个培训班。走进艾合买提江家的院子，他正摆弄着家里刚买的拖拉机，脸上的得意藏也藏不住。汉语不太流畅，但意思很清楚：他已经学会用拖拉机犁地赚钱，还在跟人学修车，梦想就是赚钱买卡车，四个轮子跑出“小康”来。

还有吐孙古丽。初中毕业后，她不想再读高中，一直在家闲着。听说附近的职业技术学校来了个“很会说”的上海老师，就和朋友一起去瞧好玩，被这个“周老师”抓个正着，进了缝纫培训班。现在，裁裁缝缝已经不在话下，吐孙古丽还能自己想着给旧时同学做条别出心裁的小裙子。

孩子们的生活，不再一样。走在白杨树的故乡，常常可以听到，这些那样的“上海片断”，已经构成了一个丝丝入扣在孩子们不同年龄阶段的完整故事。这个故事，虽然没能涵盖所有的孩子，但发挥这样的作用已经足够：正在身边发生的许多变化，使这里的孩子们开始相信——以自己的方式实现自己的梦想，并非没有可能。

援疆这一趟，值！

数字：1997年至2007年的十年间，上海共在新疆阿克苏地区无偿援建各类项目452个，金额总计3亿多元。此外，上海和新疆阿克苏地区的两地企业达成经济协作项目22个，协议投资10.81亿元。上海还向新疆阿克苏地区派出总计190名的挂职干部，并帮助当地培训技术干部8915人次。

51个援疆干部，分散在足有20个上海那么大的阿克苏境内，相互之间离得远的，越野车得开上一整天。平时大家各忙各的，聚齐的机会本来就不多，像这次中秋节而齐整整一个不少的，就更少了。

援疆三年，快回家了，当地人开玩笑：“支边”终于结束。反而是上海人自己，在阿克苏过了三个中秋，在这最后一次中秋茶话会上，竟伤感起来：这样全身心地到一个远离家人的地方工作、生活，恐怕一辈子也就这一次了。

两天前在阿克苏温宿县第一次遇到县委副书记徐国愚，这个土生土长的上海人，见面第一句话就是“家乡来人了，该犒劳犒劳自己的胃了”。四喜烤麸、清蒸鱼、大闸蟹，各种上海本帮菜点了满满一桌，徐国愚有点不好意思：“一个大馕三顿饭”在这里是常事，吃多了就想家乡菜。难怪县委的维语翻译阿布里米提说，徐书记干脆利落得很，什么事都说一句做一句，配得上维吾尔族人说的“大丈夫”，除了一点不像——“大丈夫”都是大碗喝酒、大口吃肉，徐书记呢，一瓶老婆带来的上海甜酱瓜当宝贝。

上海男人的小细节，还真让当地人多少有些看不懂。翁春来，阿克苏地委办公室副主任，乍一看不苟言笑，语速极快，给人感觉不太好接近，可处久了的同事都说他细心周到，是出了名的“新好男人”，有的当地同事甚至笑称，主任在上海一定是个“撒以嘛哄”（怕老婆）。

翁春来倒一点不忌讳，说自己在家的确里里外外一把抓，做饭、洗衣都是好手。“也是没办法”，他说，妻子身体弱，家里有老人，还有上高中的儿子，样样都要操心。“可也奇怪”，翁春来又说，平时总觉得妻子柔柔弱弱，家里“没了自己这个顶梁柱不行”，可真出来了，发现她出人意料的坚强。前阵子，妻子还动了一个大手术，打来的电话里却听不到一句“委屈话”。

替县委领导开车的司机库尔班大叔很认真地说：听说上海男人温柔顾家，我看上海女人更好些，要不他们怎么在阿克苏工作，个个乐呵呵，还一呆就是三年？

一趟援疆，得失如何？乌什县副县长李明笑得最开心：各样好事都碰上了。

今年李明的儿子高考，年初开始，夫妻俩就在电话里算了又算：儿子三年高中的成绩一直上上下下没个准，老爸要在家，还能辅导辅导，现在万一闪失可怎么办？闪失还真来了，不是儿子，是老爸。2月份的一次例行体检中，查出李明的肺部间隙可能有肿瘤。这下妻子急了，一边是回到上海等待复诊的丈夫，一边是面临高考紧要关头的儿子。那段日子的慌乱，现在回想起来，李明还觉得像部舞台剧，跌宕起伏得不像现实生活。也许真的是好人有好报，李明说，后来自己患恶性肿瘤的可能彻底排除，儿子也顺利以第一志愿考进大学，“真要计较得失，这一趟也来得值。”

而更大的收获还在工作中。阿克苏人民医院外科副主任高臻说得很实在：一趟援疆，失的是培训机会，是看着女儿日日长大的快乐；得的却是另外两个沉甸甸的字，成熟。

高臻生在上海、长在上海，当地名牌大学毕业，接着又到家门口的大医院工作。和很多上海人一样，经历可谓一帆风顺，但同时，高臻也和更多上海人一样，总觉得风顺的生活里还少了一点什么。来到新疆，他明白了。他们缺的是一种独当一面的锻炼，一段走走看看增加阅历的经历，一堂了解更多种生存状态的课程。而这一堂人生必修课，在新疆，他们补上了。

“锻炼”、“成长”、“完善”，这些连十七八岁的少年们都不再说的话，突然从一群已经成家立业、年近不惑的男人嘴里冒出来，又有了重新打动人的力量。

“播种和收获从来都是互成因果的”，援疆干部联络组组长金士华说。从这层意义上来说，有谁说得清，究竟是上海给予了阿克苏，还是阿克苏馈赠了上海呢？

“夕阳”洒在赛里木湖

数字：2003年至今，每年都有上海老年志愿者到新疆阿克苏地区、博尔塔拉蒙古自治州（简称博州）和巴音郭楞蒙古自治州库尔勒市志愿服务4个月，迄今，总数172人。

博尔塔拉有个出名的赛里木湖，美得人见人爱。来自黄浦江畔的12位老人，就像湖上的太阳——晚上八九点，这边夕阳正红。他们总是想着给予，并给得更多。

12人，“小”的60岁，“大”的70岁；12人，清一色副高以上职称，不论老师医生，轻松兼份差，一年赚几万没问题，即便赋闲，日子也能过得滋滋润润的——都该享福了！可他们，偏偏不愿服老，不在家享清福。

并非上级指令，也非单位指派，这群老人，5个小时飞机加一夜火车行路，离家3500公里，到达博尔塔拉。

一天半夜，范惠卿医生和王敬芙老师通电话，第一句就是“我想家了”。上海的高温红色警报日复一日，小孙子爱生痱子，不知道难不难受；老伴被自己照顾惯了，家务事不沾手，一个人找得到袜子吗……范医生放下电话，习惯地写上日记：想家，我哭了。

哭，使身在博尔塔拉的范医生成了“哭囡”。一次门诊，来了个快临产的孕妇，肚子出奇的大。范医生一看，上周来过门诊的巴哈尔古丽，25岁，怀胎将近9个月。第一次来时，范医生就断定，孕妇患着“妊娠性高血压”：头晕，心慌，透不上气。当地县乡一级医院基本没有孕妇妊娠期检查，农牧民家的孕妇临产时才上一次医院。上次就让巴哈尔古丽住院，可夫妻俩商量半天，硬是没同意，于是范医生以诊断没有结束为由，让夫妻俩下周再来。

这次来，心电图警告，妊娠性高血压的症状非常严重。维族助手碰巧走开，范医生急了，“谁来帮我翻译？”，声音刚落，病房外呼啦涌进十几个人，都是排队看范医生门诊的。

七嘴八舌，汉语翻成维语，维语翻成汉语。翻来覆去，意思就是一个：汉语说，必须住院观察，否则大人小孩都有危险；维语则说，就是有点头晕，吃点药就行，不要住院。

范医生的眼泪在眼眶里打转转，“弄不好会出人命的。”记得刚来博州市人民医院时，一天凌晨，医院让范医生出急诊。孕妇难产，还有严重高血压，小孩没出来，大人就不行了。做了四十多年妇产科医生，范医生第一次站在产床前，眼睁睁看着大人带着出不了世的小孩一起走了。那天，范医生在日记上写：这是不能容忍的，哪怕之前她来医院检查一次，她和孩子都能活。我哭，我大哭。

这次，再不能让往事重演。“不让你走，不让你走，让你丈夫来”，范医生一把抓住孕妇的袖子。一个羞羞答答的维族小伙被人拉进来，范医生指指大肚子，对他说：“住院，必须住院。如果你没有钱，我给你。”

医生出钱请病人看病，可不是范医生的首创。农牧民生病，小病捱成大病了，才上医院。看着病人们为了几十块钱犹豫要不要配药时，上海来的另外三个医生，邹群、徐振达和孙正昌，哪个不是好几次偷偷从口袋里掏钱？

帮忙翻译的人好几个，一个比一个嗓门大，听得丈夫似懂非懂。他看看这人，再看看那人，眼光最后落在医生紧紧拉住妻子袖管的双手上，终于点了头。

再看范医生,已经哭出了声。

上海科技馆来的副研究员王世杰才60岁,是12个上海志愿者里的“小弟弟”,学的是考古专业,野外跑惯了。一到博州,王世杰就管不住两条腿了。7处自治区文保单位,14处县级文保单位,到现场一个个看;2000多公里,10天跑完。带回笔记两大本,照片两千多张。

回到宿舍,水还没喝一口,市郊的怪石屿景区打来电话,说发现一处岩画,请老专家立刻去看看。岩画在山上,看完下山,王世杰一屁股坐下,再也挪不动半步。老王每晚都和老伴短信聊天,那天,老王发的短信是:聊不动,我累了。

任何一个热爱文博专业的工作者,到了博州都会累。春秋战国时,博州是塞种人的游牧地,留下不少古迹;清朝时,博州境内又发生过著名的“察哈尔西迁戍边”和“土尔扈特从沙俄东归祖国”的事件,历史遗存多得数不清。可整个博州,别说现代化的博物馆,就连一间最简陋的展览室都没有。2000多件文物,有的寄存在公安局,有的放置在兄弟单位的保险箱,还有的,干脆一把铁锁,就搁在三四平方米、毫无保障措施的仓库里。今年初,博州博物馆终于奠基开工,照规划明年开馆。可现有文物数量很少,且种类单一,几千平方米的展厅造好后,拿什么往里放呢?14名工作人员,技术人员才4个,文物归类、场馆管理、勘探挖掘,哪样做起来都吃力。

火烧眉毛的事情排成了队——密不透风的小仓库,背后一台电风扇,老王带着两个助手,窝在仓库里,重要文物一件件过手,拓片、鉴定、记录,边做边教,建立了博州第一批文物档案;一天4小时,一连10天,开设学习班,老王系统讲授《考古学通论》,开了博州有史以来的第一次文博讲座;末了,在建的博物馆的管理讲座也是少不了的……

有时半夜三更回宿舍,老王把身体往床上一放,累得喘不过气来。博州文体局局长阿布来提几次三番说,老王一个人带动了博州的整个文博行业建设,那是客气话,一个人哪干得了那么多活?明天一定要歇歇。

可第二天起来,老王犹豫了。怎么歇?看一道来的老头们,哪个不像“拼命三郎”?67岁的史济森和62岁的顾见青都在博州疾控中心服务,一个研究卫生学,一个专攻流行病,老哥俩暗自“较劲儿”。全州的培训课轮着上,谁也不愿落下一节;为当地疾控中心整理的操作规范流程,好几万字,两人谁也不愿少写。服务时间还剩下不到一个月,能多做一点是一点。

沈水铨老师给博乐市高二升高三的学生上大课,课排在晚上9点半到11点半。沈老师上数学课讲究互动,图画了一黑板,问题一个接一个,习惯了“填鸭式”的学生大多不习惯,木木地少了反应。突然,沈老师停了讲课,清清嗓子说:我老了,需要一点鼓励。

下面愣了愣,接着是一片掌声和笑声,再接着,课堂气氛一下活跃起来。

沈老师是有点老了。在上海做了十几年高级教师,从来都是教研试验的佼佼者。退休8年,脑袋瓜里的东西尽管时不时更新,比起当年,毕竟有些落伍了。虽然这点“有些落伍”的东西在博州还是“时髦”,沈老师自己心里总是歉歉然。

可沈老师总是不服老。去年,沈老师第一次做志愿者,去了阿克苏。辅导6名高三学生,高考揭榜,个个都进重点大学;暑假时辅导两县一市的高三数学教师,沈老师上的课,人越坐越多,最后连高一、高二的老师都挤进来。今年,沈老师第二次做志愿者,来到博尔塔拉,同行人都叫他“高级生”。又是6名高三学生,又是个个重点大学。

哪个老师服老过？65 岁的严俊鲞和董昭仪，62 岁的周味言和王敬芙，个个都是高级教师，上了一辈子课，还嫌不够。到这里来，带完学生带老师，最晚的一堂课结束，早过了子夜时分。

老了怕啥？沈老师今年回上海就到华东师大摸摸新情况，想明年还来一次新疆，做上一回“超级生”。

（《解放日报》记者：张斌）

白玉兰与红土地的深情

——上海对口支援云南纪实

时光回到1996年，我国改革开放走过了18个年头，我国农村贫困人口由1978年的2.5亿下降到6500万，这是一个巨大的历史性成就。

剩余六千多万人口的脱贫致富牵动着中央领导的心。他们一次次深入到贫困地区走村串户，给群众送去党和国家的关怀与温暖。总书记江泽民在访贫问苦中曾动情地说："面对生活这样困难的农民，我们怎么能够心安?"他还告示全党："我们这一代和以后几代人经过不断的奋斗，彻底改变老少边穷地区的落后面貌，实现中西部地区的全面繁荣，我们就将在中华民族的发展史上成就一件无尚光荣的大事。"

于是，一场向贫困宣战的"世纪之战"打响了。1996年9月，党中央、国务院召开扶贫开发工作会议，向全国发出了坚决打赢这场扶贫攻坚战的总动员令。就在这次会议上，中央确定上海对口帮扶云南。

12年过去了，上海在云南对口的红河、文山、普洱、迪庆四个州市无偿投入帮扶资金10.09亿元，重点援建了以1595个温饱型试点村为重点的各类帮扶项目3526个，使受援地区33万人实现温饱安居，并辐射带动周边70多万人摆脱贫困，130多万人改善就医、上学条件。上海对口支援云南经验得到国务院领导的批示，作为区域唯一案例在全球扶贫大会上进行了交流，上海市对口云南帮扶协作领导小组办公室被国务院扶贫开发领导小组评为全国东西扶贫协作先进集体。

在这些成效的背后，是党中央、国务院坚决消除贫困的英明决策，是云南人民自强不息的奋斗精神，是上海人民真情帮扶的爱心奉献。

当我们为对口地区村民告别贫困而欣喜的时刻，怎能忘记沪滇对口支援走过的艰辛而光辉的历程，怎能忘记在帮扶战线上真情奉献的干部群众和志愿者们，怎能忘记沪滇两地人民结下的深情厚谊。

决策者的足迹

上海与云南的合作源远流长，早在上世纪五六十年代，上海就有大批知青把青春奉献给了云南这片红土地，云南也以它特有的方式支持着上海的建设。中央确定上海帮扶云南，更把上海的“白玉兰”与云南的“红土地”紧密地联系在一起。

1996 年 9 月中央召开扶贫工作会议之后，上海如何落实会议精神？市委书记黄菊一锤定音：动真情、真扶贫，扶真贫，用真情回报中西部地区人民长期以来对上海发展的支持。

上海市委、市政府迅速做出决策：成立由副市长为组长的上海市对口云南帮扶协作领导小组，下设帮扶办公室和干部选派办公室，由市政府协作办和市委组织部分别承担两个办公室的日常工作；确定由上海 12 个区分别对口帮扶云南红河、文山、思茅三个地州 23 个国家级贫困县，并组建相应帮扶机构；决定在云南昆明设立上海市政府办事处，重点负责帮扶工作；立即派出市政府代表团考察云南，共商帮扶大计。

1996 年 10 月，上海市政府驻昆明办事处成立，市长徐匡迪率团考察云南并为办事处揭牌。考察期间，徐匡迪等市领导与云南省领导穿行在崇山峻岭之中，冒雨踏着泥泞的山路深入村寨、农户、学校与村民、教师、学生交谈，并表示慰问。徐匡迪在与云南省领导会谈时表示：支持中西部地区的发展和扶贫工作，是上海义不容辞的责任，要作为一项重大的政治任务来完成。并一再强调上海要坚决服从大局，将以积极的姿态和扎实的工作，实实在在地帮助中西部地区加快发展，要为云南人民多做实事，切实帮助云南贫困地区发展经济，消灭贫困，真情回报中西部地区人民长期以来对上海的无私支持。

会谈后，徐匡迪市长与和志强省长代表两地政府，签署了《关于开展对口帮扶、加强经济协作的会议纪要》，两地有关部门和企业签订了 55 个合作项目协议，拉开了沪滇对口帮扶合作的序幕。

上海代表团带回的不仅仅是两地政府关于对口帮扶会谈的成果，还有贫困山区人民的呼唤。“大山的呼唤”和“老区人民呼唤您”，这两盘实地拍摄的录像片在全市各级干部中播放，使大家的心灵受到极大的震撼。当人们饱含泪水看完一幅幅真实记录云南贫困地区人民生活状况的画面时，深深感受到了中央对口支援决策的重大意义，深刻认识到了肩负的重要责任。各单位纷纷集中人力、物力、财力，表示贫困地区需要什么，便支援什么。人们纷纷向组织提出申请，要求开赴援滇工作第一线，为山区人民脱贫贡献自己的一份力量。上海，这座有着光荣革命传统的城市，这颗东海之滨的明珠，到处都涌动着与云南人民携手打好扶贫攻坚战的激情。

一年半以后，1998 年 6 月上旬，市委书记黄菊率团赴滇学习考察。4 天中，黄菊和云南省委书记令狐安等领导行程千余公里，在红河、文山两州，进村寨、入茅舍访问贫困户，到学校看望师生。在苗族聚居的麻栗坡村，黄菊到村民陶河江和叶子权家中摸被褥、看米缸，赠送钱物，鼓励他们自强自立，度过暂时的困难。在白石岩村，黄菊、令狐安与村民亲切交谈，探讨脱贫致富的好办法，鼓励村民团结合作，战胜困难；到村小学教室慰问老师，查看学生作业，当得知 4 个班级合用 2 间教室时，就提出帮村里盖一栋新校舍，让孩子们一个班级有一间教室。他说，树人和树木，树人更难，也更有意义。抓教育、抓人才培养，现在打下这个基础，过了 5 年、10 年，最终会出效果，脱贫致富主要靠年轻的一代。

考察途中，黄菊一再对上海的同志说，帮扶要动真情，办实事，求实效，按照中央“进村入户”的要求，紧紧依靠当地党政部门和群众，把贫困乡村作为主战场，重点建设好“温饱试点村”，踏踏实实，建一个成一个，缺水的引水，没路的筑路，无房的建房，每个村再增加二万元，提供一套有线广播电视接收设备，在改变当地群众的生产、生活、教育和生态条件上下真功夫，直接让贫困户受益，把帮扶工作做得更"贴心贴肉"。

沪滇两地领导会谈后，上海市政府与云南省政府签署了《上海市代表团与云南省关于进一步做好两地对口帮扶协作工作纪要》，内容包括加强干部交流和人才培训工作、加大社会帮扶力度、协助做好小额信贷工作、扩大建设农业良种基地场、进一步加强两地经贸合作、加大科技扶贫力度、加快市场开拓步伐、积极促进金融业发展、进一步发挥好培训中心的作用、建立健全帮困扶贫工作检查落实制度共10个方面。双方商定：今后上海市将每年派出一个代表团，赴滇检查工作落实情况；云南省每年也派出一个代表团赴沪，沟通项目的进展情况，每年年底召开一次两地对口帮扶工作联席会议，抓好落实。

进入新世纪后，上海对口帮扶云南又迈出了新步伐。2004年4月，上海四套班子领导率团赴云南考察。代表团一下飞机，就在云南省委书记白恩培等领导的陪同下，马不停蹄直奔考察点，两天半的时间进行了十几项考察活动。

尽管行程紧迫，上海代表团仍然抽出时间分三路深入山区农村看望困难农户和学校。市长韩正和云南省委副书记王学仁来到普洱县同心乡那课里村烂泥坝村民小组刁应中家，关切地询问刁家生活及孩子上学情况，并送上慰问金，勉励他们培养好孩子，将来用知识改变家乡的面貌。在农户刁应红家，韩正与村民们围坐在一起促膝谈心，表示上海要进一步加大帮扶力度，为对口地区脱贫尽一份责、出一份力。

在学习考察中，两地领导还举行了座谈。上海代表团表示，要按照中央的部署，立足全国发展的大局，树立和落实科学发展观，进一步学云南之长，补上海之短，取全国之经，创上海之新。要学习云南不等不靠、真抓实干的精神，学习云南坚持生态效益、经济效益、社会效益相统一，走生态建设产业化、产业发展生态化的成功经验和做法。要进一步加强两地合作交流，鼓励企业和社会各界通过项目投资、战略联盟等多种形式，促进两地互融共进，联动发展，全力以赴完成中央赋予的对口支援任务。韩正代表市委、市政府宣布：在原年度帮扶资金的基础上，本年度再增加8000万元用于支持云南"向绝对贫困宣战"行动，帮助对口地区扶贫攻坚，增加迪庆藏族自治州为上海重点帮扶地区，逐年安排援建一批递进式温饱村和一批社会事业项目。会后，两地企业还签订了19个产业合作项目，协议资金规模27亿元。

援滇干部的奉献

云南的思茅(现为普洱)、文山、红河三州市，青山绿水，云雾缥缈，美丽的风景下生活着贫困的村民。那里居住的少数民族，有的几年前还是刀耕火种，缺水无电路不通，茅屋漏雨又透风。如今，随着1400多个"温饱试点村"、"安居温饱试点村"、"奔小康试点村"、"白玉兰开发式扶贫重点村"递进式建成，随着一批科技教育培训中心、卫生妇幼保健中心、学校和农业示范基地相继兴建，山村面貌发生巨变，村民生活出现了三级跳。

邻国越南、老挝、缅甸的官员和村民一次次上门观摩学习，赞叹不已。不少专家学者著文评价："这是对全球反贫困措施的一个重大突破"，"当地社会形态跃进了20年"。世界银行扶贫项目专家皮·阿兰先生考查了温饱试点村后称赞说："这种扶贫方式，在国际上也绝对是一流的。”

上海把派出援滇干部作为落实中央“扶贫资金到村、扶持措施入户”精神的关键一环，于1997年7月，从确定对口的区县选拔12名干部，奔赴云南帮扶工作第一线。在行前的培训班上，市对口帮扶云南领导小组办公室要求他们去云南不仅要把两地领导商定的项目落实好，树立上海良好的形象，更要深入山村搞调研，找准对口帮扶“进村入户”的切入口。

12名援滇干部带着市领导和上海人民的重托，一到云南，就与当地干部一道进村入户搞调研，虽然他们对云南的贫困情况已有所耳闻，但到现场一看，还是受到了强烈的震撼：重峦叠嶂、沟壑纵横的山区，除了山还是山，找不到一块像样的平地。明明看见了村寨，却要在狭窄崎岖的山路上走上半天才能到达。进了村，见到的是凌乱的茅草屋，遍地的鸡屎猪粪。进了屋，这那里像个家呀，没有窗户，又黑又暗，外面下雨里头漏水，一件像样的家什都没有，石头垒的床上只铺着干草，三根棍子支在地上吊起一口黑锅，一家人围着一口火塘，吃的是烂糊饭，喝的是变质水。有的人畜混居，有的甚至一家合穿一条裤子，有的孩子上不起学，小小年纪就帮家里砍柴、放牛。村民们从来没看过电视，也不知道什么叫电话。逢到发生传染病、猪瘟或者火灾，更是雪上加霜。看到眼前的贫困景象，援滇干部心酸掉泪，心里发急，恨不能一口吃个胖子，让村民都脱贫。那段时间，不论白天还是晚上，满脑子想的都是扶贫项目。他们说，市领导讲扶贫要动真情，如果不是到了扶贫第一线，不与村民摸打滚爬在一起，这个真情就很难动起来，只有吃得下村民用变质水做的饭，睡得着潮硬的床，感情上贴近村民，才能替他们着想，急他们所急，把帮扶工作做实做好。第一批援滇干部把这叫做赴滇第一课，取名为“感受贫困”，并形成了传统。于是，以后每批援滇干部一到云南，也要先到山寨中去上这一课，接受教育。来自上海青浦的第三批援滇干部程伟在他的随笔《大山在呼唤》一文中深情地写道：“在共和国的大地上，在同一片蓝天下，城市与农村、沿海与边疆、平原与山区，不同地区人们的生活状况存在着如此巨大的差异，几乎是天壤之别。在这里，人们生活的贫困和艰难程度，对于没有亲自来过的人们也许是难以置信和无法想象的。这些大山区里的贫困群众太需要帮助了，他们不仅需要物质上的扶贫，更需要思想观念上的扶贫。我深感扶贫工作任重道远，一定要尽我所能用的上海人民的资源为他们早日脱贫办实事、做好事，让他们感受到共产党领导的幸福，感受到社会主义祖国大家庭的温暖，感受到我们这个时代前进的脚步。”他，表达了上海援滇干部的共同心声。

建设温饱试点村是上海按照中央“进村入户”的要求，与云南省干部群众共同探索出来的有效帮扶载体，是沪滇两地在对口支援工作中开拓创新结出的硕果。

由第一批援滇干部组成的上海联络组与云南当地干部一道，行万里路，走百家村，谈千次话，进行调查研究，集中群体智慧，提出了建设“温饱示范村”的建议，这个建议被沪滇两地领导称为“金点子”。

“金点子”报到上海市人民政府协作办公室，引起了高度重视。经过研究并与云南有关方面反复协商，确定了建设“温饱试点村”的一整套方案，这套方案得到了沪滇两地领导的肯定，在黄菊访滇时进一步完善，形成了“五个一”、“7+8”工程，即：温饱试点村建设要从当地贫困村民的需要出发，从帮助改善基本生产、基本生活、基本卫生、基本教育条件入手，实施建一所村校、一个卫生室、一批沼气池、一批小水窖、一批种植养殖项目的"五个一"工程，达到农民年人均收入在温饱线之上，年人均有粮300公斤以上，人均有一亩基本农田，三亩经济林果，基本解决人畜饮水困难，基本普及六年制义务教育，基本改善医疗卫生条件等七项指标。上海为每个试点村无偿提供17万元资金，其中：7万元用于改善生活、卫生条件和基础设施建设，8万元用于发展种养殖和加工业，另2万元建一座广播卫星电视接收站。并制订了申请、报批、实施、验收等一套规范的操作程序。

1998年初，上海云南两地领导决定，在红河、文山、思茅三地州选择44个村进行首批温饱村建设试点。从此，沪滇对口支援走出了一条帮扶资金、项目覆盖、扶持措施、扶贫效益"进村到户"的新路，帮扶工作取得了突破性的进展。

每个温饱试点村都要亲自到现场查看后再选定，每个项目都要根据村民的实际需要来确定，每元帮扶资金都要落实在贫困户的项目上，这是上海"办实事"的经验之谈，也是上海人办事顶真精神的体现。每批援滇干部的重要任务，就是选准贫困村，协助用好项目资金，指导检查项目实施。一位曾给到云南检查扶贫项目的联合国扶贫官员开过车的当地司机在送上海援滇干部下乡途中说：你们上海人做事就是认真，从选点到项目，从头管到底，钱都用在老百姓头上，比联合国的人管得还紧。

思茅景东县的龙街乡，有个岔河村，被选为上海援建的第一批"温饱试点村"。这个村31户人家，人均耕地面积1.04亩，粮食不足300公斤，收入不足500元。这里山高谷深，土地贫瘠，耕作方式落后。1998年启动温饱试点村建设后，上海无偿投入15万元，与当地政府一道发动群众按照统一规划苦干实干，建设人均一亩改良的高稳产田和相配套的20个小水池，使跑水、跑土、跑肥的"三跑"地变为保水、保土、保肥的"三保"地；建成户均一口4 m^3 的氨化饮料池和10 m^2 的卫生猪圈，改善卫生条件，促进养殖业发展；建成户均一口沼气池，每年每户少砍伐4 m^3 木材，可节约照明用电200度，既解决了清洁能源问题，又使生态资源得到有效保护。村里建起了科技文化室，修建道路3800米，举办农业科技培训240人次，每个劳动力掌握了2门以上的实用技术，扶持村民大力发展种植养殖业。通过实施以上项目，当年人均收入达到606元，粮食达到451公斤，村子面貌焕然一新。现在只要走进村子，过去鸡屎猪粪满地、柴禾家什乱放、猪圈与卧室相连的脏乱差现象不见了，祖祖辈辈沿用的火塘没有了，家家打灶台、贴瓷砖、粉墙壁，喝水有水窖，烧饭有沼气，娱乐有球场，出门有公路。有的人家还买了电视，装了电话，过去做梦不敢想的事，今天变成了现实，群众生活条件发生了质的飞跃。

试点的成功产生了极大的示范效应和激励作用，它就像一股强大的冲击波，迅速向四周的村子扩散。周围一样贫困的村民，从温饱试点村的建设中看到了希望，看到了自己双手同样具有的那种伟大的创造力，他们说："饿死不如累死，干等不如苦干"，纷纷提出申请，要求加入温饱试点村建设的行列。有的乡和村的干部等不及了，找来温饱试点村的资料手抄、油印，带领群众按照模式先干起来。他们要以自强不息的精神和苦干实干的行动感动上海联络组和云南扶贫干部，争取到试点名额。云南，这块美丽的红土地，到处都是渴望脱贫的干柴，只要点上一把火，就能形成燎原之势；到处都是勤劳致富的双手，只要助他一臂之力，就能甩掉贫穷的帽子。

温饱试点村建设成功后，1998年底，沪滇两地政府在云南思茅地区的景东县召开了建设温饱试点村现场会，总结了经验。会后，云南省政府于1999年发文进行推广，决定今后三年投入2.38亿元用于温饱村建设。在云南省各级政府的大力推动下，温饱村建设出现了特色纷呈的局面。各贫困村以"五个一"工程为基础，结合自身的特点，分别建设以沼气、厕所、养猪三结合为龙头的生态农业温饱村，以养羊、养猪为主的养殖温饱村、以种瓜种菜为主的种植温饱村，以推广"两杂五配套"为主的粮食温饱村，以推广小额信贷和种养业为主的短平高效温饱村，以解决人畜饮水为主的水利温饱村等等。

这些做法得到了中央扶贫办的肯定，但上海和云南并没有满足，他们认为，扶贫不仅仅是解决温饱问题，而是要让贫困地区的人民跟上时代的步伐，社会在发展，扶贫也要递进，要从当地群众实际需要出发，因地制宜，特事特办，帮助贫困村民实现跨越式发展。

1999年，上海与云南商定：对居住在茅草房的特困村，采取特殊措施，用集中力量打歼灭战的办法，每年追加500万元资金，实施"安居温饱工程"。这项工程的模式是："温饱＋安居＋社区发展"，温饱是中心，安居是切口，社区发展是延伸。三位一体，协调并进。

"安居温饱工程"先在西盟县中课乡试点，计划两年内消除茅草房。西盟县中课乡是佤族集中居住的特困乡，与缅甸接壤，有1722户住在低矮、潮湿、简陋的茅草房，绝大多数农户未解决温饱问题。安居温饱工程实施才半年，中课乡在温饱方面，完成农田改造7200亩，推广良种面积1万亩，种植甘蔗4148亩，经济林果6000亩，用材林8000亩。在安居方面，统一规划，拆除茅草房，新建砖房或木板房，有795户搬进新居。在社区发展方面，进行基础设施和公益设施建设，通路、通水、通电分别达到98％、71％、35％，水利化程度达到49％，全乡出现了跳跃式发展。现在，当人们走进村寨，见到的是一排排整齐有序的砖瓦房，出门有公路，看病有卫生室，上学有村校，娱乐有活动室，种地有好田。在村民家里，拧开龙头有自来水，煮饭烧的是沼气，拉动开关亮起了电灯。

在安居工程中，上海只给每家无偿提供70片石棉瓦、15片脊瓦、1吨水泥，但却激发出村民自强自立的精神，起到了四两拨千斤的作用。当你看到佤族男女老少跋山涉水把一片片石棉瓦背回家的时候，当你看到村民学会了自己打砖、烧窑、建房的时候，当你看到他们集体帮助那些没有劳力的贫困户建房的时候，能不为之感慨吗？能不为之动容吗？能不为之喝彩吗？这些善良和淳朴的人民，正是他们默默无闻地耕耘和保卫着自己的家园，才使得祖国南疆拥有持久的安宁与祥和，并为全国的改革开放和经济发展创造了良好的环境，如今，先富起来的地区和人民，不更应向他们伸出援助之手吗？

解决温饱和安居不是最终目标，脱贫还要迈向小康。2001年8月，上海召开全市对口支援工作会议，市四套班子全部出席。会议要求把对口支援工作纳入上海市国民经济发展计划，此后，上海与云南商定了帮扶"十五"规划，确定"十五"期间建成1000个温饱村，并与云南商定启动"奔小康工程"试点。2002年，党的十六大向全国发出了全面建设小康社会的总动员令，极大地鼓舞了云南人民脱贫奔小康的斗志，一批批已经建成的温饱村，跃跃欲试，纷纷把目标锁定在奔小康村上，富宁县归朝镇郎坤村就是其中的一个。这个壮族山村按照"一年达标，二年巩固，三年发展"的要求，为适应市场经济需要，采取田地入股、资金入股、劳力入股的形式，实行股份合作制经营，生产荷兰彩色甜椒、大五星枇杷，引进设备进行地栽黑木耳等食用菌栽培，兴建良种母猪养殖场，产品销往全国各地并出口。2001年人均收入就达到了1300元，再用3—5年，达到人均收入3000元以上，建成别具特色的壮族小康村。2002年底，上海与云南在思茅召开"白玉兰温饱工程"现场会，总结了递进式建设温饱村的经验，要求全面推进温饱村、安居温饱村和奔小康试点村建设，为实现十六大提出的奋斗目标携手共进。

上海的经验引起了国务院领导的重视。2001年10月，时任副总理温家宝批示：上海帮扶云南的做法、成效和经验应予重视并认真总结。国务院扶贫部门在总结上海经验的基础上，提出了整村推进的要求。上海认真贯彻落实，针对云南贫困人口居住分散的实际情况，采取以行政村为单位整体规划，以自然村为单位分别实施的思路，在云南对口的四个州市实施"白玉兰扶贫开发重点村"示范工程，在原温饱型递进式试点村建设的基础上进一步向前推进。上海"白玉兰扶贫开发重点村"示范工程的春风吹到了呼山易地搬迁脱贫试点区这片土地上。这个区建有三个村，没有村名，只有1、2、3的编号，搬迁农户全都来自元阳县高寒山区。因受政府财力的限制，当年搬迁建的是简陋的茅草房，2001年对茅草房用石棉瓦进行了改造，由于生产发展比较缓慢，村民生活仍很贫困。元阳县领导对"白玉兰扶贫开发重点村"示范工程高度重视，成立领导小组负责项目建设。2005年，在呼山易地搬迁脱贫试点区共投入资金666.51万元，其中，上海对口帮扶资金290万元。2006年，上海又补充投入对口帮扶资金199.27万元，其它资金投入177.24万元，实施了道路、安居房、三配套（猪厩、厕所、沼气）、人畜饮水、村民活动广场等工程，建立了村卫生室，改建了学校，开展了科技培训和劳务输出培训，培植甘蔗、木薯新品种，发展牲畜养殖业。村民年收入提高到人均1300元左右，村容村貌也焕然一新，村民高兴地把原先的1、2、3号村叫做呼山村、团结村、幸福村。现在，你走进这些试点村，首先进入眼帘的是平整的水泥路和整齐的新瓦房，村里学校、卫生室、活动中心一应俱全，村民喝上了干净的自来水，吃上了猪羊肉，日子越过越红火，打心底里感谢党和政府的关心，感谢上海的帮扶。

援滇干部换了一茬又一茬。在那难忘的艰苦的帮扶岁月里，每个人的身上以及身后都有着动人的故事。来自黄浦区纪委的第三批援滇干部陈伟祥，一心扑在温饱试点村建设上。那年三月，他在下乡途中，妻子打来电话，告诉他去医院作了检查，肺部不太好。他担心会有病变，很想回上海看看，可温饱试点村建设正处于关键时期，他想等等再说，这一等就是半年多。十月份思茅党政代表团出访上海，陈伟祥陪同，这才回家带妻子去医院看病。医生说已到了肺癌晚期，病灶扩散了。他流着泪对妻子说，是我把你耽误了，我对不起你，你要是早点讲清楚，我怎么也得回来一次啊！他妻子说，我说了怕你要分心，影响工作。有个援滇干部，半夜接到上海2岁多的女儿打来电话，说想爸爸睡不着。当你听到这些诉说时，能不感到鼻子发酸吗？

援滇干部的付出换来了云南人民的真情。现在，他们一到村寨，就能看到村民迎接他们的动人一幕：有的村民捂着狗嘴不让它叫，有的老人硬把鸡蛋塞到他们手上，有的村民把他们拖到家里，非要喝一杯不可。援滇干部李海波、姚银弟到广南一个村子去检查温饱村落实情况，被村民堵在前门不让走，他们从后门"逃"了出来，村民追了二里多路，硬把他们从停在公路边的车里拖回村里，一定要他们品一品每家每户为他们做的一道菜。有一次，援滇干部去红河元阳县保山寨落实项目，在离寨几十里的地方遇到塌方，几十辆车堵在那里，动弹不得，他们决定从塌方处爬过去步行到山寨。这时，塌方另一头做拉客生意的哈尼族司机得知他们是上海的援滇干部时，生意不做了，把他们送到保山寨，车就停在路边等他们下山再送回到塌方的地方，给钱他怎么也不收。当援滇干部说起这些往事时，眼里蓄满了深情，他们被云南人民的纯朴和真诚打动着。

一批批的援滇干部完成自己的使命回到了上海，但他们的心仍留在了那片红土地上，以各种方式继续关心、支持着云南人民的脱贫。那些曾经在云南下乡途中遇过险、撞过车、受过伤的援滇干部，至今回想起当时的那一幕仍心有余悸，但他们自豪地说：那是他们人生中最为宝贵和精彩的一幕。

授人以渔的成效

怎样才是“动真情、办实事、求实效”？上海人的回答是：“输血”非常必要，但“造血”更重要。靠钱堆出来的脱贫还会返贫，只有到一线去转观念、传技术、帮教育，让贫困地区人民树立起市场经济观念，激发出自强不息的奋斗精神，掌握住脱贫致富的本领，才能从根本上解决脱贫问题。云南省领导也多次指出，上海帮扶的资金是有限的，但他们的观念、思想、做法潜移默化发生的影响却是长久的。

云南地处边疆、民族众多，经济发展不平衡，贫困地区的干部群众思想比较闭塞，这种观念上的差距曾经是制约当地经济发展的重要因素之一。扶贫，首先就要促进观念的转变和更新。正如思茅市委书记李元书所说的那样：上海通过选派领导干部到思茅挂职，选派专家深入思茅传授新思想、新观念、新技术、新信息，帮助思茅培训领导干部和各类专业技术人员等措施，给思茅带来了上海先进的思想观念、先进的发展理念、先进的管理经验和做法，使贫困山区干部群众千百年来形成的保守封闭观念和小农经济意识受到极大冲击，不少贫困山区群众从“等、靠、要”中解放出来，不少乡村干部从“看山愁，望水难”中振作起来，不少边境落后县的广大群众树立起了市场经济观念，尤其是在西盟佤族群众中逐步革除了原始的平均主义。

西盟佤族自治县解放前夕社会形态尚处于原始社会末期，土地为部落所有，刀耕火种，人背马驮，人们结绳记数，刻木记事，以物传情。解放后，佤族人民直接过渡到社会主义，生活有了很大的改善，但由于山路崎岖，信息闭塞，观念落后，生产力低下，很多村寨仍很贫困。中课乡小寨村就是这样的一个典型，村里民风纯朴，一家杀猪全村吃，这种原始平均主义观念制约了生产的发展。在建设温饱试点村的过程中，上海援滇干部一边促村民观念的转变，一边抓“五个一工程”的落实，典型引路带出一支致富的队伍。阿木夏是村组长，先引导她带头走市场经济的道路，鼓励她种萝卜不再分给大家吃，而是拿到对面的缅甸去卖，赚了钱再到市场去批服装经营，然后又送两个孩子去打工，从几十元起家，经过辛勤的劳动，很快就致富了：家里第一个用上沼气，第一个安装电话，第一个购买电视机，第一个把茅草房改为砖瓦房。刚开始村民对阿木夏把种的东西拿去买钱很不理解，后来看到她家致了富，纷纷仿效，有的种辣椒，有的酿水酒，变大家吃为市场卖，生产的积极性一下子调动起来了，收入呈现几何数增长。6年来，小寨村从“温饱试点村”升级为“安居温饱村”并进而向“奔小康村”迈进，经历了三级跳，村子面貌一年一个样。如今，当你走进小寨村，迎面看到的是新建的装饰着牛头图腾的寨门，进门就是纵横两条绵延在山寨宽敞平坦的水泥路，路两旁整齐排列着120幢砖瓦房，家家有沼气池和专门的牲畜厩栏，户户通自来水和电灯，有些家庭还装上了电话。山坡上修起了保水保土保肥的“三保”田。140平方米的文化科技活动室窗明几净，里面有VCD、电视机、广播电视接收设备，科学种植、养殖技术的音像资料也一应俱全。村卫生所也像模像样，看小病不用出村。

小寨村发生的巨变使村民喜上眉梢，他们把这归功于党的开发式扶贫政策，归功于上海的对口帮扶，并自豪地说：贫穷不可怕，就怕脑子不开窍，观念变一变，佤山盛开“白玉兰”。

科技扶贫，是上海授人以渔的主要做法。上海对云南的科技帮扶，分为三个层面：一是在红河、文山、思茅三个州市建立“一园三中心”，在贫困县建立种养殖基地，在乡村建设各类温饱村，传授种养殖技术。

思茅市位于云南省西南部，9个县均为少数民族自治县。上海在思茅援建了“思茅上海现代农业科技示范园”、“思茅上海科技中心”、“思茅上海培训中心”和“思茅上海妇幼保健中心”，并把它们融为一体，进行技术输出和人员培训。

在思茅上海现代农业科技示范园内，从上海引种了精品西瓜、甜瓜和特种蔬菜，上海分批培训技术人员，帮助当地农民养殖白对虾、美国斑点鱼、螃蟹等。思茅上海科技中心则在普及科技知识方面下猛料，利用外资创办“普洱茶交流中心”，为全区茶叶种植产业提供一流的技术服务。思茅上海培训中心在短短三年中已为思茅山区培训农业技术人员7000多人次。思茅市委书记李元书说：上海援建的“一园三中心”无疑会帮助思茅培养出一大批有文化有知识的人才，依靠他们掌握的科学技术，促成更多农民从传统农业耕作转到现代化农业生产上来。

在云南红河市蒙自县，犁耙山下原先的一片沼泽地变成了良种、良畜、良苗基地，从上海引进的20多个葡萄品种、10多个瓜果品种、6个水稻及多个蔬菜品种，已在这里培育成功，上海的梅山种猪、脐橙、胡柚果树和绿艳H6甜瓜等已成为当地农民脱贫致富的“财神爷”。

“伊丽莎白”甜瓜是上海郊县近几年发展起来的一种深受市民欢迎的夏季果蔬新品种。思茅、文山等地冬季气温高，适宜种植这种瓜。1995年，南汇、金山等县的技术人员，自己花钱到思茅、文山等地租地试种，用实际效果进行示范，并在当地推广。为确保农民利益，对愿意种植这种瓜的农户，上海还包技术、包收购、包销售，以确保农民的利益。

来自上海金山区的援滇干部夏中林在江城县是出了名的“种苗王”，他带来了鸡、鸭、鱼、猪、蔬菜、西瓜等优良种苗，手把手教村民搭塑料棚，种西瓜。如今，产自江城县的精品西瓜在大西南卖得“碰碰响”，而夏中林有一次却因在近40摄氏度瓜果大棚里坚持工作，一头栽倒在田埂上。当他期满返回上海的时候，村民流泪相送，拉着手不放。

上海为了加强科技帮扶的力度，还增设了国内科技合作计划，单列科技帮扶经费。并与云南省签署了《双边对口科技合作协议》，合作进行了“共建祥云县科技职业技术学校”、“β-蒎烯合成香叶醇、芳樟醇”、“云南省祥云县建立燃煤啤酒瓶玻璃工厂经济优化设计”、“中密度板生产线项目可行研究”、“云南野生稻遗传资源保护和研究”、“云南21世纪产业政策”等项目，加大职业技术培训和科学普及工作的力度，培训近2000名具有科技意识、懂经济、会管理的企业管理人才、专业技术人才和有较高素质的职业教育师资队伍。

当地群众感动地说：有了技术，致富就有了本钱。

国家要富强，教育要先行；治贫先治愚，扶贫先扶智。上海按照国务院和国家教委的要求，积极开展智力扶贫，100所学校与云南结成对口帮扶关系，派出一批又一批的教师志愿者深入到云南县乡中学施教，在云南设立师资培训基地，培训教师和校长，多方筹措资金援建希望小学。

在云南，到处都可以见到上海援建的希望小学。云南麻栗坡县第一小学“希望楼”的石碑上刻着：上海市闸北区教育局捐资32万元兴建希望楼，育炎黄子孙，建不朽伟业，德昭千秋，泽被后世。西畴县下寨小学的校舍是光绪年间的土地庙，破烂不堪，虹口区教育局资助36万元易地盖起了教学大楼，又拿出4万元购置教学设备，建成了西畴县虹口希望小学。广南县一小“沪闵希望班”44名因贫辍学的女生来自全县20个乡镇，闵行区的资助使她们重进校门。孩子们激动地说：我们从壮乡苗岭走来，我们从瑶山彝寨走来。没有你们的帮助，我们还在大山里放牛，打猪草……

在对云南的智力扶贫中，上海援滇教师的奉献，无疑是最为浓重的一笔。他(她)们克服自身的困难，离开温暖的小家，来到云南艰苦的县乡学校去任教。生活环境与上海有天壤之别，吃不习惯，睡不安稳，有时晚上老鼠都窜到床上来，上厕所要摸黑去很远，女教师的尴尬可想而知。有的老师开始不适应，病倒了，可他们首先想到的是不能耽误孩子的学习，以顽强的毅力挺住，坚持下来了，做出成绩了。上海老师接手的班大多是慢班、差班，学生又听不懂普通话，有的学生还逃学，这些都给教学增添了很大的难度。但援滇老师迎难而上，翻山越岭去家访，学生家庭的贫困震惊着他们，激励着他们。他们不由自主地掏钱帮助那些穷困的学生，更加辛勤地奋战在教学第一线，把知识传授给贫困学生，把教学方法留给当地的老师，把管理理念奉献给当地的学校。当他(她)们任教的慢班、差班在短短的一个学期里成绩赶上快班、好班时，学校信服了，学生信服了，附近的学校纷纷派出教师来听课，援滇老师也赢得了尊重。上海教师带给当地的，不仅仅是一个班级学生成绩的提高，而是上海的教学方法、管理理念在一所中学生根，并进而向一个县、一个地区的辐射。

在上海援滇教师中，有个来自上海思源中学身材娇小的数学女教师，她叫王建新，原定10月份结婚的，当学校征询她能否去援滇时，她毫不犹豫就答应了，并得到了未婚夫和父母的支持。为了援滇，她提前到8月份举办了婚礼，新婚一个星期就赶赴云南，开始被安排在墨江，后改为更贫困的西盟，学校又让她改教两个班的英语。王老师没有被艰苦的生活和缺乏英语教学经验所吓倒，迎着困难上，每个星期上20节课，起早摸黑，披星戴月，还要利用中午休息时间去教室给学生补课，把上海的教学方法运用到课堂上，很快她所带的普通班和民族班取得了令人刮目相看的成绩，普通班与重点班的平均分从原来相差几十分赶到了只差4分。她还利用双休日参加县团委组织的活动，帮老百姓收庄稼，看望贫困户，看到眼前的贫困景象，她心里很不平静，除了自己捐助之外，发动自己所在的上海学校捐钱捐物，组织现任教的民族班与上海原任教的班相互通信交流，让上海学生捐助云南学生，她还动员丈夫和婆婆发动单位捐助。这就是上海的援滇教师，在一个人的背后，站着的是她的家庭，她所在的学校，她的能力所及的上海。王建新，只是上海援滇教师中普通的一个，哪个援滇教师又没有自己精彩的故事呢？

选派援滇教师是有限的，为使对口地区更多地分享上海的教育资源，2000年底，上海“白玉兰远程教育网”正式开通，先后在云南对口的三个州市23个贫困县配套援建了白玉兰远程教育网教学点32个，白玉兰远程医学网教育点6个和白玉兰远程环保教学点4个，并与云南自建的万山红教育网互联。8年来，通过远程教育模式，为云南培训了大批的教师、医务人员和环保技术人员。

社会各界的爱心

全社会参与帮扶，这是上海对口帮扶云南的又一特色。透过黄浦江的薄雾，你可以看到浦东直插云霄的东方明珠，可以看到外滩火树银花的璀璨夜景，但你想象不出上海人民拥有的那份爱心，想象不出沪滇两地人民的深情厚谊。

1997年12月，上海人民广播电台与上海市政府协作办、上海市政府驻昆明办事处、上海市青联和市慈善基金会等会同云南人民广播电台、云南省驻上海办事处共同主办为期一个月的“沪滇帮扶协作，心连心手拉手”活动。活动期间，上海和云南电台互派记者采访，上海电台从26日起在《990早新闻》中开设专栏。26日中午12点，上海电台和云南电台开通了两地联播节目，上海市副市长蒋以任和云南省副省长黄炳生，分别在上海电台《990市民与社会》节目和云南电台直播室同时就“对口帮扶”话题与两地群众进行了直播交流，得到两地听众的积极响应。

云南还派出由各方代表组成的团组来沪参加沪滇帮扶协作“心连心、手拉手”活动，徐匡迪市长在市政府的贵宾室里，接待了这批身着少数民族鲜艳服装的客人，高兴地与他们握手，称这次活动是沪滇兄弟民族“走亲戚”。

在这次活动中，上海还推出了一系列帮扶菜单，把活动推向了高潮。15位上海杰出青年与云南昆明、思茅、红河、文山等地区的15位优秀学生代表结对签约，开展帮扶助学。助学协议规定，上海杰出青年每年提供一定数量的经济援助直至这些学生完成学业，并与结对学生定期开展通信交流。在签约仪式上，上海杰出青年代表向云南学生代表赠送了学习用品和书籍。上海市慈善基金会发给20名在沪上大学的云南籍贫困学生每人1200元助学金，这是上海人民对来自云南贫困地区莘莘学子的关爱，是“沪滇帮扶协作，心连心手拉手”活动的又一成果。这笔助学金是卢湾区中华职校学生吴以嘉捐赠的，她不久前参加1997年第四届名人杯新秀歌唱大赛获特等奖，25800元奖金全部捐给了慈善基金会。吴以嘉被云南籍大学生誉为家乡美丽的孔雀姑娘。上海普陀区委、区府领导带头，发动全区居民群众募集扶贫资金。区处级以上干部人均捐款1000元，其他干部捐600元，在一个月内全区就募集基金568万元。区长司家和曾连续资助了三个贫困学生，这次得知来沪参加手拉手活动的彝族高二学生阿光兰来自贫困的大山深处，自己拿出1000元帮她圆大学梦。2002年，司区长退休了，得知阿光兰没有考上时，又拿出2000元让她重读。市妇联还开展“春蕾”活动，帮助培训云南女教师和资助贫困女孩子上学。

上海每年都要举办捐助活动，党政机关、企事业单位和市民无不踊跃捐钱捐物。1998年6月，培罗蒙公司、上海烟草(集团)公司、工商银行上海市分行等单位纷纷与上海希望工程办公室联系，要求援建希望小学。培罗蒙公司提出，要在云南思茅地区援建20所希望小学。工商银行上海市分行落实了30万元的款项，在云南建希望小学。上海烟草(集团)公司干部和职工向云南文山州捐款50万元，其中20万元用于援建一所希望小学，20万元用于援建10所“一师一校”小学，10万元用于资助当地500名失学儿童。上海商品交易所再次捐款30万元，在云南贫困地区援建一所完小和5所村小，为上海对口帮扶云南再出一份力。

驻上海部队也加入了捐献者的行列。武警上海总队在官兵中开展了“把爱献给祖国春蕾，把情洒向第二故乡”的捐资助学活动，实施“百对助学帮困工程”。参加捐款的团以上干部分别与云南省昭通市的失学辍学儿童结成帮扶资助对子，并统一建档管理，直至其小学毕业。

1999年6月，沪滇对口帮扶协作《纪要》明确2000年前上海帮助云南建设220所“一村一校”希望小学之后，上海各界迅速掀起了捐款热潮。数十家市文明单位率先行动，全市企事业单位和市民踊跃捐款。短短数天里，上海市文明单位就捐出了114万元。在上海“三下乡”服务团赴云南前夕，援建款达到了442万元，许多企事业和个人，还通过市希望办援建了14所完全希望小学，上海向云南希望工程捐款总额达到了768.5万元。

艺术家也加入了献爱心的行列。为帮助云南援建220所希望小学，上海市文明办、市希望工程办公室、团市委、市广电局、市文化局联合主办以“一片真情为帮扶”为主题的大型义演。消息一经传出，著名演员踊跃报名。尚长荣、闵惠芬、郑辛遥、陆寿钧、詹新、王汝刚、谢荣生、杨新华、周良铁和刘文国等10位德艺双馨艺术家还向社会各界发出了倡议，倡议全市社会各界积极行动起来，踊跃捐款希望工程，为云南援建220所希望小学尽己所能；倡议举行全市性文艺义演活动，欢迎文艺工作者踊跃参加，为援建工作贡献一份爱心，体现一片真情；倡议企事业单位和社会各界人士积极行动起来，加入到为希望工程捐款的爱心行列中来。陈海燕、张鸣杰、柴志星、黄蕾蕾等刚赴西藏慰问演出归来，征尘未洗，就报名参加义演。这次大型义演有500位演员参加，上海东方电视台和上海东方广播电台进行了现场直播。来看义演的观众，纷纷解囊捐助，奉献一份爱心。

千千万万的上海老百姓把爱心奉献给了贫困地区的人民，虹口区欧阳街道的刘慧芳，就是其中的一个。她是插队回沪知青，这几年，她家生活仍过得很俭朴，可她和丈夫丁正林却热心于慈善事业。1996年，当她得知欧阳街道在筹集“爱心基金”的消息时，就主动捐了2000元；1997年，在虹口区筹集云南对口帮扶基金的活动中，她又捐了3000元；1998年，在抗洪救灾募捐活动中，她再一次捐了1万元。

1998年9月起，共青团上海市委就从社会公开招募志愿者，赴云南在农业、教育、医疗等战线开展扶贫工作。在云南，这些平均年龄不足30岁的青年志愿者们按照市领导“动真情、办实事、求实效”的指示精神，充分依靠当地的干部、群众，加强全队管理和建设，发扬“特别能吃苦、特别能忍耐、特别能战斗、特别能奉献”的精神，在吃苦中磨砺意志，在工作中增长才干，在各自的岗位上做出了成绩，与当地人民结下了深厚的情谊，展示了上海青年的美好形象。

每批志愿者都有自己响亮的口号：第一批的口号是：“1等于9，等于27，等于420万，等于1300万”，意思是每个志愿者，代表的是在云南三地州的27名志愿者，代表的是420万上海青年，代表的是上海1300万人民。第二批的口号是：“32－1＝0”，意思是32名志愿者只要有一个中途退出，就是全体志愿者的耻辱。第三批的口号是：“扶贫云南，一生一次；服务云南，一生一世”，等等。这些志愿者们，不仅把口号写在墙上，也写在心里，更写在行动上。

在云南的红土地上，活跃着一批传授农业科学技术的志愿者，他们被当地人亲切地称作“上海师傅”。龚亚君，这位毕业于交大农学院的农艺师，是第一批赴滇的志愿者。她在思茅地区的江城县，引良种，建大棚，传授农业技术，被授予“云南省优秀青年志愿者”称号。一年后，她的丈夫、同班同学薄玉华去接她的班，“夫妻接力”传为佳话。薄玉华一到红河县，第二天就上山看旱地，下山看蔬菜田，晚上走访农户。面对村民企盼的眼神，薄玉华觉得肩上的担子很沉。他建起农业示范基地，种植了10多种从上海带去的蔬菜优良品种，和当地的农户一起，平整土地、播种、育苗，一次次到田间指导栽培管理技术，并根据当地的土壤和气候条件编写了数万字的农科教材，利用晚上收工后的时间，给农户们上课。

当农户的田里结出了鲜嫩的黄瓜、鲜红的番茄和伊丽莎白甜瓜时，薄玉华感到从未有过的满足和幸福。他离开云南那天，村民们杀鸡宰羊，用苞谷酒把他灌得酩酊大醉，用传统的哈尼歌声为他送行，一直送出几里地外。

在云南三地州贫困县的学校讲台上，闪动着上海志愿者的身影。他们把知识的种子洒向了那片红土地。唐若豪，这位来自上海师范大学的第二批志愿者，分在红河县一中教高一班的历史。面对当地贫困的景象，面对学校困难的教学条件，面对山村学生那一双双渴望知识的眼睛，唐若豪的心灵被震动了，他辗转难眠，连夜赶写了一份建议书传真给上海师大团委。于是，在上海师大校园掀起了“为山里的孩子捐一本书”的大型募捐活动。仅仅十天就募集到8000多册图书。1999年12月初，图书运抵红河县，设立了“上海师大红河希望书库”和“上海师大车古中学希望书室”。唐若豪在教学中也与学生们建立了深厚的情谊，新千年来临之际，几乎每堂课，他都能在讲台上发现贺卡，卡上写着：“唐老师，与你相处虽然只有短短的几个月，但你却给我带来了许多欢乐和知识。”唐老师即将离开红河的时候，学生们送给他一幅云南省地图，他们说：“老师，我们没什么东西可送，就让这张地图表达我们的心意吧。”

在云南边陲的医院里，有“上海医生”的地方，就有四面八方慕名而来的求医者。刘江斌，是来自上海复旦儿科医院的第三批志愿者，被分在文山邱北县人民医院。一天深夜，送来一位患12指肠胃溃疡穿孔的苗族老人，患者脸色苍白，奄奄一息，病情十分危急。做手术设备条件太差，转院病人有生命危险。抢救病人生命要紧！刘江斌没有患得患失，马上进行手术，到凌晨5点多，手术成功了，他才松了一口气。老人出院那天，苗寨来了二十多个村民，咚地跪在了刘江斌的面前，感谢“上海医生”救命之恩。刘江斌，这位从不掉泪的硬汉子，感动得热泪盈眶。贫困地区的人民太朴实了，他决心要为他们多做实事，于是，联系上海复旦儿科医院捐钱捐设备达62万元；会同上海的三个志愿者为邱北一中学生上青春课，成为编外老师；为邱北医院的医生联系到上海复旦儿科医院免费进修，提高他们的技术和管理水平。他说：志愿者个人的能力是有限的，要通过我们的努力，架起上海与云南联系的桥梁，从根本上改变医院的治疗条件，解决当地人民困病致贫问题，使当地医生都成为“上海医生”，成为留下不走的志愿者。他说得多好！“上海医生”，在当地人民眼中，俨然成为一个品牌。医院里只要有上海医生，周围的病人就会慕名而来，甚至邻省广西、邻国越南的病人也会赶来。困病致贫的村民有救了，躺着等死的病人有救了，判为绝症的病人有救了。人民不会忘记他们的名字：董健，袁一飞，高原，傅一山，周文浩，徐来丽，胡琪祥……。

文山，这个与越南接壤的州，曾是建国以来经历战争时间最长的地区，著名的老山战场就在文山的麻栗坡境内。因为历史的原因，到2005年底，文山州肢体伤残边民达4379人，其中90％以上是青壮年。有个村，87个人，才78条腿！缺腿的村民有的成不家，有的娶了媳妇也跑了。他们有的用铁丝捆木棒、有的用竹筒铁皮作“土假肢”穿着下地干活。他们说：“每走一步路，都疼得钻心啊！”

扶贫就要扶在点子上。不圆走路梦，怎能重扬他们生活的风帆！上海市对口云南帮扶协作领导小组、市政府协作办、市民政局、市红十字会，会同上海市假肢有限公司，带着市委、市政府及上海人民的深情厚意，决定赶赴文山助残！

上海与文山，相距两千多公里，安装假肢要去三次，成本巨大！干脆集中安装，援滇人员逗留的时间从过去的两三个星期延长到了两三个月。当地条件极差，就连六角螺帽、380伏电源插座都难找，于是砂轮机、打模机、抽真空泵、烘箱等沉重器材一并运去，该带的东西全带上，光清单就是10多页！更大的问题在于文山州水电时断时续，援滇人员便随时待命，半夜一来电就拼命加班赶工！

假肢是安上了，但边民却把它当成“过年新衣”舍不得“穿”，除了逢年过节，平日里依旧套着“土假肢”。一问才知道，边民们上山劳作，一年要磨破六七双解放鞋，何况是假肢！上海援滇志愿者含着热泪对边民说：“你们只管穿，坏了我们修，废了还能换新的！”。上海假肢厂毅然决定，每装一条假肢，再送一双结实的运动鞋！

1999年以来，上海各界已援助745万元，为文山州伤残边民安装假肢1165条，修理假肢222条。近千名装上假肢的边民重新站起来了，走上了自食其力的致富路。有的还进城打工或开店做生意，成了发家致富、奉献社会的能人。老山小坪寨村瑶族青年冯文奎，被地雷炸残下肢，呆在家里不敢见人，还常埋怨自己只有一条腿半条命，不如死了算了。上海师傅为他安上假肢后，他说再也不能天天靠年迈的父母养活，就在老山某驻军门前办起了小卖部，赚了钱娶上了一位健康漂亮的新媳妇。他常发自内心地说：“上海人给我安装了假肢，让我过上了和常人一样的美好生活，感谢党，感谢政府”。9年过去了，云南人民三番五次要办宴答谢，每次都被援滇人员婉拒：“把钱省下来，好多装几条假肢”。

赴滇助残是项长期工程。成人假肢寿命一般为3年，每年都会有200来条假肢需要更换，100多条需要修理。为彻底解决云南伤残边民的后顾之忧，上海又投入70万元，在麻栗坡县援建了六百多平方米的假肢安装更换维修站，各类设备一应俱全，并对当地假肢技术人员进行培训，为致残村民就地安装和维修假肢提供方便。

在云南孟连县公信乡的大山深处，站在茅屋前的一个拉祜族女孩，见到解放日报记者赶紧用手捂着自己的嘴。她母亲说，女儿是“兔唇”，上学念不清汉语拼音，只好呆在家里，见人就捂嘴，脸上从来没有笑容。这位母亲的话叩击着记者的心。在以后的采访中，记者了解到：在上海对口援助的四个州市中，这样的孩子还有很多。担任红河州长助理的上海挂职干部毛国伟，随手拨通了电话，几分钟后元阳县就传来一份兔唇孩子的名单。他说：“其实，我们早就想帮助这些孩子，就是苦于没门路。”

毛伟国的话和“兔唇”女孩捂嘴的景象引起了记者的沉思：一个孩子关系着一个家庭的幸福，一群孩子就不是一件小事了。应当让这些孩子走进学校，应当让他们脸上绽放出笑容。2006年5月11日，《解放日报》发表了“滇乡捂脸孩子渴望灿烂笑容”的通讯，在社会上引起了强烈的反响。报社国内部联系上海新华医院，准备为这些唇颚裂孩子免费做手术，还给他们正常人的微笑。于是，为了这个共同的目标，一群职业不同、年龄不同，甚至素昧平生的人走到了一起，开始了一场绵延三千里的“微笑接力”。上海市政府驻昆明办事处通过当地有关部门，以最快的速度确定了10名兔唇孩子。5月16日，10名兔唇孩子在家人的陪同下，走出深山，乘坐上海航空公司的班机飞到上海，住进了新华医院。医院派出最好的小儿颌面外科专家张瑛主刀为10名唇裂孩子成功施行了修复手术。解放日报领导专程到医院看望孩子，表示慰问。安利公司对外事务高级经理送来了书包和日常用品，表示将赞助路费、手术费和回乡后的学费，公司还组织10位志愿者带着子女与云南这10位孩子结成“互助家庭”，志愿者表示将结对资助这些云南孩子到中学毕业。云南红河州州长助理毛国伟代表上海援滇干部给10名患儿送上慰问金。上海团市委有关部门表示将挑选10名上海儿童，与这10名云南孩子分别结对，陪伴他们渡过难关。

10名云南兔唇孩子在上海度过了人生中最难忘的六一儿童节后，在众多社会爱心人士的祝福声中，带着灿烂的笑容，于6月2日踏上了返家的路程，他(她)们的人生也将因此而改变。

上海帮扶云南，云南支持上海。上海人民不会忘记，云南人民为上海经济建设和社会发展所作出的贡献；上海人民不会忘记，在抗击非典的困难日子里，云南人民送来的抗非典物资和药品……

在全国认真贯彻落实党的十七大和十七届三中全会精神的新形势下，在全党深入开展学习实践科学发展观活动的热潮中，在全面构建社会主义和谐社会实现小康目标的征程里，上海将紧密团结在以胡锦涛为总书记的党中央周围，坚持以马列主义、毛泽东思想、邓小平理论和“三个代表”重要思想为指导，全面贯彻落实科学发展观，应对复杂形势，加快实现“四个率先”，加快建设“四个中心”，做实“三个服务”，与云南人民并肩携手向贫困宣战，进一步加强合作，共谱社会建设、经济建设、政治建设、文化建设、生态建设新篇章！

(特约撰稿人：夏荣耀)

浦江深情溢满三峡

——上海对口支援三峡库区侧记

上个世纪90年代初，中国政府向全世界郑重宣布，中国将决定在长江三峡兴建三峡工程，这是共和国向世界展示中华民族风采的跨世纪宏伟工程。1992年8月，国务院对口援建三峡工程移民工作会议确定，上海对口支援三峡库区，帮助重庆万州五桥和湖北宜昌进行移民安置以及三峡库区淹没企业迁建。

上海市在对口支援三峡工程移民工作中始终按照“动真情、办实事、求实效”的方针，坚持政府主导、各方参与、分类指导、条块结合、突出重点、集中集聚的原则，在组织领导、政策规划、资金统筹、项目管理、产业扶持、人才交流等方面，积极探索走出一条符合受援地区实际需要的对口支援工作新路子，取得了一定的成效。

在15年的对口支援三峡库区工作中，上海先后向重庆市万州区和湖北省宜昌市夷陵区两地提供无偿援助资金3.08亿元，援建社会公益项目500多项；帮助库区引进经济合作项目150多个、协议资金120多亿元；培训各类人员3万多人次，有效地提高了库区的经济发展能力和移民的生产生活质量。

统筹全市力量积极参与

十五年来，上海各级领导高度重视对口支援三峡库区移民工作。市委、市人大、市政府、市政协的领导多次带队深入库区实地考察，与对口地区党委、政府共商帮扶大计。为进一步加强对口支援工作的组织领导，对原三个对口支援工作领导小组进行整合，成立了由市委、市政府分管领导为正副组长，56个区（县）和委办局为成员单位的市合作交流与对口支援工作领导小组。

上海市人民政府合作交流办公室承担领导小组办公室职能，负责全市对口支援日常工作的组织协调。每两年召开一次全市合作交流与对口支援工作会议，市四套班子主要领导出席会议，推进对口支援工作开展。各成员单位明确了相应的职能部门，由主要领导亲自抓，分管领导具体抓，明确专人负责。四个区和四家市属国有大型企业分别与万州、夷陵结对帮扶。有关群众团体、社会组织和企事业单位积极响应号召，积极捐资捐物，形成了全市上下联动、各方参与、分层推进的工作网络。

聚焦民生加大对口支援力度

上海坚持帮扶项目聚焦民生，让移民直接受益，先后组织实施援建了以“五个一”工程（一所学校、一个卫生室、一个农技站、一个文化站、一个养老院）为主要内容的移民新村16个，援建中小学、幼儿园、职业学校等教育项目161个，医院、妇幼保健中心、卫生院（所），卫生室等卫生项目52个，文化活动中心、图书馆、广播电视发射中心、广播电视村村通等文化项目36个，以及道路、桥梁、邮电大楼、饮水工程等一批公益性项目，有力地改善了移民的基本生产、基本生活、基本教育、基本医疗条件和文化生活。本市开展的爱心助学活动，资助了4300多名贫困学生完成了学业。

上海按照国务院三峡办“优先帮助发展产业、优先解决移民就业”的要求，有针对性地帮助三峡库区发展特色经济。针对库区“四大特色产业”资源，援建了一批柑桔、茶叶、柠檬等种植基地，生猪、水产等养殖基地、生态农业等旅游基地，把库区的资源优势转化为经济优势，带动移民增收致富。

针对人力资源开发滞后，在援建移民培训中心、科技培训中心、党员电教中心和劳动技能培训中心等培训机构的基础上，安排专项资金，采取请进来、走出去和远程培训相结合的方法，组织库区各类人才来上海挂职、进修和短期培训，开展科技下乡和劳动技能岗位培训等活动，为两地培育了一大批人才。特别是“白玉兰”远程网智力帮扶模式，使接受劳动技能培训人员成倍增加。

2008年，上海援建一批改善移民生产生活和就医、就学、就业条件的移民村、医院、中小学和职业学校等公益项目，让移民直接受益。援助社会主义新农村示范点建设资金470万元，帮助6个移民行政村建设以“一站、一室、一院”（“一站”即以农机、农技、农资、农讯“四位一体”的为农综合服务站，“一室”即以移民社区事务代理室、卫生室和文化室“三位一体”的村民综合活动室，“一院”即敬老院）为主的为民服务设施，发展一批以种植茶叶、柑桔和蔬菜等为主的村级特色产业基地。援助教育事业资金905万元，资助200名贫困移民学生完成学业，免费为100户失地贫困移民家庭的一名成员进行为期三个月的劳动技能培训，对4所学校和1所职校新建或改造教学楼、学生食堂和宿舍等。援助卫生事业资金570万元，新建1所社会福利院老年公寓宿舍楼，对3所医院进行住院大楼改造或医疗设备更新。援助文化事业资金150万元，建设移民文化活动广场。

搭建服务平台破解产业“空心”难题

随着三峡工程建设的不断推进和各地对口支援力度的加大，库区经济社会得到了长足发展，然而由于历史等原因，库区经济基础差、总量不足，自我发展能力不强，成了库区实现新一轮经济跨越式发展的瓶颈。

面对新形势、新问题，上海在对口支援三峡库区工作中探索出了一条新路：在为库区“筑巢”的同时，搭建经济合作服务平台，加大“引凤”力度。“对口支援不单单是资金和项目上的援助，更重要的是要在支援中实现共赢，推动经济社会科学发展。随着上海经济产业结构的升级和转型，一大批产业需要转移外迁。三峡库区资源优势明显，却‘深藏闺中人未知’，亟需各类产业入驻。”上海市政府合作交流办相关负责人告诉记者。

一个要转移产业，一个迫切需要承接产业转移，两者一拍即合。2007 年 8 月，上海市闵行区莘庄工业园与宜昌市夷陵经济技术开发区签订了“友好园区”合作协议书，一个面向三峡库区的经济合作服务平台搭建起来了。

在这个服务平台上，双方将重点在招商引资、项目转移、人才培养等方面开展全方位合作。2008 年 3 月，夷陵区政府派出了第一批招商组到莘庄工业区进行挂职招商，在学习莘庄工业区先进经验的同时，积极与园区内有产业转移意向的企业进行洽谈。

对于有意向将产业转移至对口支援地区的企业，闵行区政府也根据市政府相关意见制定了特殊鼓励政策。除了市政府每年对上海企业到对口支援地区投资项目补助的 5000 万元专项资金外，闵行区还对本区企业到对口支援地区进行重大投资项目设立了 2000 万元专项补助基金，固定资产投资补贴按照市里实行 1：1 配套，鼓励企业到夷陵投资兴业。

“对口支援既要强化政府引导，更要注重市场运作。政府出台了一系列鼓励政策，更多的是为前往对口支援地区投资的企业消除后顾之忧。但招商引资不是简单的‘拉郎配’，企业在选择转移地区时也会综合多方因素，对口支援地区也不是简单的‘来者不拒’，而是根据其经济发展方向进行选择。”上海市政府合作交流办相关负责人表示。

对口支援一个项目、发展一个企业，能够解决一时的移民安置问题，但无法从根本上提高库区发展自身经济的能力。上海在对口支援中创新性的搭建经济合作服务平台，将受援方招商引资阵地前移，培育受援方的招商能力，为调动各方面积极性破解库区产业空心难题、有效运用市场经济规律开展对口支援提供了新的探索。

健全完善对口支援长效机制

2008 年以来，对口支援三峡库区移民工作面临着新的形势。年初，国务院批转了《全国对口支援三峡库区移民工作五年规划纲要》(国函[2008]21 号)，国务院三峡工程建设委员会下发了《关于深入开展对口支援三峡库区移民工作的意见》(国三峡委发办字[2008]5 号)，为新形势下进一步做好对口支援三峡库区移民工作指明了方向。

下一阶段，上海将以党的“十七大”精神为指导，以《全国对口支援三峡库区移民工作五年规划纲要》为依据，以促进移民安稳致富为目标，突出“两个倾斜”(向基层倾斜、向移民倾斜)，实施“两个优先”(帮助发展产业优先、解决移民就业优先)，发挥“两个优势”(上海区位优势、库区资源优势)，整合各方力量，加大援助力度，扩大协作规模，注重实效，探索创新，集中集聚帮助解决移民最关心最急需的民生问题，不断帮助对口地区增强自我发展能力，为实现胡锦涛总书记提出的库区群众基本生活有保障、劳动就业有着落、脱贫致富有盼头，同心同德建设和谐新库区的奋斗目标，作出新贡献。

(《文汇报》记者：刘栋)

上海"西进"谱强音

就在"5.12"汶川大地震后不久，在地震中受到重创的都江堰市向上海发出了希望帮助其重建家园的希冀——都江堰市在都江堰工业集中发展区专辟4.4平方公里的上海西部国际工业园区，重点吸引上海籍工业企业投资入驻，借此平台，加快与上海进行工业产业对接，实现都江堰市工业重振。这样的殷切期待和信任，只是上海与西部地区多年"不了情"的一个缩影。

上世纪50年代，上海的一大批工商企业和各类人才到宁夏和甘肃等地支边，活跃在当地科研、生产、教学和医疗第一线；60年代，10万浦江儿女奔赴新疆参加屯垦戍边，在建设兵团的大熔炉里经受锤炼，涌现出一大批先进模范人物，至今，还有不少仍然活跃在兵团经济建设的各个领域。无论是在哪个年代，西部地区为上海提供了大量的能源、原材料，对上海提供了强大的物质支持，保证了上海经济建设和社会事业的不断发展。进入90年代，为响应党中央国务院关于西部大开发的号召，上海将服务与参与西部大开发工作纳入了《上海市国民经济和社会发展"十五"计划》之中，自此，上海与西部五省区的合作交流掀开了崭新一页。

上海"鲶鱼"游西部

服务西部、投身西部大开发，上海企业的"西进"潮流浩浩荡荡。上海民企复星集团的异地投资，几乎就是一首"西部进行曲"——在重庆，投资近2亿元控股两大著名医药国企：重庆医药工业研究院和重庆药友制药有限公司；在广西，与全国第二大妇女用药生产企业花红药业合资，截止到2002年，复星在四川、陕西等地已累计投资超过2亿元。

上海企业"西进"不仅致力于将上海知名品牌的市场号召力在西部充分展示，更附着于将品牌的管理、经验注入当地。兰州锦江阳光大酒店是上海旅游业与大西北的合作项目，锦江管理模式很快显现出示范效应：2001年开业第一年，经营利润率就达到30%，这一数据就算放到东部也毫不逊色。甘肃省旅游局到兰州锦江阳光大酒店调研时，特别希望将锦江管理理念推广到全省。酒店负责人不无自豪地说："我们是条鲶鱼，搅活了兰州酒店业！"同样，企业在变"产地销"到"销地产"的过程中，将西部的资源优势转化为发展优势。关中平原的泾阳县，是名副其实的"奶库"，然而，零敲碎打的生产方式，使其难以体现出规模效应。光明乳业落户泾阳后，投资1.2亿元建立起年加工20万吨鲜奶的项目，此后，泾阳农民不再为牛奶的销售犯愁，养牛热情空前高涨。

参与西部大开发，除了打管理牌之外，上海企业还打出了技术牌，在西部大批重点工程中，活跃着越来越多“阿拉”的身影。重庆钟溪大桥工程、成都乘龙路立交桥、宁夏青铜峡二期电场工程、陕西电站改造配套项目、“西气东输”工程设计、陕西铁路运输GPS控制系统、内蒙古风力发电项目等。上海企业参与西部重点工程建设，并不与当地建筑企业“争资金、抢饭碗”，而是通过错位竞争，发挥技术优势和团队优势，承接建设难度高的标志性建筑和重大环保项目，通过BOT方式切入，打响上海品牌，提升当地建设水平。上海人吃“技术饭”在西部是出了名的，现代设计集团、市政设计院等发挥在地面沉降控制、城市地理信息系统、超高层建筑设计施工方面的优势，承接西部地区体育场馆、电视塔、大跨度桥梁等工程设计，在陕西、青海、四川、西藏、新疆等西部地区形成稳定市场。上海园林集团发挥园艺技术和植物栽培方面的优势，积极西进，从云南园艺博览会到四川都江堰广场，打响了上海园林的牌子。

上海企业“西进”不局限于一个行业，而是行行建网络。在云南边陲，在巴山蜀水，在天山脚下，上海联华超市的“买手”们走进西部，每到一地，巨大的集中采购量总会引起轰动。而今，300多种来自云南普洱、文山、红河的特色产品，四川100多家供应商提供的200多种商品，来自乌鲁木齐、陕西、青海等省区的大量土特产，都摆上了联华超市的货架，进入上海市民的家庭；金融领域，浦东发展银行已在昆明、成都、西安、重庆等地设立分行，不少参与西部大开发的上海企业借助这些分行解决了异地结算难的问题；旅游方面，上海春秋旅行社在昆明、桂林、贵州、成都等地设立了分社，以包机、包船和旅游专列的形式，组织大批客源到西部游览；中介方面，上海技术交易所与重庆、成都、兰州等地的交易所签订了项目代理制度，使得技术成果可以在地区之间加速流动……上海电气集团走进西部短短两年，就将在西部的销售网络从10多家增至70多家，负责人深有感慨地说：“电气集团只是上海企业西部潮中的一员，在此过程中，和太多太多的上海企业一样，由此找到了企业发展壮大的新空间！”

“上海服务”助“加速度”

企业“西进”汹涌，政府部门亦未清闲。

为西部构筑“请进来”、“走出去”的国际大通道，发挥上海的“窗口”作用。引导在沪投资的外商企业西行，办“中中外”企业，从而为资金匮乏的西部引来源源“好水”。上海驻西安办事处为麦德龙落户西安牵线搭桥，使麦德龙进军西部的时间表提早了1—2年。总投资8.27亿元，上海汽车与广西柳州五菱、美国通用等三方“中中外”联姻，合建了上海通用五菱公司。

上海还举办“长江沿岸城市投资项目推介会”，并免费为沿江西部城市提供展位，同时，上海还积极作为主办单位，连续多年积极参加在西安举行的“西洽会”。而在上海举办的华交会、工博会等展会，成为西部企业“走出去”的大平台。西藏日喀则对外贸易总公司切身感受了华交会的魅力后，年年都准时出现在华交会上；陕西一家工艺品进出口公司2001年抱着试试看的心情来到华交会，没想到一来就抱回了30多万美元的“金娃娃”；内蒙古某纺织公司，在华交会上拿到的订单占全年外销的半壁江山……

中央召开西部开发工作会议后，上海随即设立了每年5000万，三年共1.5亿元额度的专项资金，采取前期补助、贷款贴息等方法，鼓励上海技术、人才、企业等西进，如此一来，政府投入少量资金作为催化剂，引导各类资源参与西部开发，专项资金成立第一年，仅用了608万元贴息资金，就带动了大约4.5亿元贷款流进西部地区，真可谓“四两拨千斤”。

为使“上海服务”从起步时的“好速度”，变为途中的“加速度”，上海市各级领导为此作了大量前期调研工作。2000年以来，市委、市政府、市人大、市政协主要领导纷纷率团到西部等地学习考察，并与当地签订合作纪要。上海各区县领导带队出访西部地区更为频繁，仅2001年就有250批。上海还召开西部12个省区驻沪办事处主任的座谈会，通过扎扎实实的调研，上海把政策资源用到了刀刃上。2000年，上海完成了“上海服务参与西部大开发战略”课题报告，在此基础上，2001年初上海出台参与西部大开发的“17条”，明确了具体政策，为上海参与西部大开发提供了切实保障。同时，为落实每一个合作项目，上海建立经济合作项目跟踪制度，发现问题及时协调解决，西部不少省市领导竖起了大拇指：“上海人办事，就是认真！”

解读一下“17条”中的部分，上海服务的决心和认真可见一斑。其中明确写道：调整能源结构，支持国家实施“西气东输”、“西电东送”工程，优先使用“西气”、“西电”，既是上海发挥中心城市功能的综合优势，让西部能源企业在上海“借地生财”的举措，同时也为上海调整能源结构提供了机遇。为此，上海制订一系列政策，扩大天然气和电力消费，建设50万伏双向回路环网工程，加强市外来电通道建设，同时逐步用天然气代替人工煤气，在工业、发电、交通、商业等领域积极扩大天然气应用。为吸引和服务西部优势企业来沪与实现这些企业的借地腾飞，上海积极优化服务环境，使上海成为投资效益最好、信息反馈最快、商业机会最多、交易成本最低、服务手段最优的中心城市。为此，上海进一步落实完善对内开放“24条政策”，对西部企业实行市民待遇，欢迎西部企业参与上海的国有资产重组、收购兼并和借“壳”上市，参与上海的产权和技术交易。

此外，对口支援历来是上海紧抓不懈的一项重要工作。在“十五”期间，上海在云南建成500个“温饱试点村”和一批实事工程；在三峡库区继续建设“移民试点村”，加大在旅游、高效生态农业方面的合作，进一步引导有品牌、有效益、有规模的项目进入库区，并在上海安置好7000多名三峡库区农村外迁移民；在西藏日喀则和新疆阿克苏地区，援建了一批科教文卫和环保等社会事业项目；在云南对口地区开展各级学校和职业技术学校的对口支教等。

上海给予服务西部的大学生志愿者有力支持。市政府为他们专门设立奖励金；市教委在评优奖励、升学就业、贷款等方面，出台了一系列配套措施；市人事局在志愿者报考公务员、就业、户籍办理等方面给予优惠政策。有关部门每年为服务期满返沪的大学生志愿者举办专场就业推介会等。

民间涌动“西进”潮

在2008年9月，165名上海大学生“西部计划”志愿者启程奔赴四川、云南、重庆、西藏等地，开展教育、卫生、农技、扶贫、抗震救灾等方面志愿服务工作。从2003年开始，为配合西部大开发战略，鼓励和引导高校毕业生到西部基层就业，根据团中央、教育部、财政部和人事部统一部署，上海团市委、市教委、市财政局和市人事局联合组织大学生志愿者服务西部计划，每年招募一定数量的高校应届毕业生和在读研究生，到西部贫困地区的乡镇从事1—2年的志愿服务工作。6年来，上海共选拔了1126名大学生赴西部志愿服务，其中上海生源占39%，本科学历以上占80%。

相当一部分“80后”大学生不满足于安逸的生活和工作环境，渴望在更广阔的天地里锻炼自我，提升价值。华东师范大学毕业生周雁2004年去西藏志愿服务，一年里，她考察了西藏5个地级市，定期给孤儿院的孩子补习功课。志愿者经历让周雁重新审视人生价值，服务期满后，她选择留在西藏工作，她说：“有人劝我，青春宝贵，可正因为青春宝贵，我希望用它作更有意义的事”。今年6月，团市委紧急招募抗震救灾大学生志愿者，20个名额有309个学子争夺。

上海大学生志愿者在西部基层知国情、增阅历、长才干，经过1—2年的志愿服务，有的成为学校教学骨干，有的成为科技致富带头人，有的成为当地小有名气的医生，还有的被委以重任，成为当地基层领导干部。赴藏志愿者、同济大学毕业生刘英俊，以工程甲方代表身份，负责总投资2.3亿元的拉萨市金珠西路改扩建工程，其优异的工作表现得到西藏自治区领导高度赞扬。迄今，共有21名上海大学生志愿者在服务期满后，主动选择扎根西部基层单位工作。不少志愿者还成为连接上海与西部之间的纽带。如经志愿者牵线搭桥，交通大学提供技术支持，与云南文山共同开发当地中药材资源；上海师范大学与云南澜沧县共建，为当地青年开展就业技能培训。

在民间涌动的“西进潮”中，尤以“智力西进”为显著特点，如通过上海“白玉兰”远程教育网，云南、重庆等上海对口支援地区的2000多名中小学教师，可以在网上直接得到上海特级教师的指导；通过上海援建的远程医疗网，重庆万州五桥区的病人可以得到沪上专家“面对面”的会诊。“智力西进”中，上海各大高校是一支生力军，上海6所大学与云南省6所大学结对，每年在云南召开技术交易会，成交量连年翻倍；上海10所高校组成博士团，赴陕西、四川等西部7个省市开展“三下乡”志愿活动；华东师大与昆明师专等10所院校开展长期合作，并在新疆当地开办了多期研究生课程班；上海财经大学与新疆财经学院、贵州财经学院、兰州商学院和云南财贸学院开展学术合作。

典型的“上海模式”

早在上海拉开参与西部大开发序幕之时，上海市领导通过大量调研后指出，上海在参与西部大开发中，要努力做到“三个结合”：一是要把西部地区资源丰富、市场广阔的优势和东部地区资金、技术、人才和管理优势结合起来，形成带动两地经济共同发展、共同繁荣的综合优势；二是要把各级政府、各类企业、各个民间团体和各种专业人才等方面的力量结合起来，形成全社会共同参与西部开发的整体合力；三是要把政府的规划和政策导向同社会主义市场经济发展的要求结合起来，做到既能发挥社会主义制度的优势，集中力量做几件大事，又能按照宏观经济规律、运用市场机制办事，有计划、有秩序地推进开发西部这项跨世纪的工程。

而在越来越壮阔的上海“西进”潮中，上海参与西部大开发的各界，成功发挥了上海整体优势，已经逐步形成了“五个转变”，即从过去“单兵作战”，向条块结合、内外结合、上下结合方向转变；从设备要素投入为主，向既有设备要素，又有虚拟要素如软技术投入的方向转变；从过去以国有企业为主，向国有、集体、合资、外资、民营企业共同参与，并联合长江三角洲地区企业参与西部大开发方向转变；从开发的单向流动，向双向流动方向转变；从政府号召、搭台牵线为主，向政府扶持和西部大开发的社会保障、支撑服务体系的结合方向转变。

正是如此"上海模式"，使近年来上海参与西部大开发的"大戏"愈加精彩纷呈，从劳动密集型产业向科技含量型、从简单贸易型向连锁加盟型、从施工建设型向设计管理型……上海与西部的"不了情"已经摆脱了单纯的经济合作，而是向科技、教育、文化等全方位多层次合作，谱写出上海"西进"的最强音。

（《解放日报》记者：李晔）

为大资源找大市场

——上海东北合作侧记

上海——中国改革开放的前沿，笑迎八面来风；东北——中国实力最为雄厚的老工业基地，发展潜力无限。自从改革开放以来，重振东北地区经济雄风的呼声便从未停歇过。尤其是近年来，国务院有关部委先后提出振兴东北老工业基地以及出台《东北地区振兴规划》后，东北地区更是成了全国瞩目的新的“增长极”。

上海和东北的合作，源远流长，近年来更是进入了高速发展的时期。上海所拥有的面向全球的国际化市场，和东北丰富的资源以及雄厚的工业实力，正可谓是天生的最佳合作伙伴。长久以来，上海一直都致力于服务东北、合作东北，让“大资源”和“大市场”结合、产生最大效益的工作。而上海在先期发展中所获取的资源和机遇，也同样在合作中无私地与东北三省分享。

2003 年 9 月 10 日，国务院常务会议研究实施东北地区等老工业基地振兴战略，提出了振兴东北的指导思想、原则、任务和政策措施，上海政府有关部门和金融机构立刻做出积极行动。上海浦发银行 2004 年上半年在哈尔滨主动寻找到了 6 个项目，通过总行直接发放贷款，都取得了不错的效果。哈尔滨分行行长姜韬说，中美合资民营企业哈尔滨泰富实业有限公司是一家成立不久的电机生产企业，由于大部分资金投入了生产，流动资金周转出现了困难。泰富公司找到浦发银行，第二天浦发就派人上门服务，了解了企业的发展情况和财务状况以后，5 天内就为其办理好了 2000 万的贷款和 1000 万的票据。如此快速的办事效率，让公司总经理杨天夫颇感意外。“我找过许多家银行，但大都不愿给我们这样刚成立的民营企业贷款。可找到浦发后，一周内贷款就全部到位。”

“政府引导，市场运作，企业主体，社会参与”，上海国内合作交流的新机制赋予了融入全国、服务全国更丰富的内涵。上海市人民政府驻哈尔滨办事处作为上海驻东北的窗口，未雨绸缪，强化服务意识，针对上海与东北的人才、资源、产品、市场的互补优势，着力搭建“服务平台”，直接促成了 10 多项经济合作项目。同时积极通过调研，以上海驻东北三省的企业联谊会为载体，构筑起企业间相互交流、合作的平台，为上海企业投身振兴东北创造了条件。这种迅捷、高效的合作，被当地企业和百姓赞为“乘东北振兴之风，扬上海服务之长”。

辽宁省原副省长张荣茂说，上海和东北的合作，就是要以资源对接为基础，促进共同发展。根据有关部门的统计，东北大地粮食产量占全国的七分之一左右，农副产品产量约占全国的十分之一，尤其是特产资源极为丰富。而上海作为拥有1800多万常住人口的国际大都市，则具有巨大的消费市场。据2008年上半年的统计，上海主要农副产品的社会需求量呈刚性增长态势，目前，上海粮食需求总量约在700万吨左右；蔬菜需求总量约在200万吨左右；植物油需求总量约在20万吨左右；肉类需求总量约在77万吨左右；水产品需求总量约在50万吨左右。

2008年1月，在两地政府的共同努力下，首届上海——东北资源对接高峰论坛顺利召开，被誉为是一次"最有质量的南北交流"。黑龙江省哈尔滨市农业委员会主任杨靖武说，近年来，上海和哈尔滨之间的农业经济合作新模式，可以看作是资源与市场合作共赢的一次成功的尝试。2005年，根据哈尔滨市农委与上海市奉贤区农委共同签订的《沪哈南北农业经济合作协议》，南北跨区域农业经济合作项目在哈尔滨市木兰县正式实施。经过三年的建设，项目取得了突破性的进展，项目经验得到了国务院农村研究室、农业部以及两地政府领导的共同肯定和好评。

黑龙江省木兰县委书记吴国禄说，目前在木兰县，拥有2005年初组建全国首家跨省粮食合作联社——沪哈南北粮食合作联社，在上海工商部门注册，形成了"销售企业＋超市"的营销模式。2008年，已经有6个水稻合作社协议向上海销售有机大米15万吨，仅此一项，木兰的农民就增收2000多万元。而上海的资金、技术、市场等要素和木兰的肉牛加工企业的成功合作，更是成为农民增收致富的重点产业。上海汉德公司整体收购、注入了2000万资金后的木兰肥牛加工厂，经过设备改造和技术革新，已经成为木兰肉牛产业的新龙头，并创出了广受欢迎的自有品牌。还有上海海虾淡养项目的成功，也为南北农业技术合作找到了新空间，木兰原本大多处于闲置状态的大小3000多个塘坝和2万多亩水面，在白对虾养殖在木兰实验成功后，一下子"变废为宝"，达到亩产成虾600斤以上的水平，为农民找到增收新途径的同时，也为上海的养虾基地找到了迁移的目标，一举两得。以上的这些成功经验，同样都具有在东北各地大力推广的条件。

"清楚东北食品好，不清楚哪里是真假，不清楚哪里能买到"的"一清两不清"现象，也始终是困扰东北优质农产品进入上海市场的一个难题。2008年9月26日，在上海仙霞西路上，北大荒上海绿色食品商厦正式开张营业了，作为目前上海第一家以绿色、有机食品为主，集展示和销售于一体的专业卖场，广大市民和食品经销商可以在此购买到数千种东北黑土地产出的正宗绿色农产品。作为上海和东北两地市场和资源对接的桥梁，商厦为东北绿色有机食品企业建立了"无障碍通道"，只要符合绿色有机的标准和市场需求，即可"零入场费"免费进入商厦销售。同时，商厦集中展销，还解决了集散市场上鱼目混珠的问题，真正成为了东北优质农产品进上海的一个最有保障的窗口。这项成果，正是在民间团体牵线下，让黑龙江北大荒集团和康大绿色食品发展有限公司在上海实现"强强联手"的结果。而其实早在"绿色食品商厦"问世之前，强生园林公司在浦东创办了上海东北绿色食品团购中心的尝试。目前，吉林等地的农业和粮食部门也已经开始和上海联系，准备紧跟而上，也在农产品销售上和上海一起写出"大文章"。

上海，作为我国经济、贸易、运输中心，是长三角和长江流域的龙头，有改革开放先行区的浦东新区，有先进、强大的经济实力，在人才、信息、技术、市场上也有一定优势；而东北地区幅员辽阔、资源丰富，产业规模已成开放格局，又是国家老工业基地，正在大力实施中央振兴老工业基地战略。正如上海市委有关领导所讲：上海与东北在全国经济发展中具有各自特殊地位和独特优势，两地互补性强，合作潜力巨大。今后两地合作要向科技、智力、资本和管理领域拓展，还可以在文化、体育、旅游等多方面加强合作。上海企业可以通过产业和资本进入，积极参与支持老工业基地振兴，拓展自身发展空间；东北企业也可以来上海展示形象、谋求发展。

据统计，自2003年中央提出“振兴东北地区等老工业基地”战略以来，上海在东北地区的重大经济合作项目已达67个，包括上海爱建投资72亿元在哈尔滨建设占地1平方公里的爱建滨江国际社区；上海世茂在哈尔滨松江北区投资100亿元建设世茂滨江新城；上海绿地投资40亿元在长春建设长春上海城；上海通用重组沈阳金杯汽车，成立上海通用(沈阳)北盛汽车有限公司等。

改革开放三十年，上海与东北的紧密合作还只是刚起步。前路漫漫，让我们拭目以待。

(《文汇报》记者：袁祺)

服务中部崛起合作双赢

——上海与中部地区经济合作交流纪事

在中部崛起的大潮中，湖南长株潭城市群和武汉城市圈先后被批准为全国资源节约型和环境友好型社会(简称“两型社会”)建设综合配套改革试验区，框架方案已经拟就。近期，安徽积极参与泛长三角区域经济合作，党政主要领导带队出访苏浙沪，商谈加入苏浙沪主要领导座谈会事宜，可谓动作频频。2008 年，湖南省组织庞大的经贸团在上海举办“沪洽周”活动，两地签订合作项目 290 个，资金 1154 亿元。随着一系列大手笔、大动作，中部地区依托着承东启西的优势，借助各自的综合配套改革试验区，更激越地展开了腾飞的双翼。

这一天，中部地区等了多少年！大江东去，千帆竞发，借上海出海的中部物产源源不息。这是两地合作交流、联动发展的一种天然联系。

历史，记载了交流的遗迹

翻开历史长卷，上海自古以来便和中部地区保持着千丝万缕的联系。南宋年间，随着朝廷南迁东隅，江南在中华海路商道中的地位一度开始提升，黄浦码头出现了最初的中部地区商贾。不过伊时，上海不过只是一个海滨小镇，这样的交流实也难以书写商旅大书。直到清政府在沪设立海关，上海才正式进入了城市的发展起点，而她和中部城市的故事也才真正进入了历史的航程。

新中国成立后，随着上海在全国经济发展中的地位不断提升，上海与全国各地的合作交流活动也日益密切起来，一方面得到全国各地的支援，另一方面，也为各地的经济发展提供了助推服务，也有一定范围的合作辐射。其中，就包括中部地区的主要城市。不过囿于当时的计划经济体制，这种合作交流基本上是行政方式，规模和影响力始终是有限的。

春天的歌曲奏响在伟大的 1978 年，那是改革开放元年。

合作，改革开放后的主题词

改革开发取得重大突破，深圳走出了第一步，南方顿时热火起来。1990 年后，浦东开发开放，上海及其长三角又成了一片热土。中国各地方政府都在寻找适合自己的发展策略，区域联合成为一个热门话题。古谚有云：“中原定，天下安”。而今，江西、湖南、湖北、河南、山西、安徽等中部省市又走到了一起，期盼着崛起。

2004年3月，温家宝总理在政府工作报告中，首次明确提出促进中部地区崛起。自此，“中部崛起”一词叫响了全国。

当年，上海把支持中部崛起列入服务全国的重要内容之一，随后，又写入上海服务全国与对口支援“十一五”规划。不过实际上，上海和中部城市的密切合作早于此前便已形成。1994年，时任上海市长的黄菊率上海市政府代表团出访长江中游流域的湖南、湖北、江西、安徽等省，明确提出了按照“优势互补、互惠互利、联合发展、共同繁荣”的原则，倡议开展新一轮横向经济联合。此后，上海与中部兄弟省市间的互访活动日趋频繁，仅1995年来沪参观考察、进行经济技术合作洽谈、招商引资的各种代表团就达到百批左右。中部地区省市迫切希望能够借助上海对外开放的窗口，搭台唱戏，推介中部地区经济优势和投资环境，吸引国内外投资经营。

这种频繁的交流很快提升了能级。1995年，兄弟省市在上海浦东投资兴建的首幢大楼——裕安大厦宣告落成。时任上海市长徐匡迪、市人大常委会主任叶公琦、副市长兼浦东新区管委会主任赵启正和时任安徽省委书记卢荣景、省长回良玉出席了落成典礼。作为安徽省在上海经济贸易活动的中心，总投资3.2亿元的裕安大厦兼有办公、商贸、展示、餐饮、证券交易等多种功能。

接下来的几年，上海市区两级领导出访兄弟省市的活动越来越多；同样，走访上海也成为了兄弟省市有关部门的重要活动之一。据统计，仅1998年，上海市政府协作办就接待了兄弟省市地市级政府代表团160批，共计2528人。

2004年上海市委副书记、市长韩正率上海市代表团赴江西学习考察。代表团重点考察南昌、井冈山等市的城市建设、企业发展和经济社会发展等的经验，并瞻仰了革命纪念地。上海市委、市政府捐助江西革命老区5750万元。

领导部门的走访仅仅只是一个引子，发展的关键还是民间层面上的互相交流。经有关部门牵头搭线，各地区间的商业合作逐年升温。其中颇具代表性的是，1998年上海蔬菜总公司与安徽省金寨县共同开发种植了500亩山地刀豆，当年就取得良好经济效益，平均亩产值比种植传统作物增长5倍，人均年收入突破735元的贫困线，该合作项目受到当地政府和人民的好评。

2001年江西省代表团来沪举办“双百”活动（合作项目签约100个项目，合作资金力争达到100亿元），当场签订各类合同协议133项，总金额60余亿元。类似的招商引资推介会在上海频繁出现，并为上海和中部城市的各方面合作补充了新鲜血液。2004年在上海市长韩正访问江西数周后，上海市经贸代表团赴江西考察。双方共签订合作项目32个，项目资金规模达39亿元。

2006年，上海服务中部城市的步伐又向前迈了一大步。据统计，在全年重大经贸活动中，上海与中部地区签订合作项目196个，项目总额358.31亿元。同期在湖南长沙举办的首届中部贸易投资博览会上，上海与湖南、湖北、江西、安徽、河南、山西中部六省签约，加强口岸“大通关”合作，共同促进现代国际物流发展。这是上海落实“中部崛起”国家战略的重要举措。

服务，在中部崛起中升华

2004年，胡锦涛总书记亲临上海视察，要求上海“服务长三角，服务长江流域，服务全国”，于是，“三个服务”就成了上海发展战略的新定位。

自此，持续了10多年时间的“服务全国”，宣告进入了新的发展时期。

回顾这一进程，上海早在上世纪80年代初就专门成立了协作办公室并出台了一系列政策。1996年前后，上海已设立11个驻外办事处，为上海企业在外地的投资和相互经济协作交流，发挥了穿针引线的中介作用。

在上海市政府的支持帮助下，上海企事业单位纷纷以资金投入方式积极支援全国各地建设。至1997年底，上海累计在全国各地投资企业(在册数)已达3571户，其中沪方投资109.31亿元；到1998年底，超过了4000家。而最近10年时间，这一数字又被不断地刷新。其中，中部省市也是上海服务全国的一个重点对象。

邓小平同志曾指出：金融是现代经济的核心。中部崛起需要金融的巨大支持。纵观全国发展格局，上海无疑是目前中国内地最大的金融中心。上海的成功经验显然也是中部城市的摹本。十多年来上海和武汉等中部城市的金融合作项目，经济总量在百亿人民币以上。2000年上海嘉创投资公司和葛洲坝集团三峡实业公司联合投资7000万元，筹建武汉租赁交易所，吸引了葛洲坝、三峡开发总公司等大型企业加盟，采用电子商务等交易手段。该交易所成立后，运作初期的年交易量有近10亿元。

2003年11月，上海地铁公司签约参与武汉市地铁管理，就此迈出了“管理输出”第一步。

2004年5月，武汉市在沪召开引资推介会，上海与武汉签署了《关于全面推进两市合作交流的协议》，为推进两市合作友好关系迈出了重要一步。

2008年10月，上海华谊集团在安徽巢湖无为经济开发区建设煤化工基地，计划投资350亿元，一期工程投入73亿元，是上海与安徽最大的合作项目。

上海和中部地区的来往生生不息，类似的例子不胜枚举，不过这仅仅是万里长征的一小步，就像滚滚长江天际流。

上海服务“中部崛起”，中部城市和上海共繁盛，归根到底还是一个双赢局面。一切都将更为美好。

(《东方早报》记者：李伟)

第六篇　第 三 只 眼

上海经济区与长三角区域经济一体化

2008 年 9 月,《国务院关于进一步推进长江三角洲地区改革开放和经济社会发展的指导意见》的发布,以及《长三角区域发展规划》的制定和酝酿发布,表明长三角区域经济一体化已经上升到国家战略层面。尽管还有许多路要走,但是长三角一体化已经成为中国区域一体化的标杆。更重要的是,它所提供的中国改革开放过程的区域发展和区域经济整合的独特经验,在经济学理论上和现实的区域发展实践中,都有重要的意义。

长三角区域经济一体化是中国市场化改革背景下的区域经济整合的过程和区域经济体制的创新。和以欧洲共同体和欧盟为代表的国际经济一体化的不同,它更多的带有市场经济导向的体制改革的过程色彩,在某种意义上可以说,它是体制变迁的函数。

在长三角区域经济一体化的发展过程中,上海经济区是一个重要的历史阶段,它不仅是长三角区域经济一体化的起源,而且提供了一个一体化的制度框架的摹本。自上海经济区撤销以后,尽管长三角区域经济一体化的进程依旧在继续,但是一直没有出现一个类似上海经济区这样的组织结构和制度框架。是否需要这样一个组织机构来进行长三角区域经济一体化的协调和治理,目前的阶段无论是理论界还是政府部门都没有形成共识,当中央决策层开始将长三角一体化纳入国家制度管理框架之时,回顾和总结上海经济区的历史过程和经验对于继续推进长三角区域经济一体化具有重要的意义。

上海经济区成立的背景

上海经济区的诞生和中国的经济体制改革有密切的联系,20 世纪 80 年代的中国经济体制改革基本上是在地方分权的框架下实现的,改革的动力在很大程度上来自各地方政府发展本地经济的冲动,以及由此而来的各地区之间在发展经济方面的激烈竞争。这为中国的区域经济发展提供了强大的动力。另一方面,单纯的行政分权必然导致对资源的分割,从而对国家经济发展整体绩效的提高和地区间产业分工的形成起阻碍作用。"地方分权"导向的改革,瓦解了由计划经济安排的长三角内部垂直分工体制,促进了苏浙地区的工业化进程,但是同时其自身带来的局限也需要有一种制度安排给予制衡。曾经经历过多次"分权"和"收权"改革的中央决策层对此也有深刻的认识。20 世纪 80 年代初期,中央在推出分权改革的一系列措施时,也提出要搞"横向联合",搞区域经济协作,以打破"条块分割"所带来的弊端。上海经济区就是在这一背景下成立的。

上海经济区的任务和工作

1982年12月,国务院发出《关于成立上海经济区规划办公室和山西能源基地规划办公室的通知》,决定成立上海经济区规划办公室。1983年3月,经济区规划办公室在上海正式挂牌成立。这标志着上海经济区进入正式运行阶段。

按照当时中央决策层的设想,上海经济区成立的任务主要有三个:

第一、解决传统的计划经济体制带来的条块分割的矛盾,解放生产力;

第二、充分发挥中心城市作用,开展横向经济联合,形成区域发展的综合优势;

第三、进行改革的试点,寻求具有全国意义的以经济区为单元的多层次、开放式、网络型的区域经济的新体制。

上海经济区成立之后,主要做了以下工作:

第一,协调太湖综合治理。由于太湖水系分属上海、江苏、浙江和安徽3省1市,多年来由于行政体制的条块分割,太湖水系的灾害问题一直没有得到很好的解决。上海经济区规划办公室成立后的第一件重要工作,就是会同上海、江苏、浙江和安徽以及当时的国家计划委员会、水电部、交通部、农业部的相关负责人,成立了专门的考察团,对太湖流域进行了联合调查。并在此基础上,制定了太湖综合治理的方案,提出了《太湖流域综合治理骨干工程设计任务书》,这些工作的规划和实施,对太湖流域的水患治理起了重要作用。

第二,推进经济联合。在上海经济区的框架下,促成了经济区内部,特别是上海和周边地区的所谓"横向经济联合"。其中最典型的是1984年2月,经过上海经济区、轻工业部和上海市、浙江省政府批准,浙江省绍兴自行车总厂与上海自行车三厂签署《联合议定书》,采取隶属关系、商业收购、利税上交渠道的所谓"三不变"的松散型联合方式,联营生产原品牌属于上海的"凤凰牌"自行车。后来形成了以绍兴自行车总厂为龙头,有2省6市13县计45家企业参加的凤凰自行车经济联合体。

第三,协调能源建设。上海经济区内的苏沪浙地区在20世纪80年代就是我国经济最发达的地区,由于经济的快速发展,能源短缺成为各地共同的问题,为此上海经济区提出了"集资办电"的设想,试图改变由当时的电力部独家办电的传统模式,缓解了长江三角洲地区缺电的困难,1984年6月,上海经济区规划办公室和水电部联合发布了《"七五"集资办电建设规模和集资办电实施细则》,得到各省市的积极响应,进而探索出一条多渠道、多层次筹资办电的新路子,为电力工业体制改革迈出了第一步。

第四,制定《上海经济区发展战略纲要》。在经过两年的实践摸索以后,1985年3月,在南京召开的上海经济区省市长会议上决定由上海经济区规划办和上海经济区研究会研究组牵头,编制上海经济区发展战略纲要,并在一年后的1986年7月获得通过。《上海经济区发展纲要》提出,建立上海经济区,是我国经济体制改革的一项重要探索,旨在充分发挥中心城市的中心作用,打破经济体制的僵化模式,协调条块之间、部门之间、地区与城乡之间的关系,按照商品经济的规律,把横向经济联系更好地组织起来,形成区域经济的综合优势,逐步形成以大中城市为依托的、不同规模的、开放式、多层次、网络型的经济区，逐步建立具有中国特色的社会主义区域经济新体制，大力促进社会生产力的发展。《纲要》的制定，既是对上海经济区实践经验的总结，也为经济区的进一步发展指明了方向。

第五，支援区内革命老区建设。上海经济区成立后经过多次“扩容”，扩展成为一个包括江苏、浙江、上海、江西、福建、安徽等5省1市的大区域，为此，规划办成立了上海经济区老区建设委员会，加强对地处江西、福建和安徽等地的革命老区的支援建设。

以上工作可以归纳为三类，一类是带有全局意义且具有较强专业职能特征的工作，如支援国内老区的建设和太湖水系的治理等；第二类是务虚的战略研究和规划工作，如制定《上海经济发展战略纲要》等；第三类是带有体制改革特征的工作，如推动跨区域的经济联合和提出解决能源供给问题的带有市场导向的改革措施等。

以上工作和上海经济区所要达成的目标之间，应该说还是有不少差距的，从工作展开的领域来看，基本上局限于务虚层面和各次区域利益具有明显交集的领域。除了讨论通过《上海经济区发展战略纲要》，落实到具体项目层面的主要就是水电项目，而这多少也和规划办主任是水利电力部副部长王林有关。此外，如有关对口支援革命老区建设工作等，如果没有上海经济区组织的专门机构进行管理，中央也有相应的职能部门可以归口承担的。真正在打破体制壁垒，“建立具有中国特色的社会主义区域经济新体制”方面的实际进展应该说是有限的。而另一方面，上海经济区成立以后，一直在“扩容”方面投入了太多的精力。影响了主流功能的发挥。

上海经济区的运作机制及其评价

上海经济区规划办从成立到1988年6月国家计委发文撤销，历时仅5年多的时间。规划办被撤销的直接原因是国务院机构改革。虽然规划办的撤销，并不等于决策层否定上海经济区所承担的推进区域经济一体化的重要历史使命，但在当时的历史背景下，上海经济区的组织运行机制已经不再适应中国的经济体制改革的形势应该是一个主要的因素。

上海经济区的运行机制特征突出地表现在以下方面：

第一，决策机构的“软约束”特征。上海经济区不是一个具有可以列入国家组织序列的一级政府组织机构。其运作平台由两部分组成，一个是常设机构，上海经济区规划办公室。另一个是上海经济区省市长会议，包括二省一市首脑会议和最初的上海经济区10城市市长联席会议，还有一些相关的非常设机构，比如主要由上海社会科学研究学者组成的上海经济区研究会等。上海经济区规划办公室，实际上并不具资源调配能力，而是一个国务院派出的协调、规划和研究的机构。相对权威的上海经济区省市长会议，由相关省市第一把手“轮流做庄”，也是一个协商性质的会议，没有调控各省市的行政权力，其决策的有效性在于协商一致，因此从经济学角度讲，上海经济区并没有超区域行政权力进行跨区域资源配置的功能。

第二，空间范围的“软约束”。上海经济区自成立起，空间范围就一直处于不间断的变动之中，1983年刚成立的时候，上海经济区主要包括上海及其周边江苏南部和浙江北部东北部的10个城市，包括苏州、无锡、常州、南通、杭州、嘉兴、湖州、宁波、绍兴、舟山。后来扩大到江苏、上海和浙江两省一市。1984年安徽省，1985年江西省，1987年福建省也参加了进来，1987年山东省派观察员参加。区域空间范围的快速扩张，从表面上看似乎轰轰烈烈，但却增加了实际运营的难度，使得上海经济区所要解决的问题变得更多、更复杂，协调的成本也更大，因而耗散了本应该投入到解决区域一体化关键问题方面的资源和能力，导致了泡沫化倾向的出现。特别是当上海经济区扩容到华东地区5省1市时，其所要解决的问题，更多的已经不是单纯的区域问题，而是具有全局意义的问题，如前面提到的支援老区建设问题等等，其功能也和国务院的专业部门的职能出现了重叠，上海经济区的存在价值开始受到怀疑。

上海经济区的这种"软约束"特征的运行机制在某种意义上可以认为是上海经济区的任务所决定的，成立上海经济区是一个"改革试点"，带有尝试性、临时性的特征。在20世纪80年代，中国的改革本身就是一项"摸着石头过河"的工作，由此可见，上海经济区的前景从一开始就有很大的不确定性。

长三角区域经济一体化是中国体制改革的函数，作为区域经济一体化的载体，上海经济区的历史使命是打破计划经济时代的"条块分割"的状态，希望通过加强中心城市的经济辐射功能来探求新的区域经济体制。这种愿望和抱负自然没有错，但是在当时的历史条件下，要完成这项任务，在较短的时期内实际上是不可能的。主要原因在于使命和现实的悖论：

首先是"条块分割"体制和地方分权改革之间的悖论。解决计划经济时代中国行政体制中的"条块分割"的利益分割和资源配置格局是上海经济区的使命，但另一方面，作为中国改革的起动机的"地方分权、财政分灶"政策实际上是起源于"条块分割"体制。20世纪80年代中国的改革和发展主要特征就是"地方分权＋市场化竞争"。在区域经济发展层面，"中央VS省"的经济权力和利益分割的博弈表明，后者的地位和份量在不断加强。与此相匹配的另一个趋势，就是地方与地方之间竞争的强化，即便是上海这样一个中心城市，它和苏浙地区的区域经济关系，也被无例外地置于区域间竞争的大背景之下。因此并没有被赋予用行政组织手段，也没有形成一个统一市场或共同市场来进行资源配置功能的上海经济区，其在长三角主要省市经济生活中的地位不断被边缘化是不可避免的。

其次是依托中心城市，推动区域整合，形成新的区域经济体制和大城市、中心城市改革滞后之间的悖论。上海经济区的另一个历史使命是依托中心城市，实际上就是依托上海，来整合长三角地区，形成新的区域经济体制。但在当时也是一个美好的愿望。20世纪80年代，上海的改革和发展实际上都滞后于周边的江苏和浙江地区，这也不是上海单独的现象，中国的经济体制改革实际上是从农村、农业和农民，即"三农问题"的解决开始获得突破的。20世纪80年代，中国的地区间改革和发展的差异化格局就是，农村改革快于城市，小城市、中等城市改革快于大城市，特别是中国沿海地区，中小城市及其周边地区成为中国改革开放和经济发展最为迅速的地区，而类似上海这样的特大中心城市，由于高端行政部门出于对国家整体形势考虑，其在改革和发展方面都处于相对后进的状态，由此导致依托上海来推进长三角区域经济整合也变得苍白无力了。

上海经济区的进一步评价

上海经济区的历史作用需要从微观层面进行评价。上海经济区的实践在组织架构层面上虽不能说是成功的，但是在实际运作层面上，特别是在企业微观层面，上海经济区的存在对当时苏浙地区的经济发展起到了积极作用。在20世纪80年代到90年代兴起的上海和苏浙地区间的以“横向联合”、“技术转移”为载体的产业转移在很大程度上受益于上海经济区的制度安排。

上海经济区成立刚好是苏浙地区的乡镇企业大发展的时期，上海经济区的存在为苏浙地区，特别是苏南和浙北、浙东北地区的乡镇企业利用上海的资源提供了制度条件。当时对上海经济区表现出极大热情的正是这些乡镇企业。

以上海经济区为制度平台，实现上海和苏浙地区间的产业转移主要体现在三个方面：

首先是“横向联合”。许多苏浙乡镇企业利用上海经济区的有关组织机构和上海的国有企业挂上了钩，进行多种形式的技术经济合作，当时上海的一些知名品牌，如“凤凰牌”自行车，“蝴蝶牌”缝纫机，都在苏浙找到了零部件生产厂家和“OEM”厂家。资料显示，当时有50%的上海企业和江苏、浙江有经济技术合作关系。

第二是“星期天工程师”。上海经济区为浙江、江苏和上海企业之间不同所有制企业之间的非正式制度的经济技术联系提供了制度屏蔽和合法依据，在这一框架下，利用区域相邻的地理特征，依托共同和类似的文化背景形成的各种民间社会网络，上海的“星期天工程师”对苏浙地区的乡镇企业发展，对长江三角洲区域内部的技术转移和产业区域转移作出了突出的贡献。

第三是上海品牌的共享。上海经济区期间，很多浙江的乡镇企业在自己的企业冠名前都加上“上海经济区”的牌子，如明明是浙江嘉兴或湖州的××乡或××镇的××企业，这时，都冠上“上海经济区”的头衔，成为“上海经济区××企业”，这对乡镇企业在缺乏知名品牌支持的情况下在大陆内地打开产品的销路的确有着事半功倍的效果。苏浙地区的乡镇企业对中国内地市场的产品销售优势正是从这里开始的。

上海经济区在组织架构和运行机制的上不成功在很大程度上是因为它不具备权威的行政功能和组织功能，但是，从当时的历史背景看，上海经济区也不可能成为一个权威的行政机构，否则不又成为计划经济时代的中共中央华东局的再版？当时的宏观环境决定它只能是一个组织协调机构，即便如此，在20世纪80年代汹涌而来的地方分权加市场化的改革和发展潮流面前，以及伴随而来的各地方利益不断刚性化大趋势面前，这种协调机构在组织上的无力化可以认为是必然的。

从历史的延续看，20世纪80年代的江苏和浙江刚刚摆脱改革开放前由计划体制所规定的已经失去活力的垂直分工体制，依靠本地富有活力的乡镇企业为主要动力推进农村工业化，取得了远高于当时中国平均发展水平的高速增长，因此对可能重新受制于地域之间的分工体制的行为抱有警惕的态度也是难以避免的。

但另一方面，上海经济区的建立及其在微观层面上对苏浙地区非国有企业发展的贡献，也表明，长江三角洲一体化因素是内生性的，只要发展区域经济，这种由要素禀赋的差异和要素流动的可能以及由此而来的产业分工的经济效益所决定的一体化的内在力量一定会通过各种形式表现出来。

在长江三角洲区域经济关系史上，上海经济区时期是一个转折期，它表明，上海和周边的苏浙地区之间的产业分工开始从垂直分工向水平分工方向发展，后来的发展似乎也在暗示，只有建立在产业水平分工基础上的区域经济一体化才可能是可持续的。

总　结

上海经济区是长三角区域经济一体化最初阶段的制度产品，这一时期，区域经济一体化的宏观特征是"区域经济合作"。微观特征是上海国有企业和苏浙地区乡镇企业之间以"经济技术合作"为名义，以"横向联合"、"星期天工程师"以及"品牌共享"为载体的技术转移和产业转移。

上海经济区的制度安排是中央政府以建构"上海经济区"为名的制度供给，并由此形成了区域经济一体化的组织形式和制度结构，规范地方政府的区域经济合作行为，但是，由于正处于体制转型的激烈变动时期，区域一体化组织和制度形式和当时的改革方向与政策，以及和地方政府关系的协调上，都存在许多盲点。特别是上海经济区希望通过发挥中心城市的主导作用来协调区域经济关系，形成区域综合优势，这样的设想在经济发展的正常时期也许是可行的，但20世纪80年代的中国正处于改革开放的摸索阶段，过重的传统计划经济包袱使得上海的改革开放和制度创新比周边省区更显得困难重重，中央在推出上海经济区的制度安排时也没有设计配套的政策措施能够使上海在改革开放领域走在长三角其他地区的前列，不仅如此，由于改革进展的不同步，以及区域一体化政策和地方分权财政分灶制度的政策"相克性"，进一步束缚了上海在长三角发挥所谓的中心城市作用。因此，上海经济区的组织和制度效果并不明显。

但是另一方面，区域经济一体化的组织和体制却为长三角内部起源于微观层面上的产业转移和区域间的产业水平分工打开了便利之门，这种产业转移在一体化组织和制度结构的大框架下，以正式制度（横向经济联合）和非正式制度（星期天工程师）以及"品牌共享"的形式活泼地进行着，并有力地促进了苏浙地区乡镇企业的发展，显示了长三角区域经济一体化的强有力的内在要求。也就在这一过程中，上海和苏浙地区的产业分工，开始从计划经济时代的垂直分工走向水平分工。长三角区域经济一体化，由政府设定制度框架，营造氛围和环境，而由微观主体担任主角这样一种行动模式，基本上在这一阶段已经形成。这是上海经济区实践留给我们的遗产。

（浙江大学区域与城市发展研究中心：陈建军）

浙沪珠联璧合交相辉映

——浙江经济东扩接轨大上海实现新飞跃

三小时经济圈、城际列车、杭州湾大桥；高速公路铁路网、磁浮、信息资金流量……一个个新概念正在东海之滨不断出现并迅速传递，一马平川的杭嘉湖平原已经成为浙江经济东扩的前沿阵地，承载着浙沪合作交流活动无可计量的涌动和传导，带动两地经济互融共荣。

珠联璧合交相辉映，浙江经济东扩已经实现新的飞跃，2006年经济总值达到15649亿元，增长了13.6%；2007年又迅速增至18638亿元，人均GDP 3.71万元，超过5000美元。在长三角一体化的背景下，沪浙经济合作发展的快车驶入了新的境界。

东扩：历史之路新起点

浙江与上海同受一方山水养育，地理相连、文化相近、人缘相亲；经济共生发展具有历史渊源，互补性强。改革开放以来，浙江的社会经济迅速起飞，到90年代末，国内生产总值与人均国内生产总值均跃居全国第四位，与上海的经济差距逐步缩小。

1990年上海浦东开发开放，上海经济快速发展，并逐步向国际化大都市发展，上海人均国内生产总值高居全国首位，国内生产总值总量居全国第七位，是中国经济、科技最发达的地区。

接轨上海，成为浙江社会经济发展历史之路的新起点。30年来，大体上经历了三个发展阶段：

从产品东扩到浙商入沪

70年代末至80年代末的初期阶段。浙江与上海逐步打破行政区划，利用上海的经济辐射，经济交流合作活动持续增强。

其形式：一是浙商瞄准上海市场，实施产品东扩。由于浙江省内市场有限，到80年代中期，浙江产品急需向外拓展，消费需求强盛的上海便成为浙江企业主攻目标。不少企业通过设立经销网点、销售窗口，打开了大上海市场。

二是与上海开展联营合作。主要是引进上海的技术、人才与品牌，利用浙江的厂房设备、土地与劳动力，搞协作生产经营。如绍兴的自行车厂与上海凤凰自行车联营生产凤凰，类似今天的OEM，产品称之为“小凤凰”，风行苏浙市场。其他如电风扇、收音机、收录机与电视机等，也都有类似的经历。

当时的上海，一些工程师经常往返沪浙，被称为“星期日工程师”，一些离退休工程师更是常年扎寨为乡镇企业服务。

三是个体户进军上海。尤其是市场化改革较早的温州，80年代中期就有个体商人进入大上海闯荡市场或寻找商机。浙商进入上海主要投资第三产业，购买或租赁小商店、市场摊位，开办餐馆、小饭店等。杭州小企业主陈金义一路买进南京路上多家店铺，成为当年浙沪新闻人物。同时，也有一些浙江企业开始参股上海一些国有或乡镇企业，或直接在上海郊区投资开厂，如温州商人的皮鞋厂，利用上海产地的质量，打响了品牌名声。

这一阶段总的特点是，输出产品，引进技术品牌，进入上海的浙商数量有限，以办小厂、开商店、承包企业为主，规模不大。

投资与产品东扩齐头并进

90年代十年的发展阶段。浙江经济快速发展，省内市场迅速趋于饱和，面对市场竞争加剧，浙江产品急需寻求新的市场空间，企业实力增强也为区际投资提供了经济基础。1990年上海浦东的开发开放为浙商东扩提供了机遇。浙江企业开始兴起投资上海热。

到了90年代中期以后，苏浙两省与上海的经济差距大幅缩小，三省市市场化改革取得很大进展，上海的现代国际城市地位得以强化提升。浙商利用上海的优惠政策和资金、市场、技术、信息与人才，以扩展企业的发展空间，渐渐发展成势并形成了一定规模。从繁华的南京路到远郊各个村落，都可见浙江商人的影子。与此同时，办事处、投资公司、中介企业和贸易公司纷纷出现，建筑企业也大力进军沪上，参加大上海城市建设和发展。这期间，浙商主体仍为个体工商户和民营企业，主要涉足轻纺、服装、鞋业和商贸。

抢滩高地多元规模发展

90年代末至今的东扩高潮期。90年代末，随着上海四个中心建设推进，现代化国际大都会初现端倪。此时，浙江经济正进入新一轮成长期，浙江省政府提出主动接轨上海，长三角经济合作迈开大步。成千上万的浙江商人与浙江企业纷纷抢滩上海：2002年以后，又开始进军江苏南部中部地区，形成了迅速扩张之势。

在这一进程中，企业替代个体工商户成为进军上海的主体，投资规模明显增大；兴建了包装印刷、汽配、五金、纺织服装、轻工工艺和礼品等上百家市场；抓住时机进入房地产市场，集中开发了一批中高栏住宅区与商务区；利用上海的要素配套，大量进入咨询、投融资、民办教育和科研等新兴服务业，“东扩上海”掀起澎湃大潮。

东扩：对外经济活动主旋律

浙江经济东扩之举，以民营企业为主体，以市场化选择为标准，以企业家要素流动为主轴，奏响了一台气势磅礴的交响乐。

2004年浙江省委政研室等联合调查资料显示，在外浙籍人士的足迹覆盖全国30个省区市，但投资主要转向以上海为主的东部地区。到2003年底，浙商在上海、北京、天津、山东、广东、江苏、福建、海南等8个省市，累计投资约3300亿元，占其在外投资总额的62%，其中上海为1700亿元，约占32%；而同一时期，浙商在西部12省区的投资额占14.6%，中原7省占

15.4%;东北三省占8%。

另据浙江省经济协作办不完全统计,1999年以来,浙江企业对上海的投资每年超过100亿元。近5年浙江在沪创办的企业占其创办企业总数的36%,相当于10年前创办企业的总和(创办时间超过10年的占36%)。仅2003年,两地达成的合作项目就达100多个,金额超过100亿元。

到2003年底,浙江累计在沪投资创办企业5万多家;浙江在沪投资和经商人员超过50万人(其中经营管理人员8.4万人),均居全国首位。同年,浙江企业在沪注册总资本为860亿元,实际投资资本累计超过1700亿元,其中,2002年至2004年,实际投资额增加了1000多亿元。

直到目前,在沪个体工商户从数量上来说仍占主体地位。仅丽水莲都区,在上海的个体工商户就达1000户。

综合浙商浙资企业在沪投资发展特征,其主要表现为:

核心企业和公司总部挺进大上海

目前浙江经济东扩,基本上以规模投资为载体,但其形态和方式却是多种多样的,随着其纵深发展,可以归纳为:

大企、名企集聚优势开办连锁公司。浙江省企业或商人充分利用上海的经济优势,集聚各类生产要素,直接在上海注册办公司,如德力西、天正、埃力生等浙江各地区当家企业,均在上海投资开出了新公司。雅戈尔、杉杉等著名品牌则在上海建立了连锁开发营销网络,还有的以在沪新办企业为平台,为母公司提供融资、引进技术与人才等服务。这类形式的投资要占浙商投资上海总数的56.5%。

建立公司总部或将总部迁上海。近些年来,浙江不少地区的骨干企业看中上海的信息、市场、技术、金融、人才和配套服务等优势,纷纷在沪建立公司总部或将总部移师上海。台州有200多家大中型企业先后将总部迁往上海;温州等地在上海设立的公司总部已有数百家,中国正泰、中国天正、人民电器等温州著名企业均在上海拥有自己的总部、企业研发部门或投资公司。当然,这些企业将总部设立或迁往上海,但其主要生产基地仍然留在原地,对当地生产、税收并无大的冲击,反而因总部搬迁、市场拓展后,原生产基地的规模得以扩大了。

控股或参股沪上转型企业。这类投资与注册新企业不同,其对象大都是尚未进行产权改革的国有或集体所有制企业,一般都拥有较好的设备设施和技术条件,规模也比较大,一旦浙资企业参股入主,就能主导实施改革转型,利用现成生产要素,打开新的发展空间。

联合集群兴办规模企业。一些浙江小企业通过组织、联合将集群优势移入上海,以增强企业的环境适应性,提高产业竞争力。如开设在上海嘉定的上海五金城,就是以永康一些五金企业与中国科技五金城的经营大户联合开发进入的;再如以上海凯泉泵业集团与上海上泵集团为龙头聚集了上百家从事水泵阀门的制造企业,其中从事泵制造业的浙资企业就有近60家。

承包建筑工程,进驻施工。这是一种比较独特的东扩方式,介于产品东扩与投资之间。浙江建筑业不少企业大都通过在沪设立办事处等形式,拓展市场,一俟承揽到项目,即调队伍进驻施工,而原建筑公司注册地不改。这些建筑企业主要以东阳、象山、上虞、泰顺等地为代表,目前在沪施工项目总量已居全国各省市之首。

兴建专业市场或综合市场。近些年来，一批浙商致力开发规模市场，在上海和苏南地区，兴办了数以百计的大小专业市场或综合市场。主要集中在五金、汽摩配、皮革、礼品城、服装等行业。

出现了大型企业集团。相关统计资料显示，到2004年，浙江法人或自然人在沪注册资金超过1亿元的企业达到116家，超过1000万元的企业有2000家，超过100万元企业为10664家，上海埃力生(集团)有限公司注册资本达6.8亿元，2003年该集团营业额达450亿元。埃力生集团在上海金山卫创办的石油钢管厂投资达10多亿元，成为外省区市在上海投资金额最大的企业。

全面进入上海主要产业行业

东扩上海的浙资企业因其数量和规模，目前已全面进入上海的主要产业行业，成为上海经济发展的一支重要力量。据2004年浙江省委政策研究室与省工商局、省协作办联合调查，浙江在上海从事第一产业的企业将近30家，约占1%，从事第二产业的将近6500家，约占24%，而从事第三产业的超过20500家，占75 %左右。浙江建筑企业在沪施工项目已占上海项目总量的1/3。

有关统计资料显示，从事三产的浙资企业，主要分布在房地产、贸易、餐饮、中介服务、教育文化和娱乐等行业。

一是房地产业。90年代末以来，大量浙商与浙江房地产企业进入上海，投下巨资开发大量中高档住宅园区、商业楼、写字楼，以及开发商住综合项目，主要集中在浦东、松江与嘉定等区，获得了巨大的投资收益。而众多跟进的浙江购房者也从房产投资中获益匪浅。

二是以贸易公司、市场、商店、小超市为主的商业贸易业。浙商在上海投资创办了专业市场，主要集中在五金、汽摩配、皮革、礼品、服装等行业。温州泰顺籍商人利用温州模式开发了十多个大型市场，例如上海国际包装印刷城，占地600亩，建筑总面积48万平方米，成为国内包装业首屈一指的市场。而近万家浙江个体工商户因其实力有限，则选择直接购买或租赁商店与摊位，从事商贸业。

三是以投资咨询、融资担保、租赁中介为主的服务业。近年来，一些浙江大中型企业进入上海后，开始向新兴服务业发展，专注于提供配套服务。原埃力生副总经理虞晓东创办了汇金担保公司，进入融资担保业。永康留美博士黄勇运用自身所长，创办了斯密卡(上海)投资咨询有限公司。

四是以杭帮菜、温州小吃为代表的餐饮业，输出浙菜品牌。目前在上海，光杭帮菜就有大型餐馆数十家，杭帮菜成为风靡当地的菜系。

五是以娱乐、休闲、美发、健身、修理为主的服务业。这是浙商进军上海的传统行业。大多为个体工商户投资兴办。近年来，随着浙江经济的发展，这些传统行业的规模不断扩大。也有一些企业投资兴办了大中型娱乐城，进入上海娱乐行业。

六是以开办学院为主的教育文化产业，这是近年浙商投资的新领域。如浙江企业在上海投资兴建的建桥学院与中华学院。浙商吕焕皋气势磅礴地创办了馆藏丰富的地质博物馆，被列为上海市政府10大实事项目。

温台甬成集源地　东扩区辐射苏南

据调查，目前在沪的浙江企业，超过30%为温州人投资创办，台州位居第二，宁波、杭州与绍兴分列第三、四、五位。五市投资占在沪浙资企业总数的80%以上。丽水与衢州相对较少，均只占1%左右。温州与台州主要得益于市场化改革先发优势，以及温、台商人的敢冒风险。温州个体工商户早在80年代初就开始进入上海，大批从事商业贸易，像上海市北京东路低压电器一条街，70%是温州人在经营，人称“温州街”。近年上海市郊的包装市场、礼品市场、汽配市场也大多为温州人创办。据温州市政府统计，目前在沪温州人超过20万人，创办企业5000多家，年产值超亿元的企业30多家，总投资接近400亿元。宁波则得益于其地理位置及沪甬的血缘、语言与文化联系（上海有1/3以上的市民自称为宁波人后裔），宁波人在上海经商可谓如鱼得水。到2003年底，宁波在沪投资企业2345家，注册资金达32亿元。

随着长三角一体化的推进，浙商云集在上海的现象逐渐向毗邻的苏南地区辐射。这些投资主要集中于房地产、市场、商贸、餐饮、娱乐、旅游与建筑业。到2003年底，浙商在江苏累计企业数达8987家，个体工商户达45353户，累计投资金额超过300亿元。浙商对江苏投资的个体工商户和私营企业，其注册资本量分别占到江苏全省的5.3%与1.6%。

东扩：经济发展进入绿色快车道

在市场机制的引导下，浙商积极担当先锋队，充分发挥民营企业的机制优势，率先打破区域阻隔，进行区际贸易、区际投资与产业转移，浙江经济的迅速东扩，加大了上海的经济集聚力，对促进市场竞争、劳动就业以及城市基础设施建设和商业、金融、外贸、物流、航运等服务业的发展及国际化，均起着重要的作用。

与此同时，东扩使浙江产品、资金、企业家找到了新的市场；东扩提高了浙江企业的投资收益，加快了浙江的资金回流与积累；东扩促进了浙江产业结构调整与升级；东扩使浙江企业通过上海大都市这一“跳板”，跃进国际市场。这标志着浙江经济发展走上了绿色快车道。

浙江产品拓展了大市场

浙江经济属于内生型，浙江商品主打国内市场。90年代中期以前，浙江的产品销售市场份额基本上维持“六成省外、三成本省、一成海外”的格局。而在80年代，浙江商品仅以华北、东北、西北“三北”市场与农村市场为主；90年代初，才开始更多地进入城市市场。

随着浙商的东扩，90年代中期以来，大量浙江企业进入上海，带动了浙江产品的输出。浙江的纺织、服装、皮革、鞋类、五金制品、玩具、灯饰、箱包、笔业、金属制品、汽摩配产品、建筑装潢产品、轻工机械产品、农产品等，已占据上海市场份额的10%以上，而且正在稳步扩大。2003年，浙江产品输往上海市场超过100亿元，浙资在沪企业的产品销售收入累计高达7200亿元。近年来，浙江产品开始大量辐射进入江苏，尤其是苏南市场，从而带动了浙江经济的持续高速增长。同时，由于沪苏两地市场需求结构较高，也直接带动了浙江产品的升级换代。

更为重要的是，浙商东扩大上海，为浙江商品进军全国市场提供了制高点。正泰、天正、德力西、人民电器等企业均借助出自上海产地品牌或注册地在上海的声名，更为容易地进入了全国市场与海外市场，从而取得了产品销售的持续快速增长。这也是浙江工业生产和全省经济得以持续发展的一个重要因素。1999年—2007年，浙江东北6市与台州市的经济增长率均在15%以上，浙商功不可没。

进军海外市场有了大平台

长期以来，浙江商品主打国内市场，进出口贸易难成气候。1998年，浙江的出口依存度(出口额与GDP之比)仅为19.91%，低于全国平均水平。2000年，浙江的外贸依存度(进出口额与GDP之比)要远远低于上海、广东与江苏省，也低于全国平均水平。

浙商东扩大上海，登上了联结世界经济的大平台、大窗口。首先，浙江大多数外贸公司与外贸生产企业，在沪开设贸易窗口，直接从事外贸业务，借助上海的商务设施环境和国际知名度，搭上了进入海外市场的直通车。仅从上海机场直接接送客人或进行商务谈判、直接寄送出口商品样品而言，也显著提高了谈判效率。

其次，浙江不少大中型企业直接将公司总部或主要生产基地迁往上海，使产品产地的国际知名度与信用度得以提升，更容易与国外开展技术、品牌、生产与贸易合作，在产品进入国际市场的同时，也卖出了更好的价钱。例如，宁波杉杉集团通过借船出海，主打国际化多品牌战略，相继与日本伊藤忠、大东纺织，意大利的拉法奥，法国的乐卡克，美国卡拉威等国际一流公司合作，品牌数多达21个，成功地开拓了海外市场。

再次，浙江不少企业利用上海外贸部门的渠道与政策优惠，通过上海口岸出口，显著提高了经济效益。据有关部门估计，近年来每年至少有30亿美元的浙江产品通过上海外贸公司出口，有更多的浙江产品从上海航运中心流向世界各地。在浙江GDP保持高增长的前提下，1998年以来，浙江的外贸依存度与出口依存度仍保持稳步提高，2002年，浙江的外贸依存度超过49%，高出全国平均水平(48.85%)。2004年进一步上升至62.75%，比1998年(24.72%)提高了38个百分点，而出口依存度也达到了近43%，上升23个百分点，远高于全国平均水平。

引进外资打开了大通道

由于浙江经济的内生性，其经济建设长期以来主要依靠当地民间资本，利用外资一直落后于同在东部沿海的上海、江苏、福建等省市。1999年，浙江的国际投资开放度(实际利用外来直接投资金额与GDP之比)不到2%，远低于广东、上海与江苏等地，也达不到全国平均水平的一半。进入21世纪以来，尤其是2002年，浙江提出"北接上海、东引台资"战略，利用优越的地理位置、充分发挥民营经济与集聚经济的特色，引资步伐明显加快。

浙东北地区，尤其是嘉兴、宁波、湖州、绍兴与舟山等地，大力改善引资环境，积极承接上海与苏南地区外资的溢出与扩散，出现了利用外资快速增长的势头。

这些年来，浙江省的国际投资开放度正在稳步提升。2003年全省利用外资实际金额比2002年增长61.9%，达到49.81亿美元，其国际投资开放度升至4.65%，首次超出当年全国平均水平，直逼广东。2004年，又进一步上升到了4.92%，同样明显高于当年的全国平均水平。

产业结构升级获得了助推器

浙江的产业结构自90年代初以来，二产所占比重持续上升，到1998年已高达54.6%，而三产比值却一直徘徊在32%左右。1999年以来，借助浙商东扩西进，浙江的产业结构出现明显变化，一产比值持续下降，2004年降至7.2%，三产比值上升至2004年的39%。

从轻重工业比例变化来看亦是如此，到2004年，浙江轻重工业比例已从1997年的1.69高点、1999年的1.30、2003年的1.07下降至0.85，重工业首次大幅超过了轻工业。在制造业内部，1999年以来，浙江的机械、电子、化工、医药等产业发展迅速，机电产业超越轻纺产业成为制造业中的主导产业。在出口商品结构中，机电产品所占比重也持续上升，成为浙江出口主导商品。

企业竞争力占据了制高点

浙商的东扩为资源的拓展整合重组提供了非常有利的环境。浙江企业进入上海，首先是直接获取大上海的知名度，扩大了公司在同行企业和国内外的声誉，提升了企业竞争的软实力；同时，又将上海作为企业向内地与海外扩张的基地，壮大了硬实力。浙江上海家饰佳有限公司就是一个成功案例。它于2000年在沪成立，两年时间就发展成为规模可观的实业基地，利用其影响力先后出手投资，成立了新疆上海投资公司和田径运动家饰佳实业开发公司，在两地取得近1500亩土地，建设135万m^2融商贸、居住、教育文化和娱乐于一体的综合性城区。

其次是利用上海及周边地区的科技人才优势，加快了企业开发新技术、新产品，弥补了浙江企业的弱点，促进了企业的技术进步与产品结构升级；再者是利用长三角及全球的经营管理人才，通过上海这一制高点进行全国乃至全球的营销布局，提高企业的经营管理水平，提高了产品的营销能力；此外，利用了上海金融中心这一平台引进外资或进行国内外直接融资，也加快了企业资产重组，实施资产经营，提高了资本收益。

可以说，近年来，浙江知名品牌不断涌现、企业技术研发加快、浙江企业实力不断加强、浙江产品在全国及至全球的市场占有率持续稳定攀升，浙江企业的竞争力明显加强。据2004年《中国民营企业竞争力分析报告》蓝皮书公布，中国民营企业竞争力50强中，浙江民营企业占据了半壁江山。这在一定程度上要归功于浙江企业大举东扩的积极影响。

社会生活发展找到了好环境

浙江企业与居民从东扩中获益良多。11万家在沪苏发展的企业、更多的与沪苏进行各种合作的企业以及在沪苏经商的80万浙江人，是经济大合作的直接受益者。与上海经济合作的不断加强，致使浙江人民生活水平得以在较高基础上保持较高速度的提升，人均GDP、居民收入、财政收入等项指标都保持着高速增长。尤其是临近上海的嘉兴、湖州、舟山等市，人均收入、财政收入增幅提升更为明显。多年来，浙江人均GDP稳居全国第四位，其增幅始终占据全国各省区市第一位。

与上海的经济合作，也直接或间接促进了浙江基础设施建设与管理、城市化、环境保护、科学文化教育事业、社会治安等领域的发展，推动了浙江社会的全面进步。

东扩：战略合作打开未来新天地

从未来发展趋势看，长三角资源向上海集聚的极化现象还在增强，浙江东扩上海的热潮还将延续。更多的浙江企业将借助上海平台走出去、引进来，壮大发展规模。东扩产业仍将以第三产业为主，新兴的电子、装备工业也将成为关注的热点。浙江要抓住机遇，重视与上海的经济融合，正确引导浙企不断加大东扩力度，促进浙江经济发展与长三角区域经济合作。

在“大上海”视角下重新定位

随着全球经济一体化进程加快，上海将进入现代化国际大都会时代，建成国际金融、贸易、航运、经济中心，上海对周边地区的磁化极化效应将进一步放大，而产业扩散和梯度转移的速度也将进一步加快。上海“十一五”发展规划纲要把主导产业突破到服务业，将新的六大支柱产业定位为信息、金融服务、商贸流通、汽车制造、成套设备制造和房地产业。这也为沪苏浙的产业经济合作和浙江经济的发展提供了巨大的空间。

浙江要把握未来出现的“上海新时代”之机遇，充分发挥自身优势，利用区外优势资源，加快与上海及苏南地区的对接。在长三角一体化发展大背景下，找准定位。浙江的经济优势主要在于制造业和第三产业中较为传统的商业贸易等服务业，但从长远看，随着长三角现代化城市群的崛起，浙江的第三产业将得到新兴发展，制造业也会出现跨地区的转移，从境内的发达地区向浙西南的欠发达地区以及内陆欠发达省区转移，东扩这篇大文章要在新阶段、新形势下做出新能级、新水平。

加强政策协调推进区域经济融合

在新的经济形势下，政府要加强政策协调，注重为企业与个人提供全面的更为完善的服务。浙沪有关部门应及时向社会发布各类信息与政策，要引导两地有关企业与部门组织各类协会与商会，提升专业化国际化水平。浙江在政府参与投资的先进制造业重化工发展项目上，要主动加强与上海的战略协调，避免出现重复建设与过度竞争。

要加强规划与引导，有序推进浙商对长三角的投资发展，鼓励通过转移相对劣势产业，来强化自己的优势产业，从而促进区间国际贸易。浙江东扩要运用“民营资本与经营者”的比较优势要素，同上海的相对优势要素，如人才、技术、信息、资金、完善的配套服务相结合。要引导投资当地比较优势产业，比如电子、装备、化工等行业，实现有效衔接，产生投资与贸易的互补而不是相互替代关系；涉足新兴服务业中新的行业或领域。第三产业是浙江的新兴产业，而上海三产业又领先于浙江，鼓励投资有利于获得良好的投资效益，增强浙江企业实力，同时，通过跨区合作，促进浙江本地新兴第三产业的发展。

政府部门要积极引导、合理配置资源，防止出现无序状态。对一些地区出现过多的企业对外投资或转移，主要应引导企业逐步进行，而不是整体外迁，鼓励对外投资企业将原有生产基地留在当地，鼓励企业将对外投资收益反哺当地。

促进双向投资，加大吸引沪商力度

长三角区际投资仍呈现非对称性态势。目前上海对浙投资相对较少，与上海的企业结构有很大的关系。来浙投资多为在沪的外资或外地企业转道对浙江进行投资。

浙江积极加大引资力度，主动吸引上海企业，可以借助上海平台，利用其溢出效应，鼓励在沪的外资企业进入浙江；鼓励在沪投资的浙资企业回乡投资。据不完全统计，上海的浙资回乡投资或利润回流已超过200亿，这对发展浙江新兴服务业，将是事半功倍的途径。

加强浙商会功能，彰显维权保障力

在浙商东扩进程中，浙江商会一直发挥着重要作用。要在上海建立多层次、合作紧密的浙江商会组织的同时，更加突出商会的功能建设，以维护浙江企业合法权益及其健康发展。

首先，要完善组织协调机制。目前浙江在外商会基本上是按厂商属地自发形成，往往带有同乡联谊会的色彩，其他功能偏弱。为此，要尽快加以完善，建立起由浙江工商局与工商联、对外经济协作办及其他职能部门，浙江总商会，各类商会组成的三级协调机制。

其次，规范强化商会职能。各地商会组织要制订会章会规，监督企业自律，遏制企业间的不公平竞争；要充分发挥商会联谊、沟通的基本功能，定期与不定期地通过各种形式促进会员企业之间交流；要做好当地经济政策、市场信息等资讯服务工作；要指导浙商合法经营，提高法律意识；要定期开展检查、监督与行业评比活动。

再次，提升与创新商会功能。要整合浙江政府部门与学术界、企业研究机构资源，为各地浙江商会推动新会务提供协助与辅导，促使其功能转型为以提升当地浙商市场竞争力为主导，以专业而不是联谊为主轴的利益整合。

此外，要强化浙江商会、浙江政府与上海政府之间的联系与沟通。浙江政府有关部门要主动加强与上海有关部门及当地浙江商会的联系管道，并建立起应对遇急受困浙商的援助求急机制。如有浙商受侵犯事件发生，要尽快与当地沟通协调，及时保护会员及非会员浙商的合法利益。

（浙江省社会科学院经济研究所：徐剑锋）

“煤都”与“申城”的亲密握手

——晋沪经济合作之路越走越宽

山西，煤炭资源丰富，有“煤都”之称。近年来，在科学发展观的引领下，山西实施“走出去，引进来”大开放战略，把加快经济结构调整和加强区域经济合作作为保持经济强劲发展的两翼，注重发展同长三角地区特别是同上海建立长期全面经济合作关系，优势互补，互融共进，促进国民经济又好又快发展，全省经济社会发展驶入了快车道，2007 年 GDP 总量达到 5696 亿元，财政收入跃上 1200 亿元台阶，主要经济指标在全国的位次不断前移。

以煤为媒　牵手晋沪合作

山西是举世闻名的煤炭之乡，煤炭储量之多，分布之广，品种之全，质地之优均居全国之首。建国以来，作为全国重要的能源基地，山西累计向全国输送煤炭约 70 亿吨，为国民经济发展和保障人民生活作出了巨大的贡献。

上海是我国经济中心城市，正在加快国际经济、金融、贸易、航运中心建设，具有科技、人才、管理、信息、市场等比较优势，晋沪两地在经济上具有很强的互补性。

山西省与上海市经济合作历史悠久，有着长期相互支持的友好关系。早在改革开放之前，山西就是上海工业用煤和生活用煤的主要供应基地，每年为上海直接供应 1700 万吨左右的煤炭，约占上海消费量的三分之一。山西每年还为上海供应焦炭 100 余万吨。而上海，则是山西轻工业品的主要供应来源。上世纪七十年代，缝纫机、自行车、手表三大件当时在上海凭票供应的紧俏商品，在山西省阳泉市已有大量供应，该地由此被称为“黄土高原上的小上海”。而阳泉无烟煤也一直是上海居民生活用煤的主要原料。山西的资源优势和上海的产业优势完美结合，互融共进，互利双赢，共同推动两地经济又好又快地发展。时任上海市委书记的朱镕基曾充满深情地讲过：上海经济发展离不开山西的支持，山西把污染留给自己，把光明送到上海，我们什么时候也不要忘记山西对上海的支持。山西省委书记张宝顺对赴晋求援的上海市领导说：上海的困难就是我们的困难，上海需要多少煤，我们就发运多少煤。这充分体现了两省市经济合作历史沉淀积累的友谊是多么的弥足珍贵。

近年来，随着市场经济体制的逐步建立，在晋沪两地各级政府的引导和推动下，双方合作领域逐步拓宽，合作交流不断升华，资源配置更加优化。

据初步统计，近几年上海企业在晋投资达150亿元，涉及能源、化工、冶金、电力、旅游、医药、轻纺等行业。规模企业从2000年的20多家发展到目前的50多家，企业销售额由20多亿元增加到40多亿元。建设中的山西柳林电厂二期工程总承包合同金额50亿元；山西国际电力集团与上海电气集团签署的兆光二期两台60万千瓦和平朔二期两台30万千瓦机组发电工程EPC总承包合同金额70亿元，这是两省市迄今为止最大的经济合作项目；上海投资兴建的宏特煤化工集团是目前全国最大的煤焦油生产企业；上海电气集团与晋城无烟煤集团合作的煤层气发电项目，与山西国际电力集团合作的风力发电项目，为两省市在新能源开发领域的合作奠定了良好的基础；晋沪合作建设的吕梁工业园区加快了晋沪产业合作和互动的步伐。上海宝钢集团、上海浦东发展银行、上海电气集团、上海东方明珠、上海绿地集团、上海宏特化工、上海德力西电气公司等一大批有实力的大型企业纷纷落户山西，为两地合作发展注入了新的活力。

山西在沪投资也呈现出良好的发展势头。据不完全统计，目前山西省在沪投资的国有、民营及各级政府和大型国企派驻机构2000多户，总投资规模超过200亿元。主要涉及化工原料生产、食品加工、造纸制版、汽车改装等制造领域；化工、能源、铸铁、建材、农产品等贸易领域；医疗、物流、餐饮、证券、旅游、房地产等服务领域。

与此同时，晋沪两地各市县之间也有着良好的合作传统和基础。山西省太原市与上海市杨浦区、大同市与黄浦区、长治市与奉贤区、临汾市与奉贤区、左权县与宝山区、清徐县与宝山区、太原北郊区与奉贤区先后缔结了友好县市区。

晋沪两地从过去的单一物资协作发展到现在的全面经济合作，这既是经济发展的客观规律，也是两地“优势互补、互融共进”的必然趋势。

立足共赢，拓宽合作领域

山西和上海长期经济合作和相互支持的友好关系，为两地进一步深化合作交流奠定了坚实的基础。进入新世纪以来，两地高层保持互访，部门、行业、企业间联系频繁，合作领域和规模不断扩大，文化交流发展态势良好。2006年6月下旬，山西省党政代表团来沪考察，受到上海市委、市政府的热烈欢迎。考察期间，省领导出席了2006·山西（上海）经济合作项目推介会和签约仪式；会见了国内外知名大企业、大集团的代表；参观了东海大桥和洋山深水港。两省市党政领导就加强双方长期合作进行了座谈交流，签署了《山西省—上海市全面经济合作协议》，标志着两地合作关系进入了一个崭新的阶段。

在2006·山西（上海）经济合作项目推介活动中，我省共签约投资类项目222个，项目总投资1570亿元，引资907亿元。其中与上海签约123个项目，引资300亿元。还签约一批项目合作意向书，需在今后进一步对接落实。招才引智专题签约48个项目，为我省引进了一批急需的高科技人才。这次活动规模之大、影响之深、引资之多，显现了山西省同国内外特别是长三角地区推进互融合作，谋求共赢发展的巨大潜能，也是我省历史上规格最高的一次招商推介活动。

《山西省—上海市全面经济合作协议》明确指出：建立全面合作交流制度，加快工业、农业、金融、旅游、人才教育五个领域的密切合作，这是两省市为谋求更大发展而提升和深化两地经济合作关系的有力举措。为了加快推进和落实两省市全面经济合作协议，努力抢抓国家东部率先发展与中部崛起战略统筹推进的机遇；主动承接以上海为龙头的长三角地区的产业转移；拓展山西为上海及长三角地区先进制造业提供配套服务的领域；借助上海作为跨国公司地区总部集聚的合作平台，积极吸引人才、资金、技术、管理及战略合作伙伴，共同推进晋沪两地全方位、高层次、宽领域、多形式的双向合作，深入探索优势互补、互融双赢的合作机制，通过大开放、大合作推动两地经济实现新发展和新跨越。两地政府及有关部门正在研究酝酿建立一个全面合作的长效机制，搭建一个务实的共享平台，寻找一个两地优势互补、合作双赢的切入点，从而推动各领域项目的对接落实。

在改革开放的30年中，山西和上海紧密合作、互相支持，为区域经济协调发展作出了积极的贡献。当前，围绕着两省市经济建设和社会发展的宏伟蓝图，我们相信，在科学发展观指导下，在两地高层的共同推动和努力下，晋沪合作交流必将迈上一个新台阶，双方合作的领域将越来越宽，合作的层次和水平将越来越高，合作的前景将越来越好。

（山西省人民政府驻上海办事处　执笔：刘三运）

黑土地大米香飘申城

让我们翻开4年前的11月8日哈尔滨日报，重读一下这条新闻："今天上午10时，一辆满载3600吨优质大米的粮食专列在哈尔滨站徐徐启动，目的地是上海市。这是2004年6月22日上海市市长韩正率领的政府代表团与黑龙江省签订了《关于进一步加强粮食购销长期合作协议》后，第一批由黑龙江运往上海的粮食，从而拉开了沪黑粮食购销合作的大幕……"

4年前的那趟粮食专列开出后，就再也没有停过。至当年底，黑龙江销往上海的粮食计85万吨，其后逐年增长，到目前已稳定在每年100万吨左右。

政府：架设产销桥梁

2004年6月22日——对上海市民和黑龙江粮农来说，是一个值得关注的日子。这天，以韩正为团长的上海市代表团到黑龙江学习考察，粮食产销合作是此次行程的重要内容。

会谈中，两地领导都表达了强烈合作意愿。

韩正说，上海与黑龙江经贸合作源远流长。多年来上海大米、大豆采购得到了黑龙江大力支持。上海要确保粮食市场长期稳定，一方面要保持一定的粮食自给率，另一方面要依靠市场配置资源。上海市委、市政府对沪黑粮食产销长期合作高度重视，将全力以赴做好协调和服务工作，进一步丰富合作内容，提升合作层次。

黑龙江省委主要领导则表示，黑龙江各种资源丰富，与上海有着长期良好的友谊，上海知青曾为黑龙江发展作出了不小的贡献，当地人民不会忘记。黑龙江非常珍视与上海的长期合作关系，也非常希望借东北老工业基地振兴的战略机遇，加强合作力度，在粮食产销合作、国有企业改造、对外贸易等方面进一步拓展合作空间。

合作水到渠成。考察结束前一天，双方在哈尔滨签署了进一步加强粮食购销长期合作的协议。

且看协议要点：沪黑两地将根据全国粮食流通体制改革工作会议精神，坚持"政府推动、部门协调、市场机制、企业运作"和"丰歉保证、同等优先、协商定价"原则，积极开展粮食购销合作。通过三年共同努力，达到黑龙江省每年向上海提供粳稻米30万吨至50万吨。

值得一提的是，协议提到当年完成购销10万吨，而实际运到上海为12万吨，这为沪黑粮食产销长期合作奠定了良好的互信基础。

接下来的几年，两地政府“跑动”频繁，两地粮食部门交往增多。

2005年8月，上海市粮食经贸代表团访黑，就进一步扩大粮食产销合作达成协议，签订了2005年两省市政府间粮食购销合同12.5万吨。还就产地“代储、代加”和在销地“储、加、销”一体化运作等进行了洽谈协商，做出了进一步规划。

2006年4月，黑龙江省政府代表团访沪，与上海市签署粮食购销、合作项目7个，购销总量达30多万吨。

2007年4月，黑龙江省农垦总局来沪举办“2007上海·北大荒绿色特色产品展销会”。展销4天，参展企业120多家，参展产品15大类1400多个品种，10多万上海市民前来争购展品，万余名中外客商前来洽谈生意。会上签订经贸项目60项，总金额30.1亿元。黑龙江省农垦总局与上海光明食品（集团）有限公司签署了战略合作框架协议，拓展和延伸了合作领域。

2007年10月，上海市粮食局与黑龙江粮食局在哈尔滨签署了《关于进一步建立和完善粮食产销合作协调机制的框架协议》，制定了一系列优惠政策和措施，为进一步深化和促进两地粮食产销合作长期稳定发展奠定了基础。

2008年4月27日，黑龙江省委常委、常务副省长杜家毫率省政府代表团再次访沪。杜家毫说，希望黑龙江与上海密切交流，在更大范围、更宽领域、更高层次上寻求合作。上海市委副书记、市长韩正在会见代表团时说，上海和黑龙江各有优势，互补性很强，合作前景广阔，两地完全可以通过优势互补，各展所长，推动共同发展。

2004年至2007年，上海市粮食局每年都组织企业来黑龙江参加“黑龙江金秋粮食交易合作洽谈会”，成交数量稳定增长，四届累计成交粮食164万吨。

据黑龙江粮食部门统计，2004年黑龙江省累计销往上海市粮食85万吨，其后逐年增长，到目前已稳定在100万吨左右。2007年销往上海市粮食105万吨，其中粳稻60万吨。几年来，黑龙江大米占上海市场份额越来越高，对满足上海市民吃精、吃细、吃营养、吃健康，对保证上海市粮食安全和维护粮食市场稳定发挥了积极作用，黑龙江省已成为上海市稳定的优质粮源生产基地。

民间：多元主体参与

两地政府在推动粮食主管部门之间合作的同时，积极引导社会多元主体参与粮食产销合作，为双方企业创造良好的合作条件。

上海市主要农产品供应地——奉贤区，自身粮食产量不足，一直渴望在黑龙江省建立优质农产品基地。2005年初，奉贤区相中了黑龙江农业大县木兰，与其签署了建立粮食购销合作社协议。按照协议，木兰县建立了“生产合作社＋加工企业”的生产模式，组建了拥有601户农民、1万多亩水田的三胜水稻生产合作社，建立了年加工5万吨大米加工厂。奉贤区则建立了销售合作社，形成了“销售企业＋超市”的销地营销模式。双方合作社联合组成了跨地区、产品加工销售一体化的“南北粮食合作联社”，合作联社注册了“哈哈木兰”大米品牌，对生产合作社的水稻按每公斤高于同期市价6分钱收购。产销合作使木兰大米获得上海市场“绿色通行证”，“哈哈木兰”品牌成为上海市民心目中的名牌。2006年10月，首批80吨“哈哈木兰”大米运抵上海，很快销售一空。

没多久，合作联社开始向股份制转变。农民可用土地参股，建立生产、加工、销售的全程协作、利益共享、风险共担的统一体。木兰县三胜水稻生产合作社社员入股了1000亩土地参与经营。“三胜”首获成功后，2006年木兰县水稻生产合作社发展至6个，有1896个农户参加，入社水稻面积4.6万亩。双方把普通的粮食购销合作建成国内首创、国际通用的标准合作社模式，成为全国首家跨省区农业合作联社，并得到了国家有关部门的肯定和推广。

与此同时，两地粮食企业也开始了大手笔合作。黑龙江北大荒粮食集团在奉贤区成立了“上海北奉食品有限公司”，还建起了粮食加工厂，加工后的黑龙江大米销往上海市场，销量年年递增。黑龙江省直属粮库管理公司牵手上海市良友集团有限公司，2004年以来每年举办粮食购销贸易洽谈会，4年来累计购销大米达14万吨。

沪黑开展产销合作后，黑龙江省大米加工企业积极在沪探索批发、零售、配送、团购等销售模式。五常市的华天米业、省农垦总局的北大荒米业等企业，纷纷在上海成立了销售分公司。华天米业的“千和村”品牌大米打入上海73家超市，其中世纪联华、家乐福、欧尚等三大超市2007年销量达到4200吨。鹤岗市泰丰粮油食品有限公司是国家名牌大米生产企业，2006年初将“梧桐”牌高端大米打进沪市，目前已与沃尔马、家得利等500多家连锁店建立了长期供货关系，年销售量2400吨。庆安的鑫利达、方正的秋然、海伦的松北王等有机绿色优质大米及小杂粮在上海都有了一定的知名度。黑龙江省品牌大米在上海的市场份额在不断提高，据上海真新粮油批发市场统计，该市场销售的大米中，黑龙江产的占30%。上海企业也纷纷走进黑龙江寻求粮食合作。上海良友集团在黑龙江富锦市开展订单粮食收购试点，建立水稻生产基地。上海垠海贸易有限公司拟在黑龙江绥化市建立日产1000吨的大米加工厂。

黑龙江省大米需求量在上海逐年上升，知名度和市场占有率不断提高，绿色、优质黑土地大米已得到上海市民普遍认可。日前，两地粮食主管部门合作开展向上海市民推介黑龙江省“放心粮油”活动。得到推介的产品都是在黑龙江省具有代表性，品牌优、信誉好，由上海市粮油制品质量监督检验站对推介粮油产品进行质量跟踪监测，并在新闻媒体上公布产品名单，接受市民监督。

（黑龙江省人民政府驻上海办事处　执笔：平成发）

上海发展带动苏南腾飞

上海与苏南地域相连、人缘相亲、文化相近，两地间的经济合作交流源远流长。翻开历史，某种意义上说，就是一部上海与苏南相互依托、相互促进的发展史。上海发展辐射带动苏南发展，苏南发展又促进和支撑上海向更高水平发展。

历史进入到1978年，党作出了改革开放的重大决策。中国结束了长期实行的单一计划经济模式，经济体制改革和经济发展成为神州大地不可阻挡的历史潮流。

在80年代，计划经济体制处于逐步被打破的时期。苏南抓住上海开展横向经济联合的历史性机遇，充分利用上海的人才、技术、信息、品牌优势，形成了第一波以乡镇企业崛起为特征的经济大发展，实现了乡镇企业由农向工的转变。

到了90年代，中央决定开放开发浦东，苏南又迎来了大规模发展外向型经济的历史性机遇。江苏省委、省政府不失时机地提出呼应浦东开发、主动接轨上海，苏南紧跟而上，充分利用浦东开发开放政策的溢出效应和带动作用，形成了第二波以开发区吸引外资为特征的经济大发展，实现了从内向型经济为主到外向型经济为主的转变。

进入新世纪后，上海以举办2010年上海世博会、加快“四个中心”建设为核心，以经济结构调整优化为重点，以自主创新、转变经济发展方式为关键，掀起了新一轮经济发展高潮。苏南及时跟进，提出经济发展第三波新机遇就是实现经济结构由低向高的战略升级。于是，江苏最大的现代服务业基地——花桥国际商务城应运而生，无锡国际动漫基地、常州中小企业创业园和苏州工业园扩建等与上海新一轮经济发展相呼应，民营经济快速发展，苏南在更高层次上与上海经济发展的互动促进正在展开，苏南经济将迎来新一轮的腾飞。

“星期日工程师”支持了苏南乡镇企业崛起

1978年，改革开放的春风吹暖了中国大地，到处都呈现出一片生机活力。苏南这块土地上，乡镇企业这棵幼苗正在破土而出，就要茁壮成长了。

当年苏州、无锡和常州的GDP分别是31.9、24.9和17.5亿元，三市总值才74.4亿元。实行了近30年的计划经济体制，已不能适应生产力发展的要求，人心思变。苏南地区历史上就是中国民族工商业的发祥地，又与中国最大的经济中心城市上海相连，时时感受到上海发展的辐射影响，广大群众特别是农民创业致富的愿望非常强烈，早在1956年，无锡东亭镇就办起了春雷高级木工场，这是江苏省的第一个社队企业（即后来的乡镇企业）。1979年9月，中央提出“社队企业要有一个大的发展”，并对部分社队企业实行减税和免税政策。苏南各级政府及时抓住这个机遇，面对国家投资少、本土企业规模小的情况，利用紧靠上海的区位优势和上海的技术、人才、信息优势，提出要大力发展苏南乡镇工业，通过发展乡镇工业增加财政收入，同时提高老百姓的收入水平。

苏南乡镇工业发展起步时遇到了一个十分紧迫的制约问题——缺乏技术人才和市场信息。据1990年统计，当时无锡县全县县属企业拥有4万职工，技术人员占16%，而无锡市乡镇企业拥有43万职工，技术人员却只占2%。上海是中国最大的工商业城市，经过解放后30年的发展，经济基础雄厚，技术先进，在改革开放的大潮中，国有经济体制面临改革调整，有些国企高技术人员的潜能得不到充分发挥，他们面对苏南乡镇工业对技术如饥似渴的需求思改心切，于是，“星期日工程师”就应运而生了。

据统计，苏南乡镇企业最早发源地的无锡，仅1984年就从上海挖来了800多名“星期日工程师”。每逢周末，这些人就从上海赶到无锡的各个乡镇企业，为企业培训工人，指导生产、提供市场信息，有的“星期日工程师”还自己动手，为企业改进设计、改造设备，许多上海星期日工程师的技术创新成果被移植到苏南乡镇企业的生产过程中，如：苏州太仓工业用呢厂聘请了上海工业用呢厂胡姓工程师当厂里的技术顾问，胡工程师都是星期六下了班赶到太仓，连夜为厂里技术人员和操作工人示范指导，星期天又在车间与大伙一起工作，现场解决问题，当天夜里再赶回上海。在胡工程师的指导帮助下，通过加强管理，改进技术，仅用半年时间，太仓工业用呢厂的产品质量明显上升，产品合格率从过去的40%提高到95%，企业当年扭亏为盈，市场销售大增，工人收入提高，成为“星期日工程师”的经典佳话。

有人把众多“星期日工程师”比作“蚂蚁”，他们从各个领域和专业岗位把自己的才学经验和信息从上海输送到苏南的各个对口企业。有位“星期日工程师”的回忆录是这样写的，当时每到星期六下午五点左右，在上海的车站和码头，就会看到许多知识分子模样的人，他们着中山装，系风纪扣，拎只人造革皮包，上衣袋插支钢笔，排队买票谨小慎微的样子，他们有个共同的名字叫“星期日工程师”，他们星期六从单位一下班就往苏南的乡镇企业赶，星期日干活，星期一又出现在原单位上班，他们自嘲是“偷偷去、突击干、悄悄回”。

这种情况几年后发生了变化。1988年1月国务院发文“允许科技人员兼职”，为广大“星期日工程师”正了名，开辟了人才流动的先河。上海在1988年5月成立了“星期日工程师联谊会”，以协会组织的形式为上海科技工程人员与急需技术服务支持的乡镇企业之间牵线搭桥，“星期日工程师”从幕后走向前台。

这时苏南各级政府也抓住时机，及时出台了一系列鼓励加快乡镇企业发展的政策，创造了闻名全国的“苏南经济模式”。乡镇企业占全省国民经济总量的比重由原来的微不足道相继上升到“半壁江山”和“三分天下有其二”。1990年苏锡常三市的GDP已达到457亿元，比1978年的74亿元增长了6倍。

苏南乡镇企业的崛起，基础是过去多年积累的社队企业，发展机遇是改革开放的政策，技术支持是上海的“星期日工程师”，辐射影响是上海国有企业调整转移。苏南乡镇企业的异军

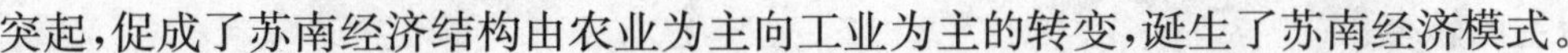

突起，促成了苏南经济结构由农业为主向工业为主的转变，诞生了苏南经济模式。

浦东开发开放促进了苏南外向型经济的形成

如果说上海“星期日工程师”在苏南乡镇企业异军突起过程中发挥了不可替代的作用的话，那么，浦东开发开放国家战略的实施又为苏南大规模发展外向型经济带来了非常宝贵的历史性机遇。

1990 年 4 月，党中央作出了浦东开发开放的重大战略政策。江苏省委、省政府不失时机地提出呼应浦东开发开放、主动接轨上海。苏南各地闻风而动，凭借十多年乡镇企业发展积累的工业基础，充分利用时间差和空间差，利用江苏和上海对外资资源吸引力所具有的互补性特点，加强招商引资，将一些不宜在上海投资而适合在江苏发展的外商吸引到苏南来，发展外向型经济。这一时期，苏南经济发展的策略就是紧紧抓住浦东开发与国际资本向长三角地区加速转移的机遇，积极营造投资环境最佳、人气最旺的投资集聚地，以外力拉动走上经济全球化的崭新道路；同时，又引导各种生产要素向工业园区集中，实行集约化经营管理，发挥经济集聚效应，推动经济快速增长。外向型经济和工业园区成为苏南经济快车的两个轮子。

1985 年创立的江苏省昆山经济开发区是全国第一个县级开发区，当年引来的第一个企业是上海电视一厂昆山分厂，接着吸引了贵州风华机器厂、四川红岩机器厂等一批内地三线企业落户，当年又有第一个中外合资企业日本苏旺你皮具有限公司和第一家台资企业顺昌纺织公司入驻。1990 年浦东开发开放后，又有许多到上海探路但不符合上海条件的外资企业纷纷来到昆山经济开发区。1992 年，昆山经济开发区主动与上海浦东接轨，与金桥出口加工区签订合作协议，与外高桥保税区、陆家嘴金融区加强双向联系，当年经浦东转来昆山的海外客商就有 400 多人次，谈成项目 16 个，到位合同外资 1 亿美元，占昆山开发区当年吸收外资的四分之一。1992 年台湾沪士电子昆山分公司的成立拉开了昆山开发区大规模吸引台资、外资企业进入的序幕，紧接着台塑股份、利乐包装、阿尔卡特电子等世界级大企业纷纷进入。经过十多年的招商引资，截止 2002 年底，昆山开发区累计批准外资项目 931 个，总投资 88.9 亿美元，实际到账资金 35.1 亿美元。引进项目呈现地域广、规模大、独资多、层次高和技术新的特点。到开发区投资的有欧美、日本、韩国及中国台湾和香港等 36 个国家和地区，进入开发区项目平均投资规模 955 万美元，独资项目 717 个，高新技术项目占投资项目总数的 34%，开工投产的合资企业 413 家，形成了电子信息，精密机械和民生用品三大支柱产业，为今后闻名于世的昆山发展外向型经济的成功之路打下了坚实基础。

随着昆山的成功，外向型经济已在苏南遍地开花。无锡的日本工业园，常州的国际机械产业园也吸引了大量外资企业投资落户，苏州更是抢抓机遇修建了直通上海虹桥机场的机场路，于是许多外资企业纷纷进入太仓、常熟、吴江、张家港等地，苏南地区驶上了发展外向型经济的快车道。1994 年苏州工业园区诞生，外向型经济实现了突飞猛进的发展，到 2005 年，苏州市全境吸引外资实际到位额首超上海浦东，标志着苏州及整个苏南地区的外向型经济模式正式形成。大量外资企业的拥入，不仅带来了许多先进的生产技术和管理经验，还吸收了大量劳动力，带来了 GDP 的跃升，填补了苏南地区经济发展的许多空白，实现了由内向型经济为主到以外向型经济为主的转变。

上海新一轮经济发展带动苏南经济新腾飞

进入新世纪后，上海拉开了新一轮产业结构调整优化的序幕，发展现代服务业和先进制造业成为经济发展的重点，面对新的形势，苏南紧紧跟上，与时俱进，初步交出了一份令人欣喜的答卷。

上海新一轮经济发展战略，主要是依托举办2010年上海世博会，重点加快上海国际金融中心、上海国际航运中心建设，发展现代服务业、先进制造业和总部经济，实现产业结构调整升级和经济发展方式转变。面对上海发展战略的变化，苏南及时作出反应，在紧连上海的昆山，从2006年起就着手建设江苏最大的现代服务业基地——占地52平方公里的花桥国际商务城，紧接着无锡国家工业设计中心、无锡国家动漫基地、苏州工业园扩建、昆山电子科技园区和江阴法尔胜技术中心等现代服务业重大项目如雨后春笋般纷纷诞生。占地288平方公里苏州工业园，其中分布着科技城、高校创业区和国际科技园，这里不仅集中了世界500强企业中53家企业的85个大型项目，而且还集中了上万名中外新科技人才，英国的利物浦大学、新加坡国立大学、中国科技大学、南京大学和四川大学等多所中外知名高校也争相在这里创办研究生院，以适应园区对科技信息、知识和人才的旺盛需求。2005年苏州工业园实现GDP高达581亿元，比1990年时苏锡常三市的GDP总值还高出27%，而地处太湖之滨的无锡国家工业设计园一经建成，就吸引了德、日、澳和京沪等地80余家有实力的工业设计企业入园创业，目前它已成为苏南第一的工业设计创意园。

如果说建立高新区和高新科技特色产业基地是筑巢引凤，代表了苏南现代服务业的发展趋势，那么，充分掌握和利用现代高科技发展地方经济，就成为苏南先进制造业的时代亮点。众所周知，纳米技术，信息技术、生命科学和认知科学是现代科学技术的四大前沿领域，而在苏南的先进制造业中，几乎涉及了所有这些领域。软件业、新能源、新材料、生物制药、化工产品、精密机械等都在蓬勃发展，并且通过科技孵化的方式，使高新科技企业和各类高端人才不断地得到快速发展。

苏南在发展现代服务业与上海呼应的同时，也在产业结构调整方面与上海呼应。如2006年3月开港的无锡江阴港，开港之初就与上海港集装箱公司组建了苏南国际集装箱码头有限公司，就是这家公司助推了江阴港集装箱吞吐量的连年飙升，到2007年4月集装箱吞吐量一举超过镇江港和常熟港。江阴高科技术创业园与上海交通大学合作创办了思源科技服务有限公司，主要提供科技项目中介、技术咨询等服务，公司成立2年多来，已有多项来自上海的科技创新项目信息被引进到江阴高新技术创业园。江阴在接受上海发展辐射和与上海的合作交流中尝到了甜头，当年阳光集团的特色产品就是模仿上海产品，请上海星期日工程师作指导，又在上海市场一炮打响的。经过30年与上海的合作交流发展，到2007年，江阴有10家超过百亿的特大型企业、300家超亿元的企业和22家上市公司，“江阴制造”声名鹊起，40多个产品成为国内行业的单打冠军，以本土制造业为主的江阴之路，成为与苏南与昆山之路相媲美的又一条经济社会发展的成功之路。“江阴之路”同时也是苏南经济发展第三次飞跃的一个亮点，它的核心是民营经济的蓬勃兴起。随着市场经济体制改革的深入，推进乡镇企业的制度创新，集体产权特别是政府产权成为改革的目标，与乡镇政府产权的主动退出与集体经济的改制相伴，苏南地区的民营经济得到迅猛发展，生产力水平大大提高，苏南人形象地称之为是经济结构调整的低转高。

改革开放已经走过了 30 年历程，苏南发生了翻天覆地的变化。统计数据表明，2007 年苏锡常三市的 GDP 总量已高达 9689 亿元，苏南三市以占全省 17%的土地和占全省 20.7%的人口创造了占全省 45%的 GDP，人均 GDP 达到 7224 美元，人民生活水平提前实现了小康，跨入了世界中等发达国家的行列，苏南经济社会发展迈上了前景光明灿烂的腾飞之路！

（江苏省人民政府驻上海办事处　执笔：赵顺兴）

“排头兵”之间的对话

——上海与广东对内开放异同分析

浦东——深圳，改革开放中举起的两面旗帜，树起的两座丰碑，建立的两个样板。

上海——广东，分别以浦东和深圳为标志、为契机、为引擎而崛起的改革开放先行先试的排头兵，各在一方生气勃勃的热土和前沿阵地上，创造了具有全国影响的发展速度、发展规模、发展效率、综合发展力，成为中国两个重要经济区域——长三角和珠三角的代表，会同两大经济区创造了全国三分之一以上的GDP，约40%的财政总收入。

当前，沪粤两地都处在改革发展新阶段经济转型、突破和提升拓展的机遇期和关键时刻，都有“服务全国”的共同要求，都在以更加积极主动、更加开放的姿态，加强与国内各省区市的交流与合作，在自我发展的同时，进一步服务全国经济社会的发展。

回溯改革开放以来，对内经济合作交流和对口支援的历程，上海和广东尽管有着不同的基础、不同的实践、不同的方式、不同的途径，却都发挥了“服务、辐射、带动”作用，为中西部发展作出了重要贡献。

对口支援：帮扶　示范　带动

对口支援，扶贫解困，既是国家区域协调发展战略，也是沿海发达地区义不容辞的职责。改革开放30年来，广东和上海的对口支援工作都取得了巨大成就。

广东自1996年开始对口帮扶协作工作，到2001年底累计投入扶持资金23.128亿元，其中政府无偿拨款13.58亿元，社会捐款1.86亿元。在省际经贸合作中到位资金超过25.98亿元，居全国各沿海省市之首。其主要形式是大量出资投建造血型、生产型建设项目，无偿援助公益性、扶贫性项目，以及招商引资等，走出了一条适应市场经济发展的帮扶新路子。

上海的对口支援工作则以援建递进式温饱型试点村为载体，帮助对口贫困地区改善基本生产、生活、医疗、教育条件，到2003年底完成了1000多个试点村的建设。同时，积极引导上海优势企业到对口支援地区开发当地资源，发展特色经济。到2001年底，上海无偿援助资金8.52亿元，援建项目1650个，发放小额贷款1.2亿多元，后又向对口支援地区选派挂职干部296名。帮扶战略的实施，改变了援助地农民的思想观念，发挥了积极的带头示范作用，辐射了周边村寨的发展。

区域合作：互补 整合 共赢

随着改革开放的不断深入、经济体制转型发展加快，参与推进区域经济发展逐渐集聚成为广东和上海对内经济合作交流的主要形式，积极发挥了各自的“龙头”效应。就其不断前进的发展思路而言，大致可分为两个时期。

经济协作区时期：有起有落。改革开放初期，为了“搞活”地方经济，国务院提出，各地应“扬长避短、发挥优势、保护竞争、促进联合”，1980 年制定了《关于推动经济联合的暂行规定》。1984 年，《中共中央关于经济体制改革的决定》提出，国内各地区之间更要互相开放，在互惠互利、共同发展的原则下，大力促进横向经济联合。

全国各地区顿起热潮，相继出现了近百个区域经济技术合作组织，形成了前所未有的区域经济合作局面。这些区域经济合作组织打出“优势互补、互惠互利、协调规划、共同发展”的旗帜，运作形式一般通过相关行政区划的行政首长及相关职能部门如规划办、计划委员会等组成的首长或部门联席会议来主导运转。其主要任务是：对相关区域内的一些重大问题如能源和资源的短缺问题进行协调；对一些行业的跨省区市联合进行协调；对资金的相互融通或拆借进行协调；对一些跨省区的基础设施建设或河流湖泊整治工程进行协调，同时编制一些行业或全局性的共同发展规划。

正是在此大背景下，1983 年 4 月，国务院决定建立上海经济区，当时包括上海，江苏省的苏州、常州、无锡、南通四市和浙江省的杭州、嘉兴、湖州、宁波、绍兴五市，面积约 7.7 万平方公里，工农业总产值占全国 15.6%，财政收入占全国 20.6%。后来范围扩大到由沪、苏、浙、皖、赣、闽五省一市，区域面积占全国 6.6%，人口占全国 21.8%。上海经济区执行“统一规划，择优发展，经济联合，建制不变”和“利益均沾，荣誉共享”的方针，通过区域规划和经济联合，使地区之间、部门之间的关系得到协调和解决。主要合作集中在能源、交通、外贸和技术等方面。

国家在广东成立中南经济协作区，是在两年后的 1985 年 3 月，成员包括广东、湖北、湖南、河南、广西和海南六省区以及广州、武汉和深圳三市，主席方由成员省(区)、市依次轮流承担，组织架构相对较为完善。成立之时，区域面积占全国 11%，人口占全国 28%，拥有高等院校占全国 24%，科研单位占全国 21%。经过多年的发展及其开展联合协作活动，至 2000 年，中南经济协作区累计完成多边或双边经济技术协作项目 3 万多项，投资总额逾 600 亿元；举办区域性、全国性经贸活动数百次，成交总额逾 350 亿元。

其合作成果主要体现在三个方面：一是协作区各省区市增进了相互交流和联系。仅 1998、1999 两年，区内各省区市主要领导的互访就达 50 余次，推动了各项经济技术协作。二是加强了区域性重点基础设施建设。各地按照共同商定的“规划联合建设区域性的重点项目”的原则，合作参与区域重点基础设施建设，一批跨地区项目陆续实施，产生了良好的经济效益和社会效益。三是经贸洽谈活动蓬勃开展。中南经济技术协作区举办了多种经贸洽谈活动，拓宽了产品的市场，促进了商品、要素的跨地区流动，密切了各地的经贸往来。

然而，尽管热闹一时，不少区域经济合作组织仍未摆脱过眼烟云的命运，1989 年之后逐渐偃旗息鼓。究其原因，一是计划经济体制的时代局限；二是联席会议的组织形式缺乏约束力。

三角洲联动时期:"珠江""长江"比翼齐飞。经济区的解体并未停止区域合作交流,而是以地区市场经济发展的相互需求缔约"结盟"取而代之。进入21世纪,以粤港澳为龙头的珠江三角洲区域和以长江入海口周边上海等16个城市组成的长江三角洲成为了我国经济的重要增长点。2000年至2004年,珠三角和长三角GDP增长速度均保持在两位数以上,年平均增长分别为13.6%和13.2%,高于全国8.6%的年平均增长水平,成为全国经济持续、快速、健康发展的重要力量。作为两个"三角"的"龙头",广东和上海都将各自所在的三角洲作为自身区域经济发展的重点。

两地区域经济发展的相同之处在于:第一,都有优越的区位条件和对外开放传统。两个地区都位于我国东部沿海地带,相对于中西部欠发达地区的很多省市,对内对外交通都很便利,具有发达的水系、陆上交通和对外沟通能力,易于进入国际市场经济体系。从历史上看,珠江三角洲与长江三角洲都具有良好的对外开放条件与传统,都较早地接触到海外市场经济规则与意识并深受其影响,具有较强的对外开放意识和传统。

第二,都是改革开放政策的最早受惠地区。珠江三角洲的对外开放与改革比长江三角洲地区早。20世纪80年代初,我国最早的经济特区中的深圳、珠海、汕头等都位于珠江三角洲。20世纪90年代以来,浦东新区开发开放崛起,2005年又诞生了全国第一个"先行先试"综合配套改革区,带动了整个上海的改革开放进程。苏浙两省也出现了一批经济开发园区。

第三,经济快速增长与市场经济体制的逐渐形成。20世纪80年代以来,珠江三角洲与长江三角洲地区经济增长迅速,带动了整个国民经济的快速发展。随着对外开放的进一步深入推进与经济的稳步增长,珠江三角洲与长江三角洲地区的市场经济日益发展成熟,形成了具有较高开放度的市场经济体系。

然而,两地在区域经济发展上,也存在一系列差异:一是区域经济发展模式差异。在转型过程中,两地选择了不同的经济发展模式。珠江三角洲主要通过引进外资特别是港澳地区的轻型工业生产制造,利用外部资本与技术推进区域经济发展,选择了外部资本筹措推动型的区域经济发展模式。而长江三角洲地区则以发展乡镇企业、家庭私营工商业为突破口,选择了走内向资本积累型的区域经济发展模式。

二是市场经济体制形成与演进差异。珠江三角洲通过扩大对外开放,引入外部生产要素,接收产业转移,培育市场型非国有企业,逐渐构建起新型市场经济体制,形成市场资源配置机制。长江三角洲市场经济体制的形成则源于转型时期对原有计划经济体制的逐渐否定与扬弃,在逐渐扩大市场资源配置功能的条件下逐渐演变与形成。

三是经济腹地差异。两地对其他经济区域的生产要素具有聚集效应,吸引着其他区域生产要素的流入,同时又通过扩散效应向其他区域转移生产要素和产业,推动其他区域的经济发展,形成各自的经济腹地。珠江三角洲位于我国南部沿海地带,其经济发展直接影响到我国南部、西南和中部地区的经济发展。长江三角洲经济腹地与珠江三角洲经济腹地既有部分重叠,两者又存在较大差异。长江三角洲对整个长江流域的经济发展具有重要影响,关系到我国东中西三大经济地带核心区域之间的分工合作与市场经济一体化。

实践表明,以上种种要素的异同既形成了两个经济区域各自发展的鲜明特色,也为两个经济区域在整个发展过程中，互相学习、互相借鉴、互补互动创造了条件，起到了相得益彰的作用。

服务全国：注入　集聚　辐射

服务全国辐射全国，同是广东和上海贯彻国家发展战略的重要任务，也是两地经济运行发展的基本要素和必由之路。

广东服务全国，以泛珠三角区域合作为背景，充分发挥粤港澳中心地区的核心功能。一是发挥香港、深圳等金融市场的核心功能。我国内地的发展很大程度上受制于资金的匮乏。极具市场前景的优势资源开发、必要的大型基础设施建设、传统的工业项目的改造、中小民营企业的扩张计划等，很多都因为当地相对落后的金融服务体系无法满足其资金需求而搁置下来。香港是国际资本的汇聚地，全球最大的银行中心之一，拥有本地和内地的银行及存款机构251间，外资银行达114间，其中的77间属于全球100间最大银行；香港银行的业务中有55%以外币为单位，到2004年底银行持有的海外资产总值达4195亿美元。

与此同时，深圳的金融市场也有了一定规模，截至2006年6月底，共有金融机构183家，保险专业中介机构173家，上市公司102家，各类私募基金1600多家，信用担保公司154家，实收创投资本总额600多亿元，占全国的40%强。

内地省区借助香港的金融界组织银团贷款、联合贷款、项目贷款、发行境外债券等引入资金，通过香港、深圳的创业板为中小民营企业融资，并通过这一平台的规范运作促使民企优化企业结构、规范财会制度和加快拓展海外市场；通过资金拆借及转让业务、开办外币兑换、进出口押汇、融资租赁、创办合资基金管理公司以及互用金融创新工具等多种业务，加速了香港、深圳和内地的货币资金的融通和金融业务的渗透。

二是充分发挥粤港澳地区的现代物流口岸的作用。粤港澳地区拥有众多优良港口，发展起步早，发展速度快，目前已经形成了世界、亚太及华南地区的多极港口群。

广东全省海岸线长3368公里，有沿海港口36个。香港维多利亚港、广州港、深圳盐田港、珠海港等都是广东本省和西南省份参与国际经济的重要战略资源，也是泛珠三角地区实现区域经济协调发展的重要依托。随着珠三角地区加工工业向内地的转移和八省区与广东的高速公路陆续接通，包括内地被带动的相关产业的更多的产品都将从这些港口走向世界，物流港口的服务辐射范围覆盖整个泛珠三角地区，将同时促进港口城市和内地省份的经济发展。

三是发达的会展经济为内地提供广阔舞台。广东是国内会展业起步最早、会展经济最发达的地区之一，广东的会展经济已经初具规模。

广州有发展历史最长的一年两季的广交会，目前已经开始第104次展会。在第103次展会上，总展览面积达85.1万m^2，净展览面积38.4万m^2，总展位数42659个，共有来自境内外的18721家企业参展。还有深圳的中国国际高新技术交易会、珠海的中国国际航空航天博览会等都已成功举办了多届，在国际市场具有相当的知名度。

广东还有全国最大的会展场地——广州国际会展中心，首期占地41.4万m^2，建筑面积39.5万m^2，展厅共13个，展示面积约13万m^2，室外展场面积2.2万m^2，于2002年底正式投入使用，是目前亚洲最大的会展中心。

会展经济加强了区域内厂商的合作，同时将产品推向海外市场，拓展了内地企业的发展空间。

上海服务全国是中央的明确要求，是上海的传统，也是上海自身发展的基本战略和义不容辞的职责。从基本思路来看，上海服务全国，侧重于通过深化体制改革和对内开放，积极发挥特大型城市的集聚、辐射作用和综合服务功能，积极探索“引进来、走出去”服务全国的新路子。上海各级政府致力改善投资发展环境，强化服务意识和服务设施措施，特别是通过建立要素市场并逐步扩大投资领域，在积极“走出去”的同时，为全国各地来沪投资发展的企业提供广阔的空间和服务平台。2007年，上海第三产业增加值占全市生产总值的比重为51.9%，在全国居于领先地位。

近几年，上海注重加快经济结构调整步伐，进一步提升经济中心城市的综合功能特别是综合服务功能，为各地企业提供全方位的服务。投资领域不断开放，从传统的工业、商业扩展到旅游业，保险业，学校、医院、教育服务业。截至2007年底，上海已聚集了国内外604多家银行和各类金融服务机构，261家保险专业中介机构，300多家国内上市公司总部、100余家跨国公司地区总部，8家中央大企业总部和100多家中央大企业地区总部、重要生产基地或营运部门，以及31家“民营企业500强”企业总部。

上海进一步开放投资领域，为各地企业发展提供了更多机会和空间。随着中心资金、技术、人才、商品、信息等各类要素的集聚，要素市场迅速扩容并日臻成熟，为资源的合理配置提供了大平台。此外，上海发挥技术辐射力，强化技术服务。作为一个特大型发达城市，上海的技术交易市场已经辐射到长江流域和国内其他地区。

（广东省人民政府驻上海办事处　执笔：周诗）

山海相拥　沪滇情深

这是一个山的世界：西南边陲的云南，有着哀牢山的雄浑，卡瓦格博的壮美，高黎贡山的神秘……

这是一个海的天地：东海之滨的上海，有着海纳百川的胸怀，海天一色的大观，海涛拍岸的气势……

岁月悠悠，记载了"山"与"海"自建国以来友好合作的美好瞬间。

悠悠岁月，更描绘了"海"与"山"自20世纪90年代中叶以来，手拉着手、心连着心、并肩前行的历史画卷。

东风吹暖红土地

云南人民不会忘记1996年10月16日。

这一天，距中央扶贫开发工作会议确定上海云南结成对口帮扶合作对子不到一个月。

这一天，一个上海历史上罕见的、由60多名局级干部和117名企业家及各界人士组成的党政代表团赴滇。市长徐匡迪亲任团长，与云南省党政领导共商上海云南对口帮扶合作事宜。

在这次会谈中，两地签署了对口帮扶合作的第一份协议，确定了上海12个区县对口帮扶云南红河、文山、思茅三地州。这次会谈后，代表团分赴三地州，踏着泥泞的山路，到村寨，进茅屋，每天起早贪黑，行程千余公里，实地调查研究，取得了第一手资料，同时，拍摄了反映云南贫困山区各族群众生活现状的录像。这盘名为"大山的呼唤"的录像片，在上海放映后引起了极大的震撼。这次会谈后，两地还签署了30项经济和社会合作项目协议。

"山""海"之间从此揭开了崭新的一页。

十余年间，上海市历届领导对与云南的对口帮扶合作工作倾注了许多汗水和心血。无论是在澜沧江边的贫困山村，还是在哀牢山白云深处的简陋学校，到处都留下了上海领导坚实的脚印。

1998年6月，时任中共中央政治局委员、上海市委书记的黄菊到红河、文山考察，明确提出上海对云南的帮扶要"动真情，真扶贫，扶真贫"。在开远市羊街乡苗族聚居的麻栗坡村，黄菊走进一间破烂的土房，看到这家农户日子过得艰难，他的心情十分沉重。他告诉户主陶阿江："云南与上海结了对子，要向贫困宣战。大家共同努力，日子会一年比一年好。"

十余年来，上海党政领导龚学平、蒋以任、刘云耕、王安顺、冯国勤等先后赴滇检查指导对口帮扶合作。他们指示，上海对口区县要把云南对口帮扶地区的工作纳入上海的整体规划，统一部署，统一安排。他们对云南的干部说，云南的事就是上海的事，云南人民的困难就是上海人民的困难，一定要尽心尽力地搞好帮扶。他们对援滇干部说，你们工作的好坏，要由云南对口帮扶地区人民的评判为标准。

2007年6月3日，云南党政代表团访沪之日恰逢普洱发生6.3级地震。时任上海市委书记习近平会见到访的云南党政代表团时，当即代表上海市委、市政府紧急拨款250万元援助灾区，并深情地表示，上海将按照党中央、国务院的要求和部署，一如既往地加强与云南的交流与合作，带着感情把对口帮扶工作做细、做实。

正是在上海历任领导的亲自关心和推动下，上海与云南的对口帮扶合作从义不容辞的政治任务变为从上到下的自觉行动。十余年来，两地对口帮扶合作经历了起步、合作和全面深化三个阶段。形成了省、部门、州（市）、县四个层面的协作机制，上海14个区及两家大企业对口帮扶云南红河、文山、普洱、迪庆四个地州26个贫困县和人口较少民族德昂族。在组织、人事、教育、卫生、科技、旅游、环保等10多个部门建立了对口合作关系，共同制定并组织实施完成了沪滇对口帮扶合作的“九五”计划、“十五”计划确定的各项任务，顺利启动实施了双方帮扶合作的“十一五”规划纲要。

山花浪漫帮扶路

20世纪90年代中期的云南，虽然经济社会发展取得了一定成绩，但作为集边疆、民族、山区三位一体的省份，由于历史和自然诸多原因，扶贫攻坚的任务依然十分艰巨。全省国家级和省级贫困县占全省的62.8%，13万个自然村中，半数以上是贫困自然村。上海对口帮扶的县大多为贫困县，贫困人口众多，不少地方贫困程度大大超出了上海干部的想象。

对口帮扶，如何入手？这是摆在两地干部面前的难题。经过艰苦的调研，沪滇两地确定了“扶贫资金到村，扶贫措施入户”的方针，确定以自然村为单位，以“进村入户”为重点，建设“温饱试点村”，有的放矢地定向使用帮扶资金，在改变当地百姓的生产、生活和生存条件上下功夫。

——文山州砚山县维末彝族乡的白石岩村，是上海援建的第一批“温饱试点村”。闸北区投入资金，派出干部，帮助每户村民建瓦房，建小水窖，修水泥路，建“猪圈＋卫生厕所＋沼气”的生态沼气设施，村容村貌得到了彻底的改观。为了方便村民就医、入学、看电视，还在村里新建了卫生所、希望小学和电视接收站。没过几年，全村人均收入就大幅增加，摘掉了贫困帽子。

——在景东县太农乡三合村、镇沅县田坝乡李家村，普陀区则开展了建立科技温饱示范村的试点，实施了户均一间猪厩、一口沼气、一个厕所、人均一亩基本农田、村建一间科技文化馆的“五个一”工程。

——在西盟县中课乡小寨村，杨浦区开展了“温饱＋安居＋社会发展”工程。主管副区长五下村寨调研，挂职干部蹲点指导，组织专家用系统工程的战略对“山、水、田、路、电、民宅”进行综合规划，合理布局、分步实施。经过多年的努力，使这个水土流失，水电不通，山路崎岖的村寨焕然一新：两条平坦的水泥路在山间绵延，120幢砖瓦房在水泥路两旁整齐排列，透出现代气息的四个公共厕所和四座公用电话亭坐落在村寨四周，140平方米的文化科技活动室宽敞明亮，电视机、VCD、广播设备应有尽有。

随着形势的发展，上海对口帮扶云南逐步从进村入户，解决温饱向整村推进发展。十年来，上海投入帮扶资金10.11亿元，向云南对口帮扶的四地州组织实施递进式整村推进试点村1240个，援建白玉兰扶贫开发重点村268个，建设卫星接受站839个，村级公路358条，援建人畜饮水工程434个，帮助50个村通了电，解决了166个乡829个自然村看电视难的问题，使515个自然村54175户贫困户直接受益，有力地促进了云南受援地区经济发展和社会进步。

根据中央的要求，上海又把对口帮扶的目光投向了云南一些人口较少民族。从2005年4月起，上海启动对仅有1.7万人的德昂族的帮扶行动。异地搬迁，养猪＋沼气＋培植茶叶、澳洲坚果等“庭院经济”的产业建设，培养致富带头人，实施劳务输出等一系列措施，已收到良好成效。在镇沅县恩乐镇太平掌新村，50户200多名苦聪人于2007年2月搬进了上海援建的新村，每户民宅统一建成为红砖青瓦的两层楼房，配置了电视机、床、桌椅等生活用品，同时为他们今后发展甜辣椒、柑橘、甘蔗等产业作了精心规划。

受此恩惠的还有生活在边疆深山密林之中的莽人、克木人，他们也正在上海的对口帮扶中逐步走向现代文明。

上海对口帮扶聚焦民生的做法，得到了云南少数民族群众的充分肯定。“感谢上海”，“上海人好”这两条写在西盟村寨农户外墙上的标语，表达了广大少数民族的心声和感激之情。上海的做法，同样得到了云南广大干部的交口称赞。他们说，整村推进的力度，建设质量，受益群众面乃至扶贫机制创新等方面，上海都做得很好，不但让贫困老百姓在物质上得到高度改善，更让他们取得自我发展的能力，看到未来发展的新希望。正因为如此，云南扶贫攻坚也努力向上海学习，从开始的“温饱试点村”发展到现今每年7000个村的整村推进，开展得有声有色，颇有成效。正因为这一创新成果显著，沪滇两地共同探索并实施的把资金、项目和扶贫干部结合起来，形成“三位一体”的开展“递进式温饱试点村”工程的做法，在联合国召开的扶贫大会上作为“中国模式”的经验，一经介绍，就受到广泛关注。

意韵悠长合作曲

如果说“九五”期间沪滇两地对口帮扶合作的重点是研究创新之路、探索帮扶之道的话，那么，随着形势的发展变化，研究并探索如何唱好沪滇合作之曲就是题中应有之义。

细心的同志不难发现，沪滇对口帮扶合作“九五”计划的指导思想是以对口帮扶为重点，“十五”计划的指导思想则改为“推动沪滇合作从以对口帮扶为重点，逐步转向对口帮扶与经济社会合作并重”的方针。

这是一个细微而重要的变化。这是一个从“授人以鱼”到“授人以渔”的转变。

在两地政府的主导下，两地企业发挥各自优势，走出了一条在市场经济条件下优势互补，合作双赢的路子。据不完全统计，十年来，两地合作领域不断拓展，层次不断提高，实施各类经济合作项目638项，协议总投资超过120亿元。

——加速壮大云南的支柱产业。上海烟草集团公司在文山投资建立烤烟基地，云南提供上海的优质烟叶原料已从年10万担、20万担增至年30万担，既扩大了上海原料供应，又带动当地农民增收，实现了“双赢”。上海电气集团所属企业，在云南开发投资印刷机械，不仅填补了西南地区的市场空白，还打开了东盟市场。

——加速云南高科技发展。两省市科技、环保等部门共同投资3.46亿元开展科技研发工作，云南一批企业先后与复旦、交大、中科院上海昆虫研究所等高校和科研院校实施了85项科研项目合作，实现了科研成果的生产力转化。2008年7月，21项沪滇科研合作项目在上海签约，合同总金额达2.39亿元。

——为云南文化走出去搭建平台。2004年云南文化产业上海推介周在上海成功举办后，云南一批具有民族民间特色的文化产品如《云南映像》、《云岭天籁》等原生态歌舞节目在上海成功演出，使云南文化产品不断通过上海市场走出国门。云南高原影视文化中心与上海解放报业集团联合拍摄了反映云南传奇人物、边地风情的电视连续剧《商贾将军》，在中央电视台播出后受到好评。自2004年以来，上海豫园商城、云南省政府驻上海办事处、云南省旅游局等单位连续5年在上海商业中心豫园成功举办“豫园中国日——云南民族风情展演”活动，已形成品牌效应。

——推动云南旅游产业发展。经国家旅游局协调，在上海市的支持下，原每年一度在上海举办的中国国际旅交会改由上海和云南轮流举办。上海锦江集团进入云南发展以来，先后投资近1亿元，从合资经营到全资收购原昆明锦华大酒店，并先后为昆明、思茅、西双版纳、丽江等地近10家酒店培养人才、送去先进的管理理念。上海航空公司进入云南以来，除投资旅游和酒店经营外，先后开通了上海—西双版纳、上海—丽江和上海—迪庆航班，推动了云南旅游特色产业的发展。

在两地经济合作不断发展之时，社会合作更是如火如荼。十年来，双方共实施社会事业帮扶合作项目2310项。

百年大计，教育为本。十年来，上海为云南援建了希望小学454所，援建“一村一小”404所，先后安排了专项资金援建红河、文山、普洱教育培训中心，建设“白玉兰”远程教育网点300多个，运用该网点培训农村中小学教师9万多人次，培训农业技术、农村医疗骨干3万多人次。

科技合作在社会合作中扮演着重要角色。十年来，上海在文山、红河、普洱分别援建了科技中心，实施一批种养业示范项目。红河上海科技中心及示范基地被列为云南红河国家农业科技园区培训基地、科技部星火计划——红河农村信息化基地。文山上海科技中心被科技部认定为文山三七星火学校。上海市科委立项支持的云南红河国家农业科技园区的桑椹产业开发项目已建成500亩种植示范基地，当年种植当年高产。

农村卫生事业蓬勃发展。两省市共同实施培训100多名骨干医师、100多名学科带头人的“双百工程”，并帮助培训农村全职医生，在帮扶地区建立妇幼保健中心和疾病控制中心，援建白玉兰卫生室333个，帮助受援地区改善了基本医疗条件。

彩云之南奉献歌

这是一支充满生机活力的队伍，这是一支由援滇干部、支教老师、青年志愿者组成的队伍，这是一支有1900万人民作为后盾的队伍。

他们一批批不事张扬地来了。从繁华的大都市上海、从浦江各行各业汇集而来，来到大山深处，来到边陲山乡，带来的是一腔腔报效祖国的热血，一幅幅建设边疆的宏图。

他们一批批依依不舍地走了，把希望的种子播在校园，把坚实的脚印留在村寨，把辛勤的汗水洒在云岭……，留下的是一支支青春飞扬的奋斗之歌，一支支意韵浓郁的奉献之歌。

金山区漕泾镇的夏中林是一名援滇干部，担任普洱市扶贫办副主任。在江城县二官寨、宁洱县那整社等村寨，从白发苍苍的大爷大娘到光着脚丫、童音稚嫩的小孩，都认识他。在两年的帮扶工作中，他同农民一起下田插秧，手把手地教农民建大棚，拿出工资买鸡苗送给农户饲养，引导农民学科技、建市场、创办科技园，还因在烈日下帮孤寡老人干活而晕倒在地。在他任职期满回沪时，村民们捧着自酿的蜂蜜，送上亲手缝制的民族服装，与他挥泪惜别。

在761名支教教师队伍里，有原来插队云南的知青、返沪后再去云南支教的老师，有他们的子女，更多的则是怀有支援边疆远大志向的热血青年。洪玉龙，从上海奉贤区到红河县后，深入乡镇调研，撰写了《红河县贫困状况和教育现状》调查报告。正是看了这个报告，引起了奉贤区领导高度重视，向红河县一中捐赠50台电脑、2000多套校服和6万元人民币。2005年2月，洪玉龙以突出的教学管理业绩和优良的个人品德，被聘为红河一中的校长。两年来，红河一中的教育教学质量有了明显提高，中考、高考成绩都有了历史性的突破。2006年，他又把在上海当教师的妻子也动员到红河县一中支教，一时传为佳话。

"支教云南一生一次，关爱云南一生一世"，"用一年的时间做一生难忘的事"，"支教云南是我们美丽的奉献，无悔的选择"……支教老师们以朴实的话语表达着他们的心声，更以他们关爱边疆的实际行动为山区的孩子打开了一扇扇心灵的窗。

对口帮扶合作十年，云南已成为很多上海市民心里最牵挂的地方。对口帮扶合作十年，支援帮助云南已成为不少上海市民的自觉行动。山里的学生到上海开展"手拉手"活动，处处感受到上海师生的热情；云南的劳务工到上海企业，总能得到特别的关照；唇裂儿童来沪治病，解放日报的记者热情牵线，上航的飞机免费搭乘，新华医院派出最好的医生免费手术……

最让人感动的是，一群本身很困难的人，一群最需要帮助的人，却在平凡中体现着无私，在行动中书写着大爱。2006年，希望书库上海办事处、上海巴士出租汽车公司、云南省政府驻上海办事处等单位发起了"上海百家单位牵手云南百校共建希望书库"活动。不仅上海企业积极响应，纷纷捐出爱心图书。上海市癌症康复俱乐部的8000多名癌症会员也踊跃地投身到爱心行列中来。有的把每天的营养费省下两元钱，积攒起来后精心挑选适合农村孩子看的书；有的为了省钱买书，放弃空调巴士改乘普通车，有的甚至拿着图书徒步走到捐赠现场。短短一个月，癌症康复俱乐部就为云南筹集了1万册图书，他们给援建的爱心图书室取名叫"希爱图书室"，寓意希望与爱心永存。

希望与爱心当然永存——因为希望已植根于心底，因为爱心早已超越了万水千山……

十年帮扶，情深意长；

十年合作，硕果累累。

十年帮扶，是一次次“海”与“山”的激情相拥；

十年合作，是一次次“山”与“海”的热情相融。

十年是短暂的。巍巍高山可以作证，沪滇两地的对口帮扶合作走过了一条不平凡的道路。

十年是永恒的。滔滔大海可以作证，滇沪两地人民在对口帮扶合作中结下的深情厚谊已经载入史册。

时代还在前进，社会还在发展，沪滇两地的“山海”互动还在继续。

对于这样的互动，我们充满信心；

对于这样的互动，我们充满期待。

（云南省人民政府驻上海办事处　执笔：丛昌民、黄瑞瑜）

共同书写东西合作大文章

——陕沪合作交流侧记

古城西安，正在进入现代交通时代。随着蓝田至商州至陕豫界高速公路的建成通车，国家高速公路网上海至西安线陕西段已全线贯通，不仅西安东向四小时经济圈将逐步形行，而且一个晚上就能直达东海之滨的上海，空间时间距离几乎缩短了近半。

其实，陕沪两地的经济时空距离早就在合作交流中不断拉近。徜徉西安街头，从中央商务区到技术开发区，从尖端电子产品到千亩以上规模开发项目，从高新企业到银行学校，处处可见上海留下的印迹。截至2006年底，仅在西安投资兴业的上海知名企业就超过了200家，投资总额达到170多亿元。2007年，成为陕西20多年来发展增长最快的一年。

奏响东西合作的序曲

从某种意义上说，上海是我国改革开放的一个缩影，是中国经济发展的晴雨表。上世纪90年代以来，上海抓住浦东开发带来的历史机遇，坚持开创性、坚韧性和操作性的有机统一，不断探索和丰富具有中国特色、时代特征、上海特点的发展新路，用“海纳百川、追求卓越、开明睿智、大气谦和”挥笔写下了壮丽的发展诗篇。短短十几年间，上海每年以保持两位数增长的发展速度，由工业为主的工商业城市，打造成现代化的国际大都市。

尽管两地相距1300公里之遥，然而陕沪两地一直保持着密切的联系。在浦东开发开放的热潮中，作为西部重镇的陕西以丰富的资源优势，率先向上海发出了“互惠互利，共同发展”的邀请，而上海也给予陕西以热烈的回应。1997年，经陕西省政府倡议，由陕西、上海、江苏、天津四省市政府共同发起创办的“中国东西部合作与投资贸易洽谈会”应运而生，奏响了“推动区域合作，有效配置资源，形成优势互补，实现互利双赢”的东西部合作与交流的序曲。这是全国第一个东西部合作交流的大型平台。

陕西这片古老和神奇的土地迎来了发展的春天。1997年至2008年，连续十二届“西洽会”在西安成功举办。上海作为举办方之一，积极组团参展，掀起了在陕西投资的热潮，一大批项目在西安落户。

1999年6月，中央作出了实施西部大开发的战略决策，东西部展开了新一轮全方位、多层次的交流与合作。2000年4月24日至26日，上海市四套班子主要领导率团对陕西进行考察，对陕西作为西部大开发桥头堡的地位给予了充分重视。两地迅速达成七个方面的合作意向，掀起了全面合作新高潮。当年，上海星河数码有限公司向西安亚桥电子有限公司投资1000万美元，共同开发交通行业应用软件；荷兰飞力浦上海投资公司投资1000万美元，在西安高新技术产业开发区建立飞力浦西安研发中心。2001年，上海浦东发展银行在西安设立分行；上海同济大学在西安设立办事机构，并成立了同济大学（西安）产业发展有限公司。2002年，上海复星实业有限公司投资8000万元，与西安利君集团实现强强联手发展；上海浦东发展银行用资本置换的方式贷款8亿元，投资陕西高速公路建设……

至2003年第七届西洽会闭幕，上海大型企业、投资公司和专业机构仅在西安高新区直接投资的项目总额就已经超过了20亿元人民币。

这不过是上海投资陕西、参与西部大开发的一个缩影。陕沪合作，只有开始，没有结束。

联袂上演互利双赢的好戏

改革开放给了上海发展的机遇，也给了上海服务西部地区的责任。上海以其管理、科技、市场、人才、信息等方面的比较优势为西部地区借地发展、借梯登高、借船出海提供服务。历史文化积淀深厚的陕西更愿意充分利用上海的优势，不断加强和深化合作交流，加快自身的发展。

2003年11月21日，带着3700万陕西人民的深情厚谊，省委副书记、省长贾治邦率领陕西省代表团东进赴沪考察。通过深入座谈交流，两地领导共同认为，陕西与上海经济互补性很强，开展合作交流的领域相当广阔，潜力也十分巨大，能够通过优势互补，在基础产业、高新技术产业、旅游产业、特色农业产品、第三产业等方面加强合作，实现共同繁荣。

蓝图绘就，陕西以只争朝夕的激情推进两地的合作交流，上海的资金、技术、人才等社会生产要素也源源不断的涌向了陕西。2004年，上海绿地集团投资50亿元，在西安中央商务区建设占地1160亩的“绿地世纪城”；上海陆洲实业（集团）有限公司投资10亿元，投资陕西高速公路建设；上海复星高科技（集团）有限公司投资20多亿元，投资陕西100万吨甲醇开发；上海新立工业微生物科技有限公司以技术入股，与陕西广厦国际有限公司合作开发年产10000吨乳酸菌项目。

2005年，跻身全国最大500家外资企业和上海市最大5家工业企业行列的上海建设路桥机械设备有限公司，目前全国863软件基地中唯一一家以独立园区形式建设的综合性创业孵化基地863软件孵化器（上海）基地等相继落户陕西，100多项涉及新材料、环保、生物医药、电子信息、食品制造和加工等高新技术成果、实用推广技术纷纷在陕西及西部地区落地生根。截至2006年底，光明乳业、上海家化、大华集团、绿地集团等已在陕西投资兴业的上海知名企业超过200家。2007年，陕西省上海商会在西安隆重成立，上海陕西商会在上海隆重成立，为两地企业间的合作共赢搭建了平台和窗口，助推两地经济协调发展登上新台阶。

共同打造区域合作的大平台

改革开放增强了上海的经济实力，在带动长三角地区经济联动发展的同时，加强了参与西部大开发的力度。西洽会缔结起来的沪陕合作，就是历史的最好见证。

曾记否，1997 年的第一届西洽会，创办方为陕西、上海、江苏、天津四省市，展位只有 400 多个，交流仅以商品贸易为主，签订项目合同 305 个，总投资额为 36.4 亿元。

可到了 2008 年的第 12 届西洽会，主办方扩大为上海、陕西等 30 个省市自治区以及有关国家部委，标准展位扩展到 2000 多个，内容以投资洽谈为主，共签订项目合同 1519 个，总投资达 3580 多亿元。

西洽会从一般性的省际经济技术合作平台，成长为东中西部合作互动长效机制的载体，被国内外媒体广泛誉为中国区域经济互动的第一平台。

看一看场面，就可想而知了。2008 年 4 月 5 日，第 12 届西洽会首场集中签约仪式上，占地面积 1500 亩、总投资达 30 亿元的西部国际车城项目，由上海华东电器（集团）有限公司和西安市未央区政府正式签约。次日上午，西安投资环境说明会再显声势：占地面积 1000 亩、总投资达 20 亿元的西安铁路北客站周边土地整理与基础设施建设项目，由上海长峰集团和西安市政府正式签约……

这一个又一个的大手笔，是上海参与西部大开发“优势互补、共同发展”所绽放的光彩，是上海经济辐射西部的集中体现。正是依托西洽会这个大平台，吸引了全国各地包括上海在内的企业落户陕西。在三秦 3700 万儿女的不懈努力下，陕西经济发展驶上了快车道，2007 年，生产总值达到了 5369.85 亿元，增长 14.4%，是 20 年以来增长最快的一年。

近些年来，支援新疆，支援西藏，支援云南，支援四川……曾几何时借力于全国支持取得快速发展的上海，用回馈社会的方式服务对口支援地区和西部地区的发展、得到了这些地区的认同。

在经济全球化逐步深入的新形势下，上海的产业结构调整和升级，致使部分产业加快了向西部梯度转移的步伐。陕西抓住这一重要历史机遇，鼎力打造承接东部产业转移的桥头堡，积极寻求与上海同脉共振，进一步增强经济社会发展的活力和动力。2008 年 6 月，“沪陕经贸合作暨陕西省承接长三角地区产业促进活动”在上海举行，声势浩大地开展旅游推介、与企业座谈交流、对接项目、签订投资和贸易合同等系列经贸活动。随后，陕西各地市也纷纷在上海开展项目推介活动，走出了一条借力发展的新路。

有了陕西与上海不断发展的合作交流，可以坚信，在新形势下，两地定能谱写出互利双赢、共同发展更加灿烂的新篇章！

（陕西省人民政府驻上海办事处　执笔：韦军利、张向科）

白玉兰绽放天山南北

——沪新两地合作交流侧记

上海与新疆虽然分处我国东西部，彼此相隔千山万水，但两地间的交往却源远流长。上世纪五六十年代，上海10万知青满腔热情奔赴新疆，与新疆各族人民艰苦创业、携手奋进，为新疆的经济建设和社会发展作出了贡献，用青春和热血铸就了两地深厚的友谊。改革开放以来，在中央明确上海对口支援新疆阿克苏和国家实施西部大开发战略的大背景下，上海与新疆的合作交流进入了一个崭新的时期。这里撷取几朵“小花”以见证这段闪光的历程。

情真意切的“帮扶之花”

当你漫步在“塞外江南”阿克苏市的街头，随处可见上海对口帮扶的痕迹：带有“上海”名称的高楼大厦、道路，上海援赠的公务车、救护车，上海援建的学校等等，这一切，是上海人民和新疆各族人民深情厚谊的见证。

按照中央部署，从1997年开始，上海对口支援新疆阿克苏地区，按照“动真情、办实事、求实效”的要求，先后选派援疆干部5批190多名，投入资金2.5亿元，实施对口帮扶项目近400项，促进了阿克苏地区经济社会发展。

为帮助阿克苏地区发展教育、医疗事业，上海先后援建了阿克苏上海图书馆、地区干部培训中心、阿克苏上海教师培训中心、少年宫、地区急救中心、广播电视制作中心等当地急需的项目，捐赠了一大批教学、医疗设备，援建希望小学等教育项目42个，援建“上海白玉兰重点村”9个，为181个村委会建设了办公用房及配套设施，为1409户建设安居房及相关配套工程。

为切实帮助阿克苏地区增强自我发展能力，上海积极探索对口支援新模式，在落实无偿援助项目的同时，更注重推进智力帮扶。早在第一批援疆干部踏上阿克苏这片热土时，上海就做出决定：每年拿出100万元，为阿克苏地区培训党政干部、经济管理干部和医疗卫生及教师骨干100人。2006年5月，上海与阿克苏签署了《2006—2008年人才开发合作协议》。目前，上海为阿克苏培训人员近万人次。

为充分发挥上海科教文卫综合资源优势服务对口支援地区，上海开通了“白玉兰远程网”，运用现代信息技术开展远程培训，使阿克苏地区接受培训的人员成倍增加。2005年，上海“白玉兰”远程教育培训经验作为中国智力扶贫的成功范例，在亚太经合理事会在北京举办的智力扶贫会议上进行交流。

为扶持阿克苏地区发展特色经济，上海进一步加强了与阿克苏的经贸合作。2004 年，两地召开了《上海—新疆阿克苏地区中小企业经贸合作座谈会》。2006 年，举办了《上海向新疆阿克苏地区援助捐赠仪式暨招商引资项目推介会》，签署合作项目 6 个，金额 3.07 亿元。2007 年 10 月，上海农产品中心批发市场经营管理有限公司与阿克苏地区达成优质果品供应上海市场协议，以及阿克苏优质特色果品营销长期战略合作意向，帮助阿克苏农产品走进上海。同年 11 月，“阿克苏地区招商引资推介会暨合作项目签约仪式”在上海举行，签约 8 个项目，金额 3.24 亿元。

对口支援十余年来，阿克苏地区的经济建设和社会发展取得了长足的进步。2007 年，阿克苏地区国内生产总值达 386.5 亿元，增长幅度在新疆名列前茅。

无私奉献的“银龄之花”

“银龄行动”是 2003 年由全国老龄工作委员会倡导并组织的，以东部地区为主的全国大中城市离退休老年知识分子支援西部地区的行动。

2003 年以来，上海先后实施“银龄行动”六期，共向新疆选派了 156 名老年专家志愿者，服务领域涵盖卫生、教育、体育、农业、文物、科技、城建规划等行业，活动范围遍及天山南北，直接受益的新疆群众达 20 余万人次。

上海老年专家志愿者怀着对新疆各族人民的深厚感情，放弃安逸的晚年生活，从繁华的都市来到新疆边陲，克服气候、饮食、生活习俗等差异的影响，毫不保留地把自己的技术和经验传授给受援单位，奏响了无私奉献、感人肺腑的夕阳之歌。

徐振达，这位上海南汇光明中医院骨伤科 66 岁的副主任医师，2003 年作为志愿者第一次来到新疆时，就被当地医疗状况和卫生条件所震动，深切感受到少数民族群众对他们寄予的厚望。于是他白天门诊、查病房，晚上手把手地教当地医务人员提高技术，业余时间教当地群众太极拳，与当地人民建立了深厚的友情。“我每次走的时候，群众、医生都说你明年再来吧，我说只要身体好，我一定来，既然答应人家了，就一定来。”徐振达就这样每年都参加“银龄行动”，先后在博州和阿克苏等地进行志愿服务，用实际行动展现了一个共产党员的高尚品格。2006 年 2 月，他被评为上海市银龄行动优秀志愿者，2006 年 10 月被浦东新区授予助老先进志愿者的光荣称号。2007 年，他又被评为浦东新区十大五星级志愿者。

“高级生”，是对多次参加“银龄行动”志愿者的一种尊称。上海静安区市西中学退休教师沈水铨就是这样一位“高级生”。2004 年起，沈老师连续两次参加阿克苏和博乐市的支教。支教期间，他勤奋工作，不计报酬，毫无保留地将先进教学理念教授给教师和学生，展现了上海退休教师无私奉献的精神风貌，在师生中树立了榜样，出色完成了支教任务，受到当地师生的高度赞扬。“去西部支教一直是我的精神追求，能够为西部的孩子做点事，我感到自己还是个有用的人，心里很快乐。”沈水铨朴素地说。

在参加上海“银龄行动”的志愿者队伍中，像徐振达、沈水铨同志那样无私奉献的志愿者比比皆是，他们以自身的模范言行、精湛的技术和高尚的品德赢得了新疆各族人民的尊重，正如原新疆民政厅厅长、自治区老龄办主任贾帕尔·艾比不拉所说的:“银龄行动的志愿者不仅送来了服务和经验,更送来了乐意助人、无私奉献的精神!”

求实求新的“科技之花”

2005年6月,在上海市科委、新疆维吾尔自治区科技厅和乌鲁木齐市人民政府的支持下,上海市科技创业中心、新疆生产力促进中心、水磨沟区政府共同组建了新疆上海科技合作基地,既为上海科技企业拓展新疆技术市场提供服务,也为孵化新疆科技企业提供服务。合作基地设立以来,沪疆两地达成科技合作项目155个,双方通过技术、场地、资金共投入9.94亿元。目前,已有35家科技型企业与基地签订了入驻合同,其中上海企业有11家,另外还有包括福建、青海、山东、浙江等地的12家企业。

上海始终将科技援疆作为参与西部大开发的重点。2000年—2005年,上海市科委和自治区科技厅、新疆兵团科技局签署了全面合作协议,成立“上海高新技术成果转化服务中心分中心”和“上海技术产权交易所新疆交易信息中心”,上海农业技术推广服务中心与新疆哈密瓜研究中心开展了多项科学技术合作研究,并成功地将哈密瓜“雪里红”、“9818”、“仙果”等新品种引入上海。2005年10月,上海水产大学在新疆伊犁州巩留县建立了生态渔业产学研基地,新疆成功实现了虾类温室集约化养殖,冬季只能在高级宾馆里吃到的南美白对虾如今端上了新疆普通百姓的餐桌。截止2007年,上海为新疆举办各类科技培训班30余期,培训1195人次,培训班次和人数位居西部地区前列。上海与新疆科技合作项目涉及信息技术、农业、生物工程、环保、新材料、中草药、能源等多个领域。

硕果累累的“经贸之花”

在美丽的边城伊犁哈萨克自治州首府伊宁市,有一个总投资近20亿元、建设规模100万平方米的新城社区——“上海城”,当你在“虹口苑”、“黄浦苑”、“静安苑”漫步,还真让人以为走在上海的大街上。

新疆资源丰富,地缘区位优势独特,面向国内与国外两个大市场。独特的区域位置与资源禀赋使新疆成为西部投资的热土。近年来,两地经贸合作呈现出迅速发展的势头。

上海大企业纷纷到新疆拓展。2006年3月,宝钢集团与新疆八钢建立战略联盟,投资30亿元重组新疆八钢,掀起上海大企业西进的高潮。近年来,先后有10余家上海大企业加入新疆“淘金”大军:杰事杰投资20亿元建设20万吨烯烃聚合物合金项目,中科电气投资5000万开发矿产,复兴集团投资1亿元冶炼黄金,浦东发展银行在乌鲁木齐开设分行,新雅泰投资1.7亿元兴建化工厂,光明乳业投资建设原料基地,上海航空开通新疆4条支线航线,光明食品与新疆生产建设兵团签署战略合作协议,等等。上海大企业西进推动了资金入疆。2006年,上海投资项目55个,投资额48.28亿元,位列各地入疆资金第3位。2007年,上海共落实投资项目49个,总投资50.75亿元,在新疆引进资金排序中列第11位。

新疆在上海投资创业的企业也越来越多。上海积极为新疆企业在上海发展搭建服务平台,提供良好的服务。目前,新疆在沪企业有1000多家,注册资本总资金已超过59亿元,规模较大、实力较强、成长性较好的企业有350余家。新疆在沪企业成立了新疆上海商会，上海在疆企业成立了上海新疆商会。2008年5月，上海新疆商会与新疆上海商会签订了《关于加强两会战略联盟合作框架协议》。在两地商会的共同推动下，达成了一批合作项目，如：梅兰日兰电器投资金矿勘探，新疆国达房地产投入2亿在乌鲁木齐开发高档商品房，阿克苏龙人石材正式开工，上海企业金博石材在奇台投资落户等。

改革开放的30年，是沪新两地不断加强合作交流和对口支援工作的30年。两地党政领导多次互访，上海市9个区与新疆8个地州市结为友好关系。新疆能源、特色产品东输为上海经济发展作出了贡献，上海科技西进为新疆经济建设提供了支持。有理由相信，在党的十七大精神指引下，沪新两地一定会谱写出合作交流更加绚丽美好的历史篇章。

（新疆维吾尔自治区人民政府驻上海办事处　执笔：任山）

第七篇　热点展望

上海合作交流与加快上海“四个中心”建设

改革开放以来，随着我国从传统的计划经济模式向市场经济模式转变，国内合作交流的历史使命有了新的内涵。1982年5月，上海市政府决定成立市政府协作办公室，作为市政府工作部门，上海的横向经济联合的内容和形式开始趋向多样化。2003年上海将原来的协作办公室改设为合作交流办公室，并设立了合作交流工作党委，加强统筹协调，合作交流工作更加重视与长三角、长江流域和各兄弟省区市的社会联系与经济合作，取得了一系列新进展和新成就，也积累了一些宝贵经验，为促进上海自身竞争力的提升，为推进长三角、长江流域的联动发展和我国经济社会的协调发展做出了应有的贡献。进入新时期，上海合作交流工作正面临着新的机遇和挑战，合作交流工作任重而道远。

新形势下合作交流工作面临的挑战与机遇

2008年，我国经济发展面临的不确定因素增多，外部环境影响加大，今后一个时期上海国内合作交流工作面临着新的机遇和挑战。主要体现在以下三个方面：

首先，国际国内经济形势趋向严峻。目前世界金融危机日趋加剧，国际经济环境复杂多变，国内经济增长放缓。如何抵御和应对国际国内各种不利因素，贯彻落实国家宏观政策措施，在服务上海扩大内需、加大投资力度、加快产业结构调整升级和转变经济发展方式、援助灾后重建、促进经济平稳较快增长等方面，合作交流工作面临前所未有的重大挑战。

其次，合作交流工作面临加快“四个中心”建设的重要战略机遇。江泽民同志在党的十四大报告中提出，要“尽快把上海建设成为国际经济、金融、贸易中心之一，带动长江三角洲和整个长江流域地区经济新飞跃”。1995年，中央又要求上海建设国际航运中心。自此，把上海建成国际经济、金融、贸易、航运“四个中心”逐步上升为国家战略。2004年以来，胡锦涛总书记先后对上海提出做好“三个服务”、加快实现“四个率先”、加快“四个中心”建设的新要求。做好“三个服务”需要上海加快推进“四个率先”和加快“四个中心”建设，而加快推进“四个率先”、加快“四个中心”建设的目的是为了更好地做好“三个服务”。这对合作交流工作带来了重要机遇，要求合作交流工作站在国家战略的高度，实现新的突破，努力构建与“四个中心”建设相适应的合作交流管理服务体系和适应市场经济要求的合作交流体制机制，为加快“四个中心”建设提供方便、快捷、优质、高效的公共服务。同时也为上海建设国际化大都市积蓄力量,并进一步带动长三角、长江流域经济的联动发展。

第三,合作交流自身工作面临着需要突破的瓶颈问题。目前,由于各种体制机制等方面的因素,合作交流工作综合服务协调的功能与特色尚不能充分体现和发挥,主要表现在:上海国内合作交流领域尚未建立起配套齐全的法规、规章和政策体系,法制环境不够完善;上海市合作交流办公室作为职能部门的协调权威性还不够强、整合资源的力量有限;机构职能与"四个中心"建设联系不够密切等,这些都在较大程度上制约了国内合作交流工作的深入开展。

新形势下合作交流工作的应对举措

面对国内外新的形势和合作交流自身需要突破的瓶颈问题,国内合作交流工作要上新台阶,应以职能、机制和平台建设为抓手,突出为加快"四个中心"建设服务,将"四个中心"建设与"三个服务"结合起来,紧扣当前扩大内需、保持经济稳定增长的要求,在服务上海自身经济社会发展的同时,更好地服务长三角,服务长江流域,服务全国。

服务上海经济的稳定健康发展。当前和今后一个时期,我国经济发展将受到国际金融局势动荡加剧的影响,扩大内需、放松银根、扩大投资是保持经济平稳增长的重要举措。上海正处于新一轮经济结构的大调整中,充分抓住当前国际金融危机带来的冲击,加快转变经济发展方式,率先完成经济结构的优化升级,就能为在2020年建成"四个中心"基本框架争取主动。因此,合作交流工作应当围绕这一目标,加强以下工作:

一是促进产业加快转移。受美国次贷危机影响,2008年下半年以来,我国沿海经济发达地区的外贸进出口、企业增长速度、企业增加值以及工业效益等出现了下行的趋势,一些中小企业难以为继。在这种情况下,上海合作交流工作应积极配合实施增值税转型改革,发挥专项资金的作用,推进企业重组和企业技术进步,鼓励企业更新设备和改造技术,促进制造业的"服务化",使制造业向"微笑曲线"两端延伸,引导传统产业加快向内地转移,鼓励加快淘汰本市高污染、高能耗企业,积极协助上海节能环保、节能减排工作的顺利开展,推动上海产业结构的调整、优化和不断升级。

二是加快发展总部经济。制订出台扶持发展总部经济的优惠政策,加强招商引资工作,形成全市条块结合、内外结合、上下结合的工作网络,加强招商信息的互通共享,充分发挥驻外办事处、各地驻沪机构、各地在沪企业协会、各地在沪商会等机构和社会团体的作用,开展目标招商、楼宇招商、服务招商,重点吸引中央企业和民营企业总部或地区总部、金融企业和航运企业总部或地区总部进驻上海;吸引各地高科技产业、自主创新产业、创意产业,特别是现代金融、航运类服务业来上海发展。同时,充分利用当前世界金融危机提供的机遇,放宽人才政策,围绕上海国际金融中心和航运中心建设,面向世界,重点配合和协助相关部门引进紧缺人才,为发展总部经济提供人才支撑。

三是推进资源战略投资。上海是资源缺乏的城市,不论是过去、现在、还是未来,资源都是上海经济发展的必要因素。在计划经济条件下,上海经济发展所需资源依靠国家调拨。改革开放以后,逐步由依靠物资串换、补偿贸易、联合生产发展到现在的合作开发、建立资源基地等。在今后资源仍将逐步趋紧的形势下，上海应未雨绸缪，着眼长远，抓住当前资源价格下降、国内经济普遍下滑的有利时机，采取政府引导、政策扶持的方式，统一布局，有目的、有计划地推动上海国有大企业集团果断地走出去，到资源地进行战略投资，重点投资能源、粮食、木材、矿产等领域，加快资源战略基地建设。同时，探索新的合作方式和利益补偿方式，加强与重点地区、资源地区的战略合作和工业园区共建，广泛开辟土地资源，延伸上海产业发展潜力。

四是用好对口地区资源。上海对口支援的西藏、新疆、三峡库区、云南和四川，都是资源丰富地区，都有各自的优势资源和特色资源。上海在长期的对口帮扶工作中，与对口地区建立了深厚的友谊和良好的合作关系。上海应充分利用这种友好关系，一方面继续加大无偿援助的力度，帮助对口地区加快脱贫；另一方面，采取市场运作方式，把上海的资金、科技、管理、信息、人才优势与当地的特色资源和人力优势结合起来，引导鼓励上海企业到当地投资，在开发资源上动脑筋，在发展特色产业上下功夫，在增强当地自我发展能力上见成效，在为上海发展获取所需资源上见成果，实现双赢目标。

服务上海加快“四个中心”建设。上海国内合作交流在做好“三个服务”的同时，还必须围绕市委、市政府的中心工作，按照全市统一部署，为加快“四个中心”建设做好服务。

一是强化市合作交流与对口支援工作领导小组统筹全局的职能，找准合作交流在“四个中心”建设中的职能定位。在新一轮政府机构改革中，应进一步强化“上海市合作交流与对口支援工作领导小组”的职能，将其作为市委、市政府统筹全市合作交流工作的主要决策协调机构，提升决策权，加强对全市合作交流工作的统筹、部署和推动。同时，提升市政府合作交流办公室作为市合作交流与对口支援工作领导小组办公室的日常协调权威，强化综合、组织、协调、指导、服务职能，强化对全市合作交流发展战略、规划、思路、政策、举措等重大问题的研究，强化对全市合作交流资源与力量的整合，强化合作交流工作在服务加快“四个中心”建设中的定位。这个定位就是进一步扩大对内开放，充分利用国内资源，集合全市力量，为加快“四个中心”建设服务。因此，“四个中心”建设，凡涉及对内开放和利用国内资源的，都应当有合作交流工作的一席之地，都应当充分利用市合作交流与对口支援工作领导小组及其办公室的组织框架来进行统筹和协调，都应当由合作交流职能部门牵头或参与，以形成整体工作推进合力。同时，结合新一轮机构改革，解决当前区县合作交流办公室职能不统一的问题，明确区县合作交流工作职责范围，加强市区两级职能对口衔接，以利于工作部署和推进。

二是运用合作交流扁平化的特征，完善服务“四个中心”建设工作联络协调机制。合作交流工作涉及全市各条战线、各个领域、各个部门，不是一个单位或部门所能承担，需要各相关部门密切配合，组织架构和工作推进扁平化特征十分明显。因此，建立各单位、各部门横向间的工作联络协调机制十分重要。第一，在市合作交流与对口支援工作领导小组体制框架内，完善领导小组全体会议、专题会议、领导小组成员单位联络员会议、信息员会议等决策、议事、交流机制，形成制度化、规范化、程序化安排，形成决策部署、研究会商、总结交流、推进落实的配套做法，形成领导小组办公室负责日常联络、协调、督促落实、总结考核的工作格局。第二，在市合作交流与对口支援工作领导小组体制框架外，凡与“四个中心”建设相关的组织机构、协调机制、相关会议等有关国内合作交流内容的，都应当有合作交流职能部门参与，以充分利用合作交流的资源，加大推进力度。第三，市政府合作交流办作为负责全市合作交流工作的职能部门，应当主动走出去，加强与相关委办局、区县、社会团体、企事业单位的工作联系，深入调研，听取意见，商讨工作，形成制度化工作联络机制，以利于全面掌握情况，提高工作指导能力和推进水平。特别是要主动加强与“四个中心”建设相关职能部门的联系，建立起密切的工作联络和信息共享机制，积极为“四个中心”建设献计献策，参与促进“四个中心”建设重大政策的制订、重大项目的协调、重大活动的组织等工作，更好地为建设“四个中心”服务。

三是搭建网络平台，强化为“四个中心”建设服务的集聚辐射功能。上海国内合作交流工作的职责之一就是集聚国内资源，为加快“四个中心”建设服务。市政府合作交流办具有联系面广的优势，应充分利用现已积累的各种工作网络资源、人脉资源和关系资源等，搭建具有强大服务功能的综合信息平台。在这个服务平台上，整合合作交流各种信息资源，重点集聚上海各大开发区、区县招商需求、各种会展等重大经贸活动、政策、规划等重要信息，汇集产权、科技、农业、金融等各类专业服务平台，集中兄弟省区市各类招商、投资、会展、来沪举办经贸活动等信息，满足上海与兄弟省区市开展经贸合作对相关信息的需求，形成推进招商引资、区域合作、对口支援等工作的有效载体，在为上海加快自身发展服务的同时，也为兄弟省区市加强与上海的合作和加快经济发展服务，体现上海合作交流的服务特色与水平。

四是围绕服务“四个中心”建设，拓展合作交流工作领域。“四个中心”建设涉及各个领域，合作交流工作范围应当实现全覆盖。因此，要进一步拓展延伸合作交流工作服务领域与范围，主要有：第一，从过去的经贸领域为主向金融、航运等领域拓展，重点围绕服务国际金融中心和航运中心建设，在市合作交流与对口支援工作领导小组的统筹下，由相关职能部门牵头，设立专题会议制度，建立定期或不定期的联系机制，密切政府、银行、企业之间的互动关系，采取多种方式促进银企广泛合作，为企业搭建融资服务平台，帮助企业发展排忧解难，扶持企业做大做强。第二，将对内开放与对外开放结合起来，将吸引内资与吸引外资结合起来，建立国内合作与国际合作信息沟通、工作联系网络与协调机制，共同打造整合国内资源整体参与国际经济竞争的平台，联手帮助国内企业向海外拓展，合作推进吸引外资工作，不断提高国内合作交流工作的水平。第三，合作交流职能部门联系范围由相关委办局和区县为主向企事业单位、企业协会、商会、行业协会和各种社会团体、中介机构拓展，在加强与相关委办局联系沟通和对区县合作交流工作指导的同时，充分发挥企业协会、商会、行业协会、社会团体、中介机构的服务功能，充分发挥企业在经济活动中的主体作用，动员各种社会力量参与合作交流工作，合力推进“四个中心”建设。

努力突破合作交流存在的瓶颈问题。在新形势下，要进一步加大合作交流工作力度，应当在以下方面有所突破。

一是实现三个“转变”。首先，要实现合作交流理念的转变。党的十七大报告提出，“科学发展观，第一要义是发展，核心是以人为本，基本要求是全面协调可持续，根本方法是统筹兼顾”。今后一个时期的合作交流工作，必须按照科学发展观的要求，以“全面、协调可持续”作为合作交流的理念，坚持“五个统筹”，把推进区域协调发展、科学发展、和谐发展作为首要任务，把服务转变经济发展方式作为重要抓手，把推进“四个中心”建设与做好“三个服务”紧密结合起来，全面推进合作交流工作。其次，要实现合作交流模式的转变。在新的形势面前，合作交流工作应在整合国内资源和国外资源的基础上，全面探索实现集成创新模式。通过培育和建立全方位、多层次的开放体系，推动上海城市创新能力的提高。坚持发展两个网络、实现两个连接。一个是外部网络的外部连接，即上海与国内外其他城市在技术、信息等来源上的连接，促进人员、信息、技术、知识乃至企业等多个层面的联系。为此，政府可通过制度设计和政策激励的方式鼓励本地企业与国内外其他企业的交流与合作。另一个是内部网络的内部连接，也就是构成合作交流的所有行为主体——包括"官、产、媒、民、学、研"六大主体——在创新活动上的连接，不仅要加强不同行为主体之间的合作，也要重视同一主体内部的相互联系。最后，实现合作交流职能的转变。结合新一轮机构改革，解决政府机构在行使职能过程中存在的越位、缺位和错位问题，实现政府职能的"三个转化"，即：强化政府对社会公共事务等方面的管理职能，弱化政府对于企业等微观经济方面的管理职能，转化政府对调控宏观经济等方面的管理职能，建设服务型政府，把政府主要职能转变到经济调节、市场监管、社会管理、公共服务上来，把公共服务和社会管理放在更加重要的位置，建立适应市场经济要求的合作交流新机制，通过构建信息服务平台，整合市场、企业、社会等资源，加强政府引导和统筹协调，努力为"四个中心"建设提供方便、快捷、优质、高效的公共服务。

二是建立健全合作交流法规政策体系。改革开放30年来，上海国内合作交流工作形成了相对完善的一套做法，但由于没有上升到法规的高度，约束力还不强，推进工作缺少法制保障环境，影响到合作交流工作的有效性。因此，将经过实践证明行之有效的体制、机制、经验、做法等用法规的形式予以确认，将解决当前瓶颈问题的举措用法规的形式予以推动，这对于推进今后一个时期合作交流工作具有重要的作用。因此，应当制订《上海市国内合作交流工作促进条例》，由市人大进行立法，作为地方性法规，明确合作交流工作的地位、指导思想、工作方针、基本原则、体制机制、组织架构、工作内容、推进方法、保障措施等，作为全市推进合作交流工作的法律依据。同时，以政府规章的形式，就行业协会、招商引资、总部经济、区域合作、对口支援、专项资金等进行规范，形成相对完善的法规体系，保障合作交流工作的有序推进。

三是建立健全服务目标责任考核体系。合作交流工作涉及多个部门，既要有目标、有任务，还要有检查、有督促、有考核，不然管理回路就是不封闭的，影响到推进工作的效能。因此，应对市合作交流与对口支援工作领导小组成员单位进行目标责任考核，根据所承担任务的不同，建立不同的目标责任考核体系，重点把对口支援、招商引资、区域协作、产业转移、人才培训、友好往来等作为合作交流工作目标考核主要内容，建立专项考核基金，对先进单位进行奖励，形成推进工作的激励机制。各区(县)也应参照建立自己的考核体系，重点是考核招商引资、对口支援和经贸合作工作。通过考核，明确责任，落实任务，切实做好各项工作，全力推进和配合"四个中心"建设。

(华东师范大学长江流域发展研究院)

推动共同办博，促进区域协调发展

2010年，中国上海世界博览会将在沪举行。根据往届世界博览会举办国的经验，一届成功的世博会不仅能大大提升举办城市的国际知名度，而且会对周边地区乃至整个国家的发展带来一定的推动作用，有利于促进区域合作和一体化进程。上海世博会的举办，也必将对我国区域协调发展产生广泛而深远的影响。

共同办博是区域协调发展的助推器

共同办博是推动区域协调发展的重要机遇。自西部大开发、振兴东北地区等老工业基地、促进中部地区崛起、鼓励东部地区率先发展的区域发展总体战略提出以后，我国区域协调发展取得了显著成效，区域特色与优势得到了有效发挥，区域间发展差距扩大的势头有所减缓，重点地区和重要经济带的引领支撑作用进一步增强，各地区经济结构调整和优化步伐加快，以区域合作与联动为基础的一体化程度明显提高。与此同时，我国区域发展仍面临不少矛盾和问题，如区域间经济社会发展差距仍然较大、全国生产力布局总体上还不尽合理、促进区域协调发展的管理体制不够健全等，这都有待于通过加强区域互动协作，促进区域协调发展加以解决。上海世博会则为我国区域协调发展供了重要契机。在办好世博会、参与世博会的共同目标下，全国各省区市将有着一致的利益基础，有利于相互协作、扩大交流，有利于协商解决区域发展问题、达成区域合作共识，有利于形成区域协调发展的新机制，为区域整体和谐发展奠定良好的基础。

共同办博是促进区域协调发展的有效平台。上海世博会为区域协调发展提供了全方位、综合性的实践平台。如日本1970年大阪世博会的举办有效地带动了关西都市圈的形成和太平洋沿岸经济区域的一体化发展；西班牙1992年塞维利亚世博会极大地促进了西班牙南部原来相对落后地区的发展崛起；德国2000年汉诺威世博会则为下萨克森州的经济复苏发挥了重要的带动作用。因此，全国各省区市共同参与上海世博会，将有利于推动区域产业联动发展，促使产业转移、产业结构调整和升级；有利于促进区域市场融合发展，共享世博市场，推动物流、人流、资源等区域要素自由流通；有利于推进区域基础设施对接发展，加快基础设施建设等一体化进程。更为重要的是，上海世博会作为国家和城市形象展示的大舞台，将为区域整体展示自己、融入世界提供了千载难逢的机会。

区域协调发展是共同办博的有力保障。在共同办博促进区域协调发展的同时,区域协调发展也将为世博会的成功举办提供有力保障。一方面,世博会的举办需要具有强大经济实力区域的支持,区域经济的协调发展是共同办博的基础;另一方面,世博会的举办,在基础设施、旅游资源、人才资源等方面都需要各省区市的相互协作、密切配合,区域协调发展是世博会各项工作顺利开展的前提。此外,区域各城市塑造的整体协调形象,也更能够诠释"城市,让生活更美好"的主题。因此,从这些角度来说,区域协调发展是世博会成功举办的保证。

区域协调发展对共同办博提出了更高的要求。促进区域协调发展,就是根据资源环境承载能力、发展基础和潜力,按照发挥比较优势、加强薄弱环节等要求,健全区域协调互动机制,形成合理的区域发展格局。其中,重点将在区域协调机制、产业联动发展、基础设施共建、环境保护共担等方面加以突破实施。这就对共同办博的理念、内涵和举措等提出了更高、更新的要求。

总而言之,世博会的举办,提高了举办城市的影响力,促动了区域的资源整合,强化了区域间的协作,从而推动区域经济一体化发展,使区域协调发展获得持续的推动力。而世博会的举办也离不开区域经济的发展与支持,区域的协调发展是世博会成功举办的有力保障。必须将共同办博与区域协调发展汇于一起加以思考和谋划,使两者形成"1+1>2"的积极效果,确保上海世博会的成功举办,促进区域间的协调发展。

共享办博机遇,实现区域协调发展

共享世博机遇,促进全国区域协调发展。一是共同办好中国馆,成功演绎世博主题。中国馆是上海世博会的核心建筑之一,是中国在上海世博会期间展示中国发展理念、演绎世博主题、表现中华城市智慧的东道馆。中国馆的建筑形式、展示方式、演绎表达几乎关系到上海世博会成功举办与否,特殊的地位使其备受世人关注。中国馆包括国家馆与地区馆,其中,国家馆将展示"城市发展中的中华智慧",展现中国城市文明图景,而地区馆将为全国31个省区市各提供600 m^2 展览空间,用以展示中国各民族的不同风采,以及全国各地城市对世博主题的不同演绎。因此,全国各省区市共同办好地区馆,相互之间不重复、不冲突,在重点表达自身特点的同时,又能兼顾与周边场馆的协调关系,将不仅是对世博主题的完美诠释,又为整个中国馆的精彩呈现绘上浓墨重彩的一笔。

二是加强内外宣传,营造良好世博氛围。2008年北京奥运会为世人留下了深刻的影响,其中,舆论宣传的作用功不可没。上海世博会同样需要舆论宣传的保驾护航,这就需要以更高的标准、更新的视角、更宽的视野、更强的力度,立足全局思考和定位,加强内外宣传工作力度。特别需要全国各省区市加以配合,有效整合各自资源,进一步加强舆论宣传的整体性、协调性与规范性,广泛宣传世博主题理念和各项世博活动,在各省区市内营造浓郁的世博氛围,激发广大群众参与世博的热情。

三是展示大国形象,提升国家软实力。2008年北京奥运会的成功举办向世界展示了中国强大的体育能力和组织能力、精彩的传统文化和现代演绎以及现代化的城市风景等,大大提高了中国的国际声望。两年后的上海世博会将是再一次展示中国大国形象的重要机会。上海世博会7000万人次的游客中将有约350万人次的境外游客，他们在参观世博园区的同时，也将前往全国各地游览。这就需要全国各省区市共同加强城市建设，改变政府服务理念，提高市民素质，包装和营销传统文化，向世博会境外游客展示中国城市与生活的多样与精彩，从而提升国家整体软实力形象。

放大世博效应，引导长江流域加强合作。一是优化协调机制，创新流域合作新模式。国内外有关流域合作的经验表明，创新流域合作的体制机制，组建具有权威性的机构，组织开发并协调管理流域合作十分重要。上海世博会的成功举办离不开长江流域各省市的共同参与，需要有一套比较完善的协调管理机制，便于长江流域各省市在参与上海世博会工作方面的对接和合作。为此，长江流域要加快建立具有权威性的流域协调管理机构，对流域合作实行统一的管理与协调，改变地区合作交流不畅等问题，充分发挥长江流域整体功能，保证长江流域经济社会有序、高效、持续发展。

二是完善基础设施，提高流域要素流动性。上海世博会对于交通、住宿等基础设施的要求较高，需要达到一定的标准以满足境内外游客的需求。而基础设施建设也是促进长江流域区域经济联合、整体优势发挥和流域协调发展的关键所在。因此，借助世博会，需要加快完善长江流域的基础设施建设，提高流域内各种要素互相流动的便捷性，将长江流域建成我国运输量最大的东西向综合运输大通道。在水运方面，需联合整治长江航道，加强长江黄金水道开发，提高通航能力；在长江沿岸建设一批对能源、钢铁、石化工业和外贸物资运输具有重要作用和具有江海联运、铁水中转、水水中转功能的重点港口，促进长江流域产业带的发展。在陆路交通方面，要建设沿江铁路干线和现代化的沿江高速铁路系统，发展沿江高速公路主干线，配合长江水运，形成综合运输网络，进一步改善各种运输方式的衔接配套和联合运输。

三是统筹产业规划，实现流域经济一体化。上海世博会的举办，在吸引境内外客流的同时，也将促进服务业等产业在更广范围内的合作共赢。因此，长江流域作为我国最具活力、最具发展潜力的经济区域之一，必须打破原有封闭思维，加快实现产业分工协作，主要是：统筹规划，共同制定产业发展规划；统筹确定东、中、西部各区域主导产业，加强成渝城市群、武汉都市圈、长株潭城市群以及长江三角洲城市群的产业协作，以沿江的上海、南京、武汉、重庆等城市为中心，以长江黄金水道为纽带，有重点地开发沿江产业带，形成以上海—南京—武汉—重庆等城市为中心的沿江经济走廊；共同制定流域产业政策，合理干预和引导流域各产业之间的资源配置，加快产业结构合理化、现代化和高级化，建立统一、开放、竞争、有序的长江流域统一市场体系。

四是加强环境保护，改善流域生态环境。上海世博会及其主题对于城市生态与城市环境有着较高的要求，这就需要长江流域在世博会前后更加注重保护和改善生态环境。因此，长江流域应大力开展植树造林，抓紧建设长江防护林带，提高长江流域森林覆盖率，全力保护和恢复上游水源林地，增加植被面积，使长江流域日渐脆弱的自然生态环境尽快趋向良性循环。同时，要强化环境管理，提高环保意识。切实治理污染，加强环境监测，努力提高全体公民的环境意识，依靠全社会力量进行综合治理。

整合办博资源，推动长三角地区紧密协作。一是共抓世博机遇，提升长三角区域品牌。上海世博会不仅将在会展、旅游、餐饮、物流、金融、中介等现代服务业的发展以及科技创新、国际交流等方面为长三角地区带来难得的发展机遇。更为重要的是，作为城市形象的大展台，上海世博会的举办也将为长三角城市群提供一个展示自己、融入世界、打造城市形象、树立城市品牌的千载难逢的机会。借上海世博会的东风，可进一步加强长三角城市群间生产要素的自由流动，更深层次挖掘长三角区域城市文化的深厚底蕴，以此推动长三角城市区域社会经济的联动与和谐发展，提升长三角城市群的国际竞争力，展现一幅正在形成之中的世界"第六大都市圈"的城市文明图。

二是共享世博资源，深化长三角区域合作新内涵。上海世博会的举办将对旅游、交通、环保、人才开发、志愿者管理等方面的"一体化"和资源共享产生强大的需求和动力，有助于增强长三角区域更广泛的认同力和凝聚力。因此，依托世博会平台，长三角地区应加强合作，实现区域内旅游、人才、信息、基础设施、酒店宾馆等的资源共享，这对世博会的成功举办意义重大。而通过上海世博会实现共享的资源，将在未来长三角城市中共同享有、共同利用，变成区域联动发展的新的物质和精神财富，变成区域联动发展的新的领域和重要内容。

三是完善区域协调机制，提高区域协调效率和力度。利用世博平台，长三角各城市可通过共同办博过程中相互协作的需要，完善区域协调机制。继续深入完善沪苏浙主要领导座谈会、沪苏浙经济合作与发展座谈会和长三角城市经济协调会制度等三个层面的政府协调机制，以推进共同办博为契机，使协调机制进一步走向务实，加快区域一体化进程；同时，结合国务院《关于进一步推进长江三角洲地区改革开放和经济社会发展的指导意见》的出台，推动宏观层面区域协调机制的形成，促进宏观层面区域协调机构的建设。

四是构筑区域统一市场，加速长三角地区一体化进程。世博会的举办是共同的市场机会，而共同市场的形成是区域经济一体化的重要基础，因此，世博会在上海的举行必将进一步推动这一进程。长三角地区各城市共同参与办博，将会形成商品、资源、人才、资金等区域要素的大规模流动，这就为构筑区域统一市场提供了良好的机遇。长三角地区可研究建立统一的信用评价标准，实行统一的市场准入政策、市场执法标准和市场法制环境等措施，取消产品准入的附加条件，为各类市场主体创造公平竞争的环境，推进长三角区域市场一体化。

联手推出举措，落实全国共同办博

开展最佳城市评比等活动，推动全国共同办博。世博会各省区市馆只能覆盖全国31个省级行政单位，而全国600多个城市中仍有很多契合世博主题、适宜向世博游客展示的城市无法进入世博园区加以展示。因此，为更好地演绎和展示世博会主题，丰富世博会中国地区馆的内容，加强各地区馆与实地景观的有效链接，可由国家旅游局等部委牵头，新华网、中央电视台、中央人民广播电台、人民日报、东方卫视、新浪网、东方网、世博网等主流媒体具体参与实施，在全国范围内开展世博会主题体验最佳城市海选。选出各省区市最具有代表性的城市，如四川的都江堰、甘肃的敦煌、陕西的西安、云南的丽江、安徽的黄山、河北的唐山等，进一步增强全国各省区市及其所属各城市参与2010年世博会的积极性。

另外，还可在全国范围内遴选各省区市世博参展与旅游链接城市。可抽调世博研究专家，与各省区市参与世博会领导小组或委员会共同遴选确定世博旅游链接城市，把各省区市馆的展示内容与实地进行有效链接；并进行世博主题元素的梳理，创作适合境内外游客理解的、不同语种的导游词和解说词。

推介世博主题体验之旅，创新旅游业态。近期，2008 年长三角城市经济协调会专题合作项目之一的“长三角世博主题体验之旅”已在长三角 16 个城市范围内开展了相关工作，征集评选出了 41 项“长三角世博主题体验”之旅示范点方案。下一步可以探索将世博主题体验之旅范围加以扩大，走出长三角，进入长江流域，并辐射影响全国，使长三角、长江流域乃至全国各省区市都能借助世博主题体验之旅这一载体共享世博成果。

另外，围绕世博主题体验之旅，也可尝试创新旅游业态，构建新型旅游交通出行方式。重点是围绕世博会，整合现有旅游交通资源，以游客需求和价值为核心建立旅游产业链，率先打造京杭大运河房车游、中国近海邮轮游和沪苏浙皖东方快车游等高端旅游精品，扶持旅游新业态，丰富“长三角世博主题体验之旅”品牌的内涵，以旅游业作为服务经济的先导产业，带动区域协调发展与相关行业的发展。

推动基础设施建设一体化，提升区域联动发展水平。快速便捷、高效安全、互连互通的基础设施体系是实现长三角地区、长江流域乃至与全国其他区域经济一体化的基础，也是确保世博会游客能够顺利到达长三角地区、长江流域和全国其他省区市的重要条件。因此，在世博会前，迫切需要加强区域内各城市之间的交通往来，加速交通基础设施建设一体化，形成区域综合交通运输体系，实现区域经济联动发展。为此，一是要对事关区域整体发展的跨区域基础设施项目给予优先支持，以加快推进区域联动发展，形成整体竞争优势。二是突出长三角两省一市互通。重点是打通地面高速公路瓶颈，如上海应尽快拓宽 A11 高速、加速沪苏高速上海段建设、确定 A13 沿江高速方案等，以利于上海—江苏地面高速畅通。三是协商区域内轨道交通的对接。重点是规划长三角跨区域轨道交通相互衔接。四是协调合作竞争关系。本着互利共赢的原则，重点协调沪苏浙之间港口枢纽与港口群的竞争关系。今后货物吞吐量规模不应再作为包括洋山深水港在内的上海港发展追求的目标，应通过拓展洲际航线、集装箱中转以及国际航运服务等软件建设，真正发挥集装箱主枢纽港功能。

大力发展循环经济，进一步整治区域环境。发展循环经济，是落实科学发展观、转变经济发展方式、促进区域协调发展的重要途径，符合世博会的主题与副主题的理念和演绎。长三角地区循环经济发展起步较早，基础较好，成效明显，理应成为全国发展循环经济、建设资源节约型和环境友好型社会的示范区。而矿产、能源等资源匮乏是长三角地区发展的最大瓶颈，大力发展循环经济，是长三角当前和未来一个时期十分重要和极为迫切的任务。因此，长三角地区应率先发展循环经济，努力打造“绿色长三角”。一是加强太湖、长江、钱塘江等水环境保护。提高沿太湖产业的环境门槛；同时，改造环太湖地区已有产业技术，以资源循环型社会为目标，在环太湖区域首先试点实施零排放生态产业区工程。二是沪苏浙共建循环型社会。大力扶持环保产业，优先发展高新技术产业和服务型经济，促进产业结构的调整和升级，对循环经济发展统一规划，制定重点产业的技术、能耗、环保等标准，加快淘汰高耗能、高耗水、低效率、重污染的企业、生产工艺和产品，强化循环利用，强化废弃物再利用等。三是完善发展循环经济的制度安排，两省一市要联合建立循环经济规划制度。

整合办博资源，推进区域共同办博。整合上海世博会组委会和执委会、上海世博局、各省区市联合办博工作小组及相关职能机构等办博资源，加强沟通协调，推进区域共同办博。注重发挥世博会组委会、执委会和世博局总体策划、综合协调、督促服务的职能，协调办博的方案拟定、工作指导、利益协调和联络公关等工作；注重发挥各省区市联合办博工作小组的推进主体作用，推动共同办博中的旅游资源整合与共享、世博市场开发、人才与志愿者培训、世博论坛和演艺活动以及长三角友谊日活动等；发挥相关职能机构的实施主体作用，在世博会组委会、执委会和世博局的协调以及区域联合办博机构的推进下，参与包括市场开发、场馆建设、招商、招展、推介等工作的具体实施。

强化办博机构与合作交流机构的沟通协调。共同办博涉及各省区市的办博部门及职能部门，推进区域协调发展则涉及了合作交流部门、外事部门。通过共同办博促进区域协调发展，必须融合各省区市的办博资源和合作交流资源。通过合作交流部门，办博部门可加强与其他省区市的联系；通过共同办博，合作交流部门可对口联系相关省区市，进一步推进区域间交流合作。因此，在世博旅游资源整合、市场开发、演艺活动、论坛活动等方面，可由办博部门与合作交流部门成立共同工作小组，建立世博信息沟通平台，形成共同办博与区域协调发展的政府组织合作新机制。

共同加强区域办博宣传与推广工作。按照“声势共造”的思路要求，各省区市要积极推进世博宣传与主题巡展工作，不断加大世博主题宣传推介力度，广泛开展各区域的沟通推介，为办好世博会营造良好的舆论和社会氛围。抓好“网上世博会”宣传工作，共同策划“网上世博会”宣传活动，使上海世博会“永不落幕”。重点推进“长三角世博主题体验之旅”宣传推广工作，全面完善区域旅游合作协调机制，加快推动区域旅游市场拓展与项目开发。

（上海市人民政府发展研究中心）

加快长江黄金水道开发，促进上海国际航运中心建设

长江，在过去的历史上孕育了流域的文明和发展；在现在和未来，她仍将是我们生存、发展的重要依靠。“共饮长江水，共用长江电，共行长江船”是整个流域依江而兴的真实写照。保护好长江，合力利用好长江，是区域经济可持续发展根本之一。上海作为长江最下游的港口城市，是在长江的哺育和长江流域腹地的支撑下发展起来的。在水运方面，长江航运作为重要的纽带，有力推动了上海港的持续快速发展。长江黄金水道的建设，长江水运的发展，将是上海国际航运中心建设的有力保障。同时，我们也感到，上海国际航运中心建设可以促进长江水运发展。通过两者联动，可以推动上海更好地实现“服务长三角、服务长江流域、服务全国”的目标。随着中、西部地区区域经济的快速发展，长江流域与下游出海口之间的运输需求量将持续攀升。据预测，2010 年长江沿线的外贸集装箱生成量将达 3300 万标准箱，从长江干线进出上海港的集装箱吞吐量将达 265 万标准箱，2020 年为 440 万标准箱。这充分表明，未来的上海国际航运中心和长江黄金水道建设的联系将更加紧密，必须紧紧抓住上海国际航运中心和长江黄金水道新一轮建设的难得机遇，扎实做好推进工作，带动长江流域经济联动发展。

展望未来，长江航运的目标是：到 2010 年，长江干线航道条件明显改善，5 万吨级海船乘潮直达南京，较大幅度地延长 5000 吨级海船到武汉的通航期，利用航道自然水深，使 3000 吨级海船季节性通航至湖南城陵矶。长江三角洲高等级航道网中主要航道通航 1000 吨级船舶，京杭大运河堵航问题明显缓解，通往上海国际航运中心的主要疏港通道更为顺畅；长江重要通航支流航运开发成效明显；长江主要港口的主要港区建设取得重大进展，机械化、规模化水平明显提高；长江水运的支持保障能力大幅度提高。基本实现船型标准化、系列化，长江干线货运船舶平均吨位提高到 1000 吨以上；京杭大运河及长江三角洲水网主要航道船型标准化率将达到 80%。到 2020 年，长江水运实现现代化，适应沿江经济社会发展需要，为沿江经济社会全面协调可持续发展提供高效、畅通和有竞争力的水运服务。长江水运的优势充分体现，长江黄金水道的作用充分发挥。

坚持五项原则

坚持协调发展，整体推进。以科学发展观统领长江水运发展全局。坚持需要与可能相结

合，突出重点与整体推进相结合，注重效益与完善功能相结合。优先发展国家高等级航道中运量需求大，在区域综合运输体系中优势明显的航段，以及主要港口的集疏运通道和具有一定经济开发价值的重要支流航道，重点推进对中西部区域产业布局影响大和腹地经济活跃的港口群建设，整体推进长江水运发展。

坚持共同建设，共同发展。在中央的领导下充分发挥地方的积极性，形成合力，联动发展。从服务大局出发，坚持共同发展的原则，加大对跨地区航道建设的协调力度，对接好水运设施建设标准和建设时间，争取同步建成，充分发挥整条航道和航道网的航运功能。

坚持综合利用，联合开发。根据流域经济发展规划，注重效益，适度超前，合理开发，有效利用水资源，积极主动与有关涉及水资源利用的部门联合开发，实现多目标协调发展，促进水资源综合利用效益最大化。

坚持政府主导，多方参与。调整投资结构，确保重点、因地制宜、量力而行。对航道等公益性基础设施建设，实行政府投入为主，同时鼓励吸引社会资金参与建设；对航电（运）枢纽采取多渠道筹资，实现滚动发展；在充分发挥市场投融资作用、积极鼓励企业和社会资金有序建设内河港口码头的前提下，适当支持内河码头建设，逐步建立以市场为主体的长江港口建设投融资机制。

坚持统筹安排，动态管理。依据实施计划，强化目标管理，落实措施，建立科学的考核制度，加快建设，同时结合经济发展对水路运输的需求和实际情况，因地制宜，加强项目动态管理，确保建设目标实现。

推进八项工作

完善长江黄金水道建设协调推进机制。在现有的长江水运发展部省市协调机制的基础上，构建有效的体制，完善协作机制，明确有限目标，紧紧抓住难点和重点工作，推动长江水运发展的区域联动和协作联合，扎扎实实地协调推进《“十一五”期长江黄金水道建设总体推进方案》的落实。

争取国家支持寻求政策突破。积极争取交通运输部、海关总署等国家主管部门的支持，力求实现长江口岸政策的突破，促进长江航运利益共同体合作的全面开展。深入研究长江集装箱运输方式，进一步研发和推广长江内河集装箱江海直达船型，争取长江沿岸至洋山港区内支线视同外支线的政策突破。围绕江海联运这一关键点，在现有基础上，深化、完善特定航线规定，实现长江黄金水道开发与上海国际航运中心建设的联动，实现长江上、中、下游的更好对接。

配套编制沿江省市水运发展和港口建设规划。在交通运输部已经编制完成的《全国内河航运发展战略》、《长江干线航道发展规划》、《西部地区内河航运发展规划》和《长江三角洲高等级航道网规划》的基础上，沿江省市抓紧做好规划的统筹协调和配套衔接，为规划落地积极创造条件。按照《港口法》的要求，全面启动省市港口布局和主要港口、重要港口总体规划的编制与审批工作。有效保护港口岸线资源，保障港口与城市的协调发展。

协调推进船舶和航运设施标准化建设。抓紧协调推进船舶和航运设施标准化建设。在长江大力推广和应用内河集装箱运输方式，满足长江流域沿线各省市的集装箱运输需求。按照船舶标准化、大型化、专业化、系列化程度进一步提升，技术性能明显提高，环保和防污染能力增强的要求，抓紧推进船舶特别是集装箱船舶的标准化建设，逐步提高江海联运的效率。同时，努力协同推进航道及其航运设施、桥梁、港口泊位的标准化建设。

加快实施长江航道疏浚整治。按照长江干流航道“深下游、畅中游、延上游”的要求，加快实施长江航道疏浚整治，尽快实现长江口航道水深达到12.5米，第三、四代集装箱船全天候通航和10万吨级散货船乘潮进出长江口；南京至浏河口航道水深达到10.5米，安庆至南京水深提高到6米，宜昌至城陵矶水深达到2.9米；三级航道延伸到水富。努力实现通航标准与保证率明显提高、船舶航行更为畅通的总体目标。

建立内河航道维护资金长效机制。由于上海内河航道处于长三角航道网末端，以及上海内河航运管理体制问题，所能征收的航道养护费十分有限，长期处于资金短缺状况。随着高等级航道建设的深入，航道维护资金短缺的问题将愈来愈突出，迫切需要由法规和政策来保障航道维护资金的投入。应通过立法或政府政策支持的形式，落实高等级航道网建成后航道维护资金的来源，保障以长江水运发展为代表的内河水运的可持续发展和功能效益的发挥。

联合打造数字长江黄金水道。加快长江航运信息化建设，打造“数字长江”，建立统一的信息平台。注重发挥部门和地方各自优势，整合信息资源，建立长江航运信息中心。重点建设长江水运信息系统，配套完善长江船岸VHF通信网，推动长江全线港航EDI联网，启动长江数字航道与智能航运示范工程。在此基础上，加快信息网络工程建设，联合建设公共信息平台，形成长江信息带，为长江航道、航运、港口建设和管理发展提供更好的服务，进一步提高信息化、现代化水平。

推动建立以企业为主体、市场化运作的长江航道、港口建设机制。鼓励多元投资长江航道、港口建设。采取政府引导、市场运作方式，以企业为主体、以资产为纽带、以港口为结点、以集装箱运输为重点，鼓励有实力的港口、航运、航道、造船等企业强强联合，条件成熟时可择机成立符合现代企业制度的合资合作公司。按照构筑贯通东西、连接南北的物流大通道的要求，启动联合建设高效、便捷、规范的长江流域大物流圈。同时，进一步转变政府职能，大力发展社会中介服务机构。

上海要推进长江黄金水道建设，促进沿江地区联动发展，首要任务是加快上海国际航运中心建设。下一步，上海将紧紧围绕建成东北亚国际枢纽港的目标，加快推进以上海为中心、以苏浙为南北两翼的上海国际航运中心建设。近阶段，将以稳固确立集装箱国际枢纽港地位为重点，争取早日形成基本功能完整的航运服务体系；中远期，着力打造航运服务资源集聚中心，力争将上海国际航运中心建成航运资源高度集聚、航运服务功能健全、航运市场环境良好的具有全球资源配置能力的国际航运中心。按照这一总体目标，上海国际航运中心建设的指导思想是：在党中央、国务院的领导下，立足上海国际航运中心建设国家战略，深入贯彻落实科学发展观，坚持解放思想，积极推进改革开放和自主创新；坚持“三个服务”，加强与国内其它港口的战略合作和优势互补，实现共同发展；坚持自力更生，争取国家支持，充分发挥上海综合优势，以完善集疏运体系和形成现代航运服务体系为重点，显著增强上海港的综合实力、创新能力、持续发展能力和国际竞争力，全面推进上海国际经济、金融、贸易、航运中心建设。

围绕这一总体目标和指导思想，工作重点是“形成两个体系”和“健全一个机制”。即，基本形成高效快捷、结构优化的港口集疏运体系，实现公路、水路和铁路多种运输方式一体化均衡发展，充分满足未来国际航运市场资源综合配置和口岸运行需要；基本形成服务优质、功能完善的现代航运服务体系，营造具有国际竞争力的便捷、高效、安全、法治的口岸环境和现代国际航运服务环境，促进航运要素集聚，显著提升国际航运综合竞争力和服务能力；健全上海国际航运中心建设的保障机制，实现协调推进国际航运中心建设的组织、人才、口岸和资金保障机制，推动国际航运中心建设的进一步发展。

加快完善集疏运体系

大力发展“水水中转”，降低运输成本。通过交通运输部的支持，积极落实“江海直达”有关政策。加大长江江轮直达洋山深水港的相关规定的宣传和推进落实，并在此基础上，修订长江直达洋山港的船型标准，建造“洋山型”江轮。通过破解土地、资金等瓶颈，扎实推进赵家沟、大芦线、杭申线、苏申内港线等内河高等级航道整治工程，实现上海与苏浙两省高等级航道的对接。

进一步优化陆上运输，完善公路路网系统。加快规划建设连通苏浙的公路集装箱运输专用通道。缓解集卡车辆越江难的矛盾，加快推进长江路隧道及配套路网建设，研究建设A30沿江通道。

加快铁路建设，促进海铁联运。积极推进沪通铁路以及沪通铁路外高桥港区支线项目建设，解决制约海铁联运发展的硬件瓶颈。协调推进沪乍铁路建设前期工作，实现浦东铁路与苏浙两省铁路沟通。

推进港口硬件建设，优化功能布局。统筹协调，加快支线泊位建设、锚地设置工作，适应长江及小内河集装箱运输发展以及通航安全的要求。统筹规划洋山港和外高桥港区的功能布局，注重发挥基础硬件设施建设的整体效能。

大力发展航运服务体系

积极争取通过建立“综合试验区”，在第二船舶登记、启运港退税、航运金融等制度设计上求得突破，吸引航运公司集聚，构建一流的现代航运服务产业发展的基础环境。

以建设现代航运服务集聚区为抓手，实现现代航运服务要素的空间集聚；以发展船舶融资、海事保险等高端航运服务为重点，促进航运中介、航运物流以及航运文化等现代航运服务业发展，同时带动邮轮经济和船舶、港机等相关产业的进一步发展，从而构成体系完整的航运服务产业链。

（上海市城乡建设和交通委员会）

上海服务全国和对口帮扶工作面临的新形势与新举措

进入"十一五"以来，上海以邓小平理论和"三个代表"重要思想为指导，全面贯彻落实科学发展观，按照中央关于上海做好"三个服务"的要求，认真完成对口支援任务，加强与各地的合作交流，积极促进区域协调发展，取得了积极成效。全国和地方"十一五"规划出台后，随着国家层面区域发展政策调整，以及 2007 年党的十七大的召开，全国区域合作和发展的宏观背景产生了新的变化，对上海下一步服务全国和对口帮扶工作提出了新的要求。

上海服务全国和对口帮扶工作面临的新形势

十七大对推动区域协调发展提出了新要求。党的十七大系统阐述了科学发展观，提出"科学发展观，第一要义是发展，核心是以人为本，要求是全面协调可持续，根本方法是统筹兼顾"。在科学发展观指引下，十七大报告要求："要继续实施区域发展总体战略，深入推进西部大开发，全面振兴东北地区等老工业基地，大力促进中部地区崛起，积极支持东部地区率先发展。要遵循市场经济规律，突破行政区域界限，形成若干带动力强、联系紧密的经济圈和经济带；要加大对革命老区、民族地区、边疆地区、贫困地区发展的扶持力度，更好地发挥经济特区、上海浦东新区、天津滨海新区在改革开放和自主创新中的重要作用"。

促进区域协调发展的政策体系得到了进一步完善。2007 年以来，与区域发展总体战略相配套的区域政策体系日益完善，区域政策成为贯彻落实国家区域发展总体战略、促进区域协调发展的重要手段。西部大开发政策进一步完善，国务院以国发〔2007〕32 号文印发了《关于促进新疆经济社会发展的若干意见》，新疆、西藏、宁夏等少数民族地区经济社会发展获得了前所未有的政策支持。

围绕东北地区等老工业基地振兴的政策研究工作抓紧进行，有关部门出台了多项针对性强、推动力大的政策措施，着力推进国有企业改革、扩大对外开放、调整产业结构、建立城镇社会保障体系、推进资源型城市经济转型试点、治理采煤沉陷区和棚户区、发展装备制造业和现代农业等。

促进中部地区崛起战略加快推进，国家促进中部地区崛起工作办公室挂牌运转，明确了"两个比照"的政策实施范围，并以国办函〔2007〕2 号文件印发。2008 年初，"两个比照"政策实施意见正式下发，出台了扩大增值税抵扣范围、提高吸收外资水平等方面的政策措施。

国务院对东部地区率先发展高度关注，《关于进一步推进长江三角洲地区改革开放和经济社会发展的指导意见》以国发〔2008〕30号文件印发。

区域协调机构的调整与区域经济增长格局出现了新的变化。2008年，国家机构进行了较大的调整，区域协调机构也随之变动，各区域的发展也日益呈现新的特点。

一是西部开发领导小组办公室（简称西部办）和振兴东北领导小组办公室（简称东北办）撤销，并入国家发改委，其职能由发改委承担，但国家层面上西部地区开发领导小组和振兴东北地区等老工业基地领导小组仍然保留。国家通过机构调整，强化了发改委的综合协调和促进区域发展的职能，更有利于区域间的协调发展、均衡发展。

二是泛长三角的提出对中部崛起具有重要意义。2008年初，胡锦涛总书记在安徽视察，要求安徽积极参与泛长三角的合作；2008年7月，在上海社科院召开了7省2市首届泛长三角论坛。泛长三角的地域划分目前没有定论，但无论哪种提法，泛长三角的地域都将涵盖现在的部分中部地区，并对其他中部地区起到关联和辐射作用，从而对中部崛起有着重要意义。上海作为长三角的龙头，随着泛三角的提出和深化，必然会在服务全国方面发挥更加积极的作用。

三是区域经济增长格局呈现了新变化。国家对西部地区、东北地区和中部地区经济社会发展的重视，以及一系列优惠政策的出台，大大促进了上述地区的经济发展。2007年全年，西部、东北、中部和东部四个地区生产总值增速均在两位数以上，西部地区增速跃居首位，中部和东部地区增速并驾齐驱，并列第二。从各地区纵向发展的比较看，除东部地区生产总值增幅持平外，其他三个地区的增幅均有不同程度的上升。2007年，不仅各地区的经济增长速度的差距得到减小，且改变了往年东部地区增速高居榜首的地位，西部地区首次超过东部地区。2008年上半年，中西部地区的经济速度高于东部地区，经济增长“西高东低”现象，再次使区域经济增长呈现新的趋势。中西部地区经济增长速度的提高以及经济增长趋势的重大变化，必然会对上海服务全国和对口帮扶的未来产生深刻而长远的影响。

公共服务均等化也对上海服务全国和对口帮扶工作提出了新要求。近两年，宏观政策对公共服务均等化有了较高的关注，愈加强调社会、文化等基本民生，并从单纯注重经济增长转向注重经济发展，从而对服务全国和对口帮扶工作产生较大影响。党的十七大要求，应按照公共服务均等化原则，加大国家对欠发达地区的支持力度。因此，上海服务全国和对口帮扶，应充分考虑国家政策的指引，加强对中西部地区社会基本民生的公共服务投资和支持，力争使不同区域民众享有比较均等的就业、住房、医疗、教育、基本公共文化的机会以及良好的生活环境。

全国建立自然灾害应急体系的反应机制也对上海服务全国和对口帮扶工作提出了新要求。2007年出台的《国家综合减灾“十一五”规划》要求：加强国家自然灾害应急救援指挥体系建设，加强中央和地方救灾物资储备网络建设，完善社会动员机制。2008年上半年发生的低温雨雪冰冻灾害和汶川大地震，更是表明了地区间应急服务和支援的重要性，这必然也要求上海在服务全国和对口帮扶方面作出相应调整。2008年6月，国务院办公厅颁发《汶川地震灾后恢复重建对口支援方案》，强调“坚持一方有难、八方支援”的方针，要求承担对口支援任务的有关省市,积极为灾区提供人力、物力、财力、智力等各种形式的支援,并明确对口支援安排,规定和安排上海对口支援四川省都江堰市。上海作为经济社会比较发达的直辖市,在全国性的服务和对口支援中是一支非常重要的力量,在全国建立自然灾害应急体系的反应机制中,上海将会扮演重要角色。

上海城市发展的目标要求上海提高服务全国水平。2007 年 5 月,上海第九次党代会提出,必须把上海未来发展放在中央对上海发展的战略定位上,放在经济全球化的大趋势下,放在全国发展的大格局中,放在国家对长江三角洲区域发展的总体部署中来思考和谋划。上海把"三个服务"作为城市发展目标,并要求城市的现代化和国际化,必然会加强上海的辐射功能和服务功能,强化上海和全国其他地区的交流与合作,并进一步要求上海服务全国水平的提升。

进一步推进上海服务全国和对口帮扶工作的措施

强化浦东综合配套改革试点的示范带动作用,推动不同试验区之间的交流和合作。上海浦东综合配套改革试点是国家整体改革战略的一部分,也是上海改革开放的重要内容。浦东综合配套改革试点是改革攻坚阶段的产物,承担着解决全国共性问题和提供可复制经验的重要任务。因此,浦东综合配套改革试点的效果不只是停留在浦东内部,而是要拓展到浦西和全上海,并辐射到长三角和全国,从而发挥示范和带动作用。浦东综合配套改革试点下一步要进一步落实国家战略,率先改革和创新,着力转变经济增长方式、政府职能和解决城乡二元结构,为兄弟省区市经济结构优化调整做前期的探索,并将成功的经验推广到其他地区。由于滨海新区、武汉都市圈、长株潭都市圈、重庆和成都相继成为综改试验区,且各自的着力点不同,比如重庆和成都注重城乡统筹发展的改革,而武汉和长株潭则以建设"两型社会"为着力点,而浦东综合配套试点是全方位改革的试验区。因此,可以加强上海和上述试验区的信息交换和经验交流,这实际上也是东部地区之间、东部和中部以及东部和西部地区之间的一种交流,从而进一步改变上海服务全国的方式和内容,并提高上海服务全国的质量,并在新一轮改革中深化区域合作和区域发展。

构筑全国共享的世博平台,加强上海和兄弟省市的办博合作。上海世博会不仅是上海自己的世博会,也是全国的世博会,是国家交给上海的重大任务。目前,2010 年上海世博会各项筹备工作已进入冲刺阶段,上海世博会展出的文明和成果,是上海和全国其他省区市的共同成就。"国内省区市联合馆",不仅给全国各省区市提供各自展馆,还辟有城市最佳实践区,以及"永不落幕"的网上世博会,世博平台的构建为全国人民和兄弟省区市共享世博机遇带来了很好的合作空间。上海要通过世博会带动周边地区和全国的发展,强化和兄弟省区市的办博合作,加强硬软件的对接,建好铁路和公路的交通连接,在宣传和招商引资上采取协调步骤,全面打造"长三角东道主"和"中国东道主"的概念。上海要进一步服务好其他省区市,做细做实面向兄弟地区的招展和参展服务工作,加大宣传推介力度,同步推进运营筹备、活动策划和市场开发工作。积极主动地协助兄弟省区市在世博会期间开展招商、展示、推介和论坛等项活动;积极做好各兄弟省区市在世博园区举办的省区市活动日、演出、巡游、节日活动等的协调服务和接待工作。

积极推进上海与长三角地区合作和联动发展，提升上海的技术辐射和转移效应。2008年9月，国务院印发了《关于进一步推进长江三角洲地区改革开放和经济社会发展的指导意见》。《指导意见》明确指出，进一步推进长江三角洲地区（包括上海市、江苏省和浙江省）改革开放和社会经济发展，不仅可以带动长江流域地区的经济发展，而且可以促进沿海地区以至全国的发展，具有全局的意义。在这个意义上，上海做好服务长三角，对于上海服务全国而言，也具有全局的意义。基于此，上海要在服务长三角已取得实质性进展的基础上，认真学习领会《指导意见》精神，制定相关政策措施，推动上海与江苏、浙江及国务院各有关部门加强合作，团结奋斗，真抓实干，创造性地开展工作，努力促进长江三角洲地区在高起点上争创新优势、实现新跨越。

在长三角合作和整体区域联动发展的基础之上，上海要注重技术辐射和转移放大效应，促进提升区域自主创新能力。首先，上海要在长三角内部构建自己的人才高地和技术优势，形成长三角内部的优势互补和错位竞争，进一步加大上海跨国公司研发中心的进驻，在技术层次上拉开和长三角其他地区的距离，形成技术辐射和转移。其次，上海要充分利用长三角整体合作的力量和长三角广阔的腹地，扩大技术辐射的半径，并形成不同技术层次的转移，从而加强上海对中部地区和西部地区的技术影响，扩大人才和技术的跨区域流动，提高上海和其他地区间的要素流量。最后，上海要通过技术辐射和技术转移，形成地区间合理技术分工，形成地区间紧密的产业联系，加强彼此间的合作和协同发展。

加强产业链跨地区整合，拓展和延伸上海功能开发区。比较地看，上海要以动态、开放和高级的产业体系为目标，在继续加强与长三角地区优势互补的基础上，推动上海功能开发区向长江流域乃至国内其他地区延伸的产业链条和网络布点。在早期，劳动密集型产业向内陆转移是上海带动外省市产业升级的一种效应。现阶段，产业升级的含义不再只是从劳动密集型产业向资本、技术密集型产业转移那么单向，产业价值链在不同区域的分段设置和有效组合同样是利用专业化优势的一个重要趋势，是产业升级内涵的一个重要方面。

一方面，上海要通过吸引较高技术含量的上游生产性制造，如母板制造或关键部件制造，摆脱与周边地区及国内其他地区在生产性环节和生产大批量低附加值产品的低端环节的竞争，为国内其他地区提供产业发展的空间。另一方面，则可把握产业链分工协同发展的新趋势，利用国内各地区不平衡发展和区域要素禀赋差异显著的特征，动态调整产业布局，主动规划区域内分工协调和联动发展的模式，培育和促进产业集群的形成和壮大，推动上海功能开发区向长江流域乃至国内其他地区延伸产业链条和网络布点。

探索上海与其他地区财税收益共享机制，促进上海企业进一步跨区域投资。在上海服务全国的过程中，从政府角度看，有一项障碍必须尽快消除，即：不同地方政府的地方财政收益和税收的恶性竞争。如果不能有效解决资本导出地财政收益外溢和地方间依靠税收优惠政策争夺税源的问题，上海服务全国或将受到行政性阻力，上海企业"走出去"将难以得到真正落实。消除这一障碍，一方面要靠上海与其他兄弟省区市政府之间建立和完善综合协商机制，另一方面也需要大胆地进行政策创新。例如，对于上海，可以尝试：在中央分税制基本不变前提下，创新政策，研究移出企业所在地和落户地财政收入利益的平衡点，通过政策和协商的双重作用，引导企业实行跨地区投资，促进资本的跨区域流动，从而进一步推动上海服务全国的进程。

着力创新对口帮扶的体制机制，提高对口帮扶的效果和效率。以项目为载体、挂职干部为纽带的上海对口帮扶模式，对上海对口帮扶政策规划的落实和资金的有效利用起到了很大作用。上海未来要进一步创新项目的管理、运行和协调机制，在保证规划项目顺利实施的同时，根据国家新出台的各种政策，适时调整项目的具体形式和运作方式，或者根据需要增加和减少帮扶项目，并把上海市对口帮扶项目总体和长期规划、挂职干部对受援地区的短期规划和受援对象的自身项目规划三者结合起来。如国家新农村建设政策的出台，就需要对口帮扶项目适时向“三农”倾斜，并协调和处理好不同层次和对象的项目规划。对项目的运行机制要进一步完善，要加强支援项目的立项、实施、竣工验收的论证、监管和终期审计，建立委托社会中介组织和专家开展第三方评估项目制度，对建设项目效果的评估，要纳入反映对口支援地区和受援群众评价的相关指标。

建立突发灾害事件的援助机制，既是上海对口支援工作的内在要求，也是响应国家政策的必然选择。因此，上海要建立突发事件应急基金，制定不同事件的应急预案，从制度、组织、机构、人员、经费、物资等各方面都要有所准备。此外，为提高支援项目的效果，还需要对资金的使用加强监督，健全专项资金项目监管机制，提升项目资金的使用效率，保证资金使用的合法性和合理性。考虑到项目管理的复杂性和受援地区情况的复杂性，需要建立项目管理专项资金，提取全部项目资金的5%—8%作为项目管理经费，并根据项目的复杂程度分项使用专项资金，并把项目管理专项资金纳入监管审计范围。

改变重硬轻软的帮扶理念，提升农民进入后向生产链环节的能力。长期以来，上海对口帮扶项目的推行，往往更容易在硬件投资上取得成功，与此相伴的是也更注重硬件设施的投资。软件投资是一个见效慢、风险高，而且也更容易受地方文化和习俗的影响。但软件投资的长期效果好，对硬件投资具有极强的补充作用，软件投资不好往往也会降低硬件投资的长期效果。比如说，对受援地投资一家医院，改造医院大楼，添置先进医疗设备，但如果没有人才培养和人才引进的跟进，那么，医院的后续运行和管理将会出现问题，甚至导致设备的闲置和医院经营的亏损。因此，上海下一步的对口帮扶工作，就是改变重硬轻软的帮扶理念，强化对软件的投资，重视受援地社会文化的发展，花大力气对受援地居民进行思想文化宣传，培养他们求变开拓的创业精神。

由于受援地区有关民生的项目的资金援助需求仍然很大，因此，需要加大援助资金投入，并在实践上保证一定的持续性，帮助对口援助地区的社会经济面貌每年都有改变。但更关键的是，要提升农民进入后向生产链环节的能力，不能让农民停留在种植养殖等低端环节。目前，各种援助项目之所以难以形成农民内生的自我增长能力，就在于农民受到产业链条件纵向压制，农民没有能力在产业链条上获得延伸能力。在“公司＋农户”的合作模式中，农户往往处于弱势地位，产品产量提高了，公司往往压价收购或不收购，农民得不到收益，增产不增收，甚至收入减少；而市场上该产品价格上涨了，获得的收益也是被公司拿去，农民不能从涨价中获得好处。云南发生的胶农与公司的激烈冲突事件就是个很好的例证。因此，要设法把农民组织起来，组建行业协会、农协，让农民直接参与市场流通环节，甚至产业链条更纵深的环节，有计划地根据市场形势组织生产和加工，增加农民的收入。

构建多主体、全方位的对口帮扶格局，形成合作共赢的可持续帮扶模式。对口帮扶工作是一个系统工程，需要多方努力，形成合力。上海对口帮扶工作下一步要对企业参与予以积极鼓励和引导，支持上海各类优势企业和其他地区的企业到对口地区投资合作，并制订鼓励企业到对口支援地区开办企业的奖励制度。发挥专项资金作用，符合政策参与建设的企业，不论是否是上海本地企业，都可以享受贷款贴息、贷款担保等金融服务。此外，还要通过网络，设立企业和个人的捐助平台，进一步发挥慈善机构和社会团体的作用，扩大社会的参与度，从而形成多主体、全方位的对口支援格局。

考虑到对口帮扶工作中，同一受援地会出现不同的帮扶力量，特别是不同省市的对口帮扶单位会出现在同一地区。因此，要加强不同力量的协调和沟通，尤其是上海和兄弟省区市之间的理解和合作。在对口支援过程中，可以通过适当的方式，形成不同力量的密切合作，使得对口帮扶资金更容易形成规模效应，使用也更加合理。即使不同渠道资金不能在同一项目中共同发挥作用，也要通过沟通形成帮扶项目的错位和互补。要进一步和受援地区密切合作，使得帮扶工作更符合当地实情，更好地满足当地的实际需要。更重要的是，通过对口帮扶的双向互动，要能发挥彼此优势，特别是发挥受援地区的比较优势，形成双方都能受益的对口帮扶模式，从而加强对口帮扶工作的可持续性，并使对口帮扶工作提高到一个新水平。

（上海社会科学院）

第八篇　资料荟萃

要事概览

一、机构建立和变更情况

1982年5月3日，上海市人民政府沪府发〔1982〕46号文批准成立上海市人民政府协作办公室，列入市政府工作部门序列。市政府协作办的主要任务是：根据市委、市政府的指示，进行经济协作的规划、协调，组织各有关部门与兄弟省市洽谈经济联合业务，做好对兄弟省市来沪人员的接待工作，加强对各省市驻沪办事处的有关业务联系。市政府协作办成立后，原上海市咨询服务总公司和市计委协作办公室同时撤消。5月15日，上海市编制委员会通知同意市政府协作办内设秘书处(包括沪办联络)、业务接待处和调查研究处等3个处。10月，市政府协作办秘书处(包括沪办联络)、业务接待处和调查研究处调整为秘书处、业务处。1984年12月26日，市政府协作办决定将内部组织机构由原3个处调整为4个处，即综合处、联络处、经济技术处和秘书处。1987年8月，市政府协作办增设驻外机构管理处。1990年9月8日，中共上海市委员会批复同意建立中共上海市人民政府协作办公室党组。1991年2月22日，市政府协作办调整内部机构设置，联络处与驻外机构管理处合并，仍为联络处；建立浦东开发处；综合处更名为综合规划处。1992年6月3日，市政府协作办浦东分部成立。1994年2月23日，市政府协作办撤销浦东开发处和浦东分部，成立市场处。1995年6月6日，上海市人民政府批准了《上海市人民政府协作办公室职能配置、内设机构和人员编制方案》，市政府协作办内设机构为5个处，即：秘书处(直属机关党委办公室)、综合处、经济技术处、市场处、联络处。1996年1月15日，经上海市人民政府批准，市政府协作办内设机构确定为6个处室、1个党委。即：秘书处，研究室，经济(对口支援)处，市场处，联络处，干部(人事)处，直属机关党委。1997年1月，市政府协作办增设对口支援处。2000年8月3日，上海市人民政府沪府办发〔2000〕71号文批准设置上海市人民政府协作办公室。明确市政府协作办是市政府主管本市跨省市合作工作直属机构。市政府协作办设秘书处、研究室、经贸处(原市场处和经济处合并)、对口支援处、联络处、干部人事处，并设纪律检查委员会和直属机关党委。

2003年8月1日，上海市人民政府决定，在市政府协作办公室、市政府接待办公室的基础上组建市政府合作交流办公室。2003年11月19日，上海市人民政府沪府〔2003〕47号文通知：上海市人民政府合作交流办公室是市政府主管本市合作交流和接待工作的直属机构，挂上海市人民政府协作办公室和上海市人民政府接待办公室牌子。内设秘书处、研究室、合作发展处、对口支援处、联络处、接待一处、接待二处、信息处8个职能处(室)。按有关规定设置监察机构和直属机关党委。2004年6月9日,市政府合作交流办设立信息处。2005年12月8日,根据沪编〔2005〕182号文通知:撤销市合作交流工作党委沪办工作处;增设综合财务处。

2003年8月1日,中共上海市委员会决定成立上海市合作交流工作党委。2003年8月6日,中共上海市委沪委发〔2003〕741号文决定:建立中共上海市合作交流纪律检查工作委员会。2003年10月30日,中共上海市委沪委办发〔2003〕195号文通知:中共上海市合作交流工作委员会是中共上海市委的派出机构,根据市委授权,负责市政府合作交流办公室(市政府协作办、市政府接待办)和市政府驻外办事机构等部门党的工作,联系指导中央在沪单位和外省市自治区在沪办事机构党的工作。内设办公室、干部人事处、党群工作处、沪办工作处4个职能处(室)。成立中共上海市合作交流纪律检查工作委员会,与上海市人民政府合作交流办公室的监察室合署办公,为中共上海市纪律检查委员会的派出机构。2004年7月20日,根据共青团上海市委沪团委发〔2004〕192号文,市合作交流工作党委决定成立共青团上海市合作交流工作委员会,团组织关系直接归口共青团上海市委管理。2004年10月10日,根据沪工总组〔2004〕180号文,市合作交流工作党委决定:成立上海市合作交流系统工会工作委员会,为上海市总工会的派出机构。

1984年9月14日,上海市人民政府沪府办〔1984〕205号文同意建立上海联合发展公司,作为组织和经营同兄弟省市开展经济技术协作与联合的企业。

1985年5月,由江苏、安徽、陕西、北京、黑龙江5家驻沪办事处发起,成立各省区市驻沪办事处信息工作者协会。

1986年7月,上海市人民政府决定建立上海市原材料开发基金会。1994年1月,上海市原材料开发基金会转制为上海市原材料开发投资公司并挂牌成立。1996年4月,上海市原材料开发投资公司改制为上海联合协作投资(集团)公司。2004年,上海联合协作投资(集团)公司改为上海市原材料开发投资公司。

1986年8月6日,上海市人民政府沪府〔1986〕80号文同意设立上海市人民政府驻兄弟地区办事处。办事处是上海市人民政府派驻兄弟地区的代表机构,其主要任务有:一是加强和促进上海与兄弟省市的横向经济联系,当前的重点放在资源开发方面。二是沟通、交流经济信息。三是经济联系中必要的组织协调工作。四是市政府交办的事项。1987年1月17日,上海市人民政府驻重庆办事处成立;1月22日,上海市人民政府驻哈尔滨办事处成立;2月19日,上海市人民政府驻广州办事处成立;2月25日,上海市人民政府驻武汉办事处成立;8月11日,上海市人民政府驻西安办事处成立。1989年7月8日,上海市人民政府驻秦皇岛办事处成立;10月27日,上海市人民政府驻深圳办事处成立;12月29日,上海市人民政府驻山西办事处成立。1993年4月6日,上海市人民政府驻海南办事处成立。1996年10月20日,上海市人民政府驻昆明办事处成立。2005年7月25日,上海市人民政府驻西藏办事处成立;8月3日,上海市人民政府驻新疆办事处成立。2006年1月21日,上海市人民政府驻内蒙古办事处成立。

1986年11月，各省区市和中央各部驻沪办事处物资经济协会成立，首批会员52家。

1987年8月4日，上海横向经济联合协会成立。协会在市政府协作办的指导、帮助和支持下开展工作，以民间社会团体的形式来动员和组织社会各方面力量，促进横向经济联合的深入发展。

1988年5月28日，上海市人民政府协作办公室批复同意成立上海联合经济协作公司。其主要任务是筹措原材料，并开展各项具体经营活动，为上海广泛开展与各兄弟地区的横向经济联合提供多种服务。

1992年8月29日，上海市人民政府协作办公室同意成立驻沪办事机构联合会。

1993年1月19日，上海市对口支援三峡工程库区移民工作领导小组成立。领导小组办公室设于市政府协作办。

1993年6月7日，上海市人民政府协作办公室召开"国务院各部委、各省市自治区驻沪办事机构联合会"成立大会。联合会首批会员单位247家。

1994年8月30日，中共上海市委沪委〔1994〕183号文决定成立上海市援藏工作领导小组。

1996年11月15日，上海市委、市政府决定将上海市援藏工作领导小组更名为上海市援藏援疆工作领导小组，并调整部分成员。领导小组办公室设于市政府协作办。

1996年12月2日，长江流域发展研究院成立。

1996年12月26日，上海市人民政府决定成立上海对口云南帮扶协作领导小组。领导小组办公室设于市政府协作办。

1997年12月17日，上海市各地投资企业协会在市政府举行成立大会。上海市各地投资企业协会设有21个工作委员会，2750家各地企业成为该协会首批会员。

1998年4月，长江开发沪港促进会在上海成立。

1999年11月16日，上海市人民政府沪府办〔1999〕41号文决定成立上海市安置三峡库区移民工作领导小组。

2005年4月22日，上海市委、市政府召开的上海市对口支援工作会议决定，将市援藏援疆、对口支援三峡、对口帮扶云南三个领导小组和市国内合作交流工作联席会议撤销，成立上海市合作交流与对口支援工作领导小组。

2005年9月15日，上海市人民政府公务接待单位联谊会成立。

2006年6月，上海市编制委员会办公室发文，批准在撤销原市政府协作办下属"外地投资服务中心"和"科技服务中心"两个事业单位基础上，成立上海市国内合作交流中心。

二、重要文件

1984年6月，上海市人民政府发布《上海市进一步推动横向经济联合的试行办法》。

1984年10月4日，上海市人民政府批转由市计委和市协作办制定的《关于兄弟地区来本市开店办厂的暂行办法》。《暂行办法》对经营范围、洽谈方法和审批手续、基建计划指标和资金及建筑材料与征地拆迁、产权、价格、税收、人员及户口、对企业管理等作了具体规定。

1984年11月19日，上海市人民政府批转由市协作办、市财政局、市税务局、市劳动局制定的《关于本市企业同兄弟地区企业经济技术合作若干问题的规定》。《规定》对经济技术合作的原则、资金来源、投资计划指标、产品分配和销售、所得利润的分配、科技成果和技术转让及技术服务收益的分配、经济技术合作中的派出人员及其待遇、经济联合的审批和技术合作的安排等作了具体规定。

1986年6月14日，上海市人民政府沪府发〔1986〕55号文颁布《上海市进一步推动横向经济联合的试行办法》。

1988年11月7日，上海市人民政府发布《上海市外地投资企业若干规定》。

1989年12月28日，上海市人民政府办公厅印发《关于本市各区、县、各部门派驻兄弟省、市办事处机构问题的通知》。

1991年5月20日，上海市人民政府批转市政府协作办、市计委等四个部门制订的《上海市鼓励外地投资浦东新区的暂行办法》。

1991年9月18日，上海市人民政府颁布《上海市鼓励外地投资浦东新区的暂行办法》、《中华人民共和国上海海关对进出上海外高桥保税区货物、运输工具和个人携带物品监管和征免税实施细则》和《上海浦东外高桥保税区外汇管理施行细则》。

1991年10月9日，上海市人民政府协作办公室印发《关于外地驻沪单位、人员组成的全市性、联谊性社会团体资格审查工作的暂行规定》和《关于外地驻沪单位、人员组成的全市性、联谊性社会团体管理的暂行办法》。

1992年5月14日，上海市人民政府协作办公室、上海市人民政府浦东开发办公室和上海市公安局共同制定了《关于外地投资浦东新区申请上海市常住户口的实施细则》。

1992年7月11日，上海市人民政府协作办公室印发《关于对外地县级政府、地方国营、大中型企业在沪设立办事机构审批工作的若干意见》。

1993年2月20日，上海市人民政府办公厅沪府办发〔1993〕8号文转发市政府协作办《关于上海对口支援三峡工程库区移民工作的意见》，5月31日，该意见被国务院三峡工程建设委员会移民开发局转发。

1993年3月3日，上海市人民政府办公厅沪府办发〔1993〕10号文转发了市政府协作办《关于外地单位在上海设立办事机构的暂行规定》。

1994年8月23日，中共上海市委组织部下发《关于赴三峡库区挂职干部管理的暂行规定》。

1994年10月28日，上海市对口支援三峡工程移民领导小组办公室制定《上海市对口支援三峡工程移民工作基金运用、管理暂行办法》。

1994年11月21日，上海市人民政府协作办公室与上海市公安局沪府协联〔1994〕第633号文联合印发了《关于准予外省市地、县级人民政府驻沪办事机构人员在沪申领蓝印户口的通知》。

1995年12月，上海市人民政府办公厅沪府办〔1995〕72号文颁布《关于促进本市工商企业积极开拓国内市场的若干政策》。

1996年1月2日，上海市人民政府协作办公室编制完成《上海市国内经济协作“九五”计划和2010年远景目标》。

1996年7月11日，《上海市对口支援三峡工程移民工作基金管理办法》发布实施。

1997年3月，上海市人民政府办公厅转发《上海—云南对口帮扶与经济社会协作“九五”计划纲要》及《“九五”期间沪滇对口帮扶协作任务表》。

1998年5月25日，上海市人民政府沪府发〔1998〕18号文发布《进一步服务全国扩大对内开放的若干政策意见》。

2000年11月27日，上海市人民政府沪府发〔2000〕53号文发布《关于上海市服务参与西部大开发的实施意见》。

2001年2月5日，上海市人民政府沪府办发〔2001〕6号文发布了《关于转发市政府协作办〈关于落实上海市服务参与西部大开发的实施意见分工建议〉的通知》。

2001年7月30日，经上海市人民政府同意，市计委、市财政局、市协作办共同印发《上海市服务西部大开发专项资金管理办法》。

2001年12月12日，上海市人民政府沪府发〔2001〕43号文颁布修订后的《关于进一步服务全国扩大对内开放的若干政策意见》(新“24条”政策)。

2002年2月20日，上海市人民政府办公厅印发《上海—云南对口帮扶与全面合作“十五”计划纲要》。

2004年3月，上海市委、市政府以沪委办〔2004〕7号文印发了《关于进一步服务全国加强上海国内合作交流工作的若干意见》(简称15条意见)。

2004年6月，上海市国内合作交流工作联席会议第一次会议审议通过《上海市国内合作交流工作联席会议制度》。

2005年12月17日，上海市合作交流与对口支援工作领导小组沪合〔2005〕3号文印发《上海市国内合作交流专项资金使用管理暂行办法》。

2006年11月21日，交通部与沿江七省二市在南京市召开长江水运发展协调领导小组第一次会议，共同签署《“十一五”期长江黄金水道建设总体推进方案》。

2007年3月，上海市人民政府沪府发〔2007〕11号文公布实施《上海市服务全国和对口帮扶“十一五”规划》。

2007年7月13日，上海市委、市政府沪府发〔2007〕21号文发布《关于进一步加强国内合作交流工作的若干政策意见》(简称“26条”政策)。

三、友好往来

(一) 来访情况

1983年3月10日，黑龙江省省委书记、省长陈雷率省经济技术协作代表团来沪考察，上海市与黑龙江省签署了经济技术协作会谈纪要。

1983年10月15日，吉林省省委书记、省长赵修率省经济技术协作代表团来沪考察，上海市与吉林省签署了经济技术协作会谈纪要。

1984年2月28日，江西省省长赵增益、省政府顾问方谦等来沪考察，签订了两省市经济技术协作会谈纪要。

1984年12月6日，宁夏自治区主席黑伯理率自治区经济技术协作代表团来沪考察。上海市政府与宁夏自治区政府签订了经济技术合作协议书。

1986年6月10日，湖南省省长熊清泉率省经济技术协作代表团来沪考察，与上海签订合同项目52个，签订意向性项目95个。双方签署了《上海市、湖南省关于全面加强经济技术协作的商谈纪要》。

1986年6月28日，河南省省委书记杨析综率团来沪考察，与上海市市长江泽民、市委副书记黄菊等领导就加强两地横向经济合作等问题进行了交流。

1986年9月16日，广西自治区主席韦纯东率领自治区代表团来沪考察，与上海市领导商谈了加强经济技术协作问题。

1988年6月13日，山东省省长姜春云率省经济技术协作代表团来沪考察，与上海市领导就加强横向经济技术协作问题进行商谈，并签订了《关于横向经济联合中企事业单位合法权益的保护协定》。

1989年5月3日，甘肃省省长贾志杰率省政府代表团来沪考察，与上海市领导就进一步加强经济技术协作问题进行探讨，并签署了《上海市政府与甘肃省政府代表团商谈纪要》。

1990年1月2日，山西省省长王森浩率领省政府代表团来沪考察，与上海市领导商讨了经济技术协作和加强相互交流问题。

1990年6月22日，江苏省省长陈焕友率省政府代表团来沪考察，与上海签署《关于进一步加强经济技术协作的会谈纪要》。

1990年8月5日，浙江省省长沈祖伦率团来沪考察，与上海签署《关于进一步加强经济技术合作的会谈纪要》。

1990年8月17日，山东省省长赵志浩率团来沪考察，与上海签署《关于进一步加强经济技术合作的会谈纪要》。

1990年10月，陕西省省委书记张勃兴率团来沪考察，与上海签署《关于进一步加强经济合作的协商纪要》。

1990年11月22日，湖南省省长陈邦柱率省政府代表团来沪考察，与上海市签署了继续扩大经济技术协作的会谈纪要。

1991年1月7日，辽宁省省委书记全树仁率省团来沪考察，与上海市领导就加强两地经济技术协作进行了商讨。

1991年4月6日，贵州省省委书记刘正威率省团来沪考察。

1991年4月9日，内蒙古自治区党委书记王群率团来沪考察，与上海市签署《关于进一步加强经济技术合作的会谈纪要》。

1991年4月21日，吉林省省委书记何竹康率团来沪考察，与上海市签署《关于进一步加强全面协作促进两地共同繁荣的会谈纪要》。

1991年6月23日，安徽省省委书记卢荣景、省长傅锡寿率团来沪考察，参加裕安大厦的奠基仪式，与上海市领导就经济技术合作问题进行交谈，并签署了《关于进一步加强经济技术合作的会谈纪要》。

1992年4月26日，天津市市长聂壁初率团来沪考察，上海市领导与天津代表团就加强两市经济技术合作进行了商谈。

1992年5月，内蒙古自治区主席布赫率团来沪考察，与上海签署《关于进一步加强经济技术合作的会谈纪要》。

1992年6月2日，湖北省省委书记关广富率团来沪考察，与上海市领导就加强经济技术合作进行商讨。

1992年7月19日，福建省省委书记陈光毅率团来沪考察，与上海市领导就加强经济技术合作进行商谈。

1992年8月1日，甘肃省省委书记顾金池、省长贾志杰率领团来沪考察，与上海市领导就加强经济技术合作进行商谈。

1992年8月中旬，四川省省委书记杨汝岱率团来沪考察，与上海市领导就四川参与上海浦东开发问题交换意见。

1993年4月2日，广东省省长朱森林率团来沪考察，与上海市领导就加强经济技术协作问题进行了商谈。

1994年5月14日，贵州省省长陈士能率团来沪考察，与上海市领导交流两地合作事宜。

1994年7月30日，福建省省委书记贾庆林、省长陈明义率团来沪考察，与上海市领导就加强经济技术协作问题交换了意见。

1995年6月25日，湖北省省委书记贾志杰率团来沪考察，与上海市领导就加强经济技术合作进行了座谈交流。

1995年6月27日，安徽省省委书记卢荣景、省长回良玉率团来沪举办安徽省95(上海)经济技术恳谈会。与上海市领导就加强经济技术协作问题进行了商讨。

1995年6月28日，湖北省省委书记贾志杰率团来沪考察。

1995年10月14日，江苏省省委书记陈焕友、省长郑斯林率团来沪考察，与上海市领导就加强经济技术协作问题进行了商讨。

1995年10月17日，辽宁省省委书记顾金池、省长闻世震率团来沪考察，与上海市领导就加强经济技术合作进行了座谈和交流。

1995年11月15日，四川省省长肖秧率团来沪考察。

1995年11月27日，山东省省委书记赵志浩率团来沪考察，与上海市领导就加强经济技术合作问题进行商讨。

1995年12月23日，黑龙江省省委书记岳岐峰率团来沪考察。

1996年3月25日，河北省党政代表团来沪考察，与上海市领导就加强经济技术合作交换了意见。访问期间，两地达成合作项目145个，协议资金35亿元。

1996年4月8日，天津市委书记高德占率市党政代表团来沪考察，与上海市领导进行座谈交流。

1996年6月6日，宁夏自治区主席白立忱率团来沪考察，与上海市领导就加强两地经济技术协作进行了座谈交流。

1996年10月24日，山东省省长李春亭率团来沪考察。与上海市领导就加强两地经济技术协作问题交换了意见。

1997年5月4日，福建省省委书记陈明义率团来沪考察，甘肃省省委书记阎海旺率团来沪考察。

1997年5月6日，湖南省省委书记王茂林率团来沪考察。

1997年5月13日，吉林省省长王云坤率团来沪考察。

1997年5月20日，陕西省省委书记安启元、省长程安东率团来沪考察。

1997年6月2日，山东省党政代表团来沪考察。

1998年5月9日，江西省省长舒圣佑率团来沪考察。

1998年5月9日，福建省省长贺国强率团来沪考察。

1998年5月20日，宁夏自治区党委书记毛如柏率团来沪考察。

1998年6月11—16日，新疆自治区主席阿不来提? 阿不都热西提率团来沪考察，两地签署了《关于进一步加强经济合作的会谈纪要》。

1998年7月4—10日，广东省省委书记李长春、省长卢瑞华率团来沪考察。

1998年11月10日，吉林省省委书记王云坤率团来沪考察。

1999年3月17日，内蒙古自治区党委书记刘明祖率团来沪考察。

1999年3月18日，黑龙江省代表团来沪考察。两地签署《关于全面开展上海市与黑龙江省经济技术合作的会谈纪要》。

1999年3月23日，北京市委书记贾庆林、市长刘淇率团来沪考察。

1999年4月28日，浙江省省长柴岳松率团来沪考察，江苏省省长季允石率团来沪考察。

1999年6月30日，云南省省委书记令狐安率团来沪考察对口帮扶合作工作。双方签署了《上海市与云南省对口帮扶合作工作纪要》、《关于将上海市原投入云南省的5000万元小额贷款转为无偿支援的协议》和《关于上海市今明两年增加援助资金1000万元支援云南省"扶贫安居工程"建设的协议》3个文件。

1999年9月1日，内蒙古自治区党委书记刘明祖率团来沪考察。

1999年9月28日，吉林省省委书记王云坤、省长洪虎率团来沪考察。

1999年12月7日，江苏省省委书记陈焕友、省长季允石率团来沪考察。

1999年12月21日，浙江省省委书记张德江、省人大常委会主任李泽民、省长柴松岳、省政协主席刘枫率团来沪考察。

2000年1月12日，广西自治区党委书记陆兵率区经贸代表团来沪举行广西名特优农产品迎新(上海)展销洽谈会。

2000年3月21日，重庆市市委书记贺国强、市长包叙定率团来沪考察。两地就进一步加强经济社会全面合作达成了9个方面共识，并签署了会谈纪要。

2000年3月23日，北京市委书记贾庆林、市长刘淇率团来沪考察。与上海市领导就进一步加强两地经济合作进行座谈。

2000年4月9日，宁夏自治区党委书记毛如柏、主席马启智率团来沪考察。

2000年4月13日，福建省省委书记陈明义、省长习近平率团来沪考察。

2000年4月27日，广西自治区主席李兆焯率团来沪考察。

2000年5月16日，青海省省长赵乐际率团来沪考察。

2000年5月28日，甘肃省省委书记孙英率团来沪考察。

2000年10月18日，云南省省委书记令狐安率团来沪考察。

2000年11月17日，青海省省委书记白恩培、省长赵乐际率团来沪考察。

2000年11月20日，河南省省长李克强率团来沪商谈加强豫沪合作事宜，并签订豫沪经济合作项目。

2001年7月7日，江西省省委书记孟建柱、省长黄智权率团来沪考察。两地领导就进一步加强两省市全面合作进行座谈并达成合作协议。10日，在上海国际会议中心举办2001年江西省(上海)招商引资项目推介会。

2001年12月20日，云南省代省长徐荣凯率团来沪考察，两地签署了《上海—云南对口帮扶与全面合作"十五"计划纲要》和《上海云南对口帮扶协作领导小组第五次联席会议纪要》。

2002年4月19—21日，辽宁省省长薄熙来率团来沪考察。

2002年5月17—20日，天津市市长李盛霖率团来沪考察。

2002年5月26—31日，湖南省省长张云川率团来沪举行"湖南—上海经贸合作活动周"。

2003年3月21—23日，浙江省省委书记习近平、省长吕祖善、省政协主席李金明率团来沪考察，与上海市领导就两地开展经济等领域的合作进行交流与座谈，并签署《关于进一步推进沪浙经济合作与发展的协议》。

2003年3月30—31日，江苏省省委书记李源潮、省长梁保华、省政协主席许仲林率团来沪考察，与上海市领导就促进长三角共同进步、共同发展等问题进行了交流。

2003年4月3—6日，四川省省委书记张学忠率团来沪考察，与上海市领导就两地开展经济等领域的合作进行了交流与座谈。

2003年4月16—18日，山东省省委书记张高丽、省长韩寓群率团来沪考察，与上海市领导就两地开展经济等领域的合作进行了交流与座谈。

2003年9月24—26日，重庆市委书记黄镇东率团来沪座谈两地合作交流等事宜。

2004年10月20日，云南省省委书记白恩培、省长徐荣凯率团来沪考察。

2004年11月9—11日，湖北省省长罗清泉率团来沪考察。

2005年5月11日，吉林省省委书记王云坤、省长王珉率团来沪考察。

2005年5月20日，新疆自治区党委书记王乐泉、主席司马义·铁力瓦尔地率团来沪考察。

2006年4月9日，黑龙江省省长张左己率团来沪考察。两地签订了《上海市人民政府—黑龙江省人民政府关于进一步加强合作交流意向书》。

2006年6月22日，山西省代表团来沪考察。两地签订了《上海市—山西省全面经济合作协议》。

2006年9月6—8日，安徽省省委书记郭金龙、省长王金山率团来沪考察。两地签订了《上海市—安徽省关于进一步加强合作交流的协议》。

2007年3月30日，西藏自治区主席向巴平措率团来沪考察。

2008年6月17日，湖南省省长周强率领湖南党政代表团来沪考察，并举办“沪洽周”系列招商推介活动，签订合作项目290个，协议资金1154亿元。

2008年8月27日，安徽省省委书记王金山、省长王三运率团来沪考察，与上海市领导就泛长三角合作交流问题进行商谈。

（二）出访情况

1984年5月，上海市委第一书记陈国栋、市人大主任胡立教、市长汪道涵赴江西学习考察，就两地加强经济技术协作问题交换意见，并签署了两地经济技术协作会谈纪要。

1985年1月19日—2月6日，上海市市长汪道涵率市政府代表团赴江苏、安徽、江西、浙江等省学习考察，并与安徽和江西省政府分别签署了加强经济协作意向协议和商谈纪要。

1986年4月上旬，上海市委、市政府组织三个经济技术贸易代表团，分别由市长江泽民、副书记吴邦国、市人大副主任裴先白带队，分赴中央各部委及内蒙古、安徽、山东、四川、云南、贵州、广西等7个省区和重庆市，进行为期半月至20天的学习考察。代表团分别与所到省区和重庆市签署了经济技术合作纪要，共商定154个意向性项目。

1989年9月8日，上海市市长朱镕基率市政府代表团分别赴山西省、内蒙古自治区学习考察。与山西省签署了《山西省协作办、上海市协作办关于进一步加强横向经济联系的商谈纪要》和《供煤协议书》。与内蒙古自治区签署了《开展经济技术合作的商谈纪要》。

1990年6月8日，由上海市市长朱镕基任团长、汪道涵为顾问的上海经济代表团赴香港学习考察，出席“90年代上海发展——沪港合作展望研讨会”。

1992年1月7日，上海市市委书记吴邦国、市长黄菊率市党政代表团赴浙江省学习考察。与浙江省签署了《关于上海、浙江两省市进一步加强合作的会谈纪要》。

1992年5月18日，上海市市委书记吴邦国率团赴广东省、海南省学习考察。

1994年3月24日，上海市市委书记吴邦国、市长黄菊率团赴山东省学习考察。

1994年6月29日—7月3日，上海市市长黄菊率团赴湖北、湖南、江西、安徽学习考察，探讨长江流域联合发展及新一轮横向经济合作问题。

1996年3月21日，上海市市委书记黄菊、市长徐匡迪率上海市代表团赴浙江学习考察，与浙江省领导就加强两地合作进行商讨。

1996年10月16日，上海市市长徐匡迪率团赴云南学习考察。两省市领导签署了《关于开展对口帮扶、加强经济协作的会谈纪要》，上海市12个区县分别与云南重点帮扶的三个地州签署了《对口帮扶纪要》，并签订合作项目52个。

1998年6月6—9日，上海市市委书记黄菊、市长徐匡迪率团赴云南学习考察，签署《上海市与云南省关于进一步做好两地对口帮扶协作工作纪要》。

1998年6月9—10日，上海市市委书记黄菊、市长徐匡迪率团赴重庆学习考察。

1998年10月17—25日，上海市市委书记黄菊、市长徐匡迪率团赴广东省、福建省学习考察。

1998年11月21—23日，上海市市委书记黄菊、市长徐匡迪、市人大常委会主任陈铁迪、市政协主席王力平率团赴江苏省学习考察。

1998年11月28—30日，上海市市委书记黄菊、市长徐匡迪、市人大常委会主任陈铁迪、市政协主席王力平率团赴浙江省学习考察。

1999年6月25—28日，上海市市委书记黄菊、市长徐匡迪率团赴山东省学习考察。

1999年9月1日，上海市市长徐匡迪、市人大常委会主任陈铁迪、市政协主席王力平等领导率团赴云南昆明出席99上海商品博览会。

1999年11月30日，市委书记黄菊、市长徐匡迪、市人大常委会主任陈铁迪、市政协主席王力平率团赴天津市学习考察。

1999年12月2日，市委书记黄菊、市长徐匡迪、市人大常委会主任陈铁迪、市政协主席王力平率团赴北京市学习考察。

2000年4月21日，上海市市委书记黄菊、市长徐匡迪、市人大主任陈铁迪、市政协主席王力平率团赴河南学习考察，两地签署了《沪豫经济合作会谈纪要》。

2000年7月2日，上海市市委书记黄菊、市政协主席王力平率团赴宁夏自治区、内蒙古自治区学习考察。

2000年8月14日，上海市市长徐匡迪、市人大常委会主任陈铁迪率团赴新疆学习考察。两地签署了加强合作的会谈纪要。

2000年8月20—22日，上海市市委书记黄菊、市长徐匡迪、市人大常委会主任陈铁迪、市政协主席王力平率团赴甘肃、青海学习考察。

2003年12月8—12日，上海市委、市政府、市人大、市政协主要领导率团赴江苏、浙江学习考察。

2004年4月6—8日，上海市党政代表团赴云南考察对口帮扶工作情况，增加迪庆藏族自治州为上海重点帮扶地区。

2004年8月4—12日，上海市委、市政府、市人大、市政协主要领导率团赴新疆维吾尔自治区、重庆市、湖北省、陕西省学习考察。

2005年4月23—26日，市政协主席蒋以任率团赴云南省学习考察。

2005年7月19日，上海市党政代表团赴甘肃、青海、西藏、四川等西部省区学习考察。

2007年7月22—26日，上海市市委书记习近平、市长韩正率团赴苏、浙两省学习考察。期间，代表团先后访问了杭州、宁波、嘉兴、义乌、南京、无锡、苏州、昆山等地。

2007年8月21—25日，上海市市长韩正率团赴内蒙古自治区学习考察，两地签订《进一步加强合作交流协议》。

2008年4月25—26日，上海市市委书记俞正声、市长韩正、市人大常委会主任刘云耕、市政协主席冯国勤率团赴北京学习考察。

2008年10月22—25日，上海市市委书记俞正声、市长韩正率团赴新疆学习考察。

四、重 要 事 项

1982年12月22日，国务院发出通知，决定成立上海经济区。范围包括上海、苏州、无锡、常州、南通、杭州、嘉兴、湖州、宁波、绍兴等10个市及其所辖55个县。同时成立上海经济区规划办公室，其主要任务是规划、联合、协调。1983年3月22日，直属国务院的上海经济区规划办公室在上海正式成立。1983年8月27日，上海经济区规划工作第一次会议在沪举行。会议主题为研究编制经济区的"七五"规划以及远景设想。1984年10月18日，上海经济区扩大为上海、江苏、浙江、安徽3省1市。1984年12月6日，江西省加入上海经济区。1986年8月19日，福建省加入上海经济区。1988年6月1日，国家计委办公厅〔1988〕120号文件通知撤销上海经济区规划办公室。

1983年10月21日，国家经委等有关部委和上海、四川、浙江、天津四省市在西藏参加重点对口支援西藏会议，确定了65个对口支援和技术协作项目，其中上海市15个项目(后增加到18个项目)。

1984年1月30日，上海经济区建立了14个跨省、市的行业经济联合组织——联席会议制度。

1984年3月，中共中央在中南海怀仁堂召开支援西藏经济工作会议，中共中央总书记胡耀邦主持会议。会议确定上海援藏项目3项。

1984年4至5月间，召开上海市经济体制改革工作会议，市长江泽民强调了开展横向经济联合对实现上海经济发展战略的重要意义，提出把发展横向经济联合作为全市经济体制改革的重要任务。

1984年6月8日，上海市人民政府宣布：上海在对外开放的同时，决定对全国开放，欢迎兄弟省市来沪开店、办厂、造大楼、设公司。

1984年7月13日，上海市与湖南省签订《上海市、湖南省经济技术协作商谈纪要》，商定长宁区与湘潭市结成友好区市，对口协作。

1985年12月18—20日，由上海、南京、武汉、重庆等四市发起成立长江沿岸中心城市经济协调会，第一次会议在重庆举行。会议通过《协调会章程》，决定按渝、汉、宁、沪顺序轮流担任主席方，每年举行一次会议。1988年11月23—25日，长江沿岸中心城市经济协调会第四次会议在上海田林宾馆举行，市长朱镕基到会并讲话。1996年3月4—7日，长江沿岸中心城市经济协调会第八次会议在上海举行，会议举办了"迈向21世纪的长江"研讨会，举办了"腾飞的长江"沿江城市风貌展示。会议提出积极研究长江三角洲及沿江经济带发展重大问题，积极建设长江三角洲及沿江地区经济带投资与协作信息网络，积极推进长江商贸走廊建设，会议接纳宁波、舟山为协调会成员。2004年11月3日，长江沿岸中心城市经济协调会第十二次会议在上海举行，会议主题为：发挥长江黄金水道作用，推进长江流域经济联动发展。会议决定，共同开展推进长江黄金水道建设的专题研究，积极探索完善高层协商机制，进一步推进沿江区域的合作。

1986年4月3日，上海市委、市政府在康平路小礼堂召开各省区市、中央各部委驻沪办事处负责人座谈会。会议由副市长朱宗葆主持，上海市市委书记芮杏文作总结讲话。

1986年11月15日，《上海内联》在原《情况简报》的基础上改名创立，市长江泽民题写刊名。

1986年12月24日，首届华东商品交易会在沪开幕。

1987年4月13日，上海市人民政府协作办公室在沪召开了市政府驻外省市办事处第一次主任会议。上海市委副书记、副市长黄菊到会讲话。会议通过了《上海市人民政府驻外省市办事处职责范围(试行)》等5个文件。

1988年10月22日，上海市市长朱镕基在市政府驻广州办事处一信件上作了重要批语："要从两方面改进，有关委、办、局要充分利用、支持上海驻各地的办事处，发挥他们的作用；各办事处也要改变机关工作作风，主动联系，争取多办实事，不能等人上门。请协作办加强对各办事处实绩的考核。"

1990年8月24日，建国以来上海最大的一次内贸商品交易会——90上海商品交易会在上海农业展览馆开幕，全国5000多家批发企业和近万名客户进场交易，展出商品3.5万多种。

1991年4月1日，中国有色金属公司成立浦东开发项目管理小组，并向上海市人民政府协作办公室提出了16个具体开发项目。这是中央部属机构第一个在浦东投资的意向项目。

1992年3月10日，上海市人民政府举行上海对外开放及浦东开发新闻发布会，市长黄菊宣布，今年中央对浦东开发给予新政策，上海将真诚打好"中华牌"、"世界牌"。

1992年4月27日，上海市人民政府协作办公室牵头召开上海、无锡、宁波、舟山、扬州、苏州、杭州、绍兴、南京、南通、常州、湖州、嘉兴、镇江等14个城市协作办(委)主任首次联席会议。1996年9月11日，长江三角洲14城市协作办第五次联席主任会议在苏州召开，将联席会议升格为长江三角洲城市经济协调会。1997年4月28—30日，长江三角洲城市经济协调会第一次会议在扬州召开，会议审议通过《长江三角洲城市经济协调会章程》，并编辑了《长江三角洲城市简介》。

1992年6月，上海市政府进一步放宽各地在沪设立办事机构的条件，规定全国各县及地方国营大中型企业均可在沪设立工作处。

1993年8月7日，上海市副市长蒋以任在市政府协作办《关于协作办一九九三年上半年工作小结和下半年工作打算的报告》上批示：社会主义市场经济条件下，对内协作工作是上海经济发展的极为重要一翼，是开拓上海产品新市场的重要措施，也是邦国、黄菊同志一再强调打"中华牌"的重要体现。现在看来，上海企业的市场观念有了很大增强，但尚不够，特别是国有大中型企业真正走向国内外市场，尚有待于深化。协作工作应从社会主义市场经济战略高度，为上海企业拓宽市场、发挥优势、壮大集团、服务全国等方面迈出新的更大步子。

1993年12月，三峡工程移民工作会议第一次会议在北京召开，上海市副市长孟建柱参加会议。

1994年1月5日，国务院三峡工程建设委员会移民开发局在上报国务院的《关于深入开展对口支援三峡工程库区移民工作意见的报告》中，确定上海市对口支援湖北省宜昌县和四川省万县市五桥区。

1994年3月5日，94中国华东出口商品交易会在沪举行。参加交易会的有来自五大洲82个国家和地区的7788位客商，总成交金额达18.05亿美元。

1994年9月1日，上海市援藏工作领导小组第一次会议召开，落实中央安排的两个重点项目及领导小组成员单位分工任务，建立了援藏专项资金，并与日喀则地区签署了《关于进一步做好上海对口日喀则地区十年援藏工作的会谈纪要》。当年召开的中央第三次西藏工作座谈会明确上海对口支援西藏日喀则地区。

1994年11月12日，由国内贸易部和上海市人民政府联合举办的94上海全国商品交易会在沪开幕，上海市市长黄菊、国内贸易部部长张皓出席开幕式并致辞。

1995年4月，上海市人民政府协作办公室会同上海发展研究基金会，组织召开了"中日上海—长江，神户—阪神合作交流会"，长江沿岸8个主要城市市长参加了会议。

1995年4月3日，上海市人民政府召开"九五"计划及2010年规划编制工作预备会议，会议首次将国内经济协作列入市中长期计划体系。

1995年6月10日，长江三角洲14城市协作办(委)共同主办的《今日长江三角洲》专辑出版发行。上海市市长徐匡迪题写书名，副市长蒋以任作序。

1996年1月18日，沪港经济发展与合作会议在上海召开。

1996年4月15日，上海市人民政府协作办公室与上海联合协作投资(集团)公司签约建造神州大厦。

1996年9月3日，上海代表团赴昆明参加首届东部与中西部企业合作会议，与中西部企业签订了30个经济技术合作项目协议。

1996年9月26日，上海市政府协作办、市经委、市商委联合发文《关于开展国内经济协作"双百"优秀企业推荐表彰活动的通知》。即：推荐表彰100家在发展跨地区经济协作、开拓国内市场中取得较好成绩的本市优秀企业，100家在加强区域经济合作中为上海经济发展和城市建设作出较大贡献的在沪外地投资企业。1997年3月26日，在市展览中心举行"上海市国内协作工作会议暨双百优秀企业表彰大会"，市委常委、组织部长罗世谦出席会议并讲话。

1996年11月11日，上海市经济合作代表团赴海南参加上海轮胎(集团)公司整体收购海口轮胎一厂的签约仪式。这是上海企业异地收购破产企业的最大项目。

1996年11月30日，上海市副市长蒋以任召开上海对口云南协作领导小组第一次会议，研究本市对口帮扶云南工作的有关问题。会后印发《会议纪要》。

1997年4月15日，中共中央办公厅、国务院办公厅在京召开全国援藏工作经验交流会，市政府副秘书长周太彤在会上作了交流发言。

1997年11月7—10日，国务院在湖北省宜昌市召开"三峡工程移民暨对口支援工作会议"，国务院总理李鹏、副总理邹家华、秘书长罗干出席会议。会上，上海市人民政府和上海白猫有限公司被评为对口支援先进集体。

1998年1月6日，云南省扶贫基层干部、教师、学生和新闻媒体交流团来沪参加上海市人民政府协作办公室和上海人民广播电台等单位共同主办的"沪滇帮扶协作心连心手拉手"活动。上海市市长徐匡迪会见交流团。

1998年2月10日，上海政协九届一次会议首次邀请41名外地驻沪企业代表出席政协大会，表明上海着力加大拆除"围墙"、打好"中华牌"、服务全国的力度。

1998年4月19日，由广东人民广播电台、香港电台普通话台和上海东方广播电台联合开办的《三江联播》节目正式开播。节目以介绍各地经济资源为主，及时反映长江流域、珠江流域和香江流域三个地区的经济发展情况。

1998年11月26日，长江流域发展研究院、福建兴业证券公司联合举办的首届"长江发展论坛"开幕，本届论坛的主题是"加强沿江基础设施建设与防灾减灾研讨。"

1999年4月19日，上海市市长徐匡迪主持召开市政府第31次常务会议，听取市政府协作办关于全国东西扶贫协作经验交流会的情况汇报。5月24日，上海市市长徐匡迪主持召开市政府第33次常务会议，听取市政府协作办公室关于国务院三峡移民工作会议精神的汇报。6月14日，上海市市长徐匡迪主持召开市政府第35次常务会议，会议听取市政府协作办关于中央扶贫开发工作会议的情况汇报。

1999年6月3日，由上海市工商业联合会、上海市政府协作办公室共同组织"长江沿岸七省二市非公经济发展研讨会"在神州大厦召开。

1999年7月8日，上海市各地投资企业协会、上海高新技术成果转化服务中心在上海科技京城共同举办"新18条政策宣讲会暨高新技术成果项目推介会"。

1999年9月10日，由长江三角洲城市经济协调会组委会和湖州市人民政府共同主办的"长江三角洲资产重组洽谈会暨湖州市首届产权交易会"在湖州市举行。会议期间，15个城市共推出产权出让购并项目305个，资产总额近100亿。签约项目138项，总资产35.7亿元。

1999年11月17日，长江三角洲区域发展国际研讨会在上海举行。联合国环境署亚太区主任安德鲁斯、国际地理学会大气委员会主席恩肯德累姆、中科院院士齐康等中外专家、学者发表了演讲。

1999年12月13—17日，由国家经贸委、外经贸部和上海市人民政府共同主办的首届上海国际工业博览会在上海展览中心举行。

2000年4月21日，"豫沪经济合作洽谈会、2000年上海商品博览会"在郑州开幕。上海市副市长蒋以任出席开幕式。

2000年11月14日，全国人大常委会委员长李鹏视察了上海市政府对口支援三峡库区的重点项目——重庆(上海)汇丽建材有限公司。

2001年1月10日，《共铸世纪辉煌—2001年驻沪办事机构、各地在沪企业迎春联谊会》在上海电视台大演播厅举行，市委、市人大、市政府、市政协有关领导出席。联欢会分六大板块，以多种文艺的形式反映主题。1月28日在上海电视台8频道播出，1月29日由上海卫视向全国转播。

2001年1月15日，上海市政府协作办向上海市人大专题汇报上海服务参与西部大开发情况。

2001年5月，沪苏浙经济合作与发展座谈会首次会议在浙江召开。

2001年6月4日，上海市市长徐匡迪召开市长专题办公会议，听取市协作办有关中央扶贫工作会议情况与上海市对口云南帮扶协作工作情况汇报。

2001年6月25—27日，中央第四次西藏工作座谈会在北京召开。上海市委副书记罗世谦、副市长蒋以任出席。会议安排上海援藏项目8个，金额8300万元。

2001年7月15日，国务院三峡工程移民暨对口支援工作会议在湖北省宜昌市召开，国务院总理朱镕基到会讲话。上海市人民政府被授予对口支援三峡库区移民先进单位，崇明县被授予三峡工程移民工作先进单位。上海市副市长冯国勤出席会议。

2001年8月20日，上海市委、市政府召开上海市对口支援工作会议。市委书记黄菊、市长徐匡迪，市政协主席王力平等市领导出席会议。会议传达了"中央扶贫开发工作会议"、"中央第四次西藏工作座谈会"、"国务院三峡工程移民暨对口支援工作会议"3个会议精神，总结了上海市对口支援工作，布置了下阶段全市对口支援工作任务，表彰了91个先进单位，92名先进个人。

2001年9月28日，"上海协作"网站正式开通。"上海协作"网站是市政府"中国上海"门户网站的子网站，设有信息动态、经贸合作、西部开发、对口支援、政策法规等栏目，并提供网上查询、网上办事等功能，是发布上海对内开放、服务全国信息的平台。

2001年11月24日，第三届上海国际博览会论坛"东西部地区联动发展"主题报告会在上海国际会议中心举行。

2001年12月5—7日，国务院三建委移民开发局在上海举办全国对口支援三峡工程移民工作座谈会。中央部委、有关省市等40个三峡办的负责人参加会议。

2002年2月1日，2002年新春农副产品大联展在上海农展馆开幕。副市长冯国勤等市领导以及部分外国驻沪领事官员出席开幕式。大联展汇集了山东、江西、江苏、浙江等全国21个省市的各类优质农副产品3000多种，参展企业近400家，摊位数250个。

2002年9月26日，沪滇两地开通沪滇白玉兰远程医学教育网。

2002年11月5—8日，全国东西扶贫协作工作座谈会在上海召开。国务院扶贫办副主任王国良、上海市副市长冯国勤、全国有关省市扶贫办、经协办领导出席会议。

2004年1月7日，上海市市长韩正出席"市领导报告会暨2004年迎春联谊会"，向国务院有关部门、各兄弟省区市驻沪办事机构、各地在沪大企业负责人近400人通报上海市2003年国民经济和社会发展情况，介绍了上海市委、市政府对2004年工作的重点部署。

2004年2月24日，上海市委、市政府召开上海市合作交流工作会议。会议指出，合作交流要做到"四个坚持"：一是坚持立足大局、扩大开放、服务全国、互融共进的工作方针；二是坚持优势互补、持续协调、开拓创新、合作共赢的发展思路；三是坚持政府引导、市场运作、企业主体、社会参与的运作机制；四是坚持统筹兼顾、突出重点、分类指导、注重实效的推进方法。

2004年5月25—27日，由世界银行主办、中国政府承办、国家财政部、上海市人民政府协办的全球扶贫大会在上海市召开。温家宝总理、回良玉副总理、世界银行行长沃尔芬森以及巴西、乌干达、孟加拉等国家总统、总理出席了大会开幕式。市委常委、副市长冯国勤在全球扶贫大会部长级圆桌会议上发表了《上海对口云南帮扶反贫困案例报告》的主题演讲。

2004年6月，上海市国内合作交流工作联席会议第一次会议在市政府人民大厦举行。

2004年9月6—18日，上海市合作交流工作党委、市政府合作交流办首次组团出访德国、意大利，宣传上海经济建设、社会发展情况，推介2010年上海世博会，考察交流区域合作情况。

2004年10月11—15日，市合作交流工作党委在市委党校举办了第一期合作交流系统处级干部培训班。中央部属驻沪单位、各省市区、副省级城市驻沪办和部分地区驻沪联络处的44名干部参加培训。

2004年，上海市各地投资企业协会编辑了《上海市各地投资企业名录》一书，主要内容有：上海市加强国内合作的有关政策、在沪大企业名单、4000余家各地在沪企业信息、市各地投资企业协会情况介绍、各区县协会联络网等。

2005年4月13日，上海市政府合作交流办与中国浦东干部学院共同举办“上海市与兄弟省市经济技术合作交流情况介绍会”。中国浦东干部学院“第一期市长发展研究班”、“第一期司局级领导干部任职培训班”的学员约80人参加会议。

2005年6月21日，国务院正式批准浦东进行综合配套改革试点。

2005年8月30日，首届“长三角民间组织—行业协会与区域经济发展合作交流论坛”在上海国际会议中心举办。

2005年11月28日，上海、湖北、重庆和交通部共同发起，联合江苏、安徽、江西、湖南、四川、云南等省市在北京共同召开了“合力建设黄金水道，促进长江经济发展”座谈会，国务院副总理黄菊参加会议。

2005年12月17日，上海市合作交流与对口支援工作领导小组第一次会议召开。市委副书记王安顺、常务副市长冯国勤、市委秘书长范德官出席会议。

2005年12月25日，沪苏浙两省一市党政主要领导座谈会首次会议在杭州举行。

2006年4月7—9日，国家发展和改革委员会副主任、国务院西部开发办公室副主任王金祥一行来沪就“十一五”期间上海如何加强区域协调互动，共同推进西部大开发等问题进行专题调研。

2006年4月11日，上海市人民政府与杭州市人民政府签署《沪杭经济合作与交流框架协议》。

2006年7月7日，国务院西部开发办人才开发与法规组、德国技术合作公司、上海市政府合作交流办签署“促进区域共同发展合作备忘录”。按照计划，第一期西部地区县处级以上干部培训班（培训采取国内培训与国外培训相结合）于11月开班。

2006年9月25—28日，首届中国中部贸易投资博览会在湖南省长沙市举行。市人大副主任胡炜率团参加，并在“现代流通与中部崛起”高层论坛上作专题演讲。

2006年11月7日，由上海、海南、广州、深圳、厦门五省市合作交流部门发起，上海市合作交流工作委员会主办的首次“沿海五省市合作交流党建工作研讨会”在沪召开。

2006年11月21日，交通部与沿江七省二市在南京市召开长江水运发展协调领导小组第一次会议，共同签署《“十一五”期长江黄金水道建设总体推进方案》。

2006年12月3日—6日，国务院在北京召开全国对口支援三峡库区移民工作会议。上海市人民政府合作交流办公室、浦东新区人民政府合作交流办公室、卢湾区卫生局、闵行区劳动和社会保障局等四家单位以及五名个人被评为先进受到表彰。

2006年12月7日，长江三角洲人才开发一体化工作会议在上海召开。

2007年1月12日，上海市政府合作交流办被国务院三峡工程建设委员会办公室授予“全国对口支援三峡库区移民成果展览组织奖”。

2007年3月20日，全国对口支援三峡移民工作座谈会在上海召开。国务院三峡办以及来自湖北省、重庆市的领导和全国有对口支援任务的30个省市的部门领导参加会议。

2007年5月15日，国务院总理温家宝在沪召开长三角地区协调发展座谈会，专题研究长三角地区协调发展问题。上海市市委书记习近平在汇报发言中提出“深化、放大、提升、搭台”的思路。

2007年6月19日，白玉兰农民现代远程教育红河网点建设启动仪式在红河州举行。该项目总投资300万元，计划在红河州白玉兰重点开发村建设172个网点。

2007年6月21日，上海市市委书记习近平主持召开部分驻沪办事处主任座谈会，市委副书记殷一璀，市委常委、秘书长丁薛祥，副市长杨定华参加会议。

2007年6月21日，长三角区域创新体系建设联席会议2007年工作会议在杭州召开，会议举行《长三角科技创新公共服务平台共建协议书》签约仪式，并开通长三角大型科学仪器设备协作共用网。

2007年7月4日，上海市人民政府与南京市人民政府签署《进一步加强沪宁合作交流框架协议》

2007年7月13日，上海市委、市政府召开市合作交流与对口支援工作会议，市委书记习近平、市长韩正、市政协主席蒋以任等领导出席会议。会议发布实施《关于进一步加强国内合作交流工作的若干政策意见》(简称“26条”政策)。

2007年9月1日，上海市常务副市长冯国勤与吉林省常务副省长田学仁分别代表两地签订《吉林省人民政府—上海市人民政府进一步加强合作交流协议》。

2007年10月，上海世界夏季特殊奥林匹克运动会在上海举办，市合作交流办圆满完成中央部门，各省区市领导以及各地观摩团、考察团共约1700人的接待任务。

2007年11月30日，沪苏浙主要领导座谈会在上海举行。确定开展“区域合作协调机制”、“区域发展政策法规协调机制”、“科技创新政策”、“涉外服务障碍”、“打破市场壁垒推进市场一体化”、“加强信息资源共享，实现区域信息一体化”等6个课题调研。其中，前两个课题由上海负责。

2007年12月1日，长江三角洲地区发展国际研讨会在上海国际会议中心开幕，会议主题是“提升长三角地区整体国际竞争力”。中共中央政治局委员、上海市市委书记俞正声，市长韩正和苏浙两省主要领导出席。

2008年1月10日，上海市政府召开各省区市驻沪办事处负责同志座谈会，听取全国各省区市驻沪办事处负责同志对《政府工作报告(征求意见稿)》的意见和建议。市长韩正、常务副市长冯国勤、副市长艾宝俊等出席座谈会。

2008年4月9日，上海市合作交流系统党建工作会议召开，市委常委、市委秘书长丁薛祥出席会议。

2008年4月11日，召开上海市合作交流与对口支援工作会议，市委常委、市委秘书长丁薛祥、副市长胡延照出席会议。

2008年5月4日，上海市副市长胡延照与吉林省人民政府签订《上海市人民政府—吉林省人民政府关于推进产业和园区开发建设合作的备忘录》。

2008年8月14日，召开上海市合作交流与对口支援工作领导小组专题会议，副市长胡延照出席，会议专题研究了“推进合作交流信息服务平台建设”和“推进长江流域区域经济联动发展”问题，审议并通过《市合作交流与对口支援工作领导小组成员单位信息报送制度》。

2008年8月14日，上海市合作交流综合信息服务平台正式启用。

2008年12月5日，国务院扶贫开发领导小组国开发〔2008〕6号文，授予上海市人民政府合作交流办公室、上海市科学技术委员会、上海市宝山区人民政府合作交流办公室“全国东西扶贫协作先进单位”称号。

五、历任领导名单

(一) 市委分管领导

王安顺　副书记(2003.8—2007.3)

丁薛祥　市委常委、秘书长(2007.5—至今)

(二) 市政府分管领导

陈锦华　副市长(1979.12—1983.2)

朱宗葆　副市长(1983.4—1986.10)

黄　菊　副市长(1986.10—1988.4)

顾传训　副市长(1988.4—1993.2)

蒋以任　副市长(1993.2—2003.2)

冯国勤　常务副市长(2003.2—2008.1)

胡延照　副市长(2008.2—至今)

(三) 市政府协作办

主　任：韦　明(1982.9—1985.9)市政府副秘书长兼

胡树衡(1985.9—1988.10)市政府副秘书长代

孙明良(1988.8—1995.8)

姜光裕(1995.8—2003.8)市政府副秘书长兼

副主任：钱一平(1982.9—1985.9)

苏　酝(1982.9—1985.9)

胡树衡(1984.11—1985.9)

刘思仁(1985.9—1987.3)

王家禄(1985.9—1993.4)

王大誌(1986.7—1990.12)

孙明良(1986.7—1988.8)

沈志存(1990.12—2004.1,其中自2001年4月起改任巡视员)

姚兆年(1993.1—2004.1,其中自2003年8月起改任巡视员)

谭甦萍(1993.9—1999.4)

周伟民(1996.6—2003.8)

赵介元(2001.4—2003.8)

陈荣堂(2003.2—2003.8)

副巡视员:周振球(2001.5—2003.8)

(四)市合作交流工作党委

书　记:钟燕群(2003.8—2005.1)

林　湘(2005.1—至今)

副书记:鹿金东(2003.8—至今)

王明珠(2003.8—2004.9)

范贤彪(2006.7—2007.8)

秘书长:周振球(2003.8—2004.6)

杨明珠(2004.6—至今)

(五)市政府合作交流办

主　任:钟燕群(2003.8—2004.5)市政府副秘书长兼

林　湘(2005.1—至今)

副主任:陈荣堂(2003.8—至今,其中自2007年10月起改任巡视员)

王明珠(2003.8—2004.9)

胡雅龙(2003.8—至今)

周贤行(2003.8—至今)

周振球(2004.6—至今)

周　晓(2005.10—至今)

秘书长:周振球(2003.8—2004.6)

杨明珠(2004.6—至今)

副巡视员:曹整国(2004.6—至今)

费金森(2008.6—至今)

成玉生(2008.6—至今)

陈文禄(2003.8—2008.5)原接待办主任

重要文件(一)

上海市人民政府关于印发《上海市服务全国和对口帮扶“十一五”规划》的通知

沪府发〔2007〕11号

各区、县人民政府,市政府各委、办、局:

现将《上海市服务全国和对口帮扶“十一五”规划》印发给你们,请认真贯彻执行。

上海市人民政府

二〇〇七年三月二十八日

上海市服务全国和对口帮扶“十一五”规划

做好服务全国和对口帮扶工作是上海实践“三个代表”重要思想,全面落实科学发展观、加快和谐社会建设的重要体现和重要组成部分。为加快实现“四个率先”,加快建设“四个中心”,进一步服务长三角、服务长江流域、服务全国,根据《上海市国民经济和社会发展第十一个五年规划纲要》,制定本规划。

一、“十五”工作的回顾

“十五”期间,上海按照中央的统一部署,坚持“立足大局、扩大开放、服务全国、互融共进”的指导方针,突出重点,注重实效,积极开展合作交流与对口支援工作,取得了显著成效。《上海市国内合作‘十五’计划纲要》提出的主要目标任务已全面完成。

(一)对口支援工作成绩显著

“十五”时期,我市努力探索政府主导、社会参与的对口支援模式。在对口支援的西藏日喀则地区、新疆阿克苏地区、云南文山、红河、思茅、迪庆四州市、三峡库区重庆万州和湖北宜昌夷陵等地,围绕扶贫开发、移民安置、援建社会公益项目、培训各类人才和开展经济技术合作等重点，共投入无偿援助资金11.27亿元，实施对口帮扶项目1490个，其中援建各类试点村、重点村884个。累计派出挂职干部、各类志愿者1800人，帮助培训了一大批各类人才。与有关方面签署经济技术合作项目924个，协议资金174.82亿元。其中，在西藏日喀则地区，共投入资金4.13亿元，重点援建了日喀则扎什文化广场、上海家园、上海路、上海体育场、日喀则地区中专教学楼等一批基础设施和公益事业及其他项目259个；在新疆阿克苏地区，共投入资金1.6亿元，重点援建了阿克苏地区教师培训中心、阿克苏地区少年宫、阿克苏地区图书馆、阿克苏地区医疗急救中心、阿克苏地区科技活动中心等科教文化医疗项目388个；在云南四州市，共投入资金4.29亿元，实施帮扶项目1625个，启动了帮扶人口较少民族德宏州德昂族和思茅市苦聪人的工作；在三峡库区重庆万州和湖北宜昌夷陵，共投入资金1.25亿元，实施种植养殖、旅游等特色产业和移民就业基地等重点援助项目218个。先后安置7519名三峡库区农村外迁移民。

上海对口支援云南案例在全球扶贫大会上进行了交流，本市多次被国务院三峡建设委员会评为"对口支援三峡库区移民工作先进集体"，本市对口云南帮扶协作领导小组办公室被国务院扶贫开发领导小组评为全国东西扶贫协作先进集体。

(二) 跨地区合作蓬勃发展

贯彻中央区域发展战略的总体部署，市领导率团先后9批次出访兄弟省区市，积极推进跨地区合作。共达成合作项目1654个，总金额1841.7亿元。一是参与西部大开发成效明显。市财政设立参与西部开发专项资金，支持企业到中西部地区开展投资合作；积极组团参加重要区域性经贸展示洽谈，签订合作项目1507个，总金额达到1534.7亿元；开展各类智力帮扶和人才培训；完成"西气东输"、"西电东送"配套工程。二是支持东北地区等老工业基地振兴取得新进展。签署粮食产销合作协议，组团参加重要经贸展示活动，引导上海优势企业参与国有企业改制，签订合作项目147个，金额达307亿元。三是长三角区域合作扎实推进。区域各层次协商机制逐步建立；区域合作组织进一步发展完善；区域部门专题合作深入推进，在交通规划对接、科研设备共享、物流信息互通、产权交易(信息发布、统计口径、交易规则)"三统一"、主要旅游景点道路交通指引标志设置统一和区域通关改革试点等方面取得阶段性成果。四是长江黄金水道建设形成共识。会同沿江中心城市完成专题研究；开展部省市合作，共同召开了"合力建设黄金水道，促进长江经济发展"座谈会和长江水运发展协调领导小组第一次会议，建立长效合作机制。

(三) 城市集聚辐射服务功能不断增强

注重扩大对内开放，转变政府职能，增强服务功能。制定了《关于进一步服务全国加强上海国内合作交流工作的若干意见》(沪委办〔2004〕7号)，多方位增强和落实服务措施，推荐在沪单位参与本市先进模范评选，积极为各地驻沪办事机构和各地来沪举办经贸活动搞好服务。发挥要素市场功能，改善投资环境，吸引各地企业来沪投资并扩大投资领域。各地来沪投资平稳增长，落户企业数平均年增长近30%，注册资本平均年增长10%。

(四) 地区间友好往来日益增进

坚持学各地之长，补上海之短，创上海之新，全面推进与兄弟省区市的合作交流。市合作交流与对口支援工作领导小组制定了《关于加强本市公务接待工作的有关意见》，规范公务接待，共接待来沪地司级以上领导或团组8100余批。增设了上海市政府驻西藏、新疆办事处，各地在沪设立办事机构近900家。制定了上海对兄弟省区市受灾的援助应急响应及兄弟省区市对本市慰问鸣谢应对响应的方案，向遭受重特大自然灾害的17个省区市受灾地区紧急援助资金和物资近6000万元，向多个省市及港澳地区提供了大批抗“非典”物资，在本市中心城区逐步建立了“方便群众、及时捐赠”的经常性社会捐助接收网络，每年组织全市群众性社会捐助活动，支援对口地区。

上海服务全国与对口帮扶工作还需要进一步整合资源、集中集聚，上海企业向外地拓展还需要进一步组合集群、形成规模，区域合作还需要进一步完善工作机制、深化专题合作，对内开放还需要进一步优化环境、增强服务功能。

二、“十一五”工作的特点、指导思想和基本原则

（一）特点

中央提出构建社会主义和谐社会，促进区域协调发展，要求上海做好“服务长三角、服务长江流域、服务全国”，对上海“十一五”期间做好服务全国和对口帮扶工作提出了新要求。坚持和落实科学发展观，贯彻国家区域发展总体战略，促进东、中、西部地区互动发展，是中央交给上海的任务，也是上海应尽的历史责任。

区域经济一体化、新一轮国际产业转移和国家实施互利共赢的开放战略，为上海“十一五”期间加快自身发展，做好服务全国和对口帮扶工作提供了新机遇。要进一步扩大对内对外开放，转变发展模式，优先发展现代服务业和先进制造业，实现产业优化升级，提升城市服务能级和水平，为做好服务全国和对口支援工作提供了保障。

国家编制的《长江三角洲地区区域规划纲要》明确要加快长江三角洲及沿江地区联动发展，形成我国最具国际竞争力和影响力的城市群。这对上海“十一五”期间做好服务全国和对口帮扶工作提出了新任务。要立足于国家战略和长三角及沿江地区的整体利益，共建区域创新体系，完善区域合作机制，提升区域整体能级，使之成为代表我国参与国际竞争和合作的战略平台。

加快上海“四个中心”建设，浦东进行综合配套改革试点，办好2010年上海世博会，为上海服务全国和对口帮扶工作开拓了新领域。要完善多层次市场体系，促进增强城市综合功能，创新区域发展合作机制，共同构建向世界展示的舞台，进一步形成全方位、宽领域、多层次的开放格局。

（二）指导思想

以邓小平理论和“三个代表”重要思想为指导，全面落实科学发展观，按照中央关于上海做好“三个服务”的要求，认真完成对口支援任务，加强与各地的合作交流，积极促进区域协调发展，为上海加快实现“四个率先”，加快建设“四个中心”，构建社会主义和谐社会作出更大贡献。

（三）基本原则

1. 坚持“区域协调、统筹发展、东西联动、共同富裕”的国家战略。坚决贯彻中央要求，促进

区域协调发展，共同构建社会主义和谐社会。

2. 坚持“立足大局、扩大开放、服务全国、互融共进”的工作方针，增进友好往来，促进要素流动，增强服务功能，实现跨地区联动发展。

3. 坚持“优势互补、持续协调、开拓创新、合作共赢”的发展思路，创新合作模式，拓宽合作领域，健全合作机制，注重可持续发展。

4. 坚持“政府引导、市场运作、企业主体、社会参与”的运作机制，转变政府职能，完善市场体系，营造各界参与的良好氛围和制度环境。

5. 坚持“统筹兼顾、突出重点、分类指导、注重实效”的推进方法，统筹规划协调指导，整合资源集中集聚，全面推进服务全国和对口帮扶工作取得新成效。

三、“十一五”工作的总体目标和主要任务

（一）总体目标

1. 进一步形成促进对口支援地区可持续发展的帮扶工作新局面。稳步增加帮扶投入，扩大经济合作领域，加大智力和人才支持力度，增强对口支援地区的“造血”功能，积极促进对口支援地区经济社会协调发展。

2. 进一步完善区域联动发展的合作机制。拓展区域合作领域，增强区域组织功能，完善区域合作机制，促进区域要素流动，提升区域整体国际竞争力。

3. 进一步发展与各地友好往来的互动格局。增进友好往来，扩大经贸交流，努力搞好政府公务接待，加强市政府驻外办事机构建设和服务各地驻沪办事机构工作，推进与兄弟省区市的全面合作。

4. 进一步增强城市集聚辐射功能。构筑服务平台，拓展服务领域，延伸服务功能，提升服务内涵，推进政策落实，优化投资发展环境，促进各种资源要素的跨区域流动。

（二）主要任务

1. 完成中央下达的对口支援任务。

按照中央关于做好对口支援工作的要求，坚持“动真情、办实事、求实效”方针，完善工作长效机制。结合受援地区的实际需求，帮扶工作要进一步做到“三个能”，即能让贫困人群直接受益，帮助改善贫困人口基本生活、基本生产、基本教育和基本医疗条件；能与当地经济社会发展规划相衔接，推动对口支援地区“十一五”规划的实施，促进实现可持续发展；能让中央、对口支援地区和上海“三满意”。

(1) 对口支援西藏日喀则地区。进一步贯彻中央“全国支援西藏”的要求，围绕加强民族团结，巩固边疆稳定，实施帮扶项目向农牧区和农牧民倾斜，重点援建一批“安康工程”，帮助发展边疆经济。

——重点援建一批直接造福于贫困农牧民的安居温饱“安康工程”。同时，把实施“安康工程”与当地加强基层党组织和政权建设相结合，不断促进西藏的社会稳定。

——继续援建一批中小学基本建设项目和妇幼保健院等群众急需的公益项目，积极推进“白玉兰”远程医学网建设，帮助改善当地教育、医疗条件。

——进一步推动旅游产业的合作，激励和引导社会资金和民间资金投资当地旅游设施建设，共同开发旅游产品和旅游景点、帮助提高旅游服务质量。

(2) 对口支援新疆阿克苏地区。进一步贯彻中央提出的援疆工作的任务和要求，援疆项目逐步向农牧民、贫困县和乡村倾斜，重点建设一批“扶贫开发工程”和社会事业项目，帮助提高贫困农牧民生活水平，促进受援地区发展稳定。

——以整村推进为重点，援建一批“白玉兰扶贫开发重点村”、“抗震安居房”、基层村委会和村民服务社区用房，帮助改善贫困牧民的基本生产、生活条件。

——继续援建一批中小学基本建设项目和妇幼保健院等群众急需的公益项目，积极推进“白玉兰”远程医学网建设，帮助改善当地教育、医疗条件。

——援建地区博物馆，支持当地发展“龟兹文化”、“多浪文化”，鼓励和引导社会资金和民间资金投资当地旅游业，帮助开发旅游产品和旅游景点，加快当地旅游设施建设。

——鼓励和引导上海优势企业结合当地“6122”工程(建成新疆重要的石油化工、电力、煤产业、棉产业、优质果品基地、优质商品粮基地；“龟兹故地、西域精粹”旅游目的地；“龟兹文化”、“多浪文化”特色品牌；阿克苏市和库车县“龙头城市”)，共同开发当地特色优势资源，深入开展经贸文化交流活动，加强两地经济社会合作。

(3) 对口帮扶云南文山、红河、思茅、迪庆四州市。进一步贯彻国务院颁发的《中国农村扶贫开发纲要(2001—2010年)》(国发〔2001〕23号)，实施“一体两翼”扶贫开发战略，重点建设一批以“整村推进”为主的扶贫开发工程，继续推进劳动力培训转移和产业化扶贫，帮助贫困人口脱贫致富。

——援建一批新型的“白玉兰扶贫开发重点村”。以行政村为单位整体规划、以自然村为单位逐步推进，努力改善贫困农户的基本生产、基本生活、基本教育、基本医疗条件并使贫困农户增加收入，为建设社会主义新农村打好基础，创造条件。

——加大教育、卫生等社会公益事业的援助力度。新建或改建一批中小学，继续援建一批贫困村卫生室，改善贫困农户子女就学和贫困农户就医条件。

——共同探索开发特色产业的合作机制。进一步加强与对口四州市的经济合作，合作开发有特色资源优势、市场前景好、具有竞争力的养殖业、旅游业、农副产品加工项目，形成产业链，努力增加贫困群众的收入，巩固脱贫成果。

——建立劳务培训输出工作机制。援建“劳动技能培训中心”，通过对农村富余劳动力的技能培训，不断提高贫困地区富余劳动力在全国劳动力市场的竞争力，加快脱贫致富步伐。

——积极帮扶苦聪人和人口较少民族德昂族。援建一批“白玉兰扶贫开发重点村”以及农村基层社会事业项目，配合当地政府做好苦聪人异地安置，发展种植养殖业，增加贫困农户收入。

(4) 对口支援三峡库区的重庆万州和湖北宜昌夷陵。进一步贯彻国家《三峡库区经济社会发展规划》，坚持“搬得出、稳得住、逐步能致富”的移民工作方针，重点援建一批社会公益事业项目，扶持发展特色经济。继续帮助当地改善投资环境，动员和引导上海企业到库区投资兴业，促进库区经济发展。

——继续扶持发展特色产业。重点扶持当地发展柑桔、水产、畜牧和旅游“四大特色产业”。援建优质柑桔、茶叶等种植基地，发展设施渔业、生猪等养殖基地，帮助开发库区旅游资源，发展旅游产业。

——继续援建移民就业基地。重点帮助万州区、夷陵区建设移民就业基地，改善投资环境，援建一批标准厂房，吸引一批有规模、有效益的企业落户，为移民提供更多的就业岗位。

——继续帮助库区加强对富余劳动力的岗位技能培训和劳务输出。帮助建立劳务培训输出服务机构，援建劳动技能培训设施，加大技能培训力度，提高其在劳动力市场的竞争力。提供劳动信息服务，不断拓展移民劳务输出渠道。

——继续引导上海企业参与库区经济建设。组织上海企业赴库区考察洽谈，鼓励和引导更多的上海企业参加库区建设，推动库区产业发展，解决移民就业。继续帮助库区在上海举办招商项目推介会、信息发布会和农副产品展销会等，不断拓展库区招商引资和农副产品销售渠道。

2. 共同推进长江三角洲及沿江地区综合经济带建设。

推进实施国家《长江三角洲地区区域规划纲要》，促进落实交通、科技创新、环保、能源等区域重点合作专题，拓宽合作领域，深化合作内容，完善协调机制，共同建设长江三角洲城市群。在国家有关部门指导下，与沿江城市共同推进长江黄金水道功能开发，加快长江经济带建设。

——推进长三角城市间专题合作。深化现有信息、规划、科技、产权、旅游、协作等6个专题合作内容，建立共建共享机制，推进制度衔接。促进港口、通关、人才、交通“一卡通”互通、诚信制度协调建设、区域教育合作等6个新设专题取得实质性进展。

——推进长三角金融资源一体化进程。推进建立长三角地方政府和金融监管部门合作机制，促进区域共享金融发展成果，鼓励各地参与金融合作，共同加强金融基础设施和金融生态环境建设。

——支持长三角区域性行业协会建设。加强政策支持和工作指导，积极推进在集成电路、软件行业、产权交易等领域建立一批区域性行业协会和团体，积极探索在行业标准、规范、规则、知识产权、企业诚信、市场管理、消除垄断等方面建立区域推进协商机制。协调规范企业行为，促进形成井然有序的区域合作竞争环境。

——共建现代化长江水运。以洋山港建设为契机，推进建设长江流域水运信息平台和区域通关改革试点，与沿江城市共同发展江、铁、海、陆联运及内河集装箱运输，共同带动国际物流和第三方物流等相关服务业和延伸产业的发展，促进沿江地区经济发展。

——以资产为纽带，推进沿江港航企业合作。发挥上海资产运作、港机设备和人才管理等方面的优势，引导和鼓励上海相关优势企业与沿江港航企业开展横向纵向整合，扩大经营网络和服务网络，形成集团化的规模经济。

——深化“合力推进长江黄金水道建设”研究。进一步发挥区域合作组织作用，组织专家就长江黄金水道建设中的重点和难点深入开展研究。召开“合力推进长江黄金水道建设，促进流域经济全面协调发展高层论坛”，健全完善部省市合作机制。

3. 积极参与西部大开发。

深入贯彻国务院《关于进一步推进西部大开发的若干意见》（国发〔2004〕6号）和国务院西

开办《关于促进西部地区特色优势产业发展的意见》(国西办经〔2006〕15号),继续推动上海产业、技术、管理优势与西部地区资源等优势的结合,进一步参与西部大开发。

——加快实施"六个一批"跨地区产业合作项目。合建一批当地特色资源的开发及深加工项目,加强能源等资源方面的合作,建设特色资源基地;扩散一批支柱产业项目,促进当地经济结构调整,发展特色优势产业;推进一批高新技术合作项目,在当地共建高科技孵化基地,促进科研成果的转让;实施一批名牌产品"销地产"项目,扩大生产规模,共同拓展市场;转移一批有市场与有效益的传统工业项目,帮助当地吸纳富余劳动力;培育一批"头脑"在沪而生产基地在西部的项目。

——支持发展特色农业和高效农业。发挥上海"种源农业"、"设施农业"、"服务农业"的优势,积极推广上海自主创新和引进、消化、吸收、再创新的优良种苗、种禽和种畜,在西部地区扶持一批种植养殖和农产品深加工项目,合作开发绿色农产品进入国内外市场。进一步构筑上海农产品物流、展示展销、科技服务、信息服务和检测认证五大平台,帮助西部地区发展特色农业和高效农业,努力为西部地区"三农"服务。

——积极参与基础设施建设。利用上海技术、管理、信息和体制等的优势,携手设计、建设、装备、监理等单位形成规模优势,参与当地基础设施建设。

——引导上海现代服务业企业参与、服务西部大开发。鼓励金融、中介服务、连锁商业、连锁酒店、旅行社等企业和机构进入西部地区布设网点,发挥上海金融、资本市场的功能,帮助西部优势企业进行资本运作,在拓展市场的同时促进共同发展。

4. 积极支持东北地区等老工业基地加快调整改造。

进一步贯彻《中共中央国务院关于实施东北地区等老工业基地振兴战略的若干意见》(中发〔2003〕11号),共同探索推进两地合作协调发展的路子,实现优势互补,共进双赢。

——参与国有经济战略性调整。积极推进上海装备、汽车、化工、钢铁、能源、医药、科技、新材料等行业与东北地区国有企业开展多种形式的合作,促进产业结构优化升级。发挥上海各类要素市场和中介机构的功能,为当地改造传统制造业、发展现代服务业、调整产业结构、加快企业资产重组提供市场服务。

——继续加大农业合作与资源开发。注重发挥上海作为粮食主销区和东北地区作为粮食主产区的独特功能,加强粮食和农副产品的产销合作,延长产业链。推进在东北地区建立一批粮食、乳业、肉类、木材等资源基地。

——继续实施"振兴东北老工业基地科技合作专项"。加强"产学研"跨地区联合,形成一批具有自主知识产权的关键技术和名牌产品。建立上海科技企业服务基地,促进增强企业自主开发能力。

——联合开展对外贸易。合作建立一批以轻工、电子、纺织品为主的出口加工基地,共同开拓东北亚市场。推进"中中外"合作,开发利用东北亚森林、矿产和能源等资源。

5. 积极促进中部地区崛起。

进一步贯彻《中共中央国务院关于促进中部地区崛起的若干意见》(中发〔2006〕10号),充分发挥中部地区承东启西的区位优势,积极拓展上海城市服务半径,加强重点领域的合作,促进区域协调发展。

——加强在煤、电等能源方面的合作和原材料基地建设。探索多渠道融资、多形式合作的路子，建设一批市外能源基地和原材料基地。加强在能源技术、能源开发、能源装备等方面的合作，联合开展重大产业技术开发和装备技术研制。

——加强在汽车、纺织、连锁业等方面的产业合作。结合上海国际汽车城产业园等重大项目建设，加强与中部地区汽车集团的合作与互动，共同提升我国汽车产业能级。加强与产棉区的合作，有计划、有步骤的转移上海纺织初级加工能力，共同打造新的纺织产业链。支持和鼓励上海连锁商业、金融机构在中部地区扩大网点布局，输出先进业态，促进当地商业、服务业的结构调整。

——加强农业领域的合作。发挥比较优势，加大在农业特色产品开发、农业经济技术合作、农村剩余劳动力培训等方面的合作力度。加强农产品安全质量监控的合作，共同建立农产品和食品安全体系。

6．依托全国共同办好世博会。

按照“举办一届成功、精彩、难忘的世博会”的要求，主动服务，积极参与，努力做好依托全国共同办博工作，更好地展示我国的整体形象。

——积极参与筹办世博会论坛，配合协助兄弟省区市在世博会期间开展招商、展示、推介和论坛等项活动。

——积极推进落实《长三角区域信息化“十一五”合作规划》，加强区域信息化合作，为各地参与网上世博会搞好服务。

——积极做好各兄弟省区市在世博园区举办的省区市活动日、演出、巡游、节日活动等的协调服务，认真搞好接待。

——积极发挥区域合作组织作用，充分利用长三角地区的宾馆资源和交通资源，协力解决世博会期间国内外游客的住宿、交通问题。

7．做好人才开发服务全国工作。

认真落实中央关于西部地区人才开发十年规划、东北地区人才队伍建设等精神，按照《上海实施人才强市战略行动纲要》和《关于进一步做好本市人才开发服务全国工作的实施意见》的要求，发挥上海人才优势，认真做好人才开发服务全国工作。

——重点做好对口支援地区的人才开发合作。继续办好党政管理、企业经营管理、专业技术、劳动技能、农村实用技术以及劳动力转移培训等各类培训班，提高人才培训的针对性和实用性。进一步加大远程教育网建设力度，扩大培训受益面。积极组织本市公务员、专业技术人员、青年志愿者、农村实用技术人员、留学回国人员、博士服务团、老科技人员等各类人才赴对口支援地区，从事技术咨询和智力扶贫等工作。同时，做好对口支援地区紧缺急需的干部、专业技术人员来沪短期挂职和专业进修的服务工作。

——加快推进长三角人才开发一体化进程。共同推进区域人事人才制度和政策的协调与衔接，逐步在人才流动、人事争议仲裁、人事考试、教育培训等制度政策方面实现对接。共同开发公共人事服务产品，互设人才服务窗口，开展人才委托招聘、异地人事代理，促进区域人才资源共享和自由流动。共同实施人才培训、继续教育、公务员短期挂职、高层次智力共享、海外智力共享等跨地区人才开发合作项目。共同建设长三角人才交流服务平台，组织开展网上人才交流和公益性专题人才交流活动。

——积极开展与中西部、东北等国内其它地区人才合作交流。推进高层次人才智力服务合作，加强区域间专家学者、博士后、留学回国人员的科技、学术交流，推动高层次人才与其他生产要素的有效结合。引导各类人才到中西部和东北地区工作，搞好异地人事代理服务。引导和鼓励本市高校毕业生从事“大学生志愿服务西部计划”、“三支一扶”计划和到西部等地区就业，重点帮助西部地区提高基础教育和基本医疗水平。开展区域间人才流动合作，为西北、东北地区人事部门到长三角地区举办招聘活动提供便利。同时，与泛珠三角、京津冀等地区开展人才合作交流，学习区域人才开发合作的经验。

8. 优化投资和发展环境。

转变政府职能，进一步营造公开、公平、公正的投资和发展环境，增强城市服务功能，促进上海和各地联动发展、共同繁荣。

——进一步落实《关于进一步服务全国加强上海国内合作交流工作的若干意见》(沪委办〔2004〕7号)，修改《关于进一步服务全国扩大对内开放若干政策的意见》(沪府发〔2001〕43号)。完善“一门式”服务机构，健全服务工作网络，提升服务内涵，提高服务质量。

——积极引进具有自主知识产权的各类优势企业、现代服务业企业、金融机构、高新技术企业和集团总部向本市优势产业、重大产业基地和市级工业园区集聚，参与上海经济社会建设。

——促进上海证券、产权、期货等要素市场建设，建立投资项目库，进一步构建服务全国的市场载体，推进建设全国统一市场体系。

9. 构建全方位服务平台网络体系。

充分发挥合作交流优势，加强本市现有各类服务平台的资源共享，延伸服务功能，拓展服务领域，促进形成服务全国的全方位服务平台网络体系，增强城市辐射集聚功能。

——推进人才服务平台建设，服务各地人才交流、人才培训，提供公共人事服务。

——推进农业服务平台建设，发挥上海农业科技优势，更好地为全国“三农”服务。

——推进产权交易服务平台建设，积极推动各地资本参与上海产业结构调整与国企改制。

——推进科技服务平台建设，实现科研设施、科技信息等资源共享，为企业技术创新提供公共服务。

——推进建设交通工程与设计服务平台建设，发挥上海设计、监理、技术、质量的整体优势，为各地城市建设和发展服务。

——推进会展服务平台建设，让各地企业来沪“借台亮相、借会展示、借地发展”。

——推进旅游服务平台建设，提升城市旅游服务功能，完善区域旅游合作机制，联手拓展国内外市场。

——推进知识产权服务平台建设，在专利申请、检索、信息资源共享和行政保护等方面，为各地提供优质服务。

——推进合作交流与对口支援综合信息服务平台建设，整合资源，实现信息共享，为上海企业“走出去”和各地企业落户上海提供项目信息服务。

——推进“白玉兰”远程教育网服务平台建设，利用先进技术，发挥上海教育、科技、文化、卫生等领域的综合优势，更好地服务中西部地区。

10. 加强与兄弟省区市政府间的友好往来。

按照中央关于“东中西互动、促进区域协调发展”的总体要求，加强与各地合作交流。

——加强与各地的友好往来。每年组团出访兄弟省区市，增进合作交流。积极组织参加国内区域性的重要经贸活动，主动为各地来沪举办的各类展示、洽谈会议活动做好服务。进一步发挥友好地区在推进两地合作交流中的重要作用。

——认真搞好政府公务接待。按照中央关于进一步规范党政机关国内公务接待工作的要求，抓紧研究制定本市贯彻落实意见，完善公务接待工作机制，加强公务接待工作基础建设，提高公务接待工作效率，形成节俭规范、简洁务实、安全有效、热情细致的公务接待特色。

——积极参与区域合作组织。推进“长江沿岸中心城市经济协调会”和“长江三角洲城市经济协调会”两个区域性合作组织的建设，加强协商协调，共同推进合作。通过论坛举办、课题研究、友好交往、资料交换、信息交流等形式，加强与国内区域合作组织的联系，扩大合作领域。

——做好各地在沪办事机构服务工作。主动加强与驻沪机构信息的沟通与交流，进一步发挥各地驻沪办事机构在沟通两地、联络化解矛盾、促进稳定等方面的作用。

四、保障措施和主要政策

（一）健全完善合作交流组织体系和综合协调运作体制。

进一步增强市合作交流与对口支援工作领导小组组织、统筹、决策功能，加强市、区县两级政府合作交流办建设，成立市国内合作交流中心，健全工作网络，落实工作责任，增强协调能力，完善考核机制。进一步畅通信息交流渠道，实现信息资源共享，提高数据分析能力，提升信息工作质量。修订有关对内开放政策，制定相关实施细则，完善合作交流工作政策体系。

（二）强化市合作交流专项资金的管理和有效运作。

修订《上海市国内合作交流专项资金使用管理暂行办法》，制定和完善市、区县对口支援资金统筹管理、合作项目投资补助、区域重要经贸会展资助、区域合作专题合作资助、服务平台建设等专项实施细则。加强合作交流专项资金援助和资助项目立项、实施、竣工验收的论证、监管和终期审计，建立委托社会中介组织和专家开展第三方评估项目制度，健全专项资金项目监管机制。

（三）加强驻外办建设形成市外支撑服务网络。

加强市政府驻外办事机构建设，完善市政府驻外办事处布局和功能。增强对两地间政府友好项目、商务合作项目、社会交流项目、人才流动项目、信息互通项目、灾情援助项目的服务功能。提高报送信息的质，注重深层次、综合性情况的分析与研究，编制两地合作交流年度专项报告，提供市领导决策与参考。增强为上海在外单位和项目协调服务功能，探索依托市政府驻外办事处在上海市外企业较集中的地区逐步建立“上海商会”，进一步为当地的上海企业服务。完成有关市政府驻外办事处办公用房的改造或新建。

(四)完善上海对兄弟省区市遭受重大自然灾害和突发事件应急援助机制。

认真实施上海对兄弟省区市受灾的援助应急响应及兄弟省区市对本市慰问的鸣谢应对响应方案,根据灾害的不同情况,及时启动相关预案,提出有关援助方案,实施分级处理,及时开展相关援助,帮助当地抗灾救灾和灾后恢复重建。进一步完善本市单位或市民捐赠钱物接收网点。

(五)注重合作交流系统干部队伍建设。

建立和完善合作交流系统"三个机制"。一是干部队伍培训机制。通过多种学习培训方式,扩大干部视野,丰富知识面,树立全局意识,提高干部的综合素质。二是干部交流机制。开展多种形式的挂职锻炼,扩大干部交流面,提高干部的履职能力。三是干部队伍激励机制。坚持正确用人导向,大力选拔任用优秀年轻干部,不断增强干部的服务、全局、合作、效率、敬业、创新的意识。

(六)调动各方积极性,多形式、多领域参与合作交流工作。

进一步发挥工、青、妇等群众团体作用,做好在中西部地区的技术推广、技术服务、技术培训、技术支持、技术扶持工作,深化希望工程项目,继续实施《上海—云南两地妇女远程教育资源共享项目》和青年志愿者扶贫接力计划。积极支持上海各类优势企业到对口地区投资合作,与各地联手拓展国内外市场。积极鼓励企业选派优秀青年员工到西部贫困地区开展多种形式的帮扶。积极开展群众性"扶贫济困送温暖活动",建立健全经常性捐赠接受网络。发挥慈善机构和社会团体的作用,扩大社会的参与度。积极宣传先进典型,完善新闻发布制度和宣传工作策划机制,组织报道重大事项、活动,进一步树立上海服务全国的良好形象。

关于进一步服务全国加强上海国内合作交流工作的若干意见

沪委办〔2004〕7号

一、始终把融入全国、服务全国作为上海建设发展的重要战略

各级党委、政府和各部门要按照中央关于上海要更好地依托长三角、融入全国、服务全国、面向世界的要求，坚持立足大局、扩大开放、服务全国、互融共进的工作方针，高度重视国内合作交流工作，把这项工作摆上重要议事日程，突出重点，注重实效，全方位、宽领域、多层次地开展国内合作交流。进一步推进与各地区、各部门的广泛合作，在融入全国、服务全国中加快自身发展。

二、坚持政府引导、市场运作、企业主体、社会参与的运作机制

各级党委、政府和各部门要按照中央关于"五个统筹"、"五个坚持"和转变政府职能的要求，在推进合作交流工作中主动做好组织、协调和服务工作。充分发挥市场在资源配置中的基础性作用，进一步确立企业在合作交流中的主体地位，广泛调动高等院校、科研院所、人民团体、中介机构、商会、协会等各类组织和社会各界的积极性，多形式、多领域地参与国内合作交流，通过整合资源、创新形式、拓展领域，形成全社会共同参与国内合作交流工作的格局。

三、进一步加大对口支援工作力度

结合对口支援地区的实际，继续探索新形式、新机制，做到办实事、重实效。继续推进递进式温饱型试点村建设，实施"温饱、健康、智力、增收"四大工程，帮助对口支援地区改善基本生产、基本生活、基本医疗、基本受教育条件。实施项目带动战略，利用当地资源，开发特色经济，促进当地县、镇、村经济发展；鼓励引导上海企业参与当地经济建设，实现优势互补、共同发展；借助上海内外营销渠道，帮助当地产品进入海内外市场。开展多种形式的智力帮扶，通过技术辅导、典型示范、远程培训等多种方式，帮助当地发展基础教育、技术教育，开发人力资源。继

续选派挂职干部、青年志愿者、教育医务工作者等到对口支援地区工作。

四、促进长江三角洲地区联动发展

主动学习、服务、依托、接轨江苏、浙江两省，完善政府协商机制，在规划衔接、政策协调、项目建设等区域合作的重大问题上及时协商沟通，形成共识，推进落实。充分发挥现有区域合作组织的作用，积极探索新的合作机制和形式。继续深化政府职能部门的合作，进一步推进在现代化交通运输体系、产业发展、市场建设、能源利用、环境保护、文化教育、人才开发等方面的专项合作，促进区域经济社会协调发展。以筹办2010年世博会为契机，突出特色，密切合作，加快推进区域交通联网、旅游联手、信息联通、生态联保，共同提升地区的综合竞争力，努力形成区域联动发展的格局。

五、积极服务参与西部大开发

根据国家"十五"西部开发总体规划和中央的统一部署，继续做好服务参与西部大开发工作，进一步拓展合作领域。利用上海在技术、管理、人才、信息和体制等方面的优势，参与当地建设。发挥上海种源农业、设施农业、服务农业的优势，帮助西部地区建设和改善生态环境。通过软科学研究合作、人才培养交流、科技实用项目转化、科技基地共建等多种方式，为西部地区提供科技、人才服务，进一步落实市委办公厅、市政府办公厅印发的《上海市支持西部地区人才开发实施意见》(沪委办〔2002〕12号)。总结有关企业实施成片规模开发的经验，排摸整理向外拓展的企业和产品，通过资产运作、存量盘活、并购重组、整体承建等方式进行合作开发。引导相关企业和机构进入西部地区布设网点，在拓展市场的同时促进共同发展。

六、积极支持东北地区等老工业基地加快调整改造

按照《中共中央、国务院关于实施东北地区等老工业基地振兴战略的若干意见》(中发〔2003〕11号)的要求，积极组织调查研究，利用各自优势，寻求支持参与东北地区等老工业基地振兴的切入点和联动发展的结合点，运用市场机制，实现双方经济互动发展。充分发挥东北地区和上海的行业特点，积极推进上海的装备、汽车、化工、钢铁、能源、医药、科技、教育等行业或领域与东北地区的合作，实现优势互补。鼓励上海企业通过兼并收购、参股控股、合资合作等多种方式，推动资产跨地区、跨部门、跨行业、跨所有制重组。发挥上海各类要素市场和中介机构的功能，为当地产业结构调整、企业资产重组提供市场服务。

七、广泛开展与各地的合作交流

按照中央关于东西互动、发挥中部地区综合优势、促进区域协调发展的总体要求，加强与各地的全面合作交流。每年有计划地组团到兄弟省区市学习考察，学各地之长、补上海之短、创上海之新。由市有关委办局和有关方面牵头，组织参加国内区域性重要经贸活动和合作项目洽谈。积极支持和参与区域合作组织，联手探索与周边国家和地区开展经济合作和交流。进一步发挥友好地区在推进双方合作交流工作中的重要作用。

八、编制合作交流发展规划

牢固树立和认真落实科学发展观，根据上海总体发展规划的目标要求，编制本市国内合作交流中长期发展规划，提出目标、任务、内容和举措，形成发展思路，促进本市合作交流工作有序有效、健康协调发展。各区（县）政府和市政府各部门也要制定相应的工作规划。

九、优化投资和发展环境

制定促进跨区域合作的政策意见，扩大政策鼓励范围，引导企业加强跨区域合作，增强开拓市场、创新技术和培育自主品牌的能力，服务当地经济发展。同时，进一步完善对内开放政策的实施细则，加强组织协调，构筑服务平台，优化发展环境，推进政策落实，引导各地企业和资本向优势产业、重大产业基地及市级工业园区集聚，参与本市经济社会建设。

十、完善配套服务措施

建立和完善市外投资服务体系，编制《市外投资合作指南》和《各地企业来沪投资导向》。健全和完善市、区（县）两级合作交流统计制度。增强"合作交流网"的咨询服务功能，及时发布经贸动态信息。建立市合作交流服务中心，开展合作项目征集和推介工作，组织协调本市中介机构积极参与服务国内合作交流工作。

十一、充分发挥政府驻外办事机构作用

政府驻外办事机构要进一步拓展工作领域，增强协调、服务功能，更好地体观窗口、桥梁、纽带作用。调整现有办事机构布局，拓宽覆盖面，形成整体网络格局，充分发挥政府驻外办事机构在信息交流沟通、两地合作项目的综合分析和协调服务、配合重大经贸活动的联系落实、为驻地上海企业服务等方面的积极作用。选派优秀人员充实驻外干部队伍，把驻外办事机构建成培养、锻炼干部的基地。进一步加强对各地驻沪办事机构的服务、管理和指导，发挥各地驻沪办事机构在沟通联络、维护稳定、促进发展等方面的积极作用。

十二、认真做好接待工作

对兄弟省区市来沪考察及开展各项活动，热情周到地做好接待工作，虚心学习，认真交流，积极研究落实其在两地合作交流方面的需求。规范本市公务接待工作，加强对基层接待工作的指导，完善接待工作网络，整合接待工作资源，提高接待工作水平，促进接待工作与协作工作的融合。

十三、建立合作交流工作联席会议制度

建立市、区（县）两级政府国内合作交流联席会议制度，定期召开会议，研究、协调、部署国内合作交流的发展规划、具体政策、重大举措和重要事项。开展合作交流重大课题的前瞻性研究，组建专家咨询组，建立和完善国内合作交流重大决策的规则和程序。运用新闻发言人制

度，及时传递国内合作交流重要信息和政策举措。有计划地组织宣传国内合作交流活动，加强舆论和典型引导，形成良好的工作氛围。

十四、设立专项资金，加大合作交流工作推进力度

设立上海市国内合作交流专项资金，通过项目贴息、资助、奖励等方式，统筹用于对口支援、参与西部大开发、支持东北地区等老工业基地振兴和与其他地区的合作交流。积极探索资金筹措新方式，通过增加市和区（县）两级财政投入、企业社会筹措募集等，加大支持对口支援工作的力度。

十五、加强合作交流工作的组织机构和干部队伍建设

市合作交流工作党委、市政府合作交流办是本市合作交流工作的主管部门，要切实履行组织、协调、综合、指导、服务职能，统筹协调相关资源，有机整合各方力量。区（县）党委、政府的主管部门负责本地区合作交流工作。各级党委、政府和各部门要加强对国内合作交流工作的领导，高度重视本地区、本部门内的合作交流工作机构和干部队伍建设，进一步形成内外结合、条块结合、上下结合的工作合力。不断提高各级干部的政策理论水平、宏观研究能力、综合协调能力、办事服务能力，造就一支政治强、作风实、工作好、服务优的干部队伍，为更好地服务全国、推动上海发展作出新的贡献。

重要文件(三)

关于进一步加强国内合作交流工作的若干政策意见

沪府发〔2007〕21号

为深入贯彻党的十六大以来党中央提出的一系列重大战略思想和国务院的有关部署,落实市第九次党代会的有关精神,着力推进科学发展、和谐发展,继续做好“服务长三角、服务长江流域、服务全国”的工作,现提出进一步加强国内合作交流工作的若干政策意见如下:

一、服务大局,开拓合作交流工作新思路

(一) 从全局和战略高度,正确把握更好服务全国与加快上海自身发展的辩证关系。以邓小平理论和“三个代表”重要思想为指导,全面落实、自觉实践科学发展观,围绕加快推进“四个率先”,加快建设“四个中心”,全面加强上海的国内合作交流工作,为全国发展作出更大的贡献。按照中央对上海服务全国的要求,进一步加强与各地的合作交流,充分发挥中心城市综合服务功能,积极促进区域经济共同繁荣、协调发展。

(二) 适应形势的发展变化,进一步明确上海加强合作交流工作的基本原则。

1. 坚持政府推动、市场主导。加强政府引导,完善公共服务,强化规划导向,整合社会资源,协调各方利益,创造良好的体制与政策环境。遵循客观经济规律,发挥市场机制的基础性作用和企业的主体作用,走互利互惠、合作共赢的发展之路。

2. 坚持双向互动、内外衔接。实行引进来、走出去并重,积极鼓励、支持在沪企业、个人等到全国各地投资、创业、发展,加大上海服务全国的工作力度,切实为国内各地企业、个人等来沪投资、创业、发展提供服务。适应经济全球化深入发展的趋势,按照世贸组织的规则,注重鼓励国内合作交流的政策措施与鼓励对外开放的政策措施衔接协调,使上海切实成为国内各地企业引进外资和走向国际的平台,全面推进对内对外开放与合作。

3. 坚持分类指导、注重实效。从上海与各地经济社会发展具体情况出发,扬长避短,优势互补,分区域、分领域、有重点地推进合作交流工作。认真研究对口支援地区的需求和上海与不同地区合作交流的相互需求,着眼解决实际问题,着力提高经济社会效益,努力促进上海与各地经济社会又好又快发展。

4. 坚持加强领导、统筹推进。进一步加强对全市合作交流与对口支援工作的领导，各部门、各区县完善领导工作体制，健全工作机制，强化组织协调。按照全市工作的总体部署，明确各部门、各区县责任，加强部门协同配合，鼓励区县按照全市总体部署，探索与各地合作交流的有效机制，充分发挥各方面积极性、创造性，合力推进合作交流工作。

二、立足共赢，积极参与国内跨地区合作

（三）按照国务院将下发的《进一步推进长三角地区改革开放和经济社会发展的指导意见》和批准实施的《长江三角洲地区区域规划纲要》的要求，加强与苏浙两省规划协调，推进部门沟通联系，组织好、实施好规划确定的重要任务、重要项目、重点专题，加强上海与长三角在产业、交通、科技创新、物流、环保、能源等方面的区域合作，促进长三角地区整体竞争力提升。

鼓励本市企事业与苏浙两省全方位、多形式、宽领域的合作，促进长三角地区生产要素优化配置，产业结构优化升级，基础设施互联互通，城镇建设协调推进。

充分发挥两省一市主要领导定期座谈会、沪苏浙经济合作与发展座谈会、长江三角洲城市经济协调会等的作用，引导、推动、鼓励本市各部门、各区县、各企事业单位与苏浙两省的相关单位加强合作，以多种形式参与研究、提出和推进长三角地区合作。

突出重点，完善政策，积极推动在高新技术领域和现代服务业领域建立一批区域性行业协会和中介机构。积极探索在行业标准、规范、规则、知识产权、企业诚信、反不正当竞争的执法、反垄断等方面建立区域合作协调机制。

积极参与推动长三角与环渤海湾、珠三角等地区的合作交流，加强不同区域在科技研发、市场体系建设、重大产业发展、国际合作等方面的交流、沟通、合作。

（四）积极参与长江黄金水道功能建设，自觉融入推进长江流域联动发展的进程。支持和鼓励上海企业与沿江港航企业多渠道合作，实行优势互补，共同推进长江流域集装箱多式联运发展。充分利用上海内外开放的综合服务平台，为长江流域引进外资、承接国际产业转移和走出去、开拓海外市场提供相关服务。

发挥长江沿岸中心城市经济协调会的作用，加强对长江黄金水道建设中的重点和难点的专题研究，鼓励国内外企业、机构参与长江流域开发建设。推动加强长江流域各相关城市的规划衔接、信息交流，着力推进沿江特色产业带的完善发展，有序促进沿江城市间产业合理转移。

（五）立足统筹区域发展的国家战略，加强与不同地区的交流合作。推进上海产业、技术、管理等优势与西部地区自然资源、劳动力等优势的结合，大力利用上海的“种源农业”、“设施农业”、“服务农业”和农业科技，为西部发展特色农业和高效农业提供支持，鼓励金融、中介服务、连锁商业、连锁酒店、旅行社等企业和机构到西部地区投资经营。

深入贯彻《中共中央国务院关于实施东北地区等老工业基地振兴战略的若干意见》，鼓励在沪企事业单位、机构加强与东北地区企事业单位、机构开展多种形式的合作，优先支持东北老工业基地企业利用上海各类市场开展上市融资、招商引资、引进人才等，加强上海与东北在重大装备、科技研发、国资重组等方面的合作，促进两地产业结构优化升级。

深入贯彻《中共中央国务院关于促进中部地区崛起的若干意见》，充分发挥上海地处我国

沿海改革开放前沿的优势，抓住国际产业转移和国内产业升级的机遇，积极拓展上海的服务半径，积极推动上海资源型产业向中部地区转移，引导促进国际产业向中部投资，加强在煤、电、石油、化工、钢铁、汽车、纺织、连锁商业以及农业等领域与中部地区的合作。

（六）充分发挥上海人才资源和智力资源的比较优势，全方位推进人才开发服务全国工作。进一步推进长江三角洲人才一体化进程。逐步实现人才流动、资格互认等人事政策对接。共同建设长三角人才交流服务平台。积极开展与中西部、东北等国内其它地区人才合作交流。充分发挥上海人才市场的积聚和辐射功能，引导各类人才到中西部和东北地区创业和工作。

继续加大力度，组织实施“人才开发服务全国计划”，努力做好对口支援地区、革命老区、少数民族地区、边疆地区和贫困地区的人才开发合作工作。加强对浦东干部学院培训全国各地干部的支持与服务。办好西藏、新疆等少数民族来沪就读中学的特色班。

（七）加强与优势互补省份的战略合作。通过建立政府间的友好关系，签署两地合作协议，加强与粮食等主副食品主产区、资源矿产省份的重点合作。建立完善资源开发规划和重大合作事项对接制度、定期交流和协调机制，促进形成长期稳定的战略合作伙伴。鼓励本市企业到资源富集地区投资，建立原料开发加工基地。

三、突出重点，扎实做好对口支援工作

（八）坚持“政府主导，社会参与”的原则，着眼于健全对口支援资金、项目统筹机制，完善挂职干部选派机制，完备社会各界参与对口支援工作的动员激励机制。加强市区（县）和各部门资源协调规划，形成上海各界广泛参与对口支援工作的新格局。

坚持“动真情、办实事、求实效”的方针，着眼于促进对口支援地区增强自我发展能力，扩大帮扶主体，拓展合作领域，完善工作机制，加大支持力度，重点帮助改善对口支援地区贫困人口的基本生活、基本生产、基本教育和基本医疗条件。突出重点，分类指导，扎实做好对口支援工作。

对西藏日喀则地区和新疆阿克苏地区，推动援助项目向基层和农牧民倾斜，重点建设扶贫开发工程和社会公益项目，开展旅游等优势产业合作，帮助提高贫困农牧民生产生活水平，促进经济社会稳定发展。

对云南文山、红河、普洱、迪庆四州市，重点援建“整村推进”为主的扶贫开发工程，推进劳动力培训转移和产业化扶贫，援助公益事业，共同开发特色产业。

对重庆万州区和湖北宜昌市夷陵区，围绕改善移民生产、生活条件，援建社会公益项目，扶持发展特色经济，引导企业参与三峡经济建设，帮助解决移民就业。

（九）积极支持、鼓励在沪企业到对口支援地区投资经营、开发实业。对去对口支援地区投资开发的企业及合作开发项目，给予各方面便利和相关政策激励，为对口支援地区来沪开展招商引资、人才招聘等提供服务。

（十）加强与对口支援地区的人才开发合作。互派优秀干部挂职锻炼，开展各类干部、专业技术人才的短期培训，继续选派青年志愿者、教育医务工作者以及离退休专家到对口支援地区工作。加大对对口支援地区农村“双带”（带头致富、带领致富）人员和劳动力转

移的培训力度。

四、优化环境，为各地企业来沪发展提供服务

（十一）全面加强和改善本市各级政府部门的服务工作，努力为各地来沪投资企业创造公开、公平、公正的投资和发展环境。

对来沪投资经营的企业和个人，实行与本市企业与个人投资经营的同等待遇。

（十二）鼓励各地企业和个人来沪投资发展符合上海产业发展方向和城市生态环境要求的产业。重点支持各地来沪投资企业从事金融、物流、信息服务、会展、文化等现代服务业，大力扶持各地来沪投资企业投资发展装备制造、电子信息产业、生物医药、新能源、新材料、船舶、航空航天等先进制造业。

（十三）按照国家有关规定，鼓励国内企业、社会团体、其他社会资本以及个人投资上海社会事业与公益事业。对来沪投资者，凡符合相关规定的，允许采用知识产权入股等多种方式参与投资。

（十四）支持帮助各地来沪投资企业平等参与本市上市公司、中小企业的资产重组，公开公平参与对上海企业的购并与产权交易转让。

（十五）对各地来沪投资企业办理工商登记，按规定需前置审批的，实行“一门受理、并联审批”。对各地来沪投资符合上海产业发展导向的重点项目，经申请同意，享用“绿色通道”。对各地来沪投资企业生产经营情况正常，信誉良好的，年检时可采用申报备案制。

（十六）对各地来沪投资企业要求名称免冠“上海”地域名的，由市工商局协助向国家工商行政管理总局申报。凡注册资本在1亿元以上的各地来沪投资企业，公司名称可以不反映行业特点。

在本市逐步建立商标公共服务平台，为各地企业提供商标的信息查询、业务咨询、法律法规培训、策划运作、价值评估、转让交易、人才服务等服务。

（十七）各地来沪投资企业在参加本市各类先进、模范的推荐、评选、奖励活动和各项精神文明创建活动以及社会活动方面，与本市企业享有同等的权利和义务。各地来沪投资企业本着自愿原则，参加有关行业协会、机构，并得到相应的服务和权益。

（十八）各地来沪投资企业应按国家和本市有关规定，为单位职工办理参加社会保险、住房公积金等相关手续，按规定缴纳养老、医疗、失业、工伤、生育保险费和住房公积金。各地来沪投资企业缴存住房公积金的职工，可按规定申请公积金贷款。

（十九）经市有关部门认定，符合上海产业发展导向或重点发展领域的各地来沪投资企业，根据其实际投资规模、纳税水平、吸纳就业、诚信记录等企业经营贡献情况，其主要投资者或高级经营管理人才及其配偶、未成年子女在办理《上海市居住证》时，由市人事部门按相关规定给予支持。

（二十）对各地来沪投资企业在沪工作职工和地级市及以上地区驻沪办事机构工作人员适龄子女，属义务教育阶段的，由其居住地所在区县教育部门根据规定安排就读或借读。对各地来沪投资企业职工持有人才引进类《上海市居住证》，其子女属应届初中毕业生或本市应届高

中毕业生的，可报考本市高中阶段学校和参加本市统一高考。

经市有关部门认定的各地来沪投资企业在沪工作职工和地级市以上地区驻沪办事机构工作人员，其子女属本市应届初中、高中毕业生的，经市政府合作交流办与市教委共同审核，符合有关条件的可以报考本市的高中阶段学校和相关高等院校。

（二十一）充分利用上海对外开放的“窗口”、“桥梁”作用，帮助各地来沪企业“借船出海”、“借梯登高”，开拓海外市场。积极为各地来沪开展经贸和各类推介活动提供相关协调服务。加强对外来务工人员的公共服务与社会管理。加强与劳动力流出地政府在信息交换、人员管理、公共服务等方面的双向合作。

五、强化措施，深入推进合作交流工作

（二十二）切实加强组织领导，把合作交流工作纳入各级政府的重要议事日程，并作为目标责任制的考核内容。建立、健全市、区县两级合作交流与对口支援工作领导小组组织体系，及时研究、协调、部署合作交流与对口支援工作的重大举措和重要事项。加强政府驻外办事机构建设，充分发挥政府驻外办事机构在信息交流沟通、合作项目协调服务、重大经贸活动联系落实、服务上海驻地企业等方面的作用。调动社会各方面的积极性、主动性，形成全社会参与合作交流的工作格局。

（二十三）充分发挥上海的综合优势，推动各部门、各区县现有各类服务平台的开放互通、资源共享。健全合作交流数据统计制度，加强分析研究，加强综合协调，为合作交流工作提供决策咨询依据。加强在人才、科技、教育、文化、会展、交通、知识产权等方面为长三角和全国的服务，延伸服务功能，拓展服务领域，着力形成全方位服务平台网络体系，增强城市辐射集聚功能。

（二十四）切实发挥专项资金对合作交流工作的支撑作用。

制订和完善市、区县对口支援资金统筹管理、合作项目投资补助、区域重要经贸会展资助、区域合作专题资助、服务平台建设资助等专项资金使用实施办法。加强合作交流专项资金援助和资助项目立项、实施、竣工验收的论证、监管和终期审计。

（二十五）抓住筹办世博会等历史性机遇，全面推动上海与全国各地的合作交流。在党中央、国务院的领导下，积极组织上海世博会国内招商招展工作，吸引各地共同参与办博。本着“互惠互利、合作共赢”的原则，与各地共同用好筹办世博会机遇。

充分利用浦东综合配套改革试点的机遇，为引进来、走出去，加快自身发展，更好服务全国，提供制度创新与机制创新的平台。

（二十六）市政府合作交流办公室和区县政府合作交流办公室作为市、区县两级合作交流工作的综合主管部门，要做好相关的组织、指导、协调、服务工作，促进政策落实。

本意见自印发之日起施行。《上海市人民政府印发关于上海市服务参与西部大开发的实施意见的通知》（沪府发〔2000〕53 号）和《上海市人民政府印发修订后的〈关于进一步服务全国扩大对内开放若干政策的意见〉的通知》（沪府发〔2001〕43 号）同时废止。

各区县政府和市政府各有关委办局应根据本意见精神，制订相应的实施细则。

后 记

胡延照

《携手共进》终于付印了，这是一件值得庆贺的事。改革开放30年来，上海国内合作交流工作走过的奋进历程，经历的风风雨雨，取得的辉煌成就，积累的宝贵经验，留下的些许遗憾，都浓缩在这卷帙之中。曾经奋斗在合作交流战线的同志，打开这本书，会勾起对过去岁月的追忆，重现当年的拼搏、艰辛与辉煌，为自己在其中作出的贡献感到自豪。正在从事合作交流工作的同志，打开这本书，会从中了解到合作交流工作发展的历史轨迹，体味到合作交流工作的真谛，领悟到当前合作交流工作面临的形势，感悟到未来合作交流工作的发展方向。有志研究合作交流工作的同志，打开这本书，能找到所需要的相关历史事件，相关组织机构的演变过程，相关政策措施出台的始末，相关重要工作的内容与成效，相关数据与案例，找到所需要的史料。没有直接从事过合作交流工作的同志，打开这本书，将在自己人生丰富经历的记忆史册里，增添合作交流难忘的一页，在改革开放30周年辉煌历史的记忆画幅中，抹上合作交流精彩的一笔。这本书的史料性、权威性、前瞻性、可读性就这样展现在读者的面前。而这正是编写本书的宗旨，也是编写本书的意义所在。历史就这样走过去了，我们用笔留住了它，将它凝固，将它再现，供人们浏览、回味，催人们思索、创新。

这本书的构思值得称道。第一篇作为全书的总纲，就像一根拴着蓝宝石的线，而其它来自区县、委办局、驻沪机构、科研院所、企业、媒体等的篇章犹如色彩斑斓的珍珠，被这根“线”穿起来构成了一条完整亮丽的“项链”。第一篇没有展开或提及的内容，在其它篇章里得以演绎和印证，互为补充、相得益彰。而第一篇的编排也是颇费心思的。编者没有采取按照以工作内容划分板块纵向叙述的常用方式，而是划分三个时期，再以每个时期的重要工作内容为板块进行纵向叙述，既反映了每个时期背景思路、政策措施、工作重点等内容的变化，又注意每个时期内容的无缝衔接。更重要的是，这种编写方式能使读者清晰地把握合作交流工作的总体演变过程，并从中获得启示，这充分体现了编者的大局观和良苦用心，从而提升了这本书的价值。编者对三个时期划分也是准确的，虽然按照不同的标准有不同的划法，但这种划分最能体现每个时期合作交流工作的特点。

尤其值得一提的是，曾经分管过这项工作的市领导对这本书的编写给予了大力的支持和关心，不仅认真审阅了相关篇章，提出了很好的修改意见，而且亲自接受记者采访，敞开胸怀以生动的语言谈了自己所见、所为、所感、所望，向读者再现了那个真实的时代，为本书增辉添彩不少。

山不辞土，故能成其高；海不辞水，故能成其深。本书从 2008 年 7 月份正式启动，不到半年编成出版，得益于相关各级领导的关心支持，得益于全市合作交流系统特别是领导小组 56 个成员单位的积极参与，得益于兄弟省区市驻沪机构和相关研究部门、专家学者、媒体以及相关企业的热情相助。由于时间比较仓促、编辑力量有限，存在疏漏和错误在所难免，留下的遗憾也只有以后补救了。

最后，借此机会，向所有为本书编辑出版作出努力的同志们致以诚挚的谢意，向所有关心、支持上海国内合作交流工作的同志们致以崇高的敬意。

图书在版编目(CIP)数据

携手共进：纪念改革开放30周年上海国内合作交流回顾/上海市合作交流与对口支援工作领导小组办公室，上海市人民政府合作交流办公室编著.—上海：文汇出版社，2009.
ISBN 978-7-80741-484-1

Ⅰ.携… Ⅱ.①上…②上… Ⅲ.①经济合作-概况-上海市-1978～2008 ②经济交流-概况-上海市-1978～2008 Ⅳ.F127.51

中国版本图书馆CIP数据核字(2009)第002824号

携手共进
——纪念改革开放30周年上海国内合作交流回顾

编　　著/上海市合作交流与对口支援工作领导小组办公室
　　　　　上海市人民政府合作交流办公室

责任编辑/甘　棠
封面装帧/张　晋

出版发行/文汇出版社
　　　　　上海市威海路755号
　　　　　(邮政编码200041)
经　　销/全国新华书店
照　　排/南京展望文化发展有限公司
印刷装订/上海长阳印刷厂
版　　次/2008年12月第1版
印　　次/2008年12月第1次印刷
开　　本/850×1168　1/16
字　　数/710千
印　　张/31
印　　数/1-3 000

ISBN 978-7-80741-484-1
定　　价/100.00元